여러 학문에서의 언어 산출 접근

Interdisciplinary Approaches to Language Production

여러 학문에서의 언어 산출 접근
Interdisciplinary Approaches to Language Production

© 김지홍, 2021

1판 1쇄 인쇄__2021년 12월 01일
1판 1쇄 발행__2021년 12월 10일

지은이__김지홍
펴낸이__양정섭

펴낸곳__경진출판
　　　　등록__제2010-000004호
　　　· 이메일__mykyungjin@daum.net
　　　　사업장주소__서울특별시 금천구 시흥대로 57길(시흥동) 영광빌딩 203호
　　　　전화__070-7550-7776 팩스__02-806-7282

값 43,000원
ISBN 978-89-5996-838-1 93710

거시언어학 7

담화·텍스트·화용 연구

여러 학문에서의
언어 산출 접근

김지홍 지음

Interdisciplinary Approaches to Language Production

경진출판

머릿글

0.

언젠가 인생이 '3막'으로 되어 있다는 말을 들었다. 저자가 벌써 3막을 준비해야 할 때가 되었다. 그간 눈 깜짝할 사이 다 지나가 버린 2막의 자취를 되돌아본다. 차분히 목표를 가늠하여 하나씩 단계별로 이뤄온 것도 없이 내내 분주하기만 하였지, 나름대로의 눈도 갖추지를 못하였다. 이정표를 제대로 살피지 못한 채 이것저것 닥치는 대로 읽어 보려고 했던 게 아닌가 후회막급일 뿐이다. 이 책이 저자로서는 겨우 네 번째 저술이다. 풍성한 결실을 거두는 남들의 전범에는 언감생심 비교도 안 된다. 보잘것없는 내용이지만, 주위 환경과 인간의 상호작용에 긴밀히 작동하는 밑바닥 원리들을 찾아 나선 길에서, 제멋대로 기웃거렸던 바를 담아놓고자 하였다. 국립대학의 교수 자리를 28년씩이나 더럽히면서도, 고작 이 정도밖에 써 놓을 게 없음은, 전적으로 저자의 무능과 게으름이 공모한 결과라 따로 변명할 여지가 없다.

1.

마지막 '3막'을 대하면서 저자의 머릿속에는 느닷없이 몇 가지 가정들이 연이어 떠오른다. 이 머릿글('머리말'을 일부러 피함)에서는 다소 자유롭게 저자의 생각을 흘러가는 대로 글로 적어 둔다. 인류 지성사에서 지성이 발휘되는 길은 오직 서로 반대의 두 방향밖에 없다. 하나는 임의의 생각이나 개념을 놓고서 더 아래로 밑굽까지 파고드는 방식이다. 자연과학에서는 '환원주의'라는 말을 선호하지만, 인문 쪽에서는 '해체주의'라는 말을 쓰기도 한다. 아마 기원전 6세기 즈음 고타마 싯달타라는 분이 자성하여 깨달으면서 처음으로 밝힌 진리 서술 방식인데, '본디 자리'로 되돌아간다고 표현한다. 이는 존재(Being)의 모습을 있는 그대로 마치 무성 영화처럼 바라보는 방식으로, '산은 산이오, 물은 물이다'라고 요약된다(존재와 소유의 대립 개념). 이런 접근에서는 가장 중요한 '개체(being), 개인, 나'가 사라져 버린다. 이런 접근을 철저히 적용한 결과로서 모든 우주에 두루 퍼져 있는 새로운 바탕 질료가 나오며, 이로써 공통성과 일반성을 확보하는 것이다.

앞의 접근과 반대 방향의 접근은 반-환원주의나 반-해체주의라고 부를 수 있겠지만, 고유하게 이름을 붙여 '구성주의' 또는 '통합주의'라고 부른다. 얼핏 보면 마치 잘 다져진 기반 위에 탑을 쌓아 나가는 인상을 준다. 그렇지만 이런 접근에서는 개별적이고 상대적인 관점에 머무는 것이 아니라, 종국에 전체를 다 아우르는 단계로까지 진행해 나간다. 만일 전체를 다 싸안을 수 있다면, 앞의 접근에서 궁극적으로 얻어 낸 공통성이나 일반성과 무엇이 다르랴! 이 점이 바로 '뫼비우스 띠'와 같이 중요한 사고 전환으로 보인다. 저자는 우연히 주역·서경·좌전·자치통감의 강독을 줄곧 들었던 기회가 있었는데, 중국 지성의 흐름이 한마디로 총체적이고 통합적이라는 느낌을 강하게 받는다. 천·지·인이라는 세 가지 재료로 주위 환경을 파악하는 방식도 통합적 시각이지만, 무대 또는 배경으로서 하늘과 땅이 주어져 있고, 그 무대 위에서 연기하는 인간 중심의 세계관을 구성하는 방식으로 재배열되어 있는 것이다. 마치 라디오 부속품을 떼어냈다가 조립하는 일을 연상시키는 한낱 '분석과 종합' 방식만으로는, 두 끝점에 자리한 환원주의와 통합주의를 싸안을 수 없고, 다양하게 전개되어 온 지성사의 흐름을 조감해 내기에도 역부족이다.

아무리 발버둥 치더라도 저자는 이 시대의 생각 속에 철저히 갇혀 있을 뿐이다. 스스로 느끼는 생각들이 모두 현재를 중심으로 반응하면서 일관되게 벼릿줄로 묶어 놓은 것에 지나지 않음을 분명히 인식하고 있다. 저자는 우리 시대에 필요한 지성의 작용으로서 적어도 '진화론' 내지 '진화주의'에 충실히 모험할 필요가 있다고 믿는다. 진화는 주위 환경과의 긴밀한 상호작용의 결과이며, 진보주의 내지 발전사관과는 현격히 다르다. 이 시각이 비록 생물학에서 출발하였지만, 이제는 가장 거대한 우주의 진화(물질 진화)라는 차원에서, 초신성의 폭발로 다양한 원소들이 나옴으로써 지질학적 진화가 가능하게 되었고, 오랜 시간이 지난 뒤에 비로소 생물학적 진화가 이루어지게 되었으며, 이 바탕 위에 250만 년 전쯤에서부터 3겹 두뇌의 진화(비로소 '구체적 개별 사건'들을 기억하는 능력이 생김)와 5만 년 전쯤의 성대 하강(이른바 모음과 자음으로 나뉘는 '분절음'을 말하게 됨)을 거쳐, 언어를 쓰는 인류 진화(생각하는 인류)가 비로소 가능했음을 저자는 기본 공리계로 전제하고 있다.

만일 언어가 주위 환경의 압력에 따라 선택된 진화의 산물이라면, 크로마뇽의 후예들에게서만 확인된다고 주장되는 언어의 실체 또한 자연스런 계기로 출현함을 보여 주어야 마땅하다(생태론적 자연주의). 언어가 출현하려면 먼저 제3의 두뇌(피질)에서 구체적 개별 사건들에 대한 기억들이 풍부하게 온축되어야 한다. 이런 섬부함이 무질서하게 흩어져 있는 것이 아니라, 어떤 상태로든지 가지런히 정리될 필요가 있다. 이것이 이른바 새롭게 일반화된 의미 기억을 촉발하는데, 반복이라는 질서로 재구성되어 있는 기억 표상이다. 이런 표상을 만들어 내는 데에는 동료 인간들이 일으키는 일련의 연속 사건들에 대한 관찰 및 기억이 중요한 토대가 된다. 하나의 사건이 전형적으로 다른 사건으로 이어져 있을 때에, 이 두 사건을 붙여 놓는 '가장 값싼 방식'은 해당

사건을 잘라 놓고 내부 구조를 드러내어, 두 사건 사이에 공통된 요소가 있음을 표시해 주는 일이다(담화 연결기제). 머릿속에 표상된 사건은 구체적 대상도 아니고 막연히 스스로 느끼는 마음의 표상일 뿐이므로, 달리 두 사건 표상을 이어놓을 외부의 도움물이나 도구는 존재할 리가 없는 것이다. 이것이 이른바 아리스토텔레스의 범주론에서 도입된 주어와 술어의 나눔이다.

그렇지만 왜 하나의 사건을 두 부분으로만 가르는 것으로 그치지 않고, 더욱 자세하게 나누어 놓았을까? 자유의지를 지닌 인간이 일으키는 일련의 의도적 사건은 단 하나의 유일한 사건이 아니다. 언제나 시작·중간·끝을 지니는 일련의 복합사건 연결체들로서만 존재한다. 그렇다면, 임의의 사건이 어떻게 펼쳐질지 궁금하게 여길 경우, 그 사건의 내부 요소나 속성들을 더욱 명시적으로 떼어냄으로써, 임의의 낱개 사건이 다음 어떤 사건으로 이어질지에 대한 기대나 예상을 할 수 있다. 어린 시절에 어느 방향으로 갈지 결정하려고, 손바닥 침을 뱉고 검지와 중지로 때려 점을 치던 일이 생각난다. 사건이 어디로 어떻게 진행될지는 한 사건의 내부 구성요소들을 분석함으로써 토대를 마련하게 되는 것이다. 저자는 바로 이것이 낱말들이 언어 단위로 탄생하게 된 근본적인 동기라고 본다.

결코 낱말이 먼저 있었던 것이 아니다. 오히려 일련의 연결 사건들이 우리 기억 표상에 먼저 자리를 잡고 있어야 한다. 그 사건들의 내부 구성을 분석한 결과로서, 우연히 범주별로 묶이는 낱말을 확보하게 된 것이다(해체된 낱낱의 레고 블록을 연상시킴). 이때 범주는 인간의 신체 제약에 따라 감각 대상, 관찰 대상, 출발점과 도착지, 실마리와 종결 희망 지점, 복합적인 동작의 동시 시행과 계기적 연결 따위로 나눌 수 있다. 이는 사건 관련 의미론에서 동사들의 내적 구성요소들을 일반화하여 얻어질 수 있다. 즉, 낱개 사건의 내부 구성을 단위별 낱말로 분석해 둠으로써, 동시 관련 사건이나 계기적 다음 사건도 미리 예상해 볼 수 있는 것이다.

최근 이런 생각은 논항구조와 의미역 배당이 서로 결합하여 사건의 내적 구조를 형성한다는 논의로 이어진다. 한 사건을 구성하는 논항은 크게 외부 논항과 내부 논항으로 나뉘지만, 논항들의 관계를 격으로 표시해 주기 때문에 주격 논항·대격 논항·사격 논항으로 부를 수 있다. 사격 논항은 상당히 범위가 넓다. 하나의 사건을 언급할 적에 주격 논항만이 나올 수도 있고, 대격 논항만이 소리로 나올 수 있다(주격 논항은 소리가 없는 공범주로 들어 있음). 전자는 자동사이면서 스스로 의지를 지니고 행위를 하는 주동사의 경우이다. 후자는 형용사 구문이 대표적인데, 주격을 받는 논항의 위치가 비어 있으므로, 어느 언어에서이든지 대격을 받지 못하고 더 위로 이동하여 표면상 주격이 배당된다. 타동사는 주격 논항과 대격 논항이 모두 나오는 경우이고, 대격 논항에 변화가 생기는지 여부에 따라서 다시 사건 범주가 구분된다. 수여 동사나 대상 평가 동사 따위는 세 개의 논항이 모두 구현되어 있는 사례들이다. 인용 동사는 인용하는 상황이 참여자들에게 분명하므로, 주격 논항과 대격 논항이 소리가 없는 공범주로 표현되는데, 인용된 내포문의 주어가 상승하여 상위문의 주격 논항으로 나올 수도 있다.

때로 오직 사격 논항만이 소리값을 갖고 나올 수도 있다(주격 논항과 대격 논항은 소리가 없는 공범주로만 나옴). 특히 희망 동사나 추측 동사 따위가 그러하다. 가령

　　　"[철수가 왔으면] 한다/싶다"

에서 조건문 형식으로 표현된 미래에 완결될 사건 논항이, 희망 동사(희망의 강도는 낱말에 따라 달라질 수 있음)가 투영하는 사격 논항으로 구현되어 있다(단, 꺾쇠 괄호는 내포문으로 실현된 사격 논항을 표시함). 만일 상위문 동사가

"[철수가 왔으면] …"

처럼 생략된다면 바람을 나타내며, 때로 맥락에 따라 현재의 반사실적인

'철수가 결코 올 수 없는 상황'(현재 사실과 반대의 상황)

을 가리킬 수도 있다. 만일 내포문이

"나$_i$는 [e$_i$ 외국에 갈까] <u>한다/싶다</u>"

에서처럼 의문문으로 나올 경우에는, 좀더 화자의 의도적인 계획을 표현하므로, 희망의 강도가 다소 바뀌어, 곧 있을 미래 사건을 가리킬 수도 있다. 단, e는 비어 있어(empty) 소리가 나지 않는 요소를 가리키는데, 상위문 주격 자리를 거쳐 화용상의 주제 자리로 이동해 나간 요소 '나'가 본디 있던 흔적(trace)을 가리키므로, 동일함을 뜻하는 지표 '$_i$'를 아랫첨자로 붙여 놓았다. 반면에 동일한 내포문 형식이 다음처럼 자연세계의 사건을 기술해 줄 경우에는

"[비가 올까] <u>한다/싶다</u>"

비록 앞에서와 동일한 내포문 및 동일한 상위문 동사가 쓰이고 있더라도, 그 의미가 추측을 나타내게 된다. 이 경우에도 만일 상위문 동사가 생략될 수 있는데, 그렇다면 곧바로 상승조의 억양과 더불어 대화 상대방한테 화자 자신의 판단을 묻기 위한

"비가 올까?"

순수한 질문 형식이 된다. 그런데 개념 차원이나 사고 전개 차원에서 이들 표현 사이에 어떤 연결점이 있다고 가정한다면, 이를 다음처럼 설명할 길이 생긴다. 화자의 추측 표현은 스스로에게 묻는 '자문 형식'으로도 쓰일 수 있고, 일부러 상대방이 들을 수 있도록 발화해 줌으로써 상대방이 지닌 정보나 의견을 얻기 위한 '질문 형식'으로 쓰일 수도 있는 것이다(의문이라는 개념은 다시 자문과 질문이라는 하위 개념으로 나뉨). 그렇다면 이런 문장 표현들에서 찾아지는 미세한 언어 형식(주로 문법 요소들)의 변화가 그런 변동을 뒷받침해 주는 토대가 됨을 알 수 있다.

추측과 관련되든 아니면 희망과 관련되든 간에, 특이하게 사격 논항이 명사구로 나오지 못하고 내포문으로 나오게 되어, 결국 격을 요구하지도 않고 받지도 못한다. 굳이 격을 표시해 주려면, 문장을 명사처럼 만들어 주는 명사형 어미(통사 접사) '-음, -기'를 이용하거나, 내포문의 요소를 다 받아들여 표현하는 '-는 것' 형식을 이용하여 다음과 같이 명시적으로 표현할 수 있다.

"[철수가 오기/오는 것]을 희망한다"
"[e 외국에 가기/가는 것]을 희망한다"
"[비가 올까/비가 옴]을 추측한다"

다시 희망이나 추측 강도를 나타내고 싶다면, 따로 부사 '강력히, 조금' 따위를 덧얹어 놓을 수도 있다. 여기서 핵심은 이런 사격 논항의 역할이 현장의 사건과 직접 관련된 언급이 아니라, 전적으로 머릿속에 들어 있는 추상적 명제 차원의 사건이나 미래에 관찰될 법한 가능 사건을 가리켜 주게 된다. 사격 논항이 어떤 문법 형식으로 구현되는지는 언어에 따라 매개인자들이 달라질 개연성이 있다. 언어 사용의 진면목은 현장과 무관하게 임의의 추상적이거나 미래에 일어날 법한 사건으로 표상되어 더욱 돋보이게 된다.

이런 질서를 보장해 주는 것이 이른바 '구조, 체계, 틀, 얼개, 형식' 따위로 불리는 문법이며, 이는 내적 구조를 보장해 주는 일에 다름 아니다. 마치 레고 블록을 조립하여 여러 가지 형상을 만들어 내듯이, 하나의 낱개 사건을 환원 또는 해체해 놓은 결과는 곧장 상승작용을 일으킨다. 즉, 임의의 사건을 머릿속으로 상상하며 경험하지 않은 새로운 세계를 사유하고, 서로 언어 형식을 입혀 공유할 수 있게 되었기 때문이다. 이런 형식이 구성원들에게 공유되고, 형식과 비자연적 결합을 이룬 기억 내용들이 인출되면서, 더욱 복합적이고 거대한 그물짜임을 만들어 갈 수 있다. 아마 이것이 인류 문명의 슬기가 집적되는 시작점이고, 만물의 '영장'으로 평가하는 계기가 되었을 것이다. 언어가 결코 창조주가 만들어 낸 것이 아님에도 불구하고, 왜 다양한 언어들이 공통적인 속성을 지니게 되는 것일까? 이는 1차적으로 인간의 감각 기관들의 제약에 의존하고, 더 나아가 주위환경으로부터 우리 생존을 촉진시켜 주는 머릿속 작동 개념들이 서로 연합한 결과일 것이다. 즉, 생태적 자연주의 시각으로 보면, 이런 보편 개념 위에 다시 주위 환경의 다양성에 따라 공동체들마다의 경험이 차이가 날 것이며, 이런 반복적인 경험이 점차 문화적 속성으로 각인되어 전해졌을 것이다.

2.

생명이 없는 물질적 대상들은 '인과율'에 갇혀 있고, 결코 예외를 두지 않는다. 이를 생명체에 적용할 경우에 생명체의 특성을 부각하기 위하여 '본능'이란 말을 쓴다. 본능 또한 생명체로서의 인류에게 적용되겠지만, 이것만으로 크로마뇽 후예들의 변별 특성을 드러낼 수 없다. 따라서 서구에서는 '자유의지'나 '이성'이라는 개념을 도입하였고, 친숙한 우리 문화에서는 '양심'이나 '부끄러움'(공자를 울린 제자 안회는 염치가 인간을 인간답게 만드는 핵심으로 보았음)으로 부르기도 한다. 또는 이성의 작용 때문에 인간만이 죽는다는 사실을 미리 깨닫고, 살아 있는 동안 열심히 스스로 느낄 법한 '보람'을 추구하므로, 그런 과정을 설명해 주는 밑바닥 개념으로 '믿음 체계의 고정'이라는 말을 새롭게 쓰거나, '여러 가지 믿음을 한데 붙듦'이라고 서술해 줄 수도 있다. 이로써 개별 주체들 사이에서 소통을 가능케 해 주는 '말과 행위'가 선택되고 전달되는 것이다. 용어를 달리 만들어 씀으로써, 우리가 겨누는 대상과 그 속성이 경계가 생기고 또한 도드라져 보이는 효과가 있다.

어떤 개념이나 용어로 우리 인간을 포착하더라도, 언제나 설명되지 않는 일부가 남아 있게 마련이다. '자유의지'란 개념 자체가 마치 창조성과 같이 일부 정의될 수 없는 속성을 지니고 있다. 인문학에서는 '전형성'이나 '대표성'이란 개념을 도입하여, 누구에게나 공통적으로 체험되고 합의할 수 있는 부분을 다루려고 한다. 이 바탕 위에서 일부 속성을 변경하거나 수정함으로써 '예외적인 영역'도 다룰 수 있다고 가정하는 것이다. 이런 생각이 소쉬르의 랑그와 파롤에도 스며들어 있는 것이다.

인간은 운명적으로 사회에서 태어나 사회 속에서 죽을 뿐이다. 가장 작은 단위의 사회는 '나·너·그'가 함께 있는 모습인데, 바로 제3자의 존재가 일반성·초월성·공통성·객관성 따위를 보장해 주는 첫 요소이자 또한 결정적인 요소이다. 이런 측면으로 보면, 나와 너는 확대된 '개인' 한 사람에 지나지 않고, 「나와 너와 그」가 있어야만 축소된 '사회'의 모든 사람이 되는 셈이다. 너와 나 사이에는 '아름(私)'이 영원할 수 있겠지만, 너와 나와 그 사이에는 '공번되어' 더 이상 가림이 없는 것이다. 그런데 이는 정태적인 무대의 묘사에 지나지 않으며, 본격적인 운동을 시작하기 위한 예비 단계에 불과하다.

많은 단계의 진화를 거치면서 우리 인간들에게는 서로 모순되는 속성들이 여럿 함께 깃들어 있다. 가령, 본능과 자유의지, 존재와 소유,

즉각적인 판단결정 체계(체계 1)와 신중한 판단결정 체계(체계 2), 자유연상 기억과 재구성 기억, 일원론과 다원론(프레게와 아리스토텔레스), 연산주의와 연결주의, 물질과 정신(몸과 마음), 감성과 이성, 위선과 진정성, 이중인격과 항심(恒心, 떳떳한/꾸준한 마음), 흥부의 태도와 놀부의 태도, 천사와 악마, 정성 쏟음과 게으러터짐, 강제와 자율, 숙명과 운명 개척, 협력과 공격, 친구와 적, 믿음과 배신, 주인의식과 노예근성, 희망과 절망, 선과 악, 욕심과 수양, 욕망과 양심, 육신과 영혼, 방탕과 절제, 사랑과 미움, 포기와 도전, 낙천주의와 비관주의, 법(法)과 예(禮), 현실적 가치와 이상적 가치, 관심 쏟음과 없는 듯 무시함(백안시), 자유로운 선택과 기계적 선택, 피동성과 능동성, 숙명과 노력, 순간과 영원, 유한과 무한, 삶과 죽음, 참과 거짓, 개인과 사회, 귀납과 연역, 회고적 이상 사회와 미래지향의 이상사회, 속물과 향기로운 사람, 갈등과 통일, 불투명성과 맑고 투명함, 흑과 백 등등 끝도 없이 열거할 수 있다. 물론 이들 중 일부는 정도의 차이에 따른 구분이기도 하고, 일부는 양립 불가능하여 오직 하나만을 선택해야 하는 배타적 관계의 것도 있다. 만일 전자의 경우라면 포괄적으로 우리에게 다 들어 있을 가능성이 높다.

양자 선택이 주어졌을 경우, 선인들은 두 가지 방식으로 이런 자가당착을 해결하려고 했던 듯하다. 이들을 위와 아래 수직적으로 배열하여 상부구조와 하부구조로 묶어 통일성을 주거나, 또는 서로 수평적으로 놓고서 가깝고 멂(중심과 변방)에 대한 선별을 통해서 자가당착이나 자기 모순을 조정하려고 했었던 것이다. 그렇지만 이는 너무 단순한 정지 그림(스틸 사진)밖에 만들어 줄 수 없다. 우리가 경험하는 삶은 역동적이며, 변화무쌍할 수 있다. 저자는 이런 측면을 「제약 만족 기제」에 따라 전체적으로 초기 조건에 따라 적용이 달라진다고 붙들어 둘 수 있다고 본다. 그렇다면 정도성의 대립이든지 불가양립의 유무간 대립이든지, 조건에 따라 모두 필요한 만큼 구현될 수 있는 선택지들을 충분히 모두 마련해 줄 수가 있는 것이다.

3.

저자는 인간과 관련된 주제를 일반화하여 연구하는 핵심이, 주변 환경에서 작용하는 대상들 및 거기에 작동하는 원리들을 세 가지 대상 영역의 차원에 따라 선명히 구분해 내는 것(인과율·본능·자유의지)이 성패를 판가름하는 열쇠임을 뒤늦게야 깨우쳤다. 생명체들에 적용되는 본능은 흔히 공생관계와 기생관계로 대분된다. 공생관계가 인간에게 적용될 경우에 공평성 원리가 적용되는 협력관계라고 부르며, 홍부들만이 사는 세상을 전제로 한다. 어떤 이는 '상징적 상거래 원리'라고도 부르는데, 돈을 내고 물건을 받으면서 서로 주고받는 이치이다. 그렇지만 이 원리로는 언어로 주고받는 일을 제대로 샅샅이 붙들 수 없다. 의사소통의 밑바닥에는 언제나 감정이입의 흐름이 깔려 있다(그 결과, 서로 하나가 됨). 감정이입은 언어를 명시적으로 표현하지 못하는 갓난 아기들에게서도 생존을 위해 작동하며, 서로 다른 언어를 쓰는 이방인들끼리도 가장 기본적인 욕구의 영역에서 어김없이 작동한다.

감정이입의 끝자락에는 「재귀적 의식」이 작동한다. 스스로 내가 감각하거나 의식하는 바를 느끼고 깨닫는 일이다. 이는 철저히 내부로 향한 모습 및 '남들이 나를 어떻게 볼지'를 상정하는 외부로부터 나로 향한 모습으로 나뉜다. 거시사회학에 맞서서 미시사회학을 주창한 미드(H. Mead)는 우리 자신(self)을 내면적 자아(I)와 외향적 자아(Me)로 나누었는데, 의사소통은 많은 부분이 후자의 영역에서 일어나는데, 출발점과 도착점에 있는 화자와 청자가 지니게 될 의식(내 자신의 의식과 내가 추정한 남의 의식)들이 동시에 복합적으로 작동한다. 이른바 의사소통 의도가 판단과 결정 체계에 의해 나에게 스스로 자각되어야 한다. 이런 과정에서 중요하게 고려되어야 할 점이, 상대방을 깔보지 않고 존중하며, 마치 어떤 결정이라도 상대로부터 나오는 양 상대방을 대접하는 일인데, 홍부의 마음가짐이다. 이른바 상대방의 「자율성을 높여 주는 원리」로 불리며, 내가 갑이 되고 상대방이 을이 되는 경우는 거꾸로 강제성 원리(노예 취급 동기)라 불러야 마땅하고, 놀부 마음가짐에 해당한다.

그렇지만 내 의도를 언어로 포장하여 말소리로 내 보내려고 언어 표현들을 선택해야 하겠는데, 먼저 직접 표현·간접 표현으로 나뉘며, 간접 표현은 다시 우회적 표현과 비유적 표현으로 나뉜다. 의도에 대응하여 적어도 세 가지의 선택지가 있는 것이다. 그리고 어느 선택지를 고르든지, 그 표현이 상대방의 자아의식과 관련된다면, 응당 감정이입을 통하여 상대방의 자존심을 높여 주는 표현을 고르는 일이 상대방과의 협력을 지속해 나갈 수 있게 보장해 준다.

반대편에 있는 상대방은 언어 의사소통에서 운명적으로 화자의 첫 의도를 확정하기 위하여 '추론과 확증'이라는 단계를 매번 거칠 수밖에 없다. 마주보고 내게 말을 하고 있는 사람의 머릿속을 어느 누구도 직접 들여다 볼 수는 없기 때문이다. 설사 외과의사가 머릿속을 열고서 대뇌 피질을 보더라도, 선뜻 핀셋으로 뽑아낼 수 있을 만한 '두뇌 세포 물질로서의 의사소통 의도'란 존재하지 않는다. 다수의 두뇌 세포 다발이 여러 겹으로 연결되어 동시에 작동하면서, 새롭게 발현하여 나오는 것이, 바로 우리가 스스로 느끼는 의도 또는 생각이기 때문이다. 한쪽에서의 감정이입 작용과 다른 쪽에서의 추론 작용은, 개체로 나뉘어 서로 떨어져 있는 인간들에게는 어느 누구도 벗어날 수 없는 숙명적인 두뇌 작동방식인 셈이다.

자유의지를 지닌 개인 또는 개체가 사회에서 관계를 만들어 나갈 때에 이런 협력의 축을 가동시킬 것인지, 반대의 축을 가동시킬 것인지는 아마 개인 또는 개체의 착한 품성과 나쁜 품성에도 달려 있을 것이고, 당시까지 주위 환경에서 어떻게 상호작용해 왔는지도 의사소통의 기본값을 달리 결정해 놓을 것이다. 우리가 만나는 이들은 흥부일 수도 있고, 놀부일 수도 있으며, 갑질 하는 사람일 수도 있고, 을의 자세를 취하는 사람일 수도 있으며, 다정다감한 감정이입의 주체일 수도 있고, 무성영화 속의 귀신들처럼 교감할 수 없는 이방인일 수도 있다. 이를 알 수 있는 길은 달리 없다. 오직 이전의 마주친 경험들을 중심으로 적극적으로 경험하고 확인하며 평가하는 일만이 의사소통의 사슬을 끝없이 이어주는 열쇠이다. 언어라는 도구를 갖고서 의사소통을 하는 경우에, 어느 사회에서든지 누적적으로 쓰이면서 관습화되고 고정된 표현 방식들을 지니고 있다(완전히 닫힌 표현과 융통성 있는 표현). 또한 이를 토대로 하여 새로운 방식들을 쓰면서 서로 간의 사회관계를 얽고 엮어 나간다(고정된 표현을 예비 단계에서 쓴 뒤, 새로운 단계로 합의하는 방식 및 애초부터 공통의 목표를 합의하고 그 목표로 진행하는 방식). 열린 새로운 표현도 닫힌 관습적 표현 위에서 서로 대비됨으로써 가치를 지니게 된다.

사회관계를 얽어 나가는 방식이 '나·너·그' 사이에 합의되어 있다면 흔히 이념(집단의 가치)으로 불린다. 서로서로를 잘 알 수 있는 작은 사회에서는 순기능의 협력을 합의할 수 있겠지만, 범위가 커지면 구체적인 개인으로서 상대방을 보고 판단하기보다는 이념의 한 갈래로서 확립된 규범에 기대어, 요구와 합의와 허락의 순기능(또는 비난과 약속 파기와 거절의 역기능)을 작동시킬 수 있다. 가족이나 친척의 범위를 벗어난 거대 사회에서는 작은 집단들끼리 서로 공유되지 않는 이념들 때문에 갈등이 생겨나며, 양심에 따른 규범(또는 '예[禮]')이나 법에 기댄 강제성의 잣대에 맞추어 조율해 나갈 수밖에 없다. 거대 사회에서는 필연적으로 생산과 소비가 일어나는 삶의 모습에서 구조적으로 서로 다른 계층들이 존재해 왔고, 계층들 사이에 눈에 띄지 않는 장벽들이 설치되어 있다. 지금 우리나라 사회에서는 양극화가 점점 고착화되고 있으며, 갈등이 극대화될 경우 옛날 왕건이나 이성계의 선택이 다시 발현될 수 있다. 이런 측면을 본격적으로 다루는 흐름이 비판적 담화 분석이며, 한낱 죽은 지식이 아니라 힘차게 박동하는 심장을 지닌 지성(비판적 지성)을 요구한다.

기호학의 통찰에 따르면 언어는 형식과 내용의 비자연적(또는 상징적) 결합체이다. 그렇지만 이런 결합을 만들어 내는 힘은 더 밑에 있는 언어 '사용 의도'로부터 나온다. 언어 사용은, 단순히 언어에만 초점이 모아지지 않고, 언어 이외의 다른 표현 방식도 곁들여 놓을 뿐만 아니라, 핵심 측면에서 언어 표현 안에 속뜻을 깃들게 해 놓는다. 비록 언어 표면에 드러나지 않지만, 개별 언어 표현들을 이어나가는 실체를 흔히 '추론'으로 부른다. 추론의 동력은 결국 우리 머릿속에 그물짜임으로 마련해 놓은 직·간접적인 체험들로부터 나온다. 만일 그렇다면 내 머릿속에 저장해 놓은 다기다양한 기억들을 내성하며 되돌아보는 일이, 모든 문제들을 풀어나갈 수 있는 만능열쇠가 된다. 매우 간단하고 자명한 이치이지만, 우둔하게 편견에 젖어 '있을 것만 같았던 신비로운 무엇'(하느님 호주머니 속에 담긴 물건)엔가 꽂혀 착각 속에 살다가, 돌고 돌고 돌아서 이제야 겨우 상식으로 돌아온 나 자신을 본다. 첫 출발의 원점으로 돌아온 셈이다. 아무리 고귀한 진리라 하더라도, 외계인에게나 개미들에게는 소용이 없다. 오직 삼척동자가 끄덕일 경우에라야만 진리의 최종 자격을 판결하는 관문을 통과할 것이기 때문이다.

4.

마지막으로, 한국연구재단의 저술 지원 과제로 이 책의 주제를 뽑아 주시고, 두 번의 평가를 거치는 동안에, 전공분야도 이름도 알 수 없는 평가자분들께 모두 깊이 감사드린다. 여러 차례 받은 날카로운 평가들이 노둔한 저자를 더 뛰게 만드는 좋은 채찍이 되었다. 그런 지적으로 내용이 개선되었을 뿐만 아니라, 막연하게 느끼던 목표가 필자에게 더욱 또렷이 부각되었다. 아직도 여전히 모르는 것이 많다. 그렇지만 더 이상 세월이 기다려 주지 않아, 부족한 채로나마 어디에서인가 이제 매듭을 지어야 한다.

초등학교 시절 늘 한 방에서 같이 자면서, 당신보다 보람을 더 크게 찾도록 자극을 주시던 선친의 손길이 불현듯 그리워진다. 선친이 책을 쓰시면서 느꼈던 두려움을 다시 느끼게 된다(김봉옥, 1987, 『제주통사』). '태산 명동(泰山鳴動)에 서일필(鼠一匹)이라', 야단스레 목소리만 높였지, 쥐 한 마리에게조차 울림 주지 못할까 두려울 따름이다.

너저분히 쌓인 책들 틈바구니에서

이농(怡農) 둘째 아들 적다

목차

2부 언어화되기 전의 결정 과정

3부 언어화 과정 및 되점검 방식

4부 언어 산출과 관련된 분야

5부 마무리 ___ 337

부록

1부 언어화 이전의 언어 산출 관련 요소

1장 생각의 재료와 기억

1. 감각 재료 및 추상 재료

인간의 생각 또는 사고에 대한 본격적인 탐구는, 서구에서 중세 암흑기를 벗어나 근대 시기로 들어오면서부터 시작되었다. '새로운 사고 도구(Novum Organum)'란 책에서[1] 프랜시스 베이컨(Francis Bacon, 1561~

---

[1] 베이컨의 책은 진석용 뒤침(2001), 『신기관: 자연의 해석과 인간의 자연 지배에 관한 잠언』(한길사)와 김홍표 뒤침(2014), 『신기관』(지만지)을 참고할 수 있다. 한결같이 일본인들의 번역 용어를 따라 '신기관'(새로운 기관)으로 번역하였지만, '새로운 사고 도구'나 '사유 틀'을 가리킨다. 낡은 사유 도구는 아리스토텔레스의 삼단논법을 가리키고, 새로운 사고 도구는 철저한 귀납법을 가리킨다. 그렇지만 베이컨 자신은 귀납법이 언제나 정당화의 오류를 벗어날 수 없다(독단으로 흐를 수 있다)는 한계를 심각하게 인식하고 있지 않은 듯하다. 오직 중간 단계의 추상화 정도(삼단논법에서 작은 단언의 지위)만을 인정할 뿐이다. 오늘날 과학철학에서 지지하는 틀은 귀납 방식을 통해 연역 논리를 확보하고, 확정된 연역 논리를 임의의 사건이나 사태에 적용하면서 그 공리나 가정의 정합성을 검증하는 방식이다. 이를 흔히 가설-연역적 접근법으로 부른다.

베이컨이 공격하는 낡은 오르가눔(Organum, 사고/논리 도구, 틀)은 아리스토텔레스의 저작물로서, 기원전 70년 경 안드로니코스(Andronikos)에 의해 현재 전해지는 6권 저작물들을 '사고/논리 도구(orgamnum)'라는 이름으로 묶은 것이다. 즉, ①『범주론』, ②『단언론』, ③『분석론 전편』, ④『분석론 후편』, ⑤『변증론』, ⑥『궤변 논박』이다. 현재 희랍

1626)은2) 중세 시대에서는 꿈도 꿔 볼 수 없던 '인쇄술·화약·나침반'이라는 3대 발명이 서구 사회에 천지개벽을 가져 왔으므로, 응당 새로운 시대를 위한 새로운 '사고 도구'가 필요함을 직관적으로(잠언의 형식으로) 서술해 놓았다.

근대 시기는 걸출한 수학자 겸 자연과학자인 갈릴레오 갈릴레이

어 원전에 대한 번역이 ③과 ④를 제외하고 출간되어 있다(대신 하버드 대학 출판부에서 펴낸 희랍어와 영어의 대역본 로우브[Leob] 고전 총서를 참고할 수 있음). ①과 ②는 김진성(2008 개정판) 『범주들·명제에 대하여』(이제이북스), ⑤는 김재홍 뒤침(2008), 『변증론』(도서출판 길), ⑥은 김재홍 뒤침(2007), 『소피스트적 논박』(한길사)으로 나와 있다. 이 6권의 '사고/논리 도구'는 예비 단계의 고찰로 알려져 있고, 아리스토텔레스의 사유 도구에 대한 본격적인 논의는 비록 중간에 착간들이 섞이어 있더라도 『형이상학』을 읽어 봐야 한다. 이 또한 희랍어 원전에 대한 번역이 두 종 나와 있어서 필자가 큰 도움을 받았음을 밝혀 사의를 적어 둔다. 김진성 뒤침(2007), 『형이상학』(이제이북스), 조대호 뒤침(2012), 『아리스토텔레스 형이상학, 1~2권』(나남)이다. 아리스토텔레스의 저술에 대한 총괄적 평가는 현재 통용되는 희랍 원전을 확정한 로스(Ross, 1877~1971) 교수의 책을 참고할 수 있는데, 로스(1923; 김진성 뒤침 2012), 『아리스토텔레스: 그의 저술과 사상에 관한 총설』(누멘)이다.

2) 영어 인명의 표기와 관련하여 필자의 생각을 적어 둔다. 한글은 본디 세종이 말소리(표면 발음)를 직접 받아 적기 위하여 만들었다. 이를 '표면 음성형' 표기라고 부른다('기저 음소형' 표기와 대립됨). 그렇지만 현행 맞춤법에서는 영어의 글자를 한글 글자로 옮기도록 잘못 규정하였다. 그 결과 한 사람이 둘 이상의 다른 이름으로 불리게 되는 혼란스런 경우도 생겨난다. 여기서는 일관되게 세종의 한글 창제의 본디 뜻을 살려, 현지 원래 발음 또는 표면 음성형을 적어 놓기로 하겠다. 원래 발음을 찾는 데에는 다음 4권의 영어 발음 사전들과 몇몇 누리집 정보를 이용할 수 있었다.

- Abate(1999), 『The Oxford Desk Dictionary of People and Places』, Oxford University Press
- Wells(2000), 『Longman Pronunciation Dictionary』, Longman Publishers
- Upton et al.(2001), 『Oxford Dictionary of Pronunciation』, Oxford University Press
- Roach et al.(2006), 『Cambridge English Pronouncing Dictionary』, Cambridge University Press

최근에 구글 검색에서 뜨는 위키 백과에서도 '[ ]' 속에 일부 인명에 대한 표면 음성형을 표시해 주고 있어 도움이 되며, 여러 나라의 인명 발음을 안내해 주는 누리집 forvo.com과 www.howtopronounce.com 등이 있어 도움이 크다. 과거 두 차례의 한국연구재단 명저번역을 수행할 때에도 똑같은 원칙을 밝혀 시행한 적이 있다. 비록 표기법 전문가가 아니더라도, 목표 언어 또는 그 언어를 쓰는 문화와 교류가 잦으면 잦을수록 더욱 긴밀히 현지 발음 표기(표면 음성형 표기)가 많아질 것으로 전망된다. 영어 발음은 한국어와는 달리 '강세 박자(stress-timed)'를 따르는 언어이다. '음절 박자(syllable-timed)' 언어인 한국어와는 발음 방식이 달라질 수밖에 없다. 관용적인 것들을 제외하고서는 맞춤법에서 영어 인명 발음법이 강세 박자 언어의 모습을 반영하여 빨리 개정될 필요가 있다고 믿는다. 음소 대응을 따르는 표기는 목표 언어의 본모습을 왜곡해 버릴 소지가 있다. 제1차년도 보고서의 심사평에서, 익명의 심사위원 한 분은 이 글의 외국 인명의 표기 방식에 대한 의문을 제기한 바 있다. 이에 대한 대답으로 필자가 왜 '표면 음성형'의 표기 방식을 택하는지 그 이유를 적어 둔다.

(Galileo Galilei, 1564~1642)나 아이작 뉴튼(Isaac Newton, 1643~1727) 등이 자연세계를 수학적 모형을 이용하여 기술하고 설명하면서부터, 당시 서구 사회에서 커다란 충격을 주었고, 누구나 선점해야 할 첨단의 흐름으로 인정됨으로써, 자연스럽게 지성사에서 합의된 발전 모형으로 자리 잡았다. 중세의 세계관을 뒤바꾼 이러한 충격은 이후에도 일어나 오늘날 시대를 포함하여 적어도 두 차례 이상 관찰될 수 있다(각각 자연 과학의 충격 및 정신분석의 충격임).

근대를 열어 가는 자연과학의 함의를 해석하기 위한 노력은 인류 지성사에서 첫 충격을 극복하는 과정이며, 흔히 서구에서는 계몽주의라고 불린다.3) 고대로부터 중세에 이르는 지성사에서는 거의 두 차원의 영역만이 관심의 대상이었다. 우리를 둘러싸고 있는 생태환경(또는 자연세계나 우주)과 이에 상호작용하여 알아낸 인식의 결과이다. 그렇지만 중세의 세계관이 무너지면서 새로운 세계를 구성해 내려는 계몽주의의 흐름에서는 분명하게 두 차원 이외의 다른 차원이 하나 더 도입된다(X Y 두 축으로부터 X Y Z 세 축으로 확대됨). 즉, 우리의 인식 능력 자체에 대한 성찰인데, 인간이 무엇을 인식할 수 있고, 무엇을 인식할 수 없는지를 새로운 차원에서 밝혀내려는 노력이다. 이는 흔히 영국 중심의 경험론과 대륙 중심의 합리론으로 거론된다. 경험론 쪽에서는 데카르트를 비판하면서 인간의 이해 역량(이해 가능성과 한계)을 놓고서 깊이

---

3) 필자가 근대 또는 탈근대를 이해하는 데에는 툴민(Toulmin 1990; 이종흡 뒤침 1997), 『코스모폴리스(=인간·사회·우주의 질서): 근대의 숨은 이야깃거리들』(경남대 출판부)과 강수택(1998) 『일상생활의 패러다임: 현대 사회학의 이해』(민음사)에서 많은 도움을 받았다. 탈근대 또는 후기근대 속성은 근대를 규정하는 특성을 부정하거나 극복하는 일로 규정된다. 또한 자연과학 그 자체가 객관적인 질서에 따라 발전하는 것이 아니라, 오히려 과학자 집단의 대립과 갈등을 통하여 상대적인 발전을 이루게 된다는 논의는 특히 툴민 (1972), 『인간의 이해 역량: 개념들에 대한 집단적 사용과 진화(Human Understanding: The Collective Use and Evolution of Concepts)』(Princeton University Press)에서 배울 수 있었다. 과학 철학자로서의 툴민(S. Toulmin, 1992~2009)은 상대론적 세계관을 지녔던 콜링우드 (R. G. Collingwood, 1889~1943)와 스승 비트겐슈타인으로부터 영향을 받았음을 알 수 있으며, '겸손한 회의주의자'이다(119쪽 제3장 3절 참고).

사색하였던 존 로크(John Locke, 1632~1704)가 20년 넘게 가다듬어 놓은 로크(1689)『인간 지성론(=이해 역량에 대한 논고)』이 있고, 이를 비판하면서 경험론적 사고 과정 자체를 재확립해 놓은 데이빗 흄(David Hume, 1711~1776)이 쓴 흄(1740)『인간 본성에 대한 논고』가 그러하다.4) 합리론 쪽에서는 데카르트(Decartes 1637)『방법 서설』과 라이프니츠(Leibniz, 유고인 원고본 출간은 1765년임)『인간의 이해 역량에 관한 새로운 논고』와 칸트(Kant 1787)『순수이성 비판』등 3대 비판서가 그러하다.5) 인류 지성사에서 첫 충격을 극복하기 위하여 계몽주의 철학자들이 찾아낸 인간의 능력(감각 능력과 인지 능력)에 대한 비판적 검토는, 오늘날에 이르러서는 하나의 독립된 영역으로 불려 인지 과학(cognitive sciences, 복수로 쓰며 복합 학문을 나타냄)으로 취급되기도 한다.

갤러버더·코쏠린·크뤼슨(Galaburda, Kosslyn, and Christen 2002) 엮음『두뇌 작동 언어(*The Language of the Brain*)』(MIT Press)에서는 우리 인간의

---

4) 한때 일본말의 영향으로 로크의 책은『인간 오성론』이라고 번역했었지만, 추영훈 뒤침 (2011),『인간 지성론』(동서문화사)과 정병훈·이재영·양선숙 뒤침(2014),『인간 지성론, 1~2』(한길사)에서는 'understanding'을 '지성론'으로 번역하였다. 필자는 '이해 역량'이 가장 온당한 번역 용어라고 판단한다. 흄의 책은 이준호 뒤침(1994),『인간 본성에 관한 논고, 1~3』(서광사)로 나와 있고, 흄에 대한 종합적 해설이 같은 번역자에 의해 살림출판사에서 이준호(2005)의 앞부분에 들어 있다. 또한 김혜숙 뒤침(2012),『인간의 이해력에 관한 탐구』(지만지)로도 번역되어 있다.

5) 데카르트(René Descartes, 1596~1650)의 책은 김형효 뒤침(1976),『방법서설 외』(삼성출판사)가 있고, 최근에 다시 이현복 뒤침(1996),『방법 서설』(문예출판사)과 원석영 뒤침 (2012),『철학의 원리』(아카넷)로 나와 있다. 칸트의 3부작이 모두 새롭게 백종현 교수에 의해 번역되었고, 해설서로서 백종현(2008 전정판),『존재와 진리: 칸트 '순수 이성비판' 의 근본 문제』(철학과현실사)가 있다. ① 백종현 뒤침(2006),『순수이성 비판, 1~2권』(아카넷), ② 백종현(2009 개정판),『실천이성 비판』(아카넷), ③ 백종현 뒤침(2009),『판단력 비판』(아카넷), ④ 백종현 뒤침(2005),『윤리 형이상학 정초』(아카넷)이다.
   백지 상태에서 후천적 경험에 의존하여 인간의 '이해 역량'(지성의 가능성 및 한계)을 확정 수립하려는 로크를 비판하면서 본유적 능력을 옹호한 논의는 빌헬름 라이프니츠 (Gottfried Wilhelm Leibniz, 1646~1716)에 의해 이뤄졌다. 로크가 타계하자 출간을 포기한 그의 미발간 원고본이 붙어서 영어로 번역되어 있다. 륌넌트·베닛(Remnant and Bennett 1981),『인간 이해 역량에 관한 새로운 논고(*New Essays on Human Understanding*)』 (Cambridge University Press)인데, 아직 우리말 번역은 없다. 라이프니츠의 세계관은 라이프니츠(1686; 윤선구 뒤침 2010),『형이상학 논고』(아카넷)와 번역자 해제에서 읽을 수 있는데, 왜 '단자(monad, 단순체)' 이론을 상정하게 되었는지 살펴볼 수 있다.

두뇌 속에서 표상되는 재료가 크게 언어적 표상 및 비언어적 표상으로6) 나뉘어 모두 23편의 글들이 들어 있다. 언어적 표상과 비언어적 표상은 데이빗 흄(1740)에서 생각의 재료(또는 인간의 지각)를 각각 ideas (관념)와7) impressions(인상)로 구분했던 내용과 그대로 일치한다.8) 이들

---

6) representation(표상)을 축자적으로 재현(再現) 또는 복제라고 번역하지 않는 까닭은 칸트로부터 찾아진다(독일어로 Vorstellung). 칸트는 비록 세계에 있는 물 자체(thing itself)의 본질에 대해서는 우리가 알 수 없지만, 세계로부터 오는 자극들이 우리 감각기관을 거쳐 머릿속에 들어오면 많든 적든 일정하게 재구성 과정을 거쳐 자리를 잡게 된다고 보았다. 따라서 우리 머릿속에서 우리 스스로 자각할 수 있는 정신적 대상들을 가리켜 흔히 '표상'이라고 부른다. 단, 박재걸 교수가 '함수'를 대치한 용어는 '표현'의 뜻임(65쪽 각주 18과 67쪽 각주 20).

비트겐슈타인(Ludwig Wittgenstein, 1889~1951)의 제자인 툴민(Stephen Toulmin, 1922~2009)의 설명에 따르면(Toulmin, 1972, 『인간의 이해 역량: 개념의 집단적 사용 및 진화 (Human Understanding: The Collective Use and Evolution of Concepts)』, Princeton University Press, pp. 192~199), 비트겐슈타인은 칸트의 생각을 비판하면서 머릿속의 표상도 둘로 나뉘어야 한다고 생각했음을 알 수 있다. 즉, 공적인 표상 및 사적이고 개인 간에 차이가 나는 개인별 표상을 구분해 줘야 하는 것이다. 그는 이를 각각 Vor-stellung(개인적이며 사적인 주관적 표상, '내 눈 앞에 서 있는 것')과 Dar-stellung(모두 합의할 수 있는 공적이고 객관적인 표상, [있는 그대로] '거기 서 있는 것')이라고 이름 붙였다고 한다. 현대 언어학의 창시자 소쉬르(Ferdinand de Saussure, 1857~1913)가 내세운 공적인 언어 일반 체로서 langue(공공의 객관적 대상)와 사적인 언어 변이체로서 parole(개인별 변이체)의 구분을 연상시킨다.

7) 정병훈 외 뒤침(2014), 『인간 지성론, 1권』(한길사) 제1장을 보면, 본유 관념을 부정하고 모든 것을 경험을 토대로 새롭게 재구성하는 로크는

'관찰 → 경험 감각 및 감각 인상 → 기억 및 반성 → 단순 관념 및 복합 관념 → 일반 명사 및 언어 → 지식 및 지성 → 영혼'

과 같은 일련의 연합 관계를 상정하고 있음을 알 수 있다. ideas는 '비유적으로' 우리가 마음의 눈으로 머릿속을 바라볼 경우 자신의 앞에 있는 구별 가능한 어떤 대상을 알 수 있다는 데에서 나왔음을 알 수 있다. '관념'이란 스스로 마음의 눈으로 머릿속에서 서로 구별되는 대상들을 바라보는 일이다. 로크의 ideas(관념)는 독일어로 Vorstellung(표상)으로 번역되었다고 한다(석기용 뒤침, 2005, 『빈, 비트겐슈타인, 그 세기말의 풍경』, 이제이북스, 219쪽).

오늘날 이런 착상은 여러 그물짜임들의 계층성으로 설명될 수 있는데, 특히 현대의 개념 범주 및 분류 이론 영역에서는 대략 다섯 개의 층위가 유기적으로 서로 얽혀 있다고 가정된다. 가장 보편적인 층위는 기본 층위 또는 종(generic 種) 층위로 불리며, 이 층위에서 위와 아래로 두 층위가 더 도입된다. 아래로는 하위 층위(sub-generic level)과 차하위 층위(sub-sub-generic level)가 있고, 위로는 상위 층위(super-level)과 포괄 층위(super-super level)가 있다. 신현정(2000), 『개념과 범주화』(아카넷)의 제4장 '개념의 위계적 구조: 기본수준 개념'을 읽어 보거나 신현정(2011), 『개념과 범주적 사고』(학지사)의 제2장 4절 '개념 위계에서 기본 수준'을 읽어 보기 바란다.

8) 흄(1740; 이준호 뒤침 1994), 『인간 본성에 관한 논고』(서광사)에서는 일관되게 서로 구분되는 용어들을 썼다. 필자가 참고하는 영어 판본은 브리태니카 백과사전 출판사에서 낸 서양 고전사상(The Great Books of the Western Worlds)의 제35권이다. 관념(ideas)은 사고

은 또한 오늘날 연구자들에 따라서 각각 concepts(개념)과 percepts(지각)으로 불리거나, 또는 propositions(단언)와 qualia(재귀적 감각질)로도[9] 불리기도 하며, notions(통상 개념, 통념)와 sense data(감각 재료)/images(감각인상)로도 쓰인다. 어떤 용어를 쓰든지 그 범위들이 서로 간에 공통분모들이 있는 유의어들이다. 철학이나 심리학이나 사회학 등에서는 '명제'란[10] 말을 자주 쓴다. 관념, 개념, 단언(명제), 통념, 추상 개념과 같은 용어들에서 공통되게 모두 포함해야 하는 요소는 '일반 명사'를[11] 포함

작용(thinking)을 하고, 인상(impressions)은 감각 작용(feeling)을 한다. 관념들 사이에는 추론(reasoning)이 일어나며, 인상들 사이에서는 추리(inference)가 일어난다. 그렇지만 이 양자를 통괄하는 상위 부서에 대한 필요성은 느끼지 못하였던지 정신모형(mental model)과 같은 부서의 상정은 찾을 수 없다. 그럼에도 관념들을 연합하는 원리(연합원리)로서 유사성·인접성·인과성을 상정하거나 인과율 자체도 본유적인 자연법칙이 아니라, 오히려 '원인-결과 인접성·원인 선행성·원인-결과 불변 연결'에 의해 드러나는 관찰 경험의 산물이라는 주장은 칸트(Kant)를 독단의 잠으로부터 깨워 준 통찰력이며(철학자들은 칸트를 '프러시아 흄'으로, 흄을 '스코틀런드 칸트'로 바꿔 부르기도 하는데, 흄은 천재성을 20대에 발휘하였고 칸트는 50대에 발휘하였음), 오늘날에도 여전히 우리들로 하여금 성찰하고 반성하게 만드는 혜안이다.

9) 김재권(2004; 하종호 뒤침 2007), 『물리주의』(아카넷) 247쪽, 251쪽, 257쪽에 보면, qualia (스스로 느끼는 감각질, 재귀적 감각질)는 의식 경험의 질적인 특성이며, 신경생리학적인 내용으로 기술(환원)될 수 없다. 엄격히 말하면, 단순한 감각이 아니라, 그런 감각을 느끼고 있음을 깨닫는 의식 내용인 것이다.

10) 일본인 서주(西周 니시 아마네, 1829~1897)가 만들었다고 하는 번역 용어 '명제'는 '명령문으로 된 표제'라는 뜻을 담고 있다. 아마 간단 명료한 군대 명령을 연상하며 만들어졌을 듯하다. 명제는 결코 명령문이 아니다. 왜냐하면 그 형식이 참과 거짓을 따지려면 언제나 서술 단정문으로 되어야 하기 때문이다. 그렇지만 그 뜻을 새기지 못한 채 '명제'란 말이 그대로 굳어져 통용되고 있다. 여기서는 서술문을 통해 참임을 단정하는 특성을 살려 '단언'으로 고쳐 부른다. 단언은 우리가 경험하는 낱개의 사건을 가리키며, 희랍 때부터 주어와 술어로 나뉨을 인식하고 있었다. 오직 근대에 와서야 일원론적 시각으로 술어를 중심으로 하여 재분석되었을 뿐이다.

11) 무심히 넘겨 버리는 '일반 명사(common noun, general noun)'는, 우리 인간의 인식을 구성하는 최초의 벽돌로 비유할 만큼 매우 주요한 대상이자 개념이다. 뤄쓸(1937), 『수학의 원리』에서는 'terms'라고 부르는데 class-concept(원초적인 집합 개념)이므로 일반 명사와 동등한 개념이다. 일반 명사는 집합 개념에서 그대로 술어(동사, 형용사, 계사)가 되며, 가설-연역 체계에서 일원론적 접근법을 가능하게 만드는 거점이 된다. 따라서 일반 명사는 고대의 아리스토텔레스 『범주론』에서부터 그 논의를 찾을 수 있고(포함 관계를 작동시키는 원천이며, 범주는 주어를 소속시킬 수 있는 술어들에 대한 분류임), 아리스토텔레스를 처음으로 비판했던 베이컨도 '작은 단언'으로 중간 층위의 추상화 개념을 상정하지 않을 수 없었으며, 로크도 일반 명사의 존재를 분명히 포함 관계의 원천으로 인식하고 있었다(63쪽의 각주 15도 참고하기 바람). 오늘날 뤄쓸(Russell 1937, 제2 개정판), 『수학의 원리(The Principles of Mathematics)』(Norton & Co.)에서도 일반 명사는 가장 먼저 다뤄지

하는 자연언어이다. 자연언어 그 자체가 그대로 단언(명제) 또는 관념과 투명하게 일치되는 것은 결코 아니다.

계몽주의 흐름으로 인간 정신을 다루는 철학의 면모를 일신하여 다져 온 지성사에서, 다시 큰 충격이 19세기 프로이트에 의하여 던져졌다. 정신 분석이라는 낯선 이름으로 인간 정신 영역을 점유해 버린 것이다. 이 충격을 극복하기 위한 여러 시도들이 이른바 현대 철학의 다양한 갈래를 만들어 내었다. 영미 쪽에서는 수학을 논리학으로 환원하는 시도의 영향 아래,12) 자연언어가 그려내는 모든 세계를 엄격히 논리적 틀로 재번역하려는 생각을 틔웠다. 소위 분석철학의 사조인데, 캐임브리지 대학 무어(G. E. Moore, 1837~1958)와 뤄쏠(B. Russell, 1872~1970)의 제자인 초기 비트겐슈타인(L. Wittgenstein, 1889~1951)의 저작을 비엔나의 학자들이 읽으면서 '논리 실증주의'라는 이름이 생겨났다.13) 비록

는 항목인데, 자연언어의 애매성을 극복하기 위하여 뤄쏠은 type(유형)이라는 말을 만들어 썼지만, 결국 set(집합)에 다름 아니다. 최근의 심리학에서도 인간의 인지에서 가장 안정된 층위의 심리적인 대상물로 간주하여 기본 층위(basic level) 요소로 부른다.
　'일반 명사'의 존재가 오늘날의 학문에서 채택하는 가설연역 공리계에서는 대상 항목에 대한 정의와 맞물려 있는데, 특히 속성 제시 정의 또는 내포적 정의 방식을 가리키게 된다. 수학의 공리계에서 정의 방식은 개체 나열 방식(외연적 정의)과 속성 제시 방식(내포적 정의)이 있다. 전자가 개체를 모아 놓고 하나의 범주로 묶는 방식이고, 후자가 주요 속성 제시하여 개념으로 붙드는 방식이다. 따라서 심리학에서는 이를 인지 작용에 간여하는 범주와 개념으로 따로 부르기도 한다. 여러 학문에서는 비가시적 대상들도 다뤄야 하기 때문에 주로 후자의 방식을 통해 자신의 영역을 넓혀 나간다.

12) 수학사를 보면 수학의 여러 하위 영역들 간에 환원 과정이 뚜렷이 관찰된다. 고대에서부터 중세에 이르기까지 수학은 기하학과 대수학이라는 두 기둥이 있었지만, 프랑스 수학자 데카르트에 의해 '좌표계'가 도입됨으로써 처음으로 기하학이 완전히 대수 구조를 지닌 모습으로 환원된다. 대수학은 다시 영국 수학자 부울(George Boole, 1815~1864)에 의해 부울(1854), 『사고의 법칙 탐구: 논리와 확률에 대한 수학 이론(*An Investigation of the Laws of Thought: The Mathematical Theories of Logic and Probabilities*)』(MacMillan Co.)으로 논리학적 기반이 추구된 뒤에, 집합론의 탄생 및 '반복 함수'라는 수의 본질의 터득과 더불어 가설-연역적 공리계를 지닌 기호논리학(symbolic logic)과 동등한 기반을 갖게 된다(뤄쏠, 1937, 『수학의 원리』; 화잇헤드·뤄쏠, 1910~1913, 『수학 원리(*Principia Mathematica*)』). 이어 오스트리아 수학자 괴델에 의해 비엔나 대학의 박사논문으로 『수학 원리』가 기대고 있는 가설-연역 공리계의 증명 불가능성(변항들이 대상임)이 대각선 증명에 의해 확립된 다음에, 다시 영국 수학자 튜링(Alan Turing)에 의해 프린스턴 대학의 박사논문으로 논리적 전개과정 자체에 대한 완벽성이 확보된다.

13) 논리 실증주의에 대한 자세한 논의는 에이어(Ayer 1946 제2 개정판)에서 살펴볼 수 있는

자연언어를 불신하는 극단적 풍조가 팽배했었지만,14) 이런 태도를 반박하면서 나온 일상언어 철학(ordinary language school)의 흐름에서는 자연언어가 우리의 직관과 통찰의 근원이며 새로운 지혜를 찾아낼 수 있다고 보아, 긍정적이고 적극적인 시각으로 자연언어를 옹호하면서 다루어 왔다. 이런 전환은 특히 옥스퍼드 대학의 철학자 오스틴(J. L. Austin, 1911~1960), 그롸이스(H. P. Grice, 1913~1988), 스트로슨(P. Strawson, 1919~2006)과15) 캐임브리지 대학의 후기 비트겐슈타인에 의해 주도되었다.

데, 두 종의 번역본이 나와 있다. 이영춘 뒤침(1959), 『언어와 진리와 논리』(문교부) 및 송하석 뒤침(2010), 『언어, 논리, 진리』(나남)이다. 분석철학연구회 엮음(1984), 『비트겐슈타인의 이해』(서광사)에 있는 13편의 글이 분석철학과 논리 실증주의의 핵심을 이해하는 데에 크게 도움을 준다.

14) 재닉·툴민(1996; 석기용 뒤침 2005), 『빈, 비트겐슈타인, 그 세기말의 풍경』(이제이북스)의 제6장(특히 301쪽 이하)에서는 이른바 '그림(독어 Bild, 영어 picture) 이론'으로 불리는 '세계 대 개념'의 대응 관계가 사진이나 실물화와 같은 단순한 1 : 1 대응이 아니라, 내적 단언(명제) 질서들로부터 도출되어 나온 결과로서의 동형성(Verbindung)란 의미에서의 대응인 것이다. 이는 마치 수학에서 안정된 실수계의 표상과 미지의 위상 공간 표상 사이에서 '재귀적 관계, 대칭적 관계, 추이적 관계'들을 따져서 속성상의 동형성을 확보하는 일을 연상시키는데, 스승인 뤄쓸(Russell, 1872~1970)의 기술 이론(theory of descriptions)에 비견될 수 있다.

15) 오스틴의 책은 하버드 대학 윌리엄 제임스 기념 강의인 '낱말 사용 방법(How to Do Things with Words)'이 1962년 출간된 것을 제외하면, 모두 사후에 엄슨(Urmson) 교수와 워낙(Warnock) 교수에 의해 출간되었다. 전자는 언어학자와 철학자에 의해 우리말로 번역되었는데, 각각 장석진(1987), 『오스틴, 화행론』(서울대학교 출판부)와 김영진(1992), 『말과 행위』(서광사)이다. 후자는 워낙 엮음(1964), 『감각과 감각자료(*Sense and Sensibilia*)』(Oxford University Press)와 엄슨·워낙 엮음(1961, 제3판 증보 1979), 『오스틴 철학 논문(*J. L. Austin, Philosophical Papers*)』(Oxford University Press)이다.

그롸이스는 생전에 자신의 글들을 모은 책을 교정하고 있던 중 1988년 타계하였으므로, 오직 유저들만이 출간되어 있는 셈이다.

1989, 『낱말 사용 방법에 대한 연구(*Studies in the Way of Words*)』(Harvard University Press)
1991, 『가치의 복합 개념(*The Conception of Value*)』(Clarendon Press)
2001, 『이성의 여러 측면(*Aspects of Reason*)』(Clarendon Press)

그롸이스(1971), 「의도와 불확실성(Intention and Uncertainty)」, 『영국 학술원 논문집』 제57호(263~279쪽)나 그롸이스(1986), 「행위와 사건(Actions and Events)」, 『태평양 계간 철학 학술지』 제67호(1~35쪽) 등 중요한 논문들은 그의 유저 속에 들어가 있지 않다(154쪽의 각주 4도 참고하기 바람).

스트로슨 교수는 10권의 저서를 남겼는데, 한(L. E. Hahn)이 편집하는 '생존 철학자 도서관'의 제26호로 한 엮음(1998), 『스트로슨의 철학(*The Philosophy of P. F. Strawson*)』(Open Court)의 부록에 전체 논저들이 자세히 소개되어 있다. 옥스퍼드 일상언어 철학자들의 업적에 대한 우리말 번역은 의외로 드물다.

그런데 계몽주의 철학자들에 의해 찾아진 이들 감각 재료와 추상 재료는 각각 따로따로 작동하는 것이 아니다. 아주 복잡하게 여러 계층들에 의해서 서로 뒤얽혀 있고, 또한 제2차 뇌에 자리한 감성 영역들과도 긴밀히 연합되어 있다. 킨취(Kintsch 1998; 김지홍·문선모 뒤침 2010: 97쪽 이하)『이해: 인지 패러다임 I』(나남)에서는 인지과학 또는 심리학에서 우리가 스스로 인식할 수 있는 정신 내용을 표상하는 방식을 다음처럼 네 가지로 정리하였다.

첫째, 연상 그물짜임이다. 이는 가령 '주사기'라는 자극물이 주어지면, 사람에 따라 '병원'을 연상하기도 하고, '간호원'을 연상하기도 하며, 또는 병원에 입원한 '친척'이 떠오르기도 할 것이다. 이른바 자유연상(free association)에 기반한 주장이며, 가장 오래된 형태로서 아리스토텔레스까지 거슬러 올라간다고 한다.

둘째, 속성(자질) 체계이다. 이는 특히 언어학에서 낱소리를 음성자질의 복합체로 표상하는 일로부터 영향을 받은 것이다. 가령 짝이 되는 낱말 총각과 처녀는 모두 [+사람, +미혼, +젊음]이라는 공통 속성(자질)을 나눠 갖지만, 성별에서만큼은 각각 [+남성]과 [−남성]으로 대립하는 경우와 같다. 뷔즈닙스끼(Wisniewski 1995)에서는 바로 이런 속성들이 심리적 구성 내용물이며, 하나의 속성으로 구성되는 것은 더 큰 계층의 맥락·목표·경험에 달려 있다고 주장한다.

셋째, 의미 그물짜임이 있는데, 이름표가 붙은 그물의 마디 연결은 엄격히 유목 포함관계(class inclusion) 등에 의해 제약되어 있다. 가령, 'IS-A'(~의 하나이다, 정체정 지정) 또는 'PART-OF'(~의 부분이다, 관계 지정)과 같은 관계로 그물들이 짜여 있다고 보는 것이다. 이들 그물 사이

이에 반하여, 비트겐슈타인의 책들은 부산대 철학과 이영철 교수의 번역으로 책세상에서 나온 '비트겐슈타인 선집'(①『논리철학 논고』, ②『소품집』, ③『청색 책·갈색 책』, ④『철학적 탐구』, ⑤『쪽지』, ⑥『확실성에 관하여』, ⑦『문화와 가치』)이 있고, 이외에도 이영철 뒤침(2013),『심리 철학적 소견들, 1~2권』(아카넷); 박정일 뒤침(2010),『비트겐슈타인의 수학의 기초에 관한 강의』(울) 등이 나와 있다.

에도 몇 겹의 위계들이 주어져 있다.

넷째, 각본(script)·틀(frame)·개념틀(schema[16] 도식)·기억 꾸러미(MOPs) 등으로 불리는 표상 방법이 있다. 이는 특히 인공지능 연구자들에 의해 선호되는 방식으로서, 쉥크·에벌슨(Schank and Abelson 1977)에서 제시한 '음식점 각본' 따위가 자주 인용된다.[17] 마치 연극이 '각본'에 따라 공연 되듯이, 음식점에 가서 누구나 실행하게 되는 일련의 행동이 적혀 있는 명세표에 비유된다. 그렇지만 이 방식은 자유의지를 지닌 인간이 모든 사태를 임의적으로 바꿀 수 있다는 특성을 따라가기에는 너무 고정적· 정태적이며 융통성이 적다는 단점이 있다.

킨취 교수는 우리 정신이 명제 그물짜임으로 이뤄져 있다고 가정한 다.[18] 이때 단언(명제)은 자연언어에서 동사와 동사가 거느리는 명사들

16) 원래 칸트가 썼던 용어이다. 인류 공통의 차원에 적용되는 범주(category)가 있고, 문화 공통체에 적용되는 규범(maxim)이 있다. maxim은 본디 아리스토텔레스 『수사학』에서 명백히 '격언, 속담, 잠언'의 뜻으로 쓰였는데, 중세 강단철학에서 '공리(axiom)'란 뜻으 로 승격되었다. 백종현 교수는 '준칙'으로 번역하였으나 일본에서는 '격언+법률'을 합쳐 '격률'이라고 한다. 그렇지만 격률이 당나라 시절에는 시를 짓는 정형률을 뜻했는데, 580 쪽의 각주 20을 보기 바란다.
   그리고 개인별 체험에 적용되는 개념틀(schema)이 있다. 일본에서는 그림과 공식을 합 하여 '도식(圖式)'으로 번역하였지만, 결코 오로지 그림도 수학 공식도 아니다. 추상적인 단언 형식도 간여하기 때문이다. 백종현 교수도 또한 '도식'으로 번역하고 있다. 그런데 schema(지식구조의 개념틀)라는 용어는 인지발달 심리학자 피아제(Jean Piaget, 1896~ 1980)와 기억 연구의 아버지로 칭송되는 바아틀릿(Frederic Charles Bartlett, 1886~1969) 에 의해 채택된 뒤, 오늘날 인공지능을 포함한 인지 과학 분야에서 널리 쓰이게 되었다. 그렇지만 결코 칸트처럼 3단계의 구분을 전제하고 있는 것은 아니다. 개별 경험이 기억 속에 그물짜임으로 얽혀 있는 자족적 개별 단위들을 가리키며, 다시 이들을 더 통합하기 위하여 '정신 모형(mental model)' 또는 '상위 표상(metarepresentation)'이라는 상위 개념 이 도입된다.

17) 쉥크(1999; 신현정 뒤침 2002), 『역동적 기억: 학습과 기억에 주는 함의』(시그마프레스) 가 번역되어 나왔다. 신현정 교수는 scripts(각본, 대본)를 번역하지 않고 외래어로서 '스 크립트'라고 쓰고 있는데, 번역본 11쪽 이하에서 어떤 용어를 쓰든지 간에, 상위 수준의 '지식구조'를 수립하는 요소들이며, 세부 상황들에 대하여 순서가 깃든 사실(사건)들의 집합체로 정의하고 있으며, 번역본 119쪽의 스크립틀릿(scriptlet, 개개의 각본)은 그 집합 체의 원소에 해당한다.

18) 이는 한 가지 사례일 뿐이며, 다수가 동의한다는 뜻이 결코 아니다. 우리나라 심리학자들 이 제안하는 다른 견해도 있다. 신현정(2011), 『개념과 범주적 사고』(학지사)의 제1장 3절에서는
   ① 필요·충분 조건의 고전적 견해,

로 만들어져 있고, 미시적인 짜임과 거시적인 짜임 및 상황모형 등으로 복잡하게 얽히어 있다. 킨취 교수는 논설류의 글읽기 과정이 문장들로부터 미시구조를 만들고, 미시구조들로부터 거시구조를 만들며, 이 거시구조를 시지각 재료와 유기적으로 관련되게 만들고 나서(상황모형 구성) 장기기억에 '인출 구조'들로 저장해 놓다고 보았다. 우리가 일련의 어떤 정보를 하나의 재료에만 의지하여 기억하고 인출하기보다는, 오히려 이용할 수 있는 모든 감각 재료들을 모두 다 같이 동원함으로써 기억과 인출이 더 쉬워지도록 촉진하는 것이다.19)

---

② 원형(prototype) 또는 전형성 견해,
③ 본보기 사례(examplar) 견해,
④ 앞의 원형 및 본보기를 통합한 스키마 견해,
⑤ 지식 기반 견해

를 소개하고 있으며, 제4장에서는 복수 모형(이원적 과정)을 상정해 볼 수 있음을 논의하고 있다. 김영채(1995), 『사고와 문제해결 심리학: 인지의 이론과 적용』(박영사)의 제5장에서는 주로 낱말 의미와 명제와 초인지를 중심으로 하여 그물짜임(망상) 모형을 다루고 있다. 박태진(2009), 「지식의 표상」, 이정모 외 16인, 『인지 심리학』(학지사)에서는

① 개념적 지식 표상,
② 명제적 지식 표상,
③ 도식적 지식표상,
④ 절차적 지식표상

을 논의하고 있다. 따라서 인간의 인지를 다루는 전문 영역에서 다중기억의 짜임새와 층위가 어떻게 이뤄져 있는지를 다뤄 보려고 경합하는 여러 이론 후보들이라고 서술해야 더 옳겠다.

19) 그런데 이런 일들이 두뇌의 고유 영역에서 독립적이며 자족적으로 일어나는지, 아니면 상위에 있는 어떤 부서가 있어서 그 부서의 제어를 받는지(옛날에는 '또 다른 자아'나 초자아로도 불렸음)에 대해서 의문이 제기될 수 있다. 현재로서는 튜륑(Turing)의 생각을 계승하여 평면적으로 각 부서가 독립적이고 자족적인 성격을 부여하는 단원체(module) 접근 방식이 있고, 입체적으로 각 영역들을 위에서 통합 관리하는 상위 부서 접근 방식이 있다. 전자에 대해서는 포더(Fodor 1983), 『마음의 단원체 속성(*The Modularity of Mind*)』(MIT Press)과 다수의 연산주의(computationism) 논의들이 있다. 비록 연산주의를 비판하면서 나왔지만 연결주의(connectionism)에서도 어떤 제약이 만족되면 교점들 사이에 활성화가 확산되어 그물짜임이 이뤄지며, 따로 제3의 부서를 상정할 필요를 느끼지 않는다는 점에서 평면적인 동일 부류의 접근으로 묶인다. 후자에 대해서는 존슨레어드(P. Johnson-Laird 1983), 『정신모형: 언어·추론·의식의 인지과학을 향하여(*Mental Models: Towards a Cognitive Science of Language, Inference, and Consciousness*)』(Harvard University Press)와 젠트너·스티븐즈 엮음(D. Gentner and A. Stevens 1983), 『정신모형(*Mental Models*)』(Lawrence Erlbaum)과 스퍼버 엮음(D. Sperber 2000), 『상위 표상: 여러 학문의 관점(*Metarepresentation: A Multidisciplinary Perspective*)』(Oxford University Press)을 참고할 수 있다.

의사소통과 관련하여 중요한 심리학 실험 보고들이 있다. 가장 초기의 연구는 스트룹(Stroop) 교수가 시지각 자료 및 언어 자료 사이에 일치되지 않는 자극('간섭 자극'으로 불림)들을 제시하여[20] 실수를 유발하는 정도나 지연 반응의 정도를 측정하는 실험이다. 그 결과는 색깔과 그 색깔을 가리키는 언어 사이에 긴밀한 연관성(감각 재료와 언어 재료 사이의 강력한 결합 정도)을 깨닫게 해 주었다. 이런 실험을 흔히 그의 이름을 따서 '스트룹 효과'라고 부른다.

그런데 이런 자극물들 사이에 불일치 실험은 유치원 학생들을 대상으로도 이뤄졌다. 가령, 얼굴 및 몸짓으로 전달해 주는 자극물(가령 찡그리거나 괴로운 표정과 몸짓)과 말로 전달해 주는 자극물(행복한 옛날이야기) 사이에 불일치를 극대화하는 경우에, 어린이들은 비언어 자극물로부터 더욱 진실한 정보를 얻는 경향이 아주 높다고 한다. 따라서 귀로 듣는 옛날이야기의 내용과 상관없이, 오직 불행한 이야기로만 받아들인다. 반면에, 사춘기를 넘은 학생들을 대상으로 하여 실험을 진행할 경우에는, 불일치되는 감각 자극물을 일단 접어 두고서, 언어 자극물로부터 기본적인 정보를 언어 처리하는 것으로 알려져 있다. 물론 이런 실험 보고들은 이례적으로 두 영역의 자극들이 일부러 내용상 괴리되거나 일치하지 못하도록 꾸며 놓은 것으로, 두 영역이 서로 긴밀히 연합되어 있음을 드러내려는 목적을 품고 있다. 앞으로 발달 단계의 어느 시점에서 이런 전환이 시작되는지에 대하여 심층적인 연구들이 이어져야 할 것이다(일부에서는 사춘기 전후로 발달되는 작업기억에 주목함).

흔히 두 사람이 얼굴을 마주 보는 의사소통 상황에서는 두 영역에서의 처리가 동시에 일어난다고 알려져 있다.[21] 그렇다면 두 영역에서의

---

20) 밀러(Miller 1991; 강범모·김성도 뒤침 1998: 210쪽 이하), 『언어의 과학: 그림으로 이해하는 언어와 정신의 세계』(민음사)에 화보 자극물들이 실려 있어 도움이 된다.

21) 가령, 더욱 극단적인 시지각 처리 과정이 있다. 흔히 테니스 운동선수들의 몸놀림이 대표적인 경우이다. 그들은 상대방 공이 날아오는 것을 시지각으로 처리한 뒤에 거기에 반응하는 것이 아니다. 오직 무의식적으로 손놀림이 먼저 공을 받아치는 쪽으로 특화되어

산출 처리가 동시에 일어나는 경우에, 전형적으로 두 영역의 자극들이 서로 부합되거나 일치되도록 제시 간격에서 시간상 적절히 조율되어야 한다는 교훈을 암시해 준다. 비언어 자극물에 대해서는 대체로 무의식적으로 받아들이면서 처리되다가 이례적인 자극일 경우에 주의력이 모아지지만,[22] 언어 자극물에 대해서는 주의를 집중하지 않고 막연히 흘

있다. 이를 영어로는 근육기억(muscle memory)이라고 부른다. 망막과 시각 저장고에 모아진 정보가 시상 하부의 처리에서 대뇌 피질로 정보가 가는 것이 아니라(따라서 스스로 의식할 수 있는 것이 아니라), 대신 곧장 근육 운동을 일으키는 경로로 전달되어 선수들이 미처 시지각 내용을 의식적으로 느끼지 못하더라도 무의식적으로 신체 반응을 일으키는 것이다.

신경생리학적으로 이런 현상을 '두 가지 경로의 처리 과정'이라고 부른다. 하나는 감각 기관을 통해 시상하부에서 직접 근육운동을 명령하는 경로이고, 다른 하나는 제3의 뇌에 정보를 전달한 뒤 스스로 의식하여 깨달은 뒤에 근육운동을 명령하는 경로이다. 이는 특히 공포 연구로 유명한 신경생리학자 르두(LeDoux) 교수의 다음 물음으로 잘 알려져 있다. 숲속에서 곰을 만나 줄행랑을 칠 경우에,

"무서워서 도망가는 것일까?, 아니면 도망가기 때문에 무서운 것일까?"

대답은 둘 모두이다. 첫 반응은 우리가 의식하지 못한 채 일어나는 것이며(무의식적 반응), 이후 차츰 3차 뇌의 의식 속에 포착되어 더욱 공포감을 느끼게 되는 것이다. 르두(1998; 최준식 뒤침 2006), 『느끼는 뇌: 뇌가 들려주는 신비로운 정서 이야기』(학지사)를 읽어 보기 바란다.

이런 처리와 관련하여, 얼굴을 마주 보는 의사소통에서는 상대방의 얼굴 표정이나 몸짓 따위가 특정한 정보를 전달해 주는데, 이는 흔히 '감성적 처리'들과 긴밀히 관련된다. 우리가 어떤 사람을 처음 만나고자 할 경우에 자신의 매무새를 깔끔히 단장하는 것도 이런 처리와 부합될 수 있다. 두뇌 신경학자인 더마지우(Damasio) 교수는 여러 환자들에 대한 임상 연구를 통하여 인간의 판단과 결정에 테두리 뇌(변연계, 제2의 뇌)에 있는 감성 부서들이 최종 결정권을 행사함을 밝혀내었다. 더마지우(1994; 김린 뒤침 1999), 『데카르트의 오류』(중앙문화사)를 읽어 보기 바란다. 한편, 상호작용 사회학의 흐름을 이끌던 고프먼(E. Goffman 1959; 김병서 뒤침 1987), 『자아표현과 인상관리: 연극적 사회분석론』(경문사)에서는 자아의 개념을 「가면을 쓰고 연극을 하는 일」에 비유하고, 이런 일을 특히 '자아 인상 관리'라고 부른 바 있다. 이어 고프먼(1967; 진수미 뒤침 2013), 『상호작용 의례: 대면 행동에 관한 글』(아카넷)의 제1장 '체면 지키기'와 제2장 '존대(=상대방을 대접함)와 처신의 성격'에서는 마치 연극처럼 상대방과 서로 조율해 나가는 미세한 과정들이 명시적으로 자세히 논의하고 있다.

22) 신체 언어와 관련하여 다음처럼 선업들이 출간되어 있다. 김영순(2004), 『신체 언어 커뮤니케이션의 기호학』(커뮤니케이션북스); 김영순·김연화(2007), 『몸짓 기호와 손짓 언어: 교사-학생 간 비언어 의사소통 연구』(한국문화사); 한국기호학회 엮음(2002), 『몸의 기호학』(문학과지성사); 성광수 외 12인(2003), 『몸과 몸짓 문화의 리얼리티』(소명출판); 암스트롱 외(D. Amstrong et al. 1995; 김영순 외 뒤침 2001), 『몸짓과 언어 본성』(한국문화사). 언어교육 쪽에는 이런 요소를 '언어 딸림 표현(paralinguistic expressions)'으로 불러 부차적으로 취급한다. 그렇지만 무언극(또는 판토마임)에서는 주된 결정적 요소이다. 그렇다면 두 극단 상황만을 대립시키기보다는 의사소통 상황별로 가중치가 어디에 부여될지를 능동적으로 결정하는 일이 수반되어야 함을 알 수 있다.

려듣는 처리과정에서부터, 좀 더 의식적이며 비판적인 능동적 처리까지 여러 단계에 걸쳐 일어나는 것이다.

언어 산출 과정과 관련하여 생각의 재료에 대한 논의를 살펴보면, 의사소통 의도가 결정된 뒤에 산출 단계에서부터 언어적 경로 및 비언어적 경로를 모두 염두에 두고서 산출 전략이 마련되어야 하고, 양자가 조화롭게 통합되는 방식으로 산출이 이뤄져야 한다고 매듭지을 수 있다. 언어 산출이 비록 발화(입말) 또는 글말이 화자 또는 집필자 외부로 방출되어 나오더라도, 그 산출이 상대방에게 제대로 이해되고 소통되었는지를 확인하는 과정이 같이 맞물려 있어야 하므로, 산출은 언제나 상대방의 반응에 대한 '점검 확인'까지 포함되어야 하는 것이다.

2. 기억의 분류

기억은 흔히 저장과 인출이라는 두 과정으로 이뤄진다. 기억이란 이전까지 우주의 본질이라고 여겨지던 '시간' 개념의[23] 형성에도 밑바탕

---

23) 칸트는 인간 인식에서 가장 근본적인 개념들을 아리스토텔레스의 용어를 빌어 범주(categories, 판단 가능한 단언의 구성에 참여하는 기본요소)라고 불렀는데, 양·질·관계·양태로 이뤄져 있다. 아리스토텔레스가 다룬 범주와 단언(명제) 개념에는 시제/시간 개념이 들어 있지 않다(물론 근본적으로『자연학』에서 시간의 본질에 대하여 의문을 던지면서 변화 운동의 수로 파악하고 있는데, 이기상(1990), 「계산의 시간: 아리스토텔레스에 있어서의 시간」,『철학』제35권을 참고할 수 있음). 오직 20세기 초반 뤄쏠과 스트론슨 사이에 확정 지시표현에 관한 논쟁을 통하여, 비로소 시간과 장소 개념이 양화사로 도입된다(용어도 statement로 바꿔 부름). 양화 형식으로 나타낸 시간의 논리형식은 특히 프롸이어(A. Prior, 1914~1969)의 저작들에 힘 입었는데, 1957년『시간과 양태』, 1967년『과거, 현재, 미래』, 1968년『시간과 시제에 관한 논문』(모두 Clarendon 출간) 등이 있다. 칸트는 아리스토텔레스의 저작물에서 언급하는 범주 숫자가 4개 항목에서 6개의 항목 또는 10개의 항목으로 변동하는 사실을 들어 범주 확립에 "아무런 원리도 가지지 못했다"고 비판하였고(백종현 뒤침,『순수이성 비판, I권』, 299쪽; 아리스토텔레스의 '범주'는 단순히 '술어의 종류'라는 뜻을 지녔음), 시간이나 공간을 양태 범주의 하나로 보았다. 그렇다면 아리스토텔레스가 내세운 단언의 개념은 우리가 경험을 하지 않더라도 이미 주어져 있어야 하는 개념으로 치부하였던 것이다.
　그렇지만 신경생리학적으로 보아 이미 변화를 겪은 구체적 사건이 기억 속에서 저장되고 다시 수시로 인출될 수 있어야만 비로소 시간 개념이 생겨나는 것이다. 이렇게 기억에

이 되는 필수 조건이다. 털빙·르파쥬(Tulving and Leparge 2001)에24) 따르면, 영장류(그리고 코끼리 등 일부 포유류)만이 자신의 겪은 구체적인 과거 사건들을 되돌아볼 수 있는 기능이 있고, 이를 '뒤돌아보는(palinscopic)' 기억이라고 불렀다. 시간 개념은 이런 기억의 특성이 없었다면 결코 생겨나지 않았을 것이다. 그런데 대다수의 포유류들은 오직 현재 및 매우 근접한 장래 시간 폭의 정보만을 인출하여, 자신이 있는 공간에서 행동으로 옮길 뿐이다. 이를 뒤돌아보는 기억과 대립시켜 그들은 '앞만 내다보는(proscopic)' 기억이라고 불렀다. 다시 말하여, 짐승들은 본능에 따라 오직 '현재 시간만'을 살고 있을 뿐이다. 과거 경험과 현재 자극 내용을 비교하면서 미래를 계획하거나 반성을 할 수 없는 것이다. 그러나 인간에게서만은 자신이 겪은 구체적 개별 사건을 기억 속에 저장해 두고, 필요할 때마다 수시로 인출할 수 있으므로, 과거 시점과 현재 자극 사이에 있는 간격(또는 거리)을 스스로 자각하게 되고, 여기서 비로소 '시간'이란 개념이 부수적으로 생겨나는 것이다.

인간의 두뇌 속에 저장해 둔 기억에 대한 연구는 19세기에 와서야 크게 두 갈래로 시작되었는데, 그 흐름을 열어 놓은 연구자들을 기리기 위해 '기억 연구의 아버지'(들)로 부르고 있다. 한 쪽은 임의의 대상들을 놓고서 실험실에서 '자유연상'의 기법을 연구한 독일 심리학자 에빙하우스(H. Ebbinghaus, 1855~1909)이다. 일반인들에게는 그의 망각곡선(쇠

기반하여 생겨나는 시간 개념은 모든 피조물과 공유될 수 없고, 따라서 더 이상 가장 근본적인 범주가 될 수 없다. 물론, 우주 속의 개체들이 상태를 변화시키고 있으므로, 물리적 시간 폭도 있고, 생물학적 시간 폭도 주어져 있어야 한다. 이런 시간 개념은 '방향성'을 지닌 변화라는 공유 특성만 제외한다면, 심리학적 시간 개념과 시간 폭은 다른 영역이나 다른 축에 있는 시간 폭과 병렬되거나 일치되는 것이 아님을 알 수 있다. 한마디로, 시간 개념은 인간 또는 공동체에서 '재구성해' 놓은 대상일 수밖에 없고, 우리는 모두 공동체 구성원으로 살아가면서 일정 부분 그런 재구성 내용을 공유하게 되는 것이지, 결코 '대상 그 자체(thing itself)'에 깃들어 있는 것은 아니다.

24) 쉐터·스캐뤼 엮음(Schacter and Scarry 2001; 한국 신경인지기능 연구회 뒤침 2004), 『뇌와 기억 그리고 신념의 형성』(시그마프레스)의 제7장 '인간의 과거에 대한 인식은 뇌의 어느 부분에 있을까?'를 읽어 보기 바란다.

잔곡선) 연구가 널리 알려져 있다. 다른 한 쪽은 그런 부분적이고 기계
적인 기억 연구가 결코 인간 기억의 전모를 드러낼 수 없다고 비판하면
서, 이미 갖춰 놓고 있는 배경지식과 관련하여 기억을 연구한 영국 심
리학자 바아틀릿(F. Bartlett, 1886~1969)이다. 바아틀릿은 새로운 대상들
을 미리 머릿속에 갖추어 둔 배경지식과 관련하여 새롭게 정보를 재구
성(reconstruction)해 냄으로써, 비로소 대상이나 사건을 기억하게 된다고
보았다. 오늘날 '구성주의'로 불리는 흐름들은 크든 작든 결국 인간 기
억 그 자체가 '재구성된 내용'이라는 바아틀릿의 결론에 일정 부분 기
대고 있는 셈이다.25) 더욱이 일반적으로 인간 기억(그리고 기억에 기반
한 지식체계)은 즉물적이고 단편적이기보다는, 방대하고 복잡하게 여러
층위의 그물짜임을 체계화하여 이뤄 놓기 때문에, 단순한 자유연상의
처리만으로는 포착하기 어렵다.

　의사소통 과정의 연구에 응용할 수 있도록 더욱 발전된 기억 연구로
서 최소한 다음 네 단계의 거점 연구들이 있다. ① 다중기억 가설, ② 절
차지식 기억과 서술지식 기억, ③ 작업기억, ④ 장기 작업기억에 관한
것들이다. 첫째, 앳킨슨·쉬프륀(Atkinson and Schiffrin 1968)에서26) 주장된

---

25) 바아틀릿의 연구를 소개하는 글들을 보면, 초기에 그가 전체 형상(gestalt) 심리학을 연구한
　　일도 인간 기억을 재구성 과정으로 보는 데 일조하였다고 해석하기도 한다. 그의 업적
　　(1932)은 인간의 이해가 구성-통합(CI) 모형으로 이뤄진다고 주장하는 킨취(Kintsch) 교수
　　의 재판 서문을 덧붙여 다시 1995년『기억하기: 실험 및 사회 심리학 연구(Remembering:
　　A Study in Experimental and Social Psychology)』(Cambridge University Press)가 발간되었다.
　　영어권의 책자에서 흔히 쓰는 memory(기억)이란 말을 쓰지 않고, 굳이 remembering(기억
　　하기, 기억해 내는 일)을 쓴 까닭이 있다. 전자가 정태적이고 고정 불변의 어떤 대상을
　　암시한다. 정작 우리의 기억은 그렇게 고정되어 있지 않다. 수시로 변동해 나간다. 시간이
　　흐름에 따라 사그라들고 아스라해지거나 반대로 더욱 강화될 수 있는 것이다. 이런 특성
　　을 가리키기 위하여 정태적인 느낌의 낱말 memory를 피하고, 역동적인 낱말 remembering
　　을 쓴 것이다(�솅크 교수는 dynamic memory 유동적/역동적 기억으로 부름). 우리말로 바아
　　틀릿의 연구에 대한 개관을 보려면, 스피뷔(Spivey 1997; 신현재 외 뒤침 2004),『구성주의
　　와 읽기·쓰기』(박이정) 제2장 '바아틀릿에 대한 회고'를 참고하거나, 김영채(1995),『사고
　　와 문제해결 심리학』(박영사)의 제5장 1절 1항 '바아틀릿의 전통'을 읽어 보기 바란다.
26) 스펜스·스펜스 엮음(K. Spence and J. Spence 1968),『학습 및 동기의 심리학, 권2(The
　　Psychology of Learning and Motivation, Volume 2)』(Academic Press), 89~195쪽에 실린 논문
　　「Human memory: A proposed system and its control processes」이다.

'다중기억' 가설이다(여러 가지 서로 다른 기억 영역들이 있음). 인간의 머릿속에 보편적인 기억이 하나 있는 것이 아니라, 적어도 기억체계의 구조적 특징으로 보아 감각 등록기(sensory register)·단기 저장고(short-term store)·장기 저장고(long-term store)가 있어야 하며, 이런 기억들이 한데 얽혀 작동한다는 주장이다. 오늘날 이것들은 각각 감각기억·작업기억·장기기억으로 불리고 있다.

둘째, 장기기억은 절차지식 기억과 서술지식 기억으로 나뉘는데,27) 더 발전된 모습으로 털빙(Tulving 1972)에서는 서술지식 기억이 다시 개별적인 구체사례(episoic) 기억 및 의미(semantic) 기억으로 나뉨을 밝혔다.28) 절차지식과 서술지식의 구분은 물건을 생산하는 공장의 콘베이어 벨트 및 원료의 관계로 비유할 수 있다. 절차지식은 서술지식을 대상으로 하여 새로운 지식을 만들어 내는 상위 지식 또는 하부의 무의식적 지식이다. 절차지식은 대체로 스스로 자각할 수 없겠지만, 서술지식

---

27) 이전의 연구자들도 비록 막연하나마 이런 두 가지 기억이 필요하다는 성찰이 있었고 다음처럼 이름을 붙였었다.

연구자 이름	서술지식(declarative) 기억	절차지식(procedural) 기억
제임스(William James 1890)	primary(1차) 기억	secondary(2차) 기억
롸일(Gilbert Ryle 1949)	what-knowledge(세계지식) 기억	how-knowledge(방법지식) 기억
브루너(Jerom Bruner 1969)	explicit(또렷한 외현) 기억	implicit(막연한 암묵) 기억
털빙 외(Endel Tulving 2001)	자체 지각적 기억(재귀의식 수반)	지각적 기억(재귀의식 없음)

28) 털빙(1972), 「구체사례 기억 및 의미 기억(Episodic and Semantic Memory)」은 털빙·도널슨(Tulving and Donaldson) 엮음, 『기억의 조직 내용(*Organization of Memory*)』(Academic Press)의 제10장(381~402쪽)이다. episode는 자신이 겪은 구체적 개별 사건이나 구체적 사례이다. 몇 사람들은 '숨을 일, 빼어날 일(逸)' 또는 '꽂을 삽(揷)'을 써서 '일화(일화기억)'나 '삽화(삽화기억)'로 번역한다. 숨기고 말하지 않아도 될 시시한 이야기가 일화(逸話)이고, 이야기 흐름 중에 아무렇게나 끼워 넣을 수 있는 자잘한 이야기가 삽화(揷話)이다. 시시하거나 자잘한 이야기는 모두 episode라는 낱말이 원래 의도한 내용과 전혀 관련이 없다. 이는 한 개인이 겪은 생생한 구체적 개별 사건이나 사례를 가리키므로, 또한 자서전적 구체사례(autobiographical episode)라고 불렀다. 따라서 이를 중심으로 하여 번역 용어를 만들면 '구체사례 기억'(구체적인 개별 사건 기억) 정도가 될 것으로 본다. 30년 넘게 '작업기억'을 연구해 온 영국 심리학자 배틀리 교수는 인간 기억 연구의 한 차원 높은 발전 여부는 구체사례 기억에 대한 연구 성패에 달려 있다고 본다(Baddeley, Aggleton, and Conway 엮음, 2002, 『구체사례 기억: 새로운 연구 방향들(*Episodic Memory: New Directions in Research*)』, Oxford University Press).

은 언제나 내성 또는 내관에 의해서 자각이 가능하다. 서술지식이란 어떤 사건이나 대상에 대하여 서술문 형식으로 된 지식이며, 절차지식 이란 새로운 지식을 만들어 내는 과정이나 절차에 관련된 상위 지식이 다. 인공지능을 다루는 쪽에서는 간단히 조건문

'if ~, then~'

형식의 진술들을 절차지식으로 부른다(수학기초론에서는 이를 형식 함의 와 실질 함의로 나누어 부르며, 생각을 전개하는 맨 밑바닥 원리인 함의 관계는 '사건의 변화'를 가리키는 방식에 불과한데, 63쪽의 각주 15를 보기 바람). 털빙 (1972)에 따르면, 구체사례 기억이 스스로 경험한 구체적 개별 사건(과거 의 경험 사건)들에 관한 자서전적 지시내용(autobiographical reference)을 가 리킨다. 의미 기억은 전형적으로 언어 사용에 관한 인지적(cognitive) 지시 내용을 가리키며, 언어체계 그 자체의 독자성 때문에 구체적 사건과 독립될 수 있는 기억이다(Tulving 1972: 389쪽 이하).[29] 그렇지만 의미 기 억이 반드시 필수적으로 언어체계에만 국한되는 것은 아님에 주목할 필요가 있다. 더욱 포괄적으로 개념·관계·양·사건·사실·단언(명제)들까

---

[29] 박태진(2003: 171쪽), 「기억」, 이정모 외, 『개정판 인지심리학』(학지사)에서는 양전자 방 출 단층 촬영(PET) 자료를 통해서 구체사례 기억과 의미 기억이 각각 대뇌 피질의 서로 다른 두뇌 부서에서 작동됨을 확인할 수 있다고 하였다. 구체사례 기억은 전두엽의 오른 쪽에서, 의미기억은 전두엽의 왼쪽에서 혈류가 증가한다. 더욱 진전된 주장은 르두 (LeDoux 2002; 강봉균 뒤침 2005), 『시냅스와 자아』(동녘사이언스)에서 읽을 수 있다. 르두 교수는 작업기억이 전전두엽의 세 곳에 위치해 있고, 각각 복측(안와) 전전두엽·외 측 전전두엽·내측 전전두엽임을 지적한다. 이 가운데에 외측 전전두엽에 자리 잡은 작업 기억은 오직 영장류에게서만 찾아진다고 한다. 만일 작업기억이 언어의 처리와 관련된 다면, 이 일은 곧 '외측 전전두엽'에서 관장되고 있음을 함의하고 있는 것이다. 더군다나 이런 작업기억은 사춘기 이후에야 비로소 완벽히 갖추어진다고 한다. 그렇다면 머카씨 (McCarthy 1998; 김지홍 뒤침 2012), 『입말, 그리고 담화 중심의 언어교육』(경진출판)에 서 보고된 어린이 및 성인 사이의 언어 사용 차이점들은 외측 전전두엽에 자리잡은 작업 기억 발달 정도와 유관할 것임을 알 수 있다. 앞으로 언어학이나 언어교육으로 대표되는 응용언어학에서는 작업기억의 발달과 관련하여 언어 사용의 질적 차이나 변이 과정에 대하여 심도 있게 다뤄나가야 할 것이다.

지 포함하는데, 이것들은 구체적인 사건이나 사례와 관련될 필요가 없다는 점에서 한데 묶인다. 뒷날 이런 두 종류의 기억은 털빙·르파쥬 (2001)에서 언어를 기준삼지 않고, 대신 기능을 고려하면서 각각 '뒤돌아 보는 기억'과 '앞만 내다보는 기억'으로 재명명된다.

셋째, 대뇌 피질 전전두엽에 자리 잡고 있는 작업기억의 존재이다. 초기에 이는 임의의 자극물을 장기기억으로 옮겨 주도록 상정된 단기기억 또는 완충기억으로 불렸었는데, 배들리(Baddeley 1986)에서 '작업기억(working memory, 외부의 자극물을 장기기억 속에 저장할 수 있도록 작업하는 부서)'으로 불리면서 그 중요성이 크게 부각되었다.30) 단기기억의 폭은 숫자를 한 덩이(chunk)로 묶는 밀러(Miller 1956)의 연구 이후에, 대략 7±2라는31) 묶음 덩이가 받아들여져 왔다. 특히 중등 학생들을 대상으로 한 덩잇글 처리에서도 작업기억에서 대략 5개 가량의 명제를 붙들고 처리가 이뤄진다고 보고하는데(킨취 1998; 김지홍 뒤침 2010), 이 또한 밀러의 기억 덩이 주장을 반영해 준다.

---

30) 배들리(1986), 『작업기억』(Oxford University Press)을 보기 바란다. 특히 언어 처리와 관련해서는 개더코울·배들리(1993), 『작업기억과 언어』(Psychology Press)를 참고할 수 있다. 단기기억 또는 작업기억은 연구자의 관점에 따라서 작동되는 시간 폭이 다소 다른데, 대략 250밀리초(¼초)에서부터 2초 정도의 시간 폭이 거론된다. 최근 작업기억에 대한 20년의 성과들을 종합하여 배들리(2007), 『작업기억·사고·행위(*Working Memory, Thought, and Action*)』(Oxford University Press)가 나왔지만, 여전히 중앙연산 처리부서가 중요한 역할을 맡고 있다. 이는 에들먼(Edelman 2004, 김한영 2006 뒤침), 『뇌는 하늘보다 넓다』(해냄)에서 전혀 중앙연산 처리부서를 설정함이 없이도, 다양한 두뇌 신경군들이 다른 신경군들과 연결되어 기능적 회로를 형성하고 '상호 재유입'의 상호작용 결과로서 의식이 출현한다는 주장과는 상치된다. 일부에서는 작업기억에서 '자아'의 속성들까지 부여하기도 하는데, 자아는 스스로 느낄 수 있는 특성(재귀의식)이 있다.

필자가 생각하기에, 배들리의 작업기억 모형에서는 결정적으로 네 가지 한계가 있다. 첫째, 중앙연산 처리기에 우리가 의식적으로 접속할 수 없다는 점이 문제가 된다. 둘째, 여전히 산출 과정과 연관될 작업기억에 대해서 침묵한다. 셋째, 거의 배타적으로 이해 처리과정만을 비대칭적으로 다루는 점도 문제이다. 넷째, 재귀적 의식 체계에서 가장 중요한 「판단·결정·평가」의 몫이 자리잡을 곳이 없다는 것도 매우 심각한 문제이다.

31) 즉, 5개 내지 9개의 숫자들이 하나의 덩이로 묶이어 기억되는 일이다. 밀러 자신은 이를 신비로운 '마법 숫자'로 불렀다. 밀러(G. Miller 1956), 「The Magical Number Seven, Plus or Minus Two: Some Limits on our Capacity for Processing Information」, 『심리학 논평 (*Psychological Review*)』 제63권(81~97쪽).

배들리의 작업기억의 구성 모습은 매우 검박하게(parsimonious) 상정되어 있다. 두뇌에서 작동하는 재료가 감각 재료와 추상 재료이므로, 이에 대응하여 오직 감각인상을 조절할 수 있는 '시공간 그림판(visuospatial sketchpad)' 및 말소리 되뇌임이 가능한 '음운 순환회로(phonological loop)'만이 중앙연산 처리기에 의해 제어된다.[32] 또한 작업기억은 언어 산출 과정보다는 비대칭적으로 언어 이해나 언어 처리과정에만 치우쳐 있다.[33] 그런데 작업기억에 용량 제약이 있다는 사실은, 일후 언어 처리에서 이해력이 떨어지는 사람들의 특성을 설명하기 위하여, '억제 기제 효율성' 가설로까지 발전하였다.[34] 주어진 언어 자극물들과 부합 또는 일치되지 않는 세계 모형들을 빨리 지워 버리고(억제하고), 대신 새롭게

---

32) 배들리(2007: 8쪽)에서는 이를 다음과 같은 그림으로 보여 준다. 단, 화살표들을 서로 다르게 그린 데에는 이유가 있다. 음운 순환회로는 말소리들이 꼬리에 꼬리를 물고 재귀적 순열처럼 순환하고 있다. 이를 한방향 화살표의 짝으로 나타내었다. 가령, 말소리가 abc로 되어 있다면, "abc abc abc abc..."로 의미 처리가 끝날 때까지 계속 순환되는 것이다. 그렇지만 시공간 그림판의 쌍방향 화살표는 순열에 상관없이 처리 도중에 수시로 오고감을 나타낸다. 이런 관계를 하나의 쌍방향 화살표만으로도 충분히 나타낼 수 있겠는데, 오른쪽 한 쌍의 한방향 화살표에 맞추기 위해 일부로 쌍방향 화살표를 두 개 그려 놓은 것이다.

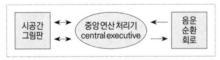

33) 개더코울·배들리(1993: 99쪽)에서 작업기억과 언어 산출 사이의 관련성에 대하여 "직접적인 증거는 상대적으로 거의 없다"고 보았다. 그렇지만 당시만 하더라도 반대 견해가 이미 명시적으로 논의되고 있었다. 연산주의 관점에서 언어 산출 과정을 논의한 르펠트(1989; 김지홍 뒤침 2008), 『말하기: 그 의도에서 조음까지, I~II』(나남)에서는 임시저장고(buffers)들을 상정하였다. 이는 분명히 작업기억(또는 그 후보)에 속한다. 또한 의사소통 의도를 결정하고 언어 주조기를 통과하여 발화가 만들어진 뒤에, 마지막으로 상대방의 반응을 점검하고 확인하는 과정이 들어 있어야 한다. 이 과정이 동시에 작동하거나 진행되려면 응당 작업기억의 존재가 요청될 수밖에 없는 것이다. 바아즈·게이쥐(B. Baars and N. Gage 2007; 강봉균 뒤침 2010: 47쪽), 『인지, 뇌, 의식: 인지 신경과학 입문서』(교보문고)에서는 오로지 한 가지 작업기억만이 있는 것이 아니라, 영역마다 특정한 작업기억과 일반적인 작업기억이 둘 모두 있어야 한다고 서술하고 있다. 얼굴을 마주 보는 의사소통에서 언어 산출은 비언어적 요소도 함께 이용하게 되므로, 두 종류의 부서가 모두 함께 가동되어야 할 것으로 보인다.

34) 김선주(1998), 「글이해 능력의 개인차: 억제기제 효율성 가설을 중심으로」, 이정모·이재호 엮음, 『인지심리학의 제문제 II: 언어와 인지』(학지사)를 읽어 보기 바란다.

일치될 수 있는 세계 모형을 재빨리 만들어 내면서, 언어 자극물들과 부합되는 처리를 효율적으로 수행해 나가야 한다. 그렇지만 이런 일을 능동적으로 잘 할 수 없는 사람들은 유독 언어 이해 능력이 떨어진다(언어 처리를 제대로 수행하지 못한다)고 설명하는 것이다.

넷째, 그런데 작업기억의 용량이 제약되어 있음이 사실이라면, 이는 기다란 덩잇글을 처리해 나가는 일반적인 우리의 능력을 제대로 설명해 줄 수 없다. 우리는 장시간 영화나 뮤지컬을 집중하여 보기도 하고, 몇 주에 걸쳐서 장편소설을 읽는 일도 다반사이다. 이런 자명한 사실들을 작업기억의 용량 제약은 결코 제대로 설명해 줄 수 없다. 따라서 용량이 제약된 작업기억 모형을 뛰어 넘어 새로운 어떤 작업기억이 요청되는 것이다. 에뤽슨·킨취(1995)에서는 이런 요청을 자각하고 장기기억을 일부 작업기억으로 이용하는 '장기 작업기억(long-term working memory, LTWM)'이 존재한다고 주장한다. 다시 말하여, 장기기억 속에 기다란 분량의 덩잇글 이해와 관련된 배경지식으로서 위계화된 인출구조들이[35] 다수 저장되어 있다고 가정한다. 이는 '전문가 지식 체계'에 대한 연구 등으로 쉽게 뒷받침된다. 이른바 전문가들은 자신이 관여하는 영역

---

35) 에뤽슨·킨취(K.A. Ericsson and W. Kintsch 1995), 「Long-term working memory」, 『심리학 논평(*Psychological Review*)』 제102권(211~245쪽)에서는 장기 작업기억에 들어 있는 인출 구조의 모습을 비유적으로 다음 그림처럼 나타내었다. 단, 일부 빈 칸들이 그대로 남아 있었던 것을 필자가 이해하는 범위 내에서 명시적으로 이름들을 만들어 적어 놓았다.

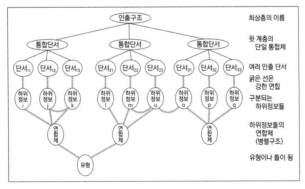

에서 임의의 대상들을 재빨리 그리고 아주 쉽게 이해할뿐더러, 또한 그런 대상들을 즉석에서 능동적으로 수정하고 재구성하기도 한다.

그런데 필자가 보기에 에릭슨·킨취(1995)에서 장기 작업기억 속에 들어 있다고 주장된 '인출구조'는, 이해 또는 처리와 관련된 배경지식의 일부라는 점에서, 두 영역이 상당히 겹치는 것으로 판단된다. 더군다나 그들이 주장하고 있는 장기 작업기억은 선천적으로 타고 나는 것이 아니라, 부단히 이해 주체가 스스로 일정 기간에 걸쳐서 능동적으로 구축하거나 수립해 놓아야 하는 것이다. 어떤 의미에서 보면, 연구자들 사이에서 약방의 감초처럼 거론되어 온 배경지식이나 세계모형이라는 막연한 개념을, 장기 작업기억에 들어 있는 '인출구조'가 좀 더 구체적으로 언급해 주는 대안일 수 있다. 인간 기억의 특성이 '재구성' 과정임을 밝힌 바아틀릿의 결론을 그대로 받아들인다면, '다중기억' 가설에서 장기기억 그 자체가 수시로 사그려져 가거나 반대로 더욱 또렷이 각인될 수 있는 인출구조들로 이뤄져 있을 개연성이 높다. 그렇다면 문제는 장기기억과 장기 작업기억(LTWM) 사이에 얼마만큼 개별적이고 자족적인 독립성이 있는지를 제대로 설명해 줄 수 있는지에 모아진다.

아직 장기기억의 실체에 대해서는 너무 범위가 넓은 탓인지 본격적인 진전이 이뤄진 것 같지 않다. 우리 인간 생활상의 거의 모든 대상들이 장기기억과 명시적이든 암시적이든 관련이 이뤄져 있기 때문이다. 거꾸로 보면, 장기기억에 대한 연구의 발전 과정에서 장기기억을 더욱 세분화해 나갈 필요가 생길 개연성도 높다. 이런 관점에서는 '장기 작업기억'의 존재가 그런 발전 방향의 첫걸음일 수도 있다(장기기억이 복합적이고 다양한 영역의 인출구조들로 환원될 가능성이 있음). 다시 말하여, 방대한 장기기억의 범위와 대상들을 놓고서 크게 '자아의 동일성'을 유지시켜 주는 기억들을, 상대적으로 고정적인 영구기억으로 분류하고, 여타의 기억들을 위계화된 그물짜임으로서 장기 작업기억이나 또는 상위 범주의 이름이 붙은 '인출구조'들로 분화시켜 줄 수 있는 것이다.

언어 산출 과정과 관련하여 '다중기억 가설'이 지닌 함의는 다음과 같다. 언어 산출 과정은 산출자가 스스로 의식할 수 있는 범위가 크게 차이가 난다는 점에서 상당 부분 '절차지식' 기억에 속한다. 절차지식 기억에 대한 자각은 교육이나 훈련을 통하여 점차 통제되고 제어될 수 있다. 특히 의사소통 의도가 결정되는 과정에 대한 자각은 사람에 따라 변동 폭이 클 것이다. 물론 자극과 반응 이론으로 설명할 수 있도록 단순하게 생각 없이 말을 내뱉을 수도 있다. 하지만 더욱 신중한 사람일수록 절차지식을 반추하면서 용의주도하게 의사소통 목표와 의도를 계획하고, 상대방의 반응에 따라서 계획을 실천하는 전략을 바꿀 수 있을 것이다. 이런 변동 폭은 두 극점 사이를 잇는 실선(연속선)에서 임의의 지점에 놓인 것일 수 있다. 신중한 언어 산출 계획 및 전략의 채택에서는 서술지식에 속하는 구체사례 기억 및 의미 기억도 함께 고려되어야 공통기반과 흥미로운 주제들을 제시해 줄 수 있다.

비록 현재의 작업기억이 언어 산출과 관련하여 어떤 역할을 해야 하고 어떤 몫을 떠맡고 있는지에 대하여 합의가 이뤄져 있지 않은 실정이지만, 언어 산출이 오로지 즉물적으로 즉석에서 이뤄지는 것이 아니라면, 이런 복합 부서를 매개하고 조절해 주는 부서(임시저장고)가 반드시 필요하며, 이를 '언어 산출에 관련된 작업기억'으로 부를 수 있다. 왜냐하면 이런 부서가 다음과 같이 일련의 언어 산출 과정을 뒷받침해 주어야 하기 때문이다. 언어 산출은 매우 빠른 시간 안에 복잡하게 여러 단계가 순환·점검되면서 일어나는 것이다.

① 상대방과의 공통기반 및 정보간격을 예상하는 데에서부터 시작하여,
② 의사소통 의도를 결정하고,
③ 서술관점을 수립하며(특히 명시적으로 책임질 주체를 드러낼지 여부임),
④ 여러 표현 형식들(172쪽, 215쪽) 중 하나를 채택하여 발화를 구성하고,
⑤ 상황에 적절한 말소리로 표현해 준 뒤에,

⑥그 발화에 대한 상대의 반응을 확인·점검하면서, 자신의 원래 의도와
표현을 평가하고 진행 여부를 결정한다.

이는 단 한 번의 유일한 과정이 아니라, 거듭 중복되거나 순환이 일어
나는 과정이다. 의사소통의 성공 여부에 대한 스스로의 평가에 따라,
지속적으로 필요하다면 계속 순환하면서 일어나야 하는 과정인 것이
다. 자신의 언어 산출에 대한 스스로의 평가는 '자유의지'의 구현이며,
어떤 단계에서이든지 '재귀의식'이 가동되어 있어야만 비로소 가능하
다. 특히 상호작용으로서의 말하기 과정이 서로서로 맞춰 주는 일로
간주하므로, 서로에게 조율해 나가는 심리적 과정이 또한 같이 작동해
야 할 것이다.

이런 점에서 우리들의 언어 산출 과정이 단순히 기계의 단추를 누름
으로써 스피커를 통해 소리가 흘러나오는 일(기계적 과정)과는 근본적
으로 다름을 분명히 해 둘 필요가 있다. 따라서 진지하게 언어 산출
과정에 관련된 여러 층위의 복잡한 부서들을 동시에 작동시키면서, 의
사소통 목적에 알맞게 조율해 나가려면, 장기기억과 외현된 발화 사이
에 중간 매개영역이 있어야 한다. 만일 이 점이 사실이라면, 그 영역은
'산출 과정에 관련되는 작업기억'(산출 관련 통괄 조정 부서)에 다름 아니
다. 지금까지 작업기억의 논의는 우연히 「언어 산출 과정과 연합해 오
지 않았기 때문」에, 일방적으로 언어 이해 과정에만 치우쳐 온 것임을
알 수 있다.

3. 기억의 신경생리학: 환원주의와 통합주의의 갈등

살아 있는 사람은 말을 한다. 그렇지만 죽은 시체는 말이 없다. 이런
자명한 사실로 말미암아, 말을 하는 일이 살아 있는 사람의 두뇌 속에

서 신경·생리학적인 기반을 두고 일어나고 있음을 아무도 부정할 수 없다. 언어 산출 과정이 물론 그러한 신경·생리학적 기반을 통하여 일어나고 있겠지만,36) 그런 과정들은 우리가 전혀 자각할 수 없는 무의식 차원의 영역들까지 가동되고 있으므로, 일반적으로 인문학의 영역에 포함시켜 다뤄 오지 않았다. 흔히 이를 우리가 「스스로 자각할 수 있는지 여부」에 따라 낮은 수준의 처리와 높은 수준의 처리라고 불러 구분하기도 한다. 가령, 낮은 수준의 처리는 우리가 말소리를 낼 때에 다수의 발성기관들이 어떻게 협업을 펼쳐 나가는지에 대한 내용들이다. 이런 것들에 대해서는 전혀 의식적으로 자각할 수 없다. 오로지 우리는 결과적으로 낱개 소리에 대한 자각 정도만 스스로 의식하여 알 뿐이다. 이를 높은 수준의 처리라고 부르는데, 말소리 자각으로부터 낱말과 문

---

36) 연산주의 및 연결주의를 혼성하여 혼성 접근을 주장하는 핑커(S. Pinker 1997; 김한영 뒤침 2007), 『마음은 어떻게 작동하는가』(동녘사이언스)에서는 이런 과정을 '역설계 공학(reverse engineering)'으로 불렀다. 마치 시계를 다 분해하고 나서 다시 재조립하는 방식이다. 그런데 정신의 단원체 가설(연산주의)을 주장한 심리철학자 포더(J. Fodor 2000), 『인간 마음은 그런 식으로 작동하는 것이 아니다(*The Mind doesn't Work that Way*)』(MIT Press)를 써서 직접 핑커의 접근 방식을 비판한다. 그러자 핑커를 옹호하고 포더를 반박하면서 언어학자 제킨도프(R. Jakendoff 2002)가 『언어(*Language*)』 제78호 1권(pp. 164~170)에 서평을 실은 바 있다.

그런데 최근에 자신의 생각의 일단을 개략적으로 소묘해 놓은 제킨도프(2012), 『사고 및 의미에 대한 사용자 안내서(*A User's Guide to Thought and Meaning*)』(Oxford University Press)에서는 사고 과정에서 심층의식 또는 무의식적 층위 및 비합리적 속성에 대하여 크게 강조하고 있다. 특히 제16장에서 이를 '무의식적 의미 가정(Unconscious Meaning Hypothesis)'이라고 부르고, 107쪽에서 이런 심층의식이 의식화될 수 있는 단서나 계기를 '소리' 요소를 지닌 'character tag(소리 딱지, 낱말의 감각인상 단서)'로 부른다. 그렇다면 우리 사고가 무의식적인 바탕 위에서 '소리 딱지'를 통하여 의식화되는 것이며, 여전히 우리 정신작용에서 명시적으로 언급할 수 없는 영역이 있음을 인정하고 있는 것이므로, 더 이전의 자신이 지녔던 입장을 유보하거나 철회한 셈이다. 106쪽에서는 자신의 생각을 다음의 그림으로 표현하였다. 바깥 그림자 원은 잠재의식 영역을 가리키고, 흰색 원만이 스스로 자각 가능한 인지 영역이며, 점선 화살표는 수의적임을 나타낸다.

장과 덩어리 발화와 어떤 이야기 주제와 상황과 상대방의 의도까지 모두 포괄할 수 있는 매우 광범위한 용어이다.

그런데 최첨단 학문으로서 두뇌 신경·생리학을 다루는 자연과학에서도 인문학에서나 관찰될 법한 논쟁이 벌어지고 있음을 생생히 바라보면서, 이런 논쟁이 두루 인간의 인식 조건에서 비롯된 것일 수 있음을 느끼게 된다. 즉, 환원주의와 이를 거부하는 비환원주의의 대립이다. 배타적인 이름 때문에 전자가 기본적임으로 암시할 수 있으므로(환원주의는 근대의 산물일 뿐임), 후자에 고유한 이름을 붙여 통합주의로 부르는 것이 온당하다.37) 이 절에서는 「환원주의 대 통합주의」가 여러 계층들의 존재와 계층 간의 서로 다른 역할을 인정하는지 여부에서 길이

---

37) 여기서 언급하는 당사자들은 모두 노벨상 수상자들로서, 크뤽(F. Crick), 에들먼(G. Edelman), 캔들(E. Kandel)이다. 그런데 이들이 쓴 책들이 우리말로 다수 인문학 전공자들에 의해서도 번역되었다는 사실이 특기할 만하다. 일각에서는 우리나라 인문학의 위기를 소리 높여 외치고 있다. 앞으로 꾸준히 여러 학문에 걸쳐서 통합적인 공부를 해 오는 인문학자들이 많이 나오는 한, 점차 그런 위기감은 상당 부분 잦아들 것으로 믿는다. 크뤽(1994; 과학세대 뒤침 1996), 『놀라운 가설』(한뜻); 캔들(2006; 전대호 뒤침 2009), 『기억을 찾아서』(랜덤하우스); 에들먼(1992; 황희숙 뒤침 2002), 『신경과학과 마음의 세계』(범양사)이다. 크뤽과 공동연구를 했던 코크(Koch 2004; 김미선 뒤침 2006), 『의식의 탐구』(시그마프레스)도 번역되어 있다.

　이 절의 제목에 대해서도 반드시 다음 단서를 붙여 두어야 하겠다. 먼저, 여기서 대립적으로 서술한 두 흐름은, 오직 협소한 필자의 독서 범위 내에서만 이뤄졌음을 밝힌다. 달리 말하여, 두뇌에 대한 신경·생리학적 접근이 오직 두 가지 대립 흐름만 있다는 뜻은 결코 아니다. 두뇌 신경생리학의 발전에 크게 기여한 카할(S. Cajal)이나 헵(D. Hebb)에 대해서는 필자가 오직 간접 인용으로만 접했을 뿐이다. 따라서 필자는 전반적으로 신경생리학적 기억 연구를 개관할 능력이 없다. 그럼에도 여기서 '대립'이라는 말을 붙인 이유는 크뤽과 에들먼 사이에 서로 상대방을 공격하고 있기 때문이다. 환원주의에서는 상대 쪽을 현대판 '동키호테'라고 기롱하고, 통합주의에서는 상대방을 현대판 '골상학자'라고 조롱하는 것이다. 환원주의 쪽에서는 통합주의 연구자들이 위계 내지 계층 설정이 얼마만큼 허용되어야 할지 아무도 알 수 없으므로(제약 없이 자의적인 계층 설정임), 풍차를 대상으로 마구잡이로 칼을 휘두르며 돌격하는 동키호테로 표현한 것이다.

　인문학에서의 통찰력은 이런 대립이 서로 조율되고 합쳐질 수 있는 길을 암시해 준다. 비유를 하자면, 우리는 맨눈으로 사물을 볼 수 있다. 그렇지만 필요에 따라서 볼록렌즈로 대상을 확대하여 자세히 볼 수도 있고(이른바 zoom in 접근), 거꾸로 오목렌즈를 통하여 더 너른 전체적인 배경 속에서 작은 대상을 유기적으로 바라볼 수도 있다(대립적으로 zoom out 접근). 언제나 대상은 변함없이 동일하겠지만, 필요에 따라서 우리가 시각과 범위를 좁게 하여 자세히 살펴보거나 또는 거리를 멀리 두고서 아득하게 대상을 바라볼 수도 있는 것이다. 그럼에도, 언어 산출의 복잡한 다중 층위들이 복합 작동방식은 두 대립 접근이 모두 한데 모아져야 함을 시사해 주고 있다.

갈린다는 점에 초점을 모아 다루어 나갈 것이다. 인문학이나 사회학에서는 흔한 이런 현상이, 첨단 학문으로 불리는 일부 두뇌 신경·생리학의 접근법에서도 똑같이 관찰됨이 흥미롭다.

이런 대립을 쉽게 이해하는 방식은, 먼저 우리 의식이 어떻게 출현하는지에 대하여 신경·생리학적 설명을 보여 준 윌리엄 제임스(W. James 1890; 정양은 뒤침 2005)의 논의를 검토하는 것이다. 그는 우리 의식이 한 무리의 위계화된 신경망이 「일정한 문턱값을 넘어 활성화될 경우」에 생겨난다고 보았다.[38] 낱개의 신경이 그 자체로 자극을 받더라도 그것이 그대로 우리들에게 의식으로 자각될 수 없는 것이다. 이런 생각은 에들먼(1992; 황희숙 뒤침 2002: 136쪽)에서 신경군들이 서로 짝으로 연합하여(classification couple, 분류쌍) 서로 정보를 주고받으면서 안정 상태에 이를 때에 비로소 기억이 생겨난다는 주장으로 이어진다.[39] 낱개

---

38) 정양은 뒤침(2005), 『심리학의 원리, 1~3』(아카넷) 제6장에서는 우리의 정신 또는 의식이 생겨나는 신경생리학적 기반을 stuff(신경망 단위의 것, 단위 신경망)이란 말을 쓰고, 그 물질적 기반의 기능으로 정신이나 의식이 생겨나므로 하이픈을 중간에 넣고서 mind-stuff 이란 복합어를 쓰고 있다(영어의 stuff는 물질이나 재료를 가리키며 낱개로 셀 수 없는 명사임). 이를 정양은 교수는 '정신-소자'라고 번역하였다(환원주의 용어로 번역하였음). 소자(素子)는 '기본이 되는 입자'(알갱이)를 연상시켜 주며, 불가산 명사 '정신-재질'을 개체화된 가산 명사로 번역하고 있다. 따라서 이는 통합주의 관점인 '일군의 신경 다발' 또는 위계적 '일군의 신경망'이 하나의 단위가 된다는 원래 취지를 제대로 드러내어 주지는 못하는 듯하다. 아래 그림은 하나로 통합된 위계적인 신경 그물짜임(신경망)이 있고, 이들이 어떤 일정한 문턱값(threshhold, 역치) 또는 임계값을 넘어서야 비로소 의식이 생겨남을 비유적으로 잘 보여 주고 있다. 단, 제1권 287쪽의 그림을 놓고서, 필자가 이해하는 방식대로 임의로 설명의 낱말을 덧붙였다.

39) 에들먼(2004; 김한영 뒤침 2006), 『뇌는 하늘보다 넓다』(해나무)와 에들먼(2006; 김창대 뒤침 2009), 『세컨드 네이처(=인간 정신이 만들어낸 자연)』(이음)도 나와 있다. 후자는 인간 정신이 자연을 창조해 내었다는 뜻에서 '이차적인 자연'이라고 부른 것이다(외래어 제목은 뜻을 살려 우리말로 번역될 필요가 있음). 에들먼 교수의 모형에서 의식의 기본

의 뉴런이 곧장 의식을 만들어 내는 것이 아니다. 오히려 여러 개의 뉴런(군집)이 위계적인 그물짜임을 만들고서 동시에 가동됨으로써 비로소 의식이 생겨난다는 가정이다. 이런 접근을 '통합주의 접근'으로 부를 수 있는데, 이런 입장에서는 인간의 의식 세계를 모의하기 위하여 계속 위계화된 복잡한 신경망들을 구축해야 할 것이다.

그런데 바다 민달팽이(군소)의 뉴런을 전기적으로 자극하여 새로운 뉴런 돌기가 뻗어나와 시냅스(연접부)를 형성한다는 사실을 밝혀내고, 이것이 바로 기억의 근거임을 주장한 캔들(2006; 전대호 뒤침 2009)에서는 엄격한 '환원주의 입장'을 고수한다(그럴 뿐만 아니라 여전히 행동주의 심리학을 강력히 지지하고 있다). 기억이란 곧 뉴런과 뉴런 연접부들 사이에서 벌어지는 '장기 강화'의 신경·생리학적 특성으로 환원되는 것이다. 동일한 태도는 크뤽(1994; 과학세대 뒤침 1996)과 코크(2004; 김미선 뒤침 2006)에서도 찾아진다. 왓슨(J. Watson)과 함께 DNA 구조를 밝혀낸 크뤽(1916~2004)은 오랜 기간을 코크와 함께 인간 의식의 신경생리학적 근거를 밝히는 일에 골몰하였었는데, 타계하기 전까지도 인간의 자아가 전장(claustrum, 담장)에 자리 잡고 있다고 굳게 믿었다고 한다(캔들 2006; 전대호 뒤침 2009: 421쪽 이하). 심리철학에서는 '자아(self, ego)'가 여러 속성들의 복합체로 정의된다.[40] 따라서 만일 특정한 두뇌 부서만을 배타적으로 자아 부서로 지정해 놓는 일은 그 자체가 모순을 일으킬 수

단위인 분류쌍은 아마 '재입력' 회로(김한영 뒤침 2006: 54쪽, 150쪽에서는 '재유입' 회로)를 기반으로 하는 듯하다. 번역자들에 따라서 각자 고유한 낱말들을 채택함으로써 에들먼 교수가 쓰는 용어들이 아직 통일되어 있지 않은데, 이전에 공들여 선택한 용어들을 뒤의 번역에서 검토하는 일도 중요할 것으로 보인다.

40) '자아'에 대한 심리철학 논의는 특히 써얼(J. Searle) 교수와 김재권 교수의 책들이 도움이 된다. 써얼은 정신이나 마음을 독자적인 영역이나 존재로 간주하지만(113쪽), 김재권 교수는 최근 수반론에서 한 걸음 더 나아가 조건부 '물리적 환원론' 쪽으로 기울어져 있어 서로 대비된다(105쪽). 써얼(1983; 심철호 뒤침 2009), 『지향성: 심리철학 소론』(나남); 써얼(2004; 정승현 뒤침 2007), 『마인드(=정신)』(까치); 김재권(1998; 하종호 뒤침 1999), 『물리계 안에서의 마음』(철학과현실사); 김재권(2004; 하종호 뒤침 2007), 『물리주의』(아카넷)를 참고하기 바란다. 104쪽 각주 28을 참고 바람.

있다.

비록 노벨상을 수상한 기억 연구라고 하더라도, 그 연구는 매우 낮은 차원의 (하등동물) 기억을 대상으로 한 것이다. 고차원의 인간 의식을 설명할 단계에까지 이르려면 갈 길은 아직도 아득히 멀다. 또한 낮은 차원의 기억을 기술하였다고 하더라도, 그런 환원론적인 신경 생리학적 설명을 모두가 따라가는 것도 아닌 듯하다. 현재로서 분명한 사실은, 신경·생리학적 환원주의가 아직 고차원의 의식을 설명하는 데에까지는 이르지 못하였다. 그렇다고 하여 통합주의 접근 방식이 일반 심리학에서 언급하는 개념들을 구현해 주는 것도 아니다. 서로 모색의 단계에 있다고 보는 것이 온당하며, 이들 접근이 서로 모순 없이 조정되거나 통일되려면 미래 어느 시점까지 오래 기다려야 할 것이다.

2장 개념과 단언(명제)과 언어

기억의 신경생리학적 기반이 아직 어떻게 구성되어야 하는지에 대한 합의가 없더라도, 우리는 스스로 내성하면서 「생각의 단위들이 있다」고 자각한다. 생각의 단위들은 영어로는 흔히 notions(통상적인 일반 개념)나 concepts(특정 분야에서 정의를 하여 쓰는 기본 개념)라는 낱말들을 쓴다. concepts는 둘 이상이 모여 복합적으로 되면 conception(복합개념 형성 과정, 복합 개념)이란[1] 낱말도 쓴다. 개념 또는 복합개념은 감각 재

---

1) 동음이의어로도 취급될 수 있겠으나, 흔히 영어 사전에서는 다의어로서 conception에 '임신하다'는 뜻도 집어넣고 있다. 한자어로 '평미레 개(槪)'와 '생각 념(念)'이 결합된 낱말이 언제부터 쓰였는지는 잘 알 수 없다. 『설문 해자』에는 '所以木气斗斛也(되질하는 데에 곡식을 평평하게 밀어주는 작대기)'로 씌어 있다. '평미레[平+밀+개/에]'란 되에 잔뜩 담은 곡식을 평평하게 밀어 주는 나무 막대기로서, 기준 또는 표준을 가리킬 수 있다. 북경에서 나온 『한어(漢語) 대사전』 4권 1197쪽이나, 대만의 『중문 대사전』 5권 427쪽, 429쪽이나, 일본 제교철차의 『대한화 사전』 6권 502쪽을 보더라도 유용한 정보를 전혀 얻을 수 없다. '개념'(되에 잔뜩 담은 곡식을 평미레로 밀듯이, 가지런히 표준화해 놓은 생각)이란 낱말은 아마 개화기 시절 일본인들에 의해 쓰였을 법하며, 일부 유의어로서 관념(觀念)과도 통할 듯하다. 개념이 무엇인지 형식적으로 정의하는 일은 이 글의 소관 사항이 아니다. 아마 무정의 용어로서 뤄쓸(1937, 개정판), 『수학의 원리』에서 상정한 원초적 집합 개념(class-concepts)과 관련되어야 할 듯하며, 개념을 정의해야 하는 까닭

료와 추상 재료로 이뤄졌을 것이지만, 이하에서는 일단 이 글에서 다루려는 언어 산출에만 초점을 모으기 위하여, 후자만을 선택적으로 논의하기로 한다. 언어학 개론 수준에서는 언어와 사고의 관련성들을 다루는데, 이는 언어 발달의 과정에 따라 논점이 분명히 달라져야 할 것이다. 여기서는 초점이 흩어지지 않도록 하기 위하여, 풍부한 경험을 지니고 상당한 정도의 배경지식을 쌓은 일반 어른을 상정하고서, 이하의 논의를 전개하기로 한다. 그런 어른이라면

'일상생활 → 경험 → 복합개념 → 배경지식(지식 기반) → 언어'

와 같은 층위를 상정할 수 있을 것이다. 이를 동심원(또는 원뿔)으로 나타낼 수도 있겠는데, 가장 밑바닥에 있는 큰 원이 왼쪽 항목이 되며, 가장 높이 있는 작은 원이 오른쪽 항목이 될 것이다. 언어 산출과 언어 이해를 아우르는 언어 사용은, 복합개념과 배경지식과 언어 사이를 오가면서 이뤄지는 정신 활동이라고 말할 수 있다. 이런 언어 사용은 경험과 일상생활의 구체적 단편들을 상기해 주는 촉매제가 되거나 더 광범위한 가능세계들을 구성해 줄 수 있다. 이하에서는 먼저 생각이나 사고 단위를 규정하고, 이것이 언어로 표현될 경우에 '절' 또는 단언(명제)에 해당됨을 보이며, 우리말의 감각동사 부류를 예로 들어서 하나의 동사가 몇 가지 개념(또는 단언)들을 동시에 얽어 내장하고 있음을 보이기로 한다.

은 「프레게의 합성성 원리(compositionality)를 따라 생각이 전개되기 때문」이라고 말해야 할 것이다. 합성성 원리의 중요성은 포더·르포어(Foder and Lepore 2002), 『합성성 원리 논문(The Compositionality Papers)』(Clarendon)을 읽어 보기 바란다. 차근차근 생각을 덧붙여 나가는 원리를 말하는데, 거꾸로 배경지식의 정보가 먼저 작업기억 속에 인출되어야 하는 반대의 경우도 있다. 퍼어스(Pierce)는 이런 추론 과정을 '배경지식 동원 추론'(abduction, 외삽법)으로 부른다. 이런 모순스런 접근은 양자택일로 해결되기보다는, 조건에 따라 적합한 선택을 하는 모습으로 통합되어야 할 것으로 필자는 믿고 있다.

1. 생각 또는 사고 단위

논의를 한데 모아가기 위하여, 일단 두뇌 작동의 추상적 재료를 중심으로 다루되, 이를 대략 '언어'와 유사한 대상이라고 간주하기로 한다. 그렇다면 생각의 단위 또는 사고 단위를 물을 경우에, 생각의 단위는 언어에서 과연 어떤 단위와 관련되는 것일까? 이 물음에 대하여, 언어학의 분절 방식에 따라 적어도 다음 세 가지 후보를 답변으로 상정할 수 있다.

첫째, 가장 소박하게 낱말이다.
둘째, 좀 더 큰 구(XP, 최대투영의 구절) 또는 이음말(collocation, 연어)이다.
셋째, 동사가 투영되어 나온 최소 단위인 절 또는 단언(명제)이다.

첫 번째 답변이 아마 가장 흔한 것이고, 누구에게나 자명한 듯이 보일 듯하다. 왜냐하면 일반 사람들이 머릿속에 쉽게 떠오르는 것이 하나의 낱말들일 것이기 때문이다. 이런 입장은 또한 일상언어 철학의 흐름을 열어 놓은 옥스퍼드 철학자 오스틴(Austin)과 그롸이스(Grice)에 의해서도 제안될 법하다. 왜냐하면 이들이 펴낸 책들이 모두 낱말(words)과 낱말의 사용에 초점이 모아져 있기 때문이다.[2] 그렇지만 일상언어 철학에서는 한 낱말을 단서로 하여 맥락이나 상황을 통하여 그 낱말 속에 깃든 속뜻들을 찾아내는 일에 노력을 쏟았다.[3] 그럴 뿐만 아니라 오늘

---

2) 오스틴(1962)은 '낱말들의 작동/사용 방법(how to do things with words: do things는 operate을 뜻함)'을 제목으로 내세웠지만, 축자 번역을 하지 않은 채 장석진 뒤침(1997), 『오스틴: 화행론』(서울대학교 출판부)로 나오고, 김영진 뒤침(1992), 『말과 행위』(서광사)로 나왔다. 유작인 그롸이스(1989)도 '낱말들의 운용 방법에 대한 연구'이다. 또한 뷔고츠키(Vygotsky 1934; 데이비드 켈로그·배희철·김용호 뒤침 2011), 『생각과 말』(살림터)에서도 낱말을 사고 단위로 본다.

3) 가장 많이 인용되는 사례가 비트겐슈타인의 '원시 언어' 사례이다. 이영철 뒤침(1994: 23쪽 이하), 『철학적 탐구』(서광사)에서는 어느 공사장에서 십장과 일꾼 사이에서 "석

날 언어학의 토대를 세운 소쉬르는 언어학을 기호학의 하위 분야로 보았다. 기호는 언제나 대립체계 속에 존재한다는 점에서, 한 낱말이 제시된다고 하더라도, 계열체로서 유무 대립이나 이항 대립을 통하여 표면에 드러나지 않은 다른 항과 짝을 맺으며, 또한 통합체로서 더 상위 교점의 항과도 결합하게 마련이다. 언어는 체계로 존재하기 때문이다.

화용 상황에서 생략은 언제나 복원 가능성을 전제로 일어난다. 화자는 청자와 얼굴을 마주 보는 상황에서 지리하게 공통된 정보를 발화하는 것이 아니라, 오히려 서로 간에 '정보간격이 있다'고 믿어지는 대상만을 골라 발화하는 것이다. 따라서 복원 가능성이란 공유된 정보에 속하는 것일 수밖에 없다. 이런 모습이 일찍이 그롸이스의 대화규범(maxims)에 의해서 예측하는 바이다. 설사 그런 가능성을 제대로 찾지 못한다고 하더라도, 임의의 낱말이 외연의미 및 내포의미를 동시에 지니고 있으므로,[4] 각각

판!"이라고 외치는 경우를 제시한다. 이 낱말이 맥락에 따라서 건축 재료를 지고서 빨리 올라오도록 요구하는 것일 수도 있고, 아니면 다치지 않게 피하라는 경고일 수도 있다. 결국 언어의 의미는 국어사전 속에 있는 것이 아니라, 그 언어가 쓰이는 '맥락'에 따라서 결정되는 것이다.

[4] 킨취(Kintsch 1998; 김지홍·문선모 뒤침 2010), 『이해: 인지 패러다임 II』(나남)의 제6장 5절에서 제시한 비유적 의미 확장에 대한 심리학 실험보고를 보면, 한 낱말의 의미는 항상 원래 의미와 확장된 의미가 동시에 인출된다. 적어도 둘 이상의 의미가 한꺼번에 작업기억에 인출되어, 주어진 언어의 앞뒤 맥락에 대하여 적합성 경쟁을 벌이고, 그 중 하나의 의미가 선택되는 것이다. 따라서 한 낱말의 의미 해석 과정에서 소박하게 원래 의미가 먼저 적용되고, 그 의미가 해석상 여의치 않을 경우에 순차적으로 확장된 의미를 적용시킨다는 소박한 직관은 더 이상 유효치 않다. 이 때문에 부당한 속뜻이 스며들지 않도록 용어 자체를 바꾸어 각각 외연의미(intension)와 내포의미(extension)로 부르는 것이다.

외연과 내포란 용어는 프레게의 마지막 제자였던 루돌프 카아냅(Rudolf Carnap, 1891~1970)에 의해 만들어졌다. 카아냅(1928; 영역본 Rolf A. George 1967), 『세계의 논리 구조(The Logical Structure of the World)』(Routledge and Kegan)의 72쪽 이하 '외연 방법을 이용한 논리 구성에 대한 반론'에서 정의된다. 매우 낯선 용어이고, 너무 현학적으로 들릴 소지가 있다. 그렇지만 핵심을 소략하게 말한다면, 우리말에서 형용사(존재동사) '있다'의 주어로는 외연의미(지시의미, 대상물 제시)가 나올 수 있고, 계사(지정사) '이다'의 주어로는 내포의미(속성기술)가 나올 수 있다. "고양이가 한 마리 있다"는 외연의미(지시의미, 대상물 제시)이다. 그러나 "고양이가 귀엽다"는 내포의미(속성기술)에 해당한다. 그의 양상 논리는 카아냅(1947), 『의미와 필연성(Meaning and Necessity)』(University of Chicago Press)으로 완성되고, 몬태규(Richard Montague, 1930~1971)의 내포의미론으로 발전한다. 토머슨 엮음(Thomason 1974), 『형식 철학: 몬태규 논문 선집(Formal Philosophy:

"X가 있다"(외연의미, 존재지시) 또는

"X이다"(내포의미, 속성지정)

의 모습을 기본값으로 배당받게 된다. 따라서 이런 점들을 고려한다면, 소박하게 낱말이라고 느끼고 대답하는 경우라 하더라도, 실제적으로는 「임의의 낱말을 통하여 범위가 더 확대되는 것」이라고 매듭지을 수 있다.

둘째 답변은 두 가지로 나뉠 수 있다. 임의의 최대투영 구절(XP)은 생성문법에서 당연히 주어져 있는 것처럼 치부되는 언어형식의 기본 단위이다. 이 형식은 중간투영을 허용하는 점에 특징이 있고, 중간 교점을 제외하고서는 어디에서든지 확장이 가능하다. 필자의 생각에 이런 형식이 마련된 동기는, 가장 작은 자족 형식인 명사구(NP) 및 문장(CP)으로부터 나오며, 이것들이 융통성 있게 변형될 수 있도록 보장해 주기 위한 조치로 이해된다.[5] 1990년대 이후의 논의는 전통문법에서

Selected Papers of Richard Montague)(Yale University Press)에 주요 글들이 모아져 있다. 몬태규의 내포의미론은 이기용 교수와 이익환 교수의 박사논문에서 한국어에 적용된 바 있다. 개론서로서 이익환(1984), 『현대 의미론』(민음사)이나 문귀선(1995), 『형식 의미론: 이해 및 기초 과정』(한신문화사)을 읽어 보기 바란다. 내포의미론의 핵심은 유형들의 결합인데, 개체(e) 유형과 진리값(t) 유형이 서로 결합되어 있는 모습(복합 유형임)이

'일반 명사'($\langle e, t \rangle$ 유형) 및 '자동사'($\langle e, \langle t \rangle \rangle$ 유형)

로 구현되고, 모든 유형의 명제들을 도출해 내는 근원이 된다(유형 의미론으로 불림). 가령, 자동사와 문장을 수식하는 부사는 각각 자동사로부터 자동사로, 문장으로부터 문장으로 가므로 다음처럼 나타내게 된다.

$\langle \langle \langle e, \langle t \rangle \rangle, \langle e, \langle t \rangle \rangle \rangle$ 유형 및 $\langle t, t \rangle$ 유형

단, 임의 유형에 대한 표시에서 단언(명제)들이 언제나 참값으로 끝나게 되므로, 항상 $\langle t \rangle$ 유형이 위치하게 된다.

5) 자세한 설명은 김지홍(2010), 『국어 통사·의미론의 몇 측면: 논항구조 접근』(경진출판)의 제I부 논의를 보기 바라며, 그곳 40쪽에서는 두 층위의 계층을 이루는 구조가 언어 형식뿐만 아니라, 또한 우리의 일반적인 사고 전개의 모습으로도 널리 적용될 수 있음을 다음의 예들로 제시하였다.

XP		XP		XP		XP		XP		XP	
가변속성	X'	형식	X'	밖	X'	살	X'	양	X'	자식	X'
불변속성	X	내용	X	안	X	뼈	X	음	X	부부	X
실체		핵어		대상		몸		태극		가족	

허사로 취급되던 것들까지도 일관되게 최대투영 구절(XP)의 모습을 지니는 것으로 다뤄졌다. 제약된 구조가 더욱 너른 언어 영역들에 적용될 뿐만 아니라, 이전에 제시되지 못하던 설명력도 더 갖추었다는 점에서 사고 단위가 될 개연성이 높은 후보이다. 그렇지만 이 투영은 최종적으로 종결어미(complementizer에서 첫 글자 C를 따서 기호로 삼음)의 투영으로 마감된다는 점에서, 세 번째 답변과 동일한 결론에 이른다.

생성문법에서는 명사구와 문장이 최소한의 자족형식임을 기술하는 것으로 만족할 뿐, 정작 왜 그러한지에 대하여 아직 설득력 있는 설명을 제시해 주지 못하였다. 필자는 아마도 우리가 장기기억 속에 갖고 있는 두 종류의 서술지식 기억으로부터 나올 것으로 본다. 즉, 의미 기억과 구체사례 기억에 대한 구분인데, 하나의 사건은 언제나 경험 가능한(따라서 진위 판단도 가능한) 문장 형식을 취한다. 반면에 필수 논항들까지도 지워질 수 있는 명사구들에서는, 구체적인 개별 사건이 일반화되고 추상화되어 의미 기억 속에 들어 있을 것으로 판단된다. 비판적 담화 분석에서는 임의의 개념이 문장 형식을 충실히 갖추어 표현될수록 상대방으로 하여금 참과 거짓을 판단할 수 있도록 만들어 주지만(참·거짓의 범주적 표현), 반면에 문장이 아닌 명사절이나 명사구 형식으로 제시될수록 언제나 참으로 간주되어 상대방으로 하여금 늘 주어져 있는 사실(추상화 작용 abstraction)처럼 믿게 만들어 놓는 효과가 있음을 지적한다. 문장 형식일수록 판단의 대상이 되지만, 명사구 형식 쪽으로 다가갈수록 따지지 말고 덥석 믿게 만드는 효과를 지니는 것이다.6)

---

6) 이런 사실은 페어클럽(N. Fairclough 2003; 김지홍 뒤침 2012: 제5장),『담화 분석 방법: 사회 조사연구를 위한 텍스트 분석』(경진출판)에서 처음 본격적으로 다루어졌다. 우리말에서 예를 들어 보이면 다음과 같은데, 하나의 문장이 명사절을 거쳐 명사구나 명사로까지 표현될 수 있다. 173쪽의 각주 17을 보기 바란다.

   ① 철수가 영이를 사랑하고 있다 → 현재 진행 사건(듣는이가 추체험하여 참이나 거짓을 따질 수 있음)

   ② 철수가 영이를 사랑하고 있는 것 → 명사절(문장 정보가 모두 보존되나, 마치 명사처럼 기능하며, 이것에 대한 평가 술어가 이어질 수 있음)

둘째 답변에서 이음말로 보는 입장은, 전산 처리된 말뭉치로써 처음 코빌드(COBUILD) 사전의 편찬을 주도했던 씽클레어(Sinclair, 1933~2007) 교수의 주장이다.[7] 그는 이음말(연어)을 '미리 짜인 단위'로 부르는데, 관용적 결합원리에 지배를 받는다. 이전의 언어학 단위를 낱말에서 낱말보다 조금 더 큰 단위인 이음말이라고 주장하는 것이다.[8] 이것이 보

---

③ 철수가 영이를 사랑하고 있음 → 명사절(시간 표현이 보존되며 상태를 표시함)
④ 철수의 영이 사랑 → 명사구(참이나 거짓을 따질 수 없이 오직 해당 사건의 골격만 표현되며, 마치 세계 속의 대상물처럼 주어져 있음이 속뜻으로 깔림)
⑤ 철수의 사랑 → 명사구(가능 관계만이 표현되고, 실세계의 대상처럼 사실로 주어짐)
⑥ 사랑 → 명사(추상성만 표시됨)

여기서 하나의 사건을 가리키는 문장 ①이 명사절 ②를 거쳐 명사구나 단독 명사로 될수록, 현재 상황에서 듣는 이가 직접 진위 여부를 확인할 수 있는 가능성이 옅어지며, 점차 추상성이 높아져 간다. 그런 만큼 적용 범위가 더욱 확장되는데, 임의 시점에서 임의 세계에 다 적용될 수 있는 것이다. 명사구 쪽으로 표현될수록 그 표현이 가리키는 대상이 참이 되어 마치 주어져 있는 것처럼 사실로 느끼게(착각하게) 된다. 이런 표현을 쓰는 의도는 한 언어 표현의 합법화 목적을 달성해 줌으로써(그 책의 제5장 2절에서 다뤄짐), 화자의 의도나 화자가 추구하는 이념을 부지불식 간에 상대방에게 심어 놓을 수 있다.

7) 씽클레어(1991), 『말뭉치·용례·이음말(*Corpus, Concordance, Collocation*)』(Oxford Uinversity Press); 씽클레어(2003), 『용례 해석(*Reading Concordance*)』(Pearson); 베이커 엮음(Baker 1993), 『텍스트와 처리기술: 씽클레어 회갑기념 논문집(*Text and Technology: In Honour of John Sinclair*)』(John Benjamins)을 보기 바란다. 코빌드는 콜린즈 출판사와 영국 버밍엄 대학에서 구축한 국제적 언어자료 기반(Collins Birmingham University International Language Database)의 약자이다.

8) 근본적으로 형식을 염두에 둔 이런 주장을 수용하면 처리가 복잡해질 수 있다. 가령, 우리말에서 '기 막히다'라는 표현의 다의적 어휘 확장에 대한 설명이 힘들어진다. '기 막히다'라는 표현은 직관적으로 '기도가 막힌다'(숨길이 막힌다)라는 축자적인 의미에서부터 시작하여, 다음과 같이 앞뒤의 환경에 따라 여러 가지 뜻으로 해석될 수 있다. 축자적인 뜻일수록 '기 뚫리다'는 대립 표현이 가능하지만, 비유적일수록 이런 대립이 불가능하다. 만일 어떤 기 치료사가

① "얼굴이 붓는 것은 기(가) 막힌 증세입니다."

라고 말한다면, 축자적인 뜻으로 고정되어, 우리 몸 속에 흐르는 어떤 힘이 장애물을 만나 막혀 있다는 해석을 받으며, '기 뚫다'는 표현과 대치될 수 있다. 그렇지만

② "생사람을 억지로 도둑으로 몰아가니 기막히네!"

에서는 '어이없다'는 뜻으로 고정되며, 한 낱말로 인식되어 국어사전에서는 띄어 쓰지도 않는다. 또한

③ "기막힌 사연, 기막힌 인생"

에서는 이례적이거나 평탄치 않은 사건이나 삶을 가리킨다. 여기서도 결코 '기 뚫리다'와 짝을 이룰 수 없다. 그리고 다음처럼 부사의 구실도 한다.

④ "기막히게 좋은 제품이구나!"

에서는 '말로 표현할 수 없을 만큼 대단히'라는 뜻을 갖게 된다. 만일 이런 경우들을 이음

다 더 큰 단위로 결합되기 위하여 다시 '개방적' 선택원리가 적용되며, 비로소 화용과 담화를 포함하는 거시언어학의 세계를 구성한다. 이는 전통적으로 언어 형식이 '낱말과 문법'이라는 직관을 수정하여, 「이음말과 문법이라고 재해석」하는 셈이다. 그렇다면 낱말이 범위가 낱말들의 연결체로 확대된 것에 다름 아니다. 이런 답변에서도 첫째 답변에서 살펴보았듯이 지향점이 궁극적으로 거시언어학 영역을 향하고 있음을 확인할 수 있다.

셋째 답변은 가장 많은 분야에서 상정되는 것이다. 수학기초론, 철학, 심리학, 인공지능, 사회학, 언어교육 등이다. 그런 만큼 이를 표현하는 용어만 해도 스무 가지가 넘는다.9) 언어의 산출 및 이해 과정에서도 단언(명제)을 기본 단위로 본다. 심리학의 논의에서는 단언의 '심리적 실재성'을 입증하기 위하여, 비록 한 문장으로 표현되어 있다고 하더라도 복합 단언으로 이뤄진 것을 처리하는 시간과 오직 단일 단언으로만 이뤄진 것을 처리하는 시간이 서로 차이가 나며, 인출 회상에서도 그러함을 증명해 왔다.10) 이때, 수학이나 논리학에서 다루는 엄격한 의미의

말로 처리한다면, 다의어적인 확장 의미로 볼 적에, 적어도 세 종류의 틀이 주어져야 할 것이다. 먼저 두 개의 축이 설정되고('기 막히다/뚫리다'의 틀 및 부사의 구실의 틀), 그 축 사이의 어느 지점에 자리 잡는 틀이 있어야 한다. 그렇지 않다면 모두 별개의 이음 말로 처리되어야 하며, 어휘 항목만 끝없이 늘어날 것이다. 필자의 판단에, 씽클레어 교수의 이음말 접근 방식은 오직 낱말 형식의 묶임만을 고려한 것이지, 좀 더 심각하게 의미 처리까지 고려되어 있지 않다. 따라서 그 복잡성이 더욱 가중될 것으로 보이며, 의미 관계를 먼저 제어하는 것이 더 나은 해결책일 것이다. 물론 이런 약점도 대용량의 기계적 처리로 신속히 해결한다고 방어한다면 문제가 되지 않을 수도 있다.

9) 르펠트(1989; 김지홍 뒤침 2008, 1권: 59쪽)에 이미 18개가 올라 있다. 주기, 심층 절, 착상, 정보 벽돌, 정보 단위, I-표지, 전달내용, 음운 절, 단언(명제)구조, 문장, 분출, 표면 절, 통합체, 어조 집단, 어조 단위, 총체 개념물, 발언기회 구성단위, 최대투영 구절들이 다. 이밖에도 종결 가능 단위(T-unit), 단순 개념(simplex), 억양 단위, 정신 언어, 최소 진술문, 의사소통 최소단위 등도 추가될 수 있다.

10) 킨취(1998; 김지홍·문선모 뒤침 2010),『이해: 인지 패러다임』(나남)의 제3장에서는 회상 실험·읽기시간·점화연구의 세 가지 측면에서 단언(명제)의 심리적 실재성을 확인하고 있다. 가령, "러시아 황제를 안치해 놓은 황릉이 광장을 내려다보고 있다"라는 명제는 두 개의 명제가 들어 있으므로, "황릉이 광장을 내려다보다" 또는 "황릉에 러시아 황제를 안치해 놓다"라는 단일 단언(명제)보다도 심리적 처리 시간이 더 깊을 예증해 놓았다.

단언(명제)이 아니라, 아주 느슨하게 '절(clause)' 단위로 이뤄진 것인데,11) 이런 느슨한 의미의 단언이 심리적 실재라는 주장이다. 이 글에서도 이런 입장을 그대로 따르기로 하되, '절(clause)' 단위라 부르기로 한다.

단언(명제)의 형식은 프레게(G. Frege 1879)에12) 따라, 양화사를 머리에 얹고서 일원론적 표상 방식으로 나타낼 수 있다. 이는 양화된 술어 논리로 불리며, 오늘날 우리가 기대어 학문을 해 나가는 '가설-연역적 접근' 방식이 프레게의 틀을 그대로 물려받고 있다. 매우 소략하게 큰 지도를 말한다면, 이 접근 방식은 언어학자들에게 친숙한 기호학 접근에서 '형식과 내용'의 결합을 명시적으로 표시해 주는 방식에 다름 아니다. 기호학에서는 형식이 다시 단위와 단위들의 결합체로 나뉘고, 그런 결합체들은 모두 내용과의 대응 여부를 묻게 된다. 동일한 사고절차

---

11) 언어학에서는 절(clause) 단위라고 부르기도 하고, 절이 하나의 억양 단위로 묶이므로 췌이프(Chafe 1996; 김병원·성기철 뒤침 2006), 『담화와 의식과 시간: 언어 의식론』(한국문화사)에서는 '억양 단위'로도 불렀다. 전통문법에서는 막연히 단순한 문장이란 뜻으로 '단문'이라고 부른 적도 있지만, 단문이 아무런 제약도 없이 임의의 논항을 문장 형식(내포문)으로 구현할 수 있기 때문에, 단순하다는 개념 자체가 잘못된 것이다. 가령 '영이가 철수를 본다'는 단문 형식이지만, 아무런 제약이 없이 '영이가 철수를 바보로 본다'라고 확장될 수 있다. 전통문법에서는 이런 사실을 주목하지도 못했다. 생성문법에서는 임의의 논항 XP가 명사구로도 나올 수도 있고 문장(내포문)으로도 나올 수가 있다고 언급함으로써, 시지각동사와 평가동사의 구현으로 달리 설명할 수 있다.

12) 프레게(G. Frege 1848~1925)는 하이어노엇 엮음(Heijenoort 1967)에서는 '현대 학문의 아버지(the forefather of modern sciences, 비조)'라고 극찬되기까지 한다. 아마 최상위 개념인 판단(judgement)만을 제외하고서, 엄격히 일원론적인 사고 전개 방식을 완벽히 형식화해 놓았기 때문으로 짐작된다. 긴 부제가 달린 『개념 표기법: 순수사고를 위하여 산술 형식언어에 바탕을 둔 하나의 형식 언어(*Begriffsschrift: a formula language, modeled upon that of arithmetic, for pure thought*)』은 하이어노엇 엮음(1967), 『프레게로부터 괴델까지: 1879년~1931년 사이의 수리논리학 출전 책자(*From Frege to Gödel: A Source Book in Mathematical Logic, 1878~1931*)』(Harvard University Press)에서 영어로 된 완역을 볼 수 있다. 기취·블랙 엮음(Geach and Black 1970), 『고틀롭 프레게의 철학 논문 번역선 (*Translations from the Philosophical Writings of Gottlob Frege*)』(Basil Blackwell)에도 일부(제1장)가 들어 있다. 머기니즈 엮음(McGuinness 1984), 『프레게의 수학·논리학·철학 논문 모음(*Gottlob Frege, Collected Papers on Mathematics, Logic, and Philosophy*)』(Basil Blackwell) 도 참고하기 바란다.

　　프레게 저작의 우리말 번역은 현재 세 권이 나와 있다. 프레게(1879; 전응주 뒤침 2015), 『개념 표기』(EJ북스)와 프레게(1884; 박준용·최원배 뒤침 2003), 『산수의 기초』(아카넷)와 프레게(1893; 김보현 뒤침 2007) 『산수의 근본 법칙 I』(울산대학교 출판부).

를 따르고 있지만, 논리학이나 수학에서는 용어들을 특별히 만들어 쓰는데, 이를 공리계(axiomatic system)라고 부른다. 공리계는 '무정의 용어(undefined terms)'들과 이들을 결합시키는 연산자와 참값을 따지는 의미 해석 규칙 및 담화세계로 이뤄져 있다. 이는 고등학교 수학에서 익숙히 다루던 정의역과 치역의 결합인 셈이며, 이런 결합을 놓고서 특별한 관계인 함수라고 부른다. 이렇게 번역된 단언(명제) 형식들은 추론 및 함의 관계를 명시적으로 밝히는 데에 이바지해 왔다.13)

그렇지만 특이하게 이런 사고의 진행 과정을 상위 차원에서 감시할 상위 인식(meta-recognition)은 도입되지 않았는데,14) 괴델(Gödel, 1906~1978)이 증명하였듯이 변항을 도입하는 순간에 명제 형식은 자기 모순을 빚기 때문이다.15) 화용론이나 담화론에서는 화자와 청자가 공유하는 것으

---

13) 자연언어를 단언 형식의 언어 또는 논리 언어로 번역해야 하는 이유를 데이빗슨(Davidson 1980; 배식한 뒤침 2012), 『행위와 사건』(한길사) 246쪽 이하에서 '카자일에 답함'을 보면, 단언들 사이의 성립하는 함의나 함축관계를 명시적으로 드러내어 계산하려는 것이라고 분명히 서술해 놓고 있다. 데이빗슨과는 달리, 바로 뒤의 각주 15에 있는 뤄쓸(1937)에서는 「생각 그 자체가 함의 관계라고 상정」하고 있다.

14) 이는 임정대(1985), 『수학적 존재와 인식』(청문각)에서 명시적으로 수학의 전개과정은 수학적 질서를 따르지만, 증명은 총체적 '인식' 과정이라고 하는 진술에서, 쉽게 두 층위를 구분해야 할 필요성을 이해할 수 있다.

15) 뤄쓸(Russell 1903; 1937 제2판), 『수학의 원리(The Principle of Mathematics)』(Norton and Co.) 제3장에서도 형식 함의(formal implication)는 그 자체로 판단이 완벽히 이뤄질 수 없음을 지적한 바 있다(함의 관계는 우리가 늘 경험하는 사건들의 변화를 드러내는 방식에 지나지 않음). 따라서 오직 실질 함의(substantial implication)들만으로써 자신의 수학 원리를 구성하고 있다. 실질 함의는 모두 classes of classes(집합족)로 표현된다. 이는 집합들 사이의 관계인데, '재귀성·대칭성·전이성'을 이용하여 새로운 주장을 펼치고 그 공리계 속에서 증명을 해 나가는 길고 복잡한 과정이다(65쪽의 각주 18을 참고). 집합족들의 관계를 직관적으로 알기 쉽게 표현한다면, '일반 명사'들 사이의 포함관계라고 말할 수 있다. 이 포함관계는 사실상 아리스토텔레스로부터 찾아지는 아주 오랜 연산 방식이다. 아리스토텔레스의 『범주론』 제5장에서는 실체를 구분하여 제1 실체와 제2 실체 또는 종(species)과 부류(genus)로 나누는데, 『단언론』(그의 제자 Theophrastos의 저작이라는 주장도 제기되어 있음)과 『분석론 전편, 후편』에서 개별자와 보편자(=보편 속성)의 관계 따위를 다룬다.

오스트리아 수학자 괴델(K. Gödel, 1906~1978)은 화잇헤드·뤄쓸(1910~1913), 『수학 원리』를 놓고서 그 공리계의 완벽성 정리(1929년)를 먼저 수학적으로 증명하여 비엔나 대학에서 박사학위를 받은 뒤, 다시 1932년 형식 함의에서는 미결정 명제(undecidable proposition)가 언제나 깃듦을 칸토어의 대각선 논증을 빌려 증명한 바 있다. 이를 불완전성 정리(incompleteness theorems)로도 부른다. 이 논문들은 모두 하이어노엇 엮음(1967)

로 믿어지는 상호 공통기반을 확정하는 경우에 이러한 모순이 생겨나
며, 특히 이를 '무한 퇴행(infinite regression)'의 역설이라고 부른다. 의사소
통이 제대로 이뤄지기 위해서는 이를 극복하는 전략들을 세워야 한
다.16) 이를 피하는 방식들 중 하나가 타아스키(A. Tarski, 1901~1983)의
진리 모형에서 주장되고, 데이븟슨(D. Davidson)이 적극 옹호한 상항들로
만 이뤄진 1계 단언 논리식(first-ordered logic)이다.17) 물론 영어에서 'such
that'(다음처럼 '참값을 지닌 항'들이 있음, 또는 '참값 사례들'이 열거됨)으로

---

16) 이는 인류 지성사에서 무어(1953; 김지홍 뒤침 2019), 『철학에서 중요한 몇 가지 문제』(경
진출판)의 제14장과 제15장에서 처음 논의되었다. 더 쉽게 말한다면, 우리 인생 및 '남가
일몽' 사이에 구분 문제와 직결되어 있다. 무어 교수의 해결책은 오직 친숙한 일련의
사건 발생 흐름과의 대조에서만 판가름지을 수 있을 뿐이라 여겼다.

    클락(H. Clark 1996; 김지홍 뒤침 2009), 『언어사용 밑바닥에 깔린 원리』(경진출판) 제4
장에서 무한 퇴행을 극복하는 재귀적 공통기반 따위 여러 가지 방식들이 검토되고 있지
만, 자족적으로 완벽한 해결책은 없다. 다만, 상식적으로 서로 공통된 믿음을 공유한다고
생각하고서, 의사소통에 지장이 없는 한 '의심을 삭감할 뿐'이다. 이런 상식적 접근이
바로 일상언어 철학자 그롸이스(P. Grice, 1913~1988)가 택한 방식이다.

17) 상항은 언제나 참값을 지닌 존재들을 다루기 때문에 모순이 생겨나지 않는다. 그렇지만
변항이 도입될 경우에 양화 범위가 전체가 될 수도 있고, 하나가 될 수도 있다. 전칭
양화사의 참값을 보장해 줄 수 있는 방식이 논리식 속에 자체적으로 들어 있지 않다는
것이 문제이다. 대상세계를 따지지 않고, 대신 도출 과정에 엄밀성을 따지는 간접적
인 방식을 추구한 수학자가 바로 튜링(A. Turing, 1912~1954)이다. 상항만으로 된 1계(1
차) 기호논리의 모형은 타아스키(Tarski 1956), 『논리, 의미, 상위-수학(Logic, Semantics,
Meta-mathematics)』(Hockett Publishing Co.)을 보기 바란다. 데이븟슨(D. Davidson, 1917~
2003)의 책 중에서 최근에 한국연구재단의 명저 번역사업으로 데이븟슨(1980; 배식한
뒤침 2012), 『행위와 사건』(한길사)과 데이븟슨(1984; 이윤일 뒤침 2011), 『진리와 해석
에 관한 탐구』(나남)가 출간되었다. 특히 필자는 『행위와 사건』이란 책이 중요하게 인용
됨을 알고서, 원서로 몇 차례 더듬거리며 읽어 보았었지만 능력의 한계로 전체 맥락을
파악할 수 없었다. 마침 배식한 교수의 깔끔한 번역 덕택에 처음으로 통독을 할 수 있었
고, 그 대강의 전략도 비로소 이해할 수 있었음을 밝혀 사의를 적어둔다.

속에도 영역되어 있고, 데이뷔스 엮음(M. Davis 1965), 『미결정 속성: 미결정 명제, 해결
불가능 문제, 계산 가능한 함수에 관한 기본 논문들(The Undecidable: Baisc Papers on
Undecidable Propositons, Unsolvable Problems and Computabel Functions)』(Raven)에도 모아
져 있다. 완벽성을 확보하려면 주어진 공리계에서 언제나 상항들만을 다루어야 하며,
이를 1계(1차) 기호논리라고 부른다. 콰인의 제자인 데이븟슨(D. Davidson)은 상항들로
만 구성된 논리체계로 행위에 대한 계산 방법을 개척해 놓았다(다음 각주 17을 참고).
그런데 변항이 도입된 고차 기호논리(2차 이상의 기호논리를 뜻함)에서는 만일 담화세
계가 닫혀 있지 않다면 그 완벽성이 입증될 길이 없다. 101쪽의 각주 23도 참고 바람.
볼로즈·제프리(1989; 김영정·최훈·강진호 뒤침 1996), 『계산 가능성과 논리: 수리논리학
입문』(문예출판사)에서도 이런 문제를 다루고 있다.

번역되는 추상화(abstraction) 연산의 딸림-함수(g-function)도 언제나 진리 값이 부여되는 항들이므로, 논리식은 좀 더 확장될 수 있다. 의사소통이 일어나는 현실세계에서는 이미 치역이 정해져 있고, 담화세계(discourse domain)라고 불린다. 따라서 정의역에서 계산되는 '형식'의 완결성을 추구하기보다는 오히려 치역들의 세분화에 무게가 실린다. 정의역을 플라톤의 이데아(제3 세계)라고 본다면, 치역은 오히려 아리스토텔레스의 분류학이 적용되는 현실계이자 경험세계이다. 따라서 형식의 완결성이나 완벽성에 치중하기보다는, 주어진 내용으로서 삶의 세계에 대한 분류가 더 요청된다고 말할 수 있다.

언어 산출에 대한 전제로서 '생각의 단위'가 무엇인지에 대하여 다루었다. 일단 생각은 언어로 이뤄진다고 전제하고서, 이 물음을 언어의 기본단위에 대한 물음으로 환원할 수 있었다. 그런데 소박한 낱말이나 구절이라는 답변도, 실제 작동을 위하여 이것보다 더 큰 단위가 함의되어 있음을 확인하였고, 그 단위를 '절(clause)' 또는 단언이라고 불렀다. 그렇다면 이제 낱말보다 좀 더 큰 단위인 절 또는 단언이 무엇이며, 다른 것과 어떤 연관을 갖는지에 대하여 묻고, 대답을 해야 할 것이다.

2. 언어 단위로서 '절(clause)' 또는 단언

프레게(1879)에서는 함수와 논항이란 말을 쓰고 있지만, 자연언어에서는 전형적으로 각각 동사와 명사에 해당한다. 수학에서 함수란[18] 재

---

18) '수학 ≒ 함수'라는 주장은 수학 전공자들로부터 쉽게 접할 수 있는데, 함수란 관계들의 속내를 포착해 주는 개념이다. 경상대학교 수학교육과 조열제 교수(한림원 정회원)에 따르면 수학에서는 영역별로 서로 다른 이름을 써서 구별한다.
　① 실수에서 실수로 가는 관계를 function(함수: $\mathbb{R} \to \mathbb{R}$)로 부르고,
　② 집합에서 집합으로 가는 관계를 mapping(사상: $X \to X$)으로 부르며,
　③ 벡터 공간에서 벡터 공간으로 가는 관계를 operator(작용소: $V \to V$)로 부르고,
　④ 복소수에서 복소수로 가는 과정을 transformation(변환: $\mathbb{C} \to \mathbb{C}$)이라고 부르며,

귀성·대칭성·추이성(전이성)을 만족시키는 특정 관계를 가리킨다. 이 함수는 아직 채워지지 않은 홈을 지니고 있으며, 이 홈이 채워져야만 비로소 참·거짓 값을 가질 수 있다. 그는 이 홈을 채울 수 있는 항을 논항(argument)으로 불렀고, 폴란드 논리학자들은 자리(place 또는 tuple)라고 불렀다. 특히 이 결합 형식은 언제나 실세계에서 가리킬 수 있는 대상의 숫적 범위를 표시하는 양화 연산자에 의해 묶여 있어야 한다. 어떤 식형도 양화 연산자가 표시되어야 하며, 설사 수량을 따질 수 없는 상항(constant)조차 일관되게 그런 형식을 지녀야 하는 것이다. 이를 진리값을 따질 수 있도록 닫혀 있는 식형(closed formulae)이라고 부른다.

단언(명제)은[19] 칸토어(Cantor, 1845~1918)의 집합 개념에서도 쉽게 도출된다. 소략하게 말하여, 집합(set)은 동사에 해당되고, 원소(element)는 명사에 해당된다. 원소는 집합을 전제로 하고, 집합은 또한 원소를 상정해야 한다. 명사와 동사를 철학적으로 표현하면, 각각 개별자와 보편자에 대응한다(희랍 철학에서는 '하나'가 동시에 개별자가 될 수도 있고, 전체

⑤ 임의의 실수값을 갖는 관계를 포괄하여 functional(범함수: {R, X, C}→C)라고 한다. 그런데 세계 굴지의 수학자 박재걸 교수(한림원 정회원, 부산대 명예교수)의 2011년 특강(Functions and Background of Definition of Binary Operations)과 2014년 특강(Mathematical Representations)에서 function(함수)이란 용어보다 오히려 representation(표현: 직선상의 표현·평면상의 표현·접평면을 통한 곡면의 표현)이란 용어가 수학의 정신을 더욱 잘 드러낸다고 언급하였다.

19) 소흥렬(1979), 『논리와 사고』(이화여자대학교 출판부)를 보면, 생각의 최소 단위인 단언(명제)은 실제 세계에서의 어떤 사실을 진술하는 것이다. 따라서 참과 거짓을 판정할 수 있는 원자 진술문인 것이다. 추론을 가능하게 하는 삼단논법과 생략된 모습의 삼단논법(enthymeme)을 아리스토텔레스가 확립한 뒤로, 중세시기에는 명제들 사이에서 개념상으로 성립하는 논리적 관계들을 엄격히 따졌다(소흥렬 1979, 제5장). 이때의 단언은 시간을 초월한 절대 불변의 것을 가리켰다. 시간이 들어 있지 않은 무시제/무시간 표현인 것이다.
그렇지만 뤄쓸(Russell 1905)과 스트로슨(Strawson 1950) 사이에 벌어진 논쟁으로 말미암아 추상적인 단언이 시간과 공간에 따라 달라지는 실제적인 모습을 다루게 되었다. 이를 단언과 구분하여 진술(statement)이라고 부른다. 정대현 엮음(1987), 『지칭』(문학과지성사)에 번역되어 있는 뤄쓸과 스트로슨 글들을 참고하기 바란다. 시간이 무엇인지에 대한 가장 근원적인 성찰은 아리스토텔레스로부터 시작되는데 그의 『자연학』 제4권에서 다뤄진다. 김규영(1987), 『증보판 시간론』(서강대학교 출판부)의 제3장 '아리스토텔레스의 시간론' 및 이기상(1990), 「계산의 시간: 아리스토텔레스에 있어서의 시간」, 『철학』 제35권(141~162쪽)을 참고할 수 있다.

보편자가 될 수도 있음을 자각하고 있었음). 이들은 반드시 서로 긴밀히 짜이고 합쳐져야 한다. 즉, 보편자와 관련 없는 개별자가 있을 수 없고 (개별자는 뤄쓸의 생각에 따르면, 다수의 보편 속성을 지니고서 '속성들의 다발' 로서 존재하거나 또는 우리들에게 드러남), 개별자가 전혀 없는 보편자도 존재할 수 없는 것이다. 보편 속성은 반드시 개별 대상을 통해 구현되는 것이다. 때로 보편자를 추상적 존재로 보고 개별자를 경험할 수 있는 구현체로 여기기도 한다. 뤄쓸(Russell 1903)에서는 이러한 관계를

class-concept(원초적 집합 개념),[20]

---

[20] 필자는 2012년 경상대학교 수학교육과 조열제 교수(한림원 정회원)의 도움 아래 뤄쓸 (1937, 제2판) 『수학의 원리』를 제3부까지 일일이 번역하면서 자세히 읽을 수 있었다. 뤄쓸은 일반적인 용어인 set(집합)이나 aggregation(모음)이란 낱말을 쓰지 않고, 독특하게 class(클라스, 부류; 계층: 수학에서는 번역 없이 '클라스'라고 부름)란 말을 쓰고 있다. 그렇지만 왜 그런 선택을 하였는지에 대해서 어디에서도 명시적인 언급을 하지 않고, 통상적인 개념(notions)처럼 도입되었다. 따라서 오직 읽는 사람이 해석을 해야 할 몫일 뿐이다.

필자의 생각으로는, set(집합, 칸토어 Mengenlehre의 영어 번역)이란 용어를 쓴다면, 개체들만이 들어 있어서 마치 죽은 시체들만 있는 고요하고 정적인 세계처럼 느껴질 소지가 있다고 본 듯하다. 이들이 살아 있는 사람들처럼 복잡한 관계를 맺으려면 반드시 연산 (operation, 2013년 대한민국학술원 발간 책자에서 박세희 교수는 operator를 벡터에서 벡터로 가는 '작용소'로 번역하고 있으므로, '작용'으로도 번역될 수 있음)이 주어져야 한다. 가령, 철수와 영이가 서로 연인이라는 관계로 맺어지거나, 동향이라는 관계로 맺어지거나, 라면을 즐겨 먹는다는 관계나 청바지를 입고 다닌다는 관계나 미혼자라는 관계 등으로 복잡하게 얽히고 맺어질 수 있다. 이런 관계들을 포착해 주는 특정한 관계가 함수 (function) 또는 표현(representation, 65쪽의 각주 18을 참고)이라고 불린다. 아마도 뤄쓸은 set(집합)이라는 용어는 임의의 연산이 이뤄져 도출되는 이런 가능한 관계들을 연상시켜 주지 못한다고 파악하였을 듯하다. 따라서 임의의 연산이 들어가 있는 어떤 집합을 드러 내기 위하여, 일부러 다른 낱말인 class(클라스)를 선택하였을 것으로 보인다. 따라서 『수학의 원리』에서 미리 전제된 개념이 class-concepts(원초적 집합 개념, 클라스-개념체)이 다. 이들은 모두 어떤 연산 가능성(특히 실질 함의[substantial implications] 관계)을 자신 속에 녹여 지니고 있는 대상들이 된다. 필자의 생각에 이를 자연언어로 번역하면, 임의의 속성을 지닌 대상들(entities with a property)이 그 후보가 될 것이다.

조열제 교수는 수학의 연산을 가능하게 만드는 전제 개념으로 복합개념 '거리'가 기본 적이며 필수적이라고 본다(실수들이 일직선이나 거리로 표상됨). 만일 인간의 정신작용 이 유사성과 차별성을 찾아내는 과정이라면, 거리 개념이 성립되기 위해서 응당 서로 차별적인 두 점(또는 지점)이 미리 주어져 있고, 두 점 사이에 모종의 공통기반에 기대어 거리가 주어질 수 있는 것이다. 그렇다면 '거리'는 임의의 연산이 주어져 있는 서로 떨어 져 있는 동질적 개체들을 가리키는 개념이 될 수 있다.

classes(집합),

classes of classes(상위 집합으로서 특정 관계[relations] 또는 함수[functions])

를 통하여 일관되게 단언(명제) 논리식을 계산할 수 있는 개념들을 구현하고 있다. 뤄쓸의 생각을 따르면 언제나 수학체계는 맨 뒤에 있는 집합들에 대한 집합들(classes of classes)을 다루며, 언제나 '재귀성·대칭성·전이성(추이성)'의 복합 속성들을 적용하여 집합 관계를 확정짓게 된다.

단언(명제)과 자연언어 사이에는 쉽게 번역되는 부류도 있고, 그렇지 않은 부류도 있다. 특히 후자 때문에 논리 실증주의에서는 자연언어가 불신을 받기도 하였다. 가령, 영어의 정관사 the는 뤄쓸(Russell)에 따르면 존재성 및 유일성의 조건이 녹아 있지만(특칭 연산자 iota operator),21) 자연언어는 결코 스스로 그런 사실을 드러내지 못한다. 일상언어 철학자 오스틴(Austin)의 분석에 따르면, 영어의 조동사 can은 언제나 '원하다, 선택하다' 따위의 동사로 이뤄진 조건문으로 재번역된다.22) 뿐만 아니라, 자연언어마다 고유하게 동사 의미구조의 변동 폭이 개별적으로 달라진다. 다의어적 관점에서 볼 때, 한국어의 '보다'는 시지각동사(사진을 보다)에서부터 시작하여, 행위동사(시험 보다, 사위 보다)를 거쳐 시도를 나타내는 보조동사(가 보다, 먹어 보다)뿐만 아니라, 추측동사(비가 오는가 보다, 눈이 내릴까 보다)로까지 변동된다. 그렇지만 영어 'see'는 시지각동사에서부터 이해를 가리키는 인지동사로만 변동된다. 이런 특성들 때문에 자연언어로부터 개념언어 또는 보편언어(또는 논리학자 몬

---

21) 정대현 엮음(1987), 『지칭』(문학과지성사)에서 하종오 교수가 번역한 뤄쓸(1905), 「표시에 관하여(On denoting, 지시 구절의 속성에 대하여)」를 읽어 보기 바란다.

22) 사후에 편집된 오스틴(1961), 『철학 논문선(*Philosophical Papers*)』(Clarendon)의 제7장 'IFs and CANs'를 보기 바란다. 자연언어가 그대로 단언 형식의 논리형태를 갖출 수는 없다. 73쪽 이하에서는 우리말의 감각동사·감정동사·교감 묘사동사들이 새로운 단언들이 더 추가되면서 의미가 표상됨을 논의하였다. 가령, 우리말에 '덥다 : 뜨겁다 : 더워하다 : 뜨거워하다'는 비록 사전에 한 낱말로 등록이 되어 있지만, 이를 개념상으로 다루려면 체계적으로 단언들이 추가되는 형식을 제공해 주어야 함을 다루었다.

태규(R. Montague)는 '중간언어'라고[23] 부름)로 쉽게 곧장 번역될 수 없고, 반드시 재조정 과정을 거쳐야 한다. 그 까닭은 자연언어의 단서를 통하여 관련된 개념들을 정합적으로 재구성하여, 논리적 추론과 단언들의 함의 관계를 명시적으로 도출해 내려는 목적 때문이다. 재조정이나 재구성이 필요한 만큼, 자연언어는 많든 적든 간에 안개에 휩싸여 흐릿하게 존재한다고 말할 수 있다. 따라서 자연언어의 '재번역'이 매우 중요해지는 것이다.

이런 사고 전개 방식을 자연언어에 적용할 경우에, 전형적으로 동사를 중심으로 하여 이뤄진다. 그렇지만 이는 명사 또한 명사 구절로도 확장된다. 그런데 그 방식이 마치 동사가 빈 홈들을 채워 나가는 것과 같다고 하여, 이를 참스키(N. Chomsky) 교수는 핵어(head)라고 부른다. 곧, 모든 언어 표현은 하나의 핵어를 지니고, 그 핵어가 요구하는 논항으로 이루어지는 것이다(Frege의 '방법론적 일원론' 형식임). 전통적으로 동사는 현실세계에서 사건과 대응하고, 명사는 현실세계에서 대상과 대응한다. 그렇지만 이들은 별개의 두 개체가 아니라, 집합과 원소의 관계로 묶여 있다. 즉, 존재(Being) 및 존재자(being, 개체)의 관계이다. 존재를 언급하면 보편 개념인 집합이 되고, 존재자를 언급하면 대상 개념인 원소가 되는 것이다. 그렇다면, 핵어로서 동사가 비어 있는 홈을 채우고 하나의 자립 형식을 만들어 낸다면, 이는 현실세계에서 낱개의 사건에 대응한다. 홈이 채워지는 과정을 생성문법에서는 투영(projection)이라고 부른다. 투영된 결과는 현실세계에서 우리가 경험할 수 있는 하나의 단위 사건(낱개 사건)에 대응한다. 이제 물음은 단위 사건이 정의될 경우, 다음

---

23) 현대 학문의 '비조(forefather)'로 칭송되는 프레게(G. Frege, 1848~1925)의 마지막 제자가 카아냅(R. Carnap, 1891~1970) 교수이며, 카아냅의 제자가 몬태규(Montague, 1930~1971) 이다. 몬태규는 초기에 자연언어를 직접 논리언어로 번역하는 일에 집중하다가, 이런 일이 불가능함을 깨달았다. 대신 중간 매개언어로서 내포논리(intensional logic)를 통하여 논리식으로 번역하는 일이 가능함을 입증하였다. 파어티(Partee) 교수는 참스키의 보편문법과 몬태규의 내포논리 언어가 동일한 것으로 보았다. 파어티 엮음(1976), 『몬태규 문법(*Montague Grammar*)』(Academic Press)에 있는 파어티 교수의 글을 보기 바란다.

에 무슨 일을 할지에 모아진다. 다시 말하여, 낱개의 사건들이 어떻게 이어지며, 어떻게 통합되는지에 대한 물음이 제기되는 것이다. 이는 거시언어학 또는 담화에서 다루는 주제가 된다.

거시언어학 또는 담화에서는 크게 두 가지 영역을 다룬다. 발화(문장)와[24] 발화(문장)가 결합되는 미시영역 및 덩어리진 단락들이 결합되어 전체 덩잇말(덩잇글)을 이루는 거시영역이다. 미시영역은 발화들을 묶어주는 언어 기제에 의해 엮인다. 핼러데이·허싼(Halliday and Hasan 1976) 『영어에서의 통사 결속(*Cohesion in English*)』(Longman)에서 논의된 지시표현·어휘사슬·대치·생략·접속사들을 이용하는 것이다. 그렇지만 거시영역은 특정하게 마련된 언어 기제가 따로 존재하지 않는다. 대신 장기기억에 있는 배경지식에 따라 추론을 하면서, 해석 주체가 스스로 덩어리들을 한데 묶어 가게 된다(547쪽, 576쪽). 최근 언어심리학에서는 이런 구분을 고려하지 않은 채, 영역의 크고 작음만을 나누어 local coherence(지엽적 연결 속성)나 global coherence(전반적 연결 속성)으로 부르는 경우도 있다. 그렇지만 처리 도구가 다름을 드러내지 못하는 한계가 있다. 응당 원래의 용어를 살려 cohesion(통사결속)과 coherence(의미연결)을 서로 구분해 놓는 것이 바람직하다.

담화는 언어를 매개로 한 미시영역과 거시영역을 다루지만, 거시영역을 일관되게 이어주고 추론이 일어나도록 하는 힘은, 그 밑바닥에 깔려 있는 이념이나 가치와 밀접히 맞물려 있다. 따라서 그런 이념이나 가치를 명시적으로 부각시켜 비판적으로 다루는 흐름이 최근 비판적 담화 분석(critical discourse analysis, CDA)이란 이름으로 자리잡았다. 특히 영국

---

24) 언어가 경험되는 단위는 입밖으로 나온 말소리 연결체와 종이 위에 씌어 있는 글자 연결체들이다. 이들을 각각 입말과 글말이라고 부른다(김수업 선생의 용어임). 하나의 단언 또는 절이 입말로 나올 경우에 '발화'라고 부르고, 글자로 적혀 있을 경우에 '문장'이라고 부른다. 옛날에서부터 글로 적힌 문헌들이 문화의 중심에 자리잡고 있었기 때문에, 문장이 더 중요한 것처럼 느껴질 수도 있다. 그렇지만 문장이 지켜야 하는 질서와 말소리로 나오는 발화가 지켜야 하는 질서들이 고유하게 따로 있으므로, 최근에는 각각 독립된 영역들로 다루기도 한다. 이 주제는 제8장에서 논의하게 된다.

의 페어클럽(Fairclough) 교수와 화란의 폰대익(van Dijk) 교수에 의해 주도
되어 왔다.[25] 또한 미국 쪽에서 참스키 교수와 레이코프 교수의 비판
책자들도 동일한 노선이다. 이 관점에서 서면, 우리가 일상생활에서 접
하는 많은 의사소통들이 결국 이념이나 가치체계의 갈등이나 부합이나
새로운 적응의 모습에 지나지 않는다. 표면상으로는 언어 표현들로 수
식되어 있지만, 이것들이 심층에 있는 이념이나 가치체계의 반영일 뿐
이다. 그렇다면 의사소통 모습으로서 언어 산출의 과정은 심층에 깔고
언어로 외현되지 않는 이런 이념이나 가치체계들도 스스로 자각하고
있어야 할 것이다. 얼굴을 마주 보는 의사소통에서도 상대방의 반응을
통하여 이런 심층의 신념이나 태도들을 짐작해 나가야 할 것이다.

단언(명제)을 다루는 논의들은 계속 상위에 있는 계층들을 더욱 분명
히 다루면서 발전해 나가고 있다. 이런 일은 인간 정신 기능의 특성에
의해 가능해질 듯하다. 뤄쓸(1937)『수학의 원리』에 따르면, 이런 특성
을 표현하는 중요한 개념들 중 하나가 다음 기능이다.

[[하나(one 일자) ⇄ 여럿(many 다자) ⇄ 전체(whole)] ⇄ 하나 ⇄ 여럿
⇄ 전체] …

'하나·여럿·전체'의 변증법적 상하 관계로서, 신라 원효스님의 논설도

25) 페어클럽 교수의 책이 다섯 권 번역되어 있다('페어클라우/페어클로'는 잘못된 발음이며
www.forvo.com에서 확인할 수 있는데, gh가 f로 발음된다). 페어클럽(1995; 이원표 뒤침
2004),『대중매체 담화 분석』(한국문화사); 페어클럽(2001; 김지홍 뒤침 2011),『언어와
권력』(경진출판); 페어클럽(2003; 김지홍 뒤침 2012),『담화 분석 방법: 사회 조사연구를
위한 텍스트 분석』(경진출판). 페어클럽(1993; 김지홍 뒤침 2017),『담화와 사회 변화』(경
진출판); 페어클럽 외(2012; 김현강·신유리 뒤침 2015),『정치 담화 분석』(박이정). 폰대
익 교수의 책들도 우리말로 번역되고 있다(www.forvo.com에서 van Dijk의 화란 발음을
들을 수 있음). 폰대익(2004),「덩잇글 문법에서부터 비판적 담화 분석으로의 전환: 간략
한 학문적 자서전(From Text Grammar to Critical Discourse Analysis: A brief academic
autobiography)」에서는 언어학자가 심리학, 사회학, 문화 비판으로 점차 학문상의 발전을
하게 되는 전환점들을 적어 놓고 있다. 폰대익(2008; 서종훈 뒤침 2017),『거시구조』와
폰대익(2014; 허선익 뒤침 2020),『담화와 지식』을 보기 바란다.

이를 다룬다고 한다.26) 이는 연구자에 따라 각각 내포하기(embedding),
겹겹이 싸기(encapsulation), 포개어 놓기(nesting), 계층화(hierachy) 등으로
불린다. 이는 한 방향(순방향)으로 작용하기도 하고, 또한 역방향으로도
작용할 수 있다. 그렇지만 일반 사람들에게는 끝없이 전개되는 상위
계층으로 올라가는 일이나 하위 계층으로 내려가는 일에 익숙지 않
다.27) 대신 어느 정도 안정된 숫자의 계층들을 선호하고 요구한다. 분
류학에서는 이 점이 흔히 낱말들에 관한 위계로 포착된다. 그 위계는
기본 층위를 중심으로28) 소략하게 하위로 2개 층위, 상위로 2개 층위가

---

26) 김상일(2004), 『원효의 판비량론 비교연구』(지식산업사)와 김상일(2012), 『대각선 논법과
역』(지식산업사)에서 읽을 수 있는데, 괴델의 초월수 논리(대각선 증명의 논리)를 원효스
님이 먼저 깨닫고 구현하였다고 주장한다. 그런데 만일 그 주장이 옳다면, 초월수의 저작
권은 본삼매의 궁극적 열반을 처음 설파한 2600년 전의 부처에게로 돌아가야 할 것이다.

27) 수학자 박재걸 교수의 「Functions and Background of Definition of Binary Operations」(2011,
경상대학교 수학교육과 특강)를 보면, 수학의 설계에서도 이런 과정이 핵심적이다. 수학
에서는 순방향을 합성(composition), 역방향을 decomposition(분해)으로 부른다. 또는 집중
화(concentration), 단순화(simplification)로도 부른다. 한국학중앙연구원의 김형효 교수는
불교를 해설하는 강의에서 인류 지성사의 전개가 오직 구성(순방향, construction) 및 해체
(역방향, deconstruction) 두 방향밖에 없다고 하는 탁월한 식견을 언급하였다. 그렇다면
학문 분야별로 비록 다른 용어를 쓰고 있지만, 인간 정신의 공통된 작용 방향들을 서술하
고 있는 것임을 알 수 있다.

28) 테일러(Taylor 1989; 조명원·나익주 뒤침 1999), 『인지 언어학이란 무엇인가: 언어학과
원형 이론』(한국문화사)과 신현정(2000), 『개념과 범주화』(아카넷)의 제4장 '개념의 위계
적 구조: 기본 수준 개념'과 신현정(2011), 『개념과 범주적 사고』(학지사)제2장 4절 '개념
위계에서 기본 수준'을 읽어 보기 바란다. 이 분야에서는 롸슈(E. Rosch)의 글들이 많이
읽힌다. 롸슈는 이런 층위들이 생각을 만들어 낸다고 가정하고 연구를 진행하였었다.
그렇지만 이후 롸슈(1988), 「Coherence and Categorization: A Historical View」, F. Kessel
ed., 『The Development of Language and Language Researchers: Essays in Honor of Roger
Brown』(Lawrence Erlbaum)에서는 개념을 만들어 내는 데에 관여하기보다는 「이해를 촉
진하는 방편으로 보아야 한다」고 반성하고 있어서 주목된다(178쪽, 254쪽 참고).
그런데 이런 층위의 문제는 언어의 산출과 이해에도 관련된다. 일단 임의의 의사소통
의도가 정해지면, 의도를 언어로 표현하기 위하여 어휘항목을 인출해야 한다. 이때 더
상위층위의 어휘항목도, 더 하위층위의 어휘항목도 아닌 꼭 알맞은 층위의 어휘항목을
적시에 뽑아내어야 한다. 르펠트(1989; 김지홍 뒤침 2008), 제6장 2절에서는 이를 어휘항
목 및 통사-의미값 접속에 관련된 '상의어 문제'로 부른다. 그는 이 문제를 해결하기
위하여 '유일성·변별적 핵심자질·구체적 명세내역 관련 원리'들이 긴밀히 공모해야 한
다고 보았다. 그런데 대체 이런 상위 원리들은 어떤 층위/계층에 있는 것일까? 만일 '자
아' 층위가 설정된다면 이보다 더 낮은 층위일까, 아니면 대등한 층위일까? 또한 언어
이해 과정에 작동하는 추론에서도 특히 정보 더해 놓기에 층위의 문제가 관여한다. 정보
를 더해 놓은 일은 더 높은 층위에 있는 개념을 언어로 표현해 주는 것인데, 얼마만큼의

설정된다(514쪽 그림). 하위 층위는 어느 언어에서이든지 대체로 고정되고 안정되어 있지만, 상위 층위는 구성 주체의 관점에 따라 다양하게 변동될 수 있다.

이상에서 절(clause) 또는 단언(명제)이 사고의 기본단위로서 자연언어에서 전형적으로 동사와 동사가 거느리는 명사들로 만들어짐을 살펴보았고, 또한 단언들이 더 연결되어 더 큰 덩어리로 되며, 담화라는 분야에서 이런 확장 관계를 다룸을 알 수 있었다. 이런 확장 경로는 단순한 외길이 아니라, 복합적인 여러 경로를 통해 뒷받침되는 과정이다. 보편성과 개체, 추상성과 구체물, 전체와 하나, 상위 계층과 하위 계층 사이의 내포화 과정 등이 동시에 작동되어 나오는 일이다. 인류 지성사에서는 이런 짝 관계를 모순으로 파악하기로 하고, 정합적으로 파악하기도 하였다. 그렇지만 이런 단언들의 작동방식도 모순스럽지만 단언으로 표현될 수밖에 없다는 어려움이 있다. 우리가 혼동스러움을 벗어나려면 불가피하게 낮은 차원이나 높은 차원이라는 수식어를 붙여 쓸 수밖에 없는 것이다. 후자일수록 단언에 대한 단언, 즉 「상위 차원의 단언」이 된다. 이제 구체적으로 낮은 차원의 단언이 자연언어에서 '동사'와 어떻게 관련되는지를 우리말의 일부 동사들의 사례를 들어, 유기적이고 체계적으로 짜여 있음을 보이기로 한다.

3. 단언을 투영하는 동사의 분류:
우리말 감각동사·감정동사·교감 묘사동사의 사례

필자는 자연언어가 스스로 짜임새 있는 내적 질서를 구현하고 있음을

상위 계층에 있는 개념과 낱말을 인출해야 하는지 아직 어디에서도 결정된 일이 없다. 필자는 530쪽의 그림에서 보여주듯이 「판단·결정·평가」를 떠맡은 부서와 긴밀히 관련될 것으로 믿는다.

보여 주기 위하여, 가장 적임인 사례들이 '감각동사' 무리들이며, 버금 후보로 '감정동사'가 있다고 본다. 일부에서는 이들을 '심리(psychological) 동사'라고 부르지만, 심리는 우리 의식과 거의 같이 쓰이므로, 결코 적절한 이름이 될 수 없다. 좀 더 구체적으로 우리말에서는 '감각동사, 감정동사, 교감/감정이입 묘사동사'가 체계적으로 낱말 형태들로써 정연히 대립을 보여 준다. 가령, 다음의 감각동사 사례들을 보기 바란다.

① 덥다 : 뜨겁다
　춥다 : 차겁다

이는 우리가 느끼는 촉감 중에 온도와 관련된 동사이다. 국어를 전공하는 학생들에게 이들의 차이를 말해 보도록 하면, 제대로 대답해 주는 경우가 드물다. 국어사전에서 이런 구분을 제대로 풀어 주는 것도 아니다. 이들은 공통된 소리를 나눠갖고 있다. 'ㅂ : 겁'(웁 : 겁)의 형태적 대립이 그것이다. 이들 사이의 차이를 말해 주려면, 동사가 문장을 투영하는 핵어이므로, 이 동사들로 문장을 만들어 보면 간단해 진다. '덥다, 춥다'는 이 온도를 느끼는 경험 주체만 있으면 된다. 이를 논항구조 접근법에서는[29] 전형적으로 온도를 경험하는 주체(경험주 의미역)가 채워

---

[29] 이 책의 머릿글 8쪽에서는 추측·희망 또는 반사실성·기원 개념 따위가 통사 구조에 따라 구현될 수 있음을 언급하였다. 자세한 논의는 김지홍(2010), 『국어 통사·의미론의 몇 측면: 논항구조 접근』(경진출판)을 읽어 보기 바란다. 의미역(semantic role)이란 용어는 한 사건을 구성하는 항들에 붙은 의미 딱지이다. 가령, 수사학에서 다루는 '6하 원칙' 중 '왜'를 제외하면 하나의 사건을 구성하는 항들을 찾을 수 있다. 배경으로서 '언제, 어디서'가 있고, 사건으로서 '누가, 무엇을, 어떻게'가 있다. 여기서 '무엇을'은 대상을 가리키는 의미 역할을 하므로 '대상 의미역'이라고 부른다. '누가'는 대상에 변화를 일으킨다면 '행위주 의미역'이라고 부르고, 그렇지 못하면 '경험주 의미역'이라고 부른다. 가령 "철수가 사진을 본다"에서, 사진에는 아무런 변화도 생겨나지 않는다. 따라서 이 구문에서 '철수'는 경험주이다. 그렇지만 "철수가 영이를 때렸다"에서는 영이에게 변화가 생겼다(언어맞았다). 이때에는 '철수'가 대상에 변화를 일으켰으므로 행위주라고 부른다. '어떻게'는 문법상으로 사격으로 나온다는 점에서 '사격 의미역'으로 통칭되지만, 그 내부 항들은 연구자들마다 조금씩 숫자가 달라진다. 흔히 목표 의미역, 기점 의미역, 처소 의미역 따위가 설정된다.

진다. 이를 경험주 의미역을 지닌 논항이라고 부른다. 이는 <u>내부 감각</u>
<u>동사</u>들을 가리키게 된다. 이를 단언 형식으로 번역한다면 오직

　　"나는 느낀다 & 그 느낌은 특정 온도이다"

와 같다.30) 그런데 '뜨겁다, 차겁다'는 경험주 의미역만으로 홈이 다
채워지지 않는다. 반드시 온도라는 촉감을 느낄 수 있는 '외부 대상'이
주어져 있어야 한다. 다시 말하여, 개념상 경험주 의미역과 대상 의미
역이 필수적으로 구현되어야 한다. 이들은 <u>외부 대상 지각동사</u>인 것이
다.31) "나에게는 이것이 뜨겁다, 나는 그것이 차겁다"와 같은 표현으로
되는 것이다.32) 이를 명제 형식으로 번역하면,

　　"나는 느낀다 & <u>외부 대상이 있다</u> & 그 느낌은 대상의 특정 온도이다"

―――――――――――――――

30) 데이뷧슨의 사건 논항의 표현을 따르면 내부 감각동사는 다음과 같다.
　　"∃x (느끼다 [나, x] & 높다[기준 온도, x]"
　　반면에 외부 대상 지각동사는 이를 바탕으로 다음처럼 확장된다.
　　"∃x (느끼다 [나, x] & <u>있다[대상, x]</u> & 높다[기준 온도, x]"
　　외부 대상을 서술해 주는 밑줄 친 단언이 하나 더 들어가 있어야 하기 때문이다. 여기서
　　는 그런 사건 논항들을 표시하는 일이 번거로울 수 있으므로, 소략하게 단언들의 존재와
　　관련 논항들만을 적어 두기로 한다.
31) 미국 심리학자 윌리엄 제임스의 책을 보면, 임의의 perception(감각)에 대해서 스스로
　　자신이 감각하고 있음을 느낄 적에 분트(Wundt)는 특별히 apperception(스스로 지각함)
　　이라고 명명하였다. 일본에서는 통각(統覺)이란 말을 쓴다. '감각을 통제한다'는 뜻이지
　　만, 결코 그런 감각을 줄이거나 늘이지 못한다. 잘못된 말이다. 그렇지만 심리학자들은
　　그 뜻도 새기지 못한 채 잘못된 용어를 맹종한다. 우리말에서는 지각(知覺)이라고 불러왔
　　다. 「감각하고 있음을 스스로 안다」는 뜻이다.
32) 경험주는 언제나 주격 형태로만 실현되는 언어가 있고, 여격 형태로 실현되는 경우가
　　있으며, 대격 형태로 나오는 경우도 있다. 이런 차이가 언어의 고유한 매개변항(매개변인)
　　이 된다. 붜어머·모해넌 엮음(M. Verma and K. Mohanan 1990), 『남아시아 언어에서 경험
　　주 주어(Experiencer Subject in South Asian Language)』(CSLI at Stanford University)를 보기
　　바란다. 또한 심층구조에서 대상 의미역을 받는 요소가 언어 표현에서 항상 주격을 받아
　　야 하는 경우가 있다. 가장 전형적인 것이 형용사 구문이다. 레뷘·뢰퍼포엇호뱝(B. Levin
　　and M. Rappaport-Hovav 1995), 『비-대격동사의 속성(Unaccusativity)』(MIT Press)과 레
　　뷘·뢰퍼포엇호뱝(2005), 『논항 실현 방식(Argument Realization)』(Cambridge University
　　Press)을 읽어 보기 바란다.

와 같을 것이다. 그렇다면 내부 감각동사에 외부 대상이 더해지면 외부 대상 지각동사가 되는 것이며, 이를 등식으로 간단히 나타낼 수 있다.

"외부 대상 지각동사=내부 감각동사+외부 대상"
"뜨겁다=덥다+외부 대상" 또는 "뜨겁다=[[덥다] 외부 대상]"

언어학의 아버지 소쉬르는 언어가 체계를 이루고 있다는 사실을 처음 밝혀 내었다. 그렇다면, 감각동사의 이런 형태상의 대립을 감정동사로부터도 찾아낼 수 있을 것이다.

② 기쁘다 : 즐겁다
　슬프다 : 서럽다

여기서는 'ㅂ : 겁'(읍 : 겁)이라는 형태가 있는 것이 아니라, '브 : 겁/럽'이라는 형태가 대립하고 있다. 임의의 닿소리(자음)는 소리가 만들어지기 위하여 반드시 홀소리(모음)와 결합해야 한다. 닿소리 앞에 홀소리가 놓이면 내파음(종성 받침)이라고 부르고, 닿소리 뒤에 홀소리가 놓이면 외파음(초성)이라고 부른다. 동일한 자음이라도 소리가 나는 방식이 두 가지인 셈이다. ①에서는 닿소리 'ㅂ'이 내파음(종성)으로 나온다('읍'처럼 나옴). 그렇지만 ②에서는 닿소리 'ㅂ'이 외파음(초성)으로 나온다('브'처럼 나옴). 따라서 내파음으로 나오든 외파음으로 나오든 동일한 닿소리 'ㅂ'에 지나지 않는다. 감정동사들은 한글 맞춤법에서 원형을 밝히지 않기 때문에 글자 형태가 서로 달라져 있다(쁘, 프, 겁, 럽). 그렇지만 이 낱말의 원형을 재구성하면 '깃+브다, 슳+브다'와 '즑+업다/즐ㄱ+업다, 섫+업다'이므로, 공통된 형태소를 찾아낼 수 있다.[33] 따라서 감

---

[33] 이런 대립이 필요충분조건으로 작용하는 것이 아님에 유의할 필요가 있다. '아프다 : 괴롭다'에서도 동일한 대립 형태소를 찾아낼 수 있다. '앓+브+다'의 결합이기 때문이

정동사들에서의 대립 또한 감각동사에서의 대립과 동일한 형태소의 모습을 그대로 유지하고 있는 것이다.

매우 비슷하지만 '기쁘다'와 '즐겁다'가 기본 의미가 어떻게 다른지에 대해서, 명시적으로 밝혀 놓은 본격적인 논의는, 과문하여 단정할 수 없으나, 아직은 없는 듯하다. 왜냐하면 형태소가 정연히 대립한다는 사실을 전혀 주목하지 못하였기 때문이다. 만일 감각동사들의 형태소 대립을 그대로 이용한다면, '기쁘다'는 경험주 의미역이 하나로 충분한 내부 감정동사에 속한다.[34] "나는 기쁘다"라고 말할 수 있다. 따라서 소략하게 명제 형식으로 번역한다면

"나는 느낀다 & 그 느낌은 특정 감정이다"

다. 여기서 '브'와 '롭'이 같은 부류의 형태소 대립으로 파악된다. '괴롭다'는 언제나 외부 사건으로 인한 고통을 가리키므로 외부사건이나 대상을 감각하는 동사로 지정하기에 큰 문제가 없다. 그러나 '아프다'는 변동이 심한 듯하다. '~때문에 아프다'라고 흔히 말할 수 있는 것이다. 이는 외부사건이나 대상을 감각하는 경우를 가리킨다. 따라서 '아프다'는 강하게 어느 한 쪽으로 지정해 놓을 수 없다는 점이 부기되어야 할 것이다.

그런데 '믿다'에 접미사가 붙은 '미쁘다[믿＋브＋다]'와 '미덥다[믿＋업＋다]'에서도 그런 대립을 찾을 수 있을 것인가? '믿다'는 마음가짐이 일반적으로 외부 사건이나 대상을 두고 일어나므로, 이는 외부사건에 대한 마음가짐 동사 또는 심리(심리상태 견지) 동사로 부를 수 있다. '미쁘다'는 옛날 문헌에서 찾을 수 있는 의고적 표현의 낱말이며, '미덥다'는 오늘날에도 자주 쓰인다. 같은 시대에 두 형태소 대립이 있었는지는 잘 알 수 없지만, 같은 부류의 동사로서 아마 형태소의 실현만 '미쁘다'에서 '미덥다'로 바뀐 것이 아닌가 의심해 본다. 특히 '미덥다'는 이음말로서 부정 표현을 얻어 '못 미덥다'의 구문을 더 많이 쓴다. 이는 명백히 외부사건이나 인물 따위에 대한 평가를 가리키는 데 쓰인다.

34) 한자어에서 '감정, 정감, 정서' 따위에 대한 구분은 불분명하다. 1세기 경 허신(許愼)이 펴낸 『설문해자』 해설도 별로 도움이 되지 않는다. 송나라 시대의 성리학자들은 이를 실체와 작용으로 구분하여 파악하였다. 내부에서 지속되는 속성이나 본체(실체)를 성(性)이라고 불렀다. 그러나 일정 기간 지속되거나 단속적인 느낌을 정(情)이라고 불렀으며, 외부 자극으로부터 반응하여 느끼는 것을 감(感)이라고 불렀다. 자극과 관련한 외부 반응을 감(感)으로 불렀고, 이런 감(感)이 일어나게 만드는 일시적 마음의 상태를 정(情)으로 불렀으며, 기본적으로 갖춰져 있는 잠재적인 모습을 성(性)으로 불렀던 것이다. 물론 성(性)은 그 몸통이 심(心)이다. 최근에 중국 전국시대의 초나라 죽간에 대한 상세한 주석과 번역이 최남규 뒤침(2012), 『상해박물관 장(藏, 소장) 전국 초(楚) 죽서: 성정론(性情論)』(소명출판)으로 나와 큰 도움을 주는데, 그 주석에 맹자가 아니라 순자(荀子)가 자주 동원됨이 특이하다. 여기서는 이런 구분을 엄격히 나누지 않은 채, 일단 뭉뚱그려 '감정동사'라고만 부르기로 한다.

일 듯하다. 그렇지만 전형적으로 '즐겁다'는 그 원인을 가리키는 논항이 들어가 있어야 한다. 다시 말하여 "~때문에 즐겁다"처럼 표현되는 것이다. 이때 원인이 바로 앞의 감각동사에서 외부 대상과 짝이 된다. 여기서는 특정한 감정을 외부 대상이 불러일으키기 때문에, '자극물'이라는 상위 개념으로, 외부 대상이나 원인을 함께 묶어 줄 수 있다. 이를 외부 자극으로부터 유발된 감정동사라고 부를 수 있다. 이를 소략하게 명제 형식으로 번역하면,

"나는 느낀다 & 외부 자극이 있다 & 그 자극은 특정 감정을 일으킨다"

로 될 듯하다. 이런 관계 또한 등식으로 표시해 줄 수 있다.

"유발된 감정동사=내부 감정동사+외부 자극"
"즐겁다=기쁘다+외부 자극" 또는
"즐겁다=[[기쁘다] 외부 자극]"

그런데 대체 이런 설명 방식이 무슨 도움이 될까? 흔히 언어학에서는 어떤 표현이 받아들일 수 있지만, 다른 표현은 받아들이지 못하는 경우가 있다. 이때 왜 수용 불가능한지를 임의의 이론이 적절히 설명해 주어야 한다. 이런 설명 여부가 언어현상에 대한 한 이론의 생존을 판가름하는 기준이다. 우리말에서 "즐거운 여행"은 말이 되는데, 왜 "*기쁜 여행"은 이상하게 느껴지는 것일까?[35] 학생들이 운동장에서 "즐겁게

---

35) 별표 '*'는 통사적으로 비문(규칙 위반 문장)이나 의미상 이상하게 느껴지는 문장을 가리키는 약속에 지나지 않는다. 이와는 달리 두 표현이 다 가능한 경우가 있고, 이와는 반대로 작동하는 거울 영상의 사례도 있다. 이런 현상이 아직 한 번도 본격적인 논의를 받아 본 일이 없다. 따라서 여기서는 한낱 시론적 성격만을 지님을 미리 언급해 둔다.
먼저 "즐거운 소식 : 기쁜 소식"을 보기로 한다. 이들이 결코 같은 내포의미를 지니는 것은 아님에 유의해야 한다. 임의의 사건을 표현하는 언어 내재적 논리는 한 사건의 진행 과정과 결과 상태를 분명히 구분해 주는 것이다. '죽다'라는 동사에서 진행 과정이 되려

뛰어논다"고 말하는데, 왜 "*기쁘게 뛰어논다"고는 말하지 않는 것일
까? 여행은 그 자체로 외부 자극이라는 원인(감정 유발 원인)이 될 수
있다. 그렇지만 내부 요인은 아니다. 마찬가지로 뛰어노는 일이라는 놀
이 자체가 외부 자극으로 감정을 일으키는 원인이 된다. 하지만 그런
놀이가 내부 요인은 아니다.

감각동사와 감정동사는 경험주 의미역이 화자인 나를 중심으로 표현
되는 것이다. 그런데 우리는 남의 감각이나 감정도 교감을 통하여 느낄

면 '죽기'가 되고, 그 과정이 끝나서 결과 상태가 되려면 '죽음'이 되며, 죽은 결과 상태로
서 나온 산출물은 '주검[죽엄]'이 된다. 우리말에서는 접미사

'-기 : -음 : -엄'

이 이런 위상들을 각각 표시해 주는 일을 한다(묻다 → 묻기 : 묻음 : 무덤). 만일 영어로
말하면

'-ing : -ed : -er'

를 대응시킬 수 있으나(teach라는 동사에서 'teaching : taught : teacher'), 우리말처럼 정연
하지 않고 대립 사례들이 소수에 지나지 않는다. 그렇기 때문에 퍼젯스키(Pezetsky 1996),
『영 형태소의 통사론(Zero Syntax)』(MIT Press)에서 영 형태소라는 개념을 썼던 것이다.
교착어인 우리말에서 '먹다 : 먹이다'의 대립은 굴절어인 영어에서는 'eat : zero+eat'의
대립을 상정해 놓아야 하는 것이다(단, zero는 소리 형식이 없는 사역 형태소임). 한문에
서는 상위 동사로 각각 '빠 : 使(주동사 : 사동사)'를 대립시킨다.

이와 같은 사건 위상 분화의 모습에서 보면, '즐거운 소식'은 감정을 일으키는 행위
과정에 초점이 모아져 있다. 그렇지만 '기쁜 소식'은 그런 감정유발 행위가 끝나서 결과
상태에 있는 모습을 가리킨다.

이런 구분이 필요한 까닭은 거꾸로 작동하는 사례들 때문이다. "슬픈 소설/슬픈 영화"
는 받아들일 수 있지만, "*서러운 소설/*서러운 영화"는 이상하게 들린다. 그렇지만 "슬
픈 인생"도 괜찮고, "서러운 인생"도 여전히 다 쓰일 수 있다. 소설의 경우는 대상물이
된다. 이 대상이 감정을 계속 유발하는 자극물이라면 진행 과정의 표현으로 "나를 슬프
게 만드는 소설"이라는 뜻으로 "서러운 소설"이라고 말할 수 있을 듯하다. 그렇지만 특정
한 대상이 유발한 감정의 결과 상태만을 가리키려면 "누구든 그 소설을 읽고 나서는
슬픈 감정을 느낀다"는 뜻으로 "슬픈 소설"만을 쓰는 듯하다. 이와는 달리 인생은 특정한
시폭을 지닌 사건들의 연속이며, 그 연속 사건들이 한 개인의 감정을 유발하는 진행 과정
으로서 표현될 수도 있고("서러운 인생"), 아니면 결과 상태로서 표현될 수도 있다("슬픈
인생").

아직 어느 누구도 자연언어(우리말)의 이런 사례들을 본격적으로 다루어 보지 못하였
다. 이런 형태상의 대립이 부각된 적이 없기 때문이다. 그렇지만 우리말의 내재 논리를
명시적으로 설명해 주는 책임이 국어학자들에게 주어져 있다. 여기서의 시도는 첫 설명
으로서 매우 엉성하게 진술된 구석이 많을 줄 안다. 앞으로 필자가 더욱 보강해야 할
부분이다. 여기서는 설사 외부 자극에 의해 유발된 감정동사와 내부 감정동사가 두루
다 쓰이는 사례라고 하더라도, 내포의미가 다르다는 점을 부각시킬 수 있다는 정도만으
로 그치고자 한다. 본격적인 논리를 갖추고 설명하는 일은 필자가 책임져야 할 앞으로의
과제이다.

수 있다. 흔히 이를 감정이입(empathy)으로 부른다. 우리말에서는 이런 경우를 위하여 묘사(depict)동사로서 '-어 하다'라는 표현을 마련해 놓았다.36)

③ 더워하다 : 뜨거워하다
　추워하다 : 차가워하다

이들 사례도 감각동사이다. 그런데 이들은 화자 자신의 감각을 가리키는 것이 아니다. 내가 관찰하고 있는 사람이 있고, 그 사람이 느끼는 감각을 묘사해 주고 있다. 이를 '상대방' 또는 '제3자'라고 부르고, 각각 상대방이나 제3자의 내부 감각과 외부 대상 지각이라고 부르기로 한다. '더워하다, 추워하다'가 핵어로서 문장을 투영한다면, 관찰자로서의 화자 및 특정 감각을 느끼는 상대방 제3자가 반드시 주어져야 한다. 이를 소략하게 명제 형식으로 표현하면,

"화자인 나는 상대방을 관찰한다 & 상대방 제3자가 느낀다 & 그 느낌은 특정 온도이다"

와 같다. 달리 말하여, 관찰 묘사동사 속에 감각동사가 들어 있는 것이다. 비록 표면에서는 "철수가 더워하네!"라고 하여 경험주 의미역이 하나만 있는 것처럼 착각할 수 있으나, 관찰 묘사동사 '-어 하다'의 존재는 관찰 주체가 심층의 표상에 들어가 있어야 함을 명증하고 있다.37)

---

36) 묘사동사(depict verb) '-어하다'의 존재는 부사형어미 구문을 다루는 김지홍(1993), 「국어 부사형어미 구문과 논항구조에 대한 연구」(서강대학교 박사논문)에서 처음 언급되었다. 맞춤법에서는 묘사동사 '-어하다'와 자동적 과정을 가리키는 '-어지다'를 붙여 쓰도록 하여 마치 한 낱말인 양 처리하고 있다. 그렇지만 내재된 규칙 내지 질서를 제대로 파악하지 못하였기 때문에 띄어쓰기나 붙여쓰기에서 좌충우돌하는 결과를 빚고 있다.

37) 물론 "철수가 덥네!"라고 말할 수 있음을 부인하는 것은 아니다. 이는 '더워하네'의 줄임 표현과 대등하며, 상황이 갖추어지면 묘사동사가 그냥 감각동사로만 나올 수도 있다고

또한 "철수가 뜨거워하네!"라고 말할 적에도 '뜨겁다'가 외부 대상 지각
동사이므로, 심층 표상에서 반드시 감각을 일으키는 자극물이 주어져
있어야 한다. 따라서 외부 대상 지각동사의 사건을 관찰 묘사하는 경우
에는 심층 표상에서 논항이 필수적으로 세 개가 주어져 있어야 한다.
하나는 관찰자로서 화자가 되고, 다른 하나는 지각을 느끼는 지각 주체
가 되며, 마지막 하나는 지각의 대상인 외부 자극물이다. 따라서 이 동
사의 의미 표상을 다음과 같은 등식으로 나타낼 수 있다.

"감각사건 묘사동사=관찰 주체+감각 주체+내부 감각동사"
"더워하다=관찰하다+제3자+덥다" 또는
"더워하다=[화자 [제3자 [덥다]]]"

"지각사건 묘사동사=관찰 주체+지각 주체+외부 대상+지각동사"
"뜨거워하다=관찰하다+제3자+자극물+뜨겁다" 또는
"뜨거워하다=[화자 [제3자 [자극물 [뜨겁다]]]]"

이런 모형은 이내 감정동사에도 적용된다. '-어하다'라는 형식을 이용
하여 상대방의 감각을 관찰 묘사할 수 있기 때문이다. 맞춤법에서는
이런 정연한 질서를 미처 파악하지 못하였기 때문에, '기뻐하다 : 즐거
워하다'나 '슬퍼하다 : 서러워하다'는 하나의 낱말처럼 붙여 놓았다. 제
3자가 느끼는 임의의 감정을 관찰 묘사할 수 있기 때문에, '-어하다'의
구성은 규칙적으로 끝없이 새로운 낱말을 만들 수 있는 것이다.[38] '안

봐야 한다. 상황이 다르다면 "덥네!"는 기본값으로서 현재 말하고 있는 화자가 감각동사
의 주어가 될 수밖에 없다. 설령, 표면상 중의성을 띠더라도, 기본 형상에서는 사건 구조
가 서로 다른 것으로부터 나오는 것이다.

[38] 국립 국어원에서 펴낸 『표준 국어 대사전』에는 붙여쓰기가 일관되거나 통일되어 있지
않다. 따라서 일반 사람들에게 혼란만 부추기고 있다. 사전을 펴 내는 전문가들이 우리들
의 머릿속에 이런 규칙들이 있다는 사실을 전혀 깨닫지 못하였기 때문이다. 이하에서
'-어 하다'는 한 낱말처럼 붙지 않고, 사전에 표제 항목으로 올라 있지 않으므로, 비일

타깝다 : 안타까워 하다', '썰렁하다 : 썰렁해 하다'가 역시 완벽히 가능하다. 또한 '못마땅하다 : 못마땅해 하다'도 가능하며, '칠칠치 못하다 : 칠칠치 못해 하다' 또한 가능한 관찰 묘사 표현이다. 이들도 의미 표상 방식을 앞에서와 같이 동일하게 다음처럼 나타낼 수 있다.

"내부 감정 관찰 묘사동사=관찰 주체+감정 주체+감정동사"
"기뻐하다=관찰하다+제3자+기쁘다" 또는
"기뻐하다=[화자 [제3자 [기쁘다]]]"

"유발된 감정 관찰 묘사동사=관찰 주체+감정 주체+외부 자극+감정동사"
"즐거워하다=관찰하다+제3자+외부 자극+즐겁다" 또는
"즐거워하다=[화자 [제3자 [외부 자극 [기쁘다]]]]"

만일 위의 사건을 외부의 어떤 힘이나 사건을 매개로 하여 일어나도록 할 수 있다. 이를 사역 구문이라고 부른다. 이를 위해서는 상위문 동사로서 다시 '하다, 만들다'를 이용할 수 있는데, 그 결과 복합사건 연결체를 구성한다. 가령, "뜨거워하게 하다, 뜨거워하게 만들다" 또는 "즐거워하게 하다, 즐거워하게 만들다"와 같다. 내포문을 요구하는 상위문 동사는 서로 동일하지 않다. 그 의미자질의 차이로 말미암아 내포문의 사건이 일어나는 조건이 달라질 수 있다. '만들다'라는 동사는 직접적이며 강제적인 사역 사건을 속뜻으로 함의하는데, 이를 '강제성+인과관계'의 복합 개념으로 볼 수 있다. 반면에 '하다'라는 동사는 내포문 사건이 일어나는 환경이나 조건을 만들어 준다는 점에서 간접성 또는 매개적인 특성을 속뜻으로 지닐 수 있으며, 이를 '인과적인 환경+자발적 반응'의 복합 개념으로 나타낼 수 있다. 비록 문장으로만 보면 하나

관적이지만 잠정적으로 띄어 써 놓기로 한다.

의 문장('복문'으로 부름)이지만, '-아하게 하다/만들다'의 구문은 최소한 세 가지 단언이 모아져 있는 복합사건 연결체인 것이다. 첫째, 내부 감각에 대한 단언, 둘째, 외부 대상이나 사건에 대한 지각 단언, 셋째, 외부사건을 일으키는 단언이며, 외부사건이 직접성 여부에 따라 더 세분될 수도 있는 것이다.

대체로 이런 구문의 문법적 특성이나 형태 특성은 '절차적 지식'에 해당한다. 따라서 비록 모국어 직관을 지녔다고 하더라도, 사람들은 막연히 그렇게 느낄 뿐, 왜 그렇게 복합적인 사건을 표현하는지 명시적으로 설명해 줄 수 없을 듯하다. 오직 우연히 교착어의 특성을 보이는 한국어를 깊이 다루는 경우에라야 그 속내를 제대로 그려낼 수 있다. zero 형태를 쓰는 영어의 경우에 이런 특성들을 찾아내기가 쉽지 않을 것이다. 현재 관련분야에서 줄곧 막연히 '심리동사'라는 포괄적인 상위어만을 쓰고 있는 사실도 이를 반증해 준다.[39] 한국어의 교착어적 특성은 이들 동사군을 중심으로 하나의 동심원을 놓고 차츰 확장될 수 있는 부류들을 찾아내어, 이를 명시적인 단언으로 번역할 수 있게 해 줌으로써, 임의의 구문이 실제 사건들을 어떻게 포착하고 표현해 주는지에 대하여 논의할 수 있는 탄탄한 기반을 얻을 수 있다.

이상에서 매우 소략하게 사고의 기본단위로서 단언이 실제 자연언어와 유기적인 관계를 맺고서 어떻게 표상될 수 있는지에 대한 밑그림을 그려 보았다. 비록 아무리 미세한 대립이라고 하더라도, 엄격히 개념상의 차이를 보여 주고, 이를 단언(개념)으로 표상해 주는 일이 중요함을

---

39) 흔히 분트(Wundt)의 용어를 받아들여 외부 감각에 대한 스스로의 지각 또는 자각을 perception(감각)에 접두사를 붙여 apperception(지각)이라고 부른다. 일본에서는 '거느릴 통(統)'을 붙여 '통각'이라고 잘못 번역하였다. 감각은 결코 우리가 통제할 수 있는 것이 아니기 때문이다. 아직 심리학이나 심리철학에서는 감각에 대한 자기-지시적 의식 또는 재귀의식을 구분하는 일 정도만 다루고 있으며, 스스로 자각할 수 있는 감각자료를 최근에는 qualia(재귀적 감각질)로 달리 부르기도 한다(30쪽). 그렇지만 자연언어로서 지혜를 담고 있는 한국어의 감각동사군에서 보여 주는 정연한 확장 대립 과정을 통해 서로 구별 가능한 개념군들을 확립시키지 못한 듯하다.

알 수 있었다. 언어 유형론(typology)에서 교착어 또는 부착어로 분류되는 우리말은 어떤 개념에 대한 문법 형태소가 반드시 낱말 속에 붙어 있음을 함의한다. 우리말 감각동사 계열에서

'덥다 : 뜨겁다 : 더워하다 : 뜨거워하다'

는 아무렇게나 쓰이는 것이 아니다. 또한 감정동사 계열에서도 이런 대립이 정연히 찾아진다.

'기쁘다 : 즐겁다 : 기뻐하다 : 즐거워하다'

이다. 비록 음절이 하나씩만 달라지거나 늘어나지만, 개념 상으로는 독립된 단언이 하나씩 더 추가되어 있는 것이다.

재미있는 현상은 우리말에서 이런 정연한 어휘 형태의 대립이 굴절어인 영어에서는 zero(영 형태소) 밖에 설정해 놓을 수 없다는 사실이다. 감각동사의 4분지 계열 대립을 오직 'hot'이란 낱말 하나로만 표시해 주어야 하고, 감정동사의 4분지 계열 대립은 오직 'happy'라는 낱말 하나로만 표시해 주어야 한다. 물론 앞뒤로 이어지는 언어 환경이 변동됨에 따라 우리말에서 보여주는 계열 대립의 측면들을 차츰 표상해 나갈 수 있다. 즉, zero(영 형태소)를 설정해서 3가지 경우를 도출해 내어야 하는 것이다. 그럼에도 불구하고, 도달점은 동일하다. 감각동사의 경우, 나를 중심으로 하여

내부 감각동사 : 외부 대상 지각동사

가 먼저 나뉜다. 이를 바탕으로 하여 다시 제3자의 감각사건을 관찰 묘사하는 경우를 내세울 수 있다. 이를 다음처럼 대립시킬 수 있다.

화자 경험 동사 : 관찰 묘사동사

이런 순차적 절차는 우리의 경험을 '원심력'을 통해 확장시켜 나가는 논리적 방향이며, 일관되게 진행될 수 있다. 이는 감정동사의 경우에도 동일하다.

그런데 감각과 감정동사 군을 제외한다면 임의의 사건이 있다(여기서 '사건'은 대상의 상태나 속성에 대한 것도 모두 다 포괄함). 이는 언제나 외적 관찰의 결과이기 때문에, 외적 관찰이 기본값이 되어 더 이상 관찰 묘사의 형태소를 추가시키지 않는다. 오직 내부 경험과 외부 대상을 나누는 동사군에서만 관찰 묘사동사의 형태가 주어져야 할 뿐이다. 즉, 제한적인 관찰 묘사동사의 적용 조건인 것이다. 반면에, 임의의 사건은 언제나 우리가 관찰하는 대상이 된다. 이것이 기본값이다. 그러므로 사건에 대한 관찰 묘사동사를 덧붙이는 일은 생겨날 수도 없는 것이다. 오직 내부 경험과 외부 세계에 대한 경험이 구분될 경우에만 논리적으로 관찰 묘사동사의 존재가 요청되며, 그것도 또한 반드시 감정이입이 가능한 대상(생명체나 인류)에 한정되어야 함을 추론할 수 있다. 임의의 동사들은 또한 외부의 사건을 원인 또는 매개로 하여 해당 동사의 사건이 일어나도록 할 수 있다. 우연히 교착어로 분류되는 우리말에서는 서로 변별되는 형태소들을 이용하여 복합적인 사역 사건으로 표현할 수 있다. 이는 언어 형태소에만 기대어 진행되는 것이 아니라, 우리의 개념상 요구에 따라 필요하다면 언어 형태소를 넘어서 더욱 상세히 진행될 수도 있다.

마지막으로 언어 산출과 관련하여 이런 분석이 갖는 함의를 적어 두기로 한다. 의사소통 의도를 결정하는 과정에서 분명하게 소략한 단언 형식의 사건들을 자각한 다음에, 각 단언의 형식에 맞는 어휘를 인출하는 일이 이어질 수 있도록 하는 것이 가장 이상적이다. 그렇지만 이는 절차지식에 속하므로 차츰 훈련을 거쳐 조금씩 자각의 정도를 늘여나가야 할 것이다.

3장 마음의 갈래 및 작동에 관련된 논의

우리 인간 마음의 갈래에 대해서는 크게 둘 또는 셋으로 나누어 왔다. 희랍에서는 인간의 정신을 진·선·미라는 세 가지 큰 분야로 보았고,[1] 중국에서는 지(知)·행(行) 또는 지식과 실천으로 보았다. 불교의 가르침에서는 다섯 요소의 뭉침(五蘊)으로 이뤄진 우리 인간들이 수양하여 도달할 수 있는 10단계의 정신을 자세히 구분하였던 듯하다.[2] 중세로부터 벗어나 근대 시기를 열어 놓은 데카르트는 먼저 부피가[3] 있

---

[1] 설혹 지·정·의(知情意)로 부르더라도 '지식·감정·행동의지'라는 측면에서 진·선·미(眞善美)와 크게 달라지지 않는다. 후자가 '참된 지식·착한 행동·아름다운 감정'으로 풀이될 수 있기 때문이다.

[2] 산스크리트 어·티벳 어·한문 경전을 서로 대조하면서 우리말로 뒤친 전재성(2013), 『십지경: 오리지널 화엄경』(한국 빠알리 성전 협회)에서는 정신을 수양하여 도달하게 되는 10단계가 서술되어 있다. 십지경은 역경위원회 뒤침(1993, 중판), 『한글 대장경 화엄경 1~3』(동국역경원) 80권본의 한 품으로 들어 있다. 또한 성철 스님(1992), 『백일 법문, 상~하』(장경각)의 제4장 '유식사상'에 보면, 신체기관에 따라 나오는 6식에서 추가하여 7식(말라야 식)과 8식(아뢰야 식)을 더 다루고 있다. 따라서 전문적인 논의에서는 더욱 우리 마음을 성찰하여 바라보는 구획과 구분이 자세하고 복잡함을 알 수 있다. 그렇지만 일반 사람들도 스스로 쉽게 느낄 수 있는 기본 수준의 정신 범주를 다룬다면, 이런 세분되고 정치한 논의가, 일단 터다지기를 위한 소략한 논의에서 제외될 수 있을 듯하다.

느냐, 그리고 접촉에 의해서 변화가 생기느냐의 여부로써 인간의 몸과 마음을 둘로 나눈 뒤에, 다시 인간의 마음을 이성과 감성으로 나누었다. 뒤이어, 인간 정신이 다룰 수 있는 것과 그럴 수 없는 것을 분명히 나누고자 하였던 칸트는, 자신의 3대 비판서로서 먼저 진리를 깨닫는 순수이성을 다루고, 이어 행동과 실천에 관련된 실천이성을 다루었으며, 마지막으로 감성과 관련이 깊은 판단력을 다루었다.

우리 자신의 정신을 다루어 온 전통에서는 적어도 생각이나 앎을 가능하게 해 주는 이성이 있고, 직접 몸을 움직여서 행동이나 실천을 하는 의지(또는 실천이성)가 있으며, 외부의 자극에 대하여 수용하거나 반응하여 평가하는 감성이 있음을 알 수 있다. 이들을 더 간단히 줄이면 머릿속 생각이나 사고가 한 부류로 묶이고, 외부에서 관찰 가능한 행위나 실천이 다른 부류로 묶인다. 그런데 이들 범주는 따져서 결론을 맺거나 추론하여 입증하는 경험적이고 후천적인 방식이 아니라, 스스로 느끼면서 구별짓게 되는 선험적이거나 형이상학적 범주에 속한다. 이런 범주는 범주의 숫자를 늘이든 줄이든 상관없이 모두 언어 산출 과정에 긴밀히 관련되어 있다. 여기서는 먼저 우리 역사 속에서 「마음의 문제를 어떻게 다루었는지」를 성리학의 논의를 중심으로 살핀 뒤에, 현대 심리철학에서 다루는 마음의 문제를 살펴보기로 한다.

---

3) 데카르트(1641; 김형효 뒤침 1976: 144쪽), 『세계사상전집 19, 성찰』(삼성출판사)의 '물질적 사물의 본질에 관한 제5 성찰'에 보면, 물질은 '길이·넓이·깊이'에서 연속량을 지닌다고 하였다. 아마 일본 번역의 영향으로 이를 늘어나다는 뜻의 '연장(延長)'으로 번역하는 듯하다. 만일 더 쉬운 우리말을 쓴다면, '부피'라고 부를 수 있다. 시공간의 3차원 좌표계에서 어떤 물체이든 언제나 '부피'를 지니고 있기 때문이다. 어원상으로도 extend와 '부풀다(부픠→부피)'가 서로 같은 뜻을 지닌 듯하다. 또한 600쪽을 보기 바란다.

1. 성리학에서 다루었던 마음

성리학은 특히 북송에서부터 남송 시대에 걸쳐 크게 진작된 신유학으로서, 불교를 비롯한 외부 사상과 중국에서 오랫동안 전해져 온 도교에 맞서서 처음으로 포괄적인 우주관을 다루었던 사상 흐름이다.4) 이

---

4) '성리'(性理)라는 말은 주희 제자 웅절(熊節)의 『성리 군서』로부터 받아들인 것으로 알려져 있는데, 이 책은 웅강대(熊剛大)의 『성리 군서 구해』로 전해진다. 대다수의 문헌들이 성리학자들을 차례차례 개관하는 형식을 따르고 있지만, 이와는 달리 성리학 개념들을 일목요연하게 파악할 수 있는 책들도 있다. 필자는 다음 책들로부터 많은 것을 배울 수 있었다.

한국사상사연구회 엮음(2002), 『조선 유학의 개념들』(예문서원),
이동희(2012), 『주자학 신연구』(도서출판 문사철),
몽배원(1989; 홍원식·황지원·이기훈·이상호 뒤침 2008), 『성리학의 개념들』(예문서원),
볼(Bol 2008; 김영민 뒤침 2010), 『역사 속의 성리학』(예문서원),
진래(1987; 이종란·이상성·이종상 뒤침 2002), 『주희의 철학』(예문서원),
진래(1992; 안재호 뒤침 1997), 『송명 성리학』(예문서원),
후외려 외(1984; 박완식 뒤침 1993), 『송명 이학사, 1~2』(이론과실천)

이밖에도 서양학자들이 쓴 책이 우리말로 몇 권 번역되어 있다. 서구의 사고방식에서 중국의 세계관을 어떻게 재해석하여 보편적인 논의로 이끌어 가는지를 깨닫고, 막연히 이해하던 낱말의 뜻잡이를 다시 한번 반성하는 계기가 된다. 예를 들어, 복잡한 개념어 '理'를 영어로 principle(원리)이나 coherence(일관성)나 pattern(유형) 등으로 번역한다. 이 글자의 어원은 1세기 경 허신(許慎)이 쓴 『설문 해자』를 보면, 명사로서 옥돌에 있는 '결'을 가리키고, 동사로 쓰이면 돌결에 따라 옥돌을 깎고 다듬어 보물을 만든다(治玉也)는 뜻이다. 이 말이 형이상학적 논의에 적용되자 '작동 원리, 내재적 질서, 관계들의 짜임, 결합의 유형, 질서 잡힌 체계, 우주의 법칙' 등의 뜻으로 널리 확대되었다. 그렇다면 영어의 번역어는 오직 확대된 의미만을 가리키고 있다. 만일 개념 파악이 정확하다면 굳이 외래어를 쓰지 않고서 더 손쉽게 붙들 수 있는 우리 일상언어를 찾아낼 수 있다. 이들 한자와 영어에 맹신하는 이들 중에서는 '상아탑' 속에 가두고서 권위와 차별의 방편으로 현학적 낱말을 휘두르기도 한다. 그런 것은 과거의 인습적 유산일 뿐이다.

그런데 우리말에서 구체적인 대상에서부터 추상적인 대상으로까지 이런 의미의 확대 과정을 찾아낼 수 있다. 구체적인 대상인 '물결(이 사납다/잔잔하다), 나뭇결(이 촘촘하다/성글다), 비단결(이 곱다/아름답다), 바람결(이 부드럽다/세차다)'을 비롯하여, 신체의 일부와 결합하여 '살결(이 부드럽다/거칠다), 손결(이 곱다/거칠다), 머릿결(이 가지런하다/헝클어지다), 숨결(이 부드럽다/가쁘다), 눈결(이 부드럽다/매섭다)'을 거쳐 추상적인 '마음결(이 곱다/고약하다), 성[性]결(이 올곧다/바르다)'로도 쓰인다. 모두 사이시옷이 들어가 있어서 [ㅅ결→결]로 소리 나고 또한 모두 대상 평가(X가 ~하다)와 관련된 이음말이 쓰인다.

'겨를'(일정 시간 동안이나 짬)이 줄어들어 '결'로 쓰이는데, 처격 조사가 붙어서 앞의 사례들과 다를 뿐만 아니라 '사이시옷 결[꼍]'로도 소리 나지 않으며, 일정 시간이나 간격의 의미로 쓰이므로 전혀 다른 형태임을 알 수 있는 사례도 있다. '잠결(에), 엉겁결(에), 꿈결(에) 무심결(에), 겹결(에), 아침결(에)'와 부사로 쓰이는 '한결(같다/낫다)' 따위이다.

필자는 비록 개념어 '이'(理)가 심오하다고 할지라도, 우리말의 '결'로써 멋지게 붙들어

흐름은 우리나라에 비록 고려 후기에 들여왔지만,[5] 조선조 지식인들 사이에서 본격적인 논의와 성취는 소위 '이(理)·기(氣)' 논쟁이 불붙으면서 이뤄졌고, 이런 흐름들이 고유하게 조선 성리학으로 불리기도 한다 (특히 『근사록』과 『심경』을 중심으로 논의가 깊이 있게 진행되었음). 여기서는 존재론 또는 우주론의 논제에서부터 인성론에 이르기까지 광범위하게 일원론적인 연역계의 사고들이 전개되고 있다. 오늘날 심리철학에서 마음의 문제에 대한 핵심 논점들을 살펴보기 전에, 이전에 마음의 문제를 본격적으로 거론한 성리학 속에서 논의되었던 '마음 작용'에 대한 논의들을 필자가 이해하는 범위 안에서 매우 소략하게 언급하기로 한다. 이는 거시적 견지에서 오늘날 심리철학의 논제들과 비교하여 상대적으로 어떤 측면이 자세하고 어떤 측면이 소략한지를 평가할 필요가 있고, 언어라는 도구를 사용하는 인간 정신의 작용을 다루기 위해서도 큰 지도 위에서 되돌아볼 필요가 있기 때문이다.

송나라 지식인들은 이런 사고의 뿌리를 복희가 그렸다는 주역의 괘

놓을 수 있다고 믿는다. 이에 맞서는 기(氣)는 흐늘흐늘 피어오르는 '김' 또는 '아지랑이'를 가리킨다. 『설문 해자』에는 손님을 접대하는 익히지 않은 곡류(날 음식으로, '익혀 조리한 음식 옹[饔]'에 대립됨)로 풀이해 놓았고(餼客之芻米也), 단옥재는 이를 희(餼)의 본디 글자로서, 희생으로 쓰는 날짐승을 제외하여 '익히지 않은 여러 곡류들'로 보았다(黍, 粱, 稻, 稷, 禾, 薪, 芻). 수확한 그대로의 곡식 내음인 듯하다. 그렇다면 '이·기'는 우리말로 새겨 '결·김'으로 쓸 법도 하다. 이는 마치 미시차원의 물리학인 초끈(super-string) 이론에서부터 소립자와 원자와 분자와 분자 중합체인 거시차원으로 한 단계씩 복합화되어 나가는 과정이 있다면, '결·김'은 초끈 이론의 구성요소에 비유될 수 있다. 만일 김(아지랑이)이 결에 따라 움직인다면, 미시차원일수록 우리가 단지 관념이나 생각으로만 상정해야 될 대상이 되고, 복합적인 거시차원일수록 우리가 직접 지각할 수 있는 대상이 되는 것이다.

5) 김충렬(1993), 「고려의 원대 성리학 수용」, 최근덕 외, 『원대 성리학』(포은사상연구원)에서는 안향(安珦, 1243~1306)이 1290년 북경에 4개월 동안 머무는 동안 『주자전서』를 보았을 것으로 언급했고, 돌아온 뒤에 국자감 찬성(贊成)이 되어 국자감 학생들에게 공자의 길을 배우는 데에는 회암 주희를 배우는 것이 으뜸이라는 취지의 글을 내린 바 있다. 안향은 스스로 주자의 화상을 벽에 걸어놓았을 뿐만 아니라, 자신의 호를 회헌(晦軒)이라고 한 데에서도 회암 주희(晦庵 朱熹, 1130~1200)에게 심취하였음을 쉽게 짐작할 수 있다. 주희를 사모하고 주희의 행동을 그대로 본받아 따르려는 노력은 뒷날 송시열(宋時烈, 1607~1689)에게서 절정에 달한다. 거꾸로 이는 우리 역사에서 가장 극단적인 독단론으로 치달아, 자기와 이념이 다른 여러 선비들을 잡아 죽이는 사화(士禍)들로 귀결된다(마치 서구 역사에서 마녀 사냥이나 화형식을 연상시킴).

에서 이끌어내었다. 8괘의 배열이 '천(天)·지(地)·인(人)'이라는 세 가지 형이상학적 재료(三才, 三材)로 이뤄져 있다고 해석해 왔기 때문이다.6) 물론 사고의 순서에서는 '하늘과 땅'이 앞서지만, 이것들은 미리 배경이나 무대로서 주어진 것이다. 초점은 맨 마지막에 있는 '사람'에게 모아져 있다. '바뀐다'는 역(易) 또는 변역(變易)의 의미 자체가 사람들이 겪는 끊임없는 우여곡절의 인생에 모아져 있는 것이고, 그런 늘상 흘러가면서 바뀌는 일들이 우주 또는 천지의 실체라는 함의가 들어 있다. 무극('생각 없음' 또는 '작동이 없음')에서 태극('생각의 첫 꼬투리' 또는 '작동이 일어나는 첫 실마리')을 거쳐 삼라만상을 빚어내기 위하여 계속 순환하는 실체들은 언제나 '이·기'로 구현된다. '이'를 개념상 먼저 상정하는 쪽에서는, '기'로 갈수록 대립되는 두 속성인 음양의 몸체가 더욱더 짙어진다. 그렇지만 '기'를 통해서만 그 작용을 본격적으로 나눌 수

---

6) 4상(四象 네 가지의 기호 형상)의 배열 자체가 맨 밑바닥에서부터 시작하여 '천·지·인' 삼단(三段)으로 포개져 있고, 각 단마다 기호학적 대립을 띄어 음(--, 상해박물관에 있는 진나라 분서갱유 이전의 죽간에서는 빗금이 서로 기댄 모습 '∧'로 그려져 있음)이 되거나 양(─)이 된다고 보았다. 이 사상은 다시 겹쳐져서 8괘(八卦 여덟 가지의 순환 고리)가 되어 각 단에서의 뒤바뀜을 통해 우주 삼라만상의 변화와 대응을 보인다. 이는 무한히 연역되는 사고방법이 아니라, 64개의 매듭으로 이어진 순환론적 사고방법이다. 이런 접근이 시작에는 당송 교체기에 진단(陳搏, ?871~989)이라는 도교 계통의 인물이 있다(133쪽의 각주 63 참고). 바로 우주 창조로부터 삼라만상에 이르는 도출과정을 다루는 선천지학(先天之學)을 전수해 준 '중시조(中始祖)'인 것이다.
『주역 대전』에 실린 주희의 서문을 보면 "오직 유목의 생각만은 9가 황하에서 나온 그림이 되고, 10이 낙수에서 나온 서가 된다고 하면서, 이를 희이로부터 나왔다고 칭탁하였으니…(唯劉牧意見, 以九爲河圖, 以十爲洛書, 託言出於希夷…)"(『회암집』 권84, '하도 낙서 뒤에 적음'에도 실림) 운운하였다. 송나라의 태조 조광윤이 존경의 뜻으로 내려준 희이(希夷, 들어도 들리지 않고 보아도 보이지 않음: 출전은 『노자』)라는 호나 도남(圖南, 큰 붕새가 남쪽 바다로 날아가려고 함: 출전은 『장자』 또는 부요자(扶搖子 돌개바람을 타고 다니는 신선: 출전은 『장자』)이라는 자가 모두 다 도교의 글에서 따온 것이다. '사고전서'에는 진단의 '용 그림 서문(龍圖序)'이 실려 있고, 송나라 유목(劉牧, 1011~1064)의 '역수 구은도(易數鉤隱圖, 역이 만들어 내는 형상과 운수의 은미함을 낚시로 얽듯이 찾아내는 그림 책)'가 실려 있다. 아마 역의 기원을 복희에 가탁하고서 그 권위 및 신비성을 강조하는 일도 이 당시에서부터 비롯되었던 듯하다.
한편 복모좌(濮茅左 2006), 『초 죽서 '주역' 연구』(상해고적출판사) 하권을 보면, 은나라 때는 양(陽)을 나타내기 위해서 9만이 아니라 또한 1, 5, 7도 함께 썼음을 확인할 수 있고, 3효나 6효 등 몇 가지 변이 형식이 있었음을 알 수 있다. 이전에 꿈도 못 꿔본 갑골과 금문과 무덤 출토 유물들이 새로운 차원에서 한학 또는 중국학이 필요함을 역설해 주고 있다.

있다는 쪽에서는, '이·기'가 병렬 개념이 아니라, 오히려 '기'가 '이'를 둘러싸고 있는 내포 개념으로 상정하거나 체용(體用, 몸체와 작용) 개념 으로[7] 파악한다.

필자의 과문한 생각에 불과하겠지만, 아직 성리학 관련 논의들이 보 편적인 질서 위에서 다뤄지지 못한 듯하다. '이·기'를 별개의 개별적 개념들로만 간주하기 일쑤이고, 서로가 서로를 요구할 수밖에 없는 임 의의 관계를 부여해 보지 못하였던 것이다. 다시 말하여, 오늘날 수학기 초론(foundation of mathematics)의 공리계에서 무정의 용어(undefined terms) 로 구성체들을 정의하는 방식과 비교해 본 바 없다. 무극이나 태극이나 '이·기'는 모두 무정의 용어들로서 항(terms)이다. 특히 학파를 나누어 놓을 정도로 심한 논쟁을 일으켰던 '이·기'라는 항이 만일 자명하게 '집 합·개체'로 번역되었거나, 또는 '본질 속성·가능세계의 대상' 정도로 파악 할 수 있었더라면, 아무런 모순 없이 태극도의 연역 체계를 쉽게 도출해 나갈 수 있었을 것이다. 더욱 광범위한 탐색 뒤에야 올바른 결론이 가능 하겠으나, 필자의 머릿속에 맴도는 작업가정으로는, 당시의 성리학자들 은 '이·기'라는 항을 오로지 논리적 선후 관계나 시간적 선후 관계로만 파악했다는 것이 한계이다. 만일 '이·기'를 '속성·대상'으로 파악하고, 임의 대상은 속성들의 묶음이나 다발로서 이뤄져 있다고 정합적으로 간주하였더라면,[8] 더 이상 여러 학파들 사이에 불필요한 논란이 생겨나

---

7) 체(體)·용(用)에 가장 손쉽게 비교되는 현대적 개념은 '구조·기능'이다. 하나의 개체가 있다면 그 개체는 어떤 특정한 작용이나 고유한 기능을 한다는 것이다. 가령, 우리 신체 로써 예를 들면, 눈은 보는 기능을 하고, 귀는 듣는 기능을 한다. 서구의 전통적인 개념으 로는 '대상·속성'과도 대응된다. 한 개체나 대상은 어떤 특정한 속성을 갖고 있으며, 그 속성은 독특하게 그 대상에만 관여하는데, 이를 특별히 귀속 성질이라고도 부른다. 논리 학에서는 유형(type)과 개별사례(token)의 짝을 다루는데, 체·용을 각각 유형·개별사례로 도 대응시킬 수 있을 듯하다. 그렇지만 당시에 우리 정신 작용의 여러 층위가 동시에 작동해야 한다는 자각과 성찰이 거의 없었다. 582쪽의 도표에서 보인 최소한 다섯 층위 의 작용 방식이 그 당시 논란들을 정합적으로 통합해 놓는 기반이 될 수 있다.

8) 이런 관점은 뤄쐴(1956), 『논리와 지식(Logic and Knowledge)』(Hyman); 뤄쐴(1973), 『논리 분석 논문집(Essays in Analysis)』(George Allen & Unwin); 멜러 엮음(Mellor 1990), 『수리철 학자 륌지의 철학 논문들(Philosophical Papers: F. R. Ramsey)』(Cambridge University Press)

지 않았을 것이고, 따라서 공리공담으로 매도되지도 않았을 듯하다.

진나라 이전(선진 先秦)의 시기에는 아주 분명하게 둘로 나눠, 형이상(形而上 꼴이 있으되 하늘 위에 있는 존재)의 것을 도(道 길)로, 형이하(形而下 꼴이 있고 이승에 있어 우리가 경험할 수 있는 존재)의 것을 기(器 그릇처럼 만물을 담는 꺼풀)로 보았었다.9) 선진 시기의 도(道 길)는 송나라 때 이(理 결)와 거의 동등하겠지만, 기(器 그릇처럼 만물을 담는 개별 꺼풀)는 기(氣 김)와 질(質 바탕, 재료)로 나뉠 수 있다. 여기서 질(質 바탕, 재료)의 속성을 붙들어 다루면 성(性 사람의 성품, 물건의 속성)이 된다. 그렇지만 김(氣)이 단단히 달라붙어서(凝結) 바탕(質)이 되었다고 보는 직관적인 생각 때문에, 형이하의 것인지 형이상의 것인지에 대한 혼란이 비롯된다. 일단 질(質 바탕, 재료)만을 이승 세계의 경험 대상물로 간주한다면, 이·기(理·氣 결·김)가 모두 형이상(形而上 꼴이 있으되 윗세상의 존재) 세계를 명시적으로 그릴 수 있는 개념 요소일 것이다. 만일 이런 필자의 작업가정이 검토될 소지가 있다면, 당시 성리학자들은 '이·기'라는 낱말에 희롱당하여 '음·양'이 작용이 들어가 있어야 하므로, 이 두 개념을 서로 배타적이거나 대립적인 것으로 봐야 한다고 굳게 믿었을 가능성이 크다. 그렇다면 이는 층위들을 혼동한 '언어 착시'에 다름 아니다.

그런데 이 '이·기'라는 형이상학적 존재가 만일 생명을 지닌 존재에 적용된다면, 그렇지 않는 무정물들과 구분짓기 위하여 다른 이름이 필요한데, 이를 각각 '성(性)·정(情)'으로 부른다. '우주론·본체론·인성론·수양론'을 모두 일괄하여 하나로부터 도출하려는 관점은 염계 주돈이(周敦頤, 1017~1073)에게서부터 찾아진다.10) 목숨 있는 개체들의 성·정

로부터 배울 수 있다. 보편성이 어떻게 개체 또는 개별성으로 맞물려 드는지에 대한 논의와도 관련되어 있다. 고대에는 기하학이 원뿔의 절단으로부터 유도된다고 하였는데, 이런 복합 개념이나 대상물로 여러 가지 하위 개념들을 도출하는 일이 중요하다. 경상대 조열제 교수는 수(Frege의 기본 개념)보다도 「거리 개념이 더 기본적」이라고 생각한다.

9) 『논어』의 옹야 편에 보면 "공자가 '중간 등급 이상의 사람한테는 가히 위의 일(上)을 말할 수 있고, 중간 등급 이하의 사람한테는 위의 일을 말할 수 없다'고 하였다." 여기서 위의 일(上) 하늘 위의 일로서 형이상자(꼴이 있되 윗세상의 것)를 가리킨다.

을 싸안는 상위 개념을 상정하여 마음(心)으로 부를 수 있다. 만일 '성·정'을 인간에게 적용할 경우에는 더욱 자세히 갈래를 짓고서 '사단 칠정(四端七情)'으로 나눠 부른다. 여기서 '인(仁)·의(義)·예(禮)·지(智)'의 사단은 이성적 측면에, '희(喜)·로(怒)·애(哀)·락(樂)·애(愛)·오(惡)·욕(欲)'의11) 칠정은 감성적 측면에 대응시킬 수 있다. 이런 마음의 작용이 가만히 멎어 있지 않고서 다른 사람에게 향하여 특정한 행동을 통하여 적극적으로 구현된다면(發), 이제 그 행동의 결과를 평가할 수 있다. 그 평가의 범주는 선(善)·악(惡)이라는 윤리 또는 가치 기준으로 설정된다.

만일 도(道)와 덕(德)이12) 두 측면으로 나뉜다면, 전자는 한 대상을

---

10) 이런 관점을 더욱 멀리 소급할 수도 있다. 주역의 8괘 배열이 '천(天)·지(地)·인(人)'이라는 세 층위(三才)로 이뤄진다. 왜 세 층위로 배열되어야 하는지에 대하여 아직 명쾌한 언급이 이뤄진 바 없다(비록 송나라 학자들의 문헌을 다 검토한 결과가 아니지만, 적어도 송나라 성리학을 본격적으로 다루는 중국 학자들의 논의에서는 찾아볼 수 없음). 다만 당연히 그렇게 되어야 하는 듯이 관념하였을 뿐인데, 오늘날에는 이를 '자연주의' 내지 '일원론(monism)'으로 부른다. 이는 세 층위에 대한 적절한 해석을 우리가 추가해야만 얻을 수 있다. 필자는 '천·지'의 속성은 그대로 사람의 본질인 '인' 속에 들어 있다고 전제해야 한다고 본다. 오직 이럴 경우에라야, '천·지'와 함께 '인'이 배열에 참여하여 비로소 '삼재'를 구현할 수 있는 것이다('三才'는 맥락에 따라 각각 세 가지 '재료·재질·재능·재덕' 등으로 해석됨). 이때 이 두 층위를 결합시키기 위한 상위 개념이

　무대(천·지) 및 배우(인),
　설계도(천·지) 및 완성제품(인),
　구심적 속성(천·지) 및 원심적 속성(인)

따위의 관계와도 유비 관계를 이룰 수 있다. 삼재(三才)는 공자가 쓴 계사(繫辭, 주역에 얽힌 풀이 글)에 처음 나온다. 140쪽의 각주 69를 보기 바란다.

11) 르두(LeDoux 2002; 강봉균 뒤침 2005), 『시냅스와 자아: 신경세포의 연결방식이 어떻게 자아를 결정하는가?』(소소)를 보면, '두려움'이라는 감정이 한 생명체의 목숨을 연장시켜 주는 가장 기본적인 요소이다. 이는 주로 제2차 뇌(테두리 뇌 또는 변연계 뇌) 속에 있는 편도체(아몬드 모습으로 생겼기 때문에 '납작한 복숭아'라는 뜻의 한자어 편도[扁桃]로 부름)에서 관장되며, 편도체는 다시 중심핵과 기저 외측핵(basal nucleus)로 나뉘는데, 후자가 기억 과정에 관련된 해마와 연결되어 있다. 한나라 때 완성된 『예기』의 '예운' 편에는 락(樂) 대신 구(懼, 두려움)이 들어가 있었지만, 송나라 때 일반화되고 관용화된 '칠정'의 목록 속에는 두려움 또는 공포의 감정 항목이 제외되어 있다. 후자는 두뇌 생리학적 근거가 반영되어 있지 않은 것이다. 그렇다면 응당 성리학자들에게 왜 공포가 무시되거나 부차적으로 간주되었는지에 대한 고찰과 논의도 뒤따라야 할 것이다. 구성원을 보호하는 같은 사회에서 살아가는 인간을 대상으로 삼았기 때문에, 거친 자연 속에서 점차 진화론적으로 두뇌를 발달시켜 나가는 길을 진지하게 고려하지 못했을 수도 있다.

12) '큰 덕(德)'의 어원은 '얻을 득(得)'을 줄인 '두 인 변(彳)'과 옛글자 '큰 덕(悳)'으로 이뤄져 있다. 『설문해자』에는 두 글자가 모두 들어 있다. 덕(德)은 등(登)으로 풀었다(升을 登으

이루는 그 자체의 내부적인 질서이고, 후자는 대상들 사이에 있는 상호작용 질서를 가리킬 수 있다. 사회적으로 공인된 질서를 흔히 예(禮)라고 불렀는데, 이 개념은 헌법 제도와 같은 국가 통치 조직에서부터 시작하여(특히 주나라 제도인 주례[周禮]가 그럼함), 한 개인이 살아나가는 동안 거치게 될 통과의례인 사례(四禮, 관·혼·상·제)에 이르기까지 넓은 외연을 지닌다(의례[儀禮]와 예기[禮記]). 이런 규제가 사회를 유지하기 위하여 좀 더 강제적인 성격을 띠면 법(法)의 지위를 지닐 것이다.13)

과문하여 마음에 대한 통합적인 얼개나 설명을 아직 보지는 못하였지만, 필자는 한 개인이 지닌 마음을 보편적인 축으로 정리하여 성리학에서의 마음에 대한 논의는

'심(心) → 성(性) → 정(情) [→ 의(意)]14) → 욕(欲) [→ 동물의 본능]'

로 단옥재는 고쳐 놓았음). 단옥재는 두 글자의 초성이 같기 때문에 그렇게 풀었다고 보았고, 옛글자를 풀이하면서 썼던 '얻을 득(得)'이 또한 등(登)과 초성이 같다고 보았다. 덕(悳)은 '곧을 직(直)'과 '마음 심(心)'으로 이뤄져 있는데, 안으로 자기 자신에게서 얻고(得) 밖으로 남에게서 얻는다(得)고 풀이하였다. 몸과 마음이 올곧으면 자기에게서뿐만 아니라, 남으로부터도 칭찬을 받고 명성을 얻게 되는 것이다. 마여삼(馬如森 2008), 『은허 갑골문: 실용 자전』(상해대학 출판부) 48쪽에서는, 갑골문이 눈 위에 곧은 금 'l'을 표시하고 있음에 주목하고서, 눈앞을 보면서 곧장 걸어간다는 뜻으로 보고, 뜻이 늘어나 '행위가 정직하고 단정함'을 가리키는 것으로 풀이하였다. 직관적으로 필자는 남에게 관대하고 잘 베풀어 줄 적에 남으로부터 칭찬을 얻는 것으로 풀 수 있을 것으로 본다. 그렇다면 덕(德)은 반드시 남을 전제로 한 개념이 되며, 사회를 이루고 사회가 잘 돌아가게 만드는 윤리 규범이 된다.

13) 만일 개인과 사회를 두 끝점으로 보고 두 지점 사이를 이어서 이들을 배열한다면
'도(道) → 덕(德) → 예(禮) → 법(法)'
과 같이 점차 성격들이 바뀔 수 있을 듯하다. 왼쪽으로 치우칠수록 한 개인의 자율적이며 자기규제적인 측면이 강하고, 오른쪽으로 치우칠수록 강제적이며 집단이나 사회를 유지하는 타율 규제의 측면이 강해질 것이다.

14) 어떤 행위까지 불러일으킬 수 있는 의(意)는, 어원을 보면 '마음 심(心)'과 '소리 음(音)'의 결합체이다. 음(音)은 '말씀 언(言)'과 혀를 나타내는 '한 일(一)'의 결합이고, 언(言)은 '죄지을 건(辛)'과 '입 구(口)'의 결합이며, 건(辛)은 '윗 상(丄, 上)'과 '범할 간(干)'의 결합이다. '뜻 의(意)'는 앞뒤 이음말로서 '정의(情意)'라고도 쓰이고, 의욕(意欲, 意慾)이라고도 쓰인다. 이를 대괄호 속에 집어넣은 것은 의(意)가 없이 네 단계
'심(心) → 성(性) → 정(情) → 욕(欲)'
로도 쓰일 수 있기 때문이다. 때로는 욕(欲)을 없애고서 의(意)로만 대표를 삼을 수도 있다. 그럴 경우에는

이라는 일련의 거르개를 하나의 일직선 축으로 만들고서, 여러 논의들을 재구성할 수 있을 것으로 본다. 이는 서구에서 몇 개의 기본 영역을 나란히 서로 겹치지 않게 설정해 놓은 접근방식과는 두드러진 대조를 이룬다. 다시 말하여, 서로 간에 교집합의 영역들이 상정될 수 있으며,15) 서로 영역이 변별되기 위해서는 특정한 속성을 추가할 수 있기 때문이다. 왼쪽에 초점이 모아질수록 구조적이고 본연적인 특성으로 작용한다. 여기에서는 '이·기'의 논의가 가능하다. '김/아지랑이 기(氣)'가 특정하게 모아져서 완전한 구체물로 될 경우에는, 옛 경전에서 더러 '그릇 기(器)'를 쓰기도 하였다('속살 : 껍질'에서 껍질에 해당함). 반면에 오른쪽으로 갈수록 도덕적인 가치에서 보면 절제되고 금지되어야 할 마음 작용이 된다. 인간의 수양을 크게 강조하는 유교의 가치관에서는, 오른쪽 끝점의 요소는 '부끄러움(恥)'의 원천이며, 중요하게 인간과 동물을 나눠 놓는 속성이 된다. 아리스토텔레스는 인간과 동물을 나누어 놓는 결정적 기준을 신체를 중심으로 내세우기를, 먼저 짐승을 제외시키기 위하여 두 발(biped)을 내세운 뒤, 다시 여기서 닭을 제외시키기 위하여 깃털 없음(featherless)을 내세웠다. 이는 한낱 외양(외연값)의 기

'심(心) → 성(性) → 정(情) → 의(意)'

로 표현된다. 의(意)와 욕(欲)은 신체 동작으로도 이어질 수 있다는 점에서 하나로 묶일 수 있다. 의욕(意慾)이나 동기(動機)가 서로 유의어로 쓰일 수 있는 것이다. 만일 우리 인간의 마음을 사단과 칠정으로만 나눈다면, 심(心)과 성(性)이 사단에 해당되고, 나머지가 칠정에 배속될 것이다.

맨 마지막에 있는 '동물의 본능'은 동물이 이성적 판단을 하지 않는다고 보아 맨 끝점에다 대괄호 속에 집어넣었다. 동물은 욕(欲)을 절제하지 않은 채 그대로 발현할 뿐이라고 본 것이다. 그렇지만 동물의 마음을 나눌 적에는 우리 인간들처럼 자세히 구분할 필요는 없을 듯하다. '심 → 욕'이나 '심 → 욕 → 본능'처럼 둘 내지 셋 정도의 구분만으로도 충분히 동물들을 서술해 줄 수 있다고 보기 때문이다. 그런데 이런 접근법은 535쪽의 원뿔 그림으로 제시한 '무생물·생물·인간'을 움직이는 동기로서, 「인과율·본능·자유의지」를 담고 있는 세 가지 영역의 실재계를 염두에 두면서, 재구성될 필요가 있다.

15) 가령, 성(性)의 영역과 정(情)의 영역의 교집합 부분에서 인성(성격) 심리학에서 찾아낸 다섯 차원의 대립적인 인성 특질들이 자리잡을 수 있다.

'외향적 성격 대 내성적 성격, 이타적 성격 대 이기적 성격, 믿을 만한 성격 대 믿을 수 없는 성격, 안정된 성격 대 신경질적 성격, 개방적이고 창조적인 성격 대 폐쇄적이고 대인 기피적인 성격'

준이며, 일부 속성에 지나지 않는다. 그렇지만 『논어』에서는 부끄러움(恥) 또는 양심상 부끄러운 일을 하지 않으려는 마음이[16] 바로 인간과 동물을 나누어 놓는 중요한 핵심 속성이며, 내면에서 작용하는 형이상학적 기준(내포값)이므로 다수의 외양적 기준들을 연역해 낼 수 있다. 이때 부끄러움이란 앞에서 제시한 축에서 욕심이란 끝점만을 중심으로 행해진 일들을 가리킬 수 있다.

사람들 사이에서 찾아지는 개별성을 포착하기 위하여, 주희는 본연의 성품(本然之性, 모든 생명체가 공통적으로 지닐 수 있는 성격)과 기질의 성품(氣質之性, 한 개인이 고유하게 물려받은 성격)의 개념을 대립시킨 바 있다. 이는 마치 현대 양상논리에서 가능태와 현실태의 대립을 연상시킨다. 조선조 때에 퇴계 학파에서는 이들 양자가 구분된다고 보아 이원화 경향을 보이지만, 율곡 학파에서는 이 양자를 구분하지 않고 일원화하는 경향이 있다고 한다.[17] 비록 사람들 사이에서 관찰되는 차이와 개별 속성을 인식하고, 서로 차이가 나는 결과를 도출하기 위하여 '기질(氣質, 한 개인의 고유한 성품의 바탕)'이란 개념을 마련해 놓았지만, 이를 적용한 결과는 언제나 선(善)·악(惡)의 가치 개념으로 귀착되어 버렸으므로(선한 사람, 악한 사람), 선악을 초월하여 한 개인의 행동 특성을 규정하거나 고유한 독자성을 부여하지는 못하였다.

---

16) 「부끄러움은 복합개념」인데, 대표적인 사례를 중심으로 제시한 부끄러움에 관한 언급은 『논어』에서 여러 군데 나온다. 가령, '위정'편에 "공자가 말씀하기를 '백성들을 법으로 이끌고 형벌로 처벌한다면 법과 형벌을 피하여 벗어난 다음에 부끄러워할 줄 모른다. 그렇지만 덕으로 이끌고 예로써 가지런하게 맞춘다면 부끄러움을 깨닫고 착한 마음이 이르게 된다'(子曰, 道之以政, 齊之以刑, 民免而無恥, 道之以德, 齊之以禮, 有恥且格)". 안회가 공자에게 인(仁)에 대해 물었을 때에 "극기복례(克己復禮)"라고 대답해 주었다. 이는 자기 자신의 욕심을 절제하고 예로 돌아가 예를 따르려는 마음이며, 욕심을 부리는 데에서 부끄러움이 나오는 것이다. 우리말에서 부끄러운 짓을 서슴없이 하는 경우에는 '염치(廉恥)'란 말에서 모음을 바꾸어(모음교체) '얌체'라고 부른다. 어원상 본디 염(廉)이란 글자는 주춧돌의 모서리를 가리키는 말이다(廉隅). 모서리가 '반듯하다'는 뜻으로부터 다시 '맑고 깨끗하다'는 의미(淸廉)로, 그리고 '감찰하여 단속하다'라는 의미(廉察, 按廉)로까지 확대되었다.

17) 안영상(2002), 「본연지성, 기질지성: 인간성의 두 측면」, 한국사상사연구회 엮음, 『조선유학의 개념들』, 예문서원, 169~193쪽에서 자세히 읽을 수 있다.

우주의 형이상학적 본질에 대한 논의에서부터, 우리들이 실제로 관찰하고 경험하는 행위나 사건에 이르는 여러 단계들은, 객관적으로 따지거나 입증될 수 없는 내재적 개념이다. 만일 이것들이 좀 더 객관적이고 일반적인 차원에서 논의가 진행되려면, 두뇌의 특정 부서들이 계층적인 사고의 단위들에 대응될 가능성을 찾아내어야만 가능해질 것이다. 이 일은 현재로서는 오직 부분적으로만 그렇다고 짐작할 뿐,[18] 있을 수 있는 다양한 반증을 거쳐 확립되는 일은 아직도 요원한 미래의 일이다. 이를 인정한다면, 현재로서 우리는 오직 ① 연역 과정의 내적 일관성 내지 무모순성 및 ② 경험적 단위들과의 정합적 대응이라는 측면에서만 우열을 가릴 수밖에 없다. 이런 쪽에 서면, 우리가 살고 있는 우주(생태환경)에 대한 범주들을 나누어야 하고, 우리가 겪는 사건들이나 일들에 대한 다층적 분류가 필요하며, 또한 인간의 마음 작용에 대한 큰 갈래가 상정되어야 할 것이다.

성리학에서의 마음에 대한 논의는 형이상학적으로 일관되게 우주의 생산물로서 마음을 연역하였고, 그 바탕 위에서 인간에게만 적용될 수 있는 마음의 갈래를 더욱 자세히 나누었다. 이는 인류 문명사에서 처음

---

18) 예를 들어, 언어학 개론에서 마치 확정된 진리처럼 학생들을 왜곡시키는 지식이 있다. 좌반구가 언어 영역이고, 측두엽에 있는 브로카 영역과 베르니케 영역이 전담 부서인양 서술하는 일이다. 단순히 몇몇 뇌손상 환자들에 대한 임상 관찰로써 그리고 해부학적 두뇌 지식으로 추정된 그런 주장은 더 이상 유효하지 않다. 언어가 산출되고 이해되려면, 측두엽과 두정엽을 비롯한 대뇌 피질 영역뿐만 아니라, 작업기억이 작동되는 전 전두엽과 제2의 뇌에 속한 기저핵도 동시에 작동해야 하는 것이다. 가령, 낱말 저장과 인출만을 보더라도, 핑커(Pinker 1999; 김한영 뒤침 2009), 『단어와 규칙』(사이언스북스)에서는 불규칙 활용 낱말은 서술지식 영역을 가동시켜 두정엽과 후두엽이 같이 작동하지만, 규칙 활용 낱말은 절차지식 영역을 가동시켜 전두엽과 기저핵에서 혈류 증가를 보인다고 보고한다.

이런 발전은 오직 살아 있는 두뇌의 혈류 작용과 미세 전극 흐름 등을 종합적으로 미시 수준에서 관찰할 수 있는 기계의 현저한 발달에 힘입은 결과이다. 그렇더라도 현재의 기술 수준에서는 어떤 기계도 두뇌 세포들 사이에 주고받는 매우 짤막한 시간 단위까지 측정할 길이 없고, 시냅스 사이에서 방출되는 특정한 호르몬 분자들을 계량할 수도 없다. 그렇다면, 현재로서는 일정 시간이 지나 누적된 두뇌 신경계의 결과들을 놓고 관련 전문가들이 그런 변화들을 합리적으로 해석하고 판독한 내용을 잠정적으로 우리 일반인들이 받아들이는 일에 다름 아니다.

시도된 중요한 기여라는 점에서 큰 의의를 지닌다. 오늘날 여러 학문에서 받아들이는 가설-연역적 접근,[19] 방법론적 일원론,[20] 자연주의 접근법,[21] 물리주의 등의 시발점이 되기 때문이다. 다시 말하여, 순전히 내적 성찰과 직관을 통하여 인간 마음에 대한 전반적인 기술을 시도하였고, 우주의 이치를 구현해 주는 우리 마음에 대한 바탕(구조)과 작용(기능)을 찾아낸 것은 대단한 발상이며, 오늘날까지도 유효한 가설이다. 비유하자면, 이는 마음에 대한 하나의 정물화(단면도 또는 스냅 사진)인 것이다.

그렇지만 필자의 사견에 따라, 소박하게 드러낼 수 있는 한계도 있다. ① 하나의 연역 이론 체계가 다른 경합 이론과 비교하여 어떻게 선택될 것인지에 대한 상위의 판단 개념을 상정하여 서로 간에 합의할 수 있다는 지점에 이르지는 못하였다. 가령, '이·기' 논쟁을 산뜻하게 판정해 줄 제3의 심판관(재판관으로서의 상위 이론)을 만들어 내지 못한 것이다. ② 또한 마음의 작용이 어떻게 하여 우리 몸을 비롯한 물질세계에 인과 관계 또는 인과력을 발휘하는지가 문제되는지를 자각하지도 못하였고,

---

19) 특히 과학철학을 이끌었던 카아냅(R. Caranp, 1891~1970)과 헴펠(C. Hempel, 1905~1997)의 글들을 보기 바란다. 카아냅(1966; 윤용택 뒤침 1993), 『과학철학 입문』(서광사); 헴펠(1966; 전영삼·여영서·이영의·최원배 뒤침 2011), 『과학적 설명의 여러 측면, 그리고 과학철학에 관한 다른 논문들, I~II』(나남); 헴펠(1966; 곽강제 뒤침 2010), 『자연 과학 철학』(서광사)이 번역되어 있다.

20) 특히 독일 수학자 프레게(G. Frege, 1848~1925)가 시도한 접근 방법인데, 그는 우주 속의 대상들이 모두 양화될 수 있다고 보았고, 그 대상들을 양화시키는 방법으로 연산과 구조를 먼저 명백히 정의해 놓았다. 이는 자연수의 공리체계를 처음 다루었던 이탈리 수학자 페아노(G. Peano, 1858~1932)의 방식에 직접적으로 영향을 받았다. 프레게의 글은 62쪽의 각주 12를 보기 바란다.

페아노의 책은 케네디 엮음(Kennedy 1973), 『주제삐 페아노 논문선(*Selected works of Giuseppe Peano*)』(University of Toronto)에서 읽을 수 있다. 청소년을 대상으로 백석윤(2010), 『페아노가 들려 주는 자연수 이야기』(자음과모음)도 나와 있다.

21) 한국분석철학회 엮음(1995), 『철학적 자연주의』(철학과현실사)에 11편의 글이 실려 있다. 자연주의는 특정한 사람의 주장이 아니라, 여러 분야에서 물질세계와 정신세계의 자연스런 연결점을 추구해 나가는 다양한 흐름으로 이해된다. 핵심은 인간 정신의 본질을 특별한 원칙이나 법칙을 상정하지 않고, 자연 속의 물질계를 설명하는 인과율에 의해서 설명할 수 있는 방식을 찾아내는 데에 있는 듯하다. 이는 사람을 규제하는 원리를 하늘(또는 하늘과 땅)에서 찾았던 성리학의 사고방식과 같은 노선이며, 당시에는 천·지·인 합일(合一)로 부르기도 하였는데, 개인적으로는 '가부장적 가족제'가 겹쳐져 있을 것으로 본다.

그 문제에 답변을 시도하지도 못하였다. 이는 천지인으로 묶인 일원론적 우주관을 한 점 의심 없이 받아들였으므로, 마음 작용이 거울처럼 또한 그대로 우주의 작용을 보여 주리라고 굳게 믿었던 때문이기도 하다. ③ 더욱 중요한 한계는, 주관적이고 1인칭적인 서술만이 가능한 나를 중심으로 하여, 인간의 대표(표본)로 삼고서 인문학적 접근만이 당연한 것처럼 치부한 점이다. 사회가 먼저 존재하는지, 아니면 먼저 개별 인간이 있고 인간들이 모여서 사회가 되는지의 여부는 사회학 또는 사회과학 중심 접근이냐, 인문학 중심 접근이냐로 나뉜다. 이는 둘 중 어느 하나의 배타적인 선택이 아니다. 오히려 어느 것으로부터 출발하여 다른 영역의 복합 문제들까지 제대로 설명해 내는지에 대한 편의상의 선후 문제일 뿐이다. 이런 점에서 성리학의 마음 논의는 사회학(미시 사회학) 또는 사회과학(거시 사회학)의 복합 관점이나 거시적 관점을 논의의 첫 출발점으로 삼지 못하였다고 말할 수 있다. 단지 예(禮)라는 상위 개념을 통해 사회와 개인을 자율적으로 규제하려고 했을 뿐이다.

③의 문제에 대해서, 근대 언어학을 열어 놓은 소쉬르는 두 측면이 모두 한 개인의 머릿속에 들어 있다고 가정하였다. 즉, 다른 사람과 공유하는 측면과 나 혼자서만 갖고 있는 측면을 구분하였는데, 새로운 낱말을 만들어 각각 랑그(langue, 사회적 공유물)와 파롤(parole, 개인별 변이)로 불렀다. 세계 문명사에서 처음 이·기와 성·리를 다룸으로써 새로운 차원의 마음에 대한 논의를 개척하였으나, 오직 성·리(사회적 공유물)의 차원에만 당연히 초점을 모아야 할 것으로 치부하고 있었다. 또한 랑그(사회적 공유물)는 우주의 질서나 설계도를 그대로 반영할 것으로 믿었다(극기복례의 원리). 예상치 못한 그런 노력의 귀결로서 개인들 사이에 고유성이나 독자성의 측면을 크게 주목하고 부각시키지 못하였다. 이는 새로운 생각이 지닌 근원적인 태생적 한계에 속할 것이다.[22]

---

22) 새로운 생각 얼개(paradigm)는 적용 범위를 넓혀 나가면서 예외들을 만나게 되고, 그 예외들이 많아질수록 기존의 생각 얼개가 달라져야 하고, 새로운 해결책을 모색하도록

개인별 변이체에 주목하였다면, 왜 그런 변이가 생기는지를 탐구하게 되고, 자연스럽게 물질계 우주와 구별되는 인간 정신의 본질이나 독자성을 개념으로 만들 수 있었을 것이기 때문이다. 결과적으로 성리학에서는 서구에서 '자유 의지'로 부르는 개념을 상정해 보지 못하였고, 대신 도덕률로써 감정이나 욕심을 눌러서 결정론적 인간관(성인을 닮은 인간관)에 근접하려고 하였다.

2. 심리철학에서의 의식 및 심신 인과의 문제

칸트(Kant, 1724~1804) 이후로 인간의 정신 영역을 전담하여 다루어 오던 철학은, 프로이트(Freud, 1856~1939)의 정신 분석이라는 새 흐름이 출현하면서 고유하게 다뤄왔던 정신 영역을 침해하자, 철학 자체의 정체성에 대한 위기감이 퍼졌다. 오늘날 여러 갈래의 현대 철학은 이런 위기를 벗어나고, 철학이 무엇을 다루고 어떤 몫을 맡아야 하는지에 대한 반성의 결과물로 이해할 수 있다. 특히 자연언어와 관련하여 딜타이의 해석학과 논리 실증주의(분석철학)와 일상언어 철학 등도 모두 철학의 '자기 정체성에 대한 탐색'의 일환으로 서술할 수 있다.

자연언어는 모든 것을 있는 그대로 거울처럼 명확히 보여 주지 못하며(가령 §.1-6에서 다룬 한국어 '감각동사' 무리에 대한 분석을 보기 바람), 반드시 보편 개념체계로 재구조화되어야 한다. 자연언어가 기호학의 접근에서는 마치 자족적인 실체인 양 서술되기도 하지만, 자연언어는 마

요구하는 압력은 높아질 것이다. 인류 문명사에서 처음으로 형이상학적 우주론과 생명체와 인간을 꿰뚫는 일원론적 생각 얼개를 만들어 내기 위해서 일관성을 부각시켜 주려면, 과감하게 부수적인 많은 차이들을 무시할 수밖에 없는 것이다. 따라서 인간들만이 지닌 독특한 속성이나 성격들은, 일차적인 탐구의 대상에서 제외되었다고 본다. 오직 '이·기'의 구현물인 '성·정'을 좀 더 자세하게 나눠 기술하는 '사단·칠정'의 확립만으로도 당시 지식인들의 사고방식으로 우주 존재론에 관한 논의가 충분하다고 느꼈으리라 짐작된다.

음대로 살아 숨쉬는 것이다. 반드시 자연언어를 사용하는 주인이 있어야 하고, 그 주인이 자연언어를 써 주어야만 한다. 흔히 그 주인을 인간 마음 또는 자유의지라고 불러 왔다. 그렇지만 정작 현대 심리철학에서는 여태 마음 또는 자유의지가 어떻게 몸을 움직이고 물리적인 세계와 상호작용을 하는지 명백한 합의에 이르지 못하고 있다. 우리는 우리가 이 세상 속에 있음을 스스로 느끼고 잘 알지만, 정작 우리를 벗어나서 바깥에서 우리 스스로를 관찰하고 그 결과를 명쾌히 설명해 내지는 못하는 것이다.[23)

인간의 정신을 몇 종류의 범주로 나눌 것인지의 문제는, 현대 심리학에서 구성물(constructs) 정의에 관한 문제로 다룬다. 우리 문화에서 전통적인 구분 방식은 '생각과 행동', '말과 행실', 또는 '이론과 실천'이다.[24)

---

23) 이를 흔히 미결정성(undecidable) 논제라고 부른다. 뤄쓸·화잇헤드(1925년, 제2판), 『수학원리, I~III』의 기본 공리체계에 대하여 1930년 비엔나 대학에서 괴델(K. Gödel, 1906~1978)이 그 완벽성을 수학적으로 증명하고자 하였다. 그 첫 작품이 상수(constants)로 이뤄진 공리계의 완벽성 정리이다. 그렇지만 이듬해 1931년에는 「변항(variables)으로 이뤄진 공리계가 결코 완벽함이 증명될 수 없음」을, 칸토어(Cantor)가 초월수를 찾아냈던 대각선 정리 방식으로 증명하기에 이르렀다. 이것이 괴델의 '미결정성' 논제이다. 1960년대에는 미국 수학자 포스트(Post)가 두 개 이상의 공리체계가 모순 없이 나란히 존재할 수 있음을 수학적으로 증명하였다. 괴델, 처취(A. Church), 튜링(A. Turing), 로써(J. Rosser), 클리니(S. Kleene), 포스트(E. Post)가 쓴 관련 논문들 17편이 데이뷔스(Davis 1965), 『미결정 속성: 결정할 수 없는 명제·해결 불가능한 문제·계산 가능한 함수에 관한 기본논문 모음(The Undecidable: Basic Papers on Undecidable Propositions, Unsolvable Problems, and Computable Functions)』(Raven Press)에 모아져 있다. 127쪽의 각주 51도 참고 바람. 그렇지만 필자는 엄청나게 복잡한 기호 약속을 이해하고 따라갈 수가 없어서, 그곳 논문들을 읽을 수 없었다. 그냥 백지 위에 잉크만이 보일 뿐이다. 괴델의 저작은 또한 최근 풰풰먼 외 엮음(Feferman et. al. 1986~2003), 『쿠엇 괴델 논문 모음(Kurt Gödel, Collected Works), I~V』(Oxford University Press)으로 나와 있다.

24) 필자의 직관에는 행동과 행실이란 낱말이 비록 모두 행위에 관한 것이지만, 가치 중립적이냐 아니면 평가 지향적이냐의 차이로 서로 나뉘는 듯하다. 왜냐하면 행실과 이어지는 동사는 행실이 '바르다/못됐다/부정하다' 등이지만, 행동은 '어떠하다'의 내용들이 이어지기 때문이다. 그렇다면 행동과 행위의 구분은 외적 관찰이 가능한 몸동작이냐 아니면 관찰될 수 없는 생각까지 포함하느냐에 있는 듯하다. 우리말에서 자주 '행동 거지(行動擧止)'라는 말을 쓰는데, 이는 시작(擧)과 그침(止, 끝)을 나타내는 것이다. 시작점과 끝점은 반드시 외적 관찰이 가능한 객관적 사건이어야 한다. 그렇지만 '*행위 거지'란 이음말(연어)은 쓰지 않는다. 따라서 사람의 모든 움직임이나 작동과 관련하여 최상위 낱말은 행위가 될 듯하다. 행위 밑에 다시 행동과 행위가 있고, 행동 밑에 다시 행동과 행실이 있는 것이다.

이는 직접적으로 논어에 기술된 공자의 제자 평가와 맞닿아 있다. 언변에 뛰어나기로는 재여(宰予)와 자공(子貢)이 으뜸이었다. 그런데 낮잠만 자면서 실천이 부족한 재여를 보고서, 스승인 공자가 통렬하게 다음처럼 꾸짖었다.

"다 썩어 부서지는 나무 기둥에는 조각을 할 수 없고, 똥거름 흙으로 쌓은 담장에는 흙손질을 할 수 없다. 재여에게 내가 뭘 꾸짖으랴! 처음에 나는 사람을 평가할 적에, 그 사람의 말을 듣고 그의 행실을 믿었었다. 그러나 이제는 사람의 말을 듣고 나서 그의 행실을 살펴보게 되었다. 내게서 이런 변화는 재여를 보면서 바뀐 것이다(宰予晝寢, 子曰, '朽木, 不可雕也, 糞土之牆, 不可杇也, 於予與, 何誅'. 子曰, '始吾於人也, 聽其言, 而信其行, 今吾於人也, 聽其言, 而觀其行, 於予與, 改是')."[25]

이런 전통은 명나라 때 왕양명의 '지(知)·행(行)'합일(合─) 또는 '양지(良知)'의 주장으로까지 이어져 있다. 우리의 문화 전통에서도 「말만 앞세우기보다 먼저 실천을 하라」는 속담이나 경구가 흔하다. 오늘날에 흔히 쓰는 낱말로는 이론과 실천, 또는 순수와 응용으로도 번역할 수 있을 것이다. 행동 또는 행위에는 반드시 머릿속에 동기 또는 의지가 상정된다(언어 행위도 동일함). 따라서 머릿속의 대상들을 나열한다면, 생각과 행동은 생각과 의지 또는 생각과 동기로 번역할 수 있다. 이것이 바로 매우 간단한 이분 분류 방식이다.

영어에서 act는 단일한 행위이지만, action은 '일련의 행위들'이 연결되어 이루어지는 복합 행위이다. 존재하다(따라서 관찰 가능하다)는 뜻의 접두사 be-를 지닌 behaviour는 우리말의 행동과 대응될 수 있고, 좋거나 나쁘다는 평가의 속뜻을 지닌 행실에는 conduct가 대응될 수 있다.

25) 재여는 그 뒤 제나라 서울인 임치(臨淄, 산동성 린쯔)에서 대부를 지냈는데, 전상(田常)이 일으킨 반란에 가담하였다가 붙잡혀 그의 가족들도 모두 죽임을 당하였다. 공자는 이 반란 사건을 매우 부끄럽게 여겼다. 『논어』에는 재여를 못마땅해 하는 대목들이 몇 군데 더 들어 있다. 인용된 글은 『논어』 '공야장'에 나온다.

그렇지만 최근의 연구들에서는 생각이 하나로 뭉뚱그려 언급되기보다는 다시 인지와 감정으로 세분되어야 한다고 주장한다.26) 인지는 주로 제3의 뇌인 대뇌 피질에서 일어나고, 감정과 관련된 일은 제2의 뇌(제1의 뇌를 둘러싼 테두리 뇌, 변연계)에서 일어난다. 진화론적으로도 제2의 뇌가 먼저 있고 나서 다시 제3의 뇌로 발달하므로, 인지와 감정을 나누어 놓는 일은 이런 생물학적 진화 과정과도 정합적으로 잘 들어맞는다. 만일 이를 받아들이면, 이른바 마음에 대한 삼분법이 된다. 즉, 마음 또는 정신은 '인지·감정·동기(행위)'로 대분되는 것이다.

인간의 마음 또는 정신을 둘로 나누든 셋으로 나누든 간에, 인간의 정신은 스스로 의식하는 바를 다시 스스로 의식하는 기능이 있다. 이를 '재귀의식(reflection, 자기 반성의식)'이라고 부르는데, 전반적으로 인간의 생각과 활동에 걸쳐서 스스로를 제어하고 조절하는 데에 매우 중요한

---

26) 뢰즈택(Restak 1984; 김현택·류재욱·이강준 뒤침 1992), 『나의 뇌, 뇌의 나 II』(예문지) 73쪽 이하를 보면, 머클레인(P. MacLean) 교수는 인간의 두뇌가 세 단계의 진화를 거쳤다고 보았다. 먼저 신진대사를 관장하는 뇌간 및 제1뇌(작은뇌, 소뇌)가 있다. 이는 전형적으로 파충류(reptilian)에게서 나타난다. 다음에 이를 둘러싸고 있는 테두리 뇌(일본에서는 난삽하게 '갓 변[邊]'과 '소맷끝 연[緣]'을 써서 '변연체계, 변연계'로 부름) 또는 제2의 뇌가 있다. 이는 옛 포유류(paleomammalian)에게서 나타난다. 제1뇌와 제2뇌는 백질(white matter)로 이뤄져 있다. 마지막으로 주로 유인원들이 지녔고, 회뤠질(grey matter)로 된 제3의 뇌가 있다. 이는 인간을 기준으로 하여 큰뇌(대뇌 피질)라고 부르는데, 새 포유류(neomammalian)에게서 나타난다. 비록 두뇌들이 세 층위로 해부학적인 구분을 할 수 있겠지만, 서로 별개로 나뉘어 있는 것이 아니라, 제3의 뇌와 제2의 뇌가 서로 수직적으로 긴밀하게 신경망을 통하여 연결되어 있을 뿐만 아니라, 다른 피조물보다도 더 두꺼운 우리 인간의 제1뇌(작은뇌, 소뇌)와도 이들이 복잡하게 신호를 주고받음이 신경해부학적으로 잘 밝혀져 있다. 또한 세 종류의 작업기억이 전두엽의 앞(전-전두엽)에 자리 잡고 있음도 잘 알려져 있다. 아마 이성이란 부서가 두뇌에 자리를 잡는다면, 제3의 뇌(큰뇌, 대뇌 피질)와 작업기억을 이용하는 일과 관련이 있을 것이고, 감성이란 부서가 두뇌에 자리를 잡는다면, 제2의 뇌(테두리 뇌, 변연계)와 작업기억과 관련될 것이다.

그런데 더마지우(A. Damasio) 교수는 자신의 3부작 책에서 이성보다 감성이 더 근본적이고, 우리의 결정과정에 최상위 결재권자임을 주장하였다. 우리의 결정과 판단이 제2의 뇌 속에 자리잡은 1차적인 감성 영역에 의해서 매개되는 신경해부학적 근거를 밝혀낸 것이다. 더마지우(1994; 김란 뒤침 1999), 『데카르트의 오류』(중앙문화사)와 더마지우(2003; 임지원 뒤침 2007), 『스피노자의 뇌: 기쁨, 슬픔, 느낌의 과학』(사이언스북스)이 번역되어 나왔고, 더마지우(1999), 『일어나는 바에 대한 신체적 느낌: 의식을 형성해 주는 신체와 감정(The Feeling of What Happens: Body and Emotion in the Making of Consciousness)』(Harcourt)도 같이 보기 바란다.

역할을 한다. 이런 상위 의식은 무의식적인 상태에서 우리의 신체 기관들을 자율적으로 조절하는 '재귀적 감지체계(proprioception)'와도 그 역할이 흡사하다.[27] 재귀의식은 언어 산출과 이해의 과정에서 '최고 사령탑'으로서의 역할을 하게 된다. 재귀의식은 사람들마다 편차가 크며, 그 차이가 한 개인의 신중함을 평가하는 잣대가 된다. 그렇지만 아직까지 우리 의식이나 정신을 다루는 논의에서 그 중요성에 제대로 가치가 부여되지 않고 있다. 아마 초기 연구 단계이기 때문일 듯하다.

이 절에서는 현대 심리철학에 대하여 일별하되, 방법론적 일원론 또는 자연주의 접근에 가장 가까운 모습의 '조건부 물리주의'를 주장하는 김재권 교수의 논의를[28] 중심으로 하여, 다른 입장들까지 살펴보기로

---

27) 우리가 스스로 의식할 수는 없더라도 언어 산출 과정에서 발성 근육들을 자율 조절하는 역할에 대해서는 르펠트(Levelt 1989; 김지홍 뒤침 2008), 『말하기: 그 의도에서 조음까지 II』(나남) 320쪽 이하의 논의를 보기 바라며, 그곳에 인용되고 있는 문헌들을 참고하기 바란다. 인공지능 연구에서 로보트가 스스로 길을 걸어가도록 프로그램을 짜는 데에서도 몸 전체의 무게·기울기·앞으로 나아가기 등의 모든 과정에 자율적으로 제어·보정을 가능하게 해 주는 '재귀적 감지체계(proprioception)'의 중요성이 크게 부각된 바 있다. 이런 사실들을 받아들이면, 어떤 일을 제대로 성취하거나 또는 우리 의식이 생겨나기 위한 두뇌의 배선 구조는, 단선 구조에 의존한 단일한 명령 체계가 아니라, 반드시 여러 겹의 '복선 구조'에 의한 명령 및 점검체계가 필수적임을 알 수 있다. 우리가 의식할 수 없는 재귀적 감지체계이든 또는 우리가 스스로 의식할 수 있는 재귀의식이든 간에, 이들은 모두 우리 정신작용의 '내포하기' 속성과 긴밀한 관련을 맺는다. 64쪽의 논의를 보기 바란다. 내포하기는 연구자에 따라서 각각 겹겹이 싸놓기(encapsulation)·포개어 놓기(nesting)·계층화(hierarchy) 등으로도 불린다.

28) 김재권 교수의 저작들이 전문가들에 의해서 충실히 번역되어 있어 도움이 크다. 김재권 (1994), 『수반과 심리철학』(철학과현실사); 김재권(1996; 하종호·김선희 뒤침 1997), 『심리철학』(철학과현실사); 김재권(1998; 하종호 뒤침 1999), 『물리계 안에서의 마음』(철학과현실사); 김재권(2004; 하종호 뒤침 2007), 『물리주의』(아카넷)이며, 김재권 외 20인(1994), 『김재권 교수 회갑기념 논문집: 수반의 형이상학』(철학과현실사)이 있다. 이 글에서는 환원적 기능론을 주장하는 김재권 교수의 입장을 서술하되, '기능'이란 개념을 인문학에서 친숙히 거론하는 '규범적' 지위나 '가치 지향적' 지위로 재번역하여 논의할 것이다. 만일 이런 논의가 설득력을 갖는다면, 인문학의 주요 개념들도 '조건부 물리주의' 용어들로 번역될 수 있음을 간접 증명하는 셈이다. 그런데 이 글에서 택한 입장만이 유일한 것이 아니다. 이와는 다른 입장을 견지하는 중요한 심리철학자들의 저작도 다수 번역되어, 철학을 전공하지 않은 사람들이 쉽게 읽고 이해할 수 있도록 큰 도움을 주고 있다. 사적으로 필자는 50쪽의 '통합주의' 노선이 옳을 듯하다(119쪽 참고).
　① 철저하게 물질적 환원주의 기치를 높이 치켜든 처칠랜드(Churchland 1988, 석봉래 1992), 『물질과 의식: 현대 심리철학 입문』(서광사); 처칠랜드(1989; 박제윤 뒤침 2006), 『뇌과학과 철학: 마음-뇌 통합과학을 향하여』(철학과현실사)가 나와 있다.

한다.

김재권 교수는 현대 심리철학의 핵심 논제가 '의식' 및 '심신 인과'의 문제라고 본다. 몸과 마음이 별개의 것이 아니라는 입장에서는, 이것들이 두 개의 다른 문제가 아니라 서로 긴밀히 맞물려 있는 복합 논제이다. 단, '의식'이 언제나 심신 인과력을 품을 뿐만 아니라, 또한 그렇지 않을 가능성도 포괄한다(절제력이나 동기 억제 따위도 의식적으로 이뤄짐)는 점에서 좀 더 큰 개념이다. 마음 또는 의식의 문제는 데카르트의 심신 이원론에서부터 본격적으로 촉발된다. 이후의 논의들이 이에 대한 비판 또는 옹호의 모습을 띠게 되기 때문이다. 민간 심리학에서와 같이 영혼과 의식을 별개의 것으로 보지 않고, 마음이나 의식이나 정신

---

② 기능주의를 주장하였다가 스스로 자신의 기능주의를 비판하면서 내재적 실재론을 주장한 퍼트넘(Putnam) 교수의 책은 퍼트넘(1981; 김효명 뒤침 1987),『이성·진리·역사』(민음사); 퍼트넘(1988; 김영정 뒤침 1992),『표상과 실재: 마음에 관한 인지적/계산적 접근방법은 왜 성공할 수 없는가?』(이화여자대학교 출판부); 퍼트넘(1992; 원만희 1998),『과학주의 철학을 넘어서』(철학과현실사)가 나와 있다. 퍼트넘 교수의 전환 과정은 김영정 교수의 '역자 후기'에서 자세히 다루어져 있다. 이른바 '자연주의'의 흐름으로 재서술될 수 있다. 그렇지만 김재권 교수의 후기 주장인 기능적 환원론과 어떻게 관련되고 어떻게 차이가 나는지에 대해서는 진지한 검토가 충분히 진행되어야 할 것이다.

③ 고유하게 마음의 독자성을 옹호하며 '통합주의'와 같은 방향 쪽으로 논의를 해 온 써얼(Searle) 교수의 책은 써얼(1983; 심철호 뒤침 2009),『지향성: 심리철학 소론』(나남); 써얼(1986; 김용관 뒤침 1987),『심리철학과 과학: 정신, 두뇌, 그리고 철학』(남명문화사); 써얼(1998; 심철호 뒤침 2000),『정신, 언어, 사회』(해냄); 써얼(2004; 정승현 뒤침 2007),『마인드』(까치); 써얼(2007; 강신욱 뒤침 2010),『신경생물학과 인간의 자유』(궁리)가 나와 있다.

④ 우리 정신이 강력한 중앙정부가 없이 오직 병렬적인 지방정부만이 나란히 정보를 주고받는다는 취지의 '단원체' 가설을 주장한 포더(Fodor) 교수의 책은 오직 포더(1981; 이영옥·정성호 뒤침 1991),『표상: 인지과학의 기초에 관한 연구』(민음사)만 나와 있다. 단원체 가설은 최상위 층위에 있는 자아(self, ego)라든지 작업기억이란 매개가 없이도, 우리의 의식이 스스로 저절로 잘 구현될 수 있음을 함의한다(단원체 작동의 자율체계임). 이런 해석이 옳다면, 이는 위계화된 의식 내지 인지 접근 방식과 서로 모순이 된다. 그런데 단원체 주장은 우리가 오온(五蘊) 덩어리라는 부처의 해체주의 사고를 연상시킨다. 당시 힌두교에서 내세웠던 ātman(숨결, 목숨, 자아)이란 개념이 잘못이고 허상임을 비판하면서, 부처는 우리 몸이 잠시 다섯 분야 작용이 뭉쳐 있는 오온에 불과하다고 보았다. 오온은 물질을 가리키는 색(色)과 정신으로 대분되며, 정신은 다시 외부 대상의 느낌(受) 인식(想) 여러 심리작용(行) 알음알이(識)로 나뉜다. 여기서는 상위 부서로서 '재귀의식' 따위는 상정되지 않는 특성이 있다.

이나 인지로 불릴 수 있는 한 범주의 다른 이름들이라고 간주한다면,

"마음이 어떻게 몸의 움직임을 일으킬 수 있느냐?"

는 간단한 물음으로 정리될 수 있다. 논의를 전개하기에 앞서서 우리는 직관적으로 마음이 몸을 움직이고 있음을 '스스로 자각한다'는 전제가 의심 없이 수용되어야 한다. 만일 인과율 또는 인과 관계가 오직 '동일한 범주'의 항들 사이에서만 작용하는 것이라고 강하게 정의한다면,[29] 우리의 마음이 몸을 움직이기 위해서 불가피하게 동일한 범주로 기술될 수 있어야 한다. 동일한 범주의 항들 사이에서 성립하는 인과 관계는 두 가지 가능성을 지닌다. 동등성 또는 동일성 관계(≡)이거나, 아니면 필요·충분 조건(⇐⇒)으로 연결되어 두 영역 사이에서 성립하는 위상의 변환 관계이다. 전자는 임의 속성의 예화된 구체적 대상이나 사례들 사이에서 성립한다. 후자는 속성들의 집합 사이에서 성립하는 더 높은 상위 관계(집합과 집합 사이의 관계)이다. 즉 범주들이란 집합들에 대한 집합들을 묶어 놓은 상위 개념이며, 이것들을 묶을 수 있는 잣대는 이른바 엄격하고 강한 의미이든, 느슨하고 약한 의미이든, 인과 관계에서 찾아진다.

심신 이원론이나 영혼 등을 도입하는 다원론에서는 '강한 의미'의 인과 관계를 충족시킬 수 없다. 왜냐하면 범주가 서로 달라 전혀 영향을 주지 못하므로, 이질적인 범주들 사이에서는 임의의 함수 관계를 찾아낼 수 없기 때문이다. 동일한 범주들 사이에서 상정될 수 있는 심신

---

29) 이를 김재권(2004; 하종호 뒤침 2007), 31쪽에서는 '물리계의 인과적 폐쇄'로, 33쪽에서 '결정적(발생적) 배제의 원리'로 서술해 놓았다. 이를 71쪽에서는 '배제의 원리'로 일반화하고, 82쪽에서는 '강한 폐쇄 원리'를 상정하여 다음처럼 서술해 놓았다.
"물리적 사건의 원인이 되는 것은, 어떤 것이든지 그 자체가 물리적 사건이다. 즉, 어떤 한 비물리적 사건도 물리적인 사건의 원인이 될 수 없다."
이 글에서는 마음의 인과 문제를 이런 폐쇄 원리에 따라 충분히 기술할 수 있다고 보는 김재권 교수의 입장을, '강한 의미의 인과 관계'라고 부르기로 한다.

관계만 해도 여러 가지 후보들이 경합하고 있다. 매우 소략하게 보아, 모든 것은 물질로 환원되어야 한다는 입장이 있다. 강력하고 단순한 물질 환원주의로 부를 수 있다. 이때 물질은 두뇌에서 작동하는 전기 화학적 성질을 지닌 신경생리학으로 모두 충실히 번역되어야 한다고 주장한다. 이는 하등 개체인 아메바 또는 기억의 시냅스 연접부 확장에 대한 연구인데, 2000년 노벨 생리의학상을 받은 캔들(Kandel) 교수의 바다 민달팽이(aplysia, 군소)에 적용될 경우에 논란의 소지가 없을 것이다. 그렇지만 우리 인간에게는 자기 반성의식(재귀의식)이 있고, 주어진 자극에 대해 고정적인 반응을 보여 주지 않는다. 다시 말하여 행동주의 접근법은 언제나 인간 행동을 설명하는 데에 일부(본능적 반응)에만 그치고, 실패할 가능성이 더 많은 것이다. 흔히 이를 낮은 수준의 의식과 높은 수준의 의식이라고 나누어 부르는데, 이를 구분하는 여러 기준들 중에서 '언어'가 또한 중요한 한 요소로 들어간다. 언어는 단순하게 고정된 신호가 아니라 맥락에 따라 달라지는 상징적 기호이다.

앞의 이유들로 인해 만일 단순한 심신 이원론 및 단순한 물질 환원주의가 일단 후보에서 제외된다면, 심신 인과력을 설명하기 위하여 남아 있는 가설은 적어도 네 가지가 있다.[30]

① 심신 부수현상론

② 심신 수반론

---

30) 용어를 어떻게 쓰든 간에 심신 부수 현상이나 수반론은 1910년 무어 교수의 강의 원고에서 처음 부활되어 다뤄졌다. 무어(1953; 김지홍 뒤침 2019), 『철학에서 중요한 몇 가지 문제』(경진출판)의 379쪽 이하를 보기 바란다. 김재권 교수는 이 착상을 데이빗슨 글에서 얻었다고 적었지만, 데이빗슨 교수는 무어 글들을 읽지 않은 듯하다.

써얼(2004; 정승현 뒤침 2007: 86쪽)에서는 이원론과 일원론에 대한 여러 가지 접근방식들을 도표로 보여 주며, 한 눈에 인류 지성사에서 어떤 방식으로 생각을 해 왔는지 알 수 있다. 그렇지만 이 글에서 논의하는 네 가지 접근방식은 그 도표에 들어 있지 않다. 써얼 교수가 의도적으로 배제하였는지 여부는 잘 알 수 없다. 거꾸로 김재권 교수의 책에서도 써얼 교수의 주장을 단지 부차적인 것으로 취급하여 무시하는 인상이 짙다. 만일 그 도표를 확장할 수 있다면, 아마 '동일성' 이론의 교점 아래 자리를 잡거나, 또는 그 윗교점에다 '유사 물리주의'를 더 추가할 수 있을 듯하다.

③ 더 미시차원에로의 환원론

④ 기능적 환원론

부수현상론은 이른바 '무법칙적 일원론'으로 잘 알려진 데이빗슨(Davidson, 1917~2003)의 주장이다. 그는 물질세계는 인과 관계로 포착되지만, 비록 마음에서 그런 법칙을 세울 수 없더라고, 전체적인 연관 속에서 심신이 긴밀하게 하나의 사건으로 포착되어야 한다고 본다. 데이빗슨 (1980; 배식한 뒤침 2012)의 제7장 '인과 관계'에서는 이른바 단칭 인과 진술(singular causal statements)을 주장하면서, 인과율은 개별적인 사건 사이에서만 성립되는 것이며, 이 사건들을 유형으로 묶어 법칙으로 만들어야 한다고 보았다. 이 주장은 상항들로만 이뤄진 진술들만이 진리값을 보장받는다는 타아스키(A. Tarski, 1902~1983)의 진리관을, 데이빗슨이 자신의 목적에 맞춰 그대로 재번역해 놓은 것에 불과하다. 그러나 이런 주장은 엄격하게 말하여, 개체만을 다루어야 할 뿐, 그것들을 모아놓은 집합 및 집합의 집합은 제대로 다룰 수 없다는 한계에 봉착한다.[31] 만일 한 개체가 속성들의 묶음 내지 다발로 주어진다면, 임의의

---

31) 방법론적 일원론(methodological monism)의 공리계가 가장 효율적으로 작동하려면, 공리계의 무정의 용어로서 먼저 '집합들의 집합들'을 요구한다. 이것이 뤄쓸(1903)에서 class-concepts(원초적 집합 개념)을 상정한 주된 이유이다. 이와는 달리, 먼저 개체가 주어지고 나서 집합이 도입되려면, 개체들을 묶어 줄 방책을 마련하기 위하여, 너무나 유표적인 제약들을 설정해 주어야 하는 어려움에 계속 시달리게 된다. 예를 들어, 자연수를 정의할 경우에 페아노는 후자(successor)를 최초 개념으로 상정하고(이를 '수학적 귀납법'으로 부르는 까닭임), 프레게는 반복(recursion)을 최초 개념으로 상정하며, 뤄쓸은 선조(ancestor)를 최초 개념으로 상정한다. 경상대 조열제 교수는 '거리(distance)'라는 복합 개념이 최초 개념이 되어야 한다고 보는데, 앞 사람들이 점 차원의 개념을 다루지만, 조열제 교수는 이차원의 개념을 첫 출발점으로 보는 것이다. 어떤 개념을 받아들이든지 임의의 숫자와 다음 숫자의 이어짐을 무한하게 만들어 낼 수 있다. 바로 class-concepts(원초적 집합 개념)들로서 주어진 것이다.

그렇지만 앞의 접근 방식과는 다르게, 만일 개별 숫자를 최초 개념으로 설정한다면, 3이 주어졌을 때에 이것이 4로 이어져야 할지, 아니면 솟수인 5로 이어져야 할지, 그렇지 않으면 배수인 6으로 이어져야 할지, 아니면 지수 함수인 27로 이어져야 할지, 무한히 많은 가능성이 열려 있다. 이런 가능성을 줄이기 위한 고육지책으로 아리스토텔레스는 『형이상학』에서 '1'은 숫자가 아니고 첫 숫자는 '2'라고 주장한 바 있다. 이런 무한한 가능성을 대폭 줄여 놓고 다음 숫자를 결정해 주려면, 불가피하게 많은 제약 조건들을

개체는 단칭항(singular term)으로서 상항(constant)의 자격을 갖지 못한다. 단칭항과 같이 단칭 사건들을 묶어 법칙으로 만드는 것은, 이미 일어나서 진리값이 모든 가능세계에서 고정되어 있다는 점만을 제외하고, 엄격한 기준이 있는 것이 아니다. 사건들을 묶기 위하여 사람들마다 자의적으로 서로 다른 잣대를 들이댈 수 있기 때문이다. 데이빗슨은 그런 자의성들을 차단할 아무런 제안도 하지 않는다(또는 못한다). 그의 사건 논항들의 배열이 오직 사건 존재 양화사를 매개로 한 연접 형식인 것도 상항의 연접 그 이상이 아니며, '사건의 내적 속성'을 들여다볼 수 있는 길이 차단되어 있다. 달리 말하여, 형식 함의나 실질 함의에서 나오는 것이 아니기 때문이다. 개체들만 이어 놓을 뿐(외연 접근의 한계임), 집합들의 집합에 대한 연산을 해 나갈 수 없는 것이다.

'무법칙적 일원론'이란 말은 자유의지를 다른 낱말로 표현하면서도, 교묘하게 물리세계의 인과 관계를 기본적인 것으로 주장하는 일이다. 따라서 이를 부수현상론이라 부른다. 중심은 언제나 물리세계의 대상과 사건들이며, 딸려 있는 것은 그 대상과 사건을 일으키는 데에 관여하는 마음이란 입장이다. 여기서는 느슨하고 약한 의미의 인과 관계만이 성립될 수 있다. 강한 의미의 인과 관계에서는 부수현상이나 심신 이원론이나 모두 배제될 수밖에 없다.

심신 수반론은 김재권 교수의 초기 주장이다. 그러나 스스로 전환한 후기의 생각은 '조건부 물리주의' 또는 '기능적 환원론'으로 불리며, 「심신 수반론이 강한 의미의 인과 관계를 구현할 수 없다」고 하는 초기 이론에 대한 자기-부정의 논증을 제시해 준다. 김재권 교수의 초기 심신 수반론은 다음처럼 〈그림 1〉로 제시할 수 있다. 먼저 두뇌의 신경계는 뉴런들이 연접하여 그물짜임을 이루면서, 전기화학적인 전달체계로 정보를 주고 받는다. 이를 뉴런망(신경그물짜임)으로 부르기로 한다. 그

최초 시발점 위에 부가해 놓을 수밖에 없을 것이다. 이것이 아마 데이빗슨이 받아들인 타아스키(Tarski)의 진리 개념에 내재된 근본적인 한계일 듯하다.

리고 우리가 스스로 자각할 수 있는 의식을 마음이라고 부르기로 한다. 이것들은 머릿속에서 일어나는 개별 사건들이다.

〈그림 1〉

이 그림에서 아래에 있는 뉴런망의 상태는 강한 의미의 인과 관계를 지닌 두 사건의 연결이다(겹화살표). 그런데 각각의 뉴런망 상태는 개별적인 마음의 상태를 각자 수반한다(홑화살표). 다시 말하여, 임의의 뉴런망의 상태를 우리가 스스로 의식하고 자각할 수 있는 상태이다. 그런데 마음의 선후 상태에는 아무런 연결 관계가 표시되어 있지 않다. 그렇다면 적어도 두 상태는 여전히 함께 있고, 모두 자각되고 있어야 한다. 만일 마음의 앞 상태 1이 '두통'이고, 후속 상태 2가 두통을 없앨 약을 먹으려는 '의도'이며, 이런 일련의 관계가 죽 이어지면서 두통약을 먹도록 운동감각 신경계에 명령을 내리는 상태 3과 그 결과 두통이 가라앉아 다소 편안하게 느끼는 상태 4라면, 뉴런망의 인과 관계를 따르면서 변화해 나가듯이, 마음의 상태도 유기적으로 변화해 나갈 필요가 있다. 두통약을 먹고 신경계에서 통증을 유발하는 원인이 제거되었다면, 이에 상응하여 마음의 자각 상태도 바뀌어야 한다. 그렇다면 마음의 상태들 사이에서도 뉴런망에서 일어나는 변화를 그대로 따라서 일어나도록 조치해 줄 필요가 있다. 이를 반영하여 다음처럼 마음의 상태들 사이를 이어줄 수 있다.

〈그림 2〉

〈그림 2〉에서 새로 추가된 화살표는 점선으로 이어져 있고, 수반적으로 마음이 상태가 바뀜을 표시해 놓았다. 그렇지만 김재권(2004; 하종호 뒤침 2007: 100쪽 이하)에서 스스로 '공허한 말장난'으로 평가하여 철회하였듯이, 점선 화살표의 수반 인과력은 오류일 뿐이다. 왜냐하면 강한 의미의 인과 관계만이 유일하게 상정되고, 이는 배타적으로 뉴런망에서의 작용에만 적용될 것이기 때문이다. 강한 의미의 인과 관계는 〈그림 1〉만을 옳은 것으로 판정한다. 급기야 김재권 교수는 '기능적 환원론'으로 전환하여, 〈그림 1〉의 관계를 살려 나가는 전략을 택하였다.

이제 독특하게 일원론이나 이원론이라는 개념으로 정신을 포착할 수 없다고 주장하는 써얼(2004; 정승현 뒤침 2007)에서 심신 인과 관계를 살펴보기로 한다. 겉보기로는 써얼 교수가 제시한 아래 〈그림 3〉과 김재권 교수의 〈그림 2〉와 서로 얼개가 유사해 보이더라도, 논의를 전개하는 실질적 내용은 판연히 다르다.

〈그림 3〉

써얼 교수는 종종 자신의 접근을 '생물학적 자연주의'라든지 '신경생물학'이라고 부르지만, 이런 용어가 설득력을 얻으려면 강한 의미의 인과관계가 어떻게 구현되는지를 밝혀 주어야 할 것이다. 그렇지만 전반적으로 비유 수준을 넘어서서 엄격한 논증이나 입증은 찾아지지 않는다. 써얼 교수는 전통적인 환원론(물질주의)과 비환원론(이원론)이라는 개념 자체가 의식을 설명하는 데에 부적합하며, 그런 논쟁이 더 이상 올바르게 의식을 포착할 수 없다고 본다. 따라서 새로운 개념과 용어가 필요하며, 그는 이를 전체적인 체계 수준에서 발현되는 의식의 존재론적 '환원 불가능성'이라고 불렀다. 의식은 여러 하위 복합조건들이 동시에 작동하여 전체적인 수준에서만 생겨난다는 것이다. 〈그림 3〉은 이런 관계를 보여 준다. 이들 관계를 모두 cause(일으킨다, 원인이 된다)로만 기술하지 않고, 생리물질 수준에서 전체체계 수준으로 매개되는 관계를 나타낼 때에는 cause에 다시 realize(구현한다)를[32] 연접시키고 있는데, 이를 기본적인 관계 위에 추가적인 제약 관계를 덧붙여 놓은 것으로 파악할 수 있을 듯하다.

단, 전체체계 수준과 생리물질 수준이 서로 별개의 다른 층위에 나뉘어 존재하는 것이 아니라, 동시에 뒤섞여 있고, 의도가 신체 움직임을 촉발함을 나타내기 위하여 특별히 〈그림 4〉를 더 덧붙여 놓았다. 그렇지만 필자가 볼 때에는, 생리물질 수준의 변화와 의식의 변화들이 총체적으로 모두 우리 머릿속에서 일어나야 한다는 자명한 사실만을 재번역한 말장난에 불과하다.

---

32) 우리말 번역에서는 정태적인 느낌을 배제하기 위하여 동사 원형에 모두 현재시제를 덧붙여 놓았다. realize(구현하다, 실현하다, 나타난다)는 우리가 스스로 자각할 수 있으며 자기-지시적인 '의식' 또는 '자기 인식' 상태로 나타난다는 뜻으로 이해된다. 뉴런 그물짜임들의 층위에서뿐만 아니라, 동시에 여러 가지 복합조건들이 가동되어야 하는 것이다. 그렇다면 cause&realize(일으킨다&구현한다)의 연접 관계에서, 앞의 관계는 물리주의로 묶이는 신경생리적 인과 관계를 가리키고 있고, 뒤의 관계는 이것 이외의 다른 조건들이나 부서들을 작동시키는 관계를 가리키는 것이다.

〈그림 4〉

그런데 치명적인 약점은, 의식이 생겨나는 전체체계가 생리물질 수준의 뉴런 그물짜임들 이외에 무엇이 더 있어야 하는지에 대하여 써얼 교수가 명시적으로 언급하지 않는다는 점이다. 그렇다면 구체적인 뉴런 그물짜임들 이외에는 여전히 채워져야 할 빈칸으로 남아 있는 셈이다. 즉, 심신 인과 관계에서 구멍이 여전히 메꿔지지 않은 것이다. realize(구현한다)와 관련된 부서들이 모두 명세되지 않는 한, 이 관계는 무위 적용(vacuous application) 또는 헛된 적용으로 치부될 소지가 있다.33) 오직 cause(일으킨다, 원인이 된다)의 관계만을 중심으로 살필 적에는, 작동중인 의도(intention-in-action)가 곧바로 대각선 관계항인 '신체생리 변화'의 원인으로 작용함을 막을 수 없다. 마찬가지로 뉴런망 가동이 곧장 신체 움직임의 원인으로 작용함 또한 막을 길이 없다. 연접 관계로 이어져 있기 때문에 cause(일으킨다, 원인이 된다)의 관계로 이어지든, cause와 더불어 realize(구현한다) 연접 관계로 이어지든, 두 실현 사례를 차별적으로 나눠 줄 수 없다. 이는 중복결정(over-determination, 과도결정)의 문제에 직면하는 것이다.

써얼 교수가 최후의 보루처럼 의존하는 마음의 지향적 태도 또는 지향성은, 정작 어떻게 인과 관계를 일으키는지에 대해서 분명한 설명이 주어져 있지 않다. 물리적 사건을 촉발하는 직접적인 계기를 명시하지

---

33) 만일 이 관계가 살아남으려면, 전체를 명세하지 않고서도 필요충분 조건과 같이 두 영역을 이어주는 형식으로 제시되어야 할 것이다.

않는다는 점에서, 오직 결과적으로 객관적으로 관찰 가능한 어떤 외적 사건이 있었고, 그 사건에 마음을 지닌 존재가 간여하고 있으므로, 그 마음이 그 사건을 일으키고자 하였다는 '사후 해석'만이 가능할 따름이다. 써얼 교수의 '지향적 인과(intentional causation)'라는 개념은 이런 점에서 한갓 말잔치에 지나지 않을 것이다.34) 그뿐 아니라, 에들먼(2004; 김한영 뒤침 2006: 140쪽 이하)에 따르면, 19세기 말 브렌타노에 의해서 우리 정신 현상을 설명하기 위해 외부 대상이나 사건들로 향해 있는 속성을 지향성이라고 불렀는데, 이 개념만으로는 우리가 두뇌 속에서 스스로 의식하는 것(외부 대상과 무관한 내부 의식)들을 다 포괄할 수 없다고 명백히 지적한다. 에들먼은 이를 '비지향적 의식'으로 부르며, 기분 상태, 자기 자신에 대한 느낌, 안에서 치밀어 오르는 느낌 등을 들고 있다. 특히, 갤러버더 외(Galaburda 외 2002)에서 지적되었듯이, '내부기관 자각내용(visceral sensations)'으로35) 불리는 요소는, 우리가 행위의 목

---

34) 단, 이는 심신 인과 관계에 대해서 그러하다. 써얼 교수는 일찍이 옥스퍼드 대학에서 일상언어 철학의 훈련을 받고 써얼(1969; 이건원 1987 뒤침), 『언화(＝화용) 행위』(한신문화사)와 써얼(1983, 심철호 2009 뒤침), 『지향성: 심리철학 소론』(나남)을 출간하였다. 모두 의사소통 의도와 관련된 상위 개념들을 다룬다. 의사소통 행위와 관련된 지향성은, 필자가 이 글에서 주장하려는 '규범적' 성격과도 상당 부분 겹칠 수 있는 개념이다. 따라서 지향성 내지 지향적 태도가 모두 폐기되어야 한다고 지적하는 것은 결코 아니다. 다만, 심신 인과를 드러내는 데에 설득력을 더 갖출 필요가 있음을 지적하는 것이다.
   필자의 이런 비판에 대하여, 써얼 교수가 자신을 방어할 수 있는 논리는 이른바 자신이 재서술해 놓은 귀납 규칙을 이용하는 것이다. 하나의 증거 'E'로부터 임의의 가설 'H'를 이끌어낼 수 없다. "E→H"는 성립될 수 없는 것이다. 그렇지만 이 귀납 규칙이 수용되려면 반드시 하나의 증거가 보편적인 임의의 규칙 'R'에 의해서 가설 'H'를 이끌어낼 수 있어야 한다. 이는 다음 형식을 띤다. "ER→H". 단 'R'은 늘 논박될 수 있는 가능성에서 살아남는 후보이어야 한다. 이런 귀납 형식에서 '지향성' 또는 '지향적 태도'가 R의 후보라고 주장될 수 있다. 그렇더라도 어떤 지향적 태도는 물리세계에서의 변화를 일으키지만, 다른 지향적 태도는 결코 그러할 수 없다는 차별성 때문에, 그런 주장은 오직 부분적으로만 참이다.

35) 우리말에서는 '애끓다, 애 끓어지다, 속쓰리다, 가슴 벅차다, 가슴 아프다, 부아 나다, 창자가 뒤틀리다, 배알이 꼴리다' 따위의 개별적인 내부기관의 자각내용들에 대한 표현에 해당한다. 우리말에서는 아직 이들을 모두 싸안는 상의어는 없다. 잠정적으로 「내부 자각이나 비지향적 의식에 관련된 낱말」로 부를 수 있다. Galaburda, Kosslyn, and Christen 엮음(2002: 9쪽), 『두뇌의 언어(The Language of the Brain)』(Harvard University Press)에서는 "용기·폭력·성 따위의 낱말들이 흔히 강력한 내부기관 감각내용을 이끌어낸다."고 지적한다. 이는 카느먼이 지적한 즉각적인 '체계 1'의 작동 방식과 이어질 수

표나 동기를 결정하는 데에 제1차적인 몫을 맡는다는 점에서, 우리 마음 또는 정신을 오로지 지향성으로만 설명하려는 시도에 결정적인 반례가 된다.

세 번째, 더 미시차원에로 환원할 가능성은 네이글(Nagel)의 교량법칙 등에서 더 낮은 양자 차원으로부터 설명력을 끌어내자는 제안이다. 특수과학 내지 개별과학이 일반적이고 보편적인 미시차원의 인과 관계들로부터 연역될 수 있다는 취지이다. 생물학은 분자중합체들을 다루고, 화학은 원자세계를 다루지만, 물리학은 소립자들을 다룬다. 다시 더 낮은 차원의 세계로 들어가면 이론물리학에서 n-차원의 초끈(superstring) 이론 같은 가설들이 있다. 학문이 발전함에 따라 시대마다 표준 이론 또는 정상과학이 달라질 수 있다. 이런 주장에 대하여 김재권 교수는 미시과학의 하한선이 정해질 수 없다고 반론을 편다. 그럴 뿐만 아니라 만일 초끈 이론이 분자생물학에서 다루는 염기들의 특징을 다 연역하거나 설명해 줄 것이라고 아무도 기대하지 않는다. 유전체의 분석에서는 'T·A·G·C'라는 개별 염기 요소들의 복합 구성체들 및 그들의 서열 규명이 표적이 되고, 반드시 이것들이 원자세계나 소립자들로 환원되어야 한다고 전제하지는 않는다. 결국 개별과학 또는 특수과학들의 영지가 고유하게 보장될 필요가 있는 것이다. 이를 '개별과학(학문)의 자율성'이라고 부른다.

마지막으로 기능적 환원론을 살펴보기로 한다. 심리철학에서 이미 기능주의라는 용어가[36] 사용되어 왔기 때문에, 같은 낱말로 인한 혼란

있다(163쪽, 542쪽, 568쪽의 각주 9 참고).

36) 동일한 낱말을 쓰지만 언어학에서 말하는 구조-기능주의나 기능-체계 언어학 등의 개념과는 전혀 다르므로, 혼동되지 않도록 유의할 필요가 있다. 심리철학에서 기능주의란, 기능만 같다면 그 실현체는 어떤 재질로 이뤄지든 문제삼지 않는다는 뜻이다. 가령, 전형적으로 시계는 쇠로 된 톱니바퀴들로 이뤄져 있다. 그렇지만 톱니바퀴는 다른 재질로도 이뤄질 수 있다. 전자시계처럼 반도체를 이용하거나, 원자시계처럼 세슘원자의 규칙적 진동을 이용할 수도 있다. 어떤 재질로 되든 시간을 표시하는 기능은 동일한 것이다. 더 나아가, 임의 물질의 진동을 이용하여 시폭을 표시할 수도 있다. 어떤 물질을 이용하든

이 빚어질 소지가 있다. 초기 퍼트넘(Putnam)의 주장으로 대표되는 기능주의는, 그의 쌍둥이 지구 비유에서 쉽게 이해될 수 있다. 우리 인간은 탄소 유기물을 재질로 하여 구성된 신경계를 가동시켜 의식을 갖고 있다. 그러나 상상 속의 쌍둥이 지구에 살고 있는 어떤 생명체 K는 동일한 의식을 갖더라도, 그 의식은 다른 재질로 이뤄진 실리콘 칩을 가동시켜 얻는다. 지구에서 물분자는 H₂O의 분자식을 지닌 물체이다. 그러나 그곳에서 거의 동일한 기능을 지닐 수 있는 액체는 XYZ라는 분자식을 지닐 수 있다. 이런 사고 실험을 제시하였던 기능주의는, 20세기 중·후반에 컴퓨터의 발전과 더불어 인간 정신을 컴퓨터의 소프트웨어에 비유하였던 데에서 나온 것이다. 특히, 뉴얼·싸이먼(1972)에서[37] 컴퓨터가 언어의 상징 능력까지도 쉽게 구현해 줄 수 있을 뿐만 아니라, 인간의 문제 해결 능력을 모의해 줄 수 있음을 보여 준 이후에, 기능주의가 초미의 관심사가 된 적도 있었다. 그렇지만 세포들의 성장을 통하여 점진적으로 지식을 획득하지만, 일후 변증법적으로 모순되는 지식들을

지 간에 시계가 시간을 표시하는 기능은 동일하므로, 톱니바퀴를 지닌 시계와 기능이 서로 같은 부류로 취급할 수 있는 것이다.

37) 뉴얼·싸이먼(A. Newell and H. Simon 1972), 『인간의 문제 해결능력(*Human Problem Solving*)』 (Prentice Hall)인데, 여기서 추구된 문제 해결과정은 '최단 경로의 해결책'을 찾는 일로 알려져 있다. 그렇지만 인간의 문제 해결책은 유일하게 합리적인 하나의 방안만을 찾고 거기에 의존하는 것이 아니다. 거꾸로 잘못 치우침(bias 편향) 또는 비합리적인 선택 또한 자주 일어나며, 이를 '어림 판단(heuristics 어림치기, 어림셈)'으로 불린다. 또한 이런 비합리적 선택 현상이 진화론적인 배경을 지니고 있음도 덧붙여지고 있다. 그런데 heuristics란 말을 심리학자 이영애 교수는 '추단(推斷)'으로 번역한다. 많이 고민한 결과이겠으나, 자칫 이는 '추론적 판단, 추론적 단정' 내지 '추리 판단, 추리 단정'으로 오해될 소지가 많아, 여기서는 따르지 않는다. 더 쉽게 '주먹구구 판단'으로 부를 수도 있다. 교육학에서는 heuristics를 경험에 근거한 '발견 학습'으로 번역하는데, 속뜻이 어림짐작으로 찾아낸 대략적인 방식임을 함의하고 있다.

뉴얼의 쓴 방대하고 유일한 책이 번역되어 있다. 뉴얼(1990; 차경호 뒤침 2002), 『통합 인지 이론』(아카넷). 카네기 멜른 대학의 앤더슨(Anderson) 교수가 뉴얼의 모형을 심리학에 충실히 구현해 온 것으로 알려져 있다. 'ACT-R'('합리적인 사고의 원자적 구성체들', 이전에는 '사고의 적응 제어력[adaptive control of thought]'의 약어였음) 이론으로 불리는데, 앤더슨 교수의 심리의 모형은 수학적 논증들을 많이 동원하기 때문에, 인문학 전공자들이 읽어 나가기가 결코 쉽지 않다. 최근 앤더슨·리비어 엮음(Anderson and Lebiere), 『사고의 원자적 구성체(*The Atomic Components of Thought*)』(Lawrence Erlbaum)에 전반적인 논의가 12편의 글로 모아져 있다.

통합해 나가는 학습과정을 컴퓨터가 구현해 줄 수 없다는 한계(내부 모순 조정 또는 극복 능력의 부재) 때문에, 컴퓨터는 살아 있는 생명체를 그대로 모의할 수 없다. 인지 유형과 발달을 본격적으로 다룬 심리학자 피아제(Piaget, 1896~1980)의 마지막 탐구가, 서로 모순되거나 거리가 있는 인지 구조들을 스스로 재조정하면서 역동적으로 균형(평형) 상태에 이르도록 하는 전환 과정이었음도 또한 흥미롭다. 피아제(1974; Coltman 1980 영역), 『모순 조정의 실험들(*Experiments in Contradiction*)』(시카고 대학 출판부)과 피아제(1975; Brown and Thampy 1985 영역), 『인지구조들의 형평(균형 상태 회복)(*The Equilibration of Cognitive Structures*)』(시카고 대학 출판부)과 피아제(1977; Campbell 2001 영역), 『성찰 과정의 추상화 작용에 대한 연구(*Studies in Reflecting Abstraction*)』(Psychology Press) 등이 그러하다. 그 후 지속적으로 컴퓨터는 쉽게 하지만, 인간은 제대로 할 수 없는 과제들도 허다히 많이 있고, 거꾸로의 경우도 또한 그러한 경우들이 많음이 자주 지적되어 왔다. 일부의 기능이 비슷하더라도 생명체와 비생명체가 지니는 본질적 차이가 더 큰 것이다.

김재권 교수의 기능적 환원론은 두뇌 신경세포의 본질이나 실체를 묻는 것이 아니라(이는 세포신경학자의 업무임), 인간 의식의 가장 밑바닥에 언제나 작동하는 기본요소인 '같음'(동일성이나 유사성)과 '다름'(차별성이나 차등)의 파악이나, '유형'에 대한 자각 등이 뉴런들의 그물짜임에서 구현될 수 있는지를 묻는 방식이다. 이는 마치 비트겐슈타인의 전환을 보는 듯하다. 후기 비트겐슈타인은 언어가 그 자체로는 아무 의미도 없고, 오직 사용 맥락이 주어져서 같이 쓰일 때에라야 비로소 의미를 지니게 된다고 하였다(사용 맥락이 의미를 결정함). 우리 인간의 정신 또는 인식은 내부의 느낌이든, 아니면 외부의 어떤 대상이든지 관계없이, 대상들 사이의 동일성이나 차별성을 지각하고, 그것들을 유형이나 부류로 묶어 나가면서 의식의 기반을 마련하게 된다. 그렇다면 두뇌 신경세포의 작동에서 동일성과 차별성들의 유형화 가능성을 구현해 줄 수 있는지 여부가 1차적으로 심신 인과 관계에서 핵심 사항이 된다. 우리 주변세계에 대한 유형들이 얼마만큼의 범주(범주의 숫자)로 구축되어야 하는지는 차후에 다루어야 할 또 다른 문제가 된다.38) 유사성과 차별성에 대한 유형화가 가능한지 여부는, 곧 두뇌 신경세포가 기능을 지닐 수 있는지 여부가 된다. 어떤 방식으로 배열되어 정보를 주고받든지 김재권 교수는 두뇌 신경세포가 의식의 가장 밑바닥 요소인

'동일성 및 차별성에 대한 유형별 묶음'

을 구현해 줄 수 있을 것으로 믿는(확신하는) 듯하다. 따라서 『물리주의』에서는 마지막 장의 제목 '물리주의, 완벽하지는 않지만 거의 충분한 이론' 아래 낙관적인 전망을 담고 있다. 어떤 두뇌 신경세포 군집들을 이용하든지 간에, 이들 유형을 무한히 복합적으로 작동시켜 믿음·감정·동기 등의 기본범주들뿐만 아니라, 이 범주들에 대한 자기-지시적 또는 재귀적 의식을 부여함으로써 복합 개념으로서의 '자아'(자기 자신의 지속성을 느끼도록 하는 의식)를 탄생시킬 수 있을 듯하다.

필자가 이해한 '기능적 환원론' 또는 '조건부 물리주의'는, 겉으로 심신 인과 관계를 표적으로 하지만, 그 표적은 다시 두뇌 신경세포들이 구현해야 할 미시차원의 의식 구성소인 '동일성 및 차별성', 그리고 이들에 대한 유형별 묶음에 대한 구현 여부로 해체된다.39) 이 일을 어떤

---

38) 간단히 생각과 행동의 이분법이거나, 이성·감성·행동(동기)의 삼분법이거나, 아니면 생리학의 사단 칠정 분류법이거나, 부파 불교(아비달마)에서 '색계·욕계·무색계·출세간계'로 분류되는 수십 종류의 세계를 채우는 마음들이거나 간에, 마음에 대한 범주들은 연구의 특정 목적에 따라 그 범위와 선택 항목들이 융통성 있게 달라질 듯하다. 이것들은 서로 다른 공리계들을 구성하는 셈이므로, 이들 사이에 양립 가능성이나 내부 무모순성 따위의 잣대로 비교될 뿐이다.

39) 심신 인과 관계는 결국 '범주 α(또는 그 사례나 예화 a), 범주 β(또는 그 사례나 예화 b), ……, 그리고 이 범주들을 통합할 수 있는 자기-지시적인 재귀의식'이 서로 긴밀히 공모하여 생겨나는 것이라고 말할 수 있다. 심신 인과를 직접 촉발할 수 있는 뉴런 그물 짜임은 존재하지 않는다. 그렇지만 동일성 및 차별성의 유형들이 모여서 만들어 낸 몇

방식으로든 뉴런 그물짜임들에서 구현해 줄 수 있다면, 이 미시적 단위들이 복합적으로 그리고 단계단계 계층적으로 결합하면서 '의식의 기본범주'들을 마련해 나갈 수 있다. 일단 기본범주들이 수립된다면, 그 그릇들 속에다 다양한 개별 경험들을 모아놓음으로써, 비로소 '인간 지식의 토대'를 깔아 놓게 된다. 믿음·가치·동기·욕구·정서 등 기본범주들을 몇 가지 상정해야 되는지는 또 다른 차원의 새로운 문제이다. 일부 생리 법칙적인 것에서부터 시작하여, 상당 부분 개인 및 사회 수준에서 가치 규범적인 차원까지도 동시에 작용할 것이다.

만일 그런 기본범주들이 설정된다면, 일단 범주들 자체는 평생 살아가는 동안에도 변하지 않겠지만, 범주들의 그릇 크기만은 경험이 누적됨에 따라 달라질 것임을 쉽게 예측할 수 있다. 심신 인과 관계의 해결책은 이런 유기적이고 복합적인 뉴런 그물짜임들로써 구현될 것으로 본다. 점차적으로 이렇게 계층별 의식 구성체들을 마련하려는 큰 지도 위에서 본다면, 의식과 신경계 사이에 1 : 1 대응을 전제하는 크뤽(Crick)의 접근법보다, 오히려 윌리엄 제임스의 통찰력을 두뇌 신경계 군집들로써 구현하고자 하는 에들먼(Edelman) 교수의 '통합주의 접근법'이 더욱 바람직한 후보일 수 있다. 우리 두뇌 속에서 동시에 가동되는 여러 층위의 복합적 작동 방식을 가장 잘 포착해 주기 때문인 것이다.

3. 논리화 과정의 완벽성 대 겸손한 회의주의

우리의 생각이 논리적 과정을 거쳐 완벽성에 도달할 수 있다는 믿음은 옛날부터 있어 왔던 듯하다. 그 사례를 동양과 서양에서 모두 쉽게

가지 관련 범주들(그 사례나 예화들) 및 자기-지시적인 재귀의식이 동시에 유기적으로 작동하면서, 신체 움직임을 촉발할 수 있도록 근육 신경체계에 명령을 전달하게 되는 것이다. 바로 이것이 기능적으로 환원된 조건부 물리주의의 실상으로 이해된다.

찾을 수 있는데, 여기서는 그런 주장의 근거를 대표적인 표본 사례를 비교하면서 다뤄 나가기로 한다. 논리적 전개과정 및 한 개인의 믿음은 서로 다른 별개의 영역이다. 논리는 일부 지식을 구성하는 절차이며(확실한 지식의 획득 절차), 주로 참과 거짓된 결론을 구별하여 찾는 데에 이바지해 왔다. 그러나 믿음은 일련의 가치 체계를 함의하고, 그 가치에 따라 우리가 행동하고 삶의 목표를 정하게 된다.

매우 소략하게 대응시켜 본다면, 희랍 사람들이 인간을 진·선·미의 세 영역으로 상정한 것이, 칸트에게서 순수이성·실천이성·판단력으로 이어질 수 있다. 논리 쪽은 진을 추구하는 순수이성이며, 믿음은 나머지 실천이성이나 감성을 중심으로 하는 판단력과 관련될 수 있다. 우리 문화에서는 삼분 영역보다는 유교의 영향으로 말미암아 오히려 이분 영역을 선호해 온 듯하다. 사고와 행동, 말과 실천, 생각과 행실 따위의 대립 항은, 각각 논리와 행위에 대응할 수 있다.

오늘날에는 두 가지 이유 때문에 완벽성에 대한 신뢰가 덜하다. 첫째, 논리 전개상 괴델에 불완전성 정리를 받아들이기 때문에 우리가 취할 수 있는 최선의 선택이 '겸손한 회의주의'임을 누구나 인정한다. 둘째, 인간이 공유하는 감각 기관과 인지 기관의 한계를 받아들이기 때문에, 반대급부로 인간의 감각과 인지를 벗어난 사건 및 세계의 존재를 인정하게 된다. 서양에서는 아리스토텔레스(기원전 384~322)가 완벽성에 도달할 수 있다는 신념을 가졌었고, 동양(특히 중국)에서는 여진족의 금나라에 쫓겨 남쪽으로 나라를 옮긴 남송의 주희(1130~1200)가 그러하였다. 주희는 당시까지 알려졌던 여러 사상과 세계관을 모두 아울러 주역의 논리로 꿰뚫고서 이른바 '성리학(性理學)'을40) 일으킨 장본인이다. 이러한 논리의 완벽성에 대한 믿음은 곧장 '독단주의'(유아론)로

---

40) 생명체의 품성(性) 및 만물의 이치(理)를 탐구하는 학문으로, 비록 무대인 세계를 먼저 논의하지만 결국 만물의 영장인 인간이 중심에 자리 잡는다. 성리학을 소개한 책자와 이(理)라는 글자의 뜻에 대해서는 88쪽의 각주 4를 보기 바란다.

흐를 위험을 배제할 수 없다. 참스키 교수는 이런 상황을 두 가지 물음으로 정리한 바 있다(참스키 1986; 이선우 뒤침 1990, 『언어에 대한 지식: 그 본질, 근원 및 사용』, 민음사). 하나는 플라톤(Plato)의 문제인데, 우리들 경험하는 분량이 매우 작음에도 불구하고

"우리가 어떻게 온 우주의 지식을 다 알 수 있는 것일까?"

다른 하나는 오웰(Orwell)의[41] 문제이다. 비록 주위에서 아무리 많은 반증 자료를 제시해 준다고 하더라도 이에 아랑곳하지 않고

"어떻게 아무 영향도 받지 않은 채 우리의 선입견을 그대로 유지하는 것일까?"

플라톤 문제에 대한 대답은 우리가 이성을 지니고 있기 때문에, 그 이성을 일깨워 줄 자료가 아무리 적은 양이 주어지더라도, 우주의 비밀을 깨닫기 충분하다고 말할 수 있다. 이런 측면을 가장 잘 보여 주는 일은 어린이의 모어 습득이다.

그렇지만 오웰의 문제를 해결할 수 있는 간단하고 편리한 대답을 찾아내기는 어렵다. 왜냐하면 우리의 믿음이나 가치 체계는 거대하고 복잡한 층위들이 서로 맞물려 있기 때문이다. 이런 복잡한 층위들의 얽힘을 미국의 실용주의 철학자 퍼어스(C. S. Peirce, 1839~1914)는 '믿음의 고정 과정(fixation of belief)'이라는 멋진 용어로 불렀는데,[42] 민간에서 궁

---

41) 조어지 오웰(George Orwell)이라는 필명으로 자신의 사상을 드러내는 소설과 정치 평론을 썼던 영국 작가 블레어(Eric Arthur Blair, 1903~1950)를 가리킨다. 사회의 불공정성과 전체주의(공산주의)에 반대하여 풍자 소설들을 썼고(『동물 농장』, 『1984년』 등), 민주적 사회주의(democratic socialism)를 수립하는 데에 헌신하였다.

42) 퍼어스가 타계한 뒤에 미망인이 퍼어스의 모교인 하버드 대학에 유고들을 기증하였고, 하버드 대학 출판부에서 1931년부터 1958년까지 8권의 전집을 펴내었다. 그렇지만 이 전집을 이용하는 학자들 사이에서 착간(착착)들이 많다는 비판이 제기되었다. 따라서

정적으로는 인생관이나 가치관으로 부르고, 부정적으로는 옹고집(똥고집)으로 부르는 내용이다. 한 사람의 인생관이나 가치관이 바뀌려면 자신의 믿음 체계와 반대되는 가장 충격적인 체험을 한 뒤에라야 가능할 듯하다(피아제는 모순 조정 과정으로 봄).

인류 지성사에서는 인간의 한계를 철저히 자각함으로써 이런 독단성을 벗어나려고 노력해 왔는데, 그 뿌리가 최근에 비트겐슈타인이나 계몽주의 시대의 몽테뉴를 거쳐 멀리 고대의 소크라테스까지로 거슬러 올라갈 수 있다고 한다. 이런 겸손한 태도는 언어를 산출하는 과정에서 서로를 존중하면서 상대방과 '상호 조율'하려는 마음가짐을 낳게 된다는 점에서 매우 중요한 몫을 차지하고 있다. 자연계에서 신호를 주고받는 모든 실체들이 매우 거칠게 '의사소통'이라고 볼 수 있겠지만, 인간이 인간끼리 주고받는 언어 요소들은 상호 조율에 기반한 의사소통이며, 언어 산출자는 임의의 산출물을 입밖으로 내보내기 이전에 반드시 (신중하게) 준비하고 고려해야 하는 덕목이 된다. 그렇다면 필자는 독단성이 기대고 있는 근거를 따져, 그 기반의 허약성을 밝히는 절차가 선결될 필요가 있다고 본다.

여기서 비록 매우 성글게나마 시대가 한참 동떨어져 있는 아리스토텔레스의 생각과[43] 주희의 생각을 놓고서[44] 논리화 과정의 완벽성에

새롭게 인디애나 대학 출판부에서 '퍼어스 총서 편집 과업(Peirce Edition Project)'을 진행하여 현재 제8권까지 나와 있다. 필자는 출판 연대에 따라 배열한 하우저·클로즐 엮음 (Houser and Kloesel 1992), 『퍼어스 필독 논문선(*The Essential Peirce*), 1~2권』(Indiana University Press)을 참고하고 있다. 그 첫째 권의 제7장에 퍼어스가 38세 때 쓴 퍼어스 (1877), 「The Fixation of Belief」를 읽어 보기 바란다.

43) 25쪽의 각주 1에 있는 아리스토텔레스의 우리말 번역본들을 참고하기 바란다. 필자는 로스(1995; 김진성 뒤침 2011), 『아리스토텔레스: 그의 저술과 사상에 관한 총설』(누멘)과 김진성 뒤침(2007), 『형이상학』(이제이북스)과 조대호 뒤침(2012), 『형이상학 1~2』(나남)와 조대호(2004), 『아리스토텔레스의 형이상학』(문예출판사)로부터 큰 도움을 입었다. 이따금 이해하기 어려운 대목은 하버드 대학 출판부에서 펴낸 희랍-영어 대역본 '로우브(Loeb) 고전 도서관'의 영역을 같이 대조하며 참고하였다. 모두 다 동일하게 독일 벡커(Bekker)가 확정한 희랍어 판본의 쪽수를 적어 놓고 있으므로, 인용이 있을 때나 각 주에서 쉽게 참고하고 대조할 수 있었다.

44) 남송 주희(朱熹, 1130~1200)의 저작물 중에서 상고시대의 복희씨를 끌어들여 논의하는

대한 두 가지 사례로서 비교해 보려는 것은 두 가지 목적을 지닌다. 하나는 논리화 그 자체가 실제의 삶과 유리되어 독자적이고 자동적인 절차가 될 수 있는지를 비판하려는 것이다. 이는 고대의 세계관에서 찾아지는 전형적인 사고방식이기 때문이다. 둘째, 현대 학문이 서로 가 닥을 잡을 수 없을 만큼 너무 미세하게 분업화되어 있는 상태에서, 모 든 지성 작업을 일관되게 통괄할 수 있는지를 반성해 보려는 것이다.

아리스토텔레스의 논리화 과정은 그의 세계관 속으로 편입되어야 전 모가 드러나게 된다. 논리화 과정은 '사고/논리 도구(organum)'로 묶이는 6권의 저술과 관련되고, 세계관은 '자연학-후편'으로 번역될 수 있는 14권의 '형이상학'으로45) 대표된다. '인간은 모두 알고 싶어 한다(All men

---

'주역' 관련된 저술에만 국한하여 다루기로 한다. 주희의 주역에 관련 저작물은 48세 때 지은 1177년 『주역 본의(周易本義, 주나라 역의 본디 의미)』와 57세 때 지은 1186년 『역학 계몽(易學啓蒙, 초학자를 위한 주역 공부의 개론서)』이 대표적이다. 1414년 명나라 호광(胡廣) 외 41인이 정이(程頤, 1037~1107)의 『역전』과 주희의 『주역 본의』를 합쳐서 『주역 전·의(=역전·본의) 대전』을 발간한 바 있다. 조선조에서는 이 판본이 가장 오래 그리고 가장 널리 애용되었는데, 그 첫째 권인 '수권(首卷)'에 주역을 이해하기 위한 개론 서가 들어 있다.

『주역 전의 대전』은 현재 두 종의 번역 해설이 나와 있다. 김석진 뒤침(2006), 『주역 전의 대전 역해, 상~하』(대유학당)와 성백효 뒤침(2011), 『현토 역해 주역 전의, 상~하』 (전통문화연구회)이다. 가장 자세하게 소(疏)까지 번역하고, 조선 학자들과 관련된 대목 을 다루며 내용까지 포괄한 압권이, 최영진 교수 등이 구축한 『한국 주역 대전』이다. 한국학중앙연구원 누리집으로 접속할 수 있다(waks.aks.ac.kr). 또한 학고방에서 14권 총 서로도 출간되었다. 필자는 수년째 경상대 한문학과 이상필 교수의 『주역 전의 대전』 강독을 들으며 배웠다. 고마움을 적어 둔다. 『역학 계몽』도 현재 두 종의 번역이 나와 있다. 김상섭 뒤침(1994), 『역학 계몽: 주희 도서역의 해설』(예문서원)과 김진근(2008), 『주희에게 직접 듣는 주역 입문 강의, 완역 역학 계몽』(청계)이다. 한문 원전은 모두 사고 전서의 판본을 참고하였다(http://sou-yun.com).

45) 20세기 초반에 일본인 정상(井上[이노우에])이 공자가 썼다는 『주역』에 얽어둔 해설(계 사)에서 따왔다. "형태가 있고 하늘 위에 있는 것을 도라고 부르고, 형태가 있고 하늘 아래 있는 것을 그릇이라고 부른다." '형이상학'은 하늘이 운행하는 법칙을 탐구하는 일 이므로, 비유의 방법에서 상하의 개념을 쓰고 있다. 필자는 개인적으로 동양의 조어법에 서 '형이상학'이 곧 '도학'(道學, 우주의 운행 길을 드러내는 학문)인데, 아리스토텔레스 의 '자연학-후편'과는 서로 잘 맞지 않을 것으로 본다. 대신 필자는 '자연학-후편'(『형이 상학』)을 읽으면서 '무대'와 '무대-뒷편' 작동원리라는 비유가 떠올랐다. 14권으로 이뤄 진 '자연학-후편'은 아리스토텔레스 사후 2백년 뒤에 와서 붙여졌으며, 앞뒤의 비유로 쓰이고 있다. 『형이상학(자연학-후편)』의 전개 방식은
   ① 정태적인 영역과 대상을 먼저 다루고,
   ② 그 대상들이 운동과 변화를 하는 동적인 영역을 다룬 뒤에,

naturally desire knowledge)'는 말로 실마리를 여는『형이상학(자연학-후편)』
에서는 감각·기억·경험·기술·학문으로 발전하는 이승 세계 또는 주변
생태 환경의 질서를 탐구한다. 그는 우주가 운행되는 제1 원인(primary
causes)들이 네 가지 있음을 전제한다. 형상 요인·재질 요인·작용 요인·
목적 요인이다. 평면적으로 이 요인들을 나눌 적에 형상과 재질은 하나
의 대상을 만들어 주는 요인이 되고(건축도면과 건축물의 관계임), 작용과
목적은 한 대상이 작동이나 운동을 하도록 만들어 주는 요인이다(대상의
운행과 영혼을 지닌 인간의 움직임). 전자는 송나라 때 성리학에서 그토록
논란거리가 되었던 이(理, 결)와 기(氣, 김)에 대응될 수 있다. 성리학에서
는 이(理)와 기(氣)가 스스로 엉김과 튕김을 통하여 운행을 할 수 있다고
보았다는 점(내재적이고 자족적인 운행 원리)에서(오늘날 자연주의 접근법
임), 아리스토텔레스처럼 따로 '독자적인 연출가'를 요구하지 않는다.
대상으로 이뤄진 세계가 작동 또는 운동을 하도록 상정하는 데에는 암
암리에 연출가(작동이나 운동과는 별개의 차원에 있는 존재임)를 깔게 된다.
궁극적으로 이 연출가는 불변의 영원한 실체인 신(유일신)으로 논의된다
(『형이상학』 제12권과 제13권). 자연주의를 표방하는 오늘날의 학문에서
는 대상들이 관여된 사건들 사이에 찾아지는 인과관계(또는 함수관계)를
전제한다는 점에서, 오히려 성리학 체계와 동형인 셈이다.

아리스토텔레스는『형이상학』 제6권에서 학문의 체계를 세 영역으
로 나누었다. 동사 '안다, 한다, 만든다'로 대표되는 이론학문·실천학
문·제작학문이며, 곁가지로 이들 학문에 들어서기 위한 예비단계인 '사
고/논리 도구(organum, 학문 도구)'를 연마해야 한다. 제작학문은 뭔가를

---

③ 궁극적으로 운동의 원인을 불변의 영원한 실체(신)로 상정한다.
그렇다면 결과만을 놓고 따질 때, 다시 자신이 지속적으로 비판해 놓은 스승 플라톤의
이데아 모형으로 회귀하고 있는 셈이다. 계몽주의를 열었던 프랜시스 베이컨이 아리스
토텔레스를 공격하는 측면도 이런 회귀 모습이다. 그렇지만 이런 전환을 가장 호감 있게
평가하는 방식은, 오늘날 선호되는 가설-연역 체계가 초기 단계에서는 귀납법을 써서
궁극적인 공리계를 만들 후보들을 찾아내는 일에 비견될 수 있다.

만들어 내는 것으로서 그의 '시학, 수사학'이 여기 속한다. 실천학문은 행실에 관한 것으로 '니코마스(아들 이름) 윤리학, 에우데모스(친구 이름) 윤리학, 대 윤리학' 등이 여기에 속한다. 나머지들이 이론학문에 속하는데, '수학, 자연학, 신학, 형이상학' 따위가 그러하며, 오늘날의 순수 학문 영역이다(학문 도구도 순수학문에 속함). 실천학문과 제작학문은 오늘날 응용학문과 대응된다.

이들 학문의 체계에서는 가장 기초가 되는 단위를 상정해야 한다. 아리스토텔레스는 실체(substance)와 존재를 거론한다. 제1 실체와 제2 실체이다. 실체라는 낱말이 중의적으로(여러 가지 의미로) 쓰이고 있음이 두드러진다. 즉, ① 실체가 구체적인 감각 대상을 가리킬 수도 있고, ② 대상을 구성하는 재질(substratum 바탕 재질의 뜻으로 '기체'로도 번역됨)의 뜻을 지닐 수도 있으며, ③ 그런 대상을 제작하는 도면으로서 형상(form)을 가리키기도 하는 것이다.[46] 이런 현상을 놓고서 전문가들 사이에 논의가 분분하다. 그렇지만 『범주론』에서의 사용 방식과 『형이상학』에서의 사용 방식 사이에 서로 모순된다고 간주하기보다는, 일관된 통일성을 찾아내는 일이 그의 세계관을 해석해 내려고 하는 순리적 방식으로 판단된다.

술어의 종류의 의미하는 '범주'는[47] 주어와의 결합에서 복합개념(비-

---

46) 이는 '하나 → 여럿 → 전체 → (전체로서) 하나 → …' 등으로 순환된다. 뤄쓸(Russell)은 이런 관계를 classes of classes(집합에 대한 집합족)의 관계(집합족들 사이의 관계, family of classes)로 보며, 간단히 type(유형)과 token(사례, 구체적 실물)의 관계를 반복 적용하여 설명한다. 이때 반복(recursion)이란 개념이 가장 궁극적인 개념이며(자연수를 낳은 궁극적 개념임), 우주를 만들어 내는 기본 질서인 것이다. 이탈리 수학인 페아노는 자신의 수학적 귀납법에서 후자(successor)란 용어를 썼고, 영국 수학자 뤄쓸은 앞 조상(predecessor, 선조)이란 용어를 썼으며, 독일 수학자 프레게는 반복(recursion, 일본인들은 '회귀'로 번역하는데, 되돌아간다는 말에는 어폐가 있으며, 되돌아가더라도 반복되지 않으면 아무런 일도 일어나지 않기 때문임)이란 말을 쓴다.

47) 이런 점에서 '사고 도구'의 접근 방법은 자연언어에 의존적이다. 처음으로 학문의 체계를 수립하려는 단계에서는 서로 상대방과 소통하기 위하여 불가피하게 공동체에서 공유되는 대상들을 끌어들여 오는 선택이 불가피하였을 것으로 판단된다. 오늘날에는 자연언어를 통하여 개념을 만들어 나가는 것이 아니라, 오히려 가설-연역 체계에 따라 개념들을 먼저 정의하는 선택을 한다. 접근 방법에서 서로 반대의 방향인 것이다.

실체)을 제외할 경우에, 기본적으로 두 가지로 실현된다. 하나는 구체적 대상물과 이들을 분류하는 종(species)의 결합이다. 다른 하나는 종과 부류(genus)의 결합이다. 더 쉽게 이야기하여, 전자는 고유명사(개체임)와 일반명사(집단임)가 결합하는 것이고, 후자는 일반명사가 상위 부류(집합족 또는 상위 집단임)에 속하는 관계이다. 이들 두 가지 형식을 통합하기 위한 도구로 '개체(individual)'와 '보편 속성(universal)'을 도입한다.[48] 실체의 중의적 용법은, 결국 ㉠ 개체만을 가리킬 수도 있고, ㉡ 일반 속성을 가리킬 수도 있으며, 또한 ㉢ 보편 속성도 가리킬 수 있다고 재해석한다면, '실체'에 대한 모순 논쟁에서 벗어날 수 있을 것으로 본다. 스승 플라톤의 이데아 세계(이승과 저승을 모두 아우르는 '그승')를 부정하기 위하여, 아리스토텔레스는 생명체에게 감각이나 인식이 생겨나는 절차를 다음과 같이 보았다. (ㄱ) 감각 대상물이 먼저 주어져야 하고, (ㄴ) 다음에 감각적 체험이 뒤따르며,[49] (ㄷ) 이 체험이 기억 속에 각인되어 개념들이 생겨나는 것이다. 이런 관점은 계몽주의 시대에 영국 경험주의를 열었던 로크와 버클리, 그리고 흄에게서도 찾아지는 동일한 접근 방식이다.

아리스토텔레스에게서 단일하고 완벽한 세계관이 수립되는 데에는, 보편 속성을 바탕에 깔고서

---

48) 철학에서는 개별자·보편자라는 용어를 쓰기 일쑤이다. 물론 잘못된 번역이라고 말할 수 없겠으나, 동일한 선상에서 똑같이 접미사 '자(子, 者)'를 써서 어리둥절하게 만든다. 이들은 결코 동일한 차원의 개념이 아니다. 응당 '개체'와 '보편 속성'이란 말로 바꿔 주어야 한다. 개체와 일반 속성/보편 속성이란 용어의 짝은 이내 이들 사이에 포함 관계를 파악할 수 있게 해 준다. 개체와 일반 속성이 서로 주어와 술어로 결합하는 경우가 있고, 다시 일반 속성이 보편 속성과 서로 주어와 술어로 결합하는 경우도 있다. 따라서 동심원을 그린다면 세 개의 동심원이 있어야 하고, 맨 안에 들어 있는 것이 개체들이 된다.

49) 『범주론』제7장 "그렇지만 감각 대상물(the perceptible)은 동물(animal)보다 그리고 감각(perception)보다 더 먼저 주어져 있다. … 따라서 우리는 감각 대상물이 감각들보다 먼저 나와야 하는 것으로 결론을 짓는다." 김진성 뒤침(2008), 『범주론』(이제이북스)의 58쪽 9행 이하를 보기 바란다. 또한 유원기 뒤침(2001), 『영혼에 관하여』(궁리)도 참고하기 바란다. 아리스토텔레스가 언급하는 soul(영혼)은 인간에게만 해당하는 것이 아니라, 살아 있는 생명체에 모두 적용되는 포괄적인 개념이다. 따라서 '삶의 의지'나 '생명 유지 본능'으로 부를 수도 있으며, 또한 인간의 지성까지도 포괄하고 있는 폭넓은 상위 개념이다.

'대상 존재 → (생성 소멸 대상의) 작용과 운동 → 궁극적인 원인'

이라는 단계별 진전 모습을 상정했음에 주목할 필요가 있다. 생성과 소멸하는 대상들의 작용과 운동에 대한 '궁극적인 원인'은, 다음과 같은 개념적 요구를 충족시켜야 한다. 첫째, 생성과 소멸의 대상에서 벗어나고 또한 작용과 운동의 차원에서 벗어나야 한다. 둘째, 모든 대상에 적용되도록 보편 속성을 지녀야 한다. 셋째, 모든 대상을 관통하므로 하나(일자)이어야 한다. 넷째, 현실태에서 항상 지각될 수 있도록 영원해야 한다.50) 이러한 논리적 요청을 현상계의 '실재'라고 관념할 경우에는 '독단론'(유아론[唯我論])이 생겨날 소지가 있다.

이런 독단론은 수학적 증명에 의해서 성립될 수 없음이 이미 밝혀져 있다. 괴델의 불완전성 정리는 가장 궁극적인 하나가 언제나 증명되지 않은 채 우리의 인식으로부터 벗어나 있음을 가리킨다. 그럴 뿐만 아니라 일련의 코언(Cohen 1963, 1964, 1966)에서는51) 가설 연역 체계에서 두 가지 이상의 공리계가 서로 모순 없이 양립할 수 있음을 수학적으로 증명한 바 있다. 따라서 '양립 가능성(compatability)'이란 개념이 한 이론 체계의

---

50) 아리스토텔레스의 『형이상학』에서 시간이 깃든 명제 표현 내용은 다루지 않고, 간접적으로 양태의 문제를 다룬다. 즉, 실현태(energeia)와 잠재태(dynamis)이다. 조대호 교수는 각각 현실태와 가능태로, 김진성 교수는 각각 발휘/실현 상태와 잠재/가능 상태로 번역하였다. 제9권 8장에서는 실현태가 잠재태보다 앞서고 우위임을 천명한다. 실현태는 현재 우리가 경험적으로 감각할 수 있는 모든 지각 상태이다. 시간 차원을 따로 도입하지 않기 때문에 영원성이 항상 실현태로만 존재하는지, 아니면 잠재태가 실현태로 바뀌는 것인지에 대한 논의는 분명치 않다. 그렇지만 생성과 소멸을 하지 않기 때문에 초시간적인 영원한 존재는 항상 실현태로만 주어져 있어야 할 것이다. 아리스토텔레스의 시간에 대한 논의는 『자연학』 제4권에서 깊이 다뤄져 있다. 또한 이기상(1990), 「계산의 시간: 아리스트텔레스에 있어서의 시간」, 『철학』 제35권에서 개관할 수 있다.

51) 코언(1963), 「The Independence of the Continuum Hypothesis I, II」, 『Proceedings of National Academy of Sciences』 vol.# 50, pp. 1143~1148; vol.# 51, pp. 105~110, 그리고 코언(1966), 『집합 이론과 연속체 가설들(Set Theory and the Continuum Hypothesis)』(W. A. Benjamin)을 보기 바란다. 또한 64쪽의 각주 15에 있는 Davis(1965) 엮음의 핵심 논문들과 101쪽의 각주 23도 같이 보기 바란다.

'강건함(robustness) : 허약함(weakness)'

의 정도를 시험하는 중요한 척도로 부상된다. 가설 연역 체계에서는 더 이상 완벽성이 존재할 수 없다. 오히려 다른 공리계들과 양립 가능한지를 묻고, 후보들 중에서 내부 모순이 없이 얼마만큼 우리들이 인식하기에

더 간단하고(simpler) 더 우아한지(more elegant)

를 따져 한 이론 체계를 선택할 수 있는 것이다. 세계를 기술하고 설명하는 이론 체계에 '대상 그 자체(things themselves)'의 질서 말고도, 따로 새로운 차원으로 우리 인간들의 인식 조건과 상호 의사소통 조건이 더 들어가 있는 것이다.

매우 제한된 필자의 독서 범위 안에서만 따질 적에, 중국 문명과 우리 문화에 이런 독단성의 기틀을 제공해 준 인물로서 먼저 주희(1130~1200)가 떠오른다. 그는 남송의 유학을 이질적인 이념과 세계관을 모두 포괄할 수 있도록 새롭게 정리하였으므로, 이를 '신유학' 또는 '주자학'이란 이름으로 부르고 있다. 주희는 여러 사상뿐만 아니라 또한 중국 역사의 정통성을 굳건히 세우기 위하여 『자치 통감 강목』을52) 자신의

---

52) 세종 때에 3년에 걸쳐 집현전 학사 이계전 김문 윤회 등 40여 명이 품의한 것을 놓고서 세종이 직접 음과 훈을 결정한 뒤 1436년에 발간한 『자치 통감 강목』에는, 각별히 '사정전 훈의(思政殿訓義)' 판본으로 특정하여 불린다. 이것의 복간 목판본이 아름출판사/학민문화사에서 국배판 4권으로 영인되어 있다. 조선조 때 선조 임금이 일독하는 데에 8년이 걸렸던 책인데, 흔히 '강목'(세조가 쓴 큰 글자로서 '그물 벼리' 및 기존에 만든 작은 글자로 씌어진 '그물 눈')으로만 간략히 불린다. 이는 완독에 1년 정도 걸리는 소략한 강지(江贄)의 '소미가숙 통감'과는 판이하게 다르다.

주희는 조사연에게 '강목'을 편찬하도록 하면서, 특히 여러 왕조들 사이의 '정통성'에 대하여 사마광도 평가하지 않았던 것을, 새롭게 여러 사람의 '사신(史臣)' 입을 빌려 적어 놓고 있다. 이른바 '춘추 필법'으로 불리는 포폄의 전통이다. 우리나라 삼국 시대 고구려의 일도 한나라 무제 연간에 들어 있다. 북송 시절 중국의 두 임금이 적국으로 끌려가고 서울을 남쪽으로 옮겨야 했던 쓰라린 경험을 교훈 삼아, 『자치 통감 강목』에는 이민족(특

사위 조사연(趙師淵, 1150~1210)을 통하여 편찬하였다. 임금들에게 정치를 하는 방법(資治, 통치에 도움 자료가 됨)을 역사적 사건들의 전말을 보여 주면서(通鑑, 맑은 거울에 비춰 보듯이 역사의 전개를 두루 살펴봄) 가르치기 위한『자치 통감』은, 신법을 세웠던 개신파 왕안석(王安石, 1021~1086)과 대립하여 구법을 옹호한 보수파 사마광(司馬光, 1019~1086)이[53] 낙양 유배 시절에 특별히 왕명을 받아 장장 17년간의 노력으로 중국의 역사를 정리해 놓은 것이다. 시작 연도는 공자가 정리해 놓은 노나라 역사책『춘추』(노나라 은공 원년 기원전 722년~노나라 애공 27년 기원전 468년)의 기록이 끝나는 주나라 위열왕 24년 기원전 403년으로부터 시작하여, 후주(後周)의 세종 현덕 6년 서기 959년(거란이 중국에 사신을 보냈지만 태주[泰州]의 단련사 형한유[荊罕儒]가 자객을 보내어 거란 사신을 죽여 버리자, 마침내 거란과 중국 사이에 외교가 끊어진다는 마지막 사건)으로 끝나게 되는 1362년 동안의 연도별 사건 기록(편년체 역사)이다.

　　탁월한 학자였던 주희에게도 어려운 시기가 있었다. 남송의 영종(寧宗)을 옹위하여 즉위시킨 한탁주(韓侂胄, 1152~1207)와 조여우(趙汝愚, 1140~1196)가 서로 갈등하면서, 한탁주가 조여우 일파를 제거하고자 그와 친분이 있던 사람들(59명)을 탄압하였다. 비록 본디 한탁주도 주희의 학문을 좋아했었지만, 1198년부터 한탁주의 반대파 숙정에 함께 휘말렸는데, 한탁주가 사미원에 의해 살해되어 그의 머리가 금나라로 보내지는

히 여러 흉노족들)에 대한 서술이 자세히 담겨 있다.
　　모택동이 가장 애독한 것으로 알려진『자치 통감』은 호삼성(胡三省, 1230~1302)의 주해본을 놓고서 고힐강(顧詰剛, 1893~1980) 등이 표점을 찍어 20권의 책자로 중화서국에서 발간하였다. 우리나라에서는 이 표점본을 권중달 교수가 번역하고 해설서 1권을 포함하여 2010년『역주 자치 통감』(삼화) 32권으로 출간하였다. 필자는 경상대 한문학과 허권수 교수가 강독해 주는 것을 수년째 들었다. 고마움을 적어 둔다.

53) 사마(司馬, 말을 주관하다)라는 성은 본디 병마(오늘날 탱크 부대)를 주관하던 우두머리의 뜻이다. 그 조상이 대대로 이 일에 종사하였기 때문이다. 본디 식읍이나 벼슬을 내세워 씨(氏)를 이름 앞에다 불렀지만, 성씨 구분이 흐려지자 뒤에는 마치 성(姓)처럼 삼게 되었다. 사마광(光)은 오늘날 보수주의자로 불릴 수 있는 사람이다. 주자학 자체가 중국의 정통성을 세워 놓으려고 부심하였기 때문에, 왕안석의 신법에 반대하여 구법을 옹호한 사마광의 보수주의의 노선을 받아들이는 길이 자연스런 선택일 수밖에 없었다.

1207년까지, 주희는 벼슬을 박탈당하고 탄압을 받았다. 이를 흔히 '경원 연간의 위학 금지(慶元僞學之禁)'(영종 연간에 세상을 속이는 그릇된 학문을 금지함)이라고[54] 부른다. 주희는 아리스토텔레스에 비견될 만큼 참으로 큰 학자였고, 오랜 중국의 역사에서 여러 사상들을 처음으로 중국의 정통 이념에 따라 재서술해 놓았다. 그의 시 '우성(偶成, 우연히 짓다)'을 보면,

젊은 나이 이내 늙더라도 학문은 완성하기 어려우니 　(少年易老學難成)

한 도막 짧은 시간이나마 소홀히 해서는 안 되겠네 　(一寸光陰不可輕)

못 둑에 파릇파릇 봄풀 돋아 엊저녁 꿈인가 싶더니 　(未覺池塘春草夢)

벌써 오동잎 떨어져 섬돌 앞에 스산히 구르는구려 　(階前梧葉已秋聲)

말년에 집중하여 학문에 전념하는 그의 풍모가 여실히 드러나 있다. 여기서 주목하고자 하는 『주역 본의』와 『역학 계몽』은, 그가 접한 모든 사상과 학문을 하나로 통합하고자 하는 기본 뼈대를 제시해 주는 이념이다.

　세상의 온갖 사물들이 변하고 바뀌는 이치를 따지는 책자는 본디 세 권이 있었던 것으로 전해지는데, 『주례』에서는 이를 삼역(三易)으로 불렀다.[55] 하나라 때의 연산(連山), 은나라 때의 귀장(歸藏), 주나라 때의

---

54) 또한 '경원 연간의 당파 금지(慶元 黨禁)'나 '위학 조서(僞學之詔)'로도 불린다. 이를 주도한 한탁주가 금나라를 정벌하고자 하였을 때 사미원에 의해 살해되고 그의 목을 금나라로 바쳤던 때까지 9년 기간이다.

55) 문연각 사고전서 제90책 『주례』의 춘관(春官) 권24 태복(大卜)에 보면(학민문화사 영인본 제2권, 619쪽이나 또는 대만 상무인서관 영인본 445쪽 하단임),

　"태복이 맡은 일은 … 세 가지 역법을 관장하는 것이다. 첫째가 연산, 둘째가 귀장, 셋째가 주역이다(大卜 … 掌三易之法, 一曰連山, 二曰歸藏, 三曰周易)."

라는 구절에 대한 한나라 정현(鄭玄, 127~200)의 주석을 참고하기 바란다. 위 진술은 적어도 주나라 때까지도 세 가지 종류의 역을 가지고 점을 쳐 왔음을 짐작하게 만든다. 좌구명이 주석을 낸 『춘추』를 보면 13차례의 점복의 일이 적혀 있다(131쪽 각주 57에 언급된 복모좌 2006 하권, 784쪽 이하에는 모두 22건의 좌전 인용을 모아 놓았음). 흔히 전쟁과 같은 국가 중대사에는 거북점을 치고, 제사 따위 자잘한 일에는 시초(蓍草) 점을

역(周易)이다. 거북의 평평한 배 껍질이나 소의 넓은 어깨뼈 등에다 국가 중대사에 대하여 점을 쳤던 글들이 은나라(상나라, 기원전 1600년 경~기원전 1046년) 서울이었던 하남성 안양시에서 발굴된 뒤, 1백년 넘게 연구가 쌓이면서 인류 지성사에서 전혀 듣지도 보지도 못한 '갑골학'이라는 새로운 학문 영역을 형성하였다.[56] 오늘날 중국 고고학에서의 유적 연구로 은나라의 생활 모습들을 짐작할 수 있지만, 이전 시대에는 그럴 가능성이 전혀 없었다. 오직 상서(尚書) 또는 서경(書經)으로 불리는 책에서 하나라와 은나라와 주나라의 역사를 짐작할 수 있었을 뿐이다.

'주역'이[57] 전해지는 경로 또한 매우 복잡다단하다.[58] 문치(文治)의 표본으로서 조선이 그 제도를 적극적으로 받아들인 송나라 시대에는 학문의 정통성(正統性) 또는 적통(嫡統)을[59] 중시하는 풍조가 성행하였

쳤다고 하지만, 이를 따르지 않는 경우도 다수 나온다. 희공 15년(기원전 645)에는 한간(韓簡)의 말을 빌려 "거북점은 모양을 보고, 시초점은 수를 헤아린다."고 하였다. 또한 민공 2(기원전 660)년과 애공 9(기원전 486)년에서처럼 동시에 두 종류의 점을 쳤지만, 서로 예언이 맞지 않은 경우도 나온다. 김상섭(2007)『바르게 풀어쓴 주역 점법』(지호)을 참고하기 바란다.
　　은허 유적에서 거북 배나 소의 넓은 어깨뼈를 이용했던 점사들을 발굴하여 갑골문 시대를 확인한 바 있다. 오늘날에는 주역만이 전해지고 있다. 그런데 청나라 마국한(馬國翰)은 '연산'과 '귀장'의 잔권(殘卷)이라고 부르면서『옥함산방(玉函山房) 집일서(輯佚書)』속에 싣고 있다(8~28쪽). 또한 1989년 상해고적출판사에서 펴낸『속수(續修) 사고전서』의 집부(集部) 총집류(總集類) 속에도 엄가균(嚴可均)의 교집한 '귀장'이 실려 있다(103~105쪽).

56) 왕우신·양승남(1999; 하영삼 뒤침 2011),『갑골학 일백년, 5권』(소명출판); 왕우신(1989; 이재석 뒤침 2004),『갑골학 통론』(동문선); 양동숙(2007),『갑골문 자전을 겸한 갑골문 해독』(월간 서예문인화)를 보기 바란다.

57) 다행스럽게도 최근에 진나라 시황제의 분서갱유를 당하기 이전의 죽간(竹簡)들이 무덤으로부터 발굴되어 전국(戰國) 시대의 '주역'이 연구되고 있다. 현재 전해지는 것과 크게 어긋난 부분들은 많지 않다. 복모좌(濮茅左 2006),『초 죽서 '주역' 연구(楚竹書周易研究)』, 상·하권』(상해고적출판사) 및 이를 비판적으로 검토한 정사신(丁四新 2011),『초나라 죽서 및 한나라 백서에 쓰인 '주역' 교주(楚竹書與漢帛書周易校注)』(상해고적출판사)를 참고하기 바란다.

58) 모두 8권으로 번역된 방대한 주백곤(1991; 김학권·김진근·김연재·주광호·윤석민 뒤침 2012),『역학 철학사』(소명출판)에서 자세한 내용을 읽을 수 있다. 122쪽의 각주 44에 밝힌『주역 전의 대전』번역본 말고도 여러 권이 나와 있는데, 특이하게 현대 물리학에 대한 적용을 하는 남동원(2005),『주역 해의, 전 3권』(나남)가 독특하다. 그렇지만 미시세계와 거시세계도 맨눈으로 보는 일상세계의 질서를 그대로 연역방식으로 적용할 수 있을지는 아무도 단정할 수 없다.「우리가 억겁년 목숨을 이어갈 수 없다」는 단순한 이유 때문이다.

다. 이는 누가 옳고 누구의 권위가 더 높은지를 결정하는 사회적 방식이었다. 오늘날처럼 '합리적 이성'이나 반증 가능한 입론(포퍼 1963; 이한구 뒤침 2001, 『추측과 논박, 1~2』, 민음사)에 토대를 두고서 비판적으로 검토하고 결정하는 일은 생각할 수조차 없었다. 따라서 누가 누구에게 학문을 전해 주었는지를 소상히 밝히는 일이, 당시 지식인들에게는 매우 중요하였다. 주역의 전승에는 도교의 도사(수도자)들도 매우 중요한 역할을 한다. 주역은 비판이나 의심을 차단하기 위하여 신화들로부터 시작점을 잡았는데(547쪽의 도표에서 합당성 부여 방식 중 외재적 토대에 해당함), 두 갈래 기원을 상정한다. 이 두 갈래를 하나로 얽기 위한 비유가 베를 짜는 데에 씨줄과 날줄이며 겉과 속이다.[60] 이것이 신문에 뉴스로 보도되는 사실처럼 받아들이기보다는, 오히려 어느 누구도 의심을 제기할 수 없도록 서로 합의하는, 첫 생각의 신비로운 공통분모로 이해하는 것이 온당하다. 이 두 갈래의 기원을 통합하는 주희의 생각은 다음과 같이 『주역 전의 대전』(학민문화사 영인본 1권 40쪽)에서 체와 용(실체와 작용, 구조와 기능)으로 이해하고 있음을 알 수 있다.

"하도는 5개의 만물을 낳는 수로써 5개의 완성된 수를 거느리며, 이것들이 똑같은 방향에 자리 잡고 있다. 그러니 대개 그 온전함을 드러내어(10을 '온전한 수'로 이해함) 사람들에게 보이기를, 그 불변의 떳떳한 수의 몸체를 말한 것이다. 낙서는 5개의 홀수로서 4개의 짝수를 거느리며, 각자 자기 자리에 머무르니, 대개 양의 기운에서 주인이 되어(9를 '바뀌는

---

59) 우연의 일치인지, 아니면 각 시대마다 스스로 권위를 부여받기 위한 조치인지는 알 수 없지만, 서양에서도 아리스토텔레스의 저작물이 누구의 손을 거쳐 누구에게 넘어갔는지가 두드러진 연구의 대상이다. 지금까지 전해지는 43권의 저술이 전해지는 내력을 보려면 조대호(2012, 제2권)의 뒤친이 해제 273쪽 이하를 보기 바란다.

60) 『주역 대전』의 '역본의도(易本義圖)' 해설에서는 후한 유흠(劉歆, 추정 기원전 53~서기 23)을 인용하여 다음처럼 서술한다.
"하도와 낙서는 서로 씨줄과 날줄이 되고, 그 내용인 8괘와 9범주는 서로 겉과 속이 된다(河圖洛書, 相爲經緯, 八卦九章, 相爲表裏)."

수'로 이해함) 음을 거느리기를 그 바뀌는 수의 쓰임을 꾀한 것이다(河圖, 以五生數, 統五成數, 而同處其方, 蓋揭其全, 以示人而道其常數之體也; 洛書, 以五奇數, 統四偶數, 而各居其所, 蓋主於陽, 以統陰而肇其變數之用也)."

복희(伏羲) 또는 포희(庖犧) 임금이 처음으로 황하에서 얻은 큰 말(龍馬, 『주례』에서 8척 이상의 큰 말을 '용'으로 불렀음)의 반점들로부터 '별들이 나열된 모습'을 발견하여 그림(河圖, 황하에서 나온 그림)을 그렸다. 그리고 둑을 쌓아 처음으로 물길을 다스렸던 우(禹) 임금이, 황하의 다른 갈래인 낙수(洛水)의 물길을 다스릴 적에 신령스런 큰 거북이를 얻었는데, 우연히 등에 그어진 문양으로부터 9가지 우주의 근본 유형(九疇)을 찾아내어 여러 획(洛書)으로[61] 그렸다. 585쪽의 그림에서 다섯 층위가 동시에 작동하는 모습 중 필자는 제3 층위의 정신 표상으로 파악한다. 이런 신화적인 이야기가 유교 경전뿐만 아니라 도교 경전에도 동일하거나 유사한 내용들이 실려 있으나, 서로 착종되는 대목들도 있다.[62]

북송의 주역 전승에 대한 적통은 신비한 탄생 설화를 지닌 진단(陳摶, ?871~989)으로부터 기원하는데(신비스럽게 복희 및 우 임금을 끌어들인 장본인이라고도 보는 이들도 있음), 화산과 무당산에 은거했던 도사로서 『장자』 소요유의 구절을 따서 자를 '도남(圖南, 해가 뜨고 지는 남쪽으로 날아가려고 함)', 호를 부요자(扶搖子, 돌개바람을 타고 오르는 신선)로 불렸다. 송나라 태종의 부름을 받아 두 차례 만났으며, 임금은 그에게 『노자

---

61) 우리말에서 재귀적 표현 '금을 긋다'가 서(書)에 대응하는 개념이다. 중국 사회과학원 고고연구소 엮음(1965), 『갑골문편』(중화서국), 128쪽에 붓을 뜻하는 율(聿)과 그을 획(畫)만이 올라 있으나, 그런데 최근 고명(2008 증정본) 『고문자 유편』(상해고적 출판사) 871쪽에는 책 서(書)가 올라 있다(단 밑 부분 曰이 口로 씌어 있음). 그렇지만 우 임금 당시에는 죽간을 이용한 책(冊)이 있을 까닭도 없고, 글자가 채 만들어지지 않았던 때이므로, '금을 긋는 일' 정도가 책에 해당할 듯하다. 낙서(洛書)는 낙수에서 얻은 거북이 배에 그어져 있는 9개 부류의 금들을 뜻할 수 있다.

62) 사고전서에 들어 있는 북송 유목(劉牧, 1011~1064)의 『역수 구은도(易數鉤隱圖, 역이 드러내는 운수를 놓고서 갈고리로 은미한 단서를 끄집어내듯 분명히 보여 주는 그림들의 모음), 하권』에서는 주희가 주장하는 모습의 하도와 낙서가 정반대로 서술되어 있다.

도덕경』제14장에 있는 구절 '보아도 보이지 않고, 들어도 들리지 않는다'는 뜻의 '희이(希夷)' 선생의 호를 내려주었다고 한다.63)

'합리적 이성'이란 개념은, 인간의 인식 방식을 비롯한 지식 획득 체계 전반을 문제시하면서, 일정 제약을 지닌 인지 주체가 주변의 생태 환경을 어떻게 이해하고 받아들이는지를 따져 보는 일이다. 이런 일이 중요하다는 사실이 서구 지성사에서 근대 이후 계몽주의 철학자들에 의해서 처음으로 자각되었다. 예를 들어, 자연계의 자극들을 우리 인간이 감지할 수 있도록 바꾸어 주는 변환 기기로 말미암아, 꿀벌이 지각하는 자외선 감지 영역의 세계와 오직 가시광선을 감지하는 인간의 시지각 결과는 동일하지 않음을 알고 있다. 하루살이가 시간을 분할하는 방식과 인간이 시간을 분할하는 방식과 오백년을 넘게 사는 갈라파고스 섬의 거북이가 시간을 분할하는 방식은 서로 똑같을 수가 없다. 합리적 이성은 생명 주체들 사이에서 주위 생태 환경과 상호 작용하는 방식이 서로 다를 수 있음을 인정하되, 인간이 찾아낸 세계의 질서들은 같은 지각 체계를 지닌 인간 부류에게 전달될 때에라야 비로소 유의미하다고 가정한다. 이를 오늘날에는 「상호주관성(intersubjectivity)」으로 부른다.

당시 71세까지 장수하였던 주희는 48세에 『주역 본의』를 쓰고, 57세

---

63) 진단(陳搏, ?871~989)은 『장자』의 '소요유'에 있는 글자 단(搏, 굴리면서 노닐 단)이 명나라 판본에서부터 박(博, 칠 박)으로 잘못 새겨진 뒤 '진박'으로 오독된 적이 있다. 사고전서에 있는 주희 제자 웅절(熊節)의 『성리 군서(性理群書)』를 풀이해 놓은 웅강대(熊剛大) 『성리 군서 구해(句解)』를 보면, 성리학의 적통을 맹자를 이은 주돈이(周敦頤, 1017~1073)로부터 시작하여 직접 정호(程顥, 1032~1085)와 정이(程頤, 1033~1107)로 이어진다고 그려 놓았다. 그렇지만 도교의 영향을 아래 북송 때 진단(陳搏)이 하도와 낙서를 충방(种放, 955~1015)과 목수(穆脩, 979~1032)에게 전해 주고, 다시 이지재(李之才, 미상~1045)를 거쳐 소옹(邵雍, 1011~1077)에 이르는 흐름과 전혀 무관하다고 볼 수 없다. 곽신환 외 2인 엮고 뒤침(2009), 『태극 해의』(소명출판) 제1장 서설의 역주 19를 보면, 진단의 그림이 충방을 거쳐 주돈이에게 '태극도'가 전해진 것으로 적혀 있다. 정호·정이 형제의 적통은 양시(楊時, 1053~1135)를 거쳐 주희의 스승 이통(李侗, 1093~1161)에게 전해졌고, 다시 38세 때 주희가 이어받는다. 정통 또는 적통 논의는 그 밑바닥의 동기로서 남들을 배제하고 배타적으로 내리누르려는 갑을 관계의 성격을 띠고 있다. 불행한 역사였지만, 조선조 때 사화들의 한 가지 빌미로 작용하였다.

에 『역학 계몽』을 썼다. 당시 일반적인 수명으로 보아, 이는 장년 및 노년 시기의 완숙한 사고를 담고 있다고 평가할 수 있다. 그러나 그곳의 진술들로부터는 오늘날 합리적 이성에 근거한 접근으로 평가할 만한 대목이 없다. 공자가 주역을 풀이한 '계사(繫辭, 주역에 얽어 놓은 풀이 글)'에 의지하여, 하늘은 모든 우주의 근원 또는 시작점으로 전제된다. 유일한 하나이자 보편 속성이며 항상 운행하는 실체인 것이다.64) 『주역 전의 대전』(학민문화사 영인본 1권 152쪽)을 보면

"주자가 다음처럼 말하였다. '성인이 역을 처음 지을 적에 … 하늘과 땅 사이에 가득 차 있는 것이, 한 번 음이 되고 한 번 양이 되는 이치가 아님이 없음을 깨달았다. 이런 이치가 있으면 이런 조짐이 있고, 이런 조짐이 있으면 이런 운수가 그 속에 깃들어 있는 것이다. 비단 하도와 낙서만이 꼭 그러하겠는가?'(朱子曰, '聖人作易之初, … 見得盈乎天地之間, 无非一陰一陽之理, 有是理, 則有是象, 有是象, 則其數便自在這裏, 非特河圖洛書爲然')"

---

64) 호광(胡廣) 등 42인 엮음(1415), 『성·리 대전』에서 이를 처음 내세운 주돈이(周敦頤, 1017~1073)의 '태극도'를 놓고서 주희가 무극(無極, 첫 끝점도 없음, 생각조차 없음)이 왜 태극(太極, 첫 끝점, 첫 생각의 시작점)이 되어야 하는지를 방대하고 자세하게 설명해 놓았다. 당시 지식인들에게는 왜 첫 생각이 '전혀 생각 없음, 생각하지 않음'으로부터 시작해야 하는지를 이해하기 힘들었기 때문이다. 지우개로 지워 버린 백지 상태가 '무극'에 해당하고, 그 위에 연필로 첫 선을 긋는 것이 바로 '태극'에 해당한다. 개념상 논리적인 선후 단계에 불과하다. 그렇지만 태극도설에서는 삼라만상까지 도출해야 하므로, 서로 다른 두 영역에 대한 서술을 마치 하나인 양 서술해 놓고자 부심하였던 것이다.
　　그런데 논리적 필연성에 대한 언급 및 실재의 사실적인 모습의 설명은 서로 별개의 차원(개념 차원 : 실재 차원)이다. 따라서 이들 사이에서 복합 개념들을 만들고서 모종의 대응 함수나 도출 함수 관계를 상정하였더라면 더욱 쉽게 이해되었을 것으로 판단된다. 만일 무극이든 태극이든 간에 하늘이 하나(일자)라면, 나뉘어 개체가 되거나 바뀌어 다른 상태로 진행하는 필연적 단계는 무엇일까? 상생과 상극의 두 작용을 음과 양으로 보고, 이를 짝수(음)와 홀수(양)에 대응시켜 놓음으로써, 덧셈과 곱셈 연산을 통하여 삼라만상의 숫자와 대응시키려고 하였다. 이런 도출 방식도 불과 일부 숫자 군집만을 동원하기 때문에, 숫적인 질서로 모두 다 드러나는 것도 아니다. 주희가 40대 초반(1170~73년 즈음)에 쓴 『태극 해의』와 관련된 글들을 모아 번역한 곽신환·윤원현·추기연 엮고 뒤침(2009), 『태극 해의』(소명출판)를 보기 바란다.

그럴 뿐만 아니라 하늘은 낳고(生) 바꾸며(變) 완성하고(成) 소멸시키는 (滅) 원리 그 자체이다. 아무렇게나 하는 것이 아니라 질서에 따라 가 지런히 단계별로 진행해 나간다. 이런 단계를 우리 생각으로 붙들게 도와주는 보조 개념이 몇 층위의 대립을 보이는 자연수의 배합이다. 자연수는 몇 가지 층위에 따라 배합되거나 대립한다. 이를 '대대(待對, 대접/응대하거나 맞섬)'라고 부르며, 하위 분류로서 상생(相生, 서로 도와 낳음)과 상극(相克, 서로 겨뤄 누름)으로 나누는데, 그 범위가 다섯 가지 방식(五行)으로 이뤄진다. 운행의 가운데 자리에는 대대를 매개하면서 작동하도록 만들어 주는 원천 또는 중심이 있으며(이를 흙[土, 땅]으로 부르고 누런색으로 상징함), 따라서 중심을 통과하면서 여전히 두 겹의 대대적 구조가 긴밀하게 맞물려들 수밖에 없다. 이런 작동의 실마리를 상(象, 변화 조짐; 어떤 이는 하늘의 별자리에서 읽을 수 있는 조짐으로도 봄) 으로 부르고, 그 단초의 진행 결과를 수(數, 바뀔 운수)로 불러 서로 구 분한다.65)

아리스토텔레스의 형이상학 체계는 단계별로 '정적인 대상으로부터 운동하고 생멸하는 대상을 거쳐 이들의 운동을 가능하게 만드는 존재' 라는 세 단계의 사고를 품고 있었다. 그러나 주희의 역 체계에서는 처 음에서부터 '존재의 시작점'이 동시에 '작동의 시작점'으로 상정되어 있다. 아리스토텔레스에서 대상과 대상의 운행 원리에 관한 두 가지

---

65) 주역으로 인간이나 인간 집단의 운명을 미리 알아보고자 하는 흐름을 '상수학'이라고 부른다. 웅절(熊節)의 『성리 군서(性理群書)』에 있는 전승을 보면, 동일하게 북송 진단(陳 搏, ?871~989)으로부터 충방(种放, 955~1015)과 목수(穆脩, 979~1032)와 이지재(李之才, 미상~1045)를 거쳐 소옹(邵雍, 1011~1077)에게서 완성된다. 소강절로 더 알려진 그는 『매화 역수』, 진단의 역술을 다시 서술한 『하락 이수』, 중국의 역사 전반을 재평가한 『황극 경세서』 등을 썼다. 선천(先天)·후천(後天)이란 개념도 소옹에게서 시작되며, 『주역 대전』에서 주희가 쓴 서의(筮儀, 시초의 대로써 점을 치는 의식)도 그런 영향이다. 소옹의 책은 김수길·윤상철 뒤침(2006), 『매화 역수』(대유학당); 김준구 뒤침(2001), 『관매 역수』 (해들누리); 윤상철 뒤침(2002), 『황극 경세도, 총 3권』(대유학당); 노영균 뒤침(2002), 『황극 경세』(대원출판사); 김수길·윤상철 뒤침(2009), 『하락 이수, 총 3권』(대유학당); 서 정기(2005), 『하락이수 해설, 상하』(장서원) 등으로 번역되어 있다.

차원이 동시에 한데 혼용되어 있는 것이다. 주역 자체가 변역(變易)을 전제하고 그 토대 위에 수립되어 있다. 흔히 초기 조건으로 일시적 상(常)이 전제되면, 일정한 경로를 따라 바뀜의 시작되고 진행된다. 이를 변(變)으로 부른다. 이 바뀜이 결과 상태에 이르고, 결과물을 만들어 내면 역(易)이나 화(化, 결과 상태)로 부른다. 이것이 또 다른 차원의 일시적 상(常)이 되는 것이다. 바로 이런 점 때문에 낳고 만들어 내는 수(生數) 및 키워 완성하고 마치는 수(成數)를 서로 구분하게 된다. 이것은 아리스토텔레스가 기대는 '실체'에 근거한 귀납적 접근이 아니지만, 우리들이 익숙히 경험하는 끝없는 변화의 거울 영상을 보여 준다. 이를 『주역전의 대전』에 실린 둘째 서문(易序)에서는[66] 다음처럼 서술한다.

"역이라는 책은 '괘·효·단·상'의 뜻이 갖춰져서 우주에 있는 만물의 실정이 드러난 것이다. … 천하가 생겨나기 이전에 그 만물을 생겨나게 하고, 천하가 생겨난 이후에 그 무성함을 완성시켜 준다. 이런 까닭에 그 운수를 끝까지 함으로써 천하의 변화 조짐을 미리 판정하고, 그 변화 조짐을 드러냄으로써 천하의 길흉을 미리 판정해 준다(易之爲書, 卦爻象象之義備, 而天地萬物之情見, … 先天下, 而開其物, 後天下, 而成其務, 是故, 極其數, 以

---

66) 『주역 전의 대전』에는 두 개의 서문이 실려 있다. 맨 앞에 있는 '역전 서(易傳序)'에는 1099년 정이(程頤, 당시 67세)가 썼다고 명기되어 있다. 그렇지만 뒤의 역 서(易序)는 글 쓴이가 밝혀져 있지 않다. 건륭제 때 완성된 사고전서의 『주역 본의』 판본(세 종류)에 '역서'도 정이가 지었다고 쓰어 있다(河南程頤著). 정호·정이 『이정집』(중화서국, 1981) 하권에도 두 개의 서문이 실려 있다. 그렇다면 정이가 한 책에다 서문을 두 개나 쓴 셈이다. 오늘날처럼 재판이나 수정판이 있다면 같은 사람이 한 권의 책에 서문을 두 번 이상 쓸 수 있겠지만, 이는 옛날의 풍습에 적용될 수 없다. 만일 하나의 책에 서문이 두 개 있다면, 서로 다른 사람에 의해 쓰여지는 것이 통례이다.

이런 불합리성을 해결할 수 있는 단서가 사고전서에 있는 주희 제자 웅절(熊節)의 『성리 군서』를 풀이해 놓은 웅강대(熊剛大) 『성리 군서 구해(句解, 어려운 구절 풀이)』에 들어 있다. 그 책 제5권에도 두 개의 서문이 모두 실려 있는데, '역전 서'에는 '이천 선생(伊川先生)'으로 적혀 있고, 이어진 '역 서'에는 '문공 선생(文公先生)'으로 적혀 있다. 각각 정이와 주희를 가리키는 말이다. 하나의 책에 실린 두 개의 서문을 이렇게 서로 다른 사람에 의해 쓰여졌다고 봐야 합리적이다. 이 글에서도 '역서'를 주희가 쓴 것으로 여기기로 한다. 『주역 전의 대전』의 제목이 정이의 「역전」과 주희의 「본의」를 한데 합친 말이므로, 각각의 서문이 실리는 일이 아주 자연스럽다고 여겨진다.

定天下之象, 著其象, 以定天下之吉凶: 易序)."

여기서 '역(易)'이라는 낱말은 중의적으로 쓰였다. 하나는 고유명사로서 주희가 주석을 낸 책 『주역(본의[本義])』을 가리킨다. 다른 하나는 일반명사로서 그 책이 담고 있는 우주의 근본원리로서 바뀌고(變) 달라짐(易)을 가리킨다(變易을 變化로도 부름). 전자는 '괘·효·단·상'으로 제시되고, 후자는 '우주 만물의 실정'으로 표현된다. 마치 수학에서 정의역과 치역의[67] 관계, 또는 비트겐슈타인의 세계와 그림의 관계(그림이론) 따위를 연상시킨다. 이런 바뀌고 달라지는 원리가 처음에서부터 우주 만물을 놓고서 생겨나고(生) 자라며(成) 이울고(衰) 없어지게(退) 만든다.

"시간도 진실로 애초에 한 상태로만 있는 것이 아니므로, 주역의 통합된 괘(卦)도 또한 고정된 조짐으로만 있는 것이 아니다. 사태도 진실로 애초에 막힘만이 있는 것이 아니므로, 주역의 세세한 효(爻)도 또한 고정된 결과가 있는 것이 아니다. 만일 하나의 고정된 시간으로 통합 괘를 찾으려고 한다면, 바뀜 없음에 얽매이게 되므로, 더 이상 역이 아니다. 만일 하나의 사태로 세세한 효를 밝히려고 한다면, 막히고 뚫리지 않으므로, 더 이상 역이 아니다(時固未始有一, 而卦未始有定象, 事固未始有窮, 而爻亦未始有定位, 以一時而索卦, 則拘於无變, 非易也, 以一事而明爻, 則窒而不通, 非易也: 易序)."

오직 바뀌고 변하는 것만이 우주의 이치이다(희랍 헤라클레이토스의 만물유전설을 연상시킴). 만일 한 시기나 한 사태에만 머물려고 한다면 이는 우주 이치를 어긴 것이고, 더 이상 역도 아니라고 주장한다(63쪽의

---

67) 조열제 교수에 따르면, 수학에서는 이런 관계를 더욱 일반화하여 변역(domain) 및 공변역(co-domain)으로 부른다.

각주 15에서 언급한 뢰쓸의 함의 관계 [→]와 동일한 개념임에 주목하기 바람). 『주역』이란 책은 바뀌고 달라질 운수와 그 조짐을 판정해 주며, 궁극적으로 인간 세상에서 애타게 찾으려는 길흉으로 귀결된다. 결과론적으로 판정하면, 『주역』의 초점은 길흉·화복의 조짐을 미리 알아내려는 것이며, 철두철미하게 오직 바뀌고 달라지는 흐름(사건의 변화)을 인정하는 바탕 위에서만 그러할 뿐이다.

> "만물이 음양의 기운을 업고 안아서 태어나므로, 태극(첫 기운)이 있을 수밖에 없고, 음과 양이라는 두 기운의 끝점이 있을 수밖에 없다. 음과 양의 기운이 서로 뒤섞이게 되므로, 바뀌고 달라짐이 끝도 없다. 형태로 한 번 그 태어남을 받고 정신으로 한 번 그 꾀를 발휘하므로, 참되고 거짓된 실상이 여기서 나오게 되며, 모든 사태의 실마리가 생겨나게 된다(萬物之生, 負陰而抱陽, 莫不有太極, 莫不有兩儀, 絪縕交感, 變化不窮, 形一受其生, 神一發其智, 情僞出焉, 萬緒起焉: 易序)."

마치 오늘날 전자기력이 우주 먼지들을 서로 당겨 중력을 지닌 별이 태어나듯이, 만물은 기운들이 두루 뭉치고 엉기면서(絪縕, 氤氳) 나온 결과이므로, 서로 대립하거나 도와주는 기운들이 많든 적든 뒤섞인 상태로서 끝도 없이 바뀌고 달라질 뿐이다.[68] 그런데 이런 주장은 불교의

---

68) 부분적으로 이러한 생성과 소멸(상생과 상극)에 대한 비슷한 생각을, 아리스토텔레스의 『생성과 소멸에 관하여』에서 찾아볼 수 있다(로우브[Loeb] 희랍-영어 대역 총서 제3권에 실림). 달 아래 있는 지상 세계(월하 세계)에서는 대상들은 운동을 하고 또한 생성과 소멸을 거치게 된다. 이런 변화 내지 변환은 내재적인 원인으로 말미암아 일어난다. 아리스토텔레스가 기본 인자로 내세운 '물, 불, 공기, 흙'도 우리에게 감각될 수 있는 두 축으로 구분이 이뤄진다. '온도'(뜨거움 : 차가움)라는 변환을 촉발하는 속성 및 '습도'(축축함 : 마름)라는 변환을 수용하는 속성들이 서로 정도를 달리하면서 결합한 뒤 대상이 생겨나거나, 아니면 반대로 해체되어 소멸하게 된다. 복잡하고 다양한 이런 상호변환의 결과로서 지구상의 온갖 대상들이 존재한다.

그런데 요소들 사이의 변환을 촉발하는 속성을 흔히 우리말 번역에서 '능동성'(action, 변환 촉발 속성)으로, 그런 변환의 결과를 받아들이는 수용 속성을 '수동성'(passion, affection, 변환 수용 속성)으로 쓰고 있는데, 마치 문장의 능동태와 수동태처럼 오해를

가르침에서 실체는 언제나 바뀌어 한결 같지 않다는 무상(無常)의 개념과 서로 통한다. 불교에서는 무상함을 거부하는 동기를 '자아'의 개념에서 찾고, 자아를 해체하여 우주의식으로 진행하여, 개체가 없이 '나와 남이 없는 상태'(보편 우주 의식을 뜻하는 제8 아뢰야식[阿賴耶識])를 도입하게 된다. 그렇지만 주희는 그런 상태가 경험할 수도 없이 허황하다고 보아, 초월적 세계를 도입하지 않는다. 대신 기운들이 서로 뭉쳐 엉기면 형체가 나오고, 이 형체에 정신이 깃들어 있을 뿐이라고 가정한다. 철저히 자연주의 접근법을 따르는 것이다(검박한 도출 관계임).

오늘날의 시각으로 본다면 대상물은 자연계의 인과율에 의해 모든 변화가 설명되고, 이 인과율이 생명체에 적용될 경우에 '생명 유지 본능'이라고 표현되며, 이를 인간에게 적용할 경우에 설명되지 않는 부분은 '자유 의지'라고 부른다. 주희의 생각에는 이런 세 영역에 대한 구분이나 구획이 들어 있지 않다. 그 대신 우주의 존립이 '하늘과 땅', 그리고 '사람'이라고 구분되는데,[69] '하늘과 땅'도 비록 먼저 제시되지만 사

불러일으킨 소지가 많다. 결코 능동태나 수동태와는 관련이 없는 개념이다. 바람직한 용어 사용 방식이 아니다. 변화 촉발 또는 수용 속성이 더 온당하다.

아리스토텔레스가 설사 기본 인자들 사이에 다양한 변환을 거쳐 만물들을 도출해 내더라도, 그는 운동과 무관한 불변의 영원한 존재를 상정하고 탐구한다. 이런 점에서 『주역대전』의 사고와는 현격히 차이가 난다. 손윤락(2008), 「아리스토텔레스의 요소 이론: 『생성 소멸론』에 나타나는 요소들의 생성·소멸 기제를 중심으로」, 『서양 고전학 연구』 제31권(83~108쪽)을 읽어 보기 바란다.

필자는 생성과 소멸이라는 변화가 단지 옛날 생각에 불과하다고 간주하기보다는, 가설-연역 체계를 작동시키는 함의 관계(implication, computation) 그 자체가 바로 내적·외적인 사건의 변화를 가리키므로, 동일한 개념이라고 본다. 뤼쏠은 왜 함의 관계로 모든 것을 도출해야 하는지를 놓고서 명시적 설명을 하지 않은 듯하다. 즉, 무정의 언어로 당연한 것인데, 이는 변화가 이미 주어져 있다고 본 셈이다.

69) 맨 처음 쓰인 출처는 공자가 쓴 계사(繫辭, 주역에 얽어 놓은 풀이 글), 하 제10장인데, 다음과 같이 세 가지 실체 영역을 '삼재(三才)'라고 불렀다. 갑골문에서는 재(才)가 '있을 재(在)'와 통용되며, 후대의 용법은 '재료 재(材)'이다. 왕력(2000), 『왕력 고한어 자전』(중화서국) 348쪽을 보면, 같은 어원을 지닌 것들을 풀이하여 나무로서 쓸 만한 것을 '재목 재(材)'로, 물건으로 쓸 만한 것을 '재물 재(財)'로, 사람으로서 쓸 만한 것을 '재주 재(才)'로 풀어 놓았다.

"역이라는 책에는 … 하늘의 길도 있고, 사람의 길도 있으며, 땅의 길도 있다. 세 가지 실체 영역을 모두 아울러 두 가지 음양 작용으로 나타내었으므로, 주역은 모두 괘가 6개의 효로 이뤄져 있다(易之爲書也 … 有天道焉, 有人道焉, 有地道焉, 兼三才而兩之, 故六)."

람이 살아가는 무대(배경)로서 전제된 것에 지나지 않는다. 따라서 인간과 차별되는 대상물이나 생명체들을 따로 부각시켜 놓아야 할 필요성을 조금도 느끼지 못한다. 진실(情實)과 거짓(僞邪)은 인간만이 겪는 정신작용의 결과이고, 온갖 사태의 실마리들이 진실과 거짓으로부터 나오는 것이다. 인간 욕심에 대하여 주역에서는 더러 주나라 주공의 효사(爻辭, 개별 효에 대한 풀이와 마음가짐)로 표현된 경구에서 찾았지만, 성리학 논의에서처럼 이를 일반화하여 인욕(人慾)과 수양(修養)의 문제를 본격적으로 다루지는 않았다. 만일 바뀌고 달라짐이 우주의 운행 질서임을 자각한다면, 한쪽으로만 쏠려 있는 인간의 욕심은 반우주적임을 알 수 있으며, 따라서 되돌아와서 치우침이 없는 '중용' 상태를 유지하는 도덕률의 논의가 가능해진다. 『중용』은 요와 순으로부터 시작하여 공자와 증자가 인간의 마음가짐 중 핵심 가치로 드높인 가치이며, 주역을 중화(中和)로 귀결된다고 보는 흐름도 있다. 주역이 우주론이나 만물학이기보다, 오히려 인문학이고 가치 학문으로 귀결되기 때문이다. 사람 마음을 위해 주역이 만들어진 것이다.

필자는 『주역 전의 대전』에 표현된 논리 세계가 '거울 영상'이라는 생각이 든다. 하늘로 대표되는 우주의 첫 시작점과 하늘과 땅의 운행 원리가 차례로 도입되지만, 바뀌고(變) 달라지는(易) 귀착지가 있다. 인간의 길흉과 화복을 미리 파악하는 일이다. 이는 개인사의 문제이다. '사회'를 하나의 실체로 인정하지 않고, 오직 이런 길흉과 화복의 조짐을 모두가 공감할 경우에라야 사회 공동체의 문제가 일부 부각될 뿐이다.[70] 한걸음 더 나아가, 바뀌고 달라지는 일에도 자잘한 주기로부터

그렇지만 하늘과 땅은 만물의 영장인 사람이 활동하기 위한 무대로서 주어진다. 만일 우주가 인간을 위해 존재하는 것이라면('인간 중심 우주관'으로 불림), 우주의 운행 원리를 단지 인간의 길흉에만 맞춰 설명해 나갈 수 있다. 한나라 동중서의 건의 이후에, 유교의 전통에서는 사물 자체를 고유한 인과율 적용 영역으로 간주하지 못하였기 때문에, 적어도 모든 선비들이 추구해야 하는 독자적인 영역으로서 자연과학이 세워질 수 없던 것이다.

70) '수신, 제가, 치국, 평천하'라는 단계는 '나 → 가족 → 동네 → 국가 → 천하'라는 동심원으

큰 주기에 이르기까지 다양한 유형들이 상정될 수 있다.71) 그렇지만 인간사의 다양한 주기들에 대한 분류나 자각도 크게 부각시켜 분석하고 해석하는 논의도 제대로 들어 있지 않다. 서양 중세 시절에 만연했던 「예정설」과 겹쳐질 소지를 배제할 수 없는 것이다.

소옹의 『황극 경세서』에서와 같이 중국에서 세워지고 멸망하였던 국가들의 흥망 주기를 상수 이론으로 설명하려고 시도할 수도 있다. 그러나 오늘날처럼 한 사회의 내부 요인들을 정치·경제·사회·문화의 복합 요인으로 설명하는 것이 아니라, 숫적 결정론으로 미리 정해져 있는 듯이 파악하였다. 이런 점들이 「독단론의 씨앗」이 될 수 있다. 비록 이런 흐름이 긍정적인 통합 방향의 사고방식으로 검토될 수 있겠지만, 대상과 대상들을 싸안는 부류들에 대한 자세한 차별성을 부각시키는 데에는 취약할 수밖에 없고, 예측이 빗나갈 수밖에 없다. 한마디로, 점술가의 예측과 과학적 예측 사이를 구분해 주는 척도를 수립하는 데에 철저히 실패하였다. 정신 사유계와 물질 현상계 사이를 너무 안이하게 동일시했던 필연적 귀결의 오류이다.

오늘날 헴펠(Hempel, 1905~1997) 등의 과학 철학에서는72) 과학이란 일련의 몇 단계를 거쳐 도달하는 사고방식으로 규정한다. 임의의 변화가 주어져 있다면, 그 변화를 관찰하고 기술하며 설명하고 예측하는 일이다. 첫 단계에서는 발견절차를 다루게 된다. 그렇지만 『주역 전의

로 자아가 확장되는 일로 표현할 수 있다. 사회가 객관적 실체로서 나 개인을 구속하거나 규제한다는 생각은 들어 있지 않다. 예(禮)라는 상위 개념이 동시에 개인과 사회를 규제하는 몫을 떠맡고 있었기 때문에, 처음부터 '사회'라는 개념을 따로 나눠 놓지 못하였을 가능성이 높다. 언어학에서 '랑그'의 개념은 한 개인의 의식 속에서도 「사회 개념이 깃들어 있어야 함」을 시사해 주고 있다.

71) 『장자』에서 하루살이가 하루를 인식할 수 있는지에 대한 물음으로부터 시사받을 수 있듯이, 이는 또한 계몽주의 시대에서부터 도입된 인식 주체의 인식 내용도 긴밀히 관여한다.

72) 현대 과학이 추구하는 엄격한 방법론에 대한 논의는 다음 번역본들을 참고할 수 있다. 헴펠(1965; 전영삼·이영서·이영의·최원배 뒤침 2012), 『과학적 설명의 여러 측면, 1~2권』(나남)과 헴펠(1966; 곽강제 뒤침 2010), 『자연 과학 철학』(서광사)과 카아납(1966; 윤용택 뒤침 1993), 『과학 철학 입문』(서광사)와 포퍼(1959; 박우석 뒤침 1994), 『과학적 발견의 논리』(고려원).

대전』으로 대표되는 주역의 사고방식에서는 시작 단계의 발견절차에 대한 의식이 전혀 없다. 물론 일부에서는 주역이 역사적으로 은나라 폭군 주(紂) 임금에게

> "은나라가 거울삼아 경계해야 할 바가 멀리 있는 게 아니라, 바로 전 왕조 인 하나라의 폭군 걸(傑)에 있다네(殷鑑不遠, 在夏后之世)."
>
> (『시경』 대아편 탕지습, 탕[蕩, 크나큼])

고 간하였다가, 마침내 유리(羑里)에 유폐된 주나라 문왕(文王, 기원전 1600~1046 재위)이 유폐 기간 동안에 지었기 때문에(문왕이 지은 것을 오늘날에는 주역의 '괘사[卦辭]'로 부름), 암울한 상황을 이겨내려고 인생 유전(流轉, 흐르고 굴러감)의 지혜를 담아 놓았다고 해석하기도 한다. 또한 갑골문들에 대한 해독을 통해서도 주역에 있는 일부 구절들을 재확인해 놓은 경우도 있다.

그럼에도 불구하고 '주역'을 이해하는 일관된 방식은 주위 생태환경으로서의 우주와 그 무대에서 살아나가는 인간 세계에 대한 통일된 설명 방식이었으며, 궁극적으로 변화의 흐름을 미리 파악하여 대비하려는 노력이었다. 그렇다면 모든 지식의 기반이 되고 모든 지성을 선도해 나가는 위치에 자리하고 있었으므로, 보다 엄밀히 사고과정에 대한 반성이 있어야 했음에도, 이런 측면이 전혀 부각되지 못하였다는 점이 기본적인 한계라고 판단된다.

설사 『주역 전의 대전』에서 독단론이 배태될 수 있는 취약점이 있더라도, 의사소통 과정에서 다뤄야 할 중요한 도덕률과 관련된 개념을 여기서 긍정적으로 찾아낼 수 있다. 일부 중국 문화(특히 민간의 도교 전통)에 대한 논의들은 중국인의 심성이 두드러지게 현실적 '부'와 '복'에 초점이 주어져 있지만, 『주역 전의 대전』에서는 대립 지점에 있는 '빈'과 '화'도 자각하도록 일깨워 주고 있다. 태어나고(生) 자라고(成) 이

울고(衰) 없어지는(退) 거대한 흐름이, 빈부(貧富)나 화복(禍福)이나 길흉(吉凶)의 어느 하나에만 치우치지 않도록 경고하고 있는 것이다(중화[中和] 개념임). 이는 의사소통에서 어느 한 주체에 의해서 일방적으로 이끌어가는 전개 방식도 삼가야 한다는 도덕률을 수립할 수 있는 것이다. 「상호존중과 상호조율」이란 개념이 두 방향의 의사소통 전개에서 매우 중요한 몫을 차지하는 것이다.

2부 언어화되기 전의 결정 과정

4장 의사소통 의도, 결정 과정, 상위 의도

흔히 인간의 의사소통에 대한 논의에서는 의사소통에서 직접 관찰될 수 있는 것 이외의 것을 모두 막연히 '배경지식'이란 이름으로 부른다. 배경지식이 온전히 언어에 관한 지식인지, 아니면 언어 사용에 관한 지식인지, 더 나아가 언어 사용과 관련하여 인지 작용을 가동시키는 총체적인 지식인지에 대해서 분명하게 구분하지도 않은 채, 의사소통과 짝이 되는 대립항으로서 다뤄져 왔기 때문에, 배경지식의 범위가 아주 축소된 듯이 착각을 일으킬 수도 있다. 그렇지만 '배경지식'은 여러 영역들이 한꺼번에 묶여 있는 거대한 복합체이며, 믿음·가치·동기·맥락 평가·언어지식 등이 동시에 가동되고 있는 영역이다. 이런 복합영역을 놓고서 의사소통이 이뤄지도록 일을 하는 주인을 흔히 '의도'라고 부른다. 이 의도는 물론 자아의 일부이며, 자아를 이끌고 있는 자유의지(free will)의 구현체이다.

이런 핵심 개념들은 자칫 심리 영역의 전반으로 논의를 확대시켜 버릴 수 있다. 따라서 논의의 가닥을 잡기 위해서는, 우선 언어를 사용하는 의사소통 장면에 초점을 모으고서, 의사소통을 가능하게 만들어 주는 우리 머릿속의 지식체계로 범위를 한정하여 다루어 나가기로 한다. 다소간 모호하다는 인상을 주는 '배경지식'이란 정태적인 개념은, 언어 심리학과 언어교육에서 흔히 「공유된 공통기반과 추정된 정보간격」이란 좀 더 역동적인 하위 개념으로 다뤄져 왔다.

의심의 여지가 없이 자명한 일임에도 불구하고, 여기서는 먼저 관찰 가능한 인간 행위를 일으키는 머릿속 존재('심적 사건'으로도 불림)와 언어를 매개로 하여 의사소통을 하는 머릿속 존재가 동일한 것이어야 함을 논의하면서 '의사소통 의도'의 개념을 세우고 나서, 이런 의도가 구성원 상호간에 주고받을 수 있는 까닭을 탐구하기로 한다. 이어 의사소통 의도가 결정되는 과정이, 흔히 기대되듯이 기계적이거나 합리적인 토대 위에서 이뤄지는 것이 아님을 지적한 뒤에, 의사소통이 진행되는 과정에서 의사소통 의도가 바뀌거나 포기되는 경우를 조정해 줄 전략적인 상위 의도의 개념을 논의하기로 한다.

1. 의사소통 의도 및 그 추정과 확인

직관적으로 '~하려고 함'이라는 자연언어의 용법을 통해서 어느 누구든 쉽게 느낄 수 있는 '의도(intention)'라는 개념은, 일상언어 철학이 무대에 등장하면서 뒤늦게 학문적 조명을 받기 시작하였다. 세 종류의 행위와 관련하여 앤스컴(G. E. M. Anscombe, 1919~2001)은 의도에 대한 논의를 본격화하였다.1) ① 현재 진행되고 있는 특정 행위, ② 현재 진행

---

1) 의도나 저의라는 개념이 자연스럽게 쓰이는 일상 낱말이므로, 일단 통상적인 개념으로 의사소통을 일으키는 동인으로서 '의도'를 쓰기로 한다. 심리철학 연구사에서는 특정한 기술 아래에 행위가 의도적으로 일어남을 처음으로 비트겐슈타인의 제자인 앤스컴(여성)이 명백히 다루었다. 앤스컴(1957), 『의도(*Intention*)』(Basil Blackwell)는 1963년에 미국의 코넬대학 출판부에서, 2000년에 하버드대학 출판부에서 재출간되었다. 그녀의 3부작

중이지만 다른 목적으로 이행되는 매개 행위, 그리고 ③ 미래에 일어날 수 있는 어떤 가능한 행위이다. 앤스컴은 인지/사변 지식(믿음과 같은 인지[cognitive] 상태)과 실천/도덕 지식(동기와 같은 희망[conative] 상태)을 구분한다. 이들은 실세계 및 마음 상태가 합치 방향(direction of fit, 부합)에서 서로 차이가 날 수 있다. 실천 지식은 우연히 불합치되어 실세계에서 일어나지 않을 수 있는 것이며, 관찰 가능한 행위나 사건으로 이미 일어났을 경우에 이유(reason)에 근거하여 설명이 이뤄진다. 행위는 바람(wanting), 희망(desire), 자발성, 합리성 등으로 귀결되는 속성을 지니기 때문이다.

필자가 보기에, 앤스컴의 이런 구분은 칸트의 순수이성 및 실천이성을 그대로 수용하여 이뤄진 듯하다. 그렇다면 언어라는 매개체를 지니고서 우리가 의사소통 행위를 해 나가는 일은, 순수이성의 영역에서 다루어야 하는가, 아니면 실천이성의 영역에서 다루어야 하는가? 아니면, 둘 모두의 영역이 동시에 작동해야 하는 것인가? 피상적으로 '언어 행위' 내지 '의사소통 행위'라고 부르고 있으므로, 이를 실천이성에만 국한하여 다루어야 할 것인가? 이런 물음이 비록 어리석게 보일 수 있겠지만, 순수이성과 실천이성을 모두 가동시켜야 하는 방식으로 답변이 구성될 수 있음을, 써얼 교수와 그라이스 교수의 논의를 다루면서 다시 언급할 것이다. 그뿐 아니라, '언어 사용'이 의사소통 맥락에 대한 파악 및 의도의 결정 과정에 「감성 영역이 깊이 간여」하고 있으므로, 동시에 인간 정신의 주요한 세 영역(믿음·동기·감성)과 재귀의식이 모두 관여함이 드러날 것이다. 이를 통하여 지금까지의 편견과는 달리, 국어교육이나 언어교육이 한갓 부차적이고 지엽적인 응용학문으로 치부될

논문 모음집 중에서 앤스컴(1981), 『앤스컴의 철학 논문 모음: 형이상학과 심리철학(*The Collected Papers of G.E.M. Anscombe: Metaphysics and the Philosophy of Mind*)』 제2권(Basil Blackwell)의 제1부에도 관련 글들이 들어 있고, 자연세계를 설명해 주는 인과율과 결정론의 논의도 들어 있다.

것이 아니라, 인간 정신의 모든 영역을 전체적으로 작동시켜야 하는 '종합학문'으로서의 위상, 그리고 옛 전통에 따른 '실학'으로서의 위상이 뚜렷이 부각될 것이다.

심신 인과를 '무법칙적(anamolous)' 일원론으로 설명하려는 데이빗슨 (Davidson 1980: 제5장)에게는, 믿음과 의도가 별개의 독립적으로 작동하는 개별 영역이 될 수 없다. 그에게서 의도는 다만 임의의 상황에 대한 현재 전망이며, 이것이 행위로 실행되기 위해서는 한 개인이 지닌 믿음 체계 속에서 평가가 이뤄지면서 '전면적인 판단'을 거쳐야 하는 것이다. 데이빗슨은 행위 속성(agency)이 행위자(agent)에 의해 일어나며, 그런 상태 변화를 가리키기 위하여 cause(원인)이라는 용어보다 reason(이유)이라는 용어를 써야 함에는[2] 앤스컴과 거의 같은 생각을 지닌 듯하

---

2) 아마 영어에서는 합리성(rationality)나 이성(reason)을 오직 인간에게만 귀속시켜 왔고, 목적인(final cause)을 인간의 행위를 기술하기 위하여 희랍시대 이래 써 왔으므로, 인간 행위를 자연계의 다른 사건과 구별하는 일이 자연스럽고, 따라서 인간 행위를 설명하는 데에 이유(reason)을 내세우는 듯이 느껴진다. 그런데 필자의 직관에는 우리말에서 원인과 이유가 영어의 용법과는 달리 쓰이는 것으로 보인다. 이하에서의 논지는 주변 사람들로부터 아직 비평을 들어보지 못하였고, 그런 만큼 필자의 사견만 반영하여 잠정적일 뿐임을 먼저 밝혀 둔다.
　흔히 원인과 이유가 뭐가 같고, 뭐가 다른지에 대하여 명시적 설명이 이뤄지지 않는 경우가 많다. 이들은 모두 조건 형식의 하위 개념이다. 조건 형식은 하나의 사건(이를 흔히 '전건'으로 부름)이 선행하고, 이어 이 사건과 관련된 후속 사건(이를 흔히 '후건'으로 불러 짝을 맞춤)이 뒤따라 나오는 형태이다. 전건이 복합 사건일 수도 있고, 단일 사건일 수도 있으며, 후건 또한 그러하다. 전건과 후건 사이의 연결 고리는 꼭 단 한 번만이 아니라, 길게 사슬을 이어 확장될 수도 있다. 그런 만큼 조건 형식이 나타내는 조건-결과 관계는 포괄적이며 상위에 있는 개념이 된다.
　뤄쓸(1937, 제2판)에서는 "If A, then B" 또는 "A→B"로 표시하며, 때때로 함의 관계나 함축 관계라고도 말한다(사건의 내적 또는 외적 변화를 가리킴). 이 관계는 크게 형식 함의(formal implication)와 실질 함의(substantial implication)로 구분된다. 전자가 더 기본적이고, 후자는 전자 위에 추가 제약들이 덧붙여져 나온다. 일반적으로 우리가 쓰는 것은 대부분 실질 함의 쪽이며, 형식 함의는 우리의 직관과 다른 경우도 허다히 허용하며, 또한 변항이 도입될 경우에 자기 모순을 일으킨다(제2판의 서문을 보기 바람).
　원인은 조건의 형식들 중에서 특별히 언제나 전건이 주어지면 '필요-충분하게' 후건이 나오는 경우를 가리킨다. 따라서 전건을 흔히 '원인' 사건으로 부르고 후건을 '결과' 사건으로 부른다. 우리말에서는 불교의 영향 때문에, '원인+결과'을 합쳐서 쓰는 '인과'라는 말에 익숙해져 있다. 영어에서는 이런 낱말이 고유하게 없다. 그러므로 불편하지만 cause-and-effect라고 붙여 쓰든지, 아니면 causality(원인 결과 관계)란 말을 상의어로 쓰며, 때로 causation(원인 속성)이라고도 쓴다.

다(그의 책 제2장). 그런데 행동주의를 지지하는 철학자 콰인에게서처럼, 데이빗슨도 또한 관찰 가능한 행위 또는 행동으로 귀착되는 것을 더욱 중요한 일로 파악한다. 행위 또는 행동으로 일어나기 이전에 일어나는 일련의 머릿속의 상태들은, 선명히 구별되는 몇 영역들이 작동되어 나오기보다는, 어떤 정신적 사건들이 일어났든지 간에 상관없이, 전면적인 판단으로 종합되는 것(결과 상태)만으로 충분하다고 본 것이다.

이런 접근은 인간의 판단에서 미리 칸트의 분석 명제 및 종합 명제의 구분이 주어져야 함을 부정하고, 오직 전체주의 관점에서만 그런 구분이 가능함을 주장했던 콰인(Quine 1953)의 논법을[3] 그대로 심리현

영국 철학자 데이빗 흄(David Hume, 1711~1776)은 인과관계조차 우주 속에 들어 있는 원리가 아니라, 다만 인간들이 공통적으로 자주 접하는 두 사건의 시공간 연접에서 비롯되었다고 보았다. 이른바 인과율도 관념들이 연합되어 이뤄지는 지식에 불과한데, 언제나 시간상으로 근접하며 공간상으로 연접하여 일어나는 사건들에 대한 서술에 불과하다고 본 것이다. 조건 형식은 인과관계뿐만 아니라, 여러 가지 매개관계들이 들어 있는 것뿐만 아니라, 복합적인 여러 조건들까지도 모두 포괄할 수 있는 상위 개념임에 유의하기 바란다. 인과관계는 수리논리학에서 흔히 "A⇒B" 또는 "A if and only if B"로 표시한다.

그런데 '이유'는 「이미 결과 사건이 발생해 있다」는 전제가 들어가 있다. 이미 발생한 사건을 흔히 영어에서는 fact(사실)이라고 부르며, 이 말에는 what has happened(이미 일어난 일)란 의미가 들어 있다. 따라서 이유는 인과 사건을 거꾸로 적용해야 한다. 결과가 이미 일어나 있기 때문에, 그 결과를 일으킨 원인 사건을 탐색하는 셈이다. 특히 원인 사건이 대화 참여자들 사이에 애매하거나 불분명할 적에 '이유'를 찾게 된다. 흔히 이유에 대한 물음은 인간들의 행동 또는 인간이 일부러 의도를 지니고서 일으키는 사건과 관련하여 제기된다. 인과율이 온 우주를 대상으로 차별 없이 모든 시간에 걸쳐 두루 쓰일 수 있는 점과는 구별되는 대목이다.

이유는 우리말로 '까닭, 때문' 등의 낱말과 바꿔어 쓰일 수 있다. 한자로는 '연유(緣由)'나 '연고(緣故)'로도 쓸 수 있다. '소매 끝' 또는 '실마리' 연(緣)이란 어원 자체가, 그리고 '말미암을' 유(由)와 '옛' 고(故 지난 것)란 말의 어원 자체가, 현재 일어난 사건이 대체 어디로부터 나왔는지를 묻는 방식임을 시사해 준다. 그렇지만 수리논리학에서는 우리말에서 찾아지는 이런 구분을 위하여 따로 기호를 마련해 놓지 않았다. 우리말에서 '-으니까'는 대표적인 이유 관계 표상 형태소이다.

3) 가상의 원시 부족을 조사하던 인류학자에게 던져진 원주민의 '개바가이(gavagai)'라는 발화에 대한 해석이 결코 전체 언어체계를 다 알지 못하고서는 올바르게 해석될 수 없다는 주장으로도 알려져 있다. 칸트의 두 명제 구분을 부정한 글은 콰인(Qunie 1953; 허라금 뒤침 1993), 『논리적 관점에서』(서광사)의 제2장을 읽어 보기 바란다. 데이빗슨은 전체주의 관점이 언어 해석에서도 그대로 반복된다고 보았고, 불확정한 해석에서 의심되는 부분들을 삭감하기 위하여 '관용의 원리' 등을 상정한다. 데이빗슨(1884; 이윤일 뒤침 2011), 『진리와 해석에 관한 탐구』(나남)와 이영철(1991), 『진리와 해석: 데이비드슨의 원초적 해석론과 진리조건적 의미 이론』(서광사)을 읽어 보기 바란다.

상에다 적용하였음을 알 수 있다. 그의 주장대로 만일 심리 현상이 '무법칙적'이라면, 믿음체계와 의도를 구분할 이유가 없어진다. 그렇다면 관찰 가능한 행위로 포착되기 이전에, 머릿속에서 일어나는 일련의 상태를 적절히 기술할 수도 없고, 설명할 수도 없게 된다. 결국 자의적 심리 상태 연결만 남아 있을 뿐이다. 이런 혼란을 벗어나서 머릿속에서 진행된 일련의 복합적인 일들을 전면적으로 평가하기 위해서는, 미리 구별되는 마음의 영역과 각 상태들의 진행이 반드시 선행되어야 하는 것이다.

써얼(1983; 심철호 뒤침 2009) 『지향성: 심리철학 소론』(나남)에서는 지향성을 다루면서 믿음체계를 가리키는 '본래적 지향성'과 언어를 쓰는 데 필요한 의미체계와 같이 '파생된 지향성'을 구분하여 놓는다. 언어 사용 행위를 분석하는 오스틴(Austin)의 '말에 깃든 속뜻'을 붙드는 행위(illocutionary act)도 이런 두 가지 지향성을 다 표현할 수 있다는 점에서 중의적이다. 가령,

"비가 온다!"

는 발화는 현실세계에서 현재 일어나는 어떤 사건에 대한 믿음을 표시해 준다(본래적 지향성). 뿐만 아니라 비를 피하기 위한 행위와 연결된 의미로 쓰일 경우에(우산을 갖고 오라는 요청) 파생된 지향성으로 분류된다. 한 사태를 기술하느냐(순수이성의 영역) 또는 그 사태와 관련된 행위를 수행하려고 하느냐(실천이성의 영역)로 구분하는 것이다. 이런 구분에 따라서 거칠게 여러 종류의 발화행위를 다음처럼 기술할 수 있다. 서술 또는 단정은 그 일치 방향(direction of fit, 부합)이 단순하지만

'언어 → 세계'

로 향한 행위이며, 참이 되는 책임은 서술하는 화자 쪽에 있다. 명령 또는 지시는 그 일치 방향이 거꾸로

'세계 → 언어'

로 향한 행위이며, 참값의 여부는 명령을 수행(완수)하는 청자의 세계에 있다. 유사하게 믿음이나 신념은 일치 방향이

'마음 → 세계'

로 향한 행위이며, 완고한 믿음일수록 참값 여부를 묻지 않는다. 거꾸로 의도 또는 바람은 일치 방향이

'세계 → 마음'

으로 향한 행위이며, 행위를 일으키는 쪽에서 책임 있게 실천하여 일치 또는 부합이 일어날 경우에라야 만족 또는 참값이 주어진다. 단, 감정과 관련된 부류들은 오직 마음의 느낌이나 상태만을 표시하므로, 따로 일치 방향을 상정할 필요가 없다.

특이하게 써얼 교수는 의사소통에는 두 단계의 의도가 있어야 함을 주장한다. 1차적으로 표상하려는 의도(표상의도)가 주어지고, 다시 2차적으로 이를 소통하려는 의도(의사소통 의도)가 뒤따라야 하는 것이다. 이때 소통의도란 1차적인 표상의도가 청자에게 인지되도록 하려는 의도이다. 그렇다면, 의미의 문제는 표상의도로부터 소통의도에로 이행하는 과정을 다루는데,

"마음이 어떻게 해서 본래적으로 비지향적인 것들에 지향성을 부과하는

가?"(심철호 뒤침 2009: 238쪽)

에 초점을 모으는 것이다. 그는 이를 '파생적 지향성'이라고 불렀다. 그렇지만 이런 대립 영역 사이의 이행 관계가 여러 발화 행위들 사이에 변별점을 드러내는 데에 유효함을 인정하더라도, 언어 산출 과정에 어떤 기여를 하느냐에 대해 긍정적인 답변을 내 놓을 수 없다. 본질적인 지향성과 파생적인 지향성이 이어져 있다는 주장은, 순수이성과 실천 이성이 긴밀히 의사소통에 간여한다는 점에서, 앤스컴 교수의 의도에 대한 논의에서 진일보하였다고 평가된다. 그렇지만 두 영역이 긴밀히 공모한다는 사실을 지적한 것 이외에는 다른 내용이 없을 듯하다. 필자의 판단으로는 파생적 지향성이 의사소통이라는 최종 목표에 맞물려 있는 것이므로, 써얼 교수가 표상의도 또는 본래적 지향성이란 개념이 의사소통을 위한 판단과 결정 과정에 불과하다. 이를 더 중요하게 부각시키는 것은 부분을 전체로 호도하는 일에 다름 아니다.

　마음의 작동 조건으로부터 의도를 상정할 수도 있겠지만, 의사소통을 하는 매체의 속성으로부터 의도를 상정해야 한다고 논의할 수 있다. 이런 측면에서 그롸이스(Grice) 교수의 주장을 살펴보기로 한다.4) 일상

---

4) 그롸이스(H. P. Grice, 1913~1988)는 옥스퍼드에서 일상언어 철학의 흐름을 만들어 간 주요한 사상가이다. 오스틴(Austin)은 그의 2년 선배이고, 스트로슨(Strawson)은 그의 후배이자 동료였다. 2차 대전 기간 동안에도 이들은 칸트 및 아리스토텔레스에 대한 세미나를 정규적으로 열었다고 한다. 이들의 '상식'에 대한 옹호는 이런 독서 내력들로부터 찾아져야 할 것이다. 그롸이스는 특이하게 자신의 아버지와 이름이 모두 같았으므로, 아버지와 구분짓기 위하여 스스로 Paul Grice로 불리기를 좋아했었다고 한다. 잠시 모교에 있다가 1967년부터 미국 캘리포니어 대학 버클리 분교에서 타계할 때까지 가르쳤다. 그의 유작들은 32쪽의 각주 15를 보기 바란다.
　생전에 그롸이스를 기리는 큰 학회가 열렸는데, 그뢴디·워너 엮음(Grandy and Warner 1986), 『합리성의 철학적 근거들: 의도, 범주, 목적(Philosophical Grounds of Rationality: Intentins, Categories, Ends)』(Clarendon)에 19편의 글이 모아져 있다(이 책의 첫 글자만 모으면 P Grice가 됨). 그롸이스를 다룬 책으로 아브라미디즈(Avramides 1989), 『의미와 정신: 그롸이스 식 언어 설명에 대한 검토(Meaning and Mind: An Examination of a Gricean Account of Language)』(MIT Press); 포츠(Potts 2005), 『관례적인 함의에 대한 논리(The Logic of Conventional Implicature)』(Oxford University Press); 챕먼(Chapman 2005), 『폴 그롸이스, 철학자 겸 언어학자(Paul Grice, Philosopher and Linguist)』(Palgrave Macmillan)가 있다.

언어 철학자라는 그의 명성에 걸맞게 그라이스(1957)에서는 먼저 자연적 의미와 비-자연적 의미를 구분한다. 그는 홍역을 앓은 얼굴의 곰보 딱지를 예로 들었지만, 더욱 확실하게 배가 고플 때 뱃속에서 나는 "꼬르륵~!" 소리의 사례로 바꿔 제시하기로 한다. 누구나 배고플 때 나는 "꼬르륵~!" 하고 나는 소리는, 배가 고프다는 사실과 명백히 1:1로 대응한다. 결코 형식과 내용이 바뀔 수 없는 것이다. 이는 세계 어디에서나 다 공통적으로 성립한다. 따라서 이를 '자연적 의미'(비-상징적 의미)라고 불렀다.

그렇지만 "예!(yes!)"라는 대답을 보자. 이는 영어에서와 우리말에서 전혀 가리키는 바가 다르다. 우리말에서 상대방의 의견에 대해 동의한다는 뜻으로 쓴다. 그렇지만 영어에서는 상대방이 어떤 생각이나 의견을 갖고 있는지는 상관이 없다. 오직 현실에서 사실이면 "예!"라고 답할 뿐이다.

우리말에서 누군가 나에게 "밥 안 먹었지?"라고 묻는다면, 내가 밥을 안 먹었으면, '[안 먹었다]+[확인]'의 전제에 따라 "예!"라고 대답해야 한다. 그렇지만 밥을 먹었으면 그 전제를 부정하여 "아니오!"라고 대답해야 한다. 묻는 쪽에서 '내가 밥을 안 먹었다'고 생각하거나 그런 의견을 갖고 이를 전제로 깔아 놓고 있기 때문이다. 따라서 나는 그 생각이나 의견에 동의하는 형식으로 "예!"를 쓴다. 그렇지만 영어에서는 내가 밥을 아직 안 먹었으므로, 오직 이 사실만을 반영하여 "아니오!(no!)"라

피트뤄즈 엮음(Petrus 2010), 『의미와 분석: 그라이스에 대한 새로운 논평들(*Meaning and Analysis: New Essays on Grice*)』(Palgrave)에는 15편의 글이 들어 있는데, 개관 논문에서 그라이스가 철학을 한갓 분과학문으로 보지 않고, 전반적으로 이성의 힘을 발휘하는 통합적인 인문학임을 강력히 천명하였다는 대목이 눈길이 끈다.

한편, 그라이스에 대한 신랄한 비판은 데이뷔스(Davis) 교수의 책들이다. 데이뷔스(1998), 『함의: 그라이스 이론의 실패로 다룬 의도·관례·원리(*Implicature: Intention, Convention, and Principle in the Failure of Gricean Theory*)』(Cambridge University Press)와 데이뷔스 (2003), 『의미, 표현, 사고(*Meaning, Expression, and Thought*)』(Cambridge University Press)와 데이뷔스(2005), 『비기술적 의미와 지시 내용(*Nondescriptive Meaning and Reference*)』(Oxford University Press)를 보기 바란다.

고 대답해야 한다.

이 사례는 자연언어들 사이에 찾아지는 차이이다. 그렇지만 같은 언어에서도 동일한 표현이 어조를 달리하여 발화됨으로써 반어법이 생겨날 수 있다. 가령, "잘 났다!"라는 말은 평상적인 어조로 말할 경우(칭찬의 뜻)와, "잘~ 났다!"처럼 어조를 길게 끌면서 말할 경우에 뜻이 서로 정반대가 되어 버린다(비꼼 또는 욕설). 이렇게 형식과 내용의 결합이 상황에 따라 수시로 바뀌어 버리는 경우를, 앞의 경우와 대립시켜 '비-자연적'(상징적) 의미라고 불렀다. 때로 그는 이를 '화자의 의미(speaker's meaning)'으로도 불렀었지만, 그롸이스(1969)에서는 '의도(intention)'라는 용어로 부르게 된다. 그렇지만 주관적인 1인칭 진술로만 느낄 수 있는 의도(흔히 '사밀성'으로 불림)는 ① 제3자가 관찰할 수도 없고, ② 그렇다고 내가 상대방에게 보여 줄 수 있는 직접적인 방법도 없다는 특이성을 지닌다.

그롸이스(1971) 「의도와 불확실성」에서는 상식적으로 다음의 세 가지 부류를 서로 구분해 놓는다.

①'의도 → 실천 → 사실' 부류,

②오직 '의도'만으로도 자족적인 단순한 희망의 부류,

③굳은 믿음이 필요하지 않는 부류('반사실성'에 대한 희망 따위가 해당
될 듯함)

이는 의도를 실천의 문제 및 이론의 문제로 바꾸어 놓으려는 전략이다. 결국 미래의 사건이란 관점에서 보면, ㉠ 자연법칙을 따르는 사실적 미래 사건과 ㉡ 인간의 의지에 따라 일어나는 의지적 미래 사건이 있는데, 여기서는 다시 ㉢ 약속과 같이 실천이 더해지는 미래와 ㉣ 막연한 전망과 같이 그렇지 않은 불확실한 미래가 있는 셈이다.

만일 언어 사용이나 의사소통이 자연적 의미만 갖고 이루어졌더라

면, 굳이 의도를 상정할 필요가 없었을 것이다. 그렇지만 언어는 태생적으로 비-자연적 의미(또는 상징적 의미)를 담고 있다. 비-자연적 의미를 아무렇게나 표현하는 것이 아니라, 상대방도 따르고 이해할 것으로 믿는 어떤 질서를 준수하면서 말해야 하는 것이다. 바로 이 점이 의사소통 의도를 상정해야 하는 상식적이면서 중요한 이유가 된다. 비단 언어만이 아니다. 인간의 행위 전반이 모두 특정한 의도나 목적을 중심으로 하여 조직되어 있다고 가정된다. 따라서 의도가 수식어를 붙여 '의사소통 의도'와 '행위 의도'로 나눌 수 있는 것이다.

이때 이것들이 각각 순수이성과 실천이성으로부터 나오는 것이 아닌지 질문을 던질 수 있다. 그롸이스(2001)에서는 두 가지 이성을 구분한 칸트를 비판하면서, 오직 하나의 이성이 두 가지 기능일 따름임을 주장하였다. 마치 'if~, then~'의 짝이 '조건, 행위'의 짝으로 해석되듯이, 마찬가지로 '순수이성, 실천이성'(생각, 실행)도 서로 별개의 것이 아니라 서로 짝이 되는 관계인 것이다. 이 주장은 일찍이 그롸이스(1975)에서 연접 연산자 and가 공간 나열 및 시간 나열(순차적 표현)로 두 개가 있는 것이 아니라, 오직 하나의 and가 있고, 다만 사용 규범(maxim)에 따라 단지 그렇게 읽힐(해석될) 뿐이라고 주장했던 바로 그 논법을 연상시킨다.

그런데 임의의 두 사람 사이에서 행위로 표현되든 언어로 표현되든 간에, 관찰할 수 있는 자료들을 일관되게 해석하기 위해서는, 그 자료의 이면에 담겨 있는 모종의 의도를 찾아내어야 함을 알 수 있다. 그것이 행위로 표현된 것이라면 '행위 의도'라고 부를 수 있고, 언어로 표현된 것이라면 언어 의도라고 말하지 않고 '의사소통 의도'라고 부른다. 언어 사용이 주로 언어를 사용하지만, 언어 이외에도 얼굴 표정과 몸짓 등의 비-언어적 매체도 동시에 함께 이용하게 된다(37쪽의 각주 22). 따라서 언어 의도라는 말을 쓰지 않고 포괄적으로 '의사소통 의도'라는 말을 쓰고 있다.

의사소통 의도는 두 가지 측면에서 그 설정의 당위성을 찾을 수 있다. 첫째, 일련의 몇 단계에 걸쳐 일어나는 우리의 머릿속 작용 방식 때문에 설정되어야 할 필요성을 찾을 수 있다(모든 생각을 다 말로 표현하는 것은 아님). 둘째, 의사소통에 쓰이는 도구인 언어의 실체가 형식 및 내용의 비-자연적(또는 상징적) 결합체이라는 점에서, 그 결합의 속내를 알아차리고, 본디 의도나 원래 목적을 파악하기 위한 필요성 때문에 비롯됨을 알 수 있다.

언어는 언제나 외연의미와 내포의미가 들어 있으므로, 비유적으로 말하여, 때가 끼어 있는 유리창처럼 투명치 않다(언어의 흐릿한 특성임). 자주 언어를 배우는 과정이 외연의미에 기대어 이뤄지던 습성 때문에, 마치 언어 형식이 오직 하나의 의미만을 지니고 투명한 듯이(직설적 표현인 듯이) 착각할 뿐이다(506쪽의 부록 3 참고). 한걸음 더 나아가, 언어 사용은 수시로 서로 다른 의미들을 결합시킬 뿐만 아니라, 또한 언어를 사용하는 상위 규범도 철칙이 아니다. 의사소통 참여자들이 그 규범을 따르거나 일부러 위배할 수도 있는 것이다. 따라서 언제나 맥락에 따라 이런 융통성이 수시로 구성원 상호간에 조율될 수 있어야 하며(더욱 흐려진 유리창에 비유할 수 있음), 그 과정에서 의사소통 의도가 서로 재확인될 필요가 있음을 알 수 있다. 재확인 과정은 기본적으로 감정이입을 통하여 스스로 그 상황에서 뭘 말할지(말했을지) 추정하는 일이다.

그런데 서로 얼굴을 마주 보는 상황에서, 의사소통 의도를 지닌 화자가 언어를 매개로 하여 직접 청자에게 말을 전할 때에, 청자는 어떤 방식으로 화자의 언어를 들으면서 그 의도를 이해하게 되는 것일까? 현대 언어학을 일으킨 소쉬르는 화자와 청자 사이에 서로 공유된 언어재가 있다고 가정하였고, 이를 랑그라고 불렀다. 다시 말하여 화자가 서로 공유된 언어재를 쓰고 있으므로, 당연히 청자로서는 장애 없이 이해 과정이 일어날 수 있다. 그렇지만 동시에 화자와 청자 사이에 서로 차별적인 측면들도 있고, 이를 파롤이라고 불렀다. 청자는 화자의 언어 재료를 받아들이면서 그 재료의 어느 부분을 공유된 속성으로 보고, 어느 부분은 개별적인 성격으로 간주할 수 있을 것인가? 그리고 그런 판정의 객관성은 어떻게 달성될 수 있는가? 이런 질문은 언어 이해의 과정에서 언제나 제기된다.

이해에 관한 질문은 더 낮은 차원과 더 높은 차원에서 동시에 제기될 수 있다. 왜냐하면 언어를 습득하기 이전의 유아들에게서도 비-언어 재료를 이용한 의사소통이 가능하고, 다른 한 편으로 긴 연설이나 방대한 책자로 이뤄진 거대한 언어 구조물을 이용한 의사소통도 가능하기 때문이다. 유아들과 엄마 사이의 의사소통의 연구에서는, 흔히 감정이입(empathy)을 다루게 된다. 유아들은 사람의 얼굴 표정을 즉각 알아본다고 알려져 있다. 만일 어떤 사람이 유아를 보면서 웃는 모습을 짓는다면, 유아도 곧장 따라서 웃는다. 그렇지 않고 찡그린 얼굴을 보인다면, 즉시 울음을 터뜨린다. 최근에 모방을 가능하게 만들어 주는 '거울 뉴런(mirror neurons)'이라는 개념도 등장하여5) 이런 현상을 두뇌의 신경 생리학적 모형으로 설명하려고도 한다. 유아들은 주변의 사람과 소통할 수 있는 방식이 단순히 울음밖에 없다. 유아가 울음을 통해 주위 사람과 소통하기 위한 상황은, 배고픔, 기저귀 교환, 몸에 열이 남 등 몇 가지로 제약되어 있다. 이는 울음소리(cry)라는 형식 하나에 몇 가지 상황이 그 형식에 대한 의미로 결합될 수 있는 원초적인 기호 형식과 유사하다. 원초적인 기호 형식이라고 하더라도, 이것이 제대로 해석되고 가동되려면 감정이입이 작동되어야 한다. 즉, 왜 우는지를 추정하는 일이다.

한편 이해의 문제를 담화 또는 텍스트 언어학 차원에서도 생각해 볼

---

5) 뤼졸래띠 외(G. Rizzolatti et al. 1996), 「전-운동피질과 운동행위의 인식(Premotor cortex and the recognition of motor actions)」, 『두뇌 인지 연구』 제3호(131~141쪽)에서 유년 마카크(Macaque) 원숭이들의 행동 관찰을 통해 주장되었다고 한다. 거울 뉴런은 "관찰자가 자신의 내부적 상황을 마치 자신이 실제 그 일을 수행하는 것처럼 둘 수 있게" 하므로 타인의 행동을 관찰하면서도 마치 자신을 거울에 비춰보고 있는 듯한 효과를 얻을 수 있는 것이다.

수 있다. 하나의 낱말이 다른 낱말과 이어져서 하나의 단언(명제)을 이루고(단언은 입말에서는 발화로 불리고, 글말에서는 문장으로 불림), 단언들이 이어져서 작은 단락을 이루며, 작은 단락들이 결합하여 전체 덩잇말이나 덩잇글을 이루게 된다. 흔히 담화 또는 텍스트 언어학에서는 미시차원과 거시차원으로 구분하기도 한다. 미시차원은 발화나 문장들이 언어 기제들로써 결합되어 좀 더 큰 덩이를 이룬 것으로 비유할 수 있다. 그런데 미시차원의 덩이들이 다시 이어져서 거시차원의 구조물을 이룰 수 있는데, 이런 연결에는 언어적인 형태가 없이(언어 고리가 없이) 느슨하게 누적되거나 쌓인다고 비유할 수 있다(547쪽, 576쪽). 거시차원의 연결을 해석할 수 있는 방법은, 화자와 청자가 자주 경험하여 머릿속에 기억하고 있는 수사학적 전개 방식들이 있고, 또한 거시차원의 담화들이 밑바닥에 깔아 놓고 있는 가치 또는 이념 체계들에 의존하는 것이다. 이렇게 언어로 표면화되지 않은 채 이면에 내재되어 있는 것들을 이끌어 나가는 힘이 바로 '의도'이며, 글말에서는 '주제'라고 말해 왔다. 이들은 대체로 절차지식들에 해당하며, 개인별 자각이 사람마다 편차가 많을 것이다. 따라서 제도적으로 교육을 통하여 이런 내용들을 명시적인 언어로 표현함으로써 제대로 터득하고 사용할 수 있도록 할 수 있다.

언어가 의사소통에서 이용될 경우에 언제나 의도를 담고 있다. 의도는 1인칭 진술처럼 「주관적이며 내재적이며 사밀한 특징」이 있다. 그렇더라도 화자의 언어 사용을 이해하려는 상대방 쪽에서는, 화자의 언어 사용을 통하여 그 의도를 가늠하고 확정해 나가야 한다. 여기서 의도를 탐색해 나가는 과정은 크게 두 가지 길로 이뤄질 것으로 보인다. 하나는 감정이입에 의한 즉각적인 방식이며, 이를 직감적 방식이라고 말할 수 있다. 직감적인 방식은 소략하게 비-언어적 의사소통에서 의존해야 하는 방식이다. 그렇지만 주로 언어를 이용하는 의사소통에서는, 이런 직감이 언제나 완벽한 합치나 성공을 보장해 주는 것은 아니다. 오히려 이를 하나의 작업가정으로 이용할 수 있다. 일단 직감적 또는 직관적으로 작업가정을 설정하여, 이 가정을 계속 확증해 나가거나 수정해 나가는 방식이다. 이런 과정은 청자가 직접 듣게 되는 언어 재료들을 신중히 검토하면서, 언어 재료들의 연결을 가능하게 해 줄 만한 알맞은 일관된 흐름들을 찾아내어야 한다. 여기에 관여하는 원리로서 담화를 조직하는 상위 원리들을 적용하면서, 본디 설정해 놓은 작업가정을 수정하거나 교체하거나 확정해 갈 수 있다. 따라서 이를 일반화한다면, 직감적인 방식과 담화 운용 원리를 반추하는 일을 하면서, 화자의 의사소통 의도를 추정하게 된다고 말할 수 있다. 원래 화자가 자신의 의도를 숨기려고 하는 특별한 경우를 제외한다면(속이려고 함), 그 의도의 확정은 청자의 추정을 원래 화자에게서 확인을 받음으로써, 반드시 참여자들 상호간에 이뤄지는 상호작용 과정이라고 말해야 온당할 것이다.

2. 상황 판단과 의도의 결정 과정

의사소통 의도는 여러 가지 변인들에 의해서 결정되어야 하지만, 즉각적으로 일어나는 의사소통 행위로 말미암아, 우리는 의도의 결정 과정을 제대로 자각하지 못하기 일쑤이다. 의사소통 의도를 결정하는 데에 관여하는 주요 변수는, 「의사소통 맥락에 대한 파악, 청자와 공유할 것으로 믿는 공통기반의 상정과 정보간격의 가늠, 의사소통 목적의 설정」 등이다. 이런 변수들을 모두 의사소통 상황이라고 묶고, 이 상황에 대하여 어떻게 판단하고 의사소통 의도를 결정하는지 질문을 던질 수 있다.

인간이 스스로 어떻게 결정을 내리는지에 대한 논의는 최근 두뇌 손상을 입은 환자들에 대한 임상 관찰과 두뇌 해부학적 분석에 근거하여 새로운 주장이 부각되었다. 특히 더마지우(Damasio 1994; 김린 뒤침 1999)

『데카르트의 오류』(중앙문화사)와 르두(LeDoux 2002; 강봉균 뒤침 2005)
『시냅스와 자아』(소소)를6) 비롯한 일련의 논의들은, 진화론상으로 더
먼저 자리잡은 제2 두뇌 속의 감성 체계가 우리의 주인임을 주장한다.
데카르트는 이성과 감성을 서로 분리하고, 이성 중심의 인간관을 더
우월하게 보았었다.

우리들에게 이성(또는 합리성)이라는 속성이 있다면, 진화론적 두뇌
발달의 근거 위에서 다른 피조물들에게는 없는 제3의 두뇌 피질과 깊
은 관련이 있을 것이라고 추정할 수 있다. 그렇지만 감성은 백질로 된
제2의 뇌(테두리 또는 변연계의 뇌)와 관련이 깊고, 회백질로 된 제3의
피질이 진화하기 이전에서부터 이미 존재하고 있었다. 이런 진화 순서
는 논리적 요구이다. 이런 관점에서 데카르트의 주장을 두뇌 해부학으
로 번역할 경우에, 대략 이성은 회백질의 신생뇌(두뇌 피질)에 자리잡고
있으며, 감성은 백질의 테두리뇌(제2의 뇌, 변연계)에 관련된다고 말할
수 있다.

더마지우(1994; 김린 뒤침 1999: 제7장)에서는 감정이 전반적인 신체
변화를 일으키게 되며, 또한 두 종류의 다른 회로들로부터 나온 감정이

---

6) 공포(fear) 감정 연구의 대가인 르두 교수의 감성에 관한 책은 르두(1998; 최준식 뒤침
2006), 『느끼는 뇌』(학지사)로 나와 있다. 국내 심리학자들이 두뇌와 마음 작용의 관련성
을 쉽게 풀어 쓴 13편의 글들이 성영신·강은주·김성일(2004), 『마음을 움직이는 뇌, 뇌를
움직이는 마음』(해나무)에 있는데, 필자가 많이 배울 수 있었음을 적어 둔다. 카터(Carter
1998; 양영철·이양희 뒤침 2007), 『뇌: 매핑 마인드』(말글빛냄)에는 도판들이 많이 들어
있어 도움이 된다. 르두(LeDoux 2002; 강봉균 뒤침 2005), 『시냅스와 자아: 신경세포의
연결방식이 어떻게 자아를 결정하는가?』(소소)도 감동을 주는 책이다.
　결정 이론에 대해서는 심리학자 이영애 교수의 번역서들로부터 큰 도움을 입었다. 필
자의 능력에 영어 원서로서는 감히 몇 페이지도 읽어 나갈 수 없는 어려운 책자들이다.
카느먼 외(Kahneman et al. 1982; 이영애 뒤침 2001), 『불확실한 상황에서의 판단: 추단법
과 편향』(아카넷)과 하드먼(Hardman 2009; 이영애·이나경 뒤침 2012), 『판단과 결정의
심리학』(시그마프레스)이다.
　그런데 여기서 언급한 결정 이론이나 두뇌의 신경생리학은 모두 국어교육을 공부하는
필자가 문외한이며, 전혀 알 수 없는 전문영역이다. 단지 틈틈이 읽어 둔 제한된 독서
범위 내에서만 의사소통 의도가 결정되는 과정을 소략하게 짚어 볼 도리밖에 없음을
미리 적어 둔다. 아마 논점이 크게 잘못되었을 수도 있고, 또한 중요한 논점이 누락되었
을 가능성도 있겠는데, 모두 필자의 무지 탓이다.

있다고 지적한다. 1차 감정 회로는 테두리뇌에 자리잡고, 2차 감정 회로는 전-전두엽에 자리잡는다. 그는 앞의 감정을 feeling(느낌)이란 낱말로 쓰고, 뒤의 감정은 언제나 정신적 이미지와 함께 일어나는데 이를 emotion(감정)이란 낱말로 구별하여 쓰고 있다. 또한 지속 가능한 기분이나 분위기로 부를 법한 '배경 느낌(background feelings)'도 느낌의 한 가지 변형 모습이다. 이런 「느낌·배경느낌·감정」들은 모두 생리-화학적으로 우리 신체에 어떤 변화를 일으키게 된다. 이를 '신체감지 표지(somatic markers)'라고 부른다. 이 표지들이 후천적으로 경험이 누적되어 나감에 따라 점차 복잡한 두뇌신경 그물짜임을 이루어 놓는다고 한다.7) 그런데 그는 제8장에서 우리가 추론하고 판단하고 특정한 결정을 내리는 일이 중요하게 이런 그물짜임에 기대어서 일어난다고 주장한다. 결국 우리가 합리적이거나 이성적인 결정이라고 믿어 왔던 바의 신경생리학적 실체는, 포괄적으로 감정의 그물짜임과 전반적인 신체감각 표지들에 의해서 점검되며 확정되는 것이다. 비유적으로 표현하여, 이성의 판단은 언제나 감성의 결재를 받아야 하는 셈이다. 이는 카느먼의 제1 체계에 의한 결정과 정합적으로 맞물리는 주장이다.

우리가 어떤 결정을 내릴 적에 널리 기대되듯이 합리적인 결정을 내리기보다는, 오히려 한쪽에 치우쳐 감성적이거나 비합리적인(또는 제한된 합리적) 그리고 비일관적인 결정을 내린다는 사실을, 카느먼 외(1982;

---

7) 이것이 오직 유일하게 제2의 뇌에만 분포한다고 주장하는 것은 아니며, 편의상 간략히 대립시켜 서술했을 따름이다. 김린 뒤침(1999), 『데카르트의 오류』(중앙문화사), 168쪽 이하를 보면, 전-전두 피질, 두정엽의 신체감각 피질, 기저 전뇌 핵, 편도, 전 대상회, 시상하부 등 광범위한 그물짜임이며, 도파민, 노에피네프린, 세로토닌, 이세틸콜린 따위의 신경전달 물질들도 같이 작용해야 하는 복잡한 과정임을 알 수 있다. 184쪽에서는 우리가 의식을 갖기 위해서는 적어도 「자동화된 신체감지 상태(automated somatic states)·작업기억·주의집중」이 동시에 작동해야 한다고 하며, 경험이 성숙되어 갈수록 신체감지 상태에 대한 의존이 줄어든다고 한다. 그런데 첫 요소는 인문학 쪽에서 매우 낯선 두뇌신경생리학의 영역이다. 또한 197쪽 이하를 보면, 두뇌 손상 환자의 임상적 관찰을 통하여 행위의 결정과정이 언어 부서가 전혀 간여하지 않은 채 이미지(심상)에 의해서만 일어난다고 지적하고 있어, 언어 중심적 사고방식에 많은 반성을 촉구하고 있다.

이영애 뒤침 2001)에서는 여러 종류의 사례들을 증거로 삼아 밝혀내었
다. 일반적으로 판단을 내릴 적에 이용하는 세 종류의 어림셈(주먹구구
판단)이 있다. 이는 관습화 또는 습관화되어 있어서 치우친 결정으로
귀결되는데,

　① 한 개인이 지닌 고정 관념에 이끌리어 결정을 내리게 되는 고정 관념
　　 치우침,
　② 기억에 생생히 남아 있어 쉽게 이용할 수 있는 기억 활성 치우침,
　③ 처음 제시된 예시 기준에 이끌리어 거기에 맞춰 결정을 내리는 예시
　　 치우침

이 있다.8) 또 한 개인이 판단을 내리는 데에 영향을 주는 요인으로 틀
부여 효과, 과신(또는 고집)의 정도, 경험한 뒤 치우침9) 등을 찾아내었
다. 하드먼(Hardman 2009; 이영애·이나경 뒤침 2012)에서는 판단을 왜곡

---

8) 아마 축자적인 번역 용어의 선택인 듯한데, 이영애 교수는 세 가지를 다음처럼 번역하였다.
　① 대표성 편향(representation bias),
　② 가용성(availability) 편향,
　③ 기점화(anchoring)와 조정(adjustment)
　그렇지만 선뜻 이런 번역 용어만으로 원뜻을 재구성해 내기 힘들다. 기본 취지를 고려하
　면서 더욱 쉽게 그 속뜻을 짐작할 수 있도록 새로운 낱말들을 뽑을 필요가 있다. 필자가
　나름대로 뜻을 살려 번역해 본다면,
　① 고정관념에 치우침,
　② 생생히 남아 있는 기억에 치우침,
　③ 주어진 예시에 치우침
　정도가 될 듯하다. heuristics를 런드(Lund 2003, 이재호·김소영 2007 뒤침), 『언어와 사고』
　(학지사)에서는 '어림법'으로 번역하였는데, 흐릿하게 어림짐작을 하면서 결정한다는 뜻
　을 잘 포착해 주고 있다. 만일 이를 '추단'으로 번역한다면, '추리 판단'이나 '추론 판단'으
　로 잘못 새길 우려가 있다. 추리나 추론은 논리학에서 모든 수단을 동원하여 최상의 판단
　에 이르는 방식이다. 그렇다면 원래의 취지와는 정반대의 해석에 이를 가능성을 배제할
　수 없는 것이다. '주먹구구식'도 그 후보가 된다.
9) 이영애 교수는 '후견지명(hindsight)' 편향으로 번역하였다. 우리는 어떤 일을 한 번 겪은
　뒤에 그 경험 때문에 전혀 다른 가능성을 상정하지 못한 채, 늘 치우친 결정을 하는 경우
　이다. 이와 반대쪽의 경우는 적극적이고 개방적인 태도로 과감하게 새로운 도전을 하려
　고 선택하는 것일 듯하다.

할 수 있는 더욱 많은 요소들을 추가하였다. 사람들이 신중하게 여러 정황들을 다 검토하면서 판단을 내리는 것이 아니라, 신속하게 단편적인 정보만으로, 또는 단서 하나에만 의존하여 어림(주먹구구) 판단을 내리는 경향이 있다고 하였다.

결정 내리기 이론의 이런 주장들은 의사소통 활동에서 관련 상황에 대한 판단과 의도의 결정 과정에서 신중하고 면밀한 합리적 결정을 내리기보다는, 오히려 즉석에서 재빠르게 단편적인 정보만으로 비-합리적인 어림셈을 한다는 함의를 담고 있다. 그런 어림셈은 하나의 공통된 방식을 따르기보다는 다양히 많은 방식들이 상당수 있으며, 그런 방식들이 위계화되거나 일관적인 속성을 찾을 수 없다. 결과론적으로 보아 우연히 더 나은 선택지가 있었기 때문에, 이를 비-합리적 결정이거나 또는 제한적인 합리성 결정이라고 이름표를 붙일 뿐이다.

그런데 언제나 입말로 이뤄지는 의사소통 상황은 순식간에 빨리 진행하거나 반응하도록 요구한다. 공유된 공통배경과 정보간격을 가늠하여 의도를 수립하고 서술관점을 수립하면서, 동시에 알맞은 낱말들을 인출하여 배열하여 말소리로 내보내어야 하는 것이다. 이렇게 의사소통에 관련되는 다양하고 복합적인 영역에 대한 판단을 「의사소통 판단과 결정」으로 부를 수 있다. 왜냐하면 일반적인 결정 내리기와 차별적인 의사소통 행위 특성 및 거기 동원되는 언어 기제 내용들이 그런 판단과 결정에 중요한 몫을 맡고 있기 때문이다. 이 글에서는 상황 판단과 의도의 결정이 흔히 치우친 결정을 내리는 일반적인 결정 내리기의 특성들뿐만이 아니라, 이와는 달리 또한 다음과 같이 고유하게 요구되는 특성들이 더해져서 복합적으로 이뤄진다고 가정할 것이다.

첫째, 입말로 이뤄지는 기본적인 의사소통에서는 줄기차게 이어져 나가는 의사소통의 흐름을 유지하기 위하여, 화자가 꾸준히 노력을 해야 한다. 흔히 이를 의사소통 '중압감' 또는 의사소통 진행의 압력이라고 부른다. 이런 의사소통 중압감이[10] 비록 판단과 결정이 한 쪽으로 치우치더라도 신속하게 이뤄지는 쪽을 선택하도록 만들었다고 말할 수 있다.

둘째, 의사소통에 관한 판단과 결정이 서술관점의 선택과 더불어 언어 표현으로 이뤄졌을 때에, 결코 이것이 끝이 아니다. 반드시 얼굴을 마주하고 있는 상대 청자에게서의 반응을 관찰하고, 화자 자신의 의사소통 결정이 적합하였는지 여부를 재귀적으로 신속히 검토해야 한다. 따라서 화자 자신의 결정에 대한 「자기-평가」가 언제나 부지불식간에 주어지는 것이다. 이 평가의 정도에 맞춰, 다음 단계에서 원래 의사소통 의도를 계속 진행시켜 나갈지, 아니면 수정하거나 포기할지를 결정한다. 이를 '청자 반응에 대한 점검 과정'으로 부를 수 있다. 이렇게 점검한 다음에, 의사소통을 지속하기 위하여 다시 이어지는 결정 과정을 흔히 '후속 상호조율 과정'이라고 부른다. 의사소통에서 후속 상호조율은 아직 일반적인 결정 내리기에서 전혀 다루지 않은 중요한 논제가 된다.

셋째, 의사소통 과정에서 의도를 결정하여 언어로 표현하는 일은, 일상생활의 여느 결정과는 달리, 결정 주체에게 심각하게 경제적 손해를 끼치는 일이 없다. 문화마다 다소 차이가 있겠지만[11] 또한 의사소통 기제를 이용하여 한 개인의 말실수를 '사과할 수'(또는 용인할 수) 있는

---

10) 의사소통을 진행해 나갈 적에 중간에 드문드문 공백이 생겨날 수 있다. 이런 공백을 채우는 것들을 흔히 '군말'로 부른다. 그런데 군말이 크게 두 종류로 나뉠 수 있다. 클락(Clark 1996; 김지홍 뒤침 2009: 404쪽, 422쪽), 『언어 사용 밑바닥에 깔린 원리』(경진출판)에서는 발언권을 지닌 화자가 공백을 채우기 위하여 두 종류의 군말을 이용한다고 지적한다. 주관적인 느낌 또는 심리적 기준으로 1초 이내의 공백 및 1초를 넘는 공백을 구분할 수 있는데, 이런 공백을 채우는 군말들이 서로 다르다. 전자는 화자 자신이 머릿속에서 관련된 낱말들을 인출하고 있는 상태를 드러내어, 발언권을 빼앗기지 않으려는 뜻을 담고 있다. 그러나 후자는 의사소통에 참여하고 있는 청자에게 의사소통을 진행시켜 나갈 수 있도록 '도움을 요청'하고 있는 것으로 해석할 수 있다. 북미 영어 화자들의 경우에 전자의 공백을 채우기 위해 'uh(어)' 계열의 군말을 쓰지만, 반면에 후자의 공백을 채우기 위해서는 'um~(엄)' 계열의 군말을 쓴다고 하였다.

11) 하드먼(Hardman 2009; 이영애·이나경 뒤침 2012: 46쪽)에서 동양인들의 문화와 서구 사람들의 문화가 판단이나 결정 과정에 영향을 주는 치우침 요소들과 그 정도가 다르다는 연구들을 언급하고, 또한 사람들의 성격 차이에 따른 연구들을 인용하고 있다.

관습이나 기제도 허용된다. 이런 특성 때문에 판단과 결정의 주체가 설사 실수를 하더라도, 다시 원상태로 회복될 수 있는 기회가[12] 충분히 주어지는 것이다. 판단과 결정의 치우침을 논의하는 연구들은, 대체로 치우침이 생겨나는 연원을 인간의 제한된 능력에다 초점을 모으는 듯하다. 그렇지만 또한 의사소통 경험에서 누적적으로 실수를 만회할 충분한 기회들이 주어지는 의사소통 결정 방식으로부터 나온 영향력도 고려되어야 할 것이다(사과 및 수용의 방식).

우리들이 자주 내리게 되는 치우친 판단과 결정은, 또한 신경생리학적 주장들과 서로 정합적으로 뒷받침 논거를 제공해 주고 있다. 최근에 우리의 판단이나 결정이 면밀하고 합리적인 이성적 과정이라기보다는, 오히려 「감성적이거나 정서에 치우친 일방적 결정 과정이라는 주장」이 크게 부각되고 있기 때문이다. 또한 고유한 의사소통에 관한 판단 및 결정의 특성들이 추가되어야 한다. 이런 점들을 고려한다면, 자유의지를 지닌 한 개인이 어떤 방식으로 판단을 하고 결정을 내릴지에 대해서는, 원칙적으로 아무도 미리 예측할 수 없다. 오직 느슨한 의미에서[13] 결정 과정이 두 번 이상 반복 관찰되어 습관이나 버릇으로 일반화할 수 있을 경우에라야, 어느 정도 예측을 할 수 있을 뿐이다.

---

12) 사회학자 고프먼(Goffman, 1922~1982)에 따르면 의사소통 행위의 밑바닥에는 체면(face)의 원리가 깔려 있다. 그는 체면 위협(face-threatening) 행위와 체면 보호(face-saving) 행위를 나누어 일련의 상호작용 행위들을 설명하려고 하였다(고프먼 1967; 진수미 뒤침 2013). 만일 이런 측면을 고려한다면, 이미 일어난 의사소통에 대하여 사과하는 일이 말끔히 지우개로 연필 자국을 지우듯이 완벽히 원래 상태로 되돌아가는 것은 결코 아니다. 사과하는 쪽에서 체면이 구겨지거나 손상받기 때문이다. 그렇지만 만일 이런 체면 손상을 감내할 수 있다면, 그런 조건에서 상대방 쪽에서 사과를 받아들이는 일을 기점으로 하여, 의사소통 참여자들 사이에서 본디 상황을 회복한다고 서술할 수 있을 것이다.

13) 자연법칙은 예외가 없다고 말할 수 있겠지만, 인간이 간여하는 행위들은 어떤 경향을 기술하더라도 곧장 예외들이 생겨난다. '예외 없는 법칙이 없다'는 경구는 자유의지를 지닌 인간 행위들을 염두에 두고 만들어진 듯하다. 느슨한 의미라는 조건이 많든 적든 예외성을 인정한다는 뜻이다. 그렇다면 '관습화·사회화·규범화' 따위의 개념들이 모두 거듭 반복 가능한 「전형적 사건」을 가리키고 있는 것이다.

3. 의도의 수정과 전략적인 상위 의도

의사소통 판단과 결정은, 청자 반응에 대한 점검 과정을 거쳐, 지속적인 상호조율의 과정으로 이어진다. 이런 일련의 과정에서 예상대로 청자의 반응을 확인할 수도 있고, 그렇지 못할 수도 있다. 만일 청자 반응이 예상되는 대로 관찰될 경우에는, 점검 과정이 뚜렷이 자각되지 않은 채, 다음 단계의 의사소통을 진행시켜 나갈 수 있다. 반대로 만일 기대된 청자의 반응을 얻지 못하였다면, 다음처럼 여러 가지 선택지가 주어질 것이다. 첫째, 얼굴을 마주보고 있는 청자가 제대로 주목하지 못하였다고 판단하고서, 동일한 의도와 언어 표현을 다시 한번 반복하거나, 언어 표현을 달리하여 풀어 줄 수 있다. 둘째, 청자와의 공통기반 및 정보간격을 다시 가늠한 뒤, 이에 따라 본디 의도를 새로 파악한 정보간격을 채우기 위하여 다소 수정할 수 있다. 셋째, 본디 의도를 포기하고, 전혀 새로운 의도를 마련할 수 있다. 넷째, 청자의 이해를 무시하면서 화자가 일방적으로 의사소통을 진행하여 신속히 끝내 버리는 것이다. 결국 의사소통 의도가 언어로 표현되어 말소리를 나올 경우에, 일직선으로 된 두 가지 축 사이에서 앞의 세 가지 변화가 필요한 경우를 다룰 수 있을 것이다. 그런데 이런 과정은 반드시 청자가 보여 주는 반응을 화자가 스스로 평가하면서 신속히 이뤄져야 한다.

본디 의도를 수정하거나 포기하여, 새로운 의사소통 의도를 수립해야 하는 세 가지 경우(앞의 첫째~셋째)에는 이런 작업을 수행할 부서나 주체가 있어야 한다. 이렇게 요청되는 추가 부서에 대한 논의를 위하여 잠정적으로 '상위 의도'를 상정하여 다룰 수 있을 것이지만, 본디 의도가 만들어지는 부서 및 상위 의도가 만들어지는 부서가 서로 별개의 부서인지에 대한 의문에 먼저 답변을 해야 한다. 의도는 객관적으로 외적인 관찰이 불가능하고, 흔히 「1인칭의 주관적이며 사밀한 특성」을 지니는 것으로 기술된다. 외적인 단서나 어떤 관련 증거가 없다면 어떤 방식으로 설득력 있게 두 층위 이상의 의도를 설정할 수 있는 것일까?
먼저 써얼(1983; 심철호 뒤침 2009: 제3장)의 경우를 보기로 한다. 그는
아직 일어나지 않은 미래 시제 표현을 지니고 나타나는

"나는 A를 할 것이다(I will do A)." 또는
"나는 곧 A를 하게 될 것이다(I am going to do A)."

행위를 '사전(prior)' 의도라는 개념과 짝지운다.14) 반면에 현재 진행시
제 표현으로 나타나는

"나는 A를 하고 있는 중이다(I am doing A)."

행위를 '현재 작동중인 의도(intention-in-action)'라고 부른다. 써얼 교수가
앞 단락에서 언급된 의사소통 상황을 다루지 않았기 때문에, 의사소통
을 이끌어 가고 있는 '현재 작동중인 의도' 이외에 아직 다른 의도를
상정하지는 못하였지만, 사전 의도와 거울 영상처럼 아마 사후(posterior)
의도를 설정하였을 법하다.

---

14) 여기서는 오직 예시를 위하여 현재 진행되고 있는 하나의 사건을 가리키기 위하여 현재
진행시제 표현을 들었을 뿐이다. 시제들은 담화 전개에서 무대를 마련하고 그 무대 위에
서 사건들이 발생한다는 사실을 보여 주는 역할도 지니고 있다. 즉, be going to가 비격식
적인 담화에서 미래 사건들을 도입하기 위한 무대를 마련해 놓는 일도 하는 것이다. 따라
서 이 예시가 언제나 참이 되지 않고, 정밀한 담화 분석에서 예외들이 생겨날 수 있음을
지적해 둔다. 이런 사실은 전산 처리된 입말 담화들을 정밀하게 분석하면서 처음 알려졌
다. 가령, 머카씨(McCarthy 1998; 김지홍 뒤침 2010: 제5장), 『입말, 그리고 담화 중심의
언어교육』(경진출판)에서는 특히 이런 점을 다음처럼 제시하였다.

영어에서 시제 표현을 통한 담화 전개 방식

말투	대상	무대를 마련하는 시제 표현 ⇨	후속 사건들의 시제 표현
비격식적 입말	과거사건	현재완료로 된 무대(have + 과거분사) ⇨	단순과거 사건들(-ed)
	과거사건	지속적이었던 습관의 무대(used to) ⇨	우연한 과거사건들(would)
	미래사건	현재에 근거한 무대(be going/supposed to) ⇨	단순미래 조동사 사건들(will)
격식적 글말	과거사건	지속적이었던 습관의 무대(used to) ⇨	단순과거 사건들(-ed)
	미래사건	예정된 미래 사건의 무대(be to) ⇨	단순미래 조동사 사건들(will)

심리 철학 쪽에서는 의도를 써얼 교수처럼 두 계열로 나눠 논의한 사례들을 쉽게 찾을 수 있다. 브뢴드(Brand 1984)에서 설정한 「전망적 의도와 즉각적 의도」가 써얼의 구분과 그대로 대응한다. 브룃먼(Bratman 1987)에서도 유사하지만 용어를 바꾸어 「미래지향 의도와 현재지향 의 도」라고 불렀다. 멜리(Melle 1992)에서는 「원거리 의도와 근거리 의도」라 는 말을 쓴다. 그렇지만 특이하게 파체뤼(Pacherie 2008)에서는 이런 두 계열의 의도 이외에도, 다시 근육운동 신경계를 작동시키기 위하여 운 동의도(m-intention)가 필요하다고 주장하였다.15) 자칫 의도의 층위를 남 발하기 시작한다면, 의도를 바꿔야 할 필요가 생겨날 때마다, 새로운 의도 층위를 설정해야 할 것이다. 그렇다면 마치 무한 퇴행의 문제처럼 꼬일 수 있다.

의도는 반드시 행위이든 발화이든 밖으로 표현되어 관찰될 수 있어 야 한다는 조건에서, 비로소 관찰 자료 이면에 있는 머릿속 '준비 작용' 으로서 설정되는 것이다. 어떤 외적인 자료나 또는 내재적으로 관련된 증거가 없이 의도의 층위를 설정하는 일은 공허한 작업에 한가지이다. 따라서 적절히 의도의 층위를 설정할 때 「남발을 제약할 논리적 필요 성」이 생겨난다.

앞에서는 의사소통을 진행해 나가기 위하여 필요한 의도를 상정하였 다. 그런데 그 의도가 언어로 표현되는 경우에, 상대방 청자가 그 의도 를 찾아내거나 그렇지 못하는 두 가지 경우가 있었다. 후자는 다시 의 사소통을 계속 진행하기 위하여 하위로 네 가지 가능성이 있었다. 여기 서 본디 의도는 다양하게 '현재 작동중인 의도, 현재지향 의도, 근거리

---

15) 두 계열의 의도는 각각 브뢴드(M. Brand 1984), 『의도하기와 행위하기(*Intending and Acting*)』(MIT Press); 브룃먼(M. Bratman 1987), 『의도·계획·실천 이성(*Intention, Plans, and Practical Reason*)』(Cambridge University Press); 멜리(A. Melle 1992), 『행위의 근원들: 의도적 행위 이해하기(*Springs of Action: Understanding Intentional Behavior*)』(Oxford University Press)를 보기 바란다. 운동 의도는 파체뤼(E. Pacherie 2008), 「행위의 현상학: 개념적 얼개(The phenomenology of action: A conceptual framework)」, 『인지(*Cognition*)』 제107호(179~217쪽)를 보기 바란다.

의도' 등의 용어로 불릴 수 있다. 그렇지만 상대방 청자의 반응을 점검 확인하자마자, 만일 그 반응이 미리 기대된 것이 아니거나, 만일 청자가 화자의 의도를 제대로 파악하지 못한 것으로 판단된다면, 신속하게 몇 가지 선택지에 대한 결단을 내려야 한다. 이를 위해 본디 의도를 고치거나 조정할 수 있는 '상위 의도'가 요청되는 것이다. 필자는 층위 남발을 제약하기 위하여, 본디 의도 및 판단·결정·평가 체계의 작동만으로도 충분히 새로운 의도가 만들어질 것으로 본다.

그렇지만 이런 의도의 수립과 의도의 수정, 그리고 본디 의도의 포기 뒤에 새로운 의도 수립 과정이 머릿속의 어느 부서에서 일어나야 하는 것일까? 본디 의도와 상위 의도가 별개의 부서에서 일어나는 것일까? 현재의 논의에서는 가장 가까운 후보가 전-전두엽에 자리잡은 작업기억일 수밖에 없다. 르두(2002; 강봉균 2005: 328쪽, 332쪽)에 따라, 내측 전-전두엽의 작업기억과 복측(안와) 전-전두엽의 작업기억은 다른 피조물에게서도 찾아진다고 하므로, 오직 영장류에게서만 찾아지고, 인간에게서 사춘기 이후에라야 완전히 발달하는 '외측 전-전두엽'에 관련짓는 것이 가장 합리적일 듯하다. 작업기억은 배들리(1986)에서 천명된 정신에 따라 검박하게(parsimonious) 설정되는 것이 바람직하다. 이는 의도를 만들어 내는 층위들을 여러 개 설정하는 일과는 대척점에 있다. 검박하게 의도의 층위를 설정한다면, 오직 본디 의도를 만들어 내는 것으로 충분할 것이며, 청자의 반응을 점검 확인하면서 제대로 의도가 전달되지 않았다고 판정이 내려질 경우에만, 그 평가 결과에 따라 재귀적으로 본디 의도를 바꿀 수 있도록 하는 것이다. 이런 측면을 위해 전략적이라는 수식어를 쓸 수 있다. 상위 의도는 오직 본디 의도가 수정되거나 포기되어야 한다는 판단이 내려질 경우에라야 재귀적으로 작동하여, 의도 수립의 과정이 재가동되는 것이라고 가정할 수 있다. 외측 전전두엽의 작업기억 속에서 이렇게 재가동되는 과정을 '전략적 상위 의도'가 작동한다고 말할 수 있다.

의도가 수립되는 층위를 가급적 제약하여 함부로 남발하지 말아야 할 또 다른 이유가 있다. 본디 의사소통 의도가 결정되고 수립된 뒤에도 다시 두 가지 사항이 더 결정되어야 하기 때문이다. 첫째, 본디 의도를 표현할 내용에 서술관점이 세워져야 한다. 둘째, 곧 이어 그 관점에 따라 언어 표현 방식도 또한 동시에 결정되어야 한다(제III부 제6장에서 다시 다룸). 우리가 하나의 사건을 언급할 경우에, 담화 분석의 논의에서는 서술관점의 수립이 크게 두 가지 선택지로 나뉜다.16) 하나는 그 사건의 과정에 중심을 두고 언급하는 것이고, 다른 하나는 그 사건의 결과 상태만을 언급하는 것이다. 과정에 초점을 모을 경우에 그 사건이나 행위를 수행하고 있는 행위 주체가 표현되므로, 명백히 책임질 주체가 언어 표현 속에 드러난다.

  "철수가 쓰레기를 불태웠다."

에서 '철수'는 어떤 사건에 대하여 책임이 있다. 그렇지만 후자는 마치 자연계의 일반적인 사건이 저절로 일어난 듯이, 하나의 사건을 이끌어 가는 주체를 일부러 감춰 버리는 방식이다.

  "쓰레기가 불탔다."

라는 표현에서는 그 사건에 책임질 행위주가 전혀 드러나 있지 않다. 이를 흔히 능동태 표현과 수동태 표현이라고 불러 왔다. 그렇지만 이런 태에만 국한되지 않고, 하나의 명제를 온전한 문장으로 표현하는지,

---

16) 비판적 담화 분석에서 페어클럽(2001; 김지홍 뒤침 2011), 『언어와 권력』(경진출판) 제5장에서 처음 본격적으로 논의된 것으로 알려져 있다. 아울러 페어클럽(2003; 김지홍 뒤침 2012), 『담화 분석 방법: 사회 조사연구를 위한 텍스트 분석』(경진출판)의 제8장도 함께 보기 바란다. 동일한 사건이지만 "철수가 영이를 사랑한다 : 영이가 사랑받는다"는 표현도 또한 서술관점의 차이를 잘 드러내 주는데, 각각 다른 속뜻이 깃들 수 있다.

아니면 명사구로 표현하는지에 따라서도 또한 동일한 효과를 거두게 된다.17) 이들 중 어떤 관점을 택하였든지 간에, 이들을 표현하는 방식

---

17) 우리말로 예를 들어 보면, 하나의 명제가 문장에서부터 명사구로 줄어들 경우에 차츰 단계별로 무엇이 삭제되는지를 한눈에 알아볼 수 있다(59쪽 각주 6 참고). 하나의 명제 형식 '과거[사랑하다(철수, 영이)]'라는 표현이, 우리말 문장으로 "철수가 영이를 사랑하였다."로 번역된다고 하자. 이 문장을 명사처럼 만들어 주려면, 우리말에서는 형식명사 '것'을 이용하게 된다. '것'을 이용한 명사화는 다음과 같다.
　① "철수가 영이를 사랑한 것"
여기서는 시제 '-었-'이 관형사형 어미 '-은'으로 바뀌었고, 오직 서술 단정을 나타내는 종결어미 '-다'만 없어졌다. 단, 양태의 문제는 영어와 달리 우리말에서 단독 형태소가 없이 다른 형태소에 더부살이를 하므로 논의가 좀 복잡해진다. 따라서 일단 양태는 이 논의에서 접어두기로 한다. 다시 '-음/-기'를 이용하여 명사처럼 만들면, 시제 형태소의 유무에 따라 다음 두 가지 모습이 가능하다.
　② "철수가 영이를 사랑했음/사랑했기"
　③ "철수가 영이를 사랑함/사랑하기"
전자는 시제 요소가 들어가 있고, 후자는 시제 요소가 들어 있지 않다. 시제의 유무도 양태의 차이를 드러내어 각각 현실적 사건과 일반화된 사건으로 해석되는 듯하지만, 자세한 논의는 생략한다. 다음으로 명사형 어미나 접미사가 없이 어근 그 자체가 명사로 되어서 구나 절을 이룰 수 있다.
　④ "철수의 영이 사랑"
이는 전통문법에서는 명사들만 나열되어 있어서 명사구라고 말하겠지만, 주어와 술어를 가진 구문으로 해석될 수 있기 때문에 엄격히 말하여 '명사절'이라고 불러야 옳다. 또한 원래 문장에서부터 여기에 있는 명사절까지 모두 동일하게 명제형식 '사랑하다(철수, 영이)'로 표현되기 때문에, ④는 명사절로 불러야 한다.
　그런데 ④에서 논항으로 불리는 두 항목이 수의적으로 실현될 수 있다. 즉, ⑤ "철수의 ø 사랑"도 가능하고, ⑥ "ø 영이 사랑"도 가능하다. 뿐만 아니라 두 항목이 모두 실현되지 않은 채 ⑦ "ø ø 사랑"이란 표현도 가능하다.
　여기서 ø가 생략인지, 아니면 공범주 형태의 대명사인지, 아니면 추상화된 항 λX[X](c)인지에 대한 확정은 또 다른 논의거리가 된다. 일관되게 원래 문장과 ①~⑦까지를 동일한 개념구조로 포착하는 경우에는, 당연히 추상화된 항(abstraction, 언제나 참값으로만 구현되는 항)으로 설정되어야 할 것이다. 추상화 연산은 언제나 참값으로 귀결되는 특성화 함수를 가리키는 용어이며, 자연언어에서는 'such that(예를 들면)'으로 번역된다. 이와는 반대로, 일반사람들의 머릿속에 먼저 '사랑'이란 명사와 '철수'나 '영희'란 명사가 따로따로 있다가 우연히 결합하였다고 본다면, 통일된 하나의 개념구조를 상정할 필요가 없기 때문에 좀 더 자유롭게 설명할 수 있을 것이지만, 결합방식을 제약할 수 있는 방식이 없기 때문에, 자의적이고 우연한 결합이 개별적으로 일어났다고 선언해야 한다. 이는 규칙이나 질서 찾기를 포기하는 일이다.
　필자는 개인적으로 이런 구조를 다룰 적에 기억의 특성들을 고려해야 한다고 믿고 있다. 문장이든 또는 절이든 간에, 시제와 양태의 모습이 들어가는 경우에는 구체사례 기억에 있는 낱개의 사건(절 또는 명제 형식)을 가리키게 된다. 그렇지만 일반화되어 모든 시간과 공간에 적용되는 형식이 되면 일반의미 기억에 관련될 것으로 본다. 특히 후자는 명사구 또는 명사류와 관련되어 있다. 구체사례 기억은 제3의 뇌로 불리는 대뇌 피질과 전-전두엽에 있는 작업기억이 관련되고, 일반의미 기억은 제2의 뇌로 불리는 테두리뇌

은 크게 직접 표현법과 간접 표현법으로 나뉘고, 간접 표현법은 다시 우회 표현과 비유 표현(은유 및 환유)으로 나뉜다. 적어도 세 가지 표현법이 있는 것이다. 따라서 서술관점을 수립할 경우에 함께 표현법에 대한 선택도 다뤄져야 하는 것이다. 이런 복잡한 단계들에 대한 처리도 언어 산출을 위한 작업기억에서 일어나야 한다. 용량이 제약되었다고 알려진 작업기억이 요술방망이가 아닌 한, 가급적 검박하게 설정되어 산출 과정의 처리 부담량을 줄여 주어야 한다. 이런 배경에서, 의도는 하나의 층위만으로도 충분하다. 다만 청자의 반응에 대한 재귀적인 확인 점검체계에서 이상이 탐지될 경우에만, 전략적으로 의도를 수정하거나 새로운 의도의 수립을 위하여, 본디 의도가 작동하는 부서들을 재가동시키는 상위 의도를 상정하는 것이 가장 바람직할 것이다. 상위의 의도란 결국 본디 의도의 실행 결과를 순식간에 「판단·결정·평가체계」를 작동시켜서 도출되어 나온 것이다. 번다하게 의도를 결정하는 층위를 계속 설정한다면, 무한 퇴행의 역설 속에 갇혀 버리게 된다. 아마도 이것이 배들리(1986, 2007)에서 검박한 기획 정신과 서로 정합적인 설계 모습이다.

(변연계)와 작업기억이 관련된다. 핑커(1999; 김한영 뒤침 2009: 9장, 10장), 『단어와 규칙』(사이언스북스)을 보면, 불규칙 활용을 하는 낱말들이 서술지식 기억을 이용하여 대뇌 피질의 두정엽과 후두엽에서 혈류가 증가되지만, 규칙 활용을 하는 낱말들은 절차지식 기억을 이용하므로 변연계의 기저핵과 전두엽에서 혈류가 증가된다고 한다. 언어 사용이나 담화 처리를 우리가 늘 사용하고 있는 기억에 기반하여 다루는 일이 아직 낯설겠지만, 기억의 기반을 고려하지 않고서는

'언어 → 언어 사용 → 담화 → 인식 → 정신 표상 → 전체의식'

뿐만 아니라, 우리의 자아조차도 존재할 수가 없다. 결국 학문의 깊이가 더욱 깊어질수록 더욱 더 신경생리학적 뿌리를 고려하도록 요구하지 않을 수 없을 듯하다.

5장 공통기반과 정보간격과 상호조율

만일 의도가 의사소통을 시작하는 첫단계이고, 의도의 결정이 맨처음 일어나야 하는 일이라면, 의사소통 상황에 대한 판단과 의도의 결정에 어떤 요인들이 고려되어야 하는 것일까? 물론 「의도가 선행해야 한다」는 사실을 스스로 깨닫지도 못한 채, '말이 마려워서' 입밖으로 말을 뱉어내는 충동적이고 극단적인 경우도 있을 것이다. 또한 이와는 정반대로 여러 가지 상황들을 머릿속으로 이것저것 고려하다가, 끝내 입밖으로 말을 한마디 꺼내지도 못한 채 입을 다물고 마는 불발의 경우도 있을 것이다. 둘 모두 매우 극단적인 경우이다.

인문학에서는 자유의지를 지닌 인간들을 대상으로 하여 인간 정신을 다룬다. 자유의지는 불가피하게 예외적인 경우가 늘 생겨날 수밖에 없다. 자유의지가 통제 또는 규제의 대립 개념이기 때문이다. 그렇지만 하나하나의 사건이 유일하고 반복되지 않는다면 일반화할 수 없고, 제한된 두뇌 용량으로 그 사건들을 모두 다 기억할 수 없을 것이다. 두뇌 용량의 제한성은 그 두뇌를 효율적으로 이용하도록 임의의 대상이나

사건을 유형화하는 진화적 압력을 가하였고, '유형화 가능성'을 최대한
으로 살리기 위하여 「계층적인 내포 구조」를 정신작용의 특징으로 만
들었다. 심리철학에서 인간 정신의 가장 밑바닥에 '같음'과 '다름'에 대
한 기호학적 구분(유형화)의 필요성을 찾아낸 것도(117쪽) 생태학적 진
화의 결과로 해석될 수 있다. 그렇더라도 인문학에서는 과도하게 결정
론적 원리를 받아들일 수 없으며,1) 어느 선에서 개별적인 자유의지의
구현 및 일반론적 유형화를 모두 조화롭게 붙들어 놓을지 결단해야 한
다. 필자의 독서 범위에서 가장 이른 표본이 현대 언어학을 열어 놓은
소쉬르의 랑그(구성원들 사이에 공유된 공통 속성)와 파롤(개인별 특이 속
성) 개념이다.

자유의지의 궤적을 다루기 위해서는, 일단 그것이 두 번 이상 반복되

---

1) 일부에서 '언어과학'이란 말도 쓰고 심지어 '인문 과학'이란 말도 서슴없이 쓰는 경우를
본다. 필자의 이하 부정적 서술은, 이들 용어가 잘못이라고 주장하려는 것이 아니다. 오직
이런 용어가 지향하려는 목적을 보다 분명히 읽어 내고 올바르게 해석할 필요가 있다고
본다. 기호학에서는 형식과 내용의 결합체가 인간 정신의 구현 방식이라고 가정한다.
이 중에서 형식 쪽은 결정론적으로 과학화되고 어떤 가정에 대하여 증명되거나 논증될
가능성이 있다고 본다. 가령 뛰어난 언어학자인 참스키 교수의 이론 체계가 소략히 말하여
"변형 생성 체계 → 원리와 매개인자 체계 → 최소주의 체계 → 인지적 접합면 체계"
등으로 계속 발전해 온 사례들이, 이런 형식적 측면의 과학화 실례를 잘 대변해 준다.
그렇지만 이 형식과 결합하는 내용까지 반드시 그러하리라고 보지는 않는다. 내용은
우리 인간의 삶 그 자체에 뿌리를 내려 있다. 삶 그 자체는 결정론적 접근이나 과학적
일반화가 가장 어려운 최후의 영역이라고 본다. 삶은 우리에게 객관적인 대상으로 주어지
는 것이 아니다. 오직 짧게 유한 시간만을 살아가는 인간에게는 삶이 언제나 선택을 통해
주어지는 것이다. 우리는 죽기 때문에, 그리고 죽는다는 사실을 깨닫기 때문에, 불가피하
게 선택을 한다. 바로 이 선택 자체가 우리에게 가치 체계를 구성해 놓는다. 이런 가치
체계나 선택은 결코 과학적 결정에 의해 가려지거나 증명될 수도 없다. 필자는 이런 측면
이 인문학의 과학화를 거부하는 동기라고 믿는다. 이런 가치에 대한 접근 방식은 일상언
어 철학자 그라이스(1991), 『가치의 복합 개념(*The Conception of Value*)』(Clarendon)에서
읽을 수 있다.
한 걸음 더 나아가, 기호학의 두 층위인 형식과 내용이 처음에서부터 주어지는 것이
아니다. 기호학 창시자 퍼어스(Peirce 1894)의 통찰에서 보듯이, 기호의 운용은 반드시
탄탄히 발달된 인간의 기억체계 위에서만 비로소 상징적 또는 비-자연적 결합을 통해
일어날 수 있는 것이다. 그렇다면 제3의 신생뇌가 발달되기 이전에는 무엇이 있었을까?
한 생명체가 경험할 수 있는 작은 숫자의 사건 내용밖에 없었을 것이다. 그렇다면 대뇌
피질이 발달했다고 하는 2백만 년 전의 우연한 시점에서부터, 아마 경험 내용의 번다함
을 조정하려는 구조적 압력으로, 형식 또는 구조의 도입이 두뇌 진화 노선에서 요청되었
을 것임을 짐작할 수 있다.

어 나오는 경우를 「전형적인 사례」들로 간주하고서 이들을 대상으로 하여 일반화를 시도할 수 있다. 이런 일반화의 내적 질서를 새롭게 찾아낸다면, 여기서 벗어나는 임의의 사례를 다루기 위하여 내적 질서에 변형을 추구할 수 있다. 의사소통 상황을 판단하고 의도를 결정하는 과정도 동일한 그림을 그려 줄 수 있다. 예외적이고 극단적인 경우들은 일단 논의에서 제외해 둔다. 대신, 누구에게서나 쉽게 경험할 수 있는 일반적인 경우들을 상정하여, 합리적인 논의 방식들을 모색해 나가기로 한다. 따라서 여기서의 논의는 전형적이거나 일반적인 사례들을 염두에 두고 이뤄지며, 의사소통이 원활히 이뤄지는 가장 바람직한 경우(전형적 경우)를 상정한 것임을 미리 밝혀 둔다.

1. 믿음체계, 공유된 공통기반, 정보간격의 가늠

한 개인과 다른 개인이 공통된 믿음체계를 갖고 있다는 주장은 두 가지 함의를 지닌다. 첫째, 한 개인이 현실 생활에서 어떤 사건을 경험할 때에, 그 경험을 지각하는 신체 기관들이 공통된 방식으로 작동하여 구성원들의 머릿속에서 유사한 기억 기반에 자리잡는다. 둘째, 한 개인이 경험 기억을 이끌어내어 의미나 가치를 부여하는 방식은, 일정 기간에 걸쳐서 훈육이나 교육을 통해 이뤄진다. 이 두 가지 함의는 인지구조적인 측면 위에 사회적인 측면에 결합되어 있는 형태로서, 한 개인에게서 모든 구성원들과 생물학적으로 공유할 수 있는 정보인 범주(categories)들에 대한 공유 개념, 한 사회 공동체를 작동시키는 가치들에 정보인 공동체 규범(maxims)들에 대한 공유 개념을 설정할 수 있게 해 준다.

때로 서구사회에서는 임의의 개념이 선천적으로 주어지는지, 아니면 후천적 경험에 의해서 주어지는지를 배타적으로 선택하는 문제를 다루기도 한다. 이는 특정한 종교의 교리가 지배적으로 선천적 성격들을 인간과 사회에 부과하였기 때문에, 이에 대한 반발로 백지 상태에서 경험이 쌓이면서 지식이 생긴다는 주장을 강조하면서, 두 가지 선택을 마치 물과 기름처럼 표상해 놓은 것으로 이해된다. 서구 지성사회에서 경험주의와 합리주의라는 말을 서로 대립시켜 제시하는 일도, 그런 역사적 배경에서 말미암는 것으로 보인다.[2] 그렇지만 연면히 농경사회를 살아온 우리들에게는 민간에서

"씨도 좋아야 하고, 밭도 좋아야 한다."

는 매우 평범한 진리를 전해 준다. 이는 선천적 특성 위에 후천적 특성이 덧얹혀진다는 뜻으로 이해되며, 결코 두 가지 특성이 배타적인 선택지가 될 수 없는 것이다.

핑커(Pinker) 교수는 모든 인간들이 공유하는 범주들을 '보편성'으로

---

2) 초기 경험의 중요성을 강조하는 원형(prototype) 이론에 대한 탐구가 아마 가장 최근에 이뤄진 시도였던 듯하다. 특히 특정한 낱말이 없을 경우에도 기본범주의 형성이 가능한지에 관한 연구가 있었다. 인도네시아 자바섬에 살면서 여태 석기 도구들을 쓰는 다니 족은 색체 낱말 중에 '빨강'이란 낱말을 갖고 있지 않다. 그렇다면 다니 족 어린이들이 빨강 계열의 분포 중에서 초점 색깔(focal colour)을 공통되게 간직하고 인지하는지 여부가, 색체에 대한 공통 범주를 지니는지 여부를 알려 주는 척도가 될 수 있다. 롸슈(Rosch) 교수에 따르면, 그곳 어린이들이 비록 빨강이란 낱말이 없더라도, 공통적으로 특정한 초점 색깔들을 확인할 수 있었다고 한다. 그녀가 쓴 일련의 논문들은 개념과 범주와 사고가 생겨나는지에 대한 다수의 시사점들을 담고 있다(72쪽, 254쪽, 512쪽 참고). 우리말로는 신현정(2011) 『개념과 범주적 사고』(학지사)를 참고하기 바란다.
  롸슈(1975), 「의미 범주에 대한 인지 표상(Cognitive Representations of Semantic Categories)」, 『실험 심리학 학술지(Journal of Experimental Psychology)』 제104권 3호와 롸슈(1975), 「느슨한 의미의 가족 유사성: 범주들의 내적 구조 연구(Family Resemblances: Studies in the Internal Structure of Categories)」, 『인지 심리학(Cognitive Psychology)』 제7호와 롸슈(1978), 「범주화의 원리(Principles of Categorization)」, 롸슈·로이드(Rosch and Lloyd) 엮음, 『인지 및 범주화(Cognition and Categorization)』(Lawrence Erlbaum)를 보기 바란다. 한편, 롸슈(1988), 「일관성 및 범주 형성: 역사적 연구 개관(Coherence and Categorization: A Historical View)」, Kessel 엮음, 『언어 발달 및 언어 조사연구자들: 브라운 교수 기념 논총(The Development of Language and Language Researchers: Essays in Honor of Roger Brown)』(Lawrence Erlbaum, pp. 373~392)에서는 원형 이론과 범주에 대한 그간의 발전을 개관해 준다. 원형 이론이 개념이나 범주를 형성하는 쪽보다는, 초기 가정에서 많이 후퇴하여 오히려 해석 과정에 더 긴밀히 관여한다고 보는 듯하다.

부르며, 인류학자 도널드 브라운이 모든 문화권에서 발견된다고 제안한 항목들을 인용하여 제시한다.[3] 생물학적 생존 조건에 관한 것에서부터 사회생활을 영위하고 한 개인의 자아 또는 체면의 수립에 관련된 것까지 매우 다양한 내용들이 들어 있다. 인간의 믿음체계는 이런 보편성의 요소들 위에, 사회생활을 영위하기 위하여 한 공동체에서 마련한 가치 체계(도덕 및 법체계)들까지 포함하여 매우 많은 것들로 복잡하게 이뤄져 있을 것이다. 클락(Clark 1996; 김지홍 뒤침 2009: 제4장)에서는 하나의 예시로서 의사소통 행위에서 작동할 만한 그런 믿음체계와 공통기반을 다음과 같은 도표로 제시한다.

범주	공동체의 공통기반 사례	전문지식의 사례
국적	미국, 캐나다, 네덜란드	민족의 문화적 관행, 국가 제도
출신지	뉴질랜드 인, 뉴욕 출신, 글래스고 사람	지역 지리학, 국가 제도, 실천 관행, 은어
학력	대학생, 법대생, 고졸	책속의 지식, 교육 이수 내용
직업	안과 의사, 배관공, 중고차 판매상	직업적 관행, 관례, 가치, 기술, 전문지식
직장	포드 직원, 스탠포드 대학 교수, 신문 기자	사장, 근로자, 회사 관행에 대한 사실
취미	피아노, 야구 동호인, 우표 수집	특별한 지식, 전문 지식, 훈련, 전문 용어
언어	영어 화자, 일어 화자, 켈트 어 화자	음운, 형태, 통사, 의미, 어휘, 화용 지식
종교	개신교, 침례교, 이슬람 교	종교 교리, 의례, 형상물, 역사적 모습
지지정당	민주당, 자유당, 점진적 사회주의 당	정치적 입장, 가치, 유명한 정치인
인종	흑인, 남미계, 일본계 미국인	문화유산, 민족적 경험, 민족적 실천 관행
하위 문화	록 음악가, 마약 중독자, 십대 깡패	지하문화 자원, 하위 문화 속어, 전문지식
또래집단	십대, 명예시민, 30대	동일집단의 역사적 사건, 평생 관심사
성별	남성, 여성	신체적 기능, 성별로 특수한 사회적 관습

만일 특정한 의사소통 참여자 클락(Clark)과 앤(Ann)이 얼굴을 마주보는 상황에서 의사소통을 진행할 경우에, 위의 일반적인 공통기반은 더욱

---

3) 핑커(1997, 김한영 2007 뒤침), 『마음은 어떻게 작동하는가』(동녘사이언스), 658쪽 이하를 보기 바란다. 핑커(2002, 김한영 2004), 『빈 서판: 인간은 본성을 타고 나는가』(사이언스북스)의 761쪽 이하의 부록에서는 도널드 브라운이 제안한 368개 항목의 보편성 목록을 제시하였다.

특수하게 좁혀질 수 있다. 가령, 앤이 여성이며 안과의사로서 오랜 경력을 지니고 있다면, 서로 '내부 구성원'으로 인식되기 위하여, 다음처럼 좀 더 구체적인 하위 문화 특성들을 공유하게 될 것이다.

출신지	미국 사람 → 서부 사람 → 캘리포니아 출신 → 샌프란시스코 시민 → 놉 동산 주민
학력	고등학교 졸업 → 대학 졸업 → 의과 전문대학원 졸업
직업	중산층 → 전문직 → 의사 → 안과 전문의 → 안과 수술 전문의
직장	스탠포드 대 교직원 → 스탠포드 대 교수 → 스탠포드 대 심리학과 교수 → 심리학 교수
언어	영어 화자 → 뉴질랜드 영어 화자 → 오클랜드 영어 방언 화자
종교	기독교 신자 → 개신교 → 침례교도 → 미주리 씨너드(Synod) 침례교회

의사소통을 진행할 때 참여자들이 '내부 구성원'인지 여부는, 의사소통의 진행 방향과 화제를 결정하는 데에 많은 영향을 미친다. 내부 구성원에 관한 공통기반은 일반적인 믿음체계에 우선하여, 의사소통의 판단과 결정에 관여한다. 또한 내부 구성원 중에서도 친구들과 같이 더 작은 하위 집단인 경우에는, 의사소통의 성격이 더 많이 달라진다. 의사소통 참여자들 사이에 심리적 거리가 가까우면 가까울수록 의사소통에서 다뤄지는 화제들이 아무런 양해나 동의가 없이 제멋대로 뒤바뀔 수 있다는 특징이 있다. 아무렇게나 얘기를 하더라도 유대감 때문에 상대방이 귀를 기울여 반응을 해 줄 것으로 기대하기 때문이다.

우리 문화에서 처음 보는 남남 사이라 하더라도 서로 '통성명(通姓名)' 하는 일을 흔히 접한다. 이를 통하여 공통된 화제를 이끌어 내는 일은 외부자의 지위로부터 서로 내부 구성원으로 결속을 다지려는 시도이다. 그런데 이런 통성명 관례를 거쳐 외부인끼리 서로 어떤 관계를 찾아내었더라도, 그 과정에서 동시에 상대방과 설정될 수 있는 지위(지식·권력·경험 등)에 대해서까지 민감하게 챙기면서, 서로의 관계 수립을 해 나갈 것이다. 왜냐하면 서로에게서 파악될 수 있는 참여자들 간의 열세·동등·우위 등의 관계가 곧장 화자의 의사소통 전략 수립에 영향을 주기 때문이다. 이는 너른 의미에서 의사소통이 '협력 작업'이라는 점에 토대를 둔다. 그리고 격식을 갖추어야 하는 참여자들 사이에서는 동의나 양해 없이 화제를 바꾸는 일이 적합하지 않다. 이런 일이 상대방을 존중하고 배려하기보다는, 무시하고 얕잡아 본다는 오해를 받을 수 있으므로, 격식 갖춘 의사소통에서는 또한 서로에게 미리 동의나 양해를 얻는 언어적 방식이 관례화되어 있다.

의사소통 의도는 위와 같은 공통기반 위에서 화자가 서로 간에 있는 정보간격을 가늠한 뒤에 확정될 수 있다. 정보간격은 화자인 나는 알고 있지만, 상대방 청자는 그렇지 않은 정보라고 말할 수 있다. 만일 참여자들이 공동 관심사를 지닐(공통 화제가 수립될) 경우에, 정보간격이 크면 클수록 의사소통 가치가 비례하여 높아질 수 있다. 공통기반은 '내부 구성원'인지 여부의 판정에 따라 쉽게 구획될 수 있겠지만, 개인들 사이의 일상생활 경험의 차이로 말미암아 생겨나는 정보간격은, 의사소통 상황에서 언제나 짐작이나 추정을 해야 하는 것이다. 더욱이 이는 한 쪽의 일방적인 짐작에 지나지 않는다. 따라서 발화가 전달되면서부터 상대방 청자 쪽의 반응을 점검 확인하고, 상대방 쪽에서 주의를 계속 기울이고 있는지를 평가함으로써, 정보간격이 제대로 가늠된 것인지 여부를 알 수 있다. 만일 정보간격을 제대로 가늠하지 못하였다고 스스로 평가한다면, 재빨리 수정할 필요가 있다.

때로 정보간격을 미리 가늠하는 관례적 절차를 이용하기도 한다. 의사소통을 진행하기 전에, 미리 상대방에게 질문을 던져 확인을 해 보는 것이다. 가령,

"철수가 어제 휴가를 떠났다는데 알고 있니?"

라고 물어봄으로써 정보간격(밑줄 부분)을 확인할 수 있다. 이는 정보간

격의 확인이자 또한 의사소통에서 다룰 주제의 도입을 예고해 주는 복합적인 성격을 지닌다. 공유된 공통기반 및 정보간격의 가늠은 어느 의사소통 상황에서나 필수적으로 깔려 있는 기본적인 고려사항들이며, 의사소통의 갈래에 따라서 일정한 정도의 공통기반과 정보간격이 미리 전제될 수 있다. 일상적인 의사소통이 사회적 거리감이 없는 내부 구성원들 사이에서 일어날 경우에는, 자유롭게 서로의 체면을 깎아 내리지 않은 채 정보간격들을 확인하면서 의사소통이 진행될 수 있다. 일부에서는 언어를 '본능'에 비기기도 하지만(가령, 다윈과 핑커), 언어의 상위 차원으로서 언어 사용의 첫 단추가 '본능과는 무관하게' 사회관계를 유지하기 위하여 너무나 인간적인 탐색으로부터 시작해 나가는 것이다.

2. 상호조율의 문제

의사소통은 기본적으로 협력행위의 하나로 간주된다. 물론, 혼자서 혼잣말을 주고받으면서 생각을 전개할 수도 있고, 특정한 의사소통 상황을 앞두고 혼자 미리 예행연습을 해 볼 수도 있다. 그렇지만 의사소통은 말을 서로 주고받는 행위로서, 사회적 행위 속에서 가장 빈번히 일어난다. 이런 특성 때문에 전형적인 의사소통은 협력행위로 간주된다. 협력행위는 주어지거나 합의된 공동의 목표를 향하여 참여자들이 긴밀히 주의를 기울이면서 서로서로 맞추어 나가는 일이다. 얼굴을 마주보는 의사소통에서 청자는 「화자의 언어 사용 행위에 주의를 기울여 잘 듣는다」는 속뜻이 밑바닥에 깔려 있다.

그렇지만 여기서 '전형적'이라는 수식어는 이례적이거나 예외적인 의사소통도 존재함을 함의한다. 가령, 남과 북이 서로 비난 방송을 하는 일은 결코 협력행위로 간주될 수 없다. 비록 비난 방송이 하나의 사회적 행위이더라도, 서로를 해칠 목적을 갖고 있으므로, 전형적인 의사소통의 논의에서는 일단 제외된다. 거짓말도 또한 분명히 자주 경험할 수 있는 의사소통의 한 가지 사례이다. 그렇지만 의사소통의 논의에서 중심 주제로는 다뤄지지 않는다. 전형적인 의사소통은 하나의 초점이 상호조율에 모아질 수 있다. 그렇지만 비난이나 거짓말은 초점이 하나로 모아지는 것이 아니다. 의사소통을 진행시켜 주는 상호조율의 원리를 무시하거나 위배하면서, 들키지 않도록 숨겨져 있는 무한히 다양한 초점으로 분산될 수 있다(277쪽 도표 18 참고). 이는 협력활동이 아니다. 따라서 논리 전개의 순서상 하나의 초점으로 모아지는 '상호조율의 문제'가 우선 다뤄져야 할 것이다. 만일 상호조율의 핵심 원리가 드러난다면, 간단히 그 원리를 무시하거나 위배하는 일이 상호조율의 깨뜨리고 비난이나 거짓을 일삼는 어깃장 행위나 배신 행위로 분류될 수 있을 것이다.

사회 속에서 살아가는 개별 구성원들은 서로 긴밀히 협력하여야 함을 당연시한다. 쉘링(Schelling 1960)은[4] 단판(one shot)의 상호조율 문제들을 여러 유형으로 고안해 내어, 과연 사람들이 공동의 이익을 위해 서로 잘 맞춰 가는지 여부, 그리고 얼마나 잘 조율하는지를 알아내고자 하였다. 만일 동전 앞면 또는 뒷면을 두 사람에게 선택하도록 하면서 둘 다 일치할 경우 상금을 준다고 할 경우, 놀랄 만한 일치가 찾아진다. 40명을 대상으로 하여 이를 실행하였는데, 86퍼센트의 참여자들이 동전 앞면을 선택하여 서로 일치를 보였다. 조금 조건을 달리하더라도 두 참여자 사이에 돌아가는 수혜가 크게 차이가 나지 않는다면, 여전히 서로 긴밀히 조율하면서 일치를 보였다. 즉, 차등 상금이 주어지는 동전 면 선택으로 불리는 게임이다. 갑과 을이 서로 의사소통을 하지 않은

---

4) 이 책은 최동철 뒤침(1992), 『갈등의 전략』(나남)으로도 나와 있고, 또한 이경남 뒤침(2013), 『갈등의 전략』(한국경제신문)으로도 나와 있다. 또한 쉘링(1978; 정창인 뒤침 1992), 『미시동기와 거시행동』(한국경제신문사) 및 쉘링(1978; 이한중 뒤침 2009), 『미시동기와 거시행동』(21세기 북스) 또한 두 종의 번역본이 나와 있다.

상태에서 동전의 앞면이나 뒷면을 선택해야 한다. 만일 둘 모두 앞면을 선택하면 갑은 3불을 받고, 을은 2불을 받는다. 반대로 모두 뒷면을 선택하면 갑은 2불을 받고, 을은 3불을 받는다. 그렇지만 둘이 서로 다른 면을 선택하면 아무도 상금을 받지 못한다. 갑과 을은 얼마나 서로 조율을 할 것인가? 비록 상호조율하는 비율이 조금 떨어졌지만, 갑의 역할을 한 참여자의 73%와 을의 역할을 한 참여자의 68%가 앞면을 선택하였다. 어떤 방식으로든지 참여자들이 여전히 상호조율을 하고 있는 것이다.

의사소통에 참여하는 사람들 사이에서도 동전면 서로 맞추기에서와 같이 그 원활한 진행을 위하여 긴밀히 상호조율을 해 나가야 한다. 클락(1996; 김지홍 뒤침 2009: 제3장 3절)에서는 의사소통에서 상호조율을 하기 위하여 네 가지 전제가 깔려 있다고 보았다. 첫째, 서로 경쟁하는 것이 아니라 서로 협력하고 있다. 둘째, 참여자들이 충분한 상호작용 능력을 지니고 있다. 셋째, 쉽게 의사소통과 관련된 문제를 풀 수 있다. 넷째, 그 문제를 즉각적으로 풀 수 있다. 그는 이를 '해결 가능성'의 전제와 '충분한 능력'의 전제로 부른다. 따라서 내부 구성원 두 사람 사이에서 다음처럼 전화 통화를 할 경우에

> 갑: 요즘 어때?
> 을: 응, 그냥 그럭저럭…
> 갑: <u>그건</u> 어때?

와 같이 상호 안부인사 다음에, 느닷없이 밑줄 친 지시표현 '그거'라고 불분명하게 표현하더라도, 둘 사이에 명백한 합의사항이 없더라도 서로 간에 가장 두드러진 관례를 적용시킴으로써 '그거'의 대상이나 범위를 쉽게 확정하여 답변을 할 수 있다. 같은 내부 구성원으로서 갑은 서로 공유된 공통기반 속에서 특정한 대상이나 사건을 가리키기 위하여, 대용 표현 '그거'를 쓰고 있는 것이다. 이에 대한 반응으로 또한 을

도 명백한 합의가 없더라도 가장 두드러진 관례를 적용시켜 '그거'를 해석하여 답변을 할 수 있다.[5]

의사소통은 단발의 행위가 아니라, 일정 시간 동안 지속해 나가는 일련의 연속 행위들이다. 매번 낱낱의 행위마다 상호조율 방식을 세워 나갈 수는 없다. 이를 위하여 언어를 이용하는 의사소통에서는 관례화된 두 가지 해결책을 이용한다. 첫째, 긴밀하게 상호조율 형식으로 이뤄진 언어적 절차들을 이용하는 것이다. 둘째, 의사소통의 흐름을 마디별로 잘라서, 필요한 만큼의 지속 시간 뒤에 그 마디를 종결짓고, 이어서 다시 새로운 마디를 만들어 이어나가는 것이다.

첫 번째 해결책은 미시사회학 연구자들에 의해 확립된 '인접쌍(adjacent pairs)'으로 쉽게 예시된다(294쪽 이하 참고). 물음에 대답이란 언어 짝이 있고, 제안에 응락하는 행위 짝이 있으며, 호의에 감사하는 반응 짝이 관례적으로 주어져 있다. 이런 관례들은 크게 닫힌 유형의 관례와 열린 유형의 것으로 나뉘는데, 다음처럼 제시될 수 있다.

〈 상호조율을 통한 의사소통 진행 관례 〉

5) 이는 일찍부터 그롸이스의 대화규범을 위배하는 사례로 지적되어 왔다. 그렇다면 왜 명시적인 낱말을 쓰지 않고 막연하게 보일 수 있는 지시 대명사를 쓰는 이유나 동기를 찾아내어 설명할 수 있어야 한다. 영국 사람들이 일상적으로 쓰는 입말 말뭉치를 분석하여 내부 구성원들 사이에서 막연하고 애매한 표현들이 자주 관찰됨을 지적하면서, 최근 머카씨(1998; 김지홍 뒤침 2012, 제2장)에서는 너무 자세하게 말하였을 경우에 「상대방을 훈수한다(또는 깔본다)는 혐의」를 입을 수 있으며, 이를 벗어나기 위해서라고 보았다. 물론 상대방의 체면을 존중해 주는 그런 동기도 있겠지만, 필자는 또한 은어를 사용하면서 「내부 구성원들끼리 결속 다지기」에 대한 언어적 확인 방식일 수도 있을 것으로 본다.

①의 경우와 ②의 경우는 융통성 여부에 차이가 있다. ①은 반드시 해당 관례에서 요구하는 낱말이 하나 이상 이용되어야 한다. 그렇지만 ②는 동일한 기능만 유지된다면, 임의의 낱말을 선택하여 쓸 수 있다. ①의 사례는 극장에서 표를 사는 경우나, 군대의 제식 훈련의 경우나, 출석 여부를 점검하기 위해 이름을 부르는 경우이다. ②의 경우는 '질문-대답', '제안-수용', '요구-응락' 등과 같은 짝지어진 행위로 규범화할 수 있는 부류이다. 닫혀 있다는 점에서 상대방 청자 쪽에 이미 언어 사용 관례로 확정된 방식으로 상호조율을 요구한다고 해석될 수 있다.

그렇지만 열린 유형은 기본적으로 의사소통 참여자들 사이에 공동의 목표가 합의되거나 양해를 얻어야 한다. 닫힌 유형에서는 목표가 이미 깔려 있기 때문에 그런 합의가 불필요하다. 만일 기대된 반응이 없다면 상대방 청자 쪽에서 협력행위를 하지 않으려는 의지만 확인할 수 있을 뿐이다. 그렇지만 열린 유형에서는 상황이 다르다. ③은 닫힌 유형의 관례들을 예비단계로 이용하여 본단계로 진행하는 경우이다. 여기에는

예비질문, 예비제안, 예비요구

등의 예비 연결체들을 포함할 수 있다. 이런 연결체들이 참여자들 사이에서 공통기반을 마련하게 되므로, 지속되는 의사소통에서 상호조율의 가능성을 미리 확인할 수 있는 것이다. ④의 경우는 미리 전제된 관례가 없다. 그렇지만 여전히 협동행위에 참여하고 있는 참여자들 사이에 어떤 공동의 목표가 합의될 수 있도록 상호조율이 이뤄져야 한다. 협력행위의 하나로서 상호조율이 긴밀히 일어나려면, 의사소통 진행 주체는 클락 교수가 주장하는 두 가지 원리를 준수하면서 상대방 쪽으로부터 협력을 구해야 한다. 하나는 공평성 원리인데, 상징적 상거래 원리라고도 부를 수 있고, 공생(共生)의 원리라고도 말할 수 있다. 너와 나 사이에 이익이 공평하게 분배되어야 하거나, 또는 장차 상대방에게 돌

아갈 이익이 있어야 한다는 원리이다. 다른 하나는 체면의 원리인데, 상대방의 자존심을 높여 주고 자율성을 극대화해 주어야 하는 것이다. 이런 원리들을 준수하면서 참여자들 사이에서 공동의 목표를 제안하여 동의를 이끌어 내거나 무언의 합의를 얻고서 의사소통이 진행되어야 한다.

두 번째 해결책은, 지속적인 의사소통 행위를 마디(section)별로 진행 시키는 것이다. 각 마디는

　　'시작 → 본체 → 종결'

의 형식을 지닌다. 마치 서로 간에 악수를 할 경우에, 시작 단계는 손을 내미는 단계로 이뤄지고, 본체는 굳게 상대방의 손을 잡고 몇 번 흔들 며, 그러고 나서 종결하기 위하여 손의 근육에서 힘을 빼면서, 서로 손 을 푸는 행위로 이뤄지는 일과 같다. 그런데 의사소통에서 종결 마디 는6) 명시적으로 제시되는 것이 아니라, 지금까지의 「진행 내용에 대한 평가」로 대신하여 이뤄질 수 있다. 따라서 이런 위치에서는 자연스럽게 가치를 함의하고 있는 속담이나 경구가 쓰일 수 있다. 만일 평가를 담 고 있는 종결마디가 참여자들 사이에서 수용된다면, 앞의 주제나 화제 에 대한 의사소통을 종결되고, 다시 다른 화제나 주제를 제안하거나 도입하면서 의사소통의 방향이 재설정되는 것이다.

---

6) closing section(종결 마디)은 머카씨(1998; 김지홍 뒤침 2012: 78쪽 이하)에서는 formulation (공식적인 입장 정리, 내용 정리)으로 불렸다. 페어클럽(2001; 김지홍 뒤침 2011), 『언어와 권력』(경진출판)에서는 reformulation(입장 정리하여 다시 마무리하기)으로 불렸으며 네 가지 기능을 띤다고 보았다. ㉠ 지금까지 진행된 담화 내용 평가, ㉡ 여전히 발언권을 지닌 채 간섭하기, ㉢ 상대방에게 명백히 반응하도록 요구하기, ㉣ 이야깃거리 통제하기이 다. 274쪽을 참고하기 바람.

3. 조율 상의 간격과 극복

개인들 사이의 상호작용은 서로가 자유의지를 지닌 주체들이기 때문에, 설사 서로 협력하려는 선한 마음가짐을 갖고 있다고 하더라도, 의사소통의 전개과정에서 스스로의 판단에 따라 반응을 할 수밖에 없다. 이런 경우에 상대방의 의도를 제대로 파악하지 못한 채 반응할 수 있다. 그 결과 서로 간에 조율되지 못하고 일치점이 없이 일정한 간격이 생겨날 수 있다. 이를 임시로 '조율 상의 간격'이라고 부르기로 한다. 이런 간격은 작은 것에서부터 큰 것에 이르기까지 그 종류들도 다양할 것이고, 이에 따라 간격을 줄이거나 없애는 극복 방식도 다양할 수밖에 없다.

만일 상호조율 과정에서 '큰 간격'이 관찰된다면, 크게 두 가지 측면에서 그 원인을 따져볼 수 있다. 첫째, 의사소통을 열고자 하는 화자 쪽에서 상대방과의 공통기반을 알맞게 가늠하지 못한 데에서 비롯될 수 있다. 둘째, 상대방의 마음가짐이 문제로 부각될 수 있는데, 상호조율하려는 쪽에 마음이 쏠려 있기보다는 일부러 기대에 어긋나는 반응을 의도적으로 보이려고 할 소지가 있는 것이다. 첫 번째의 간격은 화자인 내 자신이 상대방과의 공통기반을 찾기 위하여 예비 질문을 마련하고, 그 답변에 따라 정보 간격을 확정한 뒤에, 주로 정보 간격을 좁혀가려는 쪽으로 임시 의사소통의 목표를 설정할 수 있다.

그렇지만 두 번째의 간격은 의사소통에서 심각한 지장이나 파괴를 초래할 수 있다. 민간에서의 지혜는 이런 경우를 가리켜, "상대방이 들을 자세가 되어 있으면 말해 주도록" 조언한다. 상대방 쪽에서 화자인 내 자신과 서로 협력하면서 의사소통을 조율해 나가려는 마음가짐을 먼저 점검하고 판단하도록 주문하는 것이다. 『논어』에서 읽을 수 있는 공자의 의사소통 사례에서도 상대방에 맞춰 이야기를 하는 면모를 찾을 수 있다(가령, 인[仁]에 대한 답변). 석가모니도 또한 이런 접근방식을 '방편'이라고 부른 바 있는데,[7] 6년의 고행 끝에 35세에 궁극적인 도를 깨우친 뒤에 수승한 화엄의 경지를 도반들에게 전하였어도 제대로 소통되지 않자, 80세까지 평생을 방편품만으로 설법을 하였다고 전해진다. 이런 경우를 다루기 위하여, 두 가지 하위 유형으로 나누어 놓는 것이 도움이 된다. 하나는 흥부의 마음가짐이고(협력하려는 동기를 지님), 다른 하나는 놀부의 마음가짐이다(상대방을 깔보고 어깃장 놓고자 하는 동기를 지님). 상대방의 반응이 어떤 마음가짐으로부터 나오는 것인지는, 화자인 내 자신의 즉석 판단과 결정에 달려 있다. 자유의지를 지닌 주체들로서 흥부의 마음을 지닌 사람이라면 선한 목적을 지니고서 상호조율 과정에 기꺼이 참여하려고 할 것이다. 이런 경우에는 의사소통이 진행되어 나갈수록 합치점이 이내 찾아지고, 서로 조율하면서 원만히 의사소통을 진행하게 된다. 비록 상대방이 난색을 표하더라도, 만일 일부 손해를 보면서 제한적으로 협상하려는 마음가짐을 확인할 수 있다면, 협력관계라는 전제 위에서 설득과 협상의 길을 택할 수 있다.

그렇지만 놀부의 마음씨를 지닌 경우라면 애초부터 어기대면서, 대화 참여자를 깔보고 얕잡으면서, 무엇인가 안 좋은 쪽으로 돌부리를 박아 놓으려고 할 것이다. 알게 모르게 상대방을 음해하려는 저의를 깔고 있는 것이다. 그럴 경우의 처치 방안은 '소극적인' 사회적 처벌 이외에는 다른 길이 없다. 여러 사람들이 해당 인물을 함께 손가락질과 욕을 하면서[8] 그런 음해 속성이 주위 사람들에게 시행되지 않도록 하

---

7) 성철(1992), 『백일 법문, 상~하』(장경각)와 권오민(2004), 『인도 철학과 불교』(민족사)를 참고하기 바란다. 권오민(2004: 353쪽 이하)을 보면 도를 깨우치고 나서 처음 21일 동안 화엄 설법이 있었으나 주위 도반들이 제대로 깨닫지 못했다고 한다. 그 이후부터는 상대방의 이해 수준에 맞춰 방편(방편은 도구를 뜻함)의 말씀을 설한 다섯 시기가 이어진다. 12년간의 아함 설법, 8년간의 유마·승만 설법, 22년간의 반야 설법, 8년간의 법화 설법, 80세 임종 때 열반 설법이 있었다.

우리 전통에서도 흔히 퇴계 이황(1501~1570)과 같은 스승 모습과 남명 조식(1501~1572)이 보여준 스승 모습이 대립적으로 묘사된다. 이황은 그야말로 매우 친절한 가정교사의 모습을 지녔다. 반면에 조식은 공자처럼 제자들이 궁금한 것을 물었을 경우에만 대답해 주었다고 한다. 모두 다 큰 스승이었지만, 제자에게 가르쳐 주는 방식이 서로 달랐다.

8) 쉽게 말하여 '왕따'시키는 방식이고, 학술적으로 말하여 사회적 체면을 깎아내리는 방식이다. 비록 잘못된 행실에 대한 공격이지만, 공공연히 사회적인 처벌로서 『논어』의 선진

는 일과 그런 놀부 유형의 사람과 상종하지 않고 배제시키는 길밖에 없다. 고프먼(E. Goffman, 1922~1982) 교수는 '거리 두기' 또는 '회피하기'로 불렀다. 이것이 남을 음해하려는 동기를 지닌 사람을 도덕적으로 처벌하는 유일한 방식이다. 어느 사회에서도 잠재적인 동기에[9] 대하여 아직 법적인 제재를 가하도록 하는 제도를 만들 수는 없다고 본다.[10]

고프먼(1967; 진수미 2013)의 제2장에서는 화자인 내 자신의 조율 방식을 두 측면으로 나눈다. 의사소통의 전개에서 내가 남을 대접하는 방식 및 남으로부터 대접받을 경우에 내가 겸손하게 처신하는 방식이다. 이는 상위 개념으로 '행실 규범(rule of conduct)'에 속한다. 그는 이를 연극 의례에 비유한다. 마치 연극이 각본에 씌어 있는 대로 배우들이

편에 보면 공자가 택하였던 동일한 방식을 찾을 수 있다.

"노나라 왕실 사람이자 재상인 계씨가 노나라 왕인 주공보다 부유했다. 공자 제자인 염구가 계씨의 집안 신하가 되었는데, 계씨 식읍지의 백성들로부터 세금을 더 많이 거둬들여 계씨를 위해 부를 더해 주었다. 공자 말하기를 '염구는 왕도를 따르려는 우리 무리가 아니다. 제자들이여, (옛날 전쟁터에서 공격 신호인) 북을 치면서 그를 성토하고 꾸짖어야 옳도다!'라고 하였다(季氏富於周公, 而求也, 爲之聚斂, 而附益之. 子曰, '非吾徒也, 小子鳴鼓而攻之, 可也')."

9) 동기나 태도는 우리말로 마음씨나 마음가짐이라고 말할 수 있다. 이 마음가짐은 궁극적으로 한 개인의 가치관에 뿌리를 내리고 있다. 이런 가치관이 선천적인 영향을 받는지 아니면 후천적으로 학습되는지에 대해서는 논의가 분분하다. 그렇지만 제도적인 교육이 실시된다는 것은, 후천적으로 학습을 거쳐 개인이 인격을 완성한다는 전제가 깔려 있다.

10) 만일 아이와 어른 사이라면 어른이 아이를 가르쳐서 깨우쳐 줄 수 있다. 이는 일방적인 교정 방식이다. 그렇지만 의사소통 참여자들이 더 이상 주종 관계가 아니라 평등하고 대등한 관계라면, 아마 깨우칠 수 있도록 일부러 가르쳐 주는 방법은 고려될 만한 선택지 속에 들어 있지 않을 듯하다. 상대방의 체면을 깎을 수 있기 때문이며, 따라서 또한 자칫 원망을 살 수도 있기 때문이다.

일부에서는 거리가 멀거나 낯선 사람과의 관계에서도 일방적으로 상대방을 가르치거나 교정하려는 '훈계조' 의사소통이 관찰될 수도 있다. 훈계를 받는 일은 반드시 훈계하는 사람에게 훈계할 만한 권위가 주어져 있어야 하고, 그런 권위를 상대방도 인정하는 경우에라야 가능한 일이다. 그렇지만 평등하고 대등한 관계를 다루는 영역에서는 이것이 전형적인 경우가 아니라, 예외적인 경우라고 말해야 할 것이다. 전형적인 경우는 아마 스스로 실수를 깨닫거나, 된통 험한 일을 당하여 고치게 되는 일일 듯하다.

인문학의 전통에서 자유의지를 지닌 주체를 다루는 유일한 방식은 그 주체의 행위나 행동이 습관화되고 관습화되어 있을 경우에라야 이를 전형적이거나 대표적이라고 간주하고서 그 속성을 찾아나갈 수 있다. 이런 관점에서는 예외성은 먼저 전형성(대표성)의 내용이 확보된 뒤에라야 부차적으로 그 속성들의 일부를 바꾸거나 없애는 일을 통하여 설명력을 높이게 된다.

말하고 행동하듯이, 비록 문서화되어 있지는 않지만, 사회에서 요구하는 상식의 각본대로 의사소통의 참여자들이 각자 자신의 배우 역할을 제대로 해 주어야(관례에 따라야) 한다는 것이다. 이런 상호작용이 불문율이더라도 상당한 정도로 의례화되어 있다. 그렇기 때문에, 자칫 '빈말'로 치부될 만한 반응도 실질적인 협력 기능을 발휘하고 있음을 알수 있고, 선한 인품의 척도로 평가받을 수도 있다. 만일 의사소통 참여자들에게 요구되는 행실 규범이, 한쪽에 의해 일방적으로 그리고 공개적으로 위배되면서 불량한 행실을 보일 경우에는, 상대방에 대한 모독행위가 된다. 이때 여기에 대처하여 개인의 선택할 수 있는 반응은 두가지이다. 첫째, 못들은 척 상대방을 무시하고 거리 두기를 한다. 둘째, 똑같은 정도로 상대방을 비하하고 경멸한다. 그런데 후자의 방식은 종종 서로의 주먹다짐으로 진행할 소지가 있고, 그 결과는 법정에 호소하여 해결하는 길로 이어질 듯하다.

그렇다면 의사소통에서 서로 조율하는 과정에서 찾아지는 간격은, 오직 의사소통 참여자들이 흥부의 마음씨를 지니고 있다고 전제하여 극복될 수 있을 뿐이다. 왜냐하면 의사소통이 결코 강제적이고 억압적인 사회 교류 과정이 아니라, 서로 사교적으로 유대감을 강화시켜 나가는 활동의 하나이기 때문이다. 이러한 조율 상의 간격도 오직 작은 간격들이라야만 극복이 쉬워질 것이다.

이런 배경 위에서 클락(1996; 김지홍 뒤침 2009)의 제7장에서는 화자인 내 자신의 의도를 상대방이 제대로 파악했는지를 평가한 뒤에, 만일 상대방이 곡해한 대목이 있다면 고쳐 놓거나 그냥 넘어가거나 곡해한 내용에 맞춰 조율하는 유형들을 논의하였다. 몇 마디의 간단한 발화라하더라도, 사용 맥락에 따라 어조를 달리하여 여러 가지 다른 기능으로 쓰일 수 있다. 일상언어 철학에서는 이를 속뜻이나 말속에 깃든 힘 (illocutionary force)이라고 부른다. 대화 '인접쌍'의 모습으로11) 이를 보이면 다음과 같다. 가령, "앉아요!"라는 외마디 발화라고 하더라도, 상대방이 이 표현의 의도를 받아들이는 방식이 네 가지 이상으로 나온다.

① 상대방이 이를 명령으로 파악할 수도 있고(답변 "예, 그러겠습니다."로 확인 가능함),

② 요구나 권유로 받아들일 수 있으며(답변 "아, 그러죠!"나 "그럴까요?"로 확인 가능함),

③ 제안으로 파악할 수도 있고(답변 "아, 괜찮아요!"로 확인 가능함),

④ 조언이라고 여길 수도 있다(답변 "좋은 생각이네요!"로 확인 가능함).

이런 반응 방식은 일상적인 행동에 대해서도 쉽게 찾아진다. 가령, 젊은 어느 여성이 가까운 친구들이 앉아 있는 자리로 포도주를 담은 유리잔을 갖고 간다. 그런데 본디 을에게 전해 주려고 하였으나, 갑이 자신에게 주는 줄 알고서 선뜻 "고맙다!"고 하면서 받는다. 갑은 이를

'호의를 베풂 → 사례 표현'

의 인접쌍의 관계로 파악한 것이다. 본디 의도가 곡해된 경우이다. 본디 의도가 상대방에게 제대로 파악되고 받아들여지는 경우에는, 전혀 곡해가 없으므로 따로 처리 방식이 필요하지 않다. 그렇지만 일단 곡해가 일어나면 이를 처리하고 극복하는 길을 모색해야 한다. 우선 두 극점이 먼저 선택지로 상정될 수 있다. 그러고 나서 그 사이에 다른 선택

---

11) 상호작용 사회학에서 찾아낸 개념이다. 두 방향의 의사소통 모습으로 이뤄진 일련의 정형화된 표현들을 가리킨다. 쉬글롭·쌕스(Schegloff and Sacks 1973)에서 처음으로 '인접쌍(adjacent pairs)'이라고 불렀다. 가령, 인사하기에 마주 인사하기, 전화 호출에 전화 대답, 호명하기에 대꾸하기, 질문하기에 대답하기, 단언하기에 수긍하기, 요구하기에 약속하기, 고마움 표현에 받아들이기 따위이다. 인접쌍은 사회관계에서 '서로 주고받기'의 언어적인 모습이며, 어느 사회에서든지 관례화되거나 정형화되어 있는 것이 특징이다. 인접쌍이 제대로 구현되어야만 의사소통 참여자들 사이에서 서로 조율하려는 자세가 긍정적으로 평가될 것이다. 인접쌍이 잘 작동함을 확인하고 나서 다음 단계로 넘어가는 것이다. 185쪽과 294쪽 이하를 보기 바란다.

지들을 상정할 수 있다. 두 극점의 선택은 ① 상대방이 곡해하였더라도 그 곡해를 고치지 않은 채 원래 의도를 곡해된 내용에 맞춰 조율해 주는 일과 ② 곡해하였음을 밝히고서 본디 의도를 그대로 수행하는 일이다. 이 두 선택지 사이에서 중도의 처리 방식도 네 가지 정도 상정될 수 있다.

첫째, 본디 의도와는 다르더라도 상대방이 곡해한 부분을 받아들일 만하다고 보아 그대로 인정하는 경우이다. 앞의 포도주 잔을 전달하는 경우에 을에게 주려고 하였지만, 우연히 갑이 자신에게 주는 것이라고 곡해하여 사례 반응을 보인 경우에, 그 여성이 곡해를 그대로 받아들이는 방식이다. 이때 "어, 마셔 볼래?"라고 하거나, "그래, 마셔 봐!"라고 반응을 보일 수 있다. 이는 스스로 원래 의도와 마음을 바꾸는 결과를 초래한다.

둘째, 이에 대립되는 처리 방식이 있다. 갑이 곡해하였음을 명시적으로 표현하여 고쳐 주는 일이다. "아, 이거 을한테 주려는 거야!"라거나 "잠깐, 을한테 먼저 주고, 곧 갖다 줄 게!"라고 답변하는 일이다. 이 경우에는 갑의 체면 손상이 문제시될 수 있다. 이를 경감하기 위해서는, 반드시 포도주 잔을 받는 순서나 위계가 참여자들 사이에 서로 공감되고 확인되어야 한다. 우리 문화에서는 연장자 순서이거나 친분에 따른 위계가 서로 공인될 수 있는 척도이다. 갑의 사회적 체면에 대한 손상을 막아 주기 위해 '차례에 따라 곧 갖다 준다'는 의미의 말(행위 합당성의 근거 제시)을 덧붙여 밝힐 수 있다.

셋째, 선택지를 상대방이 결정하는 경우도 있다. 이 경우에는 포도주 잔을 들고 가되 목표 지점을 결정하지 않은 채 오직 손을 뻗고 술잔을 갖는 사람에 임자가 되는 경우이다. 클락 교수는 이를 '청자의 선택에 맡긴 의미 파악'이라고 부르는데, 의사소통의 흐름에서 흔히 관찰된다. 우리의 의사소통이 언제나 특정한 목적을 지니고 특정한 정보를 전달해 주는 것만이 아니다. 종종 어떤 주제이거나 소재이든지에 상관없이 상대방이 결정하는 대로 화자인 내가 그 결정을 존중하여 조율하겠다는 마음가짐을 표현할 수 있다. 상대방에게 선택권을 주면서, 가령 "뭐 요즘 재미있는 일이 없니?"라고 상대방에게 물을 수 있는 것이다. 뿐만 아니라 심리적으로 가까운 사이에서는 막연하고 애매한 표현을 쓰기 일쑤이다(223쪽 이하와 230쪽을 보기 바람). 이 또한 의미 파악을 청자에 맞추려고 하는 동기에서 나올 수 있다.

넷째, 상대방 청자의 선택을 따르더라도, 참여자들 사이에서 공인을 받도록 요구하는 일이다. 클락 교수는 이를 '좁혀진 의미 파악'으로 부른다. 갑이 포도주 잔을 먼저 받더라도, 갑이 우선적으로 받아야 하는 이유를 참여자들 사이에서 확인하면서 공동의 합의를 끌어내는 일이다. 개인의 의미 파악에 대하여 공적인 승인을 받도록 함으로써 참여자들의 공동의 사안으로 승격시켜 놓는 방식이다.

어떤 선택지를 뽑든지 간에 의사소통은 서로를 존중하여 상대방의 '자율성'을 최대한 높이고, 상대방의 '자존심'을 손상 받지 않도록 배려하는 협력관계라는 사실이 거듭 확인되어야 한다. 비유적으로 말하여, 흥부의 마음씨를 지니고서 의사소통을 진행해 나가야 하는 것이다. 우리 사회에서는 전통적으로 이를 '인격'이나 '인품'이란 말로 불러왔고, 더 없이 높은 가치를 부여해 왔다. 인간으로 태어난 것은 "인간답게" 살아가기 위한 것이고, 인간답다는 것은 곧 인격이나 인품에 다름 아니다. 일제 강점기 이후 '기능주의'에만 치우친 외래 학문이 우리에게 이식되고 나서는 전통적으로 강조해 온 인간다운 '가치'의 문제가 실종되어 왔고, 인문학 본연의 자리를 다지는 임무를 상실하고 있다. 그렇지만 의사소통을 이끌어가는 근본적인 원리에 대한 탐색을 통하여, 전통적인 가치인 '인품'이나 '인격'을 회복할 수 있는 토대(상호 조율, 상호 배려)를 마련할 수 있는 것이다.

만일 상호조율이 시작 단계에서부터 어긋나 큰 간격을 확인할 경우에는 일단 상대방의 의도를 의심할 수밖에 없다. 만일 상대방이 비협력

적이거나 화자인 내 자신을 음해를 하려는 쪽이라면, 개인으로서 이를 극복하거나 처리할 수 있는 방법은 소극적으로 '거리 두기'나 '회피하기'가 결과로서의 선택지일 듯하다. 그렇지 않고 조율 상의 간격이 작을 경우에는 여러 가지 부합 또는 일치를 향한 선택지(극복 방안)들이 다수 존재한다. 가장 손쉬운 방식은 서로 간에 공동의 목표를 제안하면서 합의하는 일이다. 사회에서는 이런 선택을 할수록 인품이나 인격이 높다는 평가를 내림으로써, 인간들 사이의 협력관계를 장려하는 가치를 심어 왔다. 의사소통의 상위 개념은 협력관계이며, 이는 '사회적 존재로서의 개인'을 달리 표현하는 일에 지나지 않는다.

3부 언어화 과정 및 되점검 방식

6장 의사소통 갈래와 서술관점의 수립

1. 의사소통의 갈래(또는 범주)

의사소통의 갈래는 대체로 담화의 갈래나 유형과 일치한다. 최근 전산화된 말뭉치를 구축하면서 「균형 잡힌 말뭉치」에 대한 논의가 진전됨으로써,[1] 담화를 유형화하는 속성들에 대한 논의가 보다 더 구체화되었다. 일상적으로 언어를 매개로 하여 상호작용이 이뤄지는 유형들만 들어 보더라도 그 수를 다 헤아릴 수가 없다. 담화 유형을 가리키는 낱말들이

'조리법, 상표, 편지, 시, 보고서, 소설, 메모, 잡담, 축사, 선언서, 일화, 세미나, 논쟁, 공고, 논문, 설교, 보증서, 사용 안내서, 처방, 신문, 사설,

---

1) 머카씨(1998; 김지홍 뒤침 2010), 『입말, 그리고 담화 중심의 언어교육』(경진출판)의 제2장 '입말, 그리고 갈래의 개념'과 쿡(Cook 1989; 김지홍 뒤침 2003), 『담화, 옥스퍼드 언어교육 지침서』(범문사)의 제9장 '담화 유형과 담화 부분'을 읽어 보기 바란다.

유언, 고지서, 식단표, …'

등과 같이 계속 이어질 수 있기 때문이다. 그렇지만 이런 무한 나열 방식을 벗어나, 의사소통의 구성 요소와 각 요소의 기능을 찾아내어 의사소통의 갈래를 엮어 내려는 시도가 야콥슨(1960) 「언어학과 시학」에서2) 이뤄졌다. 야콥슨은 먼저 의사소통의 구조적 측면을 여섯 가지 요소로 보았다.

---

2) 의사소통에 대한 수학적 이론이 일찍이 『벨 전화국 기술 학술지』에 셰넌(Shannon 1948)로 발표된 바 있고, 이듬해 셰넌·위버(Shannon and Weaver 1949), 『의사소통에 대한 수학 이론(The Mathematical Theory of Communication)』(Illinois University Press)이 나왔는데, 진용욱 뒤침(1986), 『통신의 수학적 이론』(통신정책연구소, 비매품)로 번역되었다. 상당량의 수학 지식을 깔고 있어서 읽어 나가기가 어렵지만, 위버의 해설을 보면 의사소통 당사자 간에 잡음을 줄이며 정보량을 보존하는 기술이 핵심 논제인 듯하다. 셰넌은 공저 34쪽에서 일반적 의사소통(통신) 체계에 대하여 다음 그림을 제시하였다(245쪽 각주 20 참고).

이런 수학적 구조의 논의가 영향을 입혔는지는 잘 알 수 없다. 언어학자 야콥슨의 논문은 본디 1958년 봄에 인디애나 대학에서 개최되었던 문체 학술대회의 총평 논문으로 발표되었고, 다시 쉐뵉 엮음(Sebeok 1960), 『언어에서의 문체(Style in Language)』(MIT Press)에 실렸다. 우리말로는 세 분이 번역한 바 있다. ① 김태옥 뒤침(1977), 『언어과학이란 무엇인가』(문학과지성사)에 들어 있고, ② 신문수 엮고 뒤침(1989), 『문학 속의 언어학』(문학과지성사)에도 들어 있으며, ③ 권재일 뒤침(1989), 『일반언어학 이론』(민음사)에도 들어 있다. 의사소통 기능들을 처음으로 구조·기능주의 관점에서 논의했다는 점에 의의가 있겠지만, 실용성에서 문제가 많으므로, 일찍부터 언어교육에서는 이를 받아들이지 않았다. 대신 크게 정보 전달용 의사소통과 친분 쌓는 의사소통으로 나눈다(203쪽 이하).

어떤 의사소통이든지 간에 최소한 의사소통이 일어나려면 먼저 기본 전제로서 어떤 상황이 있어야 하고, 이 상황 속에서 발신자와 수신자 (의도된 청자)가 서로 접촉을 해야 한다. 그뿐만 아니라 서로 간에 전달할 내용이 있고 그 내용을 담을 수 있는 상호 이해 가능한 기호 체계(주로 자연언어)가 있어야 한다. 야콥슨은 각 구성 요소마다 다음처럼 대표적인 여섯 가지 기능들을 상정하여 놓았다.

```
                        지시 기능
                        시적 기능
        감정 표현 기능---------------------------------명령 수행 기능
                        친교 기능
                        상위 언어 기능
```

물론 발신자(화자)가 감정 표현의 기능만을 지니는 것은 아니다. 중간에 있는 여러 기능들을 동시에 다 겸하여 전달해 줄 수 있기 때문이다. 또한 수신자(의도된 청자)가 오직 명령 수행의 기능만을 떠맡는 것도 아니다. 발신자(화자)의 의도를 어떻게 가늠하느냐에 따라서, 다양한 기능이 수신자(청자)에 의해 수행될 수 있기 때문이다. 각 구성 요소마다 상정된 대표 기능은 더 쉽게 다음과 같이 문장의 유형으로 바꿔 표현할 수도 있겠다.

```
                        서술문 형식
                        가락이 깃듦
        감탄문 형식---------------------------------명령문 형식
                        여러 가지 형식
                        반성적 사고
```

감정 표현 기능은 주로 감탄문 형식으로 나오고, 지시 기능은 주로 서

술문 형식을 빌리게 되며, 명령 수행 기능은 명령문이나 청유문 형식을 띠게 된다. 시적 기능은 가락을 이용하여 노래를 부르듯이 하는 방식이다. 상대방과 우의를 토답게 하려는 친교 기능은 기타 여러 가지 서법으로 표현될 수 있다. 서술이나 청유나 약속이나 감탄 등 필요할 때마다 청자의 감정에 맞춰 선택할 수 있다. 상위 언어 기능은 언어와 참여자, 그리고 의사소통 자체를 반성하여 얻을 수 있는 탈–상황적 기능이므로, 모든 구성 요소들을 대상으로 하여 이뤄진다. 이를 따로 표시할 수가 없으므로, 잠정적으로 언어 기호와 관련을 지어 놓았을 뿐이다.

구조·기능적 관점으로부터 나온 야콥슨의 통찰력은, 의사소통 참여자들이 지녔을 잠재적인 목적들을 유형화하는 데에 크게 기여하였다. 그렇지만 이런 통찰력이 지닌 한계점은, 셰넌 모형이 그러하듯이 마치 '기계적으로 저절로' 의사소통이 이뤄지듯이 전제하므로, 여러 층위가 동시에 작동하는 의사소통의 실상을 크게 왜곡해 버리며, 일부의 모습도 너무 복잡하게 서술해 놓았음에 있다. 따라서 여러 가지 의문이 일상언어 철학의 깔린 속뜻(illocution) 찾기 및 새로운 언어교육 흐름으로부터 제기되었다.

첫째, 오스틴은 아무리 짤막한 외마디 발화라고 하더라도 억양과 더불어[3] 그 속뜻이 여러 가지로 깃들 수 있음을 처음으로 깨닫고, 인간의 의사소통을 모두 최종적으로 귀결되는 행위와 관련하여 세 층위로 재구성해야 한다고 보았다. "앉아요!"라는 외마디 발화가, 말해지는 맥락

---

3) 벽(2001; 김지홍 뒤침 2013), 『듣기 평가』(글로벌콘텐츠)의 100쪽에 영어 억양의 여섯 가지 기능을 다음 도표로 나타내었다.

감정 표현 기능	열정·의심·혐오와 같이 화자가 지닌 태도상의 의미를 표현하는 데 이용된다
문법구조 표시 기능	글말에 있는 구두점처럼 발화의 문법 구조를 표시하는 데 이용된다
정보 표시 기능	문장 억양과 같이 임의의 발화에 대한 두드러진 부분을 나타낸다. 따라서 더 높은 음높이는 중요한 정보를 표시해 준다
텍스트 전개 기능	글말의 단락처럼 담화의 더 큰 덩이가 대조되거나 일관되도록 도와주는 데 이용된다
심리적 기억 기능	정보를 더 처리하기 쉬운 단위로 묶어 주는 데 이용된다. 가령, 낱말의 목록이나 신용카드 번호를 더 쉽게 기억하도록 단위들로 묶게 된다
지시 표지 기능	특정한 집단의 사람들에 의해서 일종의 개인별 확인 표지로 이용된다. 가령, 설교자나 뉴스 해설자들이 종종 인식 가능한 억양 유형을 이용한다.

에 따라서 명령·청유·의문·서술 등 여러 가지 방식으로 이해되는 것이다. "아름답구나!"라는 감탄 형식도, 감탄문만이 아니라 또한 서술문으로도 이해할 수 있고, 같이 공감해 주기를 바라는 요구로도 해석될 수 있으며, 어조를 올림으로써 반문하는 것으로도 이해되는 것이다. 이런 다양한 해석들을 결정할 수 있는 것이 바로 발신자와 수신자(의도된 청자)가 공유하고 있는 발화 맥락이며, 그 맥락에 대한 해석이다. 따라서 의사소통 구성 요소마다 고유한 대표 기능을 부여하는 일 자체가 잘못된 것이며, 잠재적인 해석 가능성 중에서 맥락에 대한 해석 지침에 의해 특정한 기능이 지정되는 것임을 알 수 있다.

둘째, 이런 여섯 가지 기능이 의사소통을 결과적으로 분류하여 나온 것일 뿐, 일상생활에서 개개인의 의사소통을 하려는 목적과 긴밀히 관련될 수 없다는 자각이 언어교육(특히 의사소통 중심 언어교육: *CLT, Communicative Language Teaching*)을 맡는 주체들에 의해서 생겨났다. 이어 새롭게 담화를 다루는 흐름에서도 야콥슨의 복잡한 기능들을 비판하면서 더욱 간략하게 묶어야 한다는 자각이 생겨났다. 리틀우드(1981)의 제4장과 제5장에서는[4] 언어교육을 뒷받침해 주기 위해서 의사소통의 목적(언어 사용이나 언어 기능)이 다음 두 가지 축으로 구분되어야 한다고 보았다.

① 기능적 의사소통 활동(functional communication activity)
② 사교적 상호작용 활동(social interaction activity)

이어 브라운·율(Brown and Yule 1983)에서도[5] 용어를 간단히 각각

---

4) 리틀우드(Littlewood 1981; 안미란 뒤침 2007), 『의사소통(적) 교수법』(한국문화사)으로 나와 있다.
5) 브라운·율(1983), 『담화 분석(*Discourse Analysis*)』(Cambridge University Press)이다. 이들은 언어교육이 궁극적으로 담화교육이 되어야 한다고 본다. 담화도 크게 '정보 전달용' 기능과 '상호 사교적' 기능을 통해 현장 학교 수업에서 가르쳐야 하는 것이다. 이들이 스코틀런

① 정보전달(transactional) 의사소통

② 상호작용(interactional) 의사소통

으로 고쳐 부른 바 있다. 정보 전달용 의사소통과 상호작용의 사교적 의사소통도 칼로 두부를 나누듯이 따로 구별되는 것이 아니다. 크든 작든 일부 서로 겹쳐 있으며, 오직 1차적 초점이 무엇인지에 따라서 나뉠 수 있을 뿐이다. 이를 브라운·율(1983; 김지홍·서종훈 뒤침 2014)에서는 입말과 글말의 주요 기능을 구분하면서 다음과 같은 그림으로 나타내었다.

의사소통 기능의 두 끝점

이러한 논의들에 힘입어 의사소통이 크게 두 가지 목적을 지니고 있음을 깨닫게 되었지만, 의사소통을 과연 몇 가지 갈래로 나누어야 하는지에 대해서는 따로 알려 주는 바가 없다. 20세기 기술 문명의 발전으로 컴퓨터로 많은 언어 자료를 처리하고 가공하면서 새로운 분야가 생겨났다. 크게 인간의 지능을 모의하려는 보다 순수한 흐름 및 사전 편찬과 언어교육에 도움을 주려는 실용적인 흐름으로 나뉜다. 흔히 전자는 자연언어 처리(*Natural Language Processing*)라고 부르고, 후자는 말뭉치

드 중등학교에서 말하기 교육을 시행했던 연구가 앤더슨·브롸운·쉴콕·율(Anderson, Brown, Schillcock, and Yule 1984; 김지홍·서종훈 뒤침 2014), 『모국어 말하기 교육: 산출 전략 및 평가』(글로벌콘텐츠)으로 나와 있고, 이를 제2 언어로서 영어 교육에 적용한 책이 브롸운·율(1983; 김지홍·서종훈 뒤침 2014), 『영어 말하기 교육』(글로벌콘텐츠)로 나와 있다. 모두 두 갈래의 의사소통 중에서 전보 전달 영역을 교육하고 향상시키고자 했던 중요한 업적이며, 현행 과제 중심 언어교육(TBLT)의 초석을 놓았다.

언어학(*Corpus Linguistics*)이라고 부른다. 이들 중 특히 후자 쪽에서 언어
교육과 관련하여 '균형 잡힌 말뭉치'를 확보할 필요성이 꾸준히 제기되
어 왔다. 이는 사회생활에서 언어를 매개로 의사소통을 하는 유형들에
대한 논의로 이어진다. 머카씨(1998; 김지홍 뒤침 2010: 30쪽 이하)에서
는6) 담화교육을 시행하기 위한 목적으로 의사소통의 범주를 다음과
같이 다섯 가지 유형으로 제시하여 다루었다.

담화교육을 위한 의사소통 갈래

구현 유형	유형별 목표	전형적인 사례
정보 전달 유형	정보 제공	관광 안내소에서 여행 정보를 얻음
전문 직업 유형	정보 제공	회사의 판매 회의, 개개인이 나누는 업무 이야기
학교 수업 유형	협력 동기	작은 모둠별 수업에서의 담화
공적 교제 유형	협력 과업	잔치 음식을 함께 준비하는 구성원들의 담화
사적 친밀 유형	협력 동기	집안일을 의논하는 어머니와 딸의 담화

위 도표에서 언급한 갈래 또는 범주가 유일무이한 것은 결코 아니다.7)
이는 분류의 목적과 목표의 설정에 따라 담화들을 가르는 방식이 다양
하게 제시될 수 있음을 나타낼 뿐이다. 의사소통의 범위가 우리 사회생

---

6) 김지홍(2010), 『언어의 심층과 언어교육』(경진출판)에서는 언어교육이 발전해 온 단계
별 방향으로도 유형이 구분될 수 있다고 보았다. 초기에는 일반 목적(general purpose)의
언어교육이 시행되었다. 여기서는 일상생활과 관련된 언어 자료들과 상상력을 기르는
문학 자료들이 주된 갈래를 형성하였다. 이어 일반 목적의 언어교육만으로는 사회생활
에서의 필요성을 충족시켜 주지 못한다는 비판을 수용하여 특정 목적(special purpose)
의 언어교육이 실시되었다. 주로 직업과 관련된 취업 목적의 언어 자료들과 상급 학교
에 진학하기 위한 학업 목적의 언어 자료들이 주된 갈래를 형성하였다. 이들 갈래 또한
의사소통 범주를 구성할 수도 있을 것으로 판단된다. 최근에 부각된 비판적 지성의 힘
길러주기는 주로 '비판적 담화 분석(CDA)'로 불리는데, 207쪽 각주 8과 318쪽 이하를
보기 바란다.

7) 클락(1996; 김지홍 뒤침 2009: 22쪽)의 제1장에서는 분류 기준을 달리하여 담화가 사용
되는 현장을 중심으로 나눈다. ① 사적인 현장, ② 공적인 현장, ③ 기관적 현장, ④ 규범
적 현장, ⑤ 허구적 현장, ⑥ 다른 사람의 중개에 의해 매개된 현장, ⑦ 혼자 스스로의
독백 현장 등이다. 한편, 언어교육을 위하여 유럽 자문위원회(Council of Europe 2001),
『언어 학습 참조용 유럽 공통 얼개(*Common European Framework of Reference for Language*)』
(Cambridge University Press)에서는 다음처럼 여섯 가지 유형으로 나누었다.

활의 범위가 거의 일치할 것이기 때문에, 우리 사회생활을 나누는 범주인 정치·경제·사회·문화·예술과 체육 등의 소재로도 나눌 수 있는 것이다. 그럼에도 불구하고, 의사소통 유형에 따른 목표를 보면, 크게 정보를 전달해 주는 영역 및 서로 협력하면서 상호작용을 하는 영역으로 나뉘고 있음을 알 수 있다.

2. 서술관점의 수립

의사소통의 첫 단계는 의사소통 상대방과의 공통기반 및 정보간격을 가늠하여 뭘 말해 줄 것인지를 판단하고 결정하는 일이다. 이를 '의사소통 의도'(이하에서 이를 간단히 줄여서 '의도'로만 부름)의 수립이라고 말할 수 있다. 그렇지만 의도가 세워졌다고 하더라도 곧장 언어 표현으로 이어지는 것은 아니다. 어떻게 표현해야 할지에 대하여 결정해야 하는 것이다. 이는 크게 두 가지 단계로 이뤄진다. 하나는 일련의 사건을 누구 또는 어느 것에 초점을 맞추어 서술해 줄지를 결정하는 일이다. 다른 하나는 앞의 결정에 뒤이어 어떤 언어 표현 방식을 선택할지를 결정하는 일이다. 이런 일련의 과정을 합쳐 여기서는 '서술관점의 수립'으로 부르고자 한다.

서술관점에 대한 본격적인 논의는 '비판적 담화 분석(critical discourse analysis)'의 흐름을 이끌어 온 일련의 페어클럽(Fairclough 1989, 1995, 2003, 2010) 등에서 다뤄졌다.[8] 대중매체에서 자주 쓰이는 글말을 놓고서 페

주요범주	사례
사실정보 내주기/요구하기	묘사하기, 보고하기, 질문하기, 대답하기
태도 표현하기/묻기	찬성/반대, 유식/무지, 능력, 허락
설득하기	제안하기, 요구하기, 경고하기
사교적으로 되기	주의를 끌기, 말을 걸기, 인사하기, 소개하기
담화를 구조화하기	열어가기, 요약하기, 주제 바꾸기, 매듭짓기
의사소통 수정하기	이해가 안 되었음을 신호하기, 도움 호소하기, 풀어 말하기

어클럽 교수는 글말을 일관되게 유지해 가는 서술관점이 책임질 주체를 알게 모르게 가리고 숨겨 버리는 사실에 주목한다.9) 가령, 랭커스터에서 발행되는 지방 신문에서 다음과 같은 기사를 보기 바란다(페어클럽 2001; 김지홍 뒤침 2011: 111쪽).

〈 채석장의 자갈돌을 도로에 흘리는 문제 〉

미들버로우 채석장에서 나오는 덮개 안 씌운 트럭들이, 와튼 마을을 통과하는 동안에 여전히 도로에 자갈돌들을 흘리면서 다니고 있음을, 지역의회 의원들이 9월 개최된 지방의회 회의에서 전해 들었다. 의회 소견서가 채석장 관리자에게 발송되었다. 의원들은 개선이 이뤄질 것으로 희망하고 있다.10)

여기서 평면적으로만 보면, 두 개의 문장으로 이뤄진 심상하고 따분한 기사 도막으로만 보일 뿐이다. 그렇지만 담화 상황을 재구성한다면, 누

---

8) 페어클럽 교수의 저작 중에서 현재 세 권이 번역되어 있다. 페어클럽(1995; 이원표 2004 뒤침), 『대중매체 담화 분석』(한국문화사); 페어클럽(1989; 개정판 2001; 김지홍 2011 뒤침), 『언어와 권력』(경진출판); 페어클럽(2003; 김지홍 2012 뒤침), 『담화 분석 방법: 사회 조사연구를 위한 텍스트 분석』(경진출판). 페어클럽(1995), 『비판적 담화 분석』이 개정되어 방대하게 페어클럽(2010)으로 나왔는데, 모두 22개의 장으로 되어 있다. Fairclough(페어클럽, 페어클러프)라는 발음을 잘못 읽어 '페어클라우'로 쓰는 경우가 있다. 철자 gh가 [f] 발음을 나타낸다는 사실을 고려하지 못한 잘못이다. 비판적 담화 분석을 우리의 담화 환경에 적용한 책은 최윤선(2014), 『비판적 담화 분석: 담화와 담론이 만나는 장』(한국문화사)로 나와 있다. 이를 읽기 교육에 적용한 글은 김유미(2014), 「비판적 담화 분석을 활용한 읽기 교육 연구」(서울대학교 박사논문)를 보기 바란다.

9) 172쪽 이하에서는 능동적인 표현이 책임질 주체가 주어로 나와야 하지만, 문법상 수동적/피동적인 표현은 그런 주체가 출현하지 않을 수도 있음을 언급했다. "철수가 영이를 사랑한다."는 표현에서 사랑하는 사건을 일으키는 주체는 주어 자리(철수가)에 나와 있다. 그렇지만 동일한 사건을 언급하면서도 다음과 같이 결과 상태만을 드러낼 수 있다. "영이가 사랑받는다." 여기서는 누가 영이를 사랑하는지에 대하여 알 수 있는 언어 정보가 없다. 그 결과 다른 속뜻이 깃들 수 있다. 영어의 신문 기사나 공문서에서는 '결과 상태'만을 객관적인 양 표현하는 수동 구문을 자주 쓰는 것으로 잘 알려져 있다. 이런 자잘한 선택도 또한 서술관점의 하위 갈래에서 다뤄질 수 있다.

10) ≪Lancaster Guadian≫ 신문에 실린 1986년 9월 12일자 원문은 다음과 같다. 제목 Quarry load-shedding problem, 기사 내용 Unsheeted lorries from Middlebarrow Quarry were still causing problem by shedding stones on their journey through Watton village, members of the parish council heard at their September meeting. The Council's observation have been sent to the quarry management and members are hoping to see an improvement.

가 누구에게 쓰고 있고, 누가 어떤 일을 하고 있는지에 대하여 찾아낼 수 있다. 신문 기사의 작성자는 비록 일선 기자이겠지만, 편집부의 방침 및 신문사의 발행인이 내건 사시(社是)에 따라 수정되고, 시각 자료와 더불어 총체적으로 재편집되는 것이다. 이런 측면에서 이 기사를 재구성하기 위하여 몇 가지 사건이 들어 있는지를 찾아내어야 한다. 이 기사에서 다루고 있는 소재를 중심으로 하여, 원인 사건과 결과 사건이 있고, 또한 이 결과 사건이 피해를 일으키기 때문에 시정을 요구하는 사건(해결책)도 이어져 있다.

첫째, 트럭 운전자들이 도로에 자갈돌들을 흘리면서 다니고 있다.
둘째, 채석장 관계자는 채석 운반에 대해 책임을 지고 있다.
셋째, 도로에 흘린 자갈돌 때문에 마을 주민들이 피해를 받고 있다.

그리고 이와 관련하여 일어난 사건도 다음과 같이 재구성될 수 있다.

넷째, 주민들이 공공기관에 민원을 제기하였다.
다섯째, 지방의회로 대표되는 당국에서 그 민원이 정당함을 인정하였다.
여섯째, 지방의회에서 채석장 관리자에게 '소견서'를 보냈다.
일곱째, 지방의회 의원들은 문제가 시정되어 해결될 것으로 믿고 있다.

마지막으로 이 기사를 다루고 있는 지방 신문의 기사를 써서 전해 주는 사건이 있다.

여덟째, 랭커스터 수호자 신문에서 마을 주민들과 관련된 특정 기사를 보도한다.

먼저 재구성된 이들 사건을 놓고서도 대중 매체에서는 기득권층의 마음에 들도록 조정이 이뤄진다.

- 누가 사건을 일으키는 원인 제공자로 표현되어 있는가?
- 누가 대상들을 놓고서 사건을 일으켜 실행하는 사람으로 표현되어 있는가?

여기서 '누가'는 숨겨져 있다. 겉으로 무생물인 '트럭들'로 표현되고 있지만(자연계에서 일어나는 인과율 사건으로 취급), 한 걸음 더 나아가 우연히 '덮개를 안 씌운' 것이 원인으로 주목되고 있다. 사건을 의도적인 중대한 과실로 보는 것(불법을 고의로 저지름)이 아니라, 작고 우연한 실수처럼 표현되고 있는 것이다. 설사 트럭들을 운전하는 운전자에게 책임을 묻는다고 하더라도, 이는 피상적인 책임에 불과하다. 도로에 자갈돌을 흘리지 않도록 해야 할 본질적인 책임은 두 사람의 주체에게 있다. 운송 조건을 계약하는 채석장 관리인에게 있고, 또한 교통사고가 일어나지 않도록 미리 막아야 할 도로 관리 주체인 행정 당국의 책임자에게 있다. 그렇지만 짤막한 기사 속에는 이런 책임 주체들이 전혀 드러나 있지 않다. 한 사건을 신문 기사로 보도하기 위하여, 미리 그런 주체들을 면담하고 취재하였을 것으로 판단되지만, 그런 책임 주체들은 의도적으로 철저히 숨겨져 있다고 의심하게 만든다(누가 숨겼는지, 왜 숨겼는지를 검토하는 것은 또 다른 차원의 문제임).

당장 주민들한테 피해를 주는 사건도 우회적으로 표현되어 있다. 마치 막연한 소문을 전해 듣는 양 미약하거나 무시할 수 있을 사건으로 취급되어 있다. 해결 방안을 보도하는 문장에도 이런 의도가 들어가 있다. 잘못된 사안에 대하여 관리 당국에서는 응당 시정 명령을 내려야 한다. 그럼에도 불구하고 지방의회에서는 '소견서(observation, 관찰 내용)'만을 발송하였고, 잘못된 일에 책임을 지고 고쳐야 할 사람이 마치 편지 수신인 듯이 표현되고 있다. 더욱이 강제성이 없이 희망하는 상태로만 언급되어 있다. 이는 매우 의도적인 조처이며, 철저히 잘못을 저질러 책임질 관련자들을 숨기려는 서술관점을 선택한 것이다. 친-기업 및 친-관료의 기득권들을 옹호하는 관점으로 조정되어 있는 것이다.[11] 이 기사의 제목으로 뽑은 명사구 '~하는 문제'도 주민들의 안전을 위협하는 사건으로 서술하는 것이 아니라, 하나의 대상이나 사물처럼 표현하고 있다. 기사 내용이 조정되어 있듯이, 또한 이 제목도 정태적인 하나의 대상물인 듯이 취급되어 있으므로, 무심코 이를 읽는 독자들은 그대로 그런 서술관점을 당연한 듯이 여길 뿐, 아무런 의문도 제기하지 않게 된다. 결과적으로 응당 누려야 할 시민들의 권리가 짓밟히더라도 스스로 그 사실도 의식하지 못하는 셈이다.

이런 서술관점은 기득권을 누리고 있는 작은 공동체를 옹호하는 일 뿐만 아니라, 국가라는 큰 공동체에서도 빈번하게 일어난다. 미국 사회를 비판해 오고 있는 참스키 교수는 이런 것들을 묵시적인 '동의의 조작(manufacture of consent)' 과정이라고 부른다.[12] 다시, 페어클럽 교수가 인용하는 영국의 주요 일간지 ≪데일리 메일(Daily Mail)≫의 포클랜드 전쟁 기사 보도를 놓고서, 서술관점 속에 숨겨진 이념과 의도를 찾아보

---

11) 그렇다면 동일한 사건을 다르게 서술하는 관점에 대해서도 다룰 수 있을 것이다. 만일 이 보도 기사와 반대의 서술관점을 택하여 이를 재서술한다면, 적어도 다음 네 가지 핵심 요소가 들어가야 할 것이다. ① 교통사고 위험을 일으키는 도로 현장에 대한 사실이 먼저 제시된 뒤에, ② 그런 현장 사실을 일으키는 근본적인 원인들과 관련 책임자들을 적시한 다. ③ 불법을 제멋대로 저지르는 사람들 때문에 늘 불안한 주민들이 제기한 민원 내용을 요약한다. ④ 관련 당국인 지방의회에서 사실을 인정하고, 책임을 묻는 일련의 조치들을 명기하고, 시행 완료 시한과 불이행에 따른 제재 조치들도 함께 언급해 주어야 할 것이다. 이런 서술에서는 주민들이 능동적으로 자신들의 생활을 보호하는 쪽으로 표현되어 있으므로, 이를 주민들의 안전에 관한 서술관점이라고 말할 수 있을 것이다. 그렇다면 앞에서 다뤄진 보도 기사는 주민들의 안전은 안중에 없는 반-주민 또는 주민 무시의 서술관점으로도 부를 수도 있다. 왜 특정 언론 매체가 주민들을 무시하고 기업이나 관료들을 두둔하는지에 대한 또 다른 물음이 이어 제기될 수 있다. 이런 점들 때문에 이를 '비판적'이라는 수식어를 붙이는 것이다.

12) 참스키(2002 개정판, 박수철 2003 뒤침), 『노암 촘스키의 미디어 컨트롤』(모색)와 미츨·쇼펠 엮음(Mitchell and Schoeffel 2002; 이종인 2005 뒤침), 『촘스키, 세상의 물음에 답하다: 권1, 권력이 여론을 조작하는 방식에 관하여』(시대의창)를 참고하기 바란다. 또한 440쪽의 각주 87에 우리말로 번역된 참스키 교수 책자들의 목록도 참고하기 바란다.

기로 한다(페어클럽 2001; 김지홍 뒤침 2011: 115쪽 이하).[13]

〈 공수 전투단의 새 지도자 〉

"그이는 임무를 잘 완수해 낼 거예요!" 소령부인이 말한다
제2 공수 전투단 신임 대장의 부인이 어젯밤 남편의 안위에 대한 걱정을 말했다.
따스한 햇살 아래 4살 난 아이와 함께 놀면서, 제니 키이블은 자기 남편이 다시 전쟁터에
나가지 않았으면 좋겠다고 말했다.
이어 "저는 그이와 병사들이 임무를 잘 완수하기를 기도합니다. 하지만 부대원들이 전투에
꼭 나가야 한다면, 그이는 자기 능력의 최대치를 발휘하여 임무를 완수해 낼 겁니다. 그이와
제2 공수 전투단이 승리할 것을 확신하거든요."라고 말했다.
40세의 독실한 천주교 신자인 크뤼스토풔 키이블 소령은 1982년 5월 동 포클랜드 구스그린
을 탈환하는 전투에서 부대원들을 이끌고 진격하다가, 적군이 쏜 자동소총을 맞고 순직한
허어벗 조온즈 대령의 직위를 이어받을 예정이다.
어제 오후에 아이들을 위하여 평상시의 분위기를 유지하려고 애쓰면서, 제니 키이블의
가족과 친구들은 그녀의 옛 고향으로 소풍을 나섰는데, 남 잉글랜드 쏠즈베리 평원의
매딩튼에 있는 튜더 왕조의 쇠락한 건물로 된 사제관의 정원으로 모두 다 모였다.

키이블 소령은 … 공수 전투단을 이끌고 전쟁터로 나갈 것이다

---

13)

The Paras' new leader
He'll do his job well
says major's wife

THE wife of the new CO of the 2nd
Parachute Battalion spoke last night
of her fears for her husband's safety.
　As she played in the sunshine with
her four children, Jenny Keeble said
she hoped her husband would not have
to go into battle again.
　She said: "I pray he and his men
have done enough. But if they do go
on I know that he is a man who will do
his job to the best of his ability and I
am certain he and the 2nd Parachute
Battalion will succeed.
　Major Christopher Keeble, a 40-year-
old devout Roman Catholic, is to succeed
Colonel Herbert Jones who died leading
his men against an Argentine machine-
gun post in the battle for Goose Green.
　Yesterday Jenny Keeble's family and
friends gathered around in the garden
of her old vicarage home—a rambling
Tudor building at Maddington on Salis-
bury Plain—for a picnic afternoon as
she tried to maintain an air of normility
for the children's sake.

Major Keeble ... will lead
the paras into battle

포클랜드 전쟁은 1982년 4월 2일 아르헨티나가 자국과 가까운 포클랜드 섬을 회복하겠다고 선언하면서 침공한 전쟁이다. 당시 영국의 대처 수상이 강력하게 대응을 하여 탈환함으로써, 전쟁 2개월 만에 아르헨티나군의 항복으로 종료되었다. 그 결과 아르헨티나의 갈티에리 군사 독재정권이 몰락하게 되었고, 반대로 영국병을 앓던 영국에서는 자긍심을 회복한 사건이다.

겉으로 보기에, 글상자의 인용은 전사한 지휘관의 자리에 새로 임명된 공수 전투단(낙하산 전투부대)의 신임 지휘관을 취재한 기사이다. 제목뿐만 아니라 매우 정감적으로 약간의 미소를 띠면서 매력을 끄는 남성 얼굴 사진이,[14] 바쁜 시간에 샅샅이 들여다보지도 못할 독자들을 위하여 그렇게 배치되어 있다. 그런데 기사의 실제 내용은 새 지휘관을 전쟁터로 보내고 싶지 않은("전쟁터에 나가지 않았으면 좋겠다") 평범하고 독실한 종교인으로서 가정주부이자 아내, 그리고 부모와 함께 놀기를 좋아하는 어린이들의 안타까운 마음에 관한 서술이다. 다섯 개로 된 단락들도 서로 겹쳐 읽기를 통하여, 일관된 덩잇글의 주제를 향하여 전개되고 있다. 전쟁을 수행하여 적군을 쳐부수려는 딱딱하고 무미건조한 이념의 문제를,[15] 선뜻 공감이 가고 눈이 촉촉하게 젖을 법한 감성적 호소력을 지닌 글로 바꾸어 놓아, 이념적 거부감을 없애고 있다. 이는 결코 단순한 신임 전투 지휘관 임명에 관한 기사가 아니다. 죽음도 불사할 결심으로 나라의 명령에 따르려는 신임 전투 지휘관을 전쟁터로 내보내는 '아내의 초조한 심정'에 초점을 모았다. 서술관점은 곧

---

14) 이 사진에 대한 인상적 기술은 문화에 따라서 달라질 수 있다. 미소를 띠었는지, 냉소를 띠었는지에 대해서도 문화적 해독 방식이 다를 듯하다. 페어클럽 교수는 의도적으로 선택된 이 사진에서 「앞을 주시하는 소령의 눈매, 심각한 얼굴 표정, 심각한 냉소를 짓는 입술」 등에 주목하여 서술해 놓고 있다.

15) 이 점이 또한 포클랜드 전쟁의 정당성을 논증하려는 다른 서술관점으로 수립될 수 있다. 그렇지만 임의의 섬을 점유하는 정당성은 결코 본유적인 것이 아니다. 주로 역사와 문화적인 배경 위에서 국제적인 관례와 상호 체결된 조약에 따라 판정되어야 하는 복잡다단한 문제이다.

가녀린 군인 아내의 마음이며, 침략 당한 전쟁에서 영토를 탈환하고 이기기 위하여 애국심을 지닌 영국 시민이 모두 공유해야 할 이념으로 전형화되어 있다(의심 없이, 하늘이 준 절대 이념으로 관념하도록 유도함). 이는 전형적인 영국 시민이 취해야 할 행동 및 전형적이지 못한 영국 시민의 행동을 이항 대립으로 깔아 놓으면서 이념적 비판을 봉쇄하고 있다.

이념에 따른 이런 여러 가지 내용들이 밑바닥에 아주 당연한 진리인 양 깔려 있다. 과연 신임 전투 지휘관의 아내가 이상적이고 좋은 아내이며, 소박한 행복에 젖는 아내인가? 여기서는 실증적인 증거를 한 마디도 제시하지 않는다. 더 정확히 말하여, 더 자세히 취재하여 따져본 뒤에 결정할 수 있는 사안일 뿐이다. 그렇지만 '나라를 위해 전쟁터로 남편을 내보내야 하는' 군인 아내의 전형적인(상투적인) 독해 방법이, 이 기사 내용을 일관되게 관통하고 있다. 다시 말하여, '어쩔 수 없음, 군인으로서 탁월한 능력을 지닌 남편(에 대한 신뢰), 그 안위에 대한 걱정, 애써 평상심을 유지하려는' 따위의 어구를 통하여, 그런 독해 방법이 이미 참값을 지녔음을 함의하고 유도해 나가고 있는 것이다.

과거 식민지 확장 시절에 이 섬은 너무 멀고 실제 이익도 많지 않으며 제대로 지킬 수도 없어서 이미 프랑스나 스페인에서도 포기했었다. 그런 섬을 자기 나라 영토라고 점유해야 할 정당성에 관한 물음은 전혀 제기되지 않는다. 또한 전쟁 수행의 정당성에 대한 의문도 철저히 봉쇄되어 있다. 포클랜드 전쟁은 영국이 권리를 되찾는 당연한 일임이, '적군의 총에 순직한 전임자'와 '독실한 천주교 신자'인 신임 지도자이라는 표현만으로 전제해 놓고 있는 것이다.

이 전쟁은 영국병을 고치려고 강성 노동자 단체(특히 탄광노조)들을 탄압하면서, 여러 곳에서 빈발하던 폭동들 때문에 부정적 여론이 들끓었던 당시에, 과거 대영제국의 영광 및 향수를 불러일으키면서(현재 병을 앓고 있는 영국이 다시 도달해야 할 이상적인 목표와 서로 겹쳐짐), 나라밖의 전쟁 승리 하나에만 모든 여론의 초점을 모으도록 해 준 호재였다. 당시 대처 정부에서는 외교적 수완도 함께 발휘하여 그 전쟁을 승리로 이끌었으며, 결과적으로 일거양득의 효과를 보았다.

이 기사 속에 깃들어 있는 방식에 따라 읽는다면, 이미 여러 군인들이 아르헨티나의 부당한 침략 때문에 순직하였고, 어떤 희생을 치르고서라도 빼앗긴 영토를 탈환해야 한다는 마음가짐을 지니게 될 것이다. 결과적으로 '애국심'이라는 의심 없는 자기희생 정신을 부추기는 것이다.

공동체 구성원들에게 이런 부류의 행동을 요구하는 정반대의 경우도 찾을 수 있다. 이슬람 극단주의자들의 소위 자살 테러에 관한 일이다. 전쟁은 특정한 적군을 마주하여 싸우는 것이지만, 테러는 불특정한 다수의 선량한 시민들을 겨냥하여 무차별적으로 죽이는 일이다(공포감을 일으키기 위한 목적). 아마 포클랜드 전쟁 당시에 영국 고위관료 내부에 소수 의견들도 분명히 있었을 것이다. 그런 것들이 어떤 주장이었고, 그 주장에 무슨 근거를 내세웠는지에 대해서도 같이 따져볼 수 있어야 한다.16) 그렇지만 해당 논의에서는 그런 부분들이 조금도 들어 있지 않다. 그럼에도 불구하고, 유사한 사례들을 통하여 공동체의 상위 이념적 가치가 정당한지를 따지는 내용을 충분히 재구성해 볼 수 있을 것이다.

---

16) 만일 비판적 담화 분석을 중고등학교의 국어교육에 도입하려고 한다면, 반드시 임의 사건의 원인과 결과에 대한 다수 의견과 소수 의견이 나란히 실려 있어야 할 것이다. 페어클럽(2001; 김지홍 뒤침 2011)의 제9장에서는 '학교에서의 언어교육'이란 부제를 붙여 놓고, 중등학교의 언어교육이 실용적인 목적을 수행하기 위한 절차들을 논의하고 있다. 비판적 담화 분석이 중등학교 교실수업에서 성공을 거두려면, 교사들 쪽에서는 적절한 소재들을 찾아내는 일이 선행되어야 하고, 동시에 학생들 쪽에서는 많은 책을 읽고 토론하는 습관이 같이 수반되어야 한다. 비판적 담화 분석이 공리공담이 아니라, 현실적인 문제와 갈등들을 가닥 잡고 재구성하는 일이기 때문이다.

3. 구성과 해석을 이끌어 가는 심층 틀

서술관점은 청자 또는 독자들에게 거부감 없이 접근하기 위한 산출 전략의 첫 번째 측면이다. 이어서 임의의 언어 표현을 선택하는 일이 뒤따라야 한다. 임의의 표현은 크게 직접 표현과 간접 표현으로 나뉜다. 직접 표현은 축자(literal) 표현으로도 불린다. 간접 표현은 다시 우회적 표현과 비유 표현으로17) 대분된다. 수사학에서 다뤄져 온 비유 표현은 가짓수가 엄청 많다. 김봉군(1999, 제4판) 『문장 기술론』(삼영사)의 제6장 에서는 '비유법·강조법·변화법' 아래 모두 21개의 하위 갈래들을 다루고 있다. 엄청난 숫자이며, 그런 분류가 과연 무슨 도움이 될지 의아하다.

그렇지만 소쉬르가 내세운 언어 조직 방식인 계열관계 및 통합관계 가 궁극적으로 비유의 두 축임을 깨닫고서, 야콥슨(1956) 「언어의 두 측면과 실어증의 두 유형」에서는18) 이를 각각 은유와 환유로 파악하였 다. 계열관계로 구현되는 은유는 "내 마음은 호수이다!"에서 내 마음의 속성과 호수의 속성이 서로 계열적인 선택 관계에서 동일성을 지니게 된다. 내 마음의 속성이 '조용하다, 잔잔하다'라는 선택과 산으로 둘러 싸인 작은 호수의 속성이 '조용하다, 잔잔하다'라는 선택이 서로 합치 될 수 있는 것이다. 이에 반해 통합관계로 구현되는 환유는 "수양대군 드디어 옥새를 가지다!"에서 옥새는 옛날 왕이 지녔던 여러 가지 권한 과 속성(이것들이 일직선으로 나열되어 통합적 관계로 간주됨) 중에서 가장

---

17) 비유에 대한 논의는 '인지 언어학' 영역에서 활발하게 전개되어 왔고, 현재 15권이 넘는 번역본이 나와 있어서 도움이 크다. 레이코프·존슨(Lakoff and Johnson 2003 개정판; 노양 진·나익주 뒤침 2006 수정판),『삶으로서의 은유(늘우리 곁에 두고 살고 있는 은유)』(박이 정)와 레이코프·존슨(1999; 임지룡·윤희수·노양진·나익주 뒤침 2002),『몸의 철학: 신체 화된 마음의 서구 사상에 대한 도전』(박이정), 그리고 케베췌쉬(Kövecses 2002; 이정화·우 수정·손수진·이진희 뒤침 2003),『은유: 실용 입문서』(한국문화사)와 케베췌쉬(2005; 김 동환 뒤침 2009),『은유와 문화의 만남: 보편성과 다양성』(연세대 출판부)도 참고하기 바란다.

18) 권재일 엮고 뒤침(1989),『일반언어학 이론』(민음사)에는 제2장으로 들어가 있고, 신문수 (1989),『문학 속의 언어학』(문학과지성사)에는 제I부의 제7장으로 들어가 있다.

두드러진(병권과 관료 임명권과 외교권을 상징) 한 가지 속성이므로 이를 선택한 것이다. 이런 관점에서 언어 형식을 선택하는 표현 방식을 다음 그림처럼 나타낼 수 있다.

적어도 언어가 표현되고 전달되는 형식은 밑줄 그어 놓은 네 가지 선택지가 있다. '직접 표현·우회 표현·은유 표현·환유 표현'이다. 직접 표현은 소리와 뜻 사이에 상징적인(비-자연적인) 결합으로 이뤄진 내용이다. 들판에 있는 어떤 특정한 대상을 가리켜 우리말 소리로는 '나무'라고 부르고, 영어에서는 'tree'라는 소리를 쓴다. 소리와 뜻 또는 소리와 대상과의 관계는 필연적이지 않고, 사회에서 약속된 대로 쓰인다(성경의 계약이 원형처럼 작용함). 이런 표현을 언어 공동체에서 서로 약속한 직접 표현이라고 부른다. 그렇지만 언어를 쓰는 데에는 직접 표현만을 쓰는 것이 아니라, 간접 표현들도 매우 중요한 몫을 맡고서 자주 쓰이고 있다.

우회 표현(우설 표현, 에둘러 말하기)은 대상이나 사건으로부터 일정 거리를 두고 달리 표현하는 방법이다. '죽다'라는 직접 표현을 쓰지 않고, 대신 '세상을 버리다, 떠나다, 떠나가다, 다른 세상으로 가다, 하늘로 가다, 신선이 되다'와 같이 말하는 일도 직접 일컫는 것을 꺼려 에둘러 표현하는 방식이지만(금기어 표현 방식), 긴밀한 사회적 유대를 지속해 나가기 위하여 상대방에게 듣기 싫은 표현을 삼가고 변죽만 울리는 일도 우회 표현의 중요한 부분이다. 가령, 상대방이 잘못한 일에 대하여 그에게 직접 "잘못이다"라고 표현하기보다는, 오히려 "일이 자칫 꼬일까 걱정된다"거나 "다른 방식도 고려해 볼 수 있지 않을까?"라고 넌지시 말하는 일도 또한 「상대방의 사회적 체면을 보호하는 측면」에서 매우 중요한 선택이다.

미시사회학 또는 상호작용 사회학에서는 언어 표현을 통하여 구성원들 사이에 유대가 강화되거나 뒤틀리는 관계들을 다루는데, 이미 182쪽 이하에서 언급한 상호 공평성(equity)의 원리 및 체면(face)의 원리가 직접 간여한다. 공평성 원리는 생물학적으로 공생의 원리의 연장선 위에 수립되어 있다. 우리말로 표현하여 '서로 주고받는' 원리이거나 '서로 주거니 받거니' 원리로 말할 수 있다. 언어를 매개로 하여 이뤄지는 의사소통에서는, 보다 더 체면의 원리에 의해 민감히 규제된다. 체면(face)의 개념은 자율성(autonomy) 및 자존감(self-respect)의 토대 위에 세워져 있다. 상대방의 체면을 높여 주려면, 어떤 판단이든 어떤 결정이든 마치 상대방이 내리는 듯이 양보하여 표현해 주어야 한다. 또한 임의의 표현을 선택하더라도, 감정이입(empathy)을 통하여 상대방의 자존심을 높여 줄 수 있는 쪽의 표현을 선택해야 하는 것이다. 이것이 바로 의사소통에서 참여자의 인격 또는 인품 측면(상대방 배려)에 관련된 요소들이며, 우리 문화에서 전통적으로 익숙히 강조해 온 것이다. 그렇지만 상대방의 처지를 먼저 고려하고 상대방의 처신을 배려하여 언어 표현을 선택해야 한다는 엄연한 사실이, 광복 이후의 나라 안에 가득 퍼진 천박한 '기능주의' 흐름에 의해 억눌려 버렸다. 기본값(default 최소값)만을 지닌 기능만이 능사가 아니다. 여기에 가치와 품격이 더 추가되어야 비로소 인간다움을 느낄 수 있는 의사소통이 되는 것이다.

우회 표현을 하게 되는 또 다른 동기는, 자신의 의도를 철저히 숨기려는 정치적 측면이 있다. 명시적이고 구체적인 표현을 하면, 신실한 사람의 경우에 언행일치를 보여야 하므로, 오히려 미래 시점에서 다른 선택을 할 수 없도록 막아 버리는 울타리가 될 소지가 있다. 이를 흔히 '자승자박(스스로 노끈으로 자신을 옭아 묶음)'이라고 표현해 왔다. 이런 결과를 맞지 않으려고, 보다 더 애매하고 우회적인 표현을 선택하여, 어떤 해석이라도 뒤따라 나올 수 있도록 신경을 쓰는 경우가 있다. 가장 전형적인 것이 우리 사회에서 정치인들의 발언이다. 그럴 수도 있고, 그렇지 않을 수도 있는, 애매하고 우설적인 표현을 일부러 선택하는 경우가 비일비재하다.

현재 비유 표현에 관한 '인지 언어학'의 연구 성과에 힘입어, 비유는 「익숙하고 가시적인 체험(경험) 영역('원천 영역'으로 불림)으로부터 막연하고 낯선 영역('표적 영역'으로 불림)으로 확장하는 필수적이며 중요한 도구」로 다뤄지고 있으며, 비유적 사고에 대한 신경생리학적 토대를 추구하는 연구들이 이어지고 있다.[19] 우리의 두뇌신경체계는 단지 구조적인 뇌세포의 연접부(synapses)로만 이뤄진 것도 아니고, 전기·생리화학적 특성 및 매개 물질에 관한 복잡한 것들이 여러 가지 복합 층위들에서 한꺼번에 맞물려 있는 소우주 그 자체이다. 따라서 이런 환원적 태도를 놓고서 동시에 낙관론과 비관론들이 모두 관찰될 수 있는데, 그 선택은 연구자의 배경과 가치관에 따라 이뤄질 듯하다.

한편, 실제 삶의 현장에서 이와 같은 비유적 표현들이 어떻게 건설적으로 사회생활을 구성해 내고 어떻게 비관적으로 우리의 사고 유연성을 막아 버리는지에 대한 논의를, 레이코프 교수는 여러 책자들을 통하여[20]

---

19) 레이코프·존슨(2003 개정판; 노양진·나익주 뒤침 2006), 『삶으로서의 은유』(박이정)의 '후기 2003'에서는 이 책이 처음 1980년에 출간된 뒤 그 이후 20년 동안의 발전을 개관해 주고 있다. 비유의 신경생리학적 환원에 대한 논의도 자세히 언급되어 있으므로, 관련 문헌들은 그곳을 참고하기 바란다.
20) 미국 공화당의 가치를 비판하고 민주당의 가치를 옹호하는 레이코프 교수 책들이 다수 번역되어 있다.
레이코프(2006; 나익주 뒤침 2007), 『프레임 전쟁: 보수에 맞서는 진보의 성공전략』(창작과비평사)
레이코프(2002; 손대오 뒤침 2010, 개정판), 『도덕, 정치를 말하다』(김영사)
레이코프(2004; 유나영 뒤침 2006), 『코끼리(늑미국 공화당)는 생각하지 마』(삼인)
레이코프(2006; 나익주 뒤침 2010), 『자유는 누구의 것인가?』(웅진지식하우스)
레이코프(2008; 나익주 뒤침 2012), 『폴리티컬 마인드: 21세기 정치는 왜 이성과 합리성으로 이해할 수 없을까』(한울 아카데미)

자신이 생활하고 있는 미국 정치 현장을 분석하여 보여 준다. 레이코프 (2006) 『생각을 이끌어 나가는 핵심 논점들(*Thinking Points*)』을 의역하여 나익주 뒤침(2007) 『프레임 분석』으로 번역되어 있다. 본디 프레임 (frame)은 인간 사고의 심층에서 작용하는 개념 구성 틀 또는 해석 틀을 가리키며, framing(틀 부여하기)은 심층의 해석-구성 틀을 언어 또는 기 호로 부여해 놓는 일인데, 다음과 같은 다섯 가지 특징을 지닌다(번역본 61쪽 이하).

① 무의식적으로 깃들게 된다.
② 무엇이 상식으로 관념되고 유지되는지를 결정해 준다.
③ 반복을 통해 두뇌 속에 스며들어 고정되므로, 강화 내지 세뇌 작용이 일어난다.
④ 표면에 드러난 틀은 가치관 또는 믿음체계로 불리는 심층의 틀에 의존 하며, 반대 입장의 구성-해석 틀이 활성화되지 못하도록 억제한다.
⑤ 일단 뿌리가 내려 정착되면 상당 기간 동안 지속되어 나간다.

따라서 만일 현실의 정치 맥락에서 부동층의 유권자들은 혼성된 복합 개념들을 지닌 사람이므로(보수주의+진보주의),21) 구체적인 맥락과 관 련된 여러 가지 사건들이 제시되어야만 비로소 생각과 판단을 온전히 갖출 수 있다.

자유나 평등이라는 추상적 개념 자체도 엄격히 정의되고, 딸림 실천 사항들이 논리적으로 도출되는 것이 아니라, 어떤 측면에 강조점을 두 고 근본 속성으로 규정하느냐에 따라 결과가 정반대로 나올 개연성도

---

21) 레이코프 교수는 사회생활을 통합적으로 이끌어 가는 우리의 가치관이나 믿음체계가 본디 추상적인 개념이기 때문에, 일관되고 명료하게 정의되지 않은 채 서로 대립적인 속성들에 걸쳐 확인될 수 있다고 전제한다. 따라서 혼합된 복합 개념을 지닐 수밖에 없는 우리들은 운명적으로 'bi-conceptuals(이중 또는 혼성 개념주의자)'들이다.

배제할 수 없다. 더군다나 단순히 반대 주장을 하는 것만으로도, 예기치 않게 거꾸로 기존의 심층 틀을 강화시킬 수 있다. 이런 일이 미국의 현장에서는 사실임을 나익주 뒤침(2010)『자유는 누구의 것인가』(웅진지식하우스)에서 구체적으로 논의하고 있다. 추상적인 개념으로 주어진 '자유'는 보수주의자의 시각에서 정의하는 내용 및 진보주의 시각에서 정의하는 내용이 서로 충돌할 수 있기 때문에, 자유는 그 개념을 정의하고 규정하는 협력 공동체의 몫일 수밖에 없다.

그럼에도 불구하고 우리에게 익숙한 체험들의 개별적인 요소들을 유사한 것들끼리 모아가면서 복합적이고 추상적인 개념 보따리(보수주의 : 진보주의)를 만들 수 있다.[22] 이런 추상 개념들도 매우 간단한 비유로 표상될 수 있다. 그 원형이 보수주의는 '엄격한 아버지 모습'을 지향하고 있지만, 진보주의는 '자애로운 어머니 모습'을 지향하고 있다고 요약한다. 비록 느슨하더라도 미국 정치 현실에서 작동하는 이들 대립 속성을 다음의 도표와 같이 묶어 줄 수 있다.

보수주의(개인주의)	진보주의(자유주의)
급진적, 권위적, 우익, 극우파, 개인주의, 능력 위주, 특정 계층의 이익, 개인적 책임, 힘의 우위를 통한 패권주의, 강한 부성(父性), 강력한 힘을 통해 유지하는 민주주의, 부분적이고 직접적인 인과성에 초점을 둠	자유, 평등, 관용, 다양성, 감정이입, 공감, 공익 우선, 사회적 책임, 존엄성, 자애로운 모성(母性), 창의성, 좌익, 극좌파, 풀뿌리 민주주의, 전체적이고 복합적이고 간접적인 인과성에 초점을 둠

이렇게 대립적으로 양분해 놓을 수 있는 심층의 구성-해석 틀(frame) 및 스스로 구성-해석 틀을 부여하는 일은, 현재 미국 사회에서 '불법 이민'의 문제라는 동일 현상을 놓고서도 서로 다르게 생각하고 서술해

---

22) 잘못된 함의를 주기 일쑤인 비트겐슈타인 'family resemblance(느슨한 유사성)'가 바로 동일한 상황을 가리켜 주고 있다. 이 용어를 '가족 유사성'으로 번역하기 십상이다. '가족끼리 서로 닮았다'고 해서 뭐가 어쨌다는 것인지, 더 이상 생각을 진전시킬 수 없다. 직접적인 축자 번역으로는, 우리말에서 본뜻을 찾아내기 어렵다. 오직 '아주 느슨하게 비슷함'이나 '미약한 유사성'으로 묶일 수 있다고 언급해 주어야 한다.

놓도록 이끌어 간다. 보수주의 쪽에서는 불법 이민을 범죄자로 취급하며, '값싼 노동'이라는 시각을 통하여 접근한다. 반면에 진보주의 쪽에서는, 미국 사회에서 3D 업종이나 기층을 떠받치는 데에 필요한 일을 해 주는 고마운 사람이지만, 정당하게 고용되는 것이 아니라 '불법 고용' 때문에 착취당한다고 보며, 자유무역 때문에 불법 이민이 생겨난다는 시각을 견지하는 것이다.

	'불법 이민'(범죄자)의 시각	'불법 고용'(고마운 사람)의 시각
현상	미국인의 직업 기회를 빼앗아 간다 사회복지 혜택으로 주정부에 짐이 된다 납세자의 주머니에서 돈을 꺼내간다	적은 급료와 탈세를 위해 밀입국자를 쓴다 산업재해를 방치, 노동자를 다치게 한다 불법 이민자를 착취한다
처방	이민자를 색출하여 출국시킨다 단기간만 합법적으로 일하게 허용한다 기본권도 제한하며 시민권을 안 준다	불법 고용주를 찾아 벌금을 부과한다 불법 노동자를 합법적으로 일하게 한다 내국인과 똑같이 정당한 임금을 받게 한다
틀	값싼 노동 때문에 불법 이민이 생긴다	자유무역 때문에 불법 이민이 생긴다

만일 레이코프 교수의 주장이 올바른 노선 위에 있다면, 정보를 전달해 주는 의사소통에서 우리가 선택할 수 있는 일련의 생각 틀과 개념 연합들은, 더 이상 하얀 백지 위에 점을 찍는 일이 아니다. 이미 이전 세대로부터 많든 적든 어느 정도의 윤곽 속에 들어 있고, 예측 가능한 것임을 알 수 있다. 즉, 사고의 진행이 자의적인 것이 아니라, 오히려 이미 익숙히 전개해 온 대로 따르든지, 조금 변형을 주어 수정하든지, 기존 노선을 명백히 반증하며 새로운 길을 탐색하는 정도가 그 후보인 것이다. 이런 점 때문에, <u>언어교육의 핵심은 기존의 담화들을 놓고서 비교하고 분석하면서 「같음과 다름을 유형화하여 재구성하는 일」을 줄곧 연습시켜 줌으로써, 한 개인의 주체적 식견을 키워 주어야 함에 있다.</u> 결코 낮은 차원의 의사소통 기능(고작 기술 훈련의 기능주의 시각)에 머물러서는 안 되는 것이다.

7장 청자 반응의 점검과 주제 전개의 전략

　일관된 주제를 지니고서 하나의 통일된 담화를 진전시켜 나가는 일
은 자동적으로 이뤄지는 것이 아니라, 산출자가 나름대로 전략을 세워
단계별로 진행 또는 전개해 나가야 하는 일이다. 이런 전개과정은 한
방향의 의사소통이 아니다. 입말 상황의 경우에는 전형적으로 듣는 사
람을 마주하고 있기 때문에, 반드시 듣는 사람의 반응을 살피면서 현재
말해지고 있는 내용에 대한 이해 여부를 실시간으로(거의 동시에) 점검
해 주어야 한다. 흔히 말하기 교육에서는 '능동적 청자'라는 개념을 내
세워,1) 화자의 발화에 대하여 적극적으로 반응을 보이고, 자신의 이해
에 대하여 원래 화자에게 되물어 확인하는 일을 장려한다.

---

1) 앤더슨·브롸운·쉴콕·율(1984; 김지홍·서종훈 뒤침 2014), 『모국어 말하기 교육』(글로벌
　콘텐츠); 브롸운·율(1983; 김지홍·서종훈 뒤침 2014), 『영어 말하기 교육』(글로벌콘텐
　츠); 루오마(2001; 김지홍 뒤침 2013), 『말하기 평가』(글로벌콘텐츠); 벅(2001; 김지홍
　뒤침 2013), 『듣기 평가』(글로벌콘텐츠)를 참고하기 바란다.

1. 청자 반응의 점검

의사소통이 진정한 협력활동이라면, 두 방향의 의사소통이 전형적이다. 여기서 두 방향은 화자와 청자가 얼굴을 마주 보면서 말을 하고 있을 때, 두 사람이 서로 화자와 청자의 역할을 바꿀 수 있다는 뜻이다. 미시사회학에서는 발언권을 차지하는 주먹구구 원리를 내세운 바 있지만(297쪽의 각주 19를 보기 바람), 실제 대화에서는 기계적으로 발언권이 오가는 것이 아니다. 왜냐하면 상호작용 목적의 의사소통에서 청자는 임의의 발화를 놓고서 늘 그 발화가 뜻하는 바 또는 발화 의도에 대하여 원래 화자에게 되묻고 확인할 적극적인 권리가 주어져 있기 때문이다.

또한 듣는 사람을 배려하는 화자라면, 이야기하려는 주제나 소재에 대하여 청자가 얼마나 알고 있는지를 미리 확인하여 '정보 간격'을 확정한 뒤에 발화를 시작해 나가게 된다. 이런 자명한 점검 조건이 실제 의사소통에서는 소홀히 취급되기 십상이다. 왜냐하면 협력활동 내지 협력과정으로서 상호작용 목적의 의사소통이, 심리적 거리가 가까운 사람들 사이에서는 막연한 표현만으로도 충분히 서로의 의도(유대감 강화)를 전달해 줄 수 있기 때문이다.

영국에서 입말 말뭉치(CANCODE, 캐임브리지-노팅엄 담화 말뭉치)를 확보하고 일상 대화를 분석한 머카씨(1998; 김지홍 뒤침 2010: 243쪽 이하)에서는, 의도적으로 막연하고 애매한 표현들을 자주 쓰고 있음을 처음으로 주목한 바 있다.[2] 우리말로 '거시기, 머시기' 표현에 해당하는

---

2) 영어 입말을 분석할 경우에 방법론이 문제시될 수 있는데, 머카씨 교수는 자주 브뤄질(Brazil 1995), 『입말의 문법(*A Grammar of Speech*)』(Oxford University Press)를 인용하고 있다. 한편 말뭉치 자료를 이용하여 콜린즈 코빌드(Collins COBUILD) 사전의 편찬을 이끌었던 씽클레어(Sinclair, 1933~2007) 교수의 글들도 중요한 전거이다. 씽클레어(2003), 『일치 현상 해석하기(*Reading Concordances*)』(Pearson Longman)과 씽클레어(2004), 『덩잇말을 신뢰하시오: 언어, 말뭉치, 담화(*Trust the Text: Language, Corpus and Discourse*)』(Routledge)를 읽어 보기 바란다. 최근 발간된 허브스트 외 엮음(Herbst, Faulhaber, and

데, 'thing(거, 것)', 'sort of(일종의)'와 같이 일반적이고 형식적인 낱말들을 이용한 표현이 입말에 압도적으로 잦게 쓰였다(230쪽). 이 현상은 여러 가지로 해석될 수 있을 듯하다. 먼저 심리적으로 거리가 가까운 사람들 사이에서는 공통기반이 두드러지기 때문에, 변죽만 울리면서 애매하게 말하더라도 충분히 무엇을 의미하는지 알아차릴 수 있다. 거꾸로 가까운 사람들 사이에서 너무 세세하고 정확하게 말한다면, 마치 가르치려 든다거나 또는 너무 잘난 척한다는 오해를 살 소지가 있다. 루오마(2001; 김지홍 뒤침 2013) 『말하기 평가』(글로벌콘텐츠)에서는 이런 현상을 '의미의 개방성'이란 개념 아래 다루기도 하였다.

그렇지만 의사소통이 언제나 심리적으로 거리가 가까운 사람들 사이에서만 일어나는 것이 아니다. 사이가 성글거나 또는 사회적 거리가 차이가 나는 사람들 사이에서도 의사소통을 해야 될 경우가 흔하다. 따라서, 일반화하여 말한다면, 어떤 발화를 전달해 주더라도 화자는 얼굴을 마주 보고 있는 상대방 청자의 반응을 점검해 놓을 필요가 있는 것이다. 청자의 반응은 입말 형태이거나 비-입말 형태로 나오며, 적극적으로 원래 화자에게 이해 질문을 도로 던져 확인할 수 있다. 문화권에 따라서 입말 형태를 선호하여 군말로서 추임새를 요구하는 경우도 있다.3) 아니면 상대방의 얼굴 표정과 눈동자에 의해서, 아니면 끄덕이는 고갯짓에 의해서 상대방이 화자인 나 자신의 발화를 전념하여 따라오고 있음을 확인할 수 있다. 이런 모습을 클락(1996; 김지홍 뒤침 2009:

Uhrigh 2011), 『언어에 대한 구절론적 견해: 고(故) 싱클레어 교수에게 바침(*The Phraseological View of Language: A Tribute to John Sinclair*)』(De Gruyter Mouton)에 15편의 논문이 실려 있다. 우리나라에서도 인공지능의 하위 분야로서 말뭉치 구축에 여러 분야의 학자들이 전력해 왔고, 문화관광부에서 주관하는 '21세기 세종 계획'에 국어학 전공자들도 일부 중요한 기여를 해 왔다. 한국어 말뭉치를 어떻게 분석해야 할지를 다룬 임홍빈·이홍식 외(2002), 『한국어 구문 분석 방법론』(한국문화사)를 읽어 보기 바란다.

3) 일본 사람들의 대화에서는 맞대응해 주는 군말(추임새)을 정규적으로 내보내는 일이, 상대방에게 전념하고 주목하고 있음을 보여 주는 일로 관념하기 일쑤이다. 우리나라 문화와는 조금 다른 특성이다.

제8장 4절)『언어 사용 밑바닥에 깔린 원리』(경진출판)에서는 다음과 같이 명시적인 그림으로 보여 주고 있다(번역 372쪽).

〈 두 가지 경로로 이뤄지는 입말 담화의 진행 〉

의사소통 주제	의사소통의 주제로 다뤄지는 공식적인 일(officail business)
1차 실무 경로	실무적인 의사소통(위 일에 대한 내용)의 진행(시간 흐름)
2차 점검 경로	상위 의사소통 행위로서, 1차 경로의 원활한 진행을 수시 점검

　　청자의 배경지식을 고려하면서 발화를 해 나가는 경우는, 일찍부터 종교 지도자들이 직접 보여 주었던 방식이다. 『논어』를 보면, 공자도 '인(仁)'이라는 개념을 듣는 사람을 중심으로 하여 따로따로 규정해 줌을 알 수 있고, 부처도 깨달음을 얻고 나서 듣는 청중들에 맞춰 설법한 것들을 흔히 '방편품'으로 부른다. 모두 청자 또는 청자들의 관심과 수준에 맞춰 말해 주는 것이다. 그렇지만 청자한테 맞춰 말해 주는 일이 결코 쉽지 않다. 왜냐하면 미리 발화 이전에 어떤 말을 하면 상대방이 어떻게 알아듣고 어떻게 반응하리라고 화자가 머릿속에서 예상을 해 놓아야 하기 때문이다.

　　이런 측면에서 보면, 청자의 반응을 점검하는 일은, 한 시점 한 시점마다 이뤄지는 것이 아니라, 오직 미리 청자 또는 청자들의 이해에 관한 기댓값과 예상 반응들을 화자가 발화하기 이전에 준비하고 있을 적에라야, 임의 시점에서 점검한 청자의 반응을 놓고 비교하여 적절한 평가를 내릴 수 있을 것임을 알 수 있다. 그렇다면 의사소통에서 의도가 정해짐과 동시에, 청자가 어떻게 이해하고 어떤 반응을 보일지를 화자는 미리 예상해 두어야 한다. 이에 따라 수시로 그 기댓값대로 청자가 반응하는지 여부를 점검할 수 있으며, 만일 기댓값이 어그러질 경우에는 본디 의사소통 의도를 바꿀지 여부에 대하여 다시 즉석에서 판단하고 결정해야 한다(290쪽 이하도 보기 바람).

2. 주제 전개의 전략

의사소통의 주제를 어떻게 전개시킬지(진전시킬지)에 대한 논의는 주로 글말을 중심으로 하여 이뤄져 왔다. 이는 상대적으로 거시적 모습의 언어 재료를 놓고서 검토해야 주제의 전개과정을 포착할 수 있기 때문이다. 심리학자·전산학자·언어학자들로부터 19편의 글들을 모아 엮어 놓은 워커·조쉬·프륀스(Walker, Joshi, and Prince 1998) 『담화에서 중심소 전개 이론(*Centering Theory in Discourse*)』(Clarendon)에서는, 이를 담화의 중심이 되는 요소(≒주제)가 전개되어 나가는 모습으로 규정하고, 영어·이탤리 어·터어키 어·일어 등의 담화 자료들을 놓고 보편성을 추구해 나가고 있다. 이들이 '중심소 전개(centering)'로 부르는 개념은, 자연언어를 다루는 쪽에서 더욱 세분하여 각각 주제와 초점이란 개념으로 구분해 놓는다. 주제는 하나가 일관되게 유지되어야 하지만, 초점은 한 발화나 문장 속에서도 둘 이상이 나올 수 있는 것이다.[4]

그런데 담화가 전개되어 나가는 방식은 산출자의 입장에서 하나의 주제를 계속 진전시켜 나갈 것인지, 아니면 다른 주제를 도입할 것인지를 생각(판단·결정)해야 한다. 만일 새로운 주제를 도입할 경우에는 앞

---

4) 우리말 주제에 대해서는 임홍빈(2007), 『한국어의 주제와 통사 분석: 주제 개념의 새로운 전개』(서울대 출판부)를 참고하기 바란다. 종전의 주제에 대한 개념을 임홍빈 교수는 '유표적 주제'로 부르고 있고, 문장 속의 요소가 모두 '무표적 주제'로 본다. 그런데 청자의 처리 시각에서 설정될 수 있는 차원도 고려될 필요가 있다. 의사소통은 두 방향으로 일어나며, 전형적으로 청자는 자신이 처리하는 담화가 일관된 주제를 놓고 단계별로 전개되고 있을 것이라는 기대를 지닌다. 주제와 초점의 관계에 대해서는 박철우(2003), 『한국어 정보구조에서의 화제와 초점』(역락)을 참고하기 바란다.

의 주제와 관련성이 있는지 여부에 따라 다시 나눌 수 있다. 그렇다면 주제의 진전 방향을 다음과 같이 네 가지로 정리할 수 있다.

① 지속적인 전개(continue)
② 전환 조짐(retain, 전환을 위한 준비)
③ 부드러운 전환(smooth shift)
④ 급격한 전환(rough shift)

반대로 청자 또는 독자의 입장에서는 주의력 집중의 측면에서 다음 세 방향으로 주제의 진전을 파악할 수 있다. 미리 전환되는지를 알 수 없고, 오직 지금까지 이해해 온 바에 근거하여 전환 여부를 판정할 수 있을 뿐이기 때문에, 전환에는 하위 구분이 이뤄질 수 없다.

① 형제 관계의 진전(sibling)
② 계속 심화 진전(push only)
③ 다른 주제로 빠져나옴(pop only)

중심소 전개 이론에서는 주로 주어 위치에 나오는 명사들을 주목하면서 통계적인 처리를 해 나가고 있다.

그런데 담화의 전개가 크게 미시적 연결을 보이는 경우 및 거시적으로 얽히는 경우를 나눠 놓아야 하기 때문에,[5] 모든 것을 중심소 전개로

---

5) 미시적 연결은 통사 결속(cohesion)으로 부르며, 흔히 언어 형식으로 된 다섯 가지 기제를 다룬다. ① 지시표현(특히 대명사), ② 어휘 사슬, ③ 생략, ④ 대동사 이용, ⑤ 접속사이다. 그렇지만 담화는 미시적 연결이 이뤄진 덩이를 대상으로 하여 다시 서로 얽히어야 한다. 이를 의미 연결(coherence)라고 부른다. 심리학에서는 수식어를 붙여서 각각 지엽적 연결과 전반적 연결로 부르지만, 잘못이다. 왜냐하면 전자가 주로 언어 기제를 통하여 연결되지만, 후자는 머릿속의 배경지식을 가동하여 추론 작업을 통해 이뤄지기 때문이다. 이용하는 매체가 서로 다른 것이다. 자세한 논의는 김지홍(2010), 『언어의 심층과 언어교육』(경진출판)을 읽어 보기 바란다.

만 설명하는 일은 한계가 있다. 킨취(1998; 김지홍·문선모 뒤침 2010) 『이해: 인지 패러다임 II』(나남)의 71쪽 이하에서도 동일한 문제를 지적하고 있다. 더욱 쉽게 다음처럼 글말의 단위를 묶는 일로 표현할 수 있다. 문장과 문장을 묶어서 단락을 만드는데, 이 과정을 통사 결속이라고 부르며, 여섯 가지 언어 기제를 통하여 이뤄진다. 그렇지만 단락과 단락을 묶어서 전체 일관된 글을 만들려면 다른 기제를 써야 한다. 이는 머릿속에 들어 있는 배경지식을 이용한 추론 과정으로 대표된다.

클락(1996; 김지홍 뒤침 2009)의 제11장에서도 실시간의 상황에 맞춰 즉시 변통해 나가면서 입말 의사소통의 주제를 전개해 나가는 방식을 다음처럼 논의하고 있다.

① 다음으로(next)
② 심화 전진(push)
③ 빠져 나옴(pop)
④ 잠시 일탈(digress)
⑤ 본래 주제로 복귀(return)

①은 소재들로 도입된 사건들이 병렬되는 방식을 가리킨다. ②는 흔히 글말에서 부연 설명이라고 부르는 것으로, 점차 하나의 주제를 더 깊이 다뤄 나가는 방식이다(187쪽 각주 6). ③은 두 가지 하위 선택이 있다. 새로운 주제로 옮겨갈 수도 있고, 아니면 작별 인사를 나눌 수도 있다. 후자의 경우는 입말 담화가 종결되는 방식이다. 그리고 ④와 ⑤는 두 사람 이상의 참여자 사이에 입말로 진행되는 담화가 잠깐 샛길로 빠져 나갔다가 곧 원래의 주제로 돌아오는 일이 허다하다는 점을 반영해 준다. 그렇더라도 심리적 거리가 가까운 사이에서는 주제가 아무런 예비 단계가 없이 수시로 바뀔지언정, 상대방 청자는 기꺼이 그런 전환을 받아들여 협력하면서 능동적인 반응을 보일 것이다. 결과적으로 보면,

새로 틈새에 끼어든 주제와 합쳐 동시에 둘 이상의 주제가 참여자들 사이에서 다뤄질 수도 있는 것이다.

친밀한 사람들끼리 이뤄지는 「친분을 유지하는 입말 의사소통」의 경우에는, 주제 전개 전략을 굳이 미리 짜 놓을 필요가 없이, 주먹구구 방식의 간단한 제시 방법을 따를 경우도 있다. 이른바 두괄식 전개 방식과 미괄식 전개 방식이다. 전자는 결론이 먼저 내세워지고, 이어 입증/논증이 뒤따른다. 후자는 앞의 방식과 거울 영상처럼 대립된다. 청자가 가장 쉽게 이해하는 방식은 전자이며, 입말 의사소통의 대종이 이런 방식으로 전개되는 것으로 알려져 있다. 입말 의사소통의 말뭉치들을 분석하면, 압도적으로 접속 구문(and나 but을 이용하는 병렬 구문)이 많이 쓰이고, 반면에 글말로 된 말뭉치에서는 내포 구문들이 빈번히 자주 나타난다고 지적한다. 입말 전개 방식이 접속 구문에 의존하는 특성은 무계획성으로 해석하기도 한다(루오마 2001; 김지홍 뒤침 2013: 제2장 1절). 즉석에서 보내고 받는 특징 때문에, 최근 전자기기를 이용하여 주고받는 통신 언어(카톡, 전자서신 따위)는 정제되지 않은 입말 형식을 띠기도 한다(감정 표현의 기호들도 다수 쓰임). 이와는 달리 연설이나 공식적인 모임에서의 입말은 사뭇 글말의 형식을 따르는 수가 많다. 따라서 일률적으로 입말의 주제가 진전되거나 전개되는 방식을 어느 한쪽으로 몰아 특성화할 수는 없을 듯하다. 오직 여러 가지 방식이 의사소통 상황에 맞추어 신속히 적의하게 선택될 뿐이다.

3. 입말 산출과 글말 산출의 차이

담화에 대한 개론서에서는 입말과 글말의 차이점들을 첫 부분에서 다루는 경우가 많다. 비록 이것들이 모두 언어에 속하지만, 입말이 쓰이는 상황 및 글말이 쓰이는 상황이 전형적으로 서로 다르기 때문에[6)

양자를 구별해 줄 필요성을 느끼는 것이다. 담화 연구의 초기에는 입말과 글말이 서로 근본적인 차이를 담고 있으리라고 짐작하고, 그 특성들을 규명하려고 노력하기도 했었다. 그렇지만 우리가 쉽게 경험하는 의사소통 상황이 입말다운 글말도 있고, 글말다운 입말도 있기 때문에, 서로 뒤섞여 있는 경우를 전달 매체나 이용 도구만으로는 가를 수 없다는 인식이 점차 일반화되기에 이르렀다. 정보화 시대에는 이른바 통신 언어 속에 속할 수 있는 다양한 매체와 도구들이 계속 새롭게 출현하고 있다. 따라서 최근에는 변이체(variation)나 언어 투식(register)이라는 상위 용어로써 입말과 글말의 혼종 성격까지 분석하게 된다.[7]

입말과 글말은 매체로서 각자 고유한 특성을 띨 수 있다. 전형적인 입말 사용상황은 참여자들이 서로 물리적 환경을 공유하므로, 우리의 다섯 감각기관을 다 이용하여 직접 보고 직접 들을 수 있다. 그렇지만

---

6) 머카씨(1998; 김지홍 뒤침 2010, 제2장)에서는 입말 말뭉치를 분석하여 찾아지는 낱말들의 성격과 문법 특징들을 다음과 같이 제시한 바 있다.

낱말 성격	손으로 가리키기 표현처럼 행동이 수반됨	this, that, the, here, over, there, down
	담화를 전개하기 위한 표지가 많음	• 시간 벌기 군말: oh, well, er, uhm • 동의 수긍 표현: right, oh yeah, sure • 담화 진행에 동참함: 'not to worry'
	내용이 없이 두루 쓰이는 형식 낱말이 많음	stuff, thing
	실사 밀집도가 40% 미만임	
문법 특징	시작 어구의 생략이 잦음	there is, you, I
	주어와 동사 사이에 축약이 있음	we're, you've, I'm, he's
	솔직하고 속된 표현, 고정된 표현들이 쓰임	give yourself a hernia(속어, '피똥 쌀 걸!')
	발화의 지속 상태에서 짧은 침묵이 허용됨	

7) 특히 바이버(Biber) 교수의 저작들이 그러하다. 바이버(1988), 『입말과 글말에 두루 걸친 변이 내용(*Variation across Speech and Writing*)』(Cambridge University Press)과 바이버 (1995), 『언어 투식 변이의 차원들: 범언어적 비교(*Dimensions of Register Variation: A Cross-linguistic Comparision*)』(Cambridge University Press)를 보기 바란다. 필자는 언어 투식의 변이를 유발하는 속성이 격식성(formality) 및 공식성(Publicity)라고 판단한다. 격식성과 공식성이 높을수록 우리나라 말에서는 '-습니다'라는 말투를 쓰게 되지만, 격식성이 낮다면 반말투에도 '요'를 덧붙여 말하기 일쑤이다. 공식성은 화자가 이미 언급한 내용이 자신의 체면 손상(신뢰 추락)이 없이는 취소될 수 없는 특성이며, 민주적인 의사소통을 공동의 몫으로 공유하는 데에 결정적인 몫을 한다. 우리나라 공영방송 텔레비전의 9시 뉴스는 분명히 입으로 말을 하기 때문에 입말이지만, 격식성과 공식성이 모두 높기 때문에 글말의 속성을 그대로 지니고 있다. 다만 코미디언들이 말하는 변이체는, 공식성은 그대로 보존되지만 격식성이 낮다는 점에서 9시 뉴스와는 말투가 달라지게 된다.

글말의 전형적인 사용상황은 공간상으로든 아니면 시간상으로든 필자와 독자가 서로 떨어져 있는 경우이다. 참여자들이 서로 접촉하고 있으므로 입말로 이뤄지는 행위를 즉각적으로 지각할 수 있지만, 반면에 글말은 종이에 적힌 내용이 전달된 뒤에 읽을 사람이 그 내용을 열어보고 나서야 비로소 전달내용이 파악된다. 입말은 말하는 대로 즉시 곧장 사라져 버린다. 그러나 글말을 항상 필요할 때마다 지속적으로 볼 수 있다. 참여자들이 입말을 동시에 지각하고 즉석에서 이해할 수 있지만, 글말은 전형적으로 다 완성된 뒤에라야 글말에서 의도된 특정한 독자에게 읽히게 된다.

이런 사용상황 및 매체의 특성은 또한 그 매체를 통제하는 속성과도 긴밀히 관련된다. 입말은 치밀한 사전 계획이 없이도 생각나는 대로 즉석에서 산출할 수 있고, 상대방의 반응을 점검할 수 있기 때문에, 소재 선택의 범위와 변동 폭도 상대적으로 크다. 그렇지만 글말은 문화권마다 조금 다르더라도 전형적으로 특정한 양식이나 형식들이 이미 주어져 있는 경우가 많다. 우리나라에서는 은행에서 돈을 빌릴 때에 은행에서 정한 서식을 채워 넣어야 한다. 그렇지만 미국에서는 특별한 서식이 없이 자신이 대출에 관련된 배경과 목적 등의 내용을 편지 형식으로 써 넣기도 한다. 그 결과, 입말은 범위가 열려 있어 자유롭게 표현할 수 있다. 그렇지만 글말은 부지불식간에 모종의 선행 형식의 영향권 아래 놓여 있다고 말할 수 있다.

아마도 입말과 글말의 가장 중요한 차이점은, 즉석에서 상대방의 반응을 관찰 점검할 수 있는지 여부에 있을 듯하다. 오직 전형적인 입말 사용상황에서라야 상대방 청자의 반응을 금방 점검 확인하여, 다음 발화로 진행할지 여부를 즉각 결정할 수 있는 것이다. 더 나아가 입말 사용상황에서라야 비로소 즉석에서 두 방향의 의사소통이 전개될 수 있다. 전형적으로 글말의 사용상황은 이런 가능성이 차단되어 있다. 청자의 입장에서는 입말이 항상 억양과 어조를 동반하기 때문에,8) 화자의 발화를 직접 들으면서 언어 요소 이외에도 감정적 상태까지를 가늠하며 직접 느낄 수 있다는 장점이 있다. 글말에서는 이런 점이 원천적으로 차단되어 있다. 최근에 전자기기를 이용하는 통신 언어에서 다양한 감정 표현의 기호들을 같이 쓰는 것은, 입말의 특성을 통신 언어에 적용시킨 사례이다. 입말 사용상황은 또한 화자로 하여금 제 때에 즉각 언어 산출을 해 내도록 하는 시간상의 '압박감'이 동반된다. 이를 해소하는 방식이 굳어진 표현 또는 정형화된 표현을 이용하는 것이다.9)

옹(Ong 1982; 이기우·임명진 뒤침 1996) 『구술문화와 문자문화』(문예출판사)에 따르면, 글말은 인쇄술의 발달로 보편화되기 이전에는 「기억을 보조해 주는 수단」으로서만 가치가 인정됐었으며, 따라서 법정에서의 증명도 직접 입으로 말하는 것에 더 무게가 실렸었다고 한다. 그러나 인쇄술의 보급과 더불어 글말에는 독자적인 기능과 몫이 생겨났다. 오늘날 어느 나라에서이든지 법정에서 글말의 증거력은 입말을 뛰어넘어 더 우선적으로 작용하게 된다. 그런 만큼 글말은 더 이상 입말의 하위 부속품이거나 종속적인 지위에 있는 것이 아니라, 오히려 독자적인 생명력을 지니고 있다고 간주되고 있다.

이런 지위의 글말을 산출하려면 반드시 전제 조건으로서 이미 수립되

---

8) 말소리 자체가 복합적인 정보를 담고 있는데, 개인별 음색, 음높이, 성량, 발화 속도, 강세, 또렷한 조음 따위이다. 이들도 분명히 고유한 연구 영역들이 되겠지만, 개개인의 고유한 특성을 다루지 않는 현재의 담화 연구에서는 두루 감정의 상태들로만 포괄하여 언급하는 수준에 머물고 있다.

9) 굳어지거나 정형화된 표현들에 대한 개관은 슈밋 엮음(Schmitt 2004), 『정형화된 담화 연결체: 습득·처리·사용(*Formulaic Sequences: Acquisition, Processing and Use*)』(John Benjamins)을 참고하기 바란다. 클락(1996; 김지홍 뒤침 2009)의 제7장과 제10장에서는 닫힌 유형의 표현과 열린 유형의 표현으로 구분하여 다음과 같이 제시한 바 있다. 닫힌 유형의 표현이 굳어진 표현 또는 정형화된 표현에 해당한다. 274쪽을 보기 바람.

유형	과제	이용하는 표현이나 절차	사례
닫힘	지엽적 과제	거의 고정되고 정형화된 표현 이용함	극장 매표, 군 제식 훈련, 인사치레
	최소협동 과제	정규화되어 있는 인접쌍 표현을 이용함	질문-대답, 제안-수용, 요구-거절
열림	확대된 과제	예비 단계를 거쳐 본 단계로 진행함	예비 질문, 예비 요구, 예비 연결체
	공동목표 수립 과제	자유롭게 서로 합의하는 확대된 절차를 이용함	청자 능력, 자발성, 상호신뢰를 토대로 하여 공동 목표를 세움

어 있는 형식들을 잘 익히는 과정이 필요하다. 학교 교육에서 글쓰기는 철저히 '읽고 요약하기'에 바탕을 둔 기초 단계를 거쳐야 하는 것이다. 말을 하듯이 글을 쓰게 되면, 횡설수설의 모습이거나 이해가 불가능한 잡설이 되기 십상이다. 입말 사용환경에서는 참여자들에게 공유된 상황 정보가 굳이 언어로 표현되지 않더라도, 눈치껏 서로에게 쉽게 이해될 수 있다. 그렇지만 글말에서는 전형적으로 언어 사용상황이 공유되는 것이 아니므로, 언어 이해를 위하여 반드시 상황에 대한 언어적 표현이 더 추가되어야 하는 것이다. 이런 현격한 사용환경의 차이 때문에, 입말 처럼 그대로 글말로 옮겨 놓아서는 이해를 여러 가지로 방해한다. 입말 말뭉치를 이용하는 많은 연구들에서 반드시 인용하는 입말의 사용상황 을 먼저 제시해 주는 일이 요구된다. 바로 해석을 용이하게 하려는 목적 때문이다. 만일 그런 예비 진술이 없다면, 녹취 기록 내용에 대하여 어떻 게 일관되게 해석해 나갈지 지침을 얻을 수 없게 되어, 그 내용의 재구성 에 시간이 더 소요될 것이다. 또한 심리적으로 가까운 사람끼리의 말과 글은 상황맥락을 잘 모르는 제3자가 해석해 내기가 쉽지 않다. 전제와 함의 또는 공유된 정보와 정보 간격을 이내 파악하기 어렵기 때문이다. 옛날 편지(서찰)들이 초서로 쓰였더라도 일정한 관용어구들을 많이 쓰 기 때문에 판독이 쉽게 될 수 있지만, 정작 본문에 들어가서는 정확히 이해하는 일이 늘 보장되지 않는 것도 다 이 때문이다.

Interdisciplinary Approaches to Language Production

4부 언어 산출과 관련된 분야

8장 언어 심리학에서의 논의

'언어 심리학'이라는 분야는 역사가 그리 오래지 않다. 1960년대에 특히 미국 쪽에서 행동주의 심리학이 다루는 '자극과 반응'에 대한 단순한 관찰 기제만으로는, 「고등 정신을 지닌 인간을 제대로 다룰 수 없다」는 자각이 생겨나면서 시작되었다. 이른바 외부 관찰자에게 접근이 허용되지 않더라도 '블랙박스' 내부를 다루어야 한다는 자각이다. 그 선봉에는 이른바 경험주의/행동주의 언어학 또는 구조주의 언어학의 한계를 비판하면서, 이성주의 언어학/생성문법을 내세운 참스키(Chomsky, 1928~) 교수가 있다.[1] 당시에 금기시되거나 경원시되던 '블랙박스'를 해체하고, 그 일부로서 머릿속 언어(I-language) 또는 '심층 구조(deep structure)'를 상정하였다. 언어의 이해와 처리에 심층 구조가 중추의 역할을 맡는데,

---

1) 당시 하버드 대학의 행동주의 심리학자 스키너(Skinner)가 쓴 엄청난 분량의 전문서적 『언어 행동(*Verbal Behavior*)』을 놓고서, 31세의 소장학자 참스키가 비판적으로 논파한 서평이 첫 포문이다. 참스키(Chomsky 1959), 「Review of B. F. Skinner, 'Verbal Behavior'」, 『언어(*Language*)』 제35호(26~58쪽)를 보기 바란다.

외부에서 관찰 가능한 표층 구조의 언어 표현물은, 언제나 심층 구조가 변형된 것에 지나지 않는다고 보았던 것이다.

그런데 인간 정신의 내적 구조를 다룰 수 있는 방식이 또한 우연히 '수학기초론' 분야에서 괴델의 불완전성 입론(incompleteness theorem)을 다루는 과정에서[2] 튜링(Turing, 1912~1954)에 의해 입력과 출력의 거대한 흐름도 형태를 지닌 연산주의(computation) 모형이 결정적인 영향을 미치게 된다. 특히 임의의 생각 또는 임의의 사고를

'입출력 장치·저장고·연산 처리기'

로 이뤄진 매우 단순한 모형을 상정하여, 연산 처리기 속의 프로그램을

'X→Y'

(임의의 입력물이 들어오면 특정한 출력물을 내보낸다)

라는 모습으로 표현해 놓았다.[3] 이는 미국 철학계에서 곧 큰 반향을 불러 일으켜, '기능주의'라는 이름을 지니게 되었다.[4] 즉, 지능을 지닌

---

2) 데이뷔스(Davis 1965), 『결정 불가능성: 결정 불가능 명제들, 해결 불가능 문제들, 연산 가능한 함수들에 관한 기본 독본(The Undecidable: Basic Papers on Undecidable Propositions, Unsolvable Problems and Computable Functions)』(Raven Press)에 괴델, 쳐취, 튜링, 로쎄, 클리니, 포우스트의 논문들이 모아져 있다.

3) 튜링의 업적에 대한 평가가 허큰 엮음(Herken 1994), 『보편 튜링 기계: 반 세기 동안의 연구(The Universal Turing Machine: A Half-Century Survey)』(Springer-Verlag)에서 전문적으로 다뤄져 있다. 일반 독자들을 위해서는 쉬버 엮음(Shieber 2004), 『튜링 검사: 지능의 특질로서 언어 행위(The Turing Test: Verbal Behaviour as the Hallmark of Intelligence)』(MIT Press)에서 튜링 이전 시기에 있던 씨앗이 되는 생각과 3편의 튜링 논문, 그리고 이에 대한 반향들을 20편의 개별 논문들로 엮어 놓았다. 우리말로는 이정모(2009), 『인지과학: 학문 간 융합의 원리와 응용』(성균관대학교 출판부) 제3장에서 자세히 읽을 수 있다. 'X → Y'는 입력물이 들어오면 출력물이 나온다는 단순한 방식이다. 그렇지만 이 연산 형식의 뿌리는 '함의 관계'이며, 임의 사건의 내적·외적 변화를 가리킨다. 이 연산 형식에 역연산을 추가하면 필요·충분 조건으로 된 계산 형식(calculation) 'X ⊨ Y'가 나온다.

4) 미국 철학계를 강타하였던 '기능주의'는, 이를 앞장서서 전파해 나갔던 하버드 대학 철학

개체가 뉴런의 신경계를 지녔든, 아니면 실리콘 칩을 지녔든 상관없이, 만일 동일한 입력물을 집어 넣을 적에 동일한 출력물을 내보낸다면, 두뇌가 무엇으로 이뤄져 있든지 간에 소략하게 같은 수준(동일 기능)의 지능을 나타낸다고 보았다.

연산주의 가정이 인간 정신을 다루는 '정상(normal)' 과학의 반열에 들어서면서, 좀 더 가다듬어진 형태로 포더(Fodor 1981, 1983)에 의해서 '단원체(modularity)' 가정으로 불리기 시작하였고,[5] 새롭게 통합학문으로 부각되는 인지과학과 연관되어 깊이 있기 논의되기 시작하였다.

한편, 뉴얼·싸이먼(Newell and Simon 1972) 『인간의 문제 해결력(*Human*

자 퍼트넘(Putnam)이 보여 준 중대한 전환에서 그 핵심과 한계를 잘 살펴볼 수 있다. 특히 퍼트넘(1988; 김영정 뒤침 1992), 『표상과 실재: 마음에 인지적/계산적 접근 방법은 왜 성공할 수 없는가?』(이화여자대학교 출판부)에 들어 있는 1백쪽 분량의 번역자 후기에서 정연하게 정리된 내용을 읽을 수 있다.

5) 포더(1981; 이영옥·정성호 뒤침 1991), 『표상: 인지과학의 기초에 관한 연구』(민음사)과 포더(1983), 『마음의 단원체 속성(*The Modularity of Mind*)』(MIT Press)를 보기 바란다. 특히 후자에서 단원체(modularity 單元體)란 자족적이고 독립적인 자율처리 체계를 가리키는 용어인데, pp. 47~101에서는 아홉 가지의 단원체 속성을 상세히 논의하였다.

① 입력 체계가 영역 특정적이다.
② 입력 체계 작동은 강제적/기본적이다.
③ 정신 표상의 중앙 연산체계에 제한적으로만 접근이 가능하다.
④ 입력 체계들의 작동은 신속하다.
⑤ 정보상으로 입력 체계들이 알껍질(capsule) 속에 들어 있다.
⑥ 입력 분석기는 '얕은(shallow)' 출력물을 내보낸다.
⑦ 입력 체계들이 고정된 뇌신경 구조물과 연합되어 있다.
⑧ 입력 체계들이 손상받는 경우에 특징적이며 특정한 장애 유형을 보여 준다.
⑨ 입력 체계들의 개체 발생 단계는 특징적인 보폭과 연결방식을 드러낸다.

포더는 1975년 『사고의 언어(*The Language of Thought*)』(Harvard University Press)를 출간한 이후에 앞의 책들을 위시하여 꾸준히 인지과학의 철학적 기반을 마련하는 책들을 발간해 왔다(포더 1990, 1998a, 1998b, 1992, 1998, 2002). 그리고 약호 'LOT2'로 불리는 포더(2008), 『사고의 언어를 다시 찾아서(*The Language of Thought Revisited*)』(Clarendon)를 출간하였다. 진화심리학자 핑커(Pinker 1997; 김한영 뒤침 2007, 『마음은 어떻게 작동하는가』, 동녘사이언스)를 비판하면서, 포더(2000), 『정신을 그런 방식으로 작동하지 않는다: 연산주의 심리학의 범위와 한계(*The Mind Doesn't Work That Way: The Scope and Limits of Computational Psychology*)』(MIT Press)를 출간하기도 했다. 단원체 가정에 대한 설명은 조명한(1989), 「언어처리 이론으로서의 단원성의 문제」, 이정모 외, 『인지과학: 마음·언어·계산』(민음사)에서 읽을 수 있다. 포더의 단원체 속성은 언어 산출 문제와 관련하여 하아틀·타페 엮음(Härtl and Tappe 2003), 『개념과 문법 사이의 매개방식(*Mediating between Concepts and Grammar*)』(Mouton de Gruyter)에서 다뤄진다(247쪽 참고).

Problem Solving)』(Prentice-Hall)에서는 연산주의 방식으로 인간이 친숙히 사용하는 '상징체계'를 구현할 수 있음을 실증해 보임으로써6) 더욱 인간의 정신/마음을 모의하는 데에 더욱 강력한 영향력을 미쳐 왔다.7) 퍼어스(Peirce, 1839~1914)에 따르면, 상징체계란 두 개의 층위가 서로 특정한 방식으로 결합되어 있는 실체이며, 자연 세계 그 자체가 기호학으로 표상된다. 퍼어스(1894)에서는8) 형식 및 내용이 결합하는 방식을 크게 세 가지로 나누었다.

---

6) 뉴얼(1927~1992)의 유일한 저서가 뉴얼(1990; 차경호 뒤침 2002), 『통합 인지 이론』(아카넷)으로 번역되어 있다. 물리적 상징체계에 대한 개관은 베르뮈데즈(Bermúdez 2010; 신현정 뒤침 2012), 『인지과학: 마음과학의 이해』(박학사) 제6~7장에서 읽을 수 있다. 굳이 '상징(symbol)'이란 개념을 쓰는 이유가 있다. 인간의 의사소통 방식과 동물의 의사소통 방식 사이에 커다란 질적 차이가 있음을 드러내려고 하기 때문이다. 상징 중에 가장 두드러진 것이 인간의 언어 사용이다.

한편, 카네기 멜른 대학에 있는 앤더슨(Anderson)이 충실히 뉴얼의 모형을 인간의 인지 전반에 적용해 오고 있다. 특히 ACT(사고의 적응 통제력, Adaptive Control of Thought)으로 불렸던 앤더슨 모형은 앤더슨(1998), 『사고의 원자 구성성분(*The Atomic Components of Thought*)』(Lawrence Erlbaum)으로 바뀌어 불리면서 Rational(이성적인/합리적인)이 더 추가되어 현재 ACT-R로 불리고 있다. 수학적인 논의 전개들이 도처에 많이 들어 있어서 필자로서는 그 수리적 내용을 충실히 이해할 수 없었다. 우리말로는 신현정(2000), 『개념과 범주화』(아카넷); 박태진(2009), 「제9장 지식의 조직」, 이정모 외(2009 제3개정판), 『인지 심리학』(학지사); 앞의 신현정 뒤침(2012), '제10장 3절 대량 모듈 가설'을 참고하기 바란다.

7) 가장 쉽게 읽을 수 있는 개론서이자 명쾌한 번역서로서, 존슨-레어드(Johnson-Laird 1988; 이정민·조혜자 뒤침 1991), 『컴퓨터와 마음: 인지과학이란 무엇인가』(민음사)가 있다. 특히 존슨-레어드(1983), 『정신 모형들: 언어·추론·의식의 인지과학을 향하여(*Mental Models: Towards a Cognitive Science of Language, Inference, and Consciousness)*』(Harvard University Press)에서는 인간의 인지 작용을 「감각 인상·명제 표상·정신 모형」이라는 3원 접근법을 채택하여 다룬다(존슨-레어드 2005, 「정신 모형의 역사」도 참고하기 바람). 같은 해에 같은 이름으로 젠트너·스띠븐즈 엮음(Gentner and Stevens 1983), 『정신 모형들(*Mental Models)*』(Lawrence Erlbaum)에서도 14편의 논문이 정신 모형의 문제를 다루고 있다.

8) 필자가 참고하고 있는 글은 하우저·클로쓸 엮음(Houser and Kloesel 1998), 『퍼어스 필수

눈으로 볼 수 있는 대상을 놓고 다룰 적에 '본뜸(icon)'이 되고, 눈으로 볼 수 없는 대상을 놓고 다룰 적에 '붙듦(index, 가리킴)'이 된다. 비록 이들의 결합이 '1:1'로 포착되어 자연적 결합을 하지만, 이와는 달리 자연적인 결합을 벗어나서 형식 및 내용이 '1:다', 또는 '다:1'로 결합되는 비-자연적인 것도 있다. 이들 결합에는 반드시 해석 지침이 수반되어야 한다. 이런 기호 작용의 가장 전형적인 것이 바로 인간의 언어이며, 이를 상징체계라고 부른다. 따라서 상징체계를 기계가 구현하려면 반드시 「형식·내용·해석지침」이 들어 있어야 한다.

현대의 기호논리학 또는 상징논리학은 이런 요구를 구현해 주는 쪽으로 발전해 왔다. 기호논리학의 공리계(axiomatic systems)는 기호 표현과 담화세계의 관계를 다룬다. 기호 표현은 크게 두 개의 구성성분을 담고 있다. 낱개의 요소와 그 요소들의 결합을 드러내는 연산식이 첫 번째 구성성분이고, 이들 산출물을 담화세계와 연결시켜 주는 해석 규칙이 두 번째 구성성분이다. 만일 후자의 몫을 '참·거짓'이라는 진리값으로만 규정할 경우에는 수학과 같은 순수학문이 된다.[9] 그렇지만 담화세계의 다양성을 기호 작용이 드러내는 방식을 밝히고자 한다면 인문학이 되며, 이런 기호를 이용(사용)하는 주체를 부각시킨다면 사회학 또는 사회과학이 된다.

적어도 1980년대 중반까지는 연산 방식(computation)에 따라서 충실히 인간의 사고 또는 정신작용을 전반적으로 모의할 수 있을 것이라고 믿어 왔다. 그렇지만 복잡한 다원적 정신작용을[10] 단일하게 연산 방식으

독본(*The Essential Peirce*)』(Indiana University Press)의 제2권의 제2 논문 「What Is a Sign?」이다. 출간 연도가 1894으로 나와 있다.

9) 수학은 기본적으로 집합들 사이의 함수 관계를 다룬다. 함수 관계란 정의역 및 치역(=공변역) 사이에서 '재귀성·대칭성·추이성'을 중심으로 도출되는 관계이다. 따라서 임의의 공리계에서 낱개 기호들과 기호들의 연결을 도맡는 영역이 정의역이 되고, 기호들의 결합체와 해석 규칙을 따라 이를 담화세계에서 확인하는 과정이 진리값 또는 치역(=공변역)이라는 용어로 표현된다.

10) 우리가 인간의 정신작용 영역을 '진·선·미'(가령 미쓰 코리아의 수상부문도 그러함)로

로만 포착할 수 없다는 반대 생각이, '자유 연상'을 다뤘던 전통을 이어받으면서 구체화되기 시작하였다. 뤔멜하앗·머클랠런드 외(Rumelhart, McClelland, and the PDP Research Group 1986) 『병렬 분산 처리(*Parallel Distributed Processing*, I~II)』(MIT Press)에서는 특정한 제약이 만족됨에 따라 여러 층위로 활성화가 퍼져 나가는 연결주의 모형이, 인간 정신을 모의하는 방식임을 주장하였다.11) 이 모형이 급격히 영향력을 발휘하면서, '병렬 분산 처리(PDP)'라는 이름뿐만 아니라, 여러 층위로 그물처럼 연결되어 있다는 비유를 써서 '연결주의(connectionism)'라고도 불리며, 그물짜임의 연결을 촉진하는 제약 조건이 만족되어야 비로소 연결이 이뤄지므로 '제약 만족(constraint-satisfaction)' 이론으로도 불리며, 그런 제약들이 만족됨으로써 그물짜임을 잇는 줄들을 따라 활성화가 확산되어 나가므로 '활성화 확산(spreading-activation)' 이론으로도 불린다.12)

특히 언어 처리에만 국한하여 살펴보면, ① 순수히 연산주의 또는 단원체 가정에만 의존하여 연구를 진행하는 참스키(Chomsky) 교수 계열이 있다. 인지심리학의 출범에 불을 당긴 참스키 교수는 1990년대 이후

부르거나 '지·덕·체'(대체로 초등학교 교육 목표를 내세울 경우의 사례임)로 부를 때, 이미 복합적인 다원 체계를 전제하고 있다. 소략하게 희랍 시대의 진선미라는 3원 영역은 칸트의 '순수이성·실천이성·판단력'으로 재구성된다. 오늘날 두뇌 작용의 연구에서 이런 다원 체계에 대한 접근은, 독자적인 작동영역인 '단원체(modularity)'들로 표상될 뿐만 아니라, 2차 뇌로 불리는 테두리뇌(변연계)와 3차 뇌로 불리는 대뇌 사이에 연결된 작동으로도 언급된다.

11) 특이하게 제2권에서 선형(linear) 대수학 방법론(1차 방정식 모형)이 다뤄진다. 그렇지만 직관적으로 창의적이고 비약적인 사고는 비선형적(non-linear)인 것으로 이해된다(고차 방정식 모형). 아마도 논의가 깊어진다면, 상투적이고 고정된 인간사고 및 창의적이고 획기적인 사고 사이에 어떤 경계선이 도입되어야 할 것으로 믿는다.

12) 연결주의 가정은 곧장 언어 처리와 관련하여 많은 연구들을 촉진시켜 놓았다. 낱개 소리들의 연결체를 다루는 음운·형태론에서는 흔히 최적성(optimality) 이론으로 불리는 두드러진 분야가 있다. 낱말의 생성을 다루는 산출 쪽에서는 활성화 확산이론으로 불리며, 덩잇글을 이해하는 과정을 다루는 분야에서는 제약만족 이론으로 부른다. 특히 콜로라도 대학교 심리학과 킨취 교수가 기대고 있는 의미론은 잠재태 의미론(Latent Semantics)으로 불리는데, 특이하게도 언어학을 발전시켜 온 핵심 영역인 통사론을 전혀 도입하지 않은 채 언어 현상을 다루고 있다. 랜도어 외 엮음(Landauer, Mcnamara, Dennis and Kintsch eds. 2006), 『잠재태 의미 분석에 대한 소백과(*Handbook of Latent Semantic Analysis*)』(Lawrence Erlbaum)을 보기 바란다.

의 연구에서 마아(Marr 1982)의 시지각 청사진을[13] 깔고서, 연산-표상 층위와 생물학적 구현 층위를 다루고 있다. 앞의 층위에서는 특히 경계 접면(interfaces)들의 여러 제약을 설명해 주는 데에 주력하고 있다.[14] ② 이와는 달리 언어 산출을 다루는 델(Dell 1986)과 언어 이해를 다루는 킨취(Kintsch 1998)에서는 연결주의 가정에 따라[15] 덩잇글을 처리하는 과정에서 작업기억 속에 활성화되어 있는 일정 범위의 그물짜임들이 추가되고 강화되거나 또는 쇠잔해지고 사라지는 방식으로, 특정한 상황모형을 구성하여 장기기억 속에 저장한다고 본다. ③ 그렇지만 두 가정이 모두 배타적으로 작동하는 것이 아니라 서로서로를 도와주고 연합될 수 있다고 볼 수도 있다. 이는 핑커(Pinker)와 그의 제자 마커스 (Marcus 2008)에 의한 혼성(hybrid) 접근으로 대표된다.[16]

---

13) 출간을 앞두고 고인이 된 마아(1982), 『시지각: 인간 표상 및 시각 정보의 처리에 대한 연산주의 탐구(Vision: A Computational Investigation into the Human Representation and Processing of Visual Information)』(NY: W. H. Freeeman & Co.)이다. 필자는 정찬섭(1989), 「시지각 정보처리 계산 모형」, 이정모 외, 『인지과학: 마음·언어·계산』(민음사)을 놓고 여러 차례 읽었지만, 여전히 세부 사항들을 쉽게 이해할 수 없었다. 마아 24쪽에서는 시지각을 붙들기 위하여 세 가지 층위를 가정한다.
   ① 연산 이론(computational theory)
   ② 표상 및 흐름도(representation and algorithm)
   ③ 물리적 구현방식(hardwar implementation)
   그런데 참스키 교수는 ①과 ② 층위를 한데 합쳐 표상-연산 층위로 부르며, ③의 층위를 생물학적으로 진화를 거치면서 두뇌 속에 구현되는 '진화생물학'에 관심을 둔다. 특히 브로콜라쥬 또는 즉석 땜쟁이 작업으로 불리는 진화 방식으로서, 오로지 언어 기관을 만들어 내기 위하여 진화가 이뤄진 것은 아니며, 우연히 진화적 압력에 의해서 특정 기관이 전용되었다는 시각이다.

14) 참스키 교수의 전문 서적들이 여러 권 번역되어 있다. 이선우 뒤침(2000), 『언어에 대한 지식: 그 본질, 근원 및 사용』(아르케); 박명관·장영준 뒤침(2001), 『최소주의 언어 이론』 (한국문화사); 김양순 외 5인(2006), 『언어설계와 국면』(경진문화사)이다. 특히 참스키 교수의 이런 변환은 그의 글들이 실린 삐아뗄리-빨라리니 외 엮음(Piattelli-Palmarini, Uriagereka and Salburu 2009), 『여러 정신과 언어에 대하여(Of Minds and Language)』 (Oxford: Oxford University Press) 및 삐아뗄리-빨라리니·버어윅(Piattelli-Palmarini and Berwick 2012), 『빈약한 입력물로부터 생겨나는 풍부한 언어들(Rich Languages from Poor Inputs)』(Oxford: Oxford University Press)에서 읽을 수 있다. 441쪽도 참고 바람.

15) 델(Dell 1986), 「A Spreading-Activation Theory of Retrieval in Sentence Production」, 『심리학 비평(Psychological Review) 제93권(pp. 283~321)과 킨취(Kintsch 1998; 김지홍·문선모 뒤침 2010), 『이해: 인지 패러다임, I~II』(나남)의 번역자 해제를 보기 바란다.

16) 핑커·미흘러 엮음(Pinker and Mehler 1988), 『연결주의와 상징(Connections and Symbols)』

언어 산출에 대한 심리학에서의 논의는 1980년대에 들어서야 진작되기 시작하였다.17) 영어권을 중심으로 하여 중요한 '말실수(slips of tongue)' 자료들이 이미 상당한 정도로 구축되어 있었기 때문에,18) 말실수의 원인을 해석하는 과정에서, 서로 경합하는 다른 이론들을 설명력의 척도로써 검증하거나 반박할 수 있는 바탕이 되었다. 그런데 당시 연산주의의 영향을 받아 르펠트(Levelt 1989; 김지홍 뒤침 2008)『말하기: 그 의도에서 조음까지』(나남)에서 다뤄진 언어 산출은, 순수히 단원체들의 입출력 관계로 표상되어 있다.

1980년대까지는 언어 산출의 과정 및 언어 이해의 과정이 서로 반대의 과정일 것으로 막연히 짐작되었다. 그렇지만 덩잇글 이해를 중심으로 한 언어 이해의 과정과 주로 입말을 대상으로 이뤄진 언어 산출의 과정에 간여하는 두뇌 하위 부서들이 동일하지 않음이 밝혀졌고,19) 언

(MIT Press)과 핑커(1997; 김한영 뒤침 2007), 『마음은 어떻게 작동하는가』(동녘사이언스)와 핑커(2007), 『사고의 재료: 인간 본성을 살펴보는 창문으로서의 언어(The Stuff of Thought: Language as a Window to Human Nature)』(Viking)와 마커스(Marcus 2008), 『대수적 정신: 통합 연결주의와 인지과학(The Algebraic Mind: Integrating Connectionism and Cognitive Science)』(MIT Press)을 보기 바란다.

17) 최근에 언어심리학의 발전에 기여해 온 논문들을 모아 놓은 총서들이 출간되어 뒷사람들이 공부하는 데에 도움을 준다. 단 psycholinguistics를 심리언어학이나 언어심리학으로 번역하는데, 여기서는 조명한 외(2003), 『언어심리학』(학지사)을 따라 '언어심리학'으로써 나가기로 한다. 하알리 엮음(Harley 2011), 『언어심리학(Psycholinguistics)』(Sage) 6권의 총서 중, 제1권에 2008년까지 나온 언어 산출에 관한 10편의 중요 논문이 들어 있고, 그 책의 엮은이가 개관하는 논문도 도움이 된다. 알트먼 엮음(Altmann 2002), 『언어심리학: 심리학에서 비판적 개념들(Psycholinguistics: Critical Concepts in Psychology)』(Routledge) 6권의 총서 중에서 제5권에 입말 산출에 대한 9편의 논문이 들어 있다.

18) 특히 프롬킨(V. Fromkin, 1923~2000) 교수가 엮은 프롬킨(1973), 『언어 증거로서의 말실수(Speech Erros as Linguistic Evidence)』(Mouton); 프롬킨(1980), 『언어 수행에서의 실수들: 말하기의 혀·듣기의 귀·쓰기의 펜·수화의 손놀림 실수들(Errors in Linguistic Performance: Slips of the Tongue, Ear, Pen, and Hand)』(Academic Press)이다.

19) 물론 언어가 형식과 내용의 결합체이므로, 내용에 어울리는 형식을 뽑는 언어적 절차는 동일할 것이다. 그렇지만 언어화 이전 단계의 처리 내용과 언어 표상을 더 높은 층위로 재해석하여 엮어가는 후속 처리 단계들에서는 고유한 부서들이 상정되어야 할 것이다. 예를 들어, 처리과정 및 처리 결과 상의 차이를 하나씩 들 수 있다. 첫째, 영국 심리학자 배들리(Baddley) 교수에 의해 주도된 이른바 '작업기억(working memory)'의 연구가 오직 이해 과정에서만 상정되었고, 산출 과정에서는 전적으로 배제되었다. 개더코울·배들리 (Gathercole and Baddley 1993: 99), 『작업기억과 언어(Working Memory and Language)』

어를 이해할 때에는 점차적으로 불확실성을 줄여 나가는 과정이므로[20] 최종 단계에서 원래 화자의 의도와 언제나 부합/일치되는 것은 아니라는 점도 또한 그러하다.

언어심리학의 연구와 논의는 먼저 실험실에서 이뤄지는 제한된 연구로부터 시작하여, 더 나아가 실제로 언어 사용이 이뤄지는 실시간 연구

(Psychology Press)에서는 더욱 명시적으로 다음처럼 언급하였다.

"결국 작업기억과 언어 산출 사이에 관련성에 관해서는 상대적으로 직접적인 증거가 거의 없다(As a consequence, there is relatively little direct evidence concerning the relationship between working memory and language production)."

그렇지만 이를 강하게 해석한다면, 이른바 '점진적 산출(incremental production)'로 불리는 현상, 즉 머릿속에서 쉴새없이 부분적으로 일부 서로 겹치면서 입밖으로 내보낼 소리를 처리하는 현상을 설명하기 위하여, 르펠트(1989)에서 상정된 임시저장고(buffer)의 존재와는 정면으로 충돌하여 모순이 생겨날 수 있다. 따라서 배들리의 주장은 재해석될 필요가 있다. 최근 배들리(2007), 『작업기억·사고·행위(Working Memory, Thought, and Action)』(Oxford University Press)에서는 작업기억과 연관된 영역들 더 넓혀 놓았다. 감정 요소와의 관련성, 장기기억 및 구체사례(episodic) 기억과의 관련성, 의식·자유의지·행위와의 관련성이 추가되어 있다. 그렇지만 여전히 산출 과정과의 관련성은 다뤄지고 있지 않다.

둘째, 이해의 과정이 킨취 교수의 구성통합 모형에 따라

'표면구조 → 덩잇글 기반(미시구조+거시구조) → 상황모형'

으로 이행하는 것이라면, 청자 또는 독자가 만들어 놓는 다양한 상황모형들도 원래 화자나 집필자의 의도와 크든 작든 변동 폭이 들어 있기 마련이라는 점도 또한 분명히 산출 및 이해 과정의 차이를 드러내 준다.

20) 이 개념은 정보이론의 선구자 셰넌·위버(Shannon and Weaver 1949; 1998 재판: 21쪽), 『의사소통의 수리 이론(The Mathematical Theory of Communication)』(University of Illinois, 원래 1948년 셰넌의 논문은 부정관사 a로 되어 있었지만, 위버가 해설을 덧붙이면서 유일성을 표현하는 정관사 the로 바뀌었고, 진용옥 뒤침(1985), 『통신의 수학적 이론』[통신정책연구소]이 출간되었는데, 한국학술정보 KISS 홈페이지에서 책명을 검색하여 pdf파일로 내려받을 수 있음)에서 원래 의사소통 경로 사이에서 일어나는 '바람직스럽지 않은 불확실성'을 줄이는(reducing undesirable uncetainty) 계량적 정보량을 가리키기 위하여 썼다. 발신자와 수신자 사이의 전달 경로 상의 잡음(noise)을 줄이거나 제거하는 일과 관련된 개념이다. 최근에 그랜트(Grant 2007), 『불활실성과 의사소통: 새로운 이론적 탐구(Uncertainty and Communication: New Theoretical Investigation)』(NY: Palgrave)에서 다각도로 검토되고 있다.

그런데 이와는 달리, 그라이스(Grice 1971), 「의도와 불확실성(Intention and Uncertainty)」, 『영국 학술원 논총(Proceedings of the British Academy)』 57호(pp. 263~279)에서는 화자의 내적 실천 의지를 가리키는 개념으로 썼다. 믿음·의지·의도·실천·행위들 사이에서 관찰될 수 있는 특성이다. 우리말에서 '식언하다'라는 표현에서처럼 실천이 뒤따르지 않는 의도가 있을 수 있고, 또한 외적인 장애에 의해 행위가 일어나지 않는 경우도 있다. 불확실성은 이런 불일치 사례들을 가리키는 용어이다. 이 책에서도 이 용법으로 쓰고 있다.

로 진행하게 된다. 언어심리학이 정상적인 일반 사람들을 대상으로 하여 크게

'언어습득·언어산출·언어이해'

라는 3대 분야를 다룬다고 할 때에(언어 병리는 별도의 학문으로 취급됨), 이 중에서도 특히 언어 산출에 관한 실시간 연구는 가장 제약과 어려움이 많은 분야이다. 이런 한계에도 불구하고, 여러 학문분야에서 학제적인 연구들을 통하여 상당한 성취가 이뤄져 있고, 큰 밑그림에는 어느 정도 합의가 이뤄져 있는 듯하다. 즉, 언어 산출 연구자들 사이에서는 산출 과정에 긴밀히 관련된 부서가 적어도 다음과 같이 세 부문으로 나뉘어 다뤄지고 있고, 이들을 통합하여 스스로 점검할 수 있는 재귀적 체계가 수반되어 있다. 이런 네 가지 부서는 동시에 작동하는 특성을 지니지만, 편의상 하나씩 단계별로 설명해 줄 수 있다.

① 언어화 이전의 개념 표상(preverbal conceptual representation)을 마련하는 일
② 문법 형식을 갖춘 언어 표상(linguistic representation)으로 배열해 놓는 일
③ 말소리 형태나 글자 형태로 된 지각 표상(perceptual representation)을 내보내는 일
④ 산출된 물리적 대상을 스스로 점검하는 재귀적 점검체계

첫 번째 단계는, 서로 다른 연구 시각에 따라서 때로 언어화 이전의 전달 내용(preverbal message)이나 의사소통 의도 결정하기(decision of communicative intentions) 또는 말할 내용 정하기('what to say' 뭘 말할지)라고도 불린다. 이 단계는 현재 뇌손상 환자들에 대한 임상보고나 또는 내성적인 성찰 방식 이외에는, 달리 외적인 경험적 증거를 손쉽게 얻어낼 수 없는 난공

불락의 연구 영역이다. 보다 더 긴 발화 덩어리의 산출에 대한 실시간 연구는 현재로선 엄두조차 낼 수 없다. 그렇지만 초기에 구축된 풍부한 말실수 자료들로부터 많은 도움을 받아 왔고, 상대적으로 가장 연구가 활발하게 이뤄진 분야인 두 번째 단계는('how to say' 어떻게 말할지), 관련 학문들의 연구들을 토대로 심리학 실험실에서 구성된 여러 가지 실험 성과들을 근거로 하여, 발화 휴지나 어휘 접속21) 등의 하위 영역에 걸쳐 비교적 자세한 지도가 그려져 있다. 세 번째 단계로서 입말을 산출하는 경우에만 국한할 때, 목청의 부드러운 근육 운동을 일으키도록 명령을 전달하는 신경계 작동방식에서, 적어도 두 가지 다른 가설이 서로 경합 하고 있다. 위 부서들이 동시에 작동을 해 나가든, 아니면 단계별로 점차 적으로 일정 부분 겹쳐 나가면서 작동을 하든, 마지막 재귀적 점검체계 는 자신의 산출물(말소리나 글자)을 가장 먼저 듣거나 보면서 실수를 자 각하고 즉석에서 스스로 고쳐나갈 수 있다.

언어 산출에 관한 최근의 논의로서 유럽 학자들을 중심으로 하여 나 온 다음의 두 저서가 눈길을 끈다. 하아틀·타페 엮음(Härtl and Tappe 2003) 『개념과 문법 사이의 매개방식(*Mediating between Concepts and Grammar*)』 (Mouton de Gruyter)과 페크먼·하벨 엮음(Pechmann and Habel 2004) 『언어 산출에 대한 여러 학문간의 접근(*Multidisciplinary Approaches to Language*

---

21) 켐픈·하이버즈(Kempen and Huijbers 1983: 197쪽), 「문장 산출과 이름 부르기에서 어휘 처리과정: 낱말들에 대한 간접 선발(The lexicalization process in sentence production and naming: Indirect election of words)」, 『인지(*Cognition*)』 제14호(pp. 185~209)에서 한 낱말의 하위 두 층위를 각각 lemma와 lexeme으로 처음으로 짝을 지워 놓았다. 전자는 통사·의미 정보값을 지닌 부서이고, 후자는 형태·음운 정보값을 지닌 부서이다. 산출시 어휘 접속에 서는 통사·의미값을 먼저 뽑아내고(lemma selection) 이어 형태·음운값을 활성화시키게 된다(lexeme activation). 여기서 lemma라는 용어가 르펠트 교수에 의해 수용되고 일반화되 기 시작하였다. 비록 우리나라 언어심리학에서는 '레마'를 외래어로 쓰는 경우가 있지만, 독자들이 무슨 뜻인지 알아차릴 수 없다. 여기에서는 더 쉽고 분명하게 이해할 수 있도록 한 낱말의 '통사·의미값'으로 새겨 놓기로 한다. 인디프뤼·르펠트(Indefrey and Levelt 2004), 「The Spatial and Temporal Signature of Word Production」, 『인지(*Cognition*)』 제92권 (pp. 101~144)에서는 세 단계로 좀 더 분화되는데, 인출할 목표낱말에 대한 방해낱말 (distractor 오류낱말)로서 의미 교란 효과가 가장 크다고 보고하였다.

Production)』(Mouton de Gruyter)에서 볼 수 있다. 특히 후자에는 르펠트 (1989)의 가정을 놓고 공통된 용어들을 쓰면서 발전시키거나 논박하는 후속 연구로서[22] 18편의 논문이 인지심리학·언어심리학·언어학·음성 음운론·컴퓨터 과학·신경심리학·신경학·기호학 등의 여러 분야 연구 자들에 의해 수년 간에 논의가 이뤄진 내용을 싣고 있다. 또한 전자에서 도 포더 교수의 단원체 가정을 수용하여[23] 여러 학문들 사이에서 접점 을 찾아내려는 노력들을 담고 있다는 점에서, 르펠트(1989)에서 깔고 있는 기본 전제 및 가정들과 서로 긴밀히 협응하며 발전해 나갈 수 있다.

먼저 정상 과학의 지위에 있는 르펠트 교수의 산출 모형을 보기로 한다.[24] 기호학에서 언어는 형식 및 내용의 두 층위가 결합되어 있는

---

22) 개릿(Garrett)이 쓴 개관 글에 다음처럼 명확히 언급되어 있다.
"1996년 독일의 대학 및 연구소 연합체에서는 독일 학술연구 평의회에 야심찬 과학적 기획을 입안하였다. 언어 산출의 여러 다양한 측면들을 탐구하는 것으로, 르펠트 교수 가 이룩한 이정표의 저작물 1989년 『말하기: 그 의도에서 조음까지』에서 마련된 일반 얼개 속에서 이를 수행하는 것이다(In 1996, these groups proposed to the DFG an ambitious scientific enterprise. They proposed to investigate several different aspects of human language production, and to do so within the general framework set out by W.J.M. Levelt in his landmakr 1989 book 『Speaking: From Intention to Articulation』)."
그렇지만 단지 르펠트의 가정을 확증하는 것만은 아니고, 많은 부분에서 그 가정과 정반 대가 되는 결론도 다수 들어 있으므로, 하나의 목소리만 찾아내는 일은 어렵다고 씌어 있다(Readers … will not find one voice, but … the different threads of the discussions).
23) 이 책의 맨 앞에 실린 개관 논문 2쪽에서 다음처럼 명시적으로 언급하고 있다.
"특히 '겹겹이 정보 감싸기'라는 생각은 컴퓨터 과학에서 근본적이다. 프로그래밍의 많은 표준 기술들이 이 특성에 뿌리를 두고 있다. 단원체 속성은 인공지능 및 전산언어 학에서 핵심 역할을 떠맡는다(In particular the idea of information encapsulation has become fundamental to computer science. Many standard technologies of programming are based on this feature. Modualrity also plays a key role in artificial intelligence and computational linguistics)."
24) 우리나라에서도 조명한(1985), 『언어심리학: 언어와 사고의 인지심리학』(민음사)으로부 터 시작하여, 이정모 엮음(1996), 『인지심리학의 제문제 I: 인지과학적 연관』(성원사); 이정모·이재호 엮음(1998), 『인지심리학의 제문제 II: 언어와 인지』(학지사)를 거쳐서, 조명한 외(2003), 『언어심리학』(학지사)과 이정모 외(1999, 2003 제2 개정판, 2009 제3 개정판), 『인지심리학』(학지사)와 이정모(2009, 2010 보급판), 『인지과학』(성균관대학교 출판부)에 이르기까지, 많은 책자들에서 언어 산출에 대한 충실한 개관을 자세히 살펴볼 수 있다. 특히,
도경수·이정모(2003), 「언어 산출」, 조명한 외, 『언어심리학』(학지사)
이정모·이재호(2003), 「언어 II: 산출, 언어와 사고, 장애」, 이정모 외(제2 개정판), 『인

것으로 가정한다. 물론 기호작용이나 기호사용 전반을 다루려면, 이 도
구를 이용하는 주인(기호 사용 주체)을 포함해 놓아야 하므로, 이런 두
층위의 기호 결합체가 모든 것을 말해 줄 수는 없다. 그렇다 하더라도,
손쉽게 설명하는 방안으로만 보면, 언어 산출에서는 내용이 먼저 갖춰
지고 나서, 그 뒤에 형식이 따라오는 셈이다. 반면에 언어 이해에서는
소략하게 말하여 형식을 먼저 접하고 나서 내용을 추론하여 새기게 된
다. 이런 직관 때문에, 과거에는 언어 산출과 언어 이해가 동일한 경로
를 정반대로 밟아 나가는 것으로 관념한 적이 있었다. 르펠트 교수도
초기에는 언어 산출을

(1) 개념 잡기 → 언어 형식 갖추기 → 말소리 만들어 내기
   (Conceptualization → Formulation → Articulation)

라는 세 개의 단원체를 상정했었다. 그렇지만 르펠트(1999)에서는 더욱
간략히 '수사-의미-통사' 체계를 하나로 보고, '형태-음운-음성' 체계
를 다른 하나로 통합하였고, 두 체계를 매개해 주는 부서로서 '통사·의
미값' 및 '형태·음운값'을 지닌 머릿속 어휘부가 덧붙어 있다. 이것들의

지심리학』(학지사)
　이재호(2009),「언어의 산출과 장애」, 이정모 외(제3 개정판), 『인지심리학』(학지사)
들은 모두 이 분야의 전문적인 글이다. 필자가 여기서 서술하는 내용과 서로 보완하며
읽을 수 있다. 아직 언어 산출 분야에서 어떤 글도 이 글의 본론 쪽에서 다루게 될 다음
내용이 하나씩 명시적으로 다루어져 있지는 않다.
　① 장기기억에 기반을 둔 배경지식을 활용하면서
　② 적합한 담화모형을 수립하고
　③ 상대방과의 정보간격을 가늠하여
　④ 의사소통 의도를 결정할 뿐만 아니라
　⑤ 서술관점의 확립한 뒤(주로 목적을 지닌 사건의 책임자 부각 여부와 관련됨)
　⑥ 간접 표현을 할지 직접 표현을 할지를 선택한다
이런 '다중 처리' 과정은, 비유적으로 여러 종류의 악기가 한데 어우러지는 '교향곡 연주'
과정이라고 말할 수 있다. 지휘자는 '자아' 또는 '재귀의식'이다. 필자는 조명한 외(2003)
과 이정모 외(2009)에서 전반적으로 다뤄진 내용들이 모두 어려움 없이 다중 처리의 산
출 과정과 맞물려들 것으로 본다.

차이는 르펠트(1989; 김지홍 뒤침 2008: 34쪽)와 르펠트(1999)를 비교하면
곧 드러난다.

〈그림 1〉 르펠트(1989)의 언어 산출 청사진

〈그림 1〉에서 산출 체계는 왼쪽에 일직선상으로 세 부서가 위 아래로
이어져 있다. 개념 형성기와 언어형식 주조기와 조음기관이다. 이른바
산출 관련 단원체(modules)들이다. 입력과 출력으로 이뤄진 연산과정은
↓방향의 화살표 실선으로 표시되어 있다. 그런데 오른쪽에도 타원과
발화 이해 체계와 청각기관이 있고, 가운데에는 머릿속 어휘부가 그려
져 있다. 오른쪽에 있는 맨 위의 타원은 장기기억에 들어 있는 배경지
식(르펠트는 '지식 창고'라고 부름)을 총괄하여 말하며, 점선으로 표시된
것은 첫 단계에서 의사소통을 하기 위하여 개념(또는 '의사소통 의도')을
형성할 때 동원되는 것임을 나타낸다.

중간에 있는 음영 글상자 두 개(문법부호화·음운부호화)가 머릿속 어

휘부의 매개에 의해 점선으로 이어져 있다. 언어형식 주조기와 발화 이해 체계에 핵심 역할을 어휘부가 맡고 있음을 상징하는 것이다. 이는 통사 중심의 언어학을 주장하는 참스키 모형과는 판이하게 다르며, 오히려 전산언어학과 연합된 어휘 중심의 언어학 모형을 보여 준다.25)

어휘부가 점선으로 두 개의 하위 부서로 나뉜 것은, 결정적으로 말실수 자료들을 해석하는 데에서 비롯된 것이다. 하나는 통사·의미 정보를 담고 있고, 다른 하나는 형태·음운 정보를 담고 있다. 전문용어로 이를 각각 lemma(통사·의미값)와 lexeme(형태·음운값)로 부른다(Kempen and Huijbers 1983). 정상적인 산출 과정에서는 '통사·의미값'에 먼저 접속하여 명제 얼개를 구성할 뿐만 아니라, 이어 '형태·음운값'도 활성화해 내어야 한다.

이 방식이 언어형식 주조기 속에서 일어나면서, 각각의 표상을 만들어 내게 된다. 이를 '문법 부호화' 과정 및 '음운 부호화' 과정으로 불렀다. 문법 부호화 과정에서 나온 출력물을 '표면구조(surface structure)'로

---

25) 직접적으로 브뤼즈넌(Bresnan) 계열의 어휘 기능문법(Lexical Functional Grammar, LFG)을 받아들인 것이다. 어휘 기능문법에 대해서는 신수송(1991), 『통합 문법 이론의 이해: 어휘 기능 문법』(한신문화사)를 읽어보기 바란다. 이는 모든 것을 어휘부로 환원할 수 있다는 강한 '환원주의(reductionism)'에 속한다. 또한 비슷한 흐름으로서 지금까지도 특히 HPSG 라는 약자로 불리는 핵어 중심(Head-Driven) 구구조 문법(Phrase Structure Grammar)이 상당한 영향력을 지니고 있다. 폴러드·쎄그(Pollard and Sag 1994), 『핵어 중심 구구조 문법(HPSG)』(University of Chicago Press)를 읽어보기 바란다.

이런 환원주의 입장에서는 문장의 산출과 이해에 어휘가 모든 열쇠를 쥐고 있다고 가정하기 때문에, 어휘의 모습은 어떻게 표상되어야 할지가 큰 논제가 된다. 이에 대해서는 두 권의 책이 번역되어 있어 도움이 된다. 푸슷욥스끼(Pustejovsky 1995; 김종복·이예식 뒤침 2002), 『생성 어휘론』(박이정)과 제킨도프(Jackendoff 1990; 고석주·양정석 뒤침 1999), 『의미 구조론』(한신문화사)를 읽어보기 바란다.

비록 아무리 어휘가 많은 정보를 담고 있더라도, 통사론에 관련된 정보는 여전히 통사론에서 다뤄져야 한다는 '통사부·어휘부' 양립 입장이 있다. 특히 기능범주의 핵어들인 일치소·시제소·양태소·종결소 따위의 정보는 어휘로 표상되기가 아주 어려운 내용들이다. 만일 모두 어휘로 나타낼 수 있었더라면, 통사론 자체가 존재하지도 못했을 것이다. 개인적으로 필자가 옳다고 보는 입장이다. 특히 공동 연구를 꾸준히 출간해 오고 있는 레뷘·뢰퍼포엇호밥(Levin and Rappaport-Hovav)의 연구들이 대표적이다. 레뷘·뢰퍼포엇호밥(2005), 『논항 실현 방식(*Argument Realization*)』(Oxford University Press)와 뢰퍼포엇호밥·도론·지클 엮음 (Rappaport- Hovav, Doron and Sichel 2010), 『어휘 의미론·통사론·사건 구조(*Lexical Semantics, Syntax, and Event Structure*)』(Oxford University Press)를 보기 바란다.

부르는데, 이 표면구조가 '음운 부호화' 부서로 들어가서 여러 가지 음운 변화들을 자동적으로 구현하게 된다. 이는 앞의 그림에서 '음성 계획'으로 불린다. 이 정보가 마침내 맨 아래에 그려져 있는 조음기관(발성기관)으로 들어가 근육운동을 일으키도록 전기적 신호(또는 근육운동의 명령이나 지령)를 보내게 된다. 그 출력물이 우리가 들을 수 있는 외현된 말소리이다. 오른쪽에 있는 부서들은 산출물을 이해하는 과정에 동원되며, 아주 소략하게 그려져 있을 뿐이다. 앞의 그림은 다시 르펠트(1999)에서 더욱 간략히 〈그림 2〉처럼 수정되었다.[26]

〈그림 2〉 수정된 언어 산출 청사진(르펠트 1999)

수정된 이 그림에서는 언어 산출이 정상적인 사람에게서 아무런 어려움 없이 일어나는 과정이므로, 기호학에서 다루었던 직관을 반영하여 더욱 간략히 내용과 형식으로 대분해 주고 있다. 내용 부분에 해당하는 것이 음영 글상자의 윗부분 '수사-의미-통사 체계'이며, 형식에 해당하는 것이 아랫부분 '음성-음운 체계'이다. 왼쪽에 그려져 있는 역방향의 화살표 실선은 자기 점검 체계 또는 재귀적 감지 체계를 나타내며, '자기-자각'으로 부르고 있다. 더 앞에 제시된 첫 그림에서는 이 부분을 명시적으로 드러내지 않았지만, 뒤의 그림에서는 이를 더욱 분명히 표시해 주고 있다.

그런데 머릿속 어휘부의 위치가 두 그림 사이에 다르게 배치되어 있다. 더 앞에 제시된 그림에서는 어휘부가 언어형식 주조기를 가동시키는 열쇠로 간주되었다. 그렇지만 이번 그림에서는 어휘부가 두 개의 단원체를 매개해 주는 역할을 맡고 있는 모습으로 되어 있다. 좀 더 자세히 살펴보면, 어휘부의 두 하위 부서가 나뉘어 두 단원체 사이에 걸쳐 있다. 통사-의미값을 갖고서는 문법 부호화 산출물인 표면구조를 만들고, 이 표면구조가 형태-음운 부호화 과정에서 말소리들에 대한 정보를 가공해 나가는 것이다(물론 이 과정은 일반사람들이 자각할 수 없는 무의식적 진행 과정이며, 흔히 절차지식으로 불림).

어휘부의 역할은 비단 둘로 나뉜 단원체들을 이어 주는 기능에만 국한되지 않는다. 르펠트 외(1999)와 인드프뤼·르펠트(2004)에서는[27] 본

---

26) 르펠트(1999), 「Producing spoken language: a blue print of speaker」, Brown et al. eds., 『언어에 대한 신경-인지(The Neurocognition of Language)』, Oxford University Press. 또한 김지홍(2011), 「르펠트의 언어 산출 모형에서 몇 가지 문제」, 『언어』 제36권 4호(887~901쪽)도 함께 읽어보기 바란다.

27) 르펠트·후를로프스·메이어(Levelt, Roelofs, and Meyer 1999), 「발화 산출에서 어휘 접속에 대한 하나의 이론(A Theory of Lexical Access in Speech Production)」, 『행동 및 두뇌 과학(Behavioral and Brain Sciences)』 제22권 1호(pp. 1~38) 및 인드프뤼·르펠트(Indefrey and Levelt, 2004), 「낱말 산출의 공간적 그리고 시간적 지시신호(The Spatial and Temporal Signature of Word Production)」, 『인지(Cognition)』 제92권(pp. 101~144)를 보기 바란다.

격적으로 어휘 접속의 과정을 다루었는데, 활성화 확산이론과 맞물릴
수 있는 모형을 모색하고 있다.[28] 또한 어떤 개념이나 의사소통 의도를
확정한 다음에, 문장을 만들어 내기 위하여 머릿속 어휘부에서 알맞은
층위의 낱말을 선택해야 한다. 이때 '상의어 문제(hyperonym problem)'
가[29] 생겨난다. 한 낱말은 잡동사니처럼 아무렇게나 여기저기 흩어져
있는 것이 아니다. 그보다는 하의어·상의어와 같은 위계로[30] 짜여 있

---

28) 후를로프스(Roelofs 1997), 「발화 산출에서 낱말 형태 입력/부호화에 대한 위버 모형(The
WEAVER model of word-form encoding in speech production)」, 『인지(Cognition)』 제64권
(pp. 249~284)에서 논의된 '활성화 및 검증을 통한 낱말 형태 입력(word-form encoding
by activation and verification, 줄여서 WEAVER로 부름)' 모형을 수정하여 위버 플러스
(WEAVER+)로 받아들인다.

29) 본디 르펠트(1989)에서는 접요사 '-o-'가 없이 'hypernym'으로 썼었고, 'superordinate'이라
고도 불렀다. 여기서는 새롭게 접요사를 집어 넣었다.

30) 본디 상의어 문제는 르펠트(1989; 김지홍 뒤침 2008)의 제6장에서 심도 있게 다루어진
바 있다. 어휘들이 위계화되어 있다는 생각은 1960년대부터 분류학 및 심리학에서 과연
언어가 사고에 영향을 미치는지 여부를 확증하려는 목적으로 연구가 진행되었었다. 또한
그 결과가 장기기억 속에 저장된 사고의 모습으로도 응용되었었다. 가령, 어느 문화에
특정한 낱말이 없더라도 이름이 없는 대상을 지각하고 기억하는지 여부를 알아보는 것이
다. 결론은 비록 낱말이 없더라도, 대상 지각과 기억 회상이 분명히 가능하다는 것이었다.
버얼린(Berlin 1992), 『민족-생물학적 분류법: 전통 사회들에서 동·식물에 대한 범주화
원리(Ethnobiological Classification: Principles of Categorization of Plants and Animals in Traditional
Societies)』(Princeton University Press)와 롸슈(Rosch 1978), 「범주화의 원리들(Principles of
Categorization)」, 롸슈·로이드 엮음, 『인지 및 범주화(Cognition and Categorization)』(Lawrence
Erlbaum); 롸슈(1988), 「일관성들 및 범주화: 역사적 관점(Coherences and Categorization:
A Historical View)」, 케쓸(Kessel) 엮음, 『언어 발달 및 언어 조사연구자들(The Development of
Language and Language Researchers)』(Lawrence Erlbaum) 등에 따르면, 인간 언어에서 공통
된 가장 기본적인 낱말들은, 분류학에서 generic(종별) 층위에 있는 상당히 추상화된 항목들
이다(178쪽, 512쪽). 이 층위는 연구자에 따라서 basic(기본) 층위, natural kind(자연종)
층위, prototype(원형) 범주 등으로 달리 불린다(514쪽 도표를 보기 바람).
  그런데 분류학에서는 이 층위 위와 아래로 두어 개 정도의 층위를 더 설정한다. 맨아래
층위로의 분화는 어느 언어에서이든지 매우 자세하고 안정적이다. 따라서 기본 층위의
아래 층위를 하위 층위(subgeneric)라 부른다. 그리고 더 아래 있는 차하위(sub-subgeneric)
층위를 구체적인 경험으로 대상을 확인하는 경험층위라고 부른다. 필자는 이들 층위와
기억의 종류가 서로 맞물릴 것으로 본다. 문장은 차하위 층위의 개별경험에 연관되고,
따라서 장기기억 중에서 구체사례(episodic)기억 속에 저장된다. 그렇지만 일반명사는 기
본층위의 개념들과 연관되고, 따라서 장기기억 중에서 일반의미(semantic) 기억 속에 저
장될 것으로 본다. 김지홍(2010a), 『언어의 심층과 언어교육』(경진출판)의 제2장을 보기
바란다. 우리말로 쓰여진 이런 위계에 논의는 신현정(2000), 『개념과 범주화』(아카넷)과
신현정(2011), 『개념과 범주적 사고』(학지사)와 테일러(Taylor 1989; 조명원·나익주 뒤침
1999), 『인지 언어학이란 무엇인가: 언어학과 원형 이론』(한국문화사)에서 자세히 읽을
수 있다.

을 것으로 상정된다(514쪽 도표 참고). 알기 쉽도록 예를 들어보이면,

(2) '철수⊂소년⊂사람⊂동물⊂피조물'

과 같이 그물짜임을 이루고 있으며, 하의어일수록 항목들이 더 많아지는 것이다. 만일

(3) "＿＿＿이/가 영이를 좋아한다."

라는 문장에서 빈칸에 채워질 명사를 고른다면, 이미 맥락이 주어져 있으므로 아마 영이와 짝이 될 수 있는 명사를 최적의 항목으로 뽑을 것이다. 그렇지만 애초에 개념을 형성하는 과정에서 백지 상태로 임의의 어휘 항목을 선택한다면, 상의어와 하의어들 중에서 어떤 항이라도 모두 후보가 될 수 있다.

그렇지만 '아수라장 접속'이[31] 올바른 견해가 아니므로 제외해야 한다면, 어떤 제약이 찾아져야 할 것이다. 이런 어휘 충위들 사이에서는 각 항목마다 구별을 가능하게 만드는 변별자질들이 있을 것이다. 개념 형성과정에서 특정한 부대 조건이 미리 주어져 있지 않다면, 이 후보들 중에서 가장 구체적인 명세내역을 지닌 항목을 인출하는 것이 최적의 선택이 된다. 그런데 이런 결정은 저절로 이뤄지는 것이 아니다. 상위에서 이를 판단하는 부서나 또는 이 선택을 매개해 주는 부서가 있어야 한다. 비록 이런 점이 제대로 부각되어 있지는 않지만, 이는 결코 간단하고 단조로운 연산주의(입력→출력) 가정에서는 적절히 다뤄질 수 없으

---

31) 르펠트 외(1999: 275쪽)에서는 이를 '아수라장처럼 낱말의 자발적 활성화(pandemonium-like spontaneous activation of words)'로 불렀고, 아무렇게나 되어 있는 데에서 한 항목을 뽑아낸다는 출처로서 심리철학자 데닛(Dennett 1991), 『설명된 의식(*Consciouness explained*)』(Brown)을 거론하였다.

며, 다원주의 또는 다층위 작동방식을 전제로 해야만 한다.

한편, 타페·하아틀(Tappe and Härtl 2003: 6쪽)에서는 언어 산출에 관련된 여러 단계의 부서들을 다음처럼 상정하였다. 아마 언어 산출 과정에서 아직 연구의 초점이 덜 모아진 부분들에 대하여 조망하기 위한 의도적 조치로 생각된다.

(4) 개념 지식 → 관련 정보 모아놓기 → 언어화 이전의 준비 → 문법적
   실현

이 중에서 언어화 이전의 준비 단계 및 그 앞 부서들에 대한 연구는 실로 어려움이 많다. 쉽게 접속하여 명시적으로 다룰 수 있는 '도구'가 아직 우리에게 주어져 있지 않고, 많은 부분 간접적인 방식이나 전통적인 내성 기법으로만 탐구해 나가야 하기 때문이다. 따라서 르펠트의 연구에서는 상대적으로 논증을 더 잘할 수 있는 '문법적 실현'과 이 이후에 이어지는 음성적 실현에 주로 초점이 모아져 있다. 그렇지만, 그 이전의 단계들을 다루기 위해서 타페·하아틀(2003)에서는 개념 지식과의 접합면(interface) 또는 매개방식(mediating)을 이루는 관련 부서들을 부각시키고 있다.

여기에 담긴 16편의 논문을 다음 세 부분으로 나누어 놓았다. 제1부는 비언어 구조와 언어구조 사이의 매개방식(7편), 제2부는 사건 개념화 및 언어화 사이의 매개방식(5편), 제3부는 어휘부 기능의 매개방식(4편)이다.32) 물론 이 논문들이 모두 통일되거나 일관된 가정과 목소리를 내는 것이 아니다. 그러나 일차적으로 후속 연구의 토대를 마련할 수 있다는 점에서 매우 소중한 의미를 지닌다. 제1부에서는 시지각 처리와 언어 산출 사이에서 찾아지는 시간별 연합을 실험들을 통해 다루고,

---

32) 있을 수 있는 모든 어휘 접속 방식을 다음 그림에서와 같이 다섯 가지 유형으로 제시하였다.

의미 분야에서 행위주 속성의 부각과 어순 뒤섞기와 선조화 과정을 다룬다. 제2부에서는 사건 분할과 사건구조와 언어생성의 관점들을 논의하며, 제3부에서는 어휘부의 처리과정에 대한 여러 시각들을 다루고 있다. 전통적인 용어를 써서 구분한다면, 제1부와 제2부는 거시언어학에 속하며, 제3부는 미시언어학에 속한다.

페크먼·하벨(Pechmann and Habel 2004)에서는 17편의 논문을 싣고 있는데, 서로 상충되는 주장들도 함께 들어 있다. 가령, 언어화 이전의 개념 형성 단계가 점진적(incremental)으로 일어나는지, 아니면 확정된 비점진적 방식으로 일어나는지에서부터 서로 시각들이 엇갈린다. 그렇지만 대부분의 논의는 주로 르펠트에서 다루는 영역들에서 더욱 세부적인 주제들을 다루고 있다. 주제 부각, 초점 드러내기, 어순 변동, 수화 및 장애인에게서 관찰되는 현상, 연결주의 산출 가정의 장점, 산출 과정의 전기생리학적 탐구, 두뇌 작동의 역동성, 형태 입력 과정, 글말 산출에 관련된 형태와 음절과 자소, 말실수와 작업기억 등이다.

언어 심리학에서의 산출 과정에 대한 논의는 현재 우리 머릿속 의식이나 작동을 들여다 볼 수 있는 혁신적 도구나 설비가 없이는 여전히 제한적인 후반부 영역만을 다룰 수밖에 없고, 더군다나 이 영역도 실시간 연구가 불가능하여 첩첩산중의 느낌을 받는다.

sequential	① 연산주의의 선조적인 방식(일련의 '입력→출력' 흐름으로 이뤄짐)
integrated	② 통합된 방식
interactive (feedback)	③ 되점검을 통한 상호작용 방식
blackboard	④ 상위 부서로 자료를 전송하여 정보를 종합하는 칠판을 이용하는 방식
revision-based	⑤ 계속하여 수정해 나가는 방식

9장 일상언어 철학에서의 논의

철학에서 일상언어에 대한 관심은 주로 영국에서 서로 영향을 주고 받음이 없이 두 곳에서 일어났다. 케임브리지 대학과 옥스퍼드 대학이다. 케임브리지 대학에서는 후기 비트겐슈타인(Wittgenstein, 1889~1951)의 저작물들에서 그러하지만, 그는 모든 열쇠를 '삶의 형식(forms of life)'에 돌려 버림으로써, 엄격한 논증을 거쳐 단계별로 확립할 수 있는 후속 연구로 이어지지 못하였다.[1] 또한 박사논문에서 마치 종교의 경전 속에 있는 경구를 연상시키는 서술 방식도, 그를 잇는 학파나 뚜렷한 흐름을 만들어 놓지 못하게 만든 요인으로 판단된다. 객관적이고 단계

---

1) 오늘날 담화 영역에서는 언어 및 이에 관련된 비언어 실체들의 관련을 다루고 있으므로, 삶의 형식이 실체적으로 관여되고 있음이 자각되고 있고, 또한 어떤 방식으로 얼마나 관련되는지를 심층적으로 논의되고 있다. 담화가 '어떤 일을 위해 이용됨'을 자각하고 특히 담화를 통한 지배 이념을 고착하거나 확산하는 일을 정면으로 부각시켜 비판하는 '비판적 담화 분석(Critical Discourse Analysis)'에서는, 언어가 텍스트로 확대되고 텍스트가 담화나 담론으로 확대되는 과정에서, 경제·정치·사회·문화 등의 운영 원리들이 직접 적으로 간여하게 되며, 이를 명시적으로 드러내려고 노력한다. 제11장의 논의를 보기 바란다.

별로 진행되는 명시적 서술이 아니라, 오히려 한 개인의 자각이나 깨우침을 통한 '이심전심'의 비법을 연상시키기 때문이다.

그렇지만 옥스퍼드 대학에서는 오스틴(Austin, 1911~1960)을 비롯하여 그의 후배 그라이스(Grice, 1913~1988)와 스트로슨(Strawson, 1919~2006), 그리고 제자 써얼(Searle, 1932~)[2] 등이 뚜렷하게 학파를 이루며 연구를 확산시켜 나갔다. 이들의 연구는 흔히 화행 이론(speech act theory)으로 불린다. 이는 독일의 사회철학자 하버마스(Harbermas, 1929~)에게도 영향을 주고, 미국 쪽에서 형성되어 나온 화용론(Pragmatics)과도 접합이 이뤄졌다. 현재로서는 연구 영역이 화용 행위와 화용론과 담화론과 미시사회학과 텍스트 언어학 사이에 많은 부분들이 서로 겹쳐져 있다. 개인적으로 필자는 이들을 '거시언어학'으로 한데 모을 수 있을 것으로 본다. 이와 대립되는 미시언어학은 오직 언어 형식만을 대상으로 연구하지만, 거시언어학에서는 언어와 비-언어를 모두 다루게 된다. 비-언어는 손짓·몸짓·얼굴 표정뿐만 아니라, 또한 청자의 예상 반응을 포함한 화용 맥락을 비롯하여, 담화 이면에 깔려 있는 이념까지도 다루게 된다. 그렇다면 거시언어학에서는 몇 가지 축을 나누어 놓아야 할 것이다.

철학의 흐름을 매우 엉성하게 그릴 경우에, 흔히 분수령은 근대를

---

2) 써얼(Searle 써를)은 우리나라에서 번역본이 이미 7권이나 나올 만큼 대중적인 철학자이다. 써얼이 다루는 주제 또한 언어에만 국한되지 않고, 다양하게 사회철학과 심리철학과 인지과학에까지 확대되어 있다. 언어학 쪽에서는 speech(발화) act(행위)를 줄여 화행(話行)으로 부른다. 철학 쪽에서는 더러 '언화 행위'로 번역하는 경우가 있다. 화행 이론 (speech act theory)과 관련하여 써얼(1969; 이건원 뒤침 1987), 『언화 행위』(한신문화사); 써얼(1965; 정대현 뒤침 1984), 「언어행위란 무엇인가?」, 이정민 외, 『언어과학이란 무엇인가』(문학과지성사)가 있다. 또한 다음 책들이 번역되어 있다.
　써얼(1983; 심철호 뒤침 2009), 『지향성: 심리철학 소론』(나남)
　써얼(1986; 김용관 뒤침 1987), 『심리철학과 과학』(소나무)
　써얼(1998; 심철호 뒤침 2000), 『정신, 언어, 사회』(해냄)
　써얼(2001; 김기현 외 4인 뒤침 2001), 『합리성의 새로운 지평(제1, 3, 6, 9장이 번역됨)』 (철학과현실사)
　써얼(2004; 정승현 뒤침 2007), 『마인드』(까치)
　써얼(2007; 강신욱 뒤침 2010), 『신경생물학과 인간의 자유』(궁리)
　써얼·김기현(2000), 「분석철학의 현주소: 존 설과의 대담」, 철학문화연구소, 『철학과현실』 48호(138~162쪽)

열어 놓은 계몽철학으로부터 시작하게 된다. 중세의 천문학이 망원경과 같은 도구의 발명으로 새로운 관측을 하게 되고, 이에 따라 바빌로니아 천문학을 물려받은 중세의 천문관은 점차 붕괴되기 시작하였다.[3] 갈릴레오나 뉴튼은 수학을 이용하여 자연세계를 새롭게 설명하였는데, 이런 합리성을 철학에서도 적극적으로 받아들여 추구하려는 시도가 칸트가 살던 시대를 전후하여 시작되었다. 비록 칸트가 철학이 다뤄야 할 영역을 '정신과학'이란 말로 새롭게 이름을 붙였지만, 현대에 들어서면서 프로이트가 정신과학이 다루던 내용들을 '심리분석'이라는 이름으로 다루게 되면서, 다시 철학의 정체성에 대한 혼란이 빚어졌다.

이 혼란을 수습하는 여러 가지 대안들이 나타났다. 그 중 하나가 철학이 사고의 명증성을 다루기 위해 혼란스런 언어를 분석하여 바르게 세워 놓아야 한다는 생각인 이른바 '분석철학'이다. 분석철학은 자연언어에 대한 불신을 밑바닥에 깔고 있으며,[4] 엄격히 정연한 인공언어 체계로 우리가 경험하는 세계를 분명하게 기술하고 설명해 놓을 수 있을 것으로 보았다. 이를 극단적으로 부각시켜, 모든 언어 진술마다 검증 절차를

---

3) 뤄쓸(Russell 1935; 김이선 뒤침 2011), 『종교와 과학』(동녘)과 뤄쓸(1945; 최민홍 뒤침 1973), 『서양 철학사(상, 하)』(집문당)에서 이런 전환을 읽을 수 있다.

4) 가령, 뤄쓸(Russell 1937, 제2판), 『수학의 원리(*Principle of Mathematics*)』(N. N. Norton & Comp.) 제5장 '양화범위 표시하기(denoting)' §.57에서 자연언어의 불분명함을 계사 is를 예로 들고 있다. 편의상 '존재하다'는 뜻의 해석은 일단 여기서 제외해 놓는다. 영어 표현 "Socrates is human(소크라테스는 사람이다)"은 명시적으로 최소한 다음의 세 가지 형태로 번역되어야 한다.

① Socrates is human(소크라테스는 인간이다: 소크라데스 및 인간은 '동일성' 관계를 지님)
② Socrates has humanity(소크라테스는 인간 속성을 지닌다: 소크라테스 및 인간속성은 '포함' 관계임)
③ Socrates is a man(소크라테스는 한 명의 사람이다: 이 또한 중의적인 해석을 받는데, 하나는 is-a로 묶여 원초적(원시적) 클라스 개념을 표시한다[소크라테스는 사람 집합에 속한다]. 다른 하나는 a-man으로 묶이어 개체를 표시한다[소크라테스는 사람 집합에 속한 하나의 원소이다])

이런 자연언어의 중의성은, 클라스의 클라스(class of classes, '집합족') 관계를 중심으로 하여 수학을 재구성하려는 시도에 짐스러운 장애 요소가 될 뿐이었다. 따라서 자연스럽게 불신을 받는 자연언어를 벗어나서, 사고의 전개를 정연하고 투명한 인공언어에 기대고자 하였던 것이다.

붙여 판단해야 한다는 주장을 이른바 '논리 실증주의'라고 부른다.[5]

이와 맞서서 나온 일상언어 철학은 실추된 자연언어의 가치와 위상을 회복시키는 과정에서 부각된 흐름이다. 분석철학이 소수의 엄격한 논리에만 국한하여 진술체계를 재구성하려는 시도는 곧장 난관에 부닥치게 된다. 급기야 인공언어에서 극대화하고자 하려는 논리체계는, 거꾸로 자연언어의 다양한 후보들 가운데에서 소수를 선택하여 극대화한 것이라는 역설적 자각에 이르게 되었다. 자연언어의 구체적인 사례를 통하여 이 점을 간단히 보여 줄 수 있다.[6] 우리말에서 연결어미 '-고'는 공간적인 대상이나 사건을 나열하는 데에도 쓰이고, 시간적으로 이어지는 사건들을 연결하는 데에도 쓰인다.

---

5) 필자는 한국분석철학회에서 회원들의 글을 모아 1991년 펴낸 『비트겐슈타인과 분석철학의 전개』, 1993년 『실재론과 관념론』, 1995년 『철학적 자연주의』, 1996년 『인과와 인과 이론』, 1999년 『언어·표상·세계』 등 여러 책자들(모두 철학과현실사에서 간행)로부터 크게 도움을 입었다. 많은 수의 훌륭한 번역서들이 있다. 에이어(Ayer 1936; 1946 제2판; 이영춘 뒤침 1959), 『언어와 진리와 논리』(문교부)가 다시 1946년 제2판을 대상으로 하여 한국연구재단의 명저 번역으로 송하석 뒤침(2010), 『언어, 논리, 진리』(나남)로 출간되어 있다. 분석 철학의 주장을 이해하는 데 도움이 된다. 송하석 교수의 해제 230쪽을 보면 에이어가 24세 때 완성한 '논리 실증주의'의 선언서(메니페스토)인 이 책을, 1970년 어느 대담에서 스스로 "가장 중요한 결함은 그 책의 모든 것이 옳지 않다는 것"(233쪽)이라고 회고한 바도 있음을 적고 있다.

6) 이 논점은 그롸이스(Grice 1978), 「논리와 대화에 관한 추가 주석(Further Notes on Logic and Conversation)」, 그롸이스(1989), 『낱말 사용 방법 연구(Studies in the Way of Words)』(Harvard University Press) 제3장에 들어 있다. 영어에서도 접속사 and가 공간 나열, 시간 나열 등의 기능을 갖고 있고, or도 배타적 이접, 포괄적 이접의 기능으로 더 나뉜다. 이들을 각각 다른 and1, and2, ...로 보거나 or1, or2, ...로 보는 것이 아니라, 하나의 접속사가 맥락 조건에 따라 추가 기능을 갖게 되는 것으로 설명하는 것이 그롸이스의 요지이다. 이런 논지 전개는 2001년 출간된 그의 유저 『이성의 여러 측면(Aspects of Reason)』(Oxford University Press)에서도 동일한 논지 전개를 적용한다. 칸트의 주장과는 달리, 인간에게는 오직 단 하나의 이성만이 존재할 뿐이고, 맥락에 따라서 순수이성과 실천이성으로 분화되고 해석될 수 있다는 주장이다.

그롸이스는 오스틴의 생각을 더욱 발전시킨 것으로 평가를 받기 때문에, 윌슨·스뻐버(Wilson and Sperber 2012), 『의미와 관련성(Meaning and Relevance)』(Cambridge University Press)의 서문(p. x)에서 "Paul Grice, the founder of modern pragmatics(현대 화용론의 창시자인 폴 그롸이스)"로 기리고 있다. 주요 논문 20편이 1989년 나온 그의 유저에 모아져 있고, 가치에 관한 강연도 1991년 『가치의 복합 개념(The Conception of Value)』(Oxford University Press)으로 나와 있다.

(1) 철수가 중학생이고, 동수가 대학생이다(→ 공간상의 나열)

(2) 영이가 결혼을 하고, 아기를 낳았다(→ 시간상의 나열)

(1)은 이른바 공간 나열의 기능을 하는 접속문이며, 서로 순서가 뒤바뀌어도 전체 표현에 아무런 지장이 없다. 그렇지만 (2)는 시간상으로 계기적 사건을 표현하는 접속문이며('-고 나서'로 대치될 수 있음), 순서가 뒤바뀐다면 자칫 오해를 빚을 만한 해석이 나온다. 이런 접속어미들을 놓고서 우연히 소리만 같을 뿐이지, 각각

'-고$_1$, -고$_2$, …'

등 엄격히 별개의 것으로 나뉘어야 한다고 주장할 수 있다. 분석철학이나 논리실증주의의 주장을 수용할 경우에는, 언어 형식에 기능이나 의미가 오직 '1:1'로 대응해야 하고 중의성이나 애매성을 없애야 하므로 더욱 그러하다. 실제로 일부 언어학자들이 그런 주장을 한 경우도 있다. 만일 이런 처지에 서면, 접속사들을 무한정하게 남발해 버리는 일을 통제할 수 없고, 또한 이들 사이에 막연하게 느껴지는 직관적 동질감을 포착해 줄 길이 없게 된다. 가령,

(3) 문 닫고 들어와!

(4) 꼼짝 말고 손 들어!

라는 관용 표현에서는 뭐라고 말해야 될 것인가? 시간 해석(-고$_2$)을 부여하여 읽으면, 당장 모순이 생겨난다. (3)에서 만일 문을 닫아 버리면 더 이상 안으로 들어갈 수 없게 되고, (4)에서 꼼짝도 하지 않으면 손을 들 수도 없게 되기 때문이다. 이런 접속어미를 '-고$_3$'이라고 딱지를 붙여, '모순스런 접속어미'라고 불러야 할까? 그렇지 않다.

그라이스의 해결책을 따르면, 동일한 하나의 접속어미 '-고'에 지나지 않는다. 모종의 기본 의미를 상정한 뒤에, 다시 도출 의미가 딸려 나오는 방식을 택하는 것이다. 즉, '공간 나열'(대상일 경우)이 기본 의미라면, '사건 나열'(사건일 경우)은 사건 발생 순서대로 언어로 표현하는 자연스런 지침(이를 '대화 규범'이라고 부름)에 따라 도출되는 것으로 설명할 수 있다. 이는 결코 어려운 것이 아니라, 누구나 쉽게 그리고 매우 당연하게 여기는 '상식'(경험한 대로 언어로 표현함)에 입각해야 한다. 자연계에서 일어나는 사건들의 순서와 언어로 표현된 사건들의 순서가 일치한다는 상식적 원리이다. 단, 크게 강조해야 할 것은, 비록 자연계의 발생 순서와 역순이 되더라도, 임의의 요소를 가장 두드러진 위치인 앞에 초점으로 내세울 수 있다. 흔히 이를 「지각이 쉽게 이뤄질 수 있도록」 임의 요소를 맨 앞으로 끌어들이는 주제화 또는 초점화라고 부른다.

이제 (2)는 기본 의미를 바탕으로 하여 앞의 해석 지침에 따라, 사건이 일어난 순서대로 우리가 이해하는 방식이며, 이를 (5)로 나타낼 수 있다.

(5) 공간 나열＋사건 발생 순서＝시간 나열

그리고 (3)과 (4)는 화용적 동기로 말미암아, 가장 중요한 사건이 전체 앞쪽으로 이동한 것에 지나지 않는 것이다. 이를 다음 (6)처럼 나타낼 수 있다.

(6) 공간 나열＋화용적인 강조＝주제나 초점이 되어 앞으로 이동

일상언어 철학에서는 자연언어의 질서를 제대로 찾아내려고 하며, 이 과정에 인간의 인식 방식에 대한 해석 지침들을 대화 규범(maxims)으로 세워 놓게 된다. 이 규범 또한 누구나 능숙히 자연언어를 쓰고 있으므

로 매우 상식적인 바탕 위에 수립되어야 한다.

그렇다면 이제 서구 사회에서 언어(또는 철학에서는 '단언(명제)'으로 대표하여 부름)를 사고와 동일시하던 흐름이 옳은지에 대하여 의문이 제기될 수 있다. 다시 말하여 '언어' 그 자체의 본질과 역할에 대하여 물음을 던지지 않을 수 없는 것이다.

언어가 무엇이고, 우리의 삶에서 어떤 기능을 하는지에 대하여 규정하는 방식은, 문화권에 따라 차이가 났었던 듯하다. 가령, 우리 문화에 영향을 준 유교 경전을 예로 들어 보면, 선진 시대의7) 『주역』과 『논어』와 그 이후의 『자치통감 강목』에서도 동일한 태도를 파악할 수 있다. 『주역 전의 대전』 '계사'(상)에 보면

(7) "글로는 말을 다할 수 없고, 말로는 뜻을 다할 수 없다."

(書不盡言, 言不盡意)

고 하였다. 또한 『논어』 '공야장'에서는 공자가 사람을 평가할 적에

(8) "그 말을 듣고 나서 그의 행동을 관찰한다."

(聽其言, 而觀其行)

---

7) 중국 문명을 크게 양분할 경우에 진나라를 전후하여 나누는 관례가 있다. 즉, 진나라 시황제가 중국을 통일하기 이전인 고대로부터 춘추·전국 시대까지를 통틀어 선진(先秦진 시대보다 앞선) 시대라고 부른다. 진나라가 멸망한 뒤로부터 시작하는 시기는 다시 세분되어 불린다. 진나라 시황제의 분서갱유 이전의 자료들이 최근에 죽서(竹書) 형태로 여러 차례 발굴되어 옛 자료들의 연구에 새로운 전기가 되었다. 최남규 뒤침(2012), 『상해박물관 장 전국(戰國) 초(楚) 죽서, 3권 총서』(소명출판)에 있는 역주자 서문들을 읽어 보기 바란다. 주역에 관한 초나라 죽서는 복모좌(2006)이 압권이다.

일단, 한나라 시대에 중국 문명에 새로운 터 다지기 작업이 시작되었는데, 흔히 중국 민족을 '한족', 그 말을 '한어'로 부르는 것도 한나라 시대의 유습 때문이다. 한(漢)은 원래 한나라 태조 고황제(유방)가 한중(漢中) 출신이므로 나라 이름으로 세웠고, 이를 마치 민족 이름인 양 확대하여 쓰게 되었다. 한(漢)은 신발에 달라붙는 진흙을 가리키는데, 漢은 「水+黄+土」로 黄은 「光+一+田」으로 이뤄졌다.

고 했다.『자치통감 강목』한나라 문제 6년(B.C. 174년) 가의(賈誼)가 올
린 상소를 보면

(9) "말하는 것을 듣고 반드시 그 일삼는 것을 관찰하면, 감히 망언을 하
지 못한다."

　　(聽言之道, 必以其事觀之, 則莫敢妄言)

라고 언급하고 있다. 이는 모두 말이나 그 말을 입밖으로 내보내는 의
도 또는 생각보다도, 모든 가치평가가「실천이나 행동을 위주로 하여
이뤄져야 한다」는 속뜻이 깔려 있다. 말만 앞세울 것이 아니라, 그보다
는 오히려 행동으로 실천하도록 요구하는 것이다.

　명나라 때 양명학을 창도한 왕수인(1472~1528)도 참된 앎은 행동으로
나와야 하였고, 이를 양지(良知, 진실한 앎)라고 불렀다. 마치 이런 가치
를 반영해 주려는 듯이, 우리말에서도 실천이나 행동이 뒷받침되지 않
는 '빈말' 계열(소위 'lip service'로 불리며 우리 문화에서는 부정적 가치를
매김)의 표현들을 부지기수로 찾을 수 있다. 말보다는 실천을 중시했던
것이며, 오늘날에도 역시 참이다.

　서구 문명에서는 플라톤의 이데아 논의에 대한 영향 때문인지, 언어
를 사고 그 자체로 다루려는 전통이 있다. 이승도 저승도 아닌, 경험을
초월한 제3의 세계(=그승)를 다루려면, 수학(기하)이든 자연언어이든
특정한 도구를 이용할 수밖에 없다. 서구의 중세시대에도 보편언어로
서의 지위를 누리던 라틴 어의 학습에 따라 언어 그 자체에 대한 독자
성과 사고와의 연관성이 꾸준히 탐구되어 왔던 듯하다.[8] 근대 합리성

---

8) 가령, '포르 르와얄' 문법 또는 일반 이성 문법(Grammaire générale et raisonnée)으로 불리
　는 경우가 그러한데, 아르노·랑슬로(1660; 한문희 뒤침 2011),『일반 이성 문법』(지만지)
　를 읽어보기 바란다. 특히 번역 34쪽에서 인간의 이성 작업을 크게 '생각하고, 판단하고,
　추리하는' 기능으로 보았음이 흥미로운데, 이런 기능이 보편적으로 개별 언어에 반영되
　어 구체화되어야 함을 함의한다.

의 주춧돌을 마련해 놓은 칸트 또한 언어를 또는 더 엄격히 말하여 '단
언(명제)'을 사고의 도구로 보았다. 그는 궁극적으로 명제가 두 가지로
분류된다고 보았다. 순수한 형식의 관계만을 따지는 '분석단언'과 우리
경험을 동원하여 판단할 수 있는 '종합단언'이다. 물론 이 구분은 콰인
(1953; 허라금 뒤침 1993) 『논리적 관점에서』(서광사) 제2장 '경험주의의
두 가지 독단'에서 전체적인 언어체계를 고려하지 않고서는 그런 구분
이 성립되지 않는다는 심각한 비판을 받는다.

그러나 다른 한편으로 옥스퍼드 철학자 오스틴(Austin, 1911~1960)은[9]
서구 철학에서 전통적으로 사고를 대상으로 한 언어를 constative(참·거짓
지향 언어)로 규정하고, 이와는 달리 당장 참·거짓을 따질 수 없고 차후
행위를 실행해 줌으로써 참이나 거짓으로 되는 언어를 performative(수행
지향 언어)가 있음을 자각하였다. 이는 곧 상위 개념으로 act(행위)[10] 아
래 모두 포섭된다. 참·거짓은 판단 행위이며, 수행은 실천 행위이기 때
문이다. 언어를 사고와 연결 짓지 않고 행위와 관련 짓는 일은, 우리
문화 전통에서 실천을 중시하던 흐름과 일부 겹쳐질 수 있다. 곧 언어에
대한 판단과 가치 부여를, 최종적으로 어떤 기준에서 시행할 것인지를

---

9) 매우 창의적인 철학자로 알려져 있지만, 모두 사후에 엄슨(Urmson)과 워녹(Warnock)
등이 유고들을 모아 펴낸 책들이 있다. 한창 2차 대전 중이었음에도 그롸이스나 스트로
슨 등의 후배들과 매주 정규적으로 모여 아리스토텔레스, 라이프니츠, 칸트 철학들을
놓고서 토론을 벌였다. 또한 프레게(Frege 1884) 『산수의 기초』도 영역한 바 있다. 그가
하버드 대학에 초청받아 윌리엄 제임스 기념 강연을 했던 내용을 1962년 엄슨이 편집
출간한 『낱말 작동 방법(*How to Do Things with Words*)』(Oxford University Press)이 우리
말로 언어학자와 철학자에 의해 번역되었는데, 특이하게도 모두 책 이름을 바꾸었다.
장석진(1987), 『오스틴 화행론』(서울대학교 출판부); 김영진(1992), 『말과 행위: 오스틴
의 언어철학, 의미론, 화용론』(서광사)이다. 이 책 이외에 워녹 엮음(1964), 『감각과 감각
자료(*Sense and Sensibilia*)』(Oxford University Press); 엄슨·워녹 엮음(1961, 1979 제3 확대
판), 『철학 논문집』(Clarendon)이 있다. 그의 글들은 읽어 나가기가 결코 녹록지 않다.
10) act(단일한 행위)와 action(일련의 복합 행위)에 대한 명확한 구분은 클락(1996; 김지홍
뒤침 2009: 36쪽, 131쪽)에서 언급되어 있다. 하나의 사건 또는 행위를 단일한 것으로
볼지, 연결된 일련의 것으로 볼지 여부는 기계적으로 결정되는 것이 아니다. 오직 언급하
는 주체의 주관적 판단을 드러내어 줄 뿐이다(101쪽의 각주 24와 283쪽 참고). 또한 같은
계열의 유사 용어들인 activity(반복 활동), behavior(관찰 가능한 행동), conduct(행실) 등
에 대한 내포의미들도 그곳의 역주들을 보기 바란다.

물을 적에, 실천 중심의 언어관 및 옥스퍼드의 화행 이론 사이에는 일부 공통점이 생겨나는 것이다. 이 점은 화행 이론에 영향을 받은 독일 사회 철학자 하버마스를 논의하는 대목에서 다시 그 근거를 언급할 것이다.

오스틴이 언어를 행위로 여기는 시각 전환에서 가장 중요한 것은, 보이는 층위 및 안 보이는 층위를 연결 짓는 지혜이다. 임의의 발화 행위는 언제나 세 가지 층위의 행위 복합체로 일어난다. locution(언어 행위)와 illocution(말에 깃든 속뜻 파악 행위)과 perlocution(속뜻을 알아차려 실천으로 옮기는 행위)이다. 더 쉽게 표현하면,

(10) 표면 발화 → 속뜻 파악 → 실천 완료(마지막 단계에서 만족스러움 여부를 따짐)

로 이어지는 복합체인 것이다. 전통적인 참·거짓 판단은 마지막 단계인 언제나 실천 완료에서 이루어지므로, 언어(또는 명제)와 사고를 동일시 하였던 논의들도 모두 다 수용할 수 있는 큰 그릇이 된다. 이때 참·거짓 은 만족스러운지/적합한지(happy, felicitous라고도 불렀음)를 따지는 기준 에 의해서 확장된다. 말에 깃든 속뜻은 그 뒤 언어 기능으로도 불리며, 크게 언어에 관여하는 서법들과 관련하여 통합되거나 세분되는 쪽으로 계승되었다. 스탠포드 대학 심리학자 클락(Clark 1996; 김지홍 뒤침 2009) 『언어사용 밑바닥에 깔린 원리』(경진출판)의 제5장에서는 말속에 깃든 속뜻을 크게 여섯 가지 기능의 행위로 보았다.

① 단정 행위
② 명령 행위
③ 약속 행위
④ 감정 표출 행위
⑤ 선언 행위

⑥ 선고 행위

⑦ 판결 행위

인간의 삶과 사회 행위들은, 결국 이런 개별 행위들을 놓고서 복합적으로 짜이고 얽히면서 전개되어 나가는 것이다.[11] 삶의 내용들이 사건들의 매듭과 엉김으로 이뤄져 있다고 할 때, 이들 매듭을 이름 붙여 주어야 할 경우에는 이런 행위 표지들을 이용할 수 있다.

그런데 오스틴의 첫 전환은, 그의 후배 그라이스에 의해서 보다 역동적으로 실제 언어 사용을 설명하는 쪽으로 확장되어 나갔다. 언어 표현을 세 층위로 구분하는 정태적인 방식이, 마침내 화자의 의도를 중심으로 하여 재구성되는 것이다.[12] 그렇다면 의사소통 의도(이하 '의도'로만 줄임)를 어떻게 표현할지에 대한 문제가 부각된다.[13] 이를 다루는 것이 바로 대화 참여자들 사이에 협력 작업을 가능케 하는 그라이스의 '대화 규범(maxims)'이다.[14] 대화 규범은 의도를 사용하려는 사람들이 상식적

---

11) 물론 이 항목들이 결코 배타적으로 하나씩 배당되는 것은 아니다. 하나의 명령문이라 하더라도, 대화 참여자들에 의해서 여러 가지 기능으로 이해될 수 있다. 번역 209쪽에서는 11가지 후보를 언급하고 있다. 명령, 요구, 약속, 위협, 경고, 제안, 기원, 충고, 저주, 감탄, 추천들이다. 그렇다면 대화 참여자들 사이에서 임의의 발화가 어떤 기능을 두드러진 것으로 파악하는지가 중요한 초점으로 부각된다. 이것이 바로 협력활동으로서 의미 파악하기 과정이다(클락의 제7장에서 다뤄짐). 이는 청자 쪽에서 자신이 파악한 의미를 반응으로 표현해 줌으로써, 화자와의 사이에 일치 여부를 확인하고, 비록 달리 파악한 의미라고 하더라도 화자의 관용에 따라 수용 여부 및 일후 전개 방식이 달라질 수 있는 것이다. 이런 역동적 과정을 담화 진행기록(discourse record)으로 부르며, 대화 참여자들 사이에 실시간으로 기억되어야 하는 공유지식이다.

12) 그의 유저(1989)에 들어 있는 그라이스(1969), 「화자의 의미와 의도들(Utterer's Meaning and Intentions)」에서 처음 화자의 의도를 발화 의미(또는 speaker's meaning)로 언급한 바 있다. 일후 화자의 의미란 용어는, 더욱 분명하게 '화자의 의도'라는 말로 불리게 된다. 의도를 중심으로 논의를 진행함으로써, 비로소 언어적 표현뿐만이 아니라 비-언어적 표현도 동시에 같이 다루게 된다. 이는 언어 사용에 대한 연구에서 언어와 비-언어를 함께 다룰 수 있는 중요한 전환점이 된다.

13) '의도'는 언제나 간접적으로 관찰되고 추정될 뿐이다. 의도를 마치 객관적 대상인 것처럼 다룬 쉬퍼(Schiffer 1972), 『의미(Meaning)』(Clarendon)의 논의에 대하여, 그라이스 자신은 전혀 동의하지 않았음은 두말할 것도 없다. 따라서 우리가 의도를 다루려면, 반드시 의도를 확인하는 중간 과정이 필수적으로 도입되어야, 서로 간에 합치되거나 동의할 수 있음을 잊어서는 안 될 것이다.

으로 손쉽게 이용할 수 있는 지침이다. 그라이스는 칸트의 논의에 따라 자연스럽게

(11) '질(quality)·양(quantity)·관련성(relevance)·방식(manner)'15)

---

14) 본디 칸트가 썼던 말이다. 흔히 말뜻도 통하지 않으며 왜곡된 일본 용어 '격률(格律)'을 쓰는 경우를 본다. 일본에서 칸트 책을 번역하면서 격언과 법률을 합쳐 만들어 놓은 것이지만, 엉뚱한 조어법이다. 580쪽의 각주 20을 보기 바란다. 오늘날의 용어로 표현한다면, 칸트는 유전자에 의해서 발현되는 인간 속성을 범주(category)로 불렀고, 사회 공동체에서 정해 놓은 규범이나 준칙을 maxim(규범)이라고 불렀으며(그라이스는 규범을 일부러 상대방이 알아차릴 수 있도록 어기는 것을 flaw 또는 flouting[규범 위배]이라고 불렀음), 개인의 성향이나 특성으로 발현되는 것을 schema(개인별 개념틀)로 불러 구분하였다. 선배인 오스틴과 더불어 같이 칸트를 공부하였던 그라이스로서는, 상식에 바탕을 둔 칸트의 구분을 받아들여 언어 사용의 모습을 설명하는 일이 매우 자연스러웠을 것이다.

15) 이 항목들의 번역도 그라이스의 의도를 제대로 살리지 못하고 엉뚱한 번역 용어를 쓰는 경우를 본다. ① '질'은 참되게 말하는 것이며, ② '양'은 더도 덜도 아닌 알맞은 분량으로 말하는 것이다. 단, 공손성(정중성) 원리나 특수한 담화 상황에서는 그 맥락 때문에 양의 규범이 충족되지 않을 수 있다. ③ '관련성'은 앞뒤 발화들이 서로 유기적으로 긴밀히 짜얽혀 있다고 보는 것이며, 협력 원리에 따른 해석에서 매우 중요한 구실을 한다. 특히 스뻐버·윌슨(Sperber and Wilson 1986; 김태옥·이현호 뒤침 1993), 『인지적 화용론: 적합성 이론과 커뮤니케이션』(한신문화사)에서는 관련성(번역본에서는 '적합성'으로 바꿔 번역하였지만, 관련성에 대한 판정 결과를 가리키는 간접적 용어이므로, 여기서 필자는 따르지 않는다)만을 극대화하였다. 이들은 또한 최근 윌슨·스뻐버(2012), 『의미 및 관련성(*Meaning and Relevance*)』(Cambridge University Press)도 출간하여 「화자가 의도한 의미(speaker's intended meaning)·맥락·언어 의미」 사이에 있는 관계들을 다룬 이들의 주요 논문 15편을 한데 모아 놓았다. ④ '방식'은 말하는 '태도'로도 번역될 수 있는데, 불분명한 표현을 피하고, 중의성을 피하며, 장황하지 않게 간략히 말하고, 순서대로 말해야 하는 것이다.

최근 영국에서 입말 말뭉치를 분석하면서, ④ '방식' 중에서 불분명한 표현을 피하라 (Avoid obscurity of expression)는 지침과는 '정반대'의 화용 상황들이 알려지기 시작하였다. 일부러 애매하고 불분명하게 말해야 하는 상황에 대한 보고이다. 우스개 소리로 표현하여 '거시기, 머시기'로 말해야 하는 상황이다. 머카씨(MacCarthy 1998; 김지홍 뒤침 2012), 『입말, 그리고 담화 중심의 언어교육』(경진출판) 제2장 5절에 보면, 친밀한 사이에서 일어나는 우연한 대화들을 분석하고 있다. 그 대화의 특징들 중에는 구체적으로 대상을 가리키는 실사들을 쓰기보다는 상황에 따라 가리키는 내용들이 달라지는 허사를 쓰는 비율이 압도적으로 높으며, 직접 명시적으로 이야기하기보다는 간접적이고 애매하게 말하는 일이 잦음을 지적하고 있다. 너무 명시적이고 구체적으로 말을 한다면 하나하나 가르치면서 어린애처럼 취급받는 기분을 느낄 수도 있고, 상대방이 능히 판단하고 결정할 수 있는 영역들까지 침해해 버린다는 오해를 살 수 있기 때문이다. 223쪽과 230쪽도 보기 바란다.

흔히 서로 잘 아는 사이에는 '눈으로 말한다'고 한다. 이는 눈짓 자체가 단서만을 제공함으로써 상대방의 자율적 협력 내지 참여를 기대하고 독려한다는 뜻이다. 따라서 상대방을 존중하거나 배려한다는 점에서 상위 차원에서는 여전히 협력/협동 원리를 준수하고 있음을 알 수 있다. 이런 측면은 또한 대화 규범을 재해석해 주어야 하는 공손성의

이라는 하위 항목들이 언어 사용에서 매번 참조되며, 이를 토대로 서로 간에 긴밀히 협력하고 있다고 가정하였다.16) 여기서 상식에 바탕을 두어서 매우 평범하고 자명하게 꾸며진 이 대화 규범은 상위-언어 또는 절차지식(procedural knowledge)에 해당되며, 대화 참여자들이 서로 협력하면서 하나의 발화를 산출하고 해석할 때에 부지불식간 동원되고 활용된다. 단적으로 말하여, 언어 사용을 올바르게 이해하려면 언어 사용을 관장하고 있는 이런 상위 원리들을 주목해야 한다는 자각이다. 이런 입체적인 측면에 대한 깨우침은, 일상적인 언어 사용의 단면을 총체적으로 부각시켜 주는 전기를 마련함으로써, 이 단면들을 이어나가면서 전반적인 담화 또는 담론 흐름을 다룰 수 있도록 해 준다.

오스틴은 언어 사용에서 청자와 화자 사이에 '표면 발화 → 속뜻 파악 → 실천 완료'라는 세 가지 층위가 제대로 성립할 수 있도록 '만족(felicity)'의 원리를17) 내세웠다. 이는 대화 참여자들이 모두 흥부의 마음을 지니고 성실히 의사소통에 참여할 경우에라야 바람직스런 결과를 낳는다. 그렇지만 우리의 의사소통 현실에서는 그렇지 않은 경우도 허다하다. 이를 포착하기 위하여, 그라이스는 대화 규범을 일부러 어그러뜨리기(flouting 위배하기)로 설명한다. 대화 규범의 일부를 상대방이 쉽게 알아차릴 수 있도록 위배한다는 점에서(따라서 상대방을 속이는 것이

논의와도 맞물려 있다. '불분명하게, 애매하게'라는 용어는 자칫 오해를 받을 수 있고 혼란을 초래할 수 있으므로, 좀 더 엄격하게 'underspecified(덜 명시적으로)'라는 용어를 쓰는 경우가 있다. 과불급(過不及)에서 불급(미치지 못함)에 해당하는데, 우리말로는 아마 '헐렁한 표현'이나 '느슨한 표현' 정도를 상정해 볼 수 있을 듯하다.

16) 네 가지 대화 규범은 대화 참여자들 사이에 서로 협력하기 위한 목적으로 이용된다. 따라서 그라이스가 제시한 대화 원리를 흔히 '협력 원리'라고 부른다. 이 협력은 일부러 상대방이 자각할 수 있도록 명시적으로 임의의 대화 규범을 어길 경우에도, 상대방이 그 위반 내용을 이내 깨우칠 수 있다는 점에서 더 높은 층위의 협력이 이뤄지고 있는 셈이다.

17) "있는 것을 있다고 하고, 없는 것을 없다"고 하는 아리스토텔레스의 진리관(참·거짓 판정에 대한 상응론: 『형이상학』 제4권 3장과 4장의 '모순율' 논의 대목임)을 벗어나서(김여수, 1977, 『언어와 문화』, 철학과현실사, 12쪽), 더욱 융통성 있게 행동이나 실천의 측면에서 만족스러운지 여부를 진리를 결정하는 일이다. 이는 진리관 자체가 달라짐을 의미한다.

아님), 더 높은 층위에서는 여전히 대화 참여자들 사이에 협력이 이뤄지고 있다. 예를 들어, 우리말에서 만일 어조를 길게 늘여뜨리며

(12) '잘~ 났다!'

라고 한다면(또는 비꼬거나 욕하는 어조로 말한다면), 이는 방식의 규범에서 정상적인 어조로 말하지 않고 이를 어겨 이례적인 어조로 말을 하는 셈이다. 따라서 직접 표현인 "잘 났다."(긍정 가치)를 가리키는 것이 아님을 쉽게 알 수 있고, 어조의 이례성에 따라 반대의 표현인 '반어법'으로 해석될 수 있도록 작동하는 것이다.

그롸이스의 대화 규범도 공손한 표현에서도[18] 작동하기 위해서는 수정될 필요가 있음이 지적되어 왔다. 우리말에서 '좀'은 어원적으로 '조금'이란 부사어가 줄어들었음을 누구나 쉽게 깨닫는다. 그렇지만 전화를 받는 상대방에게

---

[18] 우리말에서 '공손하다'는 표현을 쓴다. 공손을 표현하는 방식은 남 또는 남과 관련된 일을 높여 주거나, 반대로 화자인 나와 관련된 것을 낮추는 일이다. 그렇지만 영어에서 'polite'은, 매끄럽게 잘 닦는다(made smooth, polished)라는 어원이 말해 주듯이, 언어 표현 방식이 번드르르하게 꾸며져 있음을 가리킨다. 따라서 인사치레의 표현에는 군더더기와 같은 장식들이 같이 들어 있을 수 있음을 알 수 있다. 공손성에 대한 본격적인 연구는 미시사회학을 이끌었던 고프먼(Goffman)의 체면에 대한 논의가 같이 다뤄진다. 브라운·레뷘슨(Brown and Levinson 1987), 『공손성: 언어 용법에서의 몇 가지 보편성(*Politeness: Some Universals in Language Usage*)』(Cambridge University Press)에서는
  ① 무례하게 표현하기(bald on record),
  ② 적극적인 공손표현,
  ③ 소극적인 공손표현,
  ④ 암시적으로 표현하기(off record)
로 구분한 바 있다.
  공손성에 대한 논의는 왓츠·이데·이히릭 엮음(Watts, Ide and Ehlich 1992), 『언어에서의 공손함: 역사·이론·실천 연구(*Politeness in Language: Studies in its History, Theory and Practice*)』(Mouton de Gruyter); 왓츠(2003), 『공손함(*Politeness*)』(Cambridge University Press); 언어 공손성 연구모임(Linguistic Politeness Group 2011), 『공손성에 대한 담화 접근(*Discursive Approaches to Politeness*)』(Mouton de Gruyter)도 나와 있다.

(13) "지금 좀 와 줄래?"

라고 요청할 수 있다. 이 표현에서 '좀'은 결코 이런 축자적인 뜻이 들어 있지 않다.19) 오히려 상대방에게 지우는 부담을 덜어 주는 표현이고, 상대방 쪽에서 그 요청을 거절할 수도(화자로서는 거절을 당할 수도) 있으며, 그 결정권이 상대방에게 달려 있음을 함의한다.

우리말에서 잘못 쓰는 것으로 비난받거나 오해를 사는 표현 중에서 화자 자신의 일이면서 추측이나 짐작을 나타내는 형태소 '-겠-'이나 '-을 것 같다'를 쓰는 일이 있다. 화자인 내가 미리 기차표를 예매하고 내일 고향을 떠나야 하는 상황에서, 윗사람인 할아버지에게 다음처럼 말할 수 있다.

(14) "제가 내일 떠나야겠습니다." 또는 "떠나야 될 것 같습니다."
(15) "제가 내일 떠납니다."

이들 표현에서 (14)에 '-야 하다/되다'에서 비롯된 융축 구문과 선어말어미 '-겠-'이 더 들어 있다. '떠나야 하다/되다'라는 구문에서 후행 동사 '하다/되다'의 주어는 화자가 떠난다는 상황이다. 양태를 나타내는 '-겠-'은 두 가지 기능이 있다. 이와 관련된 동사의 주어가 화자 자신이면 화자의 의지를 나타내지만, 화자가 아니면 추측이나 짐작을 나타낸다. 여기서는 그 주어가 화자가 아니다. 따라서 '-겠-'은 의지를 나타내는 것이 아니라, 짐작이나 추측을 가리키게 된다. 그 기능이 "떠나야

---

19) 필자의 직관으로는 '조금'이란 뜻이 유지되기 위해서는 '조금만'이나 이를 줄인 '좀만['쫌만' 청소년층]'처럼 강세 보조사가 더 붙어야 할 것으로 본다. 청소년 층에서 들을 수 있는

(16) "쫌만 줄래요?"

는 분량이 적음/작음을 가리킨다. 그렇지만 "좀 줄래요?"는 상대방이 느낄 법한 부담을 줄여 주는 표현으로 고정되어 있고, 분량의 크고 작음/많고 적음과는 상관이 없다.

될 것 같다"는 표현과 동일한 것이다. 그런데 화자가 자기 자신의 일을 마치 남의 일처럼 추측하거나 짐작한다는 것은 자기 모순이라고 지적하면서, (14)의 표현을 잘못되었다고 비난하는 이들이 있다.

그러나 이는 잘못된 비난이나 착각에 불과하다. 공손성의 원리가 작동되는 방식을 제대로 파악하지 못하였기 때문에 빚은 실수인 것이다. 만일 화자가 할아버지한테 단정적으로 (15)의 표현을 쓴다면, 상대방에게 사실을 통보하는 것이다. 이는 상대방에게 아무런 결정권도 넘겨 주는 것이 아니며, 경우에 따라 불손하게 들릴 수 있다.[20] 공손한 표현이 되려면, 화제가 되고 있는 일이나 사건에 대하여 결정권을 상대방에게 넘기는 형식을 갖추어야 한다.[21] 이를 「체면을 높여 주는 원리」, 또는 그 하위 원리인 「자율성(autonomy)을 높여 주는 원리」로 부른다. 내 자신의 일이면서 마치 상대방이 자율적으로 결정할 수 있도록 하는 표현을 채택함으로써, 결과적으로 상대방을 높여 주고 있는 것이다.

여기서 우리는 그롸이스의 대화 규범 중에 '방식'(=표현 방식)에 관한 내용이 좀 더 구체적으로 다뤄질 필요가 있음을 알 수 있다. 협력하면서 대화가 진행되는 방식을 다룬 클락(Clark 1996; 김지홍 뒤침 2009: 제7

---

20) 우리말에서는 웃어른에게 부드럽게 표현하는 방식을 택하지 않고, 박절하게 통보를 하는 형식은 자칫 '불손하게 느껴질 수' 있다. 상대방을 전혀 배려하지 않기 때문이다. 영어에서도 비슷하지만, 이런 표현을 hedge라고 부른다. 번역자에 따라 '책임 경감 표현, 완화 표현, 울타리 표현' 등으로 다양하게 쓰인다. 말하는 사람이 떠맡아야 할 책임(참임을 입증해야 하는 몫)을 줄여 놓는 것이다. 한마디로 그 요체는 단정적인 표현이나 참·거짓으로 된 범주적 표현을 피하는 일이다. 우리말에서는 청자 쪽의 배려에 초점이 모아져 있으나, 영어에서는 자신의 말에 대하여 화자 쪽에 져야 할 책임에 초점이 있다.

21) 더욱 공손하게 표현하려면, 상대방인 할아버지에게 허락을 받는 다음 형식으로 나올 수 있다.

(17) "제가 내일 떠나도 되겠습니까/괜찮겠습니까/될지 허락해 주시겠습니까?"

이는 명시적으로 상대방에게 결정권이 있다고 상정하고, 상대방으로부터 허락을 받는 형식이 된다. 여기에서도 '-겠-'이라는 형태소의 유무가 전혀 다른 상황을 만들어 놓게 된다. 즉, '-겠-'이 있으면 공손한 표현이다. 그렇지만 '-겠-'이 없으면 사실 표현이 된다. 공손한 표현은 마치 상대방이 결정을 내리는 데에 권한을 지닌 듯이 전제하여 말하는 것이다. 김지홍(2021), 『제주 방언 통사의 몇 측면』(경진출판)에서는 '-겠-'이 개연성을 지니지만, 기원적으로 '-을 것 같았-'이 문법화를 거쳐 하나의 형태처럼 융합되었다고 보았다.

장, 제10장)에서는, 대화의 진행이 한걸음에 모두 이뤄지는 것이 아니라, 대화 참여자들이 서로 간에 부분부분 매듭을 지어 놓으면서 진행된다는 사실을 찾아내었다. 그 매듭은 일반적으로 지금까지 진행되어 온 내용에 대한 정리 또는 평가로 표시될 수 있다.22) 각각의 매듭은 이미 대화 진행 방식이 고정되어 있는 절차를 이용하거나, 또는 그렇지 않을 경우에 서로 간에 그런 절차를 합의하여 공동 목표를 설정함으로써, 서로 간에 의사소통이 끊이지 않고 죽 이어져 나간다. 일상생활에서 우리들이 나누는 대화는 크게 자명한 기존 방식 및 합의하는 방식 두 가지로 나뉜다. 만일 이를 세분하여 각각 두 가지로 더 나누면, 다음 도표에서와 같이 모두 네 가지 절차와 이에 상응하는 과제를 짝지을 수 있다(232쪽).

절차와 과제 방식의 성격	의사소통 진행 절차	의사소통 과제의 분류
자명한 기존 방식	고정된 절차(융통성이 제약되어 있음)	① 지엽적인 과제
	정규적 절차(융통성이 있고 가변적임)	② 최소 협동 과제
상호합의 방식	자명한 예비 단계를 통해 합의하는 절차	③ 확대된 과제
	처음부터 공동목표를 합의하는 절차	④ 협력하여 의미를 수립하는 과제

먼저 우리가 제일 쉽게 서로 의사소통을 하는 방식은, 이미 고정된 절차를 이용하여 매우 지엽적인 과제를 수행하는 일이다(과제 ①). 군대의 제식 훈련에서 소대장이 소대원들에게 내리는 명령과 구호나, 극장의

---

22) 이를 전문 용어로 closing section(종결 마디, 클락의 용어)으로 부르거나, formulation(내용 정리, 머카씨의 용어)으로 부를 수 있다. 특히 머카씨(McCarthy 1998; 김지홍 뒤침 2012 개정 증보판), 『입말, 그리고 담화 중심의 언어교육』(경진출판)을 보면, 말뭉치(corpus, 전산 처리 언어자료) 분석을 통해서 영국 화자들(대부분이 20대 이상에 해당함)에게서 평가가 이뤄지는 평범한 방식이 관용표현이나 속담 등이 자주 이용됨을 찾아내었다. 이는 문화적으로 속담이나 관용표현들 속에 거의 '가치'가 스며들어가 있기 때문이다. 따라서 아무렇게나 속담 또는 관용표현을 쓰는 것이 아니다. 의사소통 진행과정에 그런 표현이 필요한 대목들이 있는 것이다. 187쪽 각주 6을 참고하기 바람.

매표소에서 표를 사기 위하여 주고받는 이야기들이나, 음식점에서 음식을 주문하는 일이 대표적이다. 이 경우에 고정된 절차에 따라 지엽적인 (즉, 누구든지 의사소통 목적과 진행을 뻔히 알 수 있는) 과제를 실천하는 것이다.

그러나 우리가 사회생활을 하는 데에는 언제나 고정된 의사소통 상황만 있는 것이 아니다. 이럴 경우에 몇 가지 하위 유형들이 있다. 자명한 예비 단계를 거쳐 요청을 하거나 제안을 하는 것이다(과제 ②). 가령, 가게에 가서 물건을 사기 위하여 예비 단계로 점원에게 자신이 구매할 물건이 있는지 여부를 물을 수 있다("여기 충전용 건전지도 파나요?"). 점원이 긍정적 대답을 할 경우에는, 세부 사항에 대하여 요청을 하거나("네 개 주세요!"), 상대방 화자인 나(구매자)에게 제안을 할 수 있다("최근 나온 인기 제품을 써 보실래요?"). 아니면, 어떤 조건을 제시하여 그 조건에 대답하도록 요구하거나("삼색 파장 형광등이 얼마죠?"), 관습적인 형식을 써서 요청을 할 수도 있다("솔[=담배] 하나 주세요!").

앞의 사례들보다 더 역동적인 것은 의사소통의 진행 절차와 채택할 과제를 서로 간에 합의해야 하는 경우이다(과제 ③). 이는 화자는 더 큰 목적을 세우기 위하여 상대방에게 의사를 타진하고, 서로 간에 추론을 하면서 공동 목표에 합의하는 일로 이뤄진다. 그 밑바닥에는 상징적인 상거래 원리인 공평성(equity) 원리가 작동하게 된다. 이 과정에서 화자는

㉠ 그 일의 합당성을 입증해 주어야 하고,
㉡ 상대방 청자에게 부가되는 의무가 최소한의 것임을 확신시키며,
㉢ 그 의무에 대한 보상으로 자신이 갚게 될 보상 내용을 드러내고,
㉣ 이를 통하여 상대방에게도 이익이 됨을 확신시켜 주어야 한다.

그렇지만 이런 의사소통이 제대로 잘 일어나려면, 상대방 청자가 공동 목표를 받아들여 실행하는 데에 걸림돌이나 장애가 없어야 한다. 따라

서 예상 가능한 걸림돌을 우선 제거하려면, 예비 단계를 거쳐 다음 단계로 진행하게 된다. 이런 단계를 위하여 다음처럼 관례적인 표현법들이 이용된다. 청자에게 넘겨주는 자율성(=청자 결정권)의 정도에 따라서, 낮은 정도와 중간 정도와 높은 정도를 구분할 수 있다. 이는 거꾸로 상대방에게 의무감이 깃들어 있는 언어 표현에서부터, 전적으로 화자가 상대방으로부터 허락을 얻어 내어야 하는 언어 표현까지 걸쳐져 있다.

마지막으로 의사소통의 처음에서부터 공동 목표를 합의하여 세워 놓고 줄곧 협력하면서 의사소통을 진행해 나가는 방식은, 모든 것이 활짝 열려 있다(과제 ④). 오직 자유의지를 지닌 참여 주체들이 착한 마음으로 적극적으로 의사소통에 참여하여, 서로 도와주려는 의도(배려)에서 열쇠를 찾아 나가야 하고, 그런 의도가 언어로 표현되는 방식에 예의 주시해야 할 것이다.

여기서 다룬 「의사소통 절차·방식·과제·걸림돌 제거」 등은 언제나 언어 표현 밑에 깔려 있는 작동 원리이다. 대체로 대화 참여자들이 무의식적으로 이런 원리들을 이용하고 있는 것으로 판단된다. 따라서 최근 언어교육에서는 이런 측면을 부각시켜, 의사소통이 바람직하게 진행되어 나가도록 하려는 목표로 '언어 사용에 대한 자각(awareness)'의 문제로 부르기도 한다(Fairclough 1992). 이렇게 찾아진 상위 원리들이 과연 본격적으로 어떤 분야에서 논의해야 할 것인지는 연구 관점에 따라서 달라질 수 있다. 미시사회학의 분야이든, 언어심리학 분야이든, 일상언어 철학 분야이든, 아니면 필자가 전공하는 국어교육 분야이든, 어느 분야에서도 접근이 가능하다. 그렇지만 요체는 반드시 입체적인 시각을 견지해야 된다는 점이다. 이는 겸손하게 언어 사용과 관련된 여러 분야의 저작물들을 진지하게 검토하면서, 받아들일 것은 받아들여야 함을 뜻한다. 이른바 통합/융합 학문이나 학제적인 성격을 띠는 일이다.

다음 절로 넘어가기 전에, 언어와 행위의 관계를 포괄적으로 살펴보기로 한다. 독일의 사회 철학자 하버마스는[23] 이런 화용 행위(하버마스는 이를 '의사소통'이라고 부름) 이론을 수용하여, 인간의 행위들 속에서 어떻게 연관되는지를 다룬다. 김재현(1996: 44쪽)에서는 다음처럼 도표로 나타내었는데, 인용자가 조금 수정하였다.[24]

(18) 인간 행위 전반에 대한 하버마스의 밑그림

여기서 자연물 대상 행위는 자연을 대상으로 하여 우리의 목적에 맞춰 자연을 이용하거나 활용하는 도구적 행위이므로, 사회 철학에서 다루는 주요 대상이 아니다(자연과학에서 다룸). 이에 짝이 되는 사회적 행위는 크게 의사소통 행위 및 전략적 행위로 나뉜다. 의사소통 행위는 이해(理解)를 지향하는 인간의 행위이다. 반면에 전략적 행위는 어떤 목적을 성취하거나 성공을 지향하는 '이익 성취 행위'이다. 전자는 상호 이해를 통하여 합의에 도달하는 과정이며, 하버마스는 이를 '의사소통의 합리성'이라고 불렀다. 그러나 후자는 미리 설정된 이익을 얻어내기 위하여 끊임 없이 어떤 영향력을 행사하게 되며, 합목적성을 띤 행위가 된다. 전략적 행위는 다시 공개된 행위와 은폐된 행위로 나뉘고(288쪽 참고), 은폐된 전략적 행위는 의도적으로 상대방을 속이려는 행위인지, 아니면 무의식적인지로 더 나뉜다.

이 도표에서 밑줄로 된 의사소통 행위는 언어 중심적이며 언어 지향

---

23) 하버마스의 저작물도 우리말로 여러 권 번역되어 있고, 그의 사회 철학을 다룬 전문서적들도 많이 나와 있다. 필자는 김재현 외 11인(1996), 『하버마스의 사상: 주요 주제와 쟁점들』(나남)을 읽으면서 그의 사회 철학에 대한 큰 지도를 그릴 수 있었다.

24) 김재현(1996), 「하버마스 사상의 형성과 발전」, 김재현 외, 『하버마스의 사상: 주요 주제와 쟁점들』(나남) 제1장에 실려 있다.

적이다. 반면에 전략적 행위에서는 비-언어 요소들이 중심적이며, 언어
는 보조적으로 동원되거나 작동한다. 철학에서 '언어와 사고'를 한데
다루던 전통이, 하버마스가 다룬 사회 철학의 도표에서는 오직 '행위'를
중심으로 하여 삶의 전개 방식이 표상되어 있다. 더욱 중요한 것은, 우리
삶이 오직 언어에만 집중되거나 언어로부터 모든 것이 도출되어 나오는
것이 아니라는 점에 있다. 보다 더 충실하게, 그리고 더 전면적으로 사회
관계를 통한 인간의 삶(=사회적 인간)이 부각되어 있음을 알 수 있다.

그런데 문제는 사회적으로 얽혀 삶을 전개하는 두 가지 축인 의사소
통 행위 및 전략적 행위가 배타적으로 선명하게 나뉘는 것이 아니라는
사실에 있다. 정호근(1996: 128)에서는[25] 이들 양자가 서로 뒤섞이고 혼
용될 수 있음을 다음처럼 지적하였다.

> "오직 상호 이해 지향적 … 의사소통 행위에, 그럼에도 불구하고 목적론
> 적 행위 구조가 그 근저에 있다는 점이다. … 그렇다면 행위 지향에 따른
> 유형론은 더 이상 행위의 분류를 위한 유력한 기준의 자질을 가질 수 없
> 을 것이며, 오히려 목적론적 구조가 각 행위를 포괄하는 구조로 간주되어
> 야 할 것이다."

이는 이해를 지향하는 의사소통 행위 및 이익을 성취하려는 전략적 행
위가 나란히 배타적으로 병렬되는 것이 아니라, 오히려 어느 하나가
더 심층의 작동 원리임을 의미한다. 이는 이익을 성취하려는 전략적
행위이다. 만일 그렇다면, 이는 놀부 사회의 구성원들이 흥부의 탈을
쓰고 의사소통을 한다고 비유하여 말할 수 있다. 이런 시각이 반드시
그르다고 할 수는 없다. 경제라는 하부구조가 더 근본적이고 실질적임

---

25) 정호근(1996), 「의사소통적 합리성과 권력, 그리고 사회 구성」, 한림대 인문학 연구소,
『인문학 연구』제2~3집이며, 또한 김재현 외(1996), 『하버마스의 사상』(나남) 제3장으로
실려 있다.

을 맑스가 지적한 이래,26) 더 많은 이익을 추구하고자 하는 인간 욕망의
존재를 있는 그대로 받아들여야 한다는 속뜻을 지닐 수 있기 때문이다.

그럼에도 불구하고 왜 하버마스의 사회 철학에서는 상호 이해를 지
향하는 '의사소통 행위'를 굳이 독립된 항목으로 세워 놓았을까? 이는
의사소통 기능을 친분을 쌓은 일과 정보를 전달하는 일로 두 가지로
나누는 전통에서 그 이유를 찾아볼 수 있을 것이다. 셰넌·위버(Shannon
and Weaver 1949)의 정보 통신 이론의 영향 아래, 구조주의 언어학자 야
콥슨(Jacobson, 1896~1982)은 여섯 가지 의사소통 기능을 구성 요소별
로27) 지정한 바 있다. 곧, '발신자·수신자·접촉·관련 상황·전달 내용·
기호 체계'에 대응하는 각 요소마다 주도적인 기능을 다음처럼 상정할
수 있다.

---

26) 비단 맑스만이 이런 발상을 하였던 것은 아니다. 기원전 3세기에 이미 맹자는 인간들이
도덕을 갖추려면 1차적으로 반드시 「입에 풀칠하는 문제가 해결되어야 한다」고 역설하
였다. 『맹자』의 등나라 문공(상)에 보면
   "백성들이 도덕적으로 되는 데에는 일정한 재산이 있어야 한결같은 마음이 생겨나는
   것이오, 일정한 벌이가 없는 이는 한결같은 마음이 없습니다(民之爲道也, 有恒産者, 有
   恒心, 無恒産者, 無恒心)."
   이탈리아에서 공산당을 만들고 맑스주의를 받아들인 그람씨(Gramsci, 1891~1931)는, 경
   제적인 하부구조뿐만 아니라, 또한 이념적인 문화/가치도 인간의 행위를 규정하는 중요
   한 인자임을 지적한 바 있다. 물질적 욕심보다 오히려 가치 지향적 인간관이다.
   만일 우리가 머클레인(MacLean)의 세 겹 두뇌 가설을 받아들인다면, 필자는 이 두 주
   장이 모두 합리적으로 수용될 수 있다고 본다. 경제적 하부구조(최소 노력의 최대 이익)
   를 좇는 특성은 2차 뇌의 작용으로부터 나오는 것이고, 이념/가치(온전한 보람)를 좇는
   특성은 3차 뇌의 작용으로부터 나온 것으로 본다. 변연계의 2차 뇌는 경제성을 추구하지
   만, 대뇌로 불리는 3차 뇌는 온 정성을 다 쏟아 특정한 가치를 추구하는 것이다. 전자는
   이기적인 구심점으로 모든 행위가 모아지지만, 후자는 이타적인 원심점으로 많은 행위
   가 일어나는 것이다. 다시 말하여, 우리 개개인이 사회적 관계를 통하여 삶의 목적을
   추구하는 일에는, 적어도 두 가지 이상의 가치가 병존하거나 공존할 수 있다고 본다.
   이런 양면성은 카느먼의 의사결정 체계가 체계 1과 체계 2로 나란히 작동하고 있다는
   통찰과도 서로 정합적으로 맞물린다.
27) 야콥슨(1960), 「언어학과 시학」인데, 다음 세 종류의 번역이 있다.
   김태옥(1977), 「언어학과 시학」, 이정민 외(1977), 『언어과학이란 무엇인가』, 문학과지
       성사
   신문수 엮고 뒤침(1989), 『문학 속의 언어학: 로만 야콥슨』, 문학과지성사
   권재일 뒤침(1989), 『일반 언어학 이론』, 민음사

① 감정 표시 기능
② 명령 기능
③ 친교 기능
④ 지시 기능
⑤ 시적 기능
⑥ 상위 언어 기능

이들 세세한 기능 중에서 직접적으로 이익 성취 또는 전략적 행위와 관련되는 것을 찾아내기란 쉽지 않다. 순수한 언어 형식에 깃들어 있는 고유한 기능들이기 때문이다. 이런 여러 가지 기능을 일반사람들이 직관적으로 쉽게 깨닫고서 언어를 쓰는 도중에 의식해 내기란 상당히 어려운 일이다. 따라서 언어교육에서는[28] 이런 기능들을 크게 두 가지 정도로 줄여 놓았다. 하나는 친분 쌓기 기능이고,[29] 다른 하나는 정보 전달 기능이다. 상대적으로 친분 쌓기 기능은 이익을 다투거나 특정한 목적을 전제하지 않고 이뤄진다. 이른바 '잡담'으로 불리는 것에서부터, 서로 간에 친구 사이로 지내기 위하여 나누는 정담(情談)들이 이런 부류에 속한다.

정보를 전달해 주는 의사소통과 친분을 쌓은 의사소통은 하버마스의 '상호 이해'라는 개념으로 통합될 수 있다. 그런데 상호 이해란 의사소통의 결과 마침내 도달하게 되는 상태이다. 의사소통이 진행되는 도중

---

28) 원래 영국 스코틀런드 중학교 학생들에게 말하기 교육을 효과적으로 실시하기 위하여 연구를 진행한 앤더슨·브롸운·쉴록·율(1984; 김지홍·서종훈 뒤침 2014), 『모국어 말하기 교육: 산출 전략 및 평가』(글로벌콘텐츠)에서 다뤄졌다. 그렇지만 통상적으로 출간 연도에서 조금 앞선 동일 저자의 브롸운·율(Brown and Yule 1983), 『담화 분석(*Discourse Analysis*)』(Cambridge University Press)를 출처로 인용한다. 203쪽 이하를 보기 바란다.

29) 우리 문화의 전통에서는 너와 내가 공감하여 더불어 즐거움을 누린다는 가치로 요약될 수 있다. 이를 흔히 '여민락(與民樂, 백성과 함께 즐거움을 누린다)'이나 '여민동락(與民同樂, 백성과 더불어 같이 즐거움을 누린다)'으로 표현해 왔다. 이 개념 밑바닥에는 '사회적 자아'가 깃들어 있다. 더 쉽게 말하여 흥부의 마음이 원천이 되는 것이다.

에는 언제나 미시사회학 또는 상호작용 사회학의 토대를 다진 고프먼 (Goffman, 1922~1983)이 '체면(face)의 원리'가 작동한다. 상대방과의 사회적 접촉에서 우리는 상대방의 체면을 위협하는 행위를 하거나 또는 거꾸로 체면을 보호해 주는 행위를 하는 것이다. 이는 앞에서 나눈 '친분 쌓기' 의사소통의 전개 모습을 설명해 주는 중요한 지침이다. 체면은 다시 ① 상대방의 자율성을 높여 주는지 여부와 ② 상대방의 자존심을 높여 주는지 여부로 재구성할 수 있는데, 이를 다음 장에서 다루어 나가기로 한다.

10장 미시사회학에서의 논의

사회학은 크게 사회의 전체 구조를 다루는 거시사회학과 개인들 사이의 상호작용을 다루는 미시사회학으로 나뉜다. 전자는 특히 계량할 수 있는 수치들을 다루므로, '양적·정량적·통계적'이라는 수식어가 붙는다. 반면에, 후자는 어떤 사건에 대한 설명을 덧붙여 놓는다는 의미에서 '질적·정성적·해석적'이라는 수식어가 붙는다. 의사소통 연구와 긴밀히 관련되는 분야는 후자 쪽이다.[1]

---

1) 필자가 이 분야 지식을 얻기 위해서 개관서로서 다음과 같은 방대한 책자의 번역서들을 읽을 수 있었다. 고마운 뜻을 적어둔다.

　터너(Turner 1997; 정태환 외 뒤침 2001), 『현대 사회학 이론』(나남)
　터너(2008; 박형신 외 뒤침 2010), 『현대 사회이론의 흐름』(도서출판 한울)
　뤼저(Ritzer 2003; 한국 이론 사회학회 뒤침 2006), 『현대 사회학 이론과 그 고전적 뿌리』(박영사)
　뤼저(2004; 김왕배 외 뒤침 2006), 『사회학 이론』(한올출판사)
　휴윗(Hewitt 2000; 윤인진 외 뒤침 2001), 『자아와 사회: 상징적 상호작용주의 사회심리학』(학지사)

이외에도 강수택(1998), 『일상생활의 패러다임: 현대 사회학의 이해』(민음사)를 통해서 현상학에 영향 입은 사회학자 슈츠(Schutz, 1899~1959)로부터 비롯되는 개개인의 구체적 삶과 생활 단편에 초점이 모아지는 역사적 배경도 배울 수 있었다. 뤼저(2004; 김왕배

거시적 사회이론을 전개한 하버드 대학의 파슨즈(T. Parsons, 1902~1979)
에 맞서서, 이는 미드(G. H. Mead, 1863~1931)가 이끄는 '시카고 학파'로
불렸던 학자들에 의해서 발전되었고, 미드의 제자 블루머(Blumer 1937)
『상징적 상호작용론: 관점과 방법(*Symbolic Interactionism: Perspective and
Method*)』(University of California Press)에 의해 '상징적 상호작용'이라는 멋
진 이름이 붙기도 하였다. 이들은 인간 또는 인간들의 행위/행동이2)

외 뒤침 2006: 478쪽)에 보면, 여기서 서술할 미시사회학 또는 '상징적 상호작용' 이론은,
환원주의적 행동주의 및 거시사회학인 구조기능주의와 대립하는 흐름으로 기술되어 있다.
　사회학 또는 사회와 관련된 영어 형용사는 두 가지가 쓰인다. social(사람들 간 관계의)
과 societal(사회구조 측면의)이다. 필자가 이해하는 구분 기준은 대체로 다음과 같다. 전
자가 미시사회학에서 다루는 인간들 사이의 관계를 가리키므로 '사교적, 사회적'으로 번
역된다. 그렇지만 후자는 거시사회학에서 다루는 사회 전반적인 구조 측면을 가리키므
로, '사회구조적, 사회 전반의'와 같은 말로 번역할 수 있다. 전자일수록 해석적·질적 연
구 방법을 따르게 되고, 후자일수록 통계적·양적 연구 방법을 따르게 된다. 물론 양자가
서로 통합되는 방식도 있겠지만(특히 언어교육의 연구에서는 혼합 방식을 선호함), 해석
적·질적 연구법을 따르는 경우에는 사회학을 'sociology'라고 쓰고, 통계적·양적 연구법
을 따르는 경우에는 사회과학 'social science'라는 말을 쓰는 듯하다. 일각에서는 아무리
사회과학이라고 불러도 생물 유기체를 다루는 soft science(물컹과학; 물리학 같은 hard
science[엄밀과학]에 대립됨)에도 못미치며, 숫자나 통계로 위장된 사이비 과학에 지나지
않는다고 폄하하는 이들도 있다.
　그렇지만 '사회학'의 영역에서는 인간들의 행위를 다루되 자유의지(free will)의 구현이
라는 상위 개념을 추구한다. 이와는 달리 '사회과학'의 영역에서는 자연계를 지배하는
인과율(causality)이란 상위 개념을 추구하므로, 과학의 반열에 들어간다고 반론을 펴기
도 한다. 필자는 이런 궁극적 문제가 논증이나 반증을 거쳐 확립될 수 없고, 오히려 연구
자의 가치관을 그대로 반영해 주는 선택의 결과일 것으로 믿고 있다.
2) 우리말에서 '행위'와 '행동'은 조금 다른 뜻을 지니고 있다. '행동거지(行動擧止: 행동의
시작과 멈춤)'란 구절에서 알 수 있듯이, 행동은 반드시 외적으로 누구에게나 관찰될
수 있는 사건에 해당한다. 이른바 미국의 행동주의에서 의도하던 사건이다. 우리말에서
쓰이는 동작(動作)이나 거동(擧動)도 또한 모두 외적 관찰 대상들이다. 그렇지만 '사고
행위'라는 이음말에서 암시받을 수 있듯이, 행위는 좀 더 가리키는 영역이 넓고, 오직
내성을 통해서 알 수 있는 내적인 두뇌 작용까지도 가리킬 수 있다. 이런 점을 염두에
둔다면, 행위와 행동을 싸안는 상의어로서 '행위'를 선택할 수 있다(101쪽과 266쪽 참고).
　1세기 경 허신(許愼)이 쓴 『설문 해자』에 보면 행(行)은 어원이 '큰 네 거리 길'을 상형하
여 사람이 걷거나 내닫는 일(人之步趨)을 뜻하며, 위(爲)는 어미 원숭이(母猴)를 그린 상
형문자라고 나와 있어서, 우리말에서 지금 쓰이는 뜻과 아주 멀어져 있음을 알 수 있다.
　사회학에서는 미국 행동주의자들이 외적 관찰이 가능한 행동(behaviors)에 초점을 맞출
때에, 미드(G. H. Mead, 1863~1931)가 내적인 측면까지 포괄하는 act(행위)에 대해 깊은
관심을 쏟았다. 사후에 그의 글 31편을 모아 펴낸 미드(1938), 『인간 행위에 대한 철학
(*The Philosophy of the Act*)』(University of Chicago Press)이 나와 있는데, 제자들이 펴낸
책 제목에 모두 유일성/보편성을 가리키는 정관사들이 붙어 있음에 주목하기 바란다.
유일한 하나의 행위란 인간 행위를 포괄하는 것이고, 유일한 하나의 철학이란 인간 행위

1차 관심거리이며, 인간들 사이의 관계를 드러내 주는 이런 행위/행동들이 중요하게 말(언어)을 통해서도 이뤄진다는 점에 주목한다.

말을 통하여 인간 관계를 맺고 행위/행동을 실행하는 측면에 대한 연구는 특히 고프먼(E. Goffman, 1922~1982)에서 중요하게 다뤄진 바 있다.3) 현재 미국 조쥐타운 대학 언어학자 테는(D. Tannen, 1951~)이 충실히 고프먼의 틀(frame) 개념을 발전시키고 있는 것으로 알려져 있다.4) 또한 가핑클(H. Garfinkel, 1917~2011)에게서 시작된 하위 문화집단이나

를 작동시키는 원리가 보편적이라고 상정함을 뜻하는 것이다.

오늘날 법률 용어에서 '행위'를 쓰는데, 그 동기까지도 전체적으로 고려하기 때문이다. 우연히 부정적 사건과 관련되어, 「음주 행위·절도 행위·불륜 행위·사기 행위」 따위로 관용화되었다. 만일 비하의 뜻을 담는다면 행각(行脚)을 쓸 법하다.

3) 고프먼의 저작 중에 세 권의 책이 번역되어 있다. 고프먼(1959; 김병서 뒤침 1987), 『자아 표현과 인상 관리: 연극적 사회 분석론』(경문사); 고프먼(1964; 김용환 뒤침 1995), 『오점: 장애의 사회 심리학』(강원대학교 출판부). 후자는 다시 윤선길·정기현 뒤침(2009), 『스티그마(=낙인): 장애의 세계와 사회 적응』(한신대학교 출판부)로 번역되었다. 고프먼(1967; 진수미 뒤침 2013), 『상호작용 의례: 대면 행동에 관한 에세이』(아카넷)가 최근 나왔다. 동일한 주제를 확대한 콜린즈(2005; 진수미 뒤침 2009), 『사회적 삶의 에너지: 상호작용 의례의 사슬』(한울)도 번역되어 있다. 후자에서는 고프먼의 개념들이 어떻게 발전되고, 뒷사람들의 연구에 어떻게 이어지는지를 알 수 있는데, 가령, 54쪽에서는 고프먼의 '상호작용 의례(interaction ritual)' 개념에 마키아벨리 측면과 뒤르껭(뒤르카임)의 기능주의 측면이 공존한다고 서술하였다. 이를 받아들여 콜린즈는 유동적인 '상호작용 의례 사슬(chains, 연쇄)'이란 개념으로 확대하였다.

이곳에서의 논의와 관련하여 필자는 고프먼(1974, 1986 재판), 『틀 분석: 경험의 조직화에 대한 논문집(Frame Analysis : An Essay on the Organization of Experience)』(Northwestern University Press)과 고프먼(1981), 『말하기의 형식들(Forms of Talk)』(University of Pennsylvania Press)과 그의 마지막 글(1982), 「상호작용 질서: 미국 사회학회 회장 취임 연설문(The Interaction Order: American Sociological Association)」(1982 Presidential Address)이 중요하다고 판단한다. 고프먼의 틀에 대한 개관 및 언론학에서의 발전은 이준웅(2000), 「프레임, 해석 그리고 커뮤니케이션 효과」, 『언론과 사회』 통권 제29호(85~153쪽)에서 살펴볼 수 있다. 한편, 필립스(J. Phillips 1983), 「고프먼의 언어적 전환: 말하기의 형식들에 대한 논평(Goffman's Linguistic Turn: A comment on Forms of Talk)」, 『이론, 문화, 사회(Theory, Culture and Society)』 제2권 1호(pp. 114~116)에서 "이 책은 전적으로 사회언어학이다(the book is all socio-linguistics)"라고 썼지만, 필자는 고프먼이 일관되게 「연극적인 모습으로 인간들의 사회질서를 탐구」해 온 것으로 판단한다.

4) 287쪽의 각주 9를 보기 바란다. 테는 엮음(1993), 『담화에서 틀 부여하기(Framing in Discourse)』(Oxford University Press)에 8편의 논문이 모아져 있다. 틀은 레이코프(Lakoff) 교수가 이끄는 인지언어학의 한 갈래에서는 무의식적인 심층의 틀 형성(deep framing)이란 개념으로 수용되며, 이를 명시적으로 드러냄으로써 미처 깨닫지 못한 부분들이 드러날 수 있다. 또한 틀은 하나의 대상을 드러내기 위하여 화자가 「어떤 배경을 선택하는지」와도 긴밀히 관련된다.

소집단을 대상으로 한 연구에서도 일상적인 대화의 분석에 주의를 쏟았다. 특히 쌕스(H. Sacks, 1935~1975)와[5] 그 동료들의 연구가 그러하다. 이런 흐름을 '소집단 연구방법(ethnomethodology)'이라고 번역하지 않고, 왜곡된 일본 용어를 비판 없이 받아들여 민속방법론이나 민족지라고 부르는 일이 있다. 그렇지만 결코 이는 민족에 대한 연구도, 민속에 대한 연구도 아니다. 단지 작은 집단 또는 하위 문화집단을 대상으로 한 연구일 뿐이다.

릿저(2004; 김왕배 외 뒤침 2006: 500~501쪽)에는 '상징적 상호작용'에 대한 일곱 가지 기본 원칙을 다음처럼 서술하였다.

(1) 상징적 상호작용의 기본 원칙

① 하등 동물들과 달리, 인간은 사고 능력을 갖고 있다.

② 사고 능력은 사회적 상호작용에 의해서 형성된다.

③ 사람들은 사회적 상호작용을 통해서 사고를 가능케 해 주는 의미와 상징을 배운다.

④ 의미와 상징은 인간 고유의 행위 및 상호작용을 수행하게 해 준다.

⑤ 사람들은 상황에 대한 해석에 근거하여 행동하고, 상호작용에서 의미와 상징을 수정할 수 있다.

⑥ 사람들은 가능한 여러 가지 행위 경로를 검토하고 유불리를 평가한 뒤 하나를 선택할 수 있다.

⑦ 행위와 상호작용이 뒤얽힌 유형이 집단과 사회를 구성하는 것이다.

---

5) 1964년부터 1968년까지 쌕스 교수가 강의했던 내용들이 제퍼슨 엮음(Jefferson 1995), 『대화에 대한 강의록(Lectures on Conversation)』(Wiley-Blackwell)으로 출간되어 있다. 또한 보우든·짐머먼 엮음(Boden and Zimmerman 1991), 『대화 및 사회구조: 소집단 관찰지 연구와 대화 분석(Talk and Social Structure: Studies in Ethnography and Conversation Analysis)』(Polity Press)도 같은 계열의 연구이다. 이는 하임즈(D. Hymes, 1927~2009)에서 시작된 사회언어학과 연관이 깊은데, 봉빌런(Bonvillian 2002; 한국사회언어학회 뒤침 2002), 『문화와 의사소통의 사회언어학』(한국문화사)을 읽어보기 바란다.

이 기본 원칙이 언제나 「의미와 상징을 통하여 매개」된다. 이 점은 사회학 또는 사회 질서에 대한 원칙이 될 뿐만 아니라, 또한 의사소통에 관한 원칙이 되기도 한다. 단, 이 중에서 ⑥과 ⑦은 의사소통을 가능하게 만들어 주는 더 큰 영역을 언급하고 있다. 따라서 이를 '거시언어학 (macrolinguistics)'의 원리로 부를 수 있다. 인문학에서는6) 이를 믿음 또는 가치(이념)의 문제로 부른다.7) 우리 인간은 궁극적으로 자신이 일관되게 갖고 있는 「이념이나 가치에 따라서 말도 하고 행동도 하는 것」이기 때문이다. 두 인간이 서로 소통할 수 있는 유일한 수단은 전적으로/배타적으로 언어 그리고 행동/행위이다. 두 개체 사이를 잇는 경로가 오직 두 가지뿐인 것이다.

고프먼은 사람들이 사회적/사교적 만남을 갖는 경우에, 그 밑에 깔려

---

6) 몇몇 대학에서는 '인문 과학'이란 이름을 걸고 연구소를 운영하는 경우가 있다. 기호학을 창시한 소쉬르나 퍼어스의 통찰력을 빌지 않더라도, 인문학은 크게 인문에 관한 형식 (forms)과 내용(contents)을 다루는 학문임을 알 수 있다. 여기서 '형식'은 과학적으로 포착되고 명시적 구조가 논의될 수 있다. 그렇지만 인문의 내용(humanities)은 그 경계가 활짝 열려 있을 뿐만 아니라, 형식과의 결합 방식도 상징적·비자연적·사회적으로 불릴 만큼, 불가피하게 가변적이고 융통성이 깃들어 있다. 이는 단순히 과학화의 범위를 훨씬 벗어나 버린다. 언어학도 일부 언어 형식을 다루는 쪽에서 '언어 과학'이란 명칭을 선호하기도 하였었다. 그렇지만 형식이 맺어져야 할 우연한 내용은 한낱 과학의 영역을 초월해 버린다.

일상언어 철학자 그롸이스(Grice 1991), 『가치의 복합 개념(The Conception of Value)』 (Oxford University Press)에 따르면, 무한한 삶의 영역에 하나의 질서가 부여되려면, 먼저 인간이라는 주체가 죽음 또는 유한성을 자각해야 한다. 그 깨우침과 더불어 무한한 영역에서 선택을 통하여 질서가 부여되면서, 가치체계 또는 믿음의 체계가 고정되는 것이다. 이때 이 자각은 필연적인 것이 아니라, 오직 우연히 매우 미약한 확률로만 발생하는 일이다. 결코 결정론적으로 다룰 수 있는 대상이 아니다. 이런 우연성을 우리 문화 전통에서는 '마음 내는 일'이란 뜻으로 발심(發心)이라고도 말해 왔다. 죽음 또는 유한성을 자각하고 이에 따라 선택을 위한 질서를 다듬는 일, 즉 가치나 믿음체계가 생겨나는 과정은, 결단코 필연적이거나 결정론적인 사건이 아니다. 오직 자유의지(free will)에 따른 결과에 지나지 않는다. 이것이 바로 과학이란 이름을 남발하여 '인문 과학'이라고 부를 수 없는 근본적인 이유가 된다.

최근의 습관은 science를 희랍에서 비롯된 '학문'으로 여기기보다는, 근대에서 시작된 좁은 natural science(자연 분과의 학문, 자연 과학)으로만 간주하기 십상이다.

7) 기호학을 창시한 퍼어스(Peirce 1877), 「The Fixation of Belief」, 하우저·클로즐 엮음(Houser and Kloesel 1992), 『퍼어스 필수 독본: 철학 논문선(The Essentail Peirce: Selected Philosophical Writings), 제1권』(Indiana University Press), pp. 109~123에서는 '믿음 고정의 과정'이란 역동적인 용어를 썼다.

있는 구조를 드러내는 데에 관심이 있었다. 이는 '상황 정의'나 '상호작용 의례'로 불리다가8) 사회 구성원들에게 관심의 초점을 만들어 주는 복합성격의 '틀(frames)'이라는 용어로9) 정착된다. 틀은 의사소통 참여

---

8) 1950년대에는 고프먼(1959; 김병서 뒤침 1987: 48쪽, 59쪽, 214쪽)에서 '상황 정의(definition of the situation)'란 말을 썼고, 1960년대에는 고프먼(1967)에서 '상호작용 의례(interaction ritual)'를 썼으며, 1970년대 이후부터 틀(frame)이란 용어를 썼다. 콜린즈(2005; 진수미 뒤침 2009: 55쪽)에서도 이런 점을 부정적으로 지적하는데, "게다가 글마다 용어를 바꾸어 축적된 연구가 이론으로 발전하는 모습이 보이지 않는 면도 있다". 그렇지만 필자가 보기에 이런 비판은 '상징성'에 대한 이해가 제대로 터득되지 않았음을 드러낼 뿐이다.

9) 고프먼(1986), 『틀 분석』의 7쪽을 보면, '틀'이란 용어를 베이츤(Bateson)의 논문을 출처로 언급하였다. 베이츤(1972; 서석봉 뒤침 1989), 『마음의 생태학』(민음사), 195쪽을 보기 바라며, 서석봉 교수는 '테두리'로 번역하였다. 틀(frame)은 최상의어로서 틀을 둘러싼 상위의 틀(무대 위에 또 다른 무대), 예행연습, 조목조목 따지기, 겉꾸림으로 ~인 척하기, 자기 폭로 등만 아니라, 또한 비공식적으로 무대 뒤에서 일어나는 관계 등을 포괄하여 모두 다 가리키는 말이다.

그런데 유사하게 쓰이는 상의어 계열이 아주 많음에 유의해야 한다. 심리학이나 인지 과학에서 말하는 개인별 개념틀(schemata)이나 기억 조직 꾸러미(memory organization packets)나 구성원의 공유자원 기억(resource memory)이나 인공지능에서 자주 얘기하는 각본(scripts '연극 대본'의 비유임), 또는 심지어 프랑스 사회학자 부르디외의 습성체계(habitus 아비투스)까지도 얼마간의 차이를 무시한다면 상당 부분 서로 겹쳐져 있다. 최상위 범주인지, 중간 범주인지, 최하위 범주인지 여부와 개인을 지향하는지, 사회나 관계를 지향하는지 여부, 고정적인지 가변성이 허용되는지 여부에 대한 차이 정도가 있을 뿐이다.

전통적으로는 최상위 범주를 가리키기 위하여 「믿음·태도·가치·이념」 따위의 말을 써 왔다. 이런 상위 개념들이 궁극적으로 우리 인간들로 하여금 행동을 하도록 만들고, 의사소통을 하도록 만드는 가장 밑바닥의 동인이 되는 것이다. 비유하자면, 장님들이 코끼리를 매만지면서 자신들의 경험 내용을 말로 표현하듯이, 서로 다른 학문분야의 전공자들이 우리 인간 두뇌 속에 들어 있는 일관되고 정합적인 상위 개념들을 가리키기 위하여, 불가피하게 여러 가지 용어들을 동원하고 있는 것이다. '나'라는 한 명의 인간이 '김모'라는 이름으로도 불리고, '아들'로도 불리며, '남편'으로도 불리고, '형님'으로도 불리며, '아버지'라고도 불린다. 기능이나 관계에 따라 구별하여 달리 불리는 것이지만, 결국 동일한 실체의 인간에 지나지 않는다. 한 개체는 여러 가지 「관계 속성들의 집합체(a bundle of properties)」인 것이다.

비록 서로 다른 낱말들로 불리더라도, 그 내포의미에 주목하여 통일성을 찾아내어야 한다. 필자의 경험으로는 크게 공간 및 시간 통합 방식이 있는데, 다음처럼 적어도 네 가지를 상정할 수 있다.

① 공간의 수평 축으로 넓어지는 '미시 → 거시' 차원이 있고(역방향의 현미경 확대 차원도 가능함),
② 공간의 수직 축으로 깊어지는 '표면 → 기저' 차원이 있으며,
③ 시간 변화상 '개별적 다수 요인 → 융합적 소수 요인'으로 바뀌는 화학적 차원이 있고,
④ '얼음 → 물 → 증기'처럼 위상이 바뀌는 물리적 차원이 있다.

어떤 방식으로든지 이질적으로 보이는 논의들을 놓고서 합리적으로 상위의 질서를 부여해 줄 수 있을 때라야, 비로소 한데 모아지면서 상승효과를 거둘 수 있는 것이다.

자에 의해 자신의 관점대로 부여된다. 이를 '틀 부여하기(framing)'이라고[10] 불렀다. 이 개념은 대중매체에서 어떤 커다란 사회적 논란거리를 놓고서 언론사에서 어떤 해설이나 전문가 의견 등을 같이 전달해 줌으로써, 특정한 방향으로 시민들의 의견을 이끌어 갈 수 있다는 점에서, 이미 언론학이나 의사소통 분야에서 심도 있게 다뤄져 오고 있다. 틀을 부여하는 하위 방식들은 네 가지 거론된다. 고프먼은 음악의 음조에서 가져온 비유를 쓴다(Goffman 1986, 44쪽의 고프먼 각주 14를 보기 바람). 먼저 기본적인 방식으로 '기본조(key)'가 있고, 이를 변화시킨 '변조(keying)'가 있으며, 다시 이를 변화시킨 '재변조(rekeying)'가 있다. 마지막으로 참여자들을 속이기 위한 '위조(fabrication)'가 있다(277쪽 도표 참고). 이런 하위 방식의 구현에는 비단 언어뿐만 아니라 시각 정보, 추상적 가치, 태도, 관습과 같은 요소도 중요한 몫을 맡는다.[11]

고프먼(1981)『말하기의 형식들』에서는 대화에서 찾아지는 상호작용(주고받음) 또한 다음의 세 가지 축의 융합체로 분석한다.[12]

---

10) 의도적이고 적극적인 측면을 드러내 주려면 '틀 짓기'보다 '틀 부여하기'로 번역하는 것이 낫고, '해석 틀 부여해 놓기'라고 번역하면 더욱 선명해진다. 이준웅(2000: 89쪽)에서는 "상황을 규정하는 전체적 상호작용의 의미를 파악할 수 있게 하는 맥락에 대한 지식"이라고 설명하였다. 인지 언어학(cognitive linguistce)의 대부 중 한 사람인 레이코프(Lakoff, 1941~) 교수는 프레임을 사고방식을 이끌어 가는 '심층의 얼개'로 본다. 가령, 미국의 보수진영 대 진보진영의 대립을 '엄격한 부모상' 대 '자애로운 부모상'을 중심으로 재구성을 해 놓았다. 218쪽의 각주 20과 나익주 뒤침(2007), 『프레임 전쟁: 보수에 맞서는 진보의 성공전략』(창비); 나익주 뒤침(2010), 『자유는 누구의 것인가: 왜 진보와 보수는 서로 가지려고 하는가』(웅진지식하우스)를 읽어보기 바란다.

11) 대중매체에서 이용하는 해석 틀을 부여하는 장치들은 여러 가지인데, 필자는 마치 전두환 시절 언론 통제용 '방송 지침'을 보는 듯한 느낌을 받는다. 가령, 기틀린(Gitlin 1980)을 인용하여 이준웅(2000: 95쪽 이하)에서는 1960년대 신좌파 학생운동을 공익에 해로운 위험 집단으로 각인시키는 데에 다음과 같은 틀 부여 장치를 이용하였다고 한다.
　① 운동권의 언어·복장·나이·목표 등을 사소한 것으로 치부하고,
　② 운동권을 극단주의자로 취급하며,
　③ 운동권 내부의 갈등을 크게 강조하고,
　④ 운동권을 일탈적이며 주변적 인물로 여기며,
　⑤ 운동권 세력과 그 효과를 과소 평가하고,
　⑥ 제도권의 발표에 의존하고 공산주의 존재를 더불어 강조하며,
　⑦ 시위의 폭력성을 크게 부각시키고,
　⑧ 정치인과 관료들의 반응에 무게를 둠 따위이다.

(2) 상호작용 분석의 세 가지 축

① 상호작용 의례 갖추기 과정(process of ritualization)

② 참여 얼개(participation framework)

③ 의례 속으로 끌어들여 자리 잡도록 하는 능력(embedding capacities, 내포 능력)

이는 소집단 연구방법에서 다뤄져 온 대화 분석의 모습과는 전혀 다른 모습이다. 소집단 연구방법론에서는 실제로 생생히 일어나고 있는 대화에서 상호주관적으로 구성되는 모습에 초점을 모았었고, 따라서 인접쌍을 이용한다든지 말할 차례가 자연스럽게 어떻게 뒤바뀌는지를 놓고서 명확히 기술한 뒤에, 그 속에 내재된 규칙들을 찾아내고자 하였다.13) 고프먼은 역동적인 실제 대화를 다루려는 이런 경향과는 달리, 고정되어 있고 씌어진 대본들을 놓고서 연구를 전개해 나가며, 거기에서 비언어적인 대응을 포함하여 사회적 상호작용이 어떻게 전개되는지에 관심을 모았었다. 아마 당시 관용적으로 쓰이던 conversation(대화)라는 용어를 피하고, 일부러 talk(말하기, 이야기)이라는 낱말을 학술 용어로 쓴 것도, 이런 차별성을 부각시키기 위한 조치일 것으로 본다.14)

---

12) 모두 5편의 글이 들어 있다. 앞의 3편은 자신의 이론을 수립하는 쪽에 초점이 있고, 강의 및 라디오 이야기에 대한 뒤의 2편의 글은 앞의 이론을 실질적으로 응용하는 쪽에 초점이 있다.

13) 고프먼 교수(1981)는 52쪽에서 소집단 연구방법을 규범적이고 정태적인 측면만을 포착한다고 보아 다음처럼 부정적으로 평가한다.

"말하기에 대한 우리의 기본 모형이 응당 대면담의 짝과 그 사슬로 되어야 하는 것은 아니다. 오히려 반응 움직임(흐름) 연결체인데, 그 계열에서 각각이 그 나름의 지시내용을 다듬어 내고, 진술-응답 속성과 관련하여 기능의 변수 균형을 조율하여 맞춰 나간다(our basic model for talk perhaps ought not be dialogic couplets and their chaining, but rather a sequence of response moves with each in the series carving out its own reference, and each incorporating a variable balance of function in regard to statement-reply properties)."

14) 하지만 그의 책 서문에서 명백히 '시험적인 시도(tryouts)'라고 언급하면서, 자신이 채택하여 쓰고 있는 다수의 용어들에 대해서 명시적인 정의들을 내리지 않은 채 유보해 놓았다. 그는 정의를 먼저 내려 놓기보다는 전형적인 예시들을 보여 주는 일을 더 선호하므

가령, 그 책 68쪽 이하에서 "Do you have *the time*?"이란 물음에 있을
수 있는 반응으로, 모두 여섯 가지 부류의 12가지 사례들을 적시해 놓
고 있다(시간, 시계, 잡지 이름, 기회, 시폭 등등). 다시 말하여, 위 질문에
어떻게 대답을 하느냐에 따라서, 중의적인 해석을 지닌 위 질문이 상대
방에게 어떻게 이해되고 해석되는지를 파악할 수 있는 것이다. 이 일을
가능하게 해 주는 것이 바로 '상위 개념틀(meta-schema)'이다.

비록 혼자 중얼대는 '독백담(self-talk)'이 이전의 연구에서는 전혀 주
목도 받지 못하고 무시되어 온 발화 도막이었지만,[15] 고프먼의 상호작
용 얼개 속에서는 '인상 관리' 전략에 따라 특정한 기능을 수행하며(자
신의 잘못을 깨닫는 만큼 정상적인 정신을 갖고 있음을 인지시킴 따위), 그만
큼 의례화된 것임을 알 수 있다. 이 측면은 클락(1996; 김지홍 뒤침 2009:

로, 다른 연구자들에 의해서 「반쯤만 조리된 이론(half-theory)」이란 평가를 받는다.

15) 이는 반사적으로 나오는 것처럼 간주되는 '외마디 반응(response cry)'의 하나이다. 'Good
God(어머나!, 아뿔사!)'라는 감탄사도 주위 참여자에게 그 상황에 끼어들어 그 자신의
반응을 개시/조율하도록 요청하는 기능이 있고, 'shit!(제기랄!)' 같은 욕설조차 1차적 기
능을 넘어서서 그 욕설을 듣는 참여자들에게서 모종의 기능을 전달해 주고 있다. 설사
주위에 혼자만 있다고 하더라도, '푸!', '이크!', '우~', '윽!', '아이쿠' 따위도 무의식적으로
상호작용 의례를 갖추듯이 발화하기는 마찬가지라고 보았다. 미국의 언어학자들은 영어
어형이 자립할 수 있는지 여부를, 욕설 fuck 또는 fucking이 중간에 끼어들 수 있는지
여부로써 판단하기도 한다.
   이런 군말들이 무의미한 것이 아니라, 의사소통의 진행에 중요한 몫을 맡고 있다는
사실이 훗날 언어심리학자들의 연구에서도 밝혀졌다. 북미 화자들에게서 '음~(um)'과
'어~(uh)'는 스스로 발언권을 계속 유지하려는 뜻을 전달하고 있다. 어림잡아 발화 도중
의 공백은 '1초의 한계'(물리적 시간이라기보다는 심리적인 시간임)를 중심으로 둘로 나
뉜다. 의사소통 진행상 1초 이내로 후속 발화가 이어진다면 무의식적으로 'uh(어~)'를
쓴다. 그렇지만 1초가 넘을 것으로 스스로 판단한다면, 자신이 적합한 언어 표현을 모색
하고 있는 중임을 드러내기 위하여, 'um(음~)'이라는 군말을 쓴다. 이 경우 상대편 참여
자들에게 적절한 표현의 인출에 도움을 달라는 요청의 표시로도 해석될 수 있다. 클락
(1996, 김지홍 뒤침 2009)의 404쪽과 414쪽 이하를 보기 바란다.
   최근 우리나라 청소년들의 언어 사용 모습에서 욕설들을 달고 산다고 우려를 많이 한
다. 필자도 또한 이런 욕설들이 그들의 마음 가짐을 나쁘게 만듦을 부정하지 않는다.
응당 욕설들을 삼가도록 교육해야 한다. 그러나 이 현상을 권력 관계 확인이라는 다른
측면으로도 살펴볼 수 있다. 이는 그 집단 속에서 주먹다짐으로 위계를 정하는 것이 아니
라, 욕설들의 정도와 빈도로써 구성원들 사이에서 어떤 위계 질서를 계속 유지하고 있다
는 간접적 표지가 될 수 있다. 욕설을 더 많이 쓰는 비율과 내부 구성원들 사이의 지배권
의 강도가 비례한다. 또한 그런 동아리에 끼어 들기 위해서는 서로 동질감을 느낄 수
있도록 많든 적든 간에 그런 욕설을 일부러 뒤섞는 측면도 없지 않을 것이다.

제8장)에서 의사소통 전개에서 적어도 두 개의 층위가 발화 도중에 나란히 작동함을 분명히 해 놓음으로써 비로소 일반화되었다(225쪽 이하). 즉, 1차적이며 공식적인 실무기능을 지닌 층위 및 2차적으로 그 실무기능을 점검하는 상위 기능의 층위가 동시에 작동하거나 가동된다. 점검 기능을 지닌 2차 경로는 서로 간에 의사소통의 진행 도중에 생겨나는 난점과 곡해 따위를 시정하고, 때로 경로를 벗어난 흐름까지도 제 경로로 되돌릴 수 있게 해 준다. 따라서 이해 과정과 마찬가지로 명백히 산출 과정에서도 '작업기억'에 상응하는 부서가 반드시 요구됨을 알 수 있다.16)

대화에서 역동적으로 변화되거나 유지될 수 있는 참여자들의 '입장/처지 설정(footing, 참여자의 역할에 대한 설정)'을 다루면서, 참여 주체들에 대하여 화자와 청자란 표현 대신에, 추상적인 용어로 '산출 구성형식(production format)'과 '참여 구성형식(participation format)'으로 부르면서 다음처럼 세분해 놓았다. 말하기에서 남의 말을 인용할 경우에

① 원저자(author)가 있으며,
② 정부 대변인처럼 특정인을 위해 대신 말해 주는 실행자(animator)도 있고,
③ 주연 배우(principal)도 있고,
④ 발언권을 얻어 참여할 수 있는 방청자(overhearer)와
⑤ 그렇지 못하는 몰래 엿듣는 사람(eavesdropper 염탐꾼)도 있다.

발화의 복합구조를 만들어 내는 참여(간여) 주체들에 대한 고프먼의 이

---

16) 함·브뢴든캄프(Hamm and Brendenkamp 2004), 「Working memory and slips of the tongue」, 페크먼·하벨(Pechman and Habel) 엮음, 『언어 산출에 대한 여러 학문 간의 접근 (*Multidisciplinary Approaches to Language Production*)』(Mouton de Gruyter)에서도 산출에 관련된 작업기억을 논의한다. 이는 평소에 필자가 주장하는 바에 대한 우군인 셈이다.

런 직관은, 1990년대에서부터 입말 뭉치들을 전산 처리하면서,[17] 인용 형식 또는 유사 인용 형식이 일반 논제로 부각되면서 확고한 기반을 갖게 되었다. 머카씨(MacCarthy 1998; 김지홍 뒤침 2012) 『입말, 그리고 담화 중심의 언어교육』 제8장에서는 영국에서 수집된 입말 자료에서 찾아지는 인용문 또는 유사 인용문들을 다루고 있다. 그런데 그 자료들을 전산 분석하면서, 통계적으로 유의미하게 많은 인용 구문 사례들이 단순히 남의 말을 인용하는 것이 아님을 발견하였다. 더구나 명백히 입 밖으로 나온 바도 없어서 결코 인용이라고 말할 수 없으며, 따라서 다만 남의 마음에 대한 추정이라고 볼 수밖에 없는 것들도 상당한 비율로 인용 구문 형식을 지니고서 자주 나타난다는 사실이 밝혀졌다.

그렇다면 첫째, 왜 추정을 인용의 형식을 빌어 이용하는 것인지 그 동기가 찾아져야 한다. 둘째, 단순히 남의 말을 인용하는 기능 이외에 다른 중요한 기능이 무엇인지 논의되어야 마땅하다. 머카씨 교수는 피상적인 인용이 남의 말을 끌어와서 쓰는 기능 이외에도, 심층적으로는 다음 네 가지 기능을 갖고 있다고 보았다.

(3) 명백한 남의 말 인용 기능 이외에, 인용 형식이 지닌 다른 기능

① 현재 상황에서 무대를 마련하는 기능(=주제 도입 또는 무대 마련 기능)

---

17) 흔히 이를 말뭉치 언어학(corpus linguistics) 또는 전산 언어학(computational linguistics)으로 부른다. 우리말로는 서상규·한영균(1999), 『국어 정보학 입문』(태학사); 계량 언어학회 엮음(2001), 『계량 언어학, 1집』(박이정); 배희숙 뒤침(2000), 『통계 언어학』(태학사)을 보기 바란다. 북쪽의 연구도 남쪽에서 영인되어 나왔는데, 안성득(1997, 2001 영인), 『수리 언어학』(역락)과 문영호(1993, 1994 영인), 『응용 언어학』(한국문화사)이 있다.
오늘날 사전 편찬학은 대부분 말뭉치를 활용하고 있다. 개관서로는 유현경·남길임 (2008), 『한국어 사전 편찬학 개론』(역락); 홍종선 외 6인(2009), 『국어 사전학 개론』(제이&씨); 도원영·박주원 엮음(2011), 『고려대 한국어 대사전과 사전학』(지식과교양); 서태길 외 4인 뒤침(2008), 『사전 편찬의 원리와 실제』(제이&씨)를 읽어보기 바란다. 자연계열의 전산학과 또는 컴퓨터 학과에서도 자연언어 처리(natural language processing)를 다루며, 균형 잡힌(balanced) 말뭉치 구축에 힘을 쏟는다. 여러 군데에서 구축된 말뭉치 자료들이 누리집으로 이용 가능하다. 특히 일반인들은 국립 국어원(www.korean.go.kr)에서 모아 놓은 말뭉치 자료를 자유롭게 이용할 수 있다.

② 현재 담화에서 초점을 부각하여 극적으로 생생하게 만드는 기능(=초
   점 부각 기능)
③ 담화에서 언급된 내용을 반복하여 매듭 짓는 기능(=매듭 짓기 기능)
④ 자신의 주장에 대하여 입증을 하는 기능(=신뢰성 입증 기능)

이런 이유 때문에 '현장성'(=현재 상황과의 관련성)을 살려 주려는 목적
으로, 인용 형식은 진행형 '-ing'나 역사적 현재시제의 모습을 띤다. 영
국에서는 30대 이하의 젊은이들에게서는 say처럼 go라는 동사도 자주
인용동사로 쓰인다. 또한 마치 담화의 '디딤돌'(발판)을 마련해 놓듯이,
남의 생각이나 의견도 추정하여 자신의 발화 속에 도입하게 된다. 머카
씨는 이를 비-현실태(irrealis, 오직 '실현되지 않음'의 의미로만 썼음)가 담
화 속에 녹아 들었다고 본다. 때로 다른 연구자들은 이런 모습의 인용
을 '자유로운 간접 보고(free indirect reporting)'나 또는 이야기 속에 '녹여
놓은 인용(narratised quote)'이라고도 부른다.

   앞에서 언급한 인용 형식의 심층 기능 중에서 마지막 항목 ④ '신뢰
성 입증 기능'은 의사소통 진행을 촉진시키는 데에 매우 큰 몫을 맡고
있기 때문에 크게 주목할 필요가 있다. 대화 또는 담화가 매끄럽게 계
속 이어져 나가려면, 참여자들 사이에 언급 내용을 놓고서 의식적으로
든 무의식적으로든 반드시 합당성(합법화)이 찾아져야 하며, 그런 합당
성이 상대방 쪽에서 기꺼이 수용되어야만 한다. 페어클럽(Fairclough
2003; 김지홍 뒤침 2012: 225쪽)『담화 분석 방법』에서는 이를 '합법화 확
보 전략'으로 부른다. 여기에는 다음처럼 네 가지 방식이 있다. 그런데
이는 결코 고정되어 있는 것이 아니라, 의사소통에 참여하고 있는 사람
이 담화 진행 상황에 비춰서 가장 효과가 있을 것으로 판단한 전략을
즉석에서 임의로 선택하여 쓰게 된다.

의사소통에서 이용되는 합법화 확보 전략

권위 확보(authorization)	전통·관습·법의 권위성 및 제도적 권위를 지닌 사람에게 기댄다
합당성 부여(rationalization)	제도적 행위의 유용성 및 사회에서 인지적 효력을 부여한 지식에 기댄다
도덕적 평가(moral evaluation)	사회 구성원들에게 받아들여진 가치체계에 기댄다
신화로 만듦(mythopoesis)	서사이야기를 통해서 그럴 듯하게 전달하여 합법화를 꾀한다

따라서 전통문법에서 다뤄온 인용 형식은, 그 용어가 가리키듯이 고유하게 남의 말을 따오는 피상적인 목적 이외에도, 여러 가지 다른 중요한 기능들이 깃들어 있다. 즉, 현재 화자 자신이 전달하고 있는 의사소통 내용들을 놓고서 합법화를 꾀하려는 의도가 깔려 있고, 결과적으로 상대방으로부터 전달내용의 수용과 신뢰를 얻어내려는 것이다. 바로 이런 특성 때문에, 입밖으로 나온 내용이 아닌 추정 내용이라도 종종 발화 속에 인용의 모습으로 도입하는 것이다.

더 쉽게 말하면, 남들로 하여금 화자 자신의 발언 내용이 상대방을 속이려는 의도가 없고, 언제나 참이며, 실질적으로 믿어도 해가 되지 않음을 확신시켜 주려는 전략이다. 이것이 전략이므로 그 전략이 이루려는 목적에 대하여 상대방 쪽에서는 꼼꼼히 점검하고 추정하고 평가하게 된다. 그런 만큼 이런 전략이 탄로나지 않은 채 소기의 목적을 성취할 수 있도록 하려면, 언어와 표현 구조(오스틴의 '언표 내적 힘')가 불가피하게 복잡해진다. 한마디로, 들키지 않도록 여러 겹으로 포장해 놓는 셈이다.

한편, 대화 분석론에서는 오늘날 상식으로 간주되는 '인접쌍(adjacent pairs)'이라든지 발언 순서 얻어내는 규칙들을 처음으로 찾아내었다. 인접쌍은[18] 대화에서 서로 주고받는 행위들로서

---

18) 쉬글롭·쌕스(Shegloff and Sacks 1973), 「대화 매듭짓기의 논의를 열면서(Opening Up Closings)」, 『기호학(Semiotica)』 제8권 4호(pp. 289~327; Baugh and Sherzer 엮음, 『사용 중인 언어: 사회언어학 독본(Language in Use: Readings in Sociolinguistics)』, Prentice-Hall 에 재수록됨)에서는 인접쌍이 다섯 가지 속성을 지닌다고 보았다(192쪽 이하 참고).

(4) 인접쌍의 사례(화살표 '⇨'로 짝의 관계를 표시함)

① 한 사람이 제안을 하면 이에 반응하여 수용하거나 거절하는 행위

(제안 ⇨ 수용 또는 거절)

② 어떤 평가를 내리면 거기에 대해 동의하거나 반대하는 행위

(평가 ⇨ 동의 또는 반대)

③ 누군가를 비난하면 이에 대해 부인하거나 인정하는 행위

(비난 ⇨ 인정 또는 부인)

④ 질문을 하면 대답하거나 회피하는 행위

(질문 ⇨ 응답 또는 회피)

들이 된다. 이는 형식이 거의 정형화되어 일반적으로 예측 가능한 의사소통 협력행위에 해당한다. 따라서 일상적인 대화 모습들이 인접쌍들의 사슬로 분석될 수 있다. 가령 클락(1996; 김지홍 2009 뒤침: 제7장)에서는 한 대목의 전화 통화를 예시해 주고, 그 흐름을

(5) 인접쌍들의 연결체로 기술할 수 있는 전형적인 전화 통화의 사례(연결체는 '〉'로 표시)

'전화 호출 ⇨ 전화 받기 〉 인사하기 ⇨ 인사받기 〉 질문 ⇨ 대답 〉 단언 ⇨ 수긍 〉 요구 ⇨ 약속〉 약속 ⇨ 수긍 〉 감사 표현 ⇨ 받아들임 〉 작별인사 ⇨ 맞작별 인사'

로 구조화해 놓았다. 그렇지만 이런 전개 방식은 '철칙'이 아니라 참여

---

① 인접쌍은 순서 있는 두 개의 발화로 이뤄지는데, 첫 번째 짝과 두 번째 짝이다.
② 두 부분들이 서로 다른 화자에 의해 발화된다.
③ 두 부분들이 어느 게 먼저 나오고, 어느 게 뒤에 나오는지를 명시해 주는 유형이 있다.
④ 두 번째 부분의 형식과 내용은 첫 번째 부분의 유형에 달려 있다.
⑤ 첫 번째 짝 부분이 주어지면, 다음 발화로서 두 번째 짝 부분이 조건적으로 관련되고 기대된다.

자 서로 간에 적극적인 협력을 전제로 하는 협동과정이다. 중간에 인접 쌍의 흐름이 무위로 돌아갈 경우, 새로운 공동 목표를 서로 합의함으로써, 충분히 다른 방식으로도 대화가 복구되어 전개될 수 있는 것이다. 따라서 인접쌍 연결체는 오직 고정적이거나 정형화되어 있는 대화 상황들만을 대상으로 하여 설명하기에 적합할 따름이다. 또한 일정 시간에 걸쳐 녹음되거나 녹화된 한 대목의 대화를 분석하고 분류하여, 그 흐름을 서술하려고 한다면, 충분히 그 몫을 다할 수 있다. 그렇지만 임의의 협동 의사소통 과제를 제안하더라도, 상대방에게서 나올 수 있는 반응은 여러 가지이며, 적어도 다음 네 가지 갈래 이상을 상정할 수 있을 것이다.

(6) 화자의 제안을 놓고서 상대방으로부터 나올 수 있는 반응
  ① 응락: 첫 번째 화자의 공동 목표를 받아들이고 의사소통 진행에 협력한다.
  ② 변경: 첫 번째 화자의 제안을 받아들이되, 그 목표를 수정하여 조금 바꾼다(바꾸도록 역제안한다).
  ③ 거절: 첫 번째 화자의 제안을 합당한 이유를 대면서 받아들이지 않는다.
  ④ 회피: 상대방에게 의사소통을 협동하여 진행할 수 없음을 그럴 듯한 이유를 들면서 통보하고 협력활동을 빠져나간다.

이런 예상 반응들은 결코 규칙화되거나 예측되지 않는다. 오직 참여자들이 해당 상황과 맥락에 따라 그들의 자유의지(free will)에 바탕을 두고 내려지는 결정일 뿐이다. 이는 현재 진행되고 있는 역동적인 의사소통 전개 상황에서, 상대방이 취할 반응의 후보들을 부분적으로 예상하는 데에 의의가 있다. 그런 예상이 적중할 수 있으려면, 반드시 상대방의 마음속에 들어 있을 「마음가짐이나 태도 또는 습관 따위를 고려」하지 않을 수 없는 것이다.

발언 순서 전환의 규칙도 그 범위가 엄격히 권력이나 힘이 대등한 참여자들을 대상으로, 공평성(equity)이 유지될 경우에만 유효하다.19) 그러나 이런 조건이 지켜지지 않는 경우가 흔하다. 가령, 우리나라 문화에서는 보다 더 권력(또는 지배력)을 많이 지닌 사람이 발언 순서를 정해 주거나, 주도적으로 의사소통 진행을 이끌어 가는 경우가 많다. 즉, 어른이나 연세가 높은 이를 대접해 주는 일을 미덕으로 여기고, 주도권에 대한 이양(포기)을 참여자들이 거부하지 않고 받아들인다. 그래야 문화적으로 어려움 없이 공동체의 일원으로서 인정받게 될 것이다. 비유적으로 표현하여, 중앙방송과 지방방송이란 말을 쓴다면, 중앙방송의 우위성을 참여자들이 기꺼이 인정할 준비가 되어 있는 것이다.

그렇지만 우리 문화와는 조금 다르게, 일본 문화에서는 권력을 더

---

19) 여러 책자에 재수록된 대표적 논문으로 쌕스·쉬글롭·제퍼슨(Sacks, Schegloff and Jefferson 1974), 「A simplest systematics for the organization of turn-taking in conversation」, 『언어(*Language*)』제50호(pp. 696~735)의 704쪽에 규정한 발언 순서 전환의 규칙을 다음처럼 요약할 수 있다.

> 1) 어떤 발언 순서든 간에, 첫 발언 순서 구성 단위의 맨 처음 전환과 관련된 지점에서,
> ⓐ 만일 지금까지 발언 순서가 '현재 화자가 다음 화자를 지정'할 수 있다면, 그렇게 지정된 사람이 권리를 지니고 다음 발언을 이어가야 한다. 다른 사람은 아무도 그런 권리나 의무를 갖고 있지 않다. 이 지점에서 발언 순서가 바뀐다.
> ⓑ 만일 앞의 조건과 달리, '현재 화자가 다음 화자를 지정'할 수 있게 되어 있지 않다면, 꼭 그런 것은 아니나 참여자가 누구이든지 스스로 나서서 다음 화자가 될 수 있다. 즉, 맨 처음 발언하는 사람이 발언 순서를 차지할 수 있다. 이 지점에서 발언 순서가 바뀐다.
> ⓒ 만일 앞의 조건 및 결과와는 달리, 다음 발언을 나서서 잇는 사람이 아무도 없다면, 꼭 그런 것은 아니나 현재 화자가 말을 계속해 나갈 수 있다.
> 2) 만일 앞의 ⓐ도 ⓑ도 작동하지 않고, ⓒ를 따라 현재 화자가 계속 말을 한다면, 다음 전환 관련 지점에서 전환이 일어날 때까지 앞의 규칙들이 새로 반복 적용된다.

이런 규칙이 잘못된 것은 아니지만, 그렇더라도 현학적으로 느껴진다. 보통 사람들이 대화를 주고 받는 일에, 과연 위와 같은 규칙을 내재화하고 있을까? 위 규칙이 과연 심리적 실재임을 증명할 수 있을까? 필자는 아닐 것으로 판단한다. 마땅히 주먹구식으로 더 간단하고 쉬운 규칙이 마련되어야 할 것이다. 그뿐만 아니라, ① 부지런히 틈만 나면 일단 끼어들어/참견하여 다른 사람들로부터 발언권을 보장받는 경우도 있고, ② 현재 화자의 이야기 중에 시빗거리를 포착하여 현재 화자의 발언을 중단시키면서 끼어들어 발언권을 확보하는 경우도 있다. 그렇지만 위의 규칙에서는 이런 경우의 전환을 전혀 포착해 내지도 못한다. 필자의 직관적 판단으로는 대화 상대방의 성격도 큰 변수가 될 듯하다.

많이 지닌 이가 대화를 마무리 짓는 역할을 하여, 대체로 맨 마지막 순서에 발언을 하여 담화 진행 내용을 정리하는 것으로 알려져 있다. 그뿐만 아니라 성별 간의 차이도 어디에서나 흔히 목격된다. 테는 (Tannen) 교수의 연구에 따르면[20] 민주적이라고 알려진 미국 문화에서조차 남녀 성별에 따라서[21] 발언 순서의 배분이 대등하지 않은 것으로 알려져 있다.[22] 따라서 그들이 매우 합리적으로 찾아낸 발언 순서 전환 규칙도 상황과 맥락에 따라 적용 여부가 다양한 모습으로 달라질 수 있는 것이다.

---

20) 우리나라에는 성별 간의 대화/담화 특성 내지 차이를 다룬 그녀의 책들이 다음처럼 7권이나 번역되어 있다.

이용대 뒤침(1992), 『내 말은 그게 아니야』(사계절)

신우인 뒤침(1993), 『말 잘하는 남자? 말 통하는 여자!』(풀빛)

정명진 뒤침(2002), 『남자를 토라지게 하는 말, 여자를 화나게 하는 말』(한언)

이은희 뒤침(2003), 『일터에서의 남 대 여 대화의 법칙』(예문출판사)

남재일 뒤침(2003), 『사랑한다면 그렇게 말하지 마: 뻔뻔한 여자 대 냉정한 남자』(생각의 나무)

남재일 뒤침(2006), 『널 사랑해서 하는 말이야』(생각의 나무)

문은실 뒤침(2006), 『가슴으로 말하는 엄마 머리로 듣는 딸』(부글북스)

21) 성차별 금지라는 가치 때문에 성별 간에 구별이 이뤄지는 것도 금기시되는 경우도 있다. 「차별과 구별」을 제대로 구분하지 않고 뒤섞어쓰는 폐단이다. 남녀 간의 차이는 흔히 주차장에서 후진 주차를 할 경우에도 관찰되고(공간 파악에 대한 성별 차이), 함께 어떤 영화를 본 뒤에 그 영화에 대하여 말을 하도록 하는 실험에서도 자주 보고된다(중요한 항목으로 기억하는 성향의 차이). 실험 보고들에 따르면, 남성일수록 영화의 큰 줄거리만을 기억하는 경향이 있고, 여성일수록 영화의 세부 장면들을 대화 주제로 삼는 경우가 많다. 필자가 뒷산 오솔길에서 뛰거나 산책을 할 경우에, 맞은편에서 오는 상대방이 여성일 경우 대체로 필자에게 길의 선점권을 양보해 주는 경우가 허다하다. 이것이 사회적 역할로 고정된 것인지 분명치 않지만, 남녀 간의 서로 다른 반응 양식이다. 만일 이것이 사실이라면 이 사실을 낳는 것이 단지 호르몬 차이인지, 아니면 장기간에 걸쳐서 호르몬이 구성해 온 두뇌 배선의 차이로부터 나온 것인지, 아니면 문화적으로 성장 과정에서 습득되는 것인지에 대해서도 연구되어야 할 것이다.

22) 또한 올더슨(Alderson 2000; 김지홍 뒤침 2015, 『읽기 평가 2』(글로벌콘텐츠) 586쪽 제9장 〈도표 9-9〉에 있는 인용글에서도 흥미로운 남녀 차별의 이중 기준이 다뤄지고 있다.

11장 언어학, 언어교육, 글쓰기에서의 논의

1. 언어학에서의 논의

언어학에서 언어 사용과 관련된 논의는 화용론·텍스트 언어학1)·담

---

1) 아마 많이 읽힌 번역서가 보그랑데·드뢰쓸러(1981; 김태옥·이현호 뒤침 1995), 『텍스트 언어학 입문』(한신문화사)일 것이다. 텍스트 언어학 쪽은 주로 독일어 전공자들이 번역 서와 저서들을 많이 냈다. 파터(1994; 이성만 뒤침 1995), 『텍스트 언어학 입문』(한국문 화사); 하이네만 외(1991; 백설자 뒤침 2001), 『텍스트 언어학 입문』(역락). 우리나라에서 조직된 한국 텍스트 언어학회 엮음(2004), 『텍스트 언어학의 이해』(박이정)도 펴냈고, 고영근(1999), 『텍스트 이론: 언어 문학 통합론의 이론과 실제』(아르케)도 나와 있다.
　국어교육 전공자들 사이에서 '서로 얽힌 텍스트 속성(intertextuality)'을 밝히려는 박사 논문과 책들도 다수 출간되어 있다. 필자가 이해하기로는 언어교육에서 일반화되어 있 는 용어가 텍스트 교육이 아니라 '담화교육'이다. 특히 영국에서는 모국어 교육을 '담화 교육'과 동일시한다. 쿡(Cook 1989; 김지홍 뒤침 2003), 『담화: 옥스포드 언어교육 지침 서』(범문사)를 보기 바란다. 따라서 필자는 텍스트 언어학을 국어교육에 적용하는 논의 들은 모두 다 '담화교육' 아래 충실히 다뤄질 수 있을 것으로 본다. 언어교육 쪽에서 CLT 란 약호로 불리는 '의사소통 중심 언어교육'과 그 최근 이름인 TBLT(과제 중심 언어교 육)도 모두 담화교육에 속한다. 담화교육에 대한 개관은 외국어 교육 또는 제2언어 교육 만 하더라도 아마 단독 저서의 분량을 훨씬 웃돌 것이다.
　텍스트(text)라는 외래어를 필자는 '덩잇글, 덩잇말'로 한때 써 보았지만, 아직도 마땅한 용어를 찾지 못하였다. 심리학이나 교육학에서 텍스트를 교재나 교본으로 번역한 경우 가 있는데, 가르칠 교(敎)와 전혀 무관하다. 북한에서는 '본문'으로 번역하였는데, 서론·

화 등에서 다뤄지며, 영역들이 서로 다수 중첩되어 있다. 여기에서는 담화 이론에 초점을 모으되, 서로 대립적인 두 흐름을 다루기로 한다. 특히 담화론의 거장들인 위도슨(H. Widdowson, 1935~)과 페어클럽(N. Fairclough, 1941~) 사이에 벌어졌던 논쟁이다. 둘 모두 영국 학자인데, 서로의 노선을 공격한다. 필자는 그 글들을 읽으면서 서로 다른 두 흐름의 지향 성격을 확실히 깨달을 수 있었다. 이를

(1) 순수한 일원주의 담화 : 실용적인 다원주의 담화

사이의 대립으로 정리할 수 있다. 위도슨 교수는 '의사소통 중심 언어 교육(Communicative Language Teaching, CLT)'로 불리는 최근 언어교육을 주도해 온 핵심 학자이다.[2] 페어클럽 교수는 '비판적 담화 분석(Critical

---

본론·결론 따위를 연상시켜서 마땅하다고 할 수 없다. 아마 가장 그럴 듯한 후보로, 국어 시험에서 쓰는 '지문(地文)'이 있다. 이는 문제를 풀기 위해 근거해야 할 '바탕글'(또는 바다글)이란 뜻을 담고 있다. 그렇지만 텍스트는 그 자체로 언어 정보 및 비-언어 정보 (extra linguistic information)를 모두 다 포괄하기 때문에 반드시 적절하다고 말할 수는 없다.

필자가 이해하는 언어교육 쪽의 관례적으로 구분 방법은, discourse(담화)를 언어 산출 측면을 가리키기 위해 쓰고, 대신 text를 언어 이해 측면을 가리키기 위해 쓴다. 어떻든 간에 연구자에 따라서는 최상의어로 담화를 쓰기도 하고, 텍스트를 쓰기도 하므로, 연구자마다 자신이 쓰는 용법에 정의를 내려 주어야 한다. 필자는 여기서 담화를 최상의어로 쓰고 있고, CDA(비판적 담화 분석)에서처럼 사회 질서를 다루는 포괄적인 용어로 본다. 대신 텍스트는 하의어로서 언어뿐만 아니라 우리에게 관찰될 수 있는 감각 자료까지 포함하는 대상으로 보며, 이 중에서 언어만을 골라낸다면 언어 정보가 된다. 즉, 원뿔을 가로로 절단한 동심원으로 보면 담화에 사회 질서까지 들어 있는데, 여기에서 진부분 집합으로 텍스트가 있고, 다시 더 작은 진부분 집합으로 언어가 있는 셈이다.

제7차 국어과 교육과정에서는 엉뚱하게 text를 글말(문어, 문자언어)로 discourse를 입말(구어, 음성언어)로 번역해 놓았다. 입말과 글말 차이에 대한 피상적 개념으로는 결코 궁극적인 구획을 할 수 없다. 그렇다면 저녁 9시 텔레비전 뉴스는 입말인가, 아니면 글말인가? 국어과 교육과정 집필진처럼 피상적인 실행 수단에나 집착한다면 그릇된 대답만 되풀이할 것이다. 반드시 내재적인 실체를 포착해 주어야 옳다. 바이버(Biber 1988), 『입말과 글말에 걸쳐 있는 변이(Variation across Speech and Writing)』(Cambridge University Press)와 바이버(1995), 『언어 투식 변이의 차원들: 여러 언어들 사이의 비교(Dimensions of Register Variation: A Cross-linguistic Comparison)』(Cambridge University Press), 바이버 외(2002), 『입말과 글말 영어에 대한 통면 학습자 문법』(Longman) 등에서는 방대한 말뭉치 자료를 동원하여 일관되게 입말과 글말의 차이가 피상적인 언어 투식 변이에 불과함을 입증하고 있다.

Discourse Analysis, CDA'으로 불리는 영역을 이끌어 온 거장이며, 화란 학자 폰대익(T. van Dijk, 1943~) 교수와 더불어 양대 산맥을 이루고 있다.

먼저 담화(discourse) 그 자체에 대하여 언급하고 나서, 이어 비판적 담화 분석(CDA)을 다루기로 한다. 앞의 대립 관계에서 일원주의 담화 또는 순수한 담화로 불릴 수 있는 영역이다.[3] 미국에서 'discourse(담화)' 란 말을 처음 학술 용어로 쓴 것은 참스키 교수의 스승인 해뤼스(Harris 1952) 「담화 분석(Discourse analysis)」에서이다. 그곳에서는 단일한 문장 을 넘어선 언어 구성 영역에서도 자신이 주장하는 기술언어학의 틀이 지속될 수 있는지, 그리고 문화로 불리는 비-언어 영역과의 상관을 다 룰 수 있는지가 큰 관심사항이었다. 그는 하나의 '담화' 속에 내재된 원리로서 분포 또는 결합에 대한 분석을 통하여 두 가지 물음이 해결될 수 있으리라 기대하였다.

담화의 내재적 결합 원리를 명시적으로 다룬 업적은 체계-기능 언어 학(*Systemic Functional Linguistics, SFL*)을[4] 창시한 영국 언어학자 핼러데이

---

2) 위도슨 교수의 책은 문체 쪽으로 위도슨(1975; 최상규 뒤침 1999), 『문체학과 문학교육』 (예림 기획)과, 담화와 관련하여 위도슨(2004; 김지홍 뒤침, 2018), 『텍스트, 상황 맥락, 숨겨진 의도』(경진출판)가 번역되었다. 여기서 'pre-text'(숨겨진 산출 목적)는 어떤 담화 또는 텍스트의 해석 방식을 결정짓는 숨겨진 목적을 가리킨다. 또한 위도슨(1979), 『응용 언어학에서의 탐구(*Explorations in Applied Linguistics*)』(Oxford University Press)와 쿡 엮 음(Cook 1995), 『응용 언어학에서의 원리와 실천: 위도슨 교수 기념 논총(*Principle and Practice in Applied Linguistics: Studies in Honour of H.G. Widdowson*)』(Oxford University Press)도 참고하기 바란다.

3) 개인적으로 필자는 순수히 일원론적인 담화 전개 구조를 충실히 개관할 수 있는 것으로 다음 책들을 선호한다. 워커·조쉬·프륀스 엮음(Walker, Joshi, and Prince 1998), 『담화에 서 중심소 전개 이론(*Centering Theory in Discourse*)』(Clarendon)과 그뢰이써·건스바커·골 드먼 엮음(Graesser, Gernsbacher, and Goldman 2003), 『담화 처리의 소백과(*Handbook of Discourse Process*)』(Lawrence Erlbaum). 비록 오래 전에 심리학자들의 글을 일관되게 모아 엮은 것이지만 이정모·이재호 엮음(1998), 『인지 심리학의 제문제 II: 언어와 인지』(학지 사)도 기초를 다지는 데 도움을 준다. 킨취(1998; 김지홍·문선모 뒤침 2010), 『이해: 인지 패러다임, I~II』(나남)도 일반 독자들을 염두에 두면서 큰 흐름을 이해할 수 있도록 충실 히 그리고 풍부히 역주들을 달아 두었다. 또한 김지홍(2010), 『언어의 심층과 언어교육』 (경진출판)도 읽어보기 바란다.

4) 가장 잘 알려진 이 분야의 개론서는 '체계'라는 표현이 삭제되어 있음이 눈길을 끈다. 핼러데이·매씨슨(Halliday and Matthiessen 2004 제3판), 『기능 문법 개론(*An Introduction to Functional Grammar*)』(Hodder Education). 마이클 앨리그잰더 컥우드 핼러데이(Michael

(M. A. K. Halliday 1925~)에 의해 이뤄졌다. 지금도 널리 인용되는 것이 핼러데이·허싼(Halliday and Hasan 1976) 『영어에서의 결속성(*Cohesion in English*)』(Longman)인데, 여기에서 문장과 문장을[5] 잇는 언어적 기제 다섯 가지가 본격적으로 다뤄졌다. ① 지시표현, ② 대치(대용표현 포함), ③ 생략, ④ 접속사, ⑤ 어휘 사슬이다.[6] 현재 어느 언어에서나 가장 많이

Alexander Kirkwood Halliday, 1925~)는 1960년대에서부터 참스키(1928~) 교수의 형식주의 언어학이 우리가 매일 쓰는 언어 및 언어 사용의 본질과 실상을 드러내지 못한다고 보아 반대 입장을 분명히 하였고, 호주에서 언어교육에 대한 바탕을 마련해 놓기도 하였다. 최근에 컨티뉴엄(Continuum) 출판사에서 핼러데이 총서 10권을 발간하였다.

1권(2005) 『문법에 대해』,
2권(2002) 『텍스트와 담화의 언어학적 연구』,
3권(2003) 『언어와 언어학에 대하여』,
4권(2004) 『이른 시기 어린이의 언어』,
5권(2004) 『과학의 언어』,
6권(2006) 『계산학적이며 양적인 연구』,
7권(2005) 『영어에서의 연구』,
8권(2006) 『중국어에서의 연구』,
9권(2007) 『언어와 교육』,
10권(2007) 『언어와 사회』

이다. 본문에서 언급한 핼러데이·허싼(1976)과 기능문법 개관서나 핼러데이(1985), 『입말과 글말(*Spoken and Written Language*)』(Oxford University Press) 등은 아마 출판사의 저작권 때문에 총서에 포함되지 않은 듯하다.

5) 문장은 글말에서 쓰는 단위이고, 발화(utterance)는 입말에서 쓰는 단위이다. 발화는 늘 상황이나 맥락과 더불어 나오기 때문에, 결코 문장보다 크지 않고, 주어진 정보에 의해서 복원 가능한 요소들은 생략되기 일쑤이다. 여기서는 예시를 하기 위하여 '편의상' 문장으로 통일하여 논의를 전개하고 있다. 서구에서는 수사학 전통이 주로 문장을 대상으로 하여 이어져 왔다. 따라서 문장들이 모여 문단이 되고, 문단들이 모여 전체 덩잇글이 되는 관계를 알기 쉽게 서술해 주는 이점이 있다.

6) 이 영역은 통사론·언어심리학·화용론 등과도 겹친다. 그 중에서도 통사론에서는 지시표현을 놓고서 가장 활발하게 논의가 집중되어 있었고, 특히 명사가 가리키는 대상에 대한 연구가 방대하게 쌓여 있다. 이는 1980년대에 참스키 교수의 지배-결속 이론이 주로 명사 부류를 놓고 활발하게 전개되었기 때문이며, 또한 이 현상이 언어 그 자체가 계층적으로 구조화되어 있음을 극명하게 보여 주는 대표적인 경우였기 때문이다.

필자가 담화론의 용어 cohesion을 '결속'이라고 번역한 이유도, 통사론에서 binding(결속)과 똑같은 역할을 하기 때문에 두 분야를 아우를 수 있도록 고려한 것이다(Cook 1989; 김지홍 뒤침, 2003, 『담화: 옥스퍼드 언어교육 지침서』, 범문사, 234쪽의 역주 3을 보기 바람). 어떤 이는 이를 영어 사전에 있는 낱말을 따라 맹목적으로 응집(凝集)이라고 쓰지만 잘못된 용어이다. '엉길 응(凝), 모일 집(集)'은 「한 점에 모인다」는 뜻이다. 그렇지만 문장은 한 점에 모이는 것이 아니라, 그와는 반대로 펼쳐져 나간다. 한자어로 말하면, 전개(展開)되어 나간다. 따라서 응집과 전개는 서로 정반대 방향을 가리킨다. 따라서 국어과 교육과정에서 쓰는 응집성이란 용어가 얼마나 잘못인지 잘 깨달을 수 있다. cohesion

쓰인다고 알려진 것이 지시표현 및 어휘 사슬이다.[7] 지시표현은 주로 대명사에 의해서 실행된다. 그 대명사의 종류는 귀에 들리는 것에서부터 귀에 들리지 않는 것에 이르기까지 다양하다. 우리말은 귀에 들리지 않는 '공범주 대명사(empty pro)'를 쓴다.

(2가) 철수가 도서관에 갔다. 철수가 영이를 찾았다.
　나) 철수가 도서관에 갔다. ⋯⋯⋯ 영이를 찾았다.
　다) 철수가 도서관에 가서 ⋯⋯⋯ 영이를 찾았다.

위 문장에서 (2가)는 별개의 두 사건이 표현되어 있다. 연결이 이뤄지지 않은 것이다. 그러나 (2나)에서는 밑줄 부분이 공범주 대명사 'pro'로 채워져 있는 형상이다.[8] 이런 지시표현 덕택에 두 사건이 밀접하게

─────────────────

(결속성)은 문장들이 전개되어 나가면서, 서로서로 탄탄히 묶여야 한다. 한자어로 '결속'(結束)되어야 하는 것이다.

참스키 문법에서의 논의는 김용석(1993), 『통제 이론』(한신문화사)와 김용석(1996), 『대용화 문법론』(한신문화사)을 보기 바란다. 한국어에 관한 논의는 양동휘(1988), 『한국어의 대용화』(한국연구원)와 임홍빈(1987), 『국어의 재귀사 연구』(신구문화사)를 보기 바란다. 뒤이은 언어심리학 및 담화에서의 연구는, 대명사 부류의 지시내용을 찾는 일이 좁은 영역에서만 이뤄지지 않고, 대화 참여자들의 머릿속에 있는 배경지식 속에서도 찾아져야 함을 더 명백하게 밝혀 주었다.

그 다음으로 2000년대에 들어서서 생략에 대한 연구가 활발해졌다. 통사론 쪽에서 생략에 대한 연구는 임창국 엮음(2007), 『생략 현상 연구: 범언어적 관찰』(한국문화사)을 보기 바란다. 국어학 쪽의 연구에서는 1980년대부터 접속문에 대한 연구가 다양하게 진행되어 왔는데, 크게 접속문의 구조와 접속 어미의 의미들에 대한 연구로 나뉜다. 자세한 것은 김지홍(2010), 『국어 통사·의미론의 몇 측면: 논항구조 접근』(경진출판)의 제7~8장을 보기 바란다. 50개가 넘는 방대한 숫자의 한국어 접속어미를 놓고서 그 수를 줄이려는 시도는 서태룡(1988), 『국어 활용어미의 형태와 의미』(국어학회, 태학사)를 보기 바란다. 김지홍(2020), 『제주 방언의 복합 구문: 접속문과 내포문 1~2』(경진출판)도 언어 일반론적 논의를 요약해 놓고 있다.

7) 김지홍(2010), 『언어의 심층과 언어교육』(경진출판), 102~104쪽을 보기 바란다.

8) 영어의 경우에는 언제나 소리값을 지닌 대명사를 실현시켜도, 악센트가 주어져서는 안 된다. 이런 차이는 자연언어들 사이를 분화시켜 주는 매개인자(parameter)의 차이로 서술된다. 엄격히 구조에 의존하는 영어에서는 참스키 교수가 want to가 wanna로 축약되는 경우와, 그런 축약 형태를 전혀 허용하지 않는 경우의 대립 환경을 제시해 줌으로써, 큰 공범주 대명사 'PRO'의 존재를 확립해 놓았다. 결정적인 사례를 통한 존재성의 입증인 것이다. 그러나 우리말에서는 아직 작은 공범주 대명사 'pro'를 설정해 주어야만 해결

이어진 것으로 느껴진다. (2다)는 접속 어미 '-아서'를 써서 두 사건이 이어져 있음을 명시적으로 표현한 것이다. (2나)와 (2다)의 사이에 있는 언어 표현의 차이만큼, 만일 실세계에서 차이를 찾는다면, (2나)는 중간 에 다른 사건들이 들어 있을 수도 있다. 그러나 (2다)는 뒷 사건을 위해 서 앞 사건이 일어난 듯이 표현하고 있으므로, 비록 중간에 여러 사건 들이 있을 수 있더라도 손으로 모래를 쥐듯이 다 빠져나가 버리고, 오 직 두 사건만이 서로 매우 긴밀한 연관을 지닌 듯이 느껴진다.

> (3) 철수가 도서관에 갔다. 영이를 찾았다. 그러나 애타게 찾는 사람은 보이지 않았다.

(3)에서는 공범주 대명사에 아무런 표시도 해 놓지 않았다. 그렇지만 관련된 명사와 명사 구절에다 밑줄이 그어져 있다. 이 두 표현은 같은 대상인 '영이'를 가리키고 있다. 어휘 사슬은 명사이든 동사이든 상관없 이, 앞에서 도입한 낱말을 뒤에 이어지는 문장에서 다른 낱말로 표현하 는 관습을 가리킨다. 영어의 글말을 대상으로 하여 호이(Heoy 1991) 『덩 잇글에 있는 어휘의 유형들(*Patterns of Lexis in Text*)』(Oxford University Press)에서는 어휘 사슬(lexical chain)을 이루는 기본규칙들을 다루고 있 다.9) 어휘 교육은 반드시 담화가 전개되는 얼개 속에서 가르쳐야 함을

될 수 있는 그런 대립 환경을 찾아 놓지 못한 것으로 알고 있다. 우리말과 같이 화용적인 특성으로 생략이 잦은 언어에서는, 더더욱 화용적 생략과 공범주 대명사의 구분을 확연 히 붙들어 내기가 어려울 듯하다. 따라서 잠정적으로 현재로서는 한국어 자료에 의해 입증하여 pro라는 공범주 대명사를 집어 넣은 것이 아니라, 오히려 언어의 매개인자들을 고려하면서 설정해 놓았다고 말해야 옳겠다.

9) 이는 영어에만 국한되는 것이 아니다. 한문에서도 마찬가지이다. 한 사건이나 대상에 대한 다양한 측면을 보여 주려는 동기가 깃들어 있는 것으로 판단한다. 따라서 어휘 사슬 에 대한 개념이 없으면, 그리고 낱말이 다르므로 지시대상도 따라서 달라진다고 착각한 다면, 전문 서적으로서 영어 책이든 한문 책이든 번역하는 데에 큰 오류를 빚을 소지가 있다.
　한문에서는 공자가 쓴 노나라 역사책 『춘추』를 잘 이해할 수 있도록 좌구명이란 사람이 '전(傳)'으로 부르는 관련 사건 이야기(해설)를 주석으로 자세히 적어 놓았다. 거기에서는

깨달을 수 있다. 영어에서는 일찍부터 '유관어휘 총괄 사전'으로 불릴 수 있는 thesaurus(유관어휘 모음)가 발달되어 자연스럽게 논문을 쓸 적에 자주 이용된다. 그렇지만 아직 우리말에서는 어휘 사슬을 만들어 내는 것을 선호하거나 지향하지 않는다.[10] 필자는 우리 문화에서 고유한 글말의 전통이 세워져 있지 않았기 때문으로 판단한다.

특히 한 사람의 이름이 계속 다르게 바뀌어 제시된다. 자(字)나 호(號)나 관직 이름이나 조상 이름이나, 대신할 수 있는 간접 호칭들로 바꾸어 놓는 것이다. 이를 문자를 바꾸어 중복을 피한다는 뜻으로 '변문(變文)'이나 '피복(避複)'이라고 말한다. 상서(또는 서경)에서도 주서 강고(康誥) 5절을 보면 보예(保乂 보호하여 다스리다)·지훈(知訓 가르침을 알다)·강보(康保 편안히 보호하다)로 낱말을 조금씩 바꿔썼다. 그 주석에서 이를 "날줄과 씨줄을 엇얽어서 문채로움을 이룬다(經緯以成文)"고 설명해 놓았다. 이런 전통은 또한 『자치 통감』에서도 그러하다. 가령, 『자치 통감 강목』한나라 태조 11년(기원전 196년) 가을 7월에, 임금이 옛날 초나라 국무총리였던 설공에게 질문하자, 대답을 하면서
  "왕년(往年, 지난 해)에는 팽월을 죽였고, 전년(前年, 앞 해)에는 한신을 죽였습니다. ⋯"
라는 대목이 있다. 그 주석을 보면, "지난 해와 앞 해는 같은 말이다. 글을 쓸 때 같은 낱말을 서로 피하여 쓸 따름이다(往年與前年同也, 文相避耳)."라고 하였다. 한문 수사학에서의 전통이 매우 오래된 것임을 알 수 있다. 6세기 경에 유협(劉勰)『문심 조룡』'연자편(練字篇)'에서는 낱말(글자) 선택의 어려움을
  "글자 하나 바꾸는 것이 구를 바꾸는 것보다 더 어렵다."
고 토론한 바 있다. 글자를 바꾼다는 것은 중복을 피하여 다른 낱말을 찾아낸다는 것인데, 이것이 쉽지 않음을 말한다. 서구에서는 이런 목적으로 thesaurus(유관 어휘 모음)를 이용한다.

10) 수년 전에 필자가 지도한 어느 박사논문에서 시범적으로 '어휘 사슬'을 써 본 적이 있었다. 일부 심사자들이 거부감을 보였고, 오직 하나의 용어로만 일관되게 써 나가도록 지적 받은 일이 있었다. 필자는 이 현상을 보면서, 세 가지 점을 생각하게 되었다.
  첫째, 우리말에서 매우 다양한 형태론적 실현이 어감 차이를 불러일으키므로, 일단 낱말이 다르면 내포의미가 다를 것이라는 믿음을 지닐 수 있다. 「아」해 다르고, 「어」해 다르다"는 속담이 이 점을 잘 드러내 준다.
  둘째, 후핵성 매개인자 때문에 선행하는 어휘 항목들보다는 오히려 동사에 이어져 있는 '-고'~'-며' 따위 어미들의 교체만 허용될 개연성이 높다(문법 형태소가 사슬을 이룸).
  셋째, 우리 문화에는 고유하게 글말 전통이 수립되어 본 적이 없어서, 한 대상이 실제 상황에서 여러 측면으로 구현될 수 있다는 사실에 대하여 깊은 성찰이 없다. 이런 측면은 비록 한문을 많이 읽었던 시대에서도 출중하게 한학에 뛰어난 이들이 많았음에도, 한문에 깃들어 있는 수사학 전통이 제대로 뿌리 내리지 못했음을 의미한다.
  한마디로 줄여, 필자는 이것이 21세기를 살아가는 한국 땅의 인문학자들에게 공통적으로 대면하고 성찰해야 할 과제 중 하나라고 본다. 참고로, 글쓰기를 돕고자 하는 노력으로 남쪽에서 김일성 종합대학 교수진 외(2006), 『우리말 글쓰기 연관어 대사전(상, 하)』(황토출판사)를 간행하였고, 어휘론을 전공했던 故김광해 교수의 업적을 이어받아 낱말 어휘정보처리 연구소 엮음(2010), 『(넓은 풀이) 우리말 유의어 대사전(7권)』(도서출판 낱말)이 나와 있다. 어휘 사슬 확장은 비단 국어교육 전공자뿐만 아니라, 우리나라 지식인들이 모두 함께 고민해야 할 과제이다.

그런데 비록 동일한 언어 형식을 쓰더라도, 가리키는 대상이 전혀 다른 뜻을 지닐 수 있다. 이를 대용 표현을 통하여 확인할 수 있다. 우리 말에서 동사나 동사구를 대신하는 표현 '그러하다'를 살펴보기로 한다.

(4가) 동수가 순이를 사랑한다. 병태도 <u>그러하다</u>.
나) 명수가 아내를 사랑한다. 봉수도 <u>그러하다</u>.

(4)에는 대용 표현 '그러하다'가 나와 있다. (4가)에서는 목적어와 동사로 이뤄진 동사구를 대신하고 있고, (4나)에서도 그러하다. 그렇지만 (4가)에서는 삼각관계의 해석이 나온다. 동수와 병태가 순이를 놓고서 싸움을 하는 것이다. 그렇지만 (4나)에서는 1차적으로 남편과 아내의 관계만이 있으며, 따라서 봉수도 결혼한 관계임이 함의되어 있고, 봉수가 자신의 아내를 사랑하는 해석이 나온다.[11] 이는 언어 해석에 반드시 상황이나 맥락에 대한 지식이 동원되어야 함을 일깨워 준다. 따라서 문장과 문장이 결합하여 하나의 작은 단락/문단을 이루는 영역을 벗어나서, 다시 작은 단락들이 모여서 서로 연결되거나 결합할 수 있는 더 큰 영역을 다뤄야 하는 것이다. 이 영역은 적어도 언어학과 무관한 다른 학문 분야(특히 구조주의를 따르는 문화 인류학이나 심리학에서의 실시간 기억 연구 등)에서 나란히 진행되어 온 「서사 이야기 또는 민담들에 대한 분석」과도 자연스럽게 합류가 이뤄진다.[12]

---

11) 물론 상황에 따라서 2차적인 해석으로 앞에서와 같이 삼각 관계의 해석이 유도될 수 있는 경우도 있겠다. 여기서는 일단 전형적인 사례(1차 해석)들을 대상으로 하고 있다.

12) 인간의 실시간 기억을 연구하여 기억 연구의 아버지로 일컬어지는 영국 심리학자 바아틀릿(Bartlett, 1886~1969)도 기억에 대한 연구 재료로 서사 이야기를 자주 이용하였다. 가령 '유령들의 전쟁(The war of ghosts)'이나 '아버지보다 한 수 위가 되려고 하는 아들(The son who tried to outwit his father)' 따위의 이야기를 듣고 나서, 인종별로/문화마다 사람들이 무엇을 삭제하고 무엇을 기억하며 무엇을 변형하고 무엇을 추가하는지 등을 면밀히 연구하였던 것이다. 그는 인간 기억의 본질을 '재구성하기'로 파악하여, 뒷날 구성주의라는 사조에 실질적으로 이론적 뒷받침을 마련해 놓았다. 또한 동시대의 독일 심리학자 에빙하우스(Ebinghaus, 1855~1905)의 실험 접근법이 분명한 한계를 지닌다고 보았었

먼저, 러보웁·윌리츠끼(Labov and Waletzky 1967) 「서사 이야기 분석: 개별 경험의 구연 내용들(Narrative Analysis: Oral Versions of Personal Experience)」, 헤음(Helm) 엮음, 『언어 및 시각 예술에 대한 논총(*Essays on the Verbal and Visual Arts*)』(University of Washington Press)에서13) 그 진행 방식이

도입 → 갈등(꼬임) → 평가 → 해결 → 마무리

로 이뤄지는데, 다음처럼 마름모 꼴의 그림을 그려 놓고 첫 출발점(화살표)에서 시계방향으로 한 번 돌고 나면, 간단한 한 대목의 서사 이야기가 끝이 난다고 보았다.

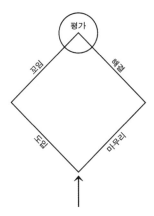

또한 트뢰바쏘·폰덴브록(Trabbaso and van den Broek 1985) 등에서도14)

다. 바아틀릿의 연구는 다음의 절에서 구성주의 흐름으로 진척된 쓰기 연구를 논의하는 자리에서 언급될 것이다.

13) 이는 폴스튼·터커 엮음(Paulston and Tucker 2003), 『사회 언어학: 필독 논문선(*Sociolinguistics: The Essential Readings*)』(Blackwell Publishing)에 제5 논문으로 다시 수록되어 있다. 또한 쉬글로프 교수가 30년 뒤에 이 논문의 가치를 평가한 Scheloff(1997), 「〈Narrative Analysis〉 Thirty Years Later」도 제6 논문으로 같이 들어 있어서 이 논문의 가치를 아는 데에 도움을 준다.

14) 김소영(1998), 「덩이글의 문장 통합: 인과 연결망 모델의 접근」, 이정모·이재호 엮음,

다양한 「인과 그물로 이야기가 짜이는 방식」들을 연구하였는데, 단일한 이야기 구조·연속적 구조·위계를 지닌 구조 등을 다루었다. 그 구조를 이루는 구성 항목들로서

배경(S), 가능게 함(E), 반응(R), 목표(G), 동기(M), 시도(A), 결과(O), 물리적 원인(phi), 심리적 원인(psy)

등을 상정하였다. 김소영(1998: 265쪽)에서는 시간상 일직선 화살표로 전개되는 과정에서 다시 되돌아 와서 반복되거나 건너뛰어 전개될 수 있는 가능성을 원호 화살로 표시해 놓았다. 또한 김소영(2003: 266쪽)에서는 가상하여 인과 그물짜임의 예시를 다음처럼 보여 주었다. 단, 원으로 된 숫자들은 연쇄 고리 위에 있는 각각의 마디를 나타낸다.[15]

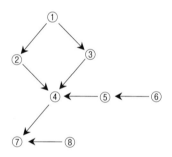

이런 연구들에서는 전반적인 이야기 흐름의

구조·변형·창조

『인지 심리학의 제문제 Ⅱ』(학지사)와 김소영(2003), 「텍스트의 이해와 기억」, 조명한 외 11인, 『언어 심리학』(학지사)에서 관련 내용을 자세히 읽을 수 있다.

15) 민담을 연구하는 쪽에서는 이를 음소나 형태소란 용어가 기본 단위를 가리키므로, 또한 이야기의 기본 단위라는 뜻으로 화소(話素, motif)란 말을 쓴다.

모습을 찾아내려고 한다. 이런 영역은 흔히 의미 연결(coherence)이라고 불리지만, 연구자에 따라서 다양하게 다른 이름으로도 불린다. 어원상 앞의 문장 결속(cohesion)과 뿌리가 동일하며, 둘 모두

'함께(together)+붙다(to stick)'

로 되어 있다. coherence를 일관성이나 통일성으로도 번역하는데,16) 전체 단락들이 모두 상위 개념상 일관되게 연결되어 통일성을 줄 수 있어야 하는 것이다. 여기서는 '의미 연결'이란 용어를 써 나갈 것이다.

coherence(의미 연결)이란 말 대신에, 더러 전통적인 용어로서 '추론'이란 이름을 쓴 경우도 있고,17) 언어교육에서는 '내용 단락'이라는 이름을 쓰기고 하며(서종훈 2009), 최근에 킨취(Kintsch) 교수는 '거시구조'라는 이름을 쓰기도 하였다.18) 언어 심리학에서는 앞의 문장들에 대한 결속을 local coherence(지엽적 연결)이라고 부르고, 이것들을 대상으로 한 상위의 연결을 global coherence(전반적 연결)이라고도 불렀다.19) 모

---

16) 이는 의미 연결에 대하여 평가를 내린 결과를 가리킬 수 있다. 김지홍(2010: 103쪽), 『언어의 심층과 언어교육』(경진출판)에서는 다음과 같이 표현한 바 있다.
   의미 연결+평가=일관성 또는 통일된 단위체
   (coherence+evaluation=consistancy or unity)

17) 막연하게 추론이란 말을 쓰지 않고, 추론의 내용을 엄격히 하위 개념으로 나눠 놓기도 한다. 킨취(Kintsch 1993), 「덩잇글 처리에서 정보 더해 놓기 및 정보 덜어내기: 추론 (Information Accretion and Reduction in Text Processing: Inference)」, 『담화 처리과정 (*Discourse Processing*)』 제16권(pp. 193~202)에서는 다음처럼 추론 과정을 명시적으로 드러내었다.

처리 방향 / 자각 여부	인출	생성
무의식적인 자동 과정	교량 추론, 연상 정교화	유사 영역에서 이행 추론
의식적인 통제 과정	교량 지식에 대한 탐색	논리적 추론

18) 내용 단락에 대해서는 서종훈(2009), 「학습자의 문단 인식 양상 연구」(경상대학교 박사논문)을 보기 바란다. 거시 구조에 대해서는 킨취(Kintsch 1998; 김지홍·문선모 뒤침 2010), 『이해: 인지 패러다임, I~II』(나남)에 있는 뒤친이 해제를 읽어보기 바란다.

19) 엄격히 말하여, 문장 결속은 주로 언어 기제에 의존하고 있으나, 의미 연결은 머릿속 배경지식에 의존하고 있으므로, 두 방식을 촉발하는 요소가 서로 다르다. 대립적으로

두 소단락들을 묶어 주는 상위 구조에 대한 내용이다.

그런데, 문제는 소단락들을 묶어 주는 데에 관여하는 고정된 언어 기제가 없다는 점이다. 친절한 글일수록 앞의 단락과 뒤의 단락이 어떻게 이어져 있는지에 대하여 일부러 구체적인 연결 관계를 언어로 표현해 줄 수 있겠지만, 이는 결코 필수적이거나 의무적인 사항이 아니다. 가령, '서론·본론·결론'이라는 용어는 큰 단락들의 연결 관계를 드러내어 주는 낱말들이다. 또한 '결론을 말하면, 요약하여, 따라서' 등도 마찬가지로 앞의 언급 내용을 한데 정리하여 놓는 역할을 한다. 하나하나 나열할 때 쓰는 표현 '첫째, 둘째, …' 등도 상위 단락들 사이의 연결을 표시해 주므로 중요한 담화 표지에 속한다. 일반적으로 이런 것들을 싸잡아서 거시구조를 드러내는 담화 표지라는 뜻으로 '거시 표지'라는 용어를 쓴다. 이와 대립되는 '미시 표지'는 문장 결속에서 구체적으로 등장하는 접속사와 같은 부류들을 다 가리킨다. 그렇지만 거시 표지가 반드시 담화의 전개 속에 들어 있어야 하는 것은 아니다. 일부러 숨길 수도 있고, 논란이 되지 않는 한 명시적으로 표현하지 않고 그대로 진행될 수도 있는 것이다.

이런 점을 부각시키기 위하여, 위도슨(Widdowson 2004; 김지홍 뒤침 2018)『텍스트, 상황 맥락, 숨겨진 의도』(경진출판)의 제4장에서는 명시적으로 coherence(의미 연결)를 '언어 외적(extralinguistic)' 정보라고 말하였다. 그렇다면 언어 이외에 어디에서 coherence(의미 연결)를 찾아낸다는 말인가? 건스바커·기본 엮음(Gernsbacher and Givón 1995: 62쪽)『자발적 텍스트에서의 의미 연결(*Coherence in Spontaneous Text*)』(John Benjamins)에서는 coherence(의미 연결)를

말하면 전자는 언어 내적 기제이지만, 후자는 언어 외적 기제인 것이다. 따라서 언어 심리학에서 적용 영역만 다른 동일한 하나의 원리로 보아 local(지엽적)과 global(전반적)이라고 구별한 것은 잘못임을 알 수 있다.

'해당 텍스트에 대하여 구조화된 정신 표상'

(a structured mental representation of the text)

이라고 정의한 바 있다. 의미 연결(coherence)을 부여해 주는 것이 우리 머릿속에 있는 정신 표상(또는 배경지식)이라면, 의미 연결은 배경지식의 심도에 따라 해석자마다 편차가 생길 것임을 예상할 수 있다.

의미 연결에 대한 자각의 정도와 관련하여, 언어교육에서는 그 연결을 알려 주는 담화 표지(discourse markers)들과의 상관 관계에 대한 흥미로운 연구를 진행한 바 있다. 문장들을 결합시켜 주는 담화 표지들을 '미시 표지'라고 부르고, 문단들을 연결시켜 주는 담화 표지들을 '거시 표지'라고 부른다. 쇼드론·뤼처드즈(Chaudron and Richards 1986)에서 는[20] 대학생들 중에서 제2 언어로 영어를 쓰는 학생들을 두 집단(각각 71명과 81명)으로 나누어 놓았다. 그리고 미국 역사에 관한 담화를 뽑아 원래의 담화 및 그 속의 담화 표지들을 변경한 담화 변이체들을 만들어 서(312쪽 각주 21을 보기 바람) 공분산 분석(ANCOVA)을 통하여 그들의 이해 정도를 측정하였다.

① 윤색이 없이 원문 그대로 제시한 담화

② 미시 표지들을 추가해 놓은 담화

③ 거시 표지들을 추가해 놓은 담화

④ 미시 표지와 거시 표지들을 모두 다 추가해 놓은 담화

이 네 가지 담화 변이체를 놓고서[21] 그들이 세웠던 가정은 다음과 같다.

---

20) 필자는 누넌(Nunan 1992), 『언어학습에서의 연구 방법론(*Research Methods in Language Teaching*)』(Cambridge University Press) 제2장 5절에서 자세히 인용하여 다룬 내용에 근거하고 있다. 원래의 논문은 『응용 언어학(*Applied Linguistics*)』 제7권 2호(pp. 112~127)에 실려 있고, 입말 형태인 강의로 실험이 진행되었지만, 여기서는 서술의 편의상 상의어인 담화로 실험이 진행된 듯이 써 놓았다.

가정 1: 제2 언어 학습자들이 담화 표지가 전혀 추가되지 않은 원래의
　　　　담화보다, 미시 표지들이 추가될 경우에 이해를 좀 더 잘할 것이다.
가정 2: 제2 언어 학습자들이 오직 미시 표지들만 있는 담화보다는 거시
　　　　표지들이 들어간 담화를 좀 더 잘 이해할 것이다.
가정 3: 제2 언어 학습자들이 거시 및 미시 표지가 모두 들어가 있는 담화
　　　　를 가장 잘 이해할 것이다.

그들의 논문에서 보고한 결론은, 거시 표지들이 충실히 들어가 있을

---

21) 예를 들어 강의 형태로 제시된 변이체들이 다음처럼 제시되어 있다.

　① 윤색 없는 기본 내용
　"The United States came into existence officially in 1783 after eight years of war…"
　(8년에 걸친 전쟁 뒤 1783년에 공식적으로 미국 합중국이 존재하게 되었습니다…)
　"By 1803, the original thirteen colonies had doubled in size…"
　(1803년까지, 원래의 13군데 식민지들이 크기가 곱절이 되었습니다…)

　② 미시 표지가 들어간 내용
　"*Well*, the United States came into existence officially in 1783 after eight years of war…"
　(그런데, 8년에 걸친 전쟁 뒤 1783년에 공식적으로 미국 합중국이 존재하게 되었습니다…)
　"*And so*, by 1803, the original thirteen colonies had doubled in size…"
　(그래서, 1803년까지, 원래의 13군데 식민지들이 크기가 곱절이 되었습니다…)

　③ 거시 표지가 들어간 내용
　"*To begin with*, the United States came into existence officially in 1783 after eight years of war…"
　(무엇보다도, 8년에 걸친 전쟁 뒤 1783년에 공식적으로 미국 합중국이 존재하게 되었습니다…)
　"*What we've come to by now was that* by 1803, the original thirteen colonies had doubled in size…"
　(지금까지 우리가 다뤄온 바는 1803년까지, 원래의 13군데 식민지들이 크기가 곱절이 되었다는 것이었습니다…)

　④ 거시 및 미시 표지가 둘 모두 들어간 내용
　"*Well, to begin with*, the United States came into existence officially in 1783 after eight years of war…"
　(자, 무엇보다도, 8년에 걸친 전쟁 뒤 1783년에 공식적으로 미국 합중국이 존재하게 되었습니다…)
　"*And so, what we've come to by now was that* by 1803, the original thirteen colonies had doubled in size…"
　(그래서, 우리가 지금까지 다뤄온 바는 1803년까지, 원래의 13군데 식민지들이 크기가 곱절이 되었다는 것이었습니다…)

때에 가장 학습자들의 이해력이 높았다. 반면에 미시 표지는 이해력을 높이는 데에 도움이 되지 않았다. 흥미로운 것은 거시 표지와 미시 표지를 모두 집어 넣은 경우에, 거시 표지들만 들어 있는 경우보다 이해 및 회상률이 더 낮았다는 지적이다.

담화의 의미 연결(coherence)에 대한 관심은 2000년대에 들어서 계속 급증하고 있다.[22] 언어로 표현된 덩이들을 묶어 주는 방식들이 얼마나 보편적이고, 어느 정도로 문화에 의존하는지에[23] 대한 물음도 진지하게 제기되고 있다. 가장 손쉬운 연결방식은 '결론 먼저 제시하고, 이어서 입증'으로 표현되는 두괄식 접근이다(연역 방식으로도 불림). 이에 따른 변형으로 '주장 → 입증'이나 '단정 → 사례 제시' 등도 같은 계열이

---

[22] 앞에서 언급되지 않은 것으로, 존 벤저민즈(John Benjamins) 출판사에서 모두 편저 5권이 출간되었다.
　① 버블릿츠·렝크·븬톨러 엮음(Bublitz, Lenk and Ventola 1999), 『입말과 글말 담화에서 의미 연결성: 의미 연결성을 창조하고 기술하는 방법(*Coherence in Spoken and Written Discourse: How to Create it and How to Describe it*)』(JB)
　② 라우워즈·븬피어 엮음(Louwerse and van Peer 2002), 『주제학: 학제적인 연구(*Thematics: Interdisciplinary Studies*)』(JB)
　③ 엔씽크·자워 엮음(Ensink and Sauer 2003), 『담화에서 틀 부여하기 및 관점 세우기(*Framing and Perspectivising in Discourse*)』(JB)
　④ 아이유머·스텐스트룀 엮음(Aijmer and Stenström 2004), 『입말과 글말 말뭉치에서 담화 전개 유형들(*Discourse Patterns in Spoken and Written Corpora*)』(JB)
　⑤ 슈밋 엮음(Schmitt 2004), 『정형성을 갖춘 연결체들(*Formulaic Sequences*)』(JB)
[23] 문화에 따라서 선호하는 수사학이 달라짐도 또한 잘 알려져 있다. 가령, 스페인 문화에서는 화려체를 선호하고, 첫 부분에 많은 공을 들여 수사적 표현을 잔뜩 쓴다. 중국 문화에서는 '음 : 양'처럼 대립적인 전개 방식을 통하여 반대 속성들을 드러내는 표현법을 선호한다. 필자의 경험으로는 학문 분야와 하위 갈래에 따라서도 논지 전개 방식이 조금씩 다를 것이다.
　언어학에서 참스키 문법에 익숙하여 논문을 쓰는 사람들은 자신의 머릿속에서 골라 낸 한 가지 사례를 제시하여 이론화하고, 그 이론을 다른 예외들을 추가하면서 계속 수정해 나가는 방식을 쓴다. 아무도 그런 논지 전개 방식에 대하여 시비를 거는 사람이 없다. 그런 만큼 생성문법 공동체의 구성원들에게 거부감 없이 수용되는 방식이다. 따라서 참스키 방식대로 씌어진 언어학 논문은, 마지막 결론 부분을 먼저 살펴보고 나서 논지 전개를 재구성하는 것이 이해의 첩경이 된다.
　한편, 영어 교육 쪽에서는 미국 교육 연구회·미국 심리학회·교육 측정 국가 협의회에서 공동으로 펴낸(1999 개정판) 『*Standards for Educational and Psychological Testing*』을 따르도록 강력히 권고받는다. 이는 이순묵·이봉건 뒤침(1995), 『설문·시험·검사의 제작 및 사용을 위한 표준』(학지사)로 번역되어 있다.

다. 페어클럽(1995; 이원표 뒤침 2004)에서는 뉴스의 보도에서 길거리 목소리를 같이 방영하는 방식도, 이런 두괄식 표현의 변이체라고 지적한 바 있다. 학문적으로는 이미 가설-연역적 접근법이[24] 여러 학문들에서 보편적으로 받아들여지고 있다.

이제, 담화를 갖고서 일을 하는 실용적인 '다원주의 담화'를 살필 차례이다. 이는 비판적 담화 분석(CDA)로 불린다. 영국의 페어클럽(Fairclough, 1941~) 교수와[25] 화란의 폰대익(von Dijk, 1943~) 교수가[26] 가장 핵심

---

24) hypothetical deductive system(가설-연역적 접근법)은 귀납법과 연역법이 연합된 형태이다. 먼저 귀납법을 통하여 궁극적인 가설을 상정한다. 이어 이 가설이 임의의 대상에 적용하더라도 충분히 타당성을 입증받을 수 있도록 여러 영역들을 놓고 검증해 나가는 절차이다.

25) 페어클럽 교수의 책 중에서 다음 세 권이 번역되어 있다. 페어클럽(1995; 이원표 뒤침 2005), 『대중매체 담화 분석』(한국문화사); 페어클럽(2001; 김지홍 뒤침 2011), 『언어와 권력』(경진출판); 페어클럽(2003; 김지홍 뒤침 2012), 『담화 분석 방법』(경진출판). 특히 뒤의 두 권에 들어 있는 뒤친이의 해제들을 읽어보기 바란다.

26) '화란' 발음은 '투인 아드리아누스 폰대익'이다. 초기에는 순수 담화 쪽의 저술들을 선보였다. 대표적인 것으로 폰대익(1980; 서종훈 뒤침 2047), 『거시구조』(경진출판)와 1983년 심리학자 킨취(Kintsch) 교수와의 공저인 『담화 이해의 전략들(*Strategies of Discourse Comprehension*)』(Academic Press)이 있다. 4권의 총서인 폰대익 엮음(1985), 『담화 분석의 소백과(*Hanbook of Discourse Analysis*)』(Academic Press)에는 법학·사회학·인공지능·심리학·언어학·철학·병리학·아동학 등에 걸쳐 53편의 논문이 들어 있다.

그렇지만 1990년대에 들어서면서 담화로써 일을 하는 실용적인 다원주의 담화 쪽의 저술들을 출간하기 시작하였다. 이는 2004년 쓰인 "텍스트 문법으로부터 비판적 담화 분석까지(From text grammar to critical discourse analysis)"에서도 확인할 수 있다(http://www.discourses.org/download/articles). 최근 폰대익(2014; 허선익 뒤침 2020), 『담화와 지식』(경진출판)이 번역되었다.

폰대익(1993), 『사회 지도층의 담화와 인종 차별(*Elite Discourse and Racism*)』(Sage),
폰대익 엮음(1997), 『구조 및 과정으로서의 담화: 학제적 담화 연구 개관, 1권(*Discourse as Structure and Process: A Multidisciplinary Introduction 1*)』(Sage),
폰대익 엮음(1997), 『사회적 상호작용으로서의 담화: 학제적 담화 연구 개관, 2권(*Discourse as Social Interaction: A Multidisciplinary Introduction 2*)』(Sage),
폰대익(1998), 『이념: 학제적 접근(*Ideology: A Multidisciplinary Approach*)』(Sage),
폰대익(2009a), 『담화와 권력(*Discourse and Power*)』(Palgrave Macmillan),
폰대익(2009b), 『사회와 담화: 사회적 맥락들이 텍스트와 말하기에 어떻게 영향을 미치는가(*Society and discourse : how social contexts influence text and talk*)』(Cambridge University Press),
폰대익(2010), 『담화와 맥락: 사회인지적 접근(*Discourse and Context: Sociocognitive Approach*)』(Cambridge University Press),
폰대익(2011), 『담화 연구들: 학제적 접근 개관(*Discourse Studies: A Multidisciplinary Introduction*)』(Sage).

적인 학자로 알려져 있다. 몇 년 동안 페어클럽의 책들을 번역해 오고 있으며, 여기서는 페어클럽의 근본적인 생각들을 필자 나름대로 이해한 골자들로 서술해 놓기로 한다. 개인적으로 비판적 담화 분석을 공부하면서 말의 비중을 어디에 둘 것인지에 대한 생각을 많이 하게 되었다. 페어클럽은 말이

'말을 위해 있는 것이 아니다. <u>일을 하기 위하여 존재한다.</u>'

는 생각을 견지하고 있다.[27] 위도슨과 페어클럽 사이에 벌어진 담화를 둘러싼 논쟁은 『언어와 문학(*Language and Literature*)』이라는 학술지를 중심으로 전개되었다. 먼저 위도슨이 1995년 제4권 3호(pp. 157~172)에 「담화 분석: 비판적 서평(Discourse analysis: a critical View)」를 실었다. 이에 대한 답변으로 페어클럽 교수가 1996년 제5권 1호(pp. 49~56)에 「헨뤼 위도슨의 '담화 분석: 비판적 서평'에 대한 대답(A reply to Henry Widdowson's 'Discourse analysis: a critical view')」을 실었고, 이어 위도슨 교수의 재반응이 같은 학술지의 같은 호수에 페어클럽 교수의 답변 바로 뒤(pp. 57~69)에 「페어클럽에 대한 대답, 담화와 해석: 짐작과 반박(Reply to Fairclough: Discourse and interpretation: conjectures and refutations)」이란 제목으로 실리었다.[28]

위도슨 교수는 학술지를 달리하여 『응용 언어학(*Applied Linguistics*)』에서도 페어클럽(1980; 김지홍 뒤침 2017) 『담화와 사회 변화』(경진출판)

---

27) 비록 명시적으로 언급한 바는 없지만, 필자는 이것이 비트겐슈타인이 말한 삶의 형식과도 근본 지향점이 같다고 본다. 즉, 삶을 지향하는 언어인 것이다.

28) 이런 논쟁 속에 다른 학자들도 가세하였다. 동일한 학술지 제6호(pp. 83~103)에 페어클럽 교수를 두둔하면서 툴런(Toolan 1997), 「무엇이 비판적 담화 분석이고, 사람들이 이에 대하여 왜 악담을 하고 있는가?(What is Critical Discourse Analysis and Why are People Saying such Terrible Things about it?)」를 실었고, 또한 제11호(pp. 153~160)에 웨버(Weber 2002), 「헨뤼 위도슨의 비판적 실천(The cirtical practices of Henry Widdowson)」가 게재되었다.

을 비판하였다. 1995년 제16권 4호(pp. 510~516)에 「페어클럽 『담화와 사회 변화』에 대한 서평(Review of Fairclough, Discourse and Social Change)」을 실었고, 1998년 제19권 1호(pp. 136~151)에 「비판적 담화 분석의 이론과 실천(The Theory and Practice in Critical Discourse Analysis)」을 실었다. 특히 담화를 통해서 이뤄지는 사회적 지배이념의 고착을 비판하도록 권장하는 페어클럽 교수의 시도를 못마땅하게 생각하여 137쪽에서

"어떤 개념이든지 간에 흔히 손이 닿는 대로 취해 온 일종의 기묘한 합작품" (a kind of *ad hoc* bricolage which takes from theory whatever concept comes usually to hand)

이라고 힐난하였다. 합작품이란 담화 분석에 사회학이나 지배 이념의 개념을 도입한 것을 가리킨다. 담화가 순수히 일원론적이며 자족적인 성격을 다루는 것이 아니라, 오히려 가려져 있는 사회적 지배 이념을 드러내는 도구로 쓰인다는 점을 비판한 것이다. '비판적'이란 꾸밈말은 숨겨지거나 가려져 있는 지배 이념을 밝게 드러내어 시비를 논한다는 뜻을 담고 있다.

필자는 이런 대립을 쉽게 다음처럼 대립시켜 표현할 수 있을 것으로 본다. 위도슨은 「말이 있는 그대로의 질서를 존중해 주는 입장」이다.[29]

---

29) 따라서 위도슨(2004; 김지홍 뒤침 2018), 『텍스트, 상황 맥락, 숨겨진 의도』(경진출판)에서는 담화 이론을 세우기 위하여 심각하게 다른 학문 영역을 기웃거리지 않는다. 1973년 에딘브뤄(Edinburgh) 대학 박사논문에서부터 계속하여 일관되게 '언어 그 자체'에만 몰두하여 내적 질서를 탐구해 왔다. co-text(앞뒤 언어 문맥)이라든가 pretext(텍스트의 숨겨진 산출 목적)과 같은 용어들도 그런 노력의 산물이다. 결국 이는 '낭만적 개인주의'만을 옹호하는 셈이고, 지식인의 사회적 책임에 대하여 물음을 받을 적에 적의한 답변을 해 줄 수 없으며, 오직 '방임주의' 입장을 취하는 일에 다름 아니다.
그렇지만 페어클럽의 책들은 심각하게 프랑스 사회학자 부르디외와 푸코, 독일의 사회철학자 하버마스, 이탈리아 맑스주의자 그룹씨 등에서 전반적인 사회 이념이나 질서에 대한 논의를 받아들인다. 따라서 한 개인의 자유를 극대화하기 위하여 담화를 통해 이뤄지는 사회적 지배 이념을 비판하여 뛰어 넘도록 강력히 권고한다. 특히 신자유주의·정보 사회·세계화·다국적 기업 등의 담화로 위장된 지배 이념들을 공격하는 일을 실천해 오

'순수한 일원주의'이다. 그렇지만 페어클럽은 말을 통해서 일을 한다, 또는 일을 하기 위하여 말을 한다는 입장이다(단, 여기서 일은 삶과 같이 넓은 뜻을 지님). 대립적으로 표현하여 '실용적 다원주의'라고 말할 수 있다.30) 위도슨은 담화 각편의 전개에 초점을 둔다. 그렇지만 페어클럽은 담화 하나하나가 한데 묶이어 담론이 되고, 다시 담론이 묶이어 상위의 갈래를 이루는데, 그런 갈래를 갈래로 묶어 주는 밑바닥에 깔린 질서를 '이념'이라고 파악하고, 이념의 실체를 명시적으로 드러내고, 그 이념이 담화 각편으로 구현되는 방식을 드러내려고 한다. 따라서 페어클럽은 불가피하게 담화 및 사회 관계의 역학을 다루지 않을 수 없다.

그렇다면, 두 입장이 모두 다 충분한 근거를 지니고서 나름대로의 가치를 지니며, 단지 어떤 측면에 더 가중치를 두어 부각시킬지에 따라 관점이 나뉘는 것으로 보아야 할 것이다. 이를 종전의 용어로 미시적 차원과 거시적 차원으로 서술할 수도 있다. 어느 차원으로 보든지 간에, 궁극적으로는 우리 삶을 대면하면서 우리의 생활 속에 뿌리를 내려야 할 것이다. 다시 말하여, 말과 일은 모두 삶의 한 부분일 따름이다. 결과적으로 논의 범위가 언어에만 한정될지, 언어를 통해 이뤄지는 사회관계를 더 근원적인 것으로 여길지를 놓고서, 각자 유용성의 선택이 이뤄지는 것이다(연구자 개인의 신념과 선택 문제). 492쪽 이하에서는 순수 심리학 차원에서 언어 이해 또는 처리 과정을 킨취(1988)를 중심으로 소개했는데, 순수 담화 전개 차원을 대표할 수 있다.

페어클럽(2003; 김지홍 뒤침 2012) 제1장 3절에서는 언어와 텍스트와 담화의 관계를 다음처럼 정의한다. 언어는 낱말이나 문장이든 간에 언

고 있다.

30) 이를 순수한 일원주의를 옹호하는 시각에서 용어를 만들어 낸다면, 각각 전통적으로 언급되어 온 '본질주의 대 도구주의'라고 말할 수도 있다. 여기서 이런 이름 붙이기가 어떤 가치나 이념이 깃들어 있음을 알 수 있다. 필자는 통합적이며 실용적인 다원주의를 옹호하고 있으므로, 이들을 순수한 일원주의 대 실용적인 다원주의라고 이름을 붙였다.

어로 이뤄져 있는 것을 가리킨다. 텍스트는 글말과 입말의 구분 없이 실제 사용 중인 언어를 가리키는데, 시각적인 정보까지도 포함된다. 그렇지만 담화는 더 큰 차원에서 언어 사용을 가능하게 하는 밑바닥의 질서(사회적 관계)를 포함하여, 언어와 텍스트를 모두 포괄하는 상의어이다. 담화는 개인별로 크든 작든 융통성 있게 바뀌고, 다른 담화와 뒤섞일 수 있는 단계에서는 담화(discourses, 개별 담화들)로 불리지만, 공동체 구성원들에게 받아들여지고 어느 정도 고정되어 이념을 만들어 내는 데에 관련되는 경우에는 '담론'(Discourse 또는 복수형태가 될 수 없는 discourse)으로 불린다. 제2장 5절에서는 이를 사회 관계와의 대응시켜 다음과 같이 나타내었다.

〈 담화의 계층 구조 〉

개개의 사회적 사건(social events)	⇨ 언어/텍스트로 구현됨	상부
사회적 실천관행(social practices)	⇨ 담화 질서로 고정됨	↕
일반적 사회구조(social structures)	⇨ 담론으로 밑바닥에 잠복해 있음	하부

왼쪽 칸에 있는 사회 현상들의 내적 관계는 다음처럼 동심원이나 원뿔의 가로 절단면의 모습으로 나타낼 수도 있다(페어클럽 2001; 김지홍 뒤침 2011: 304쪽 역주 9를 참고하기 바람).

앞의 글상자에서 개개의 사회적 사건·사회적 실천관행·일반적 사회구조는, 각각 상황 층위·제도적 층위·사회구조 층위와 대응한다. 더 큰 동심원일수록 더 깊이 깔려 있으며, 자각하기가 더 어려워질 것이다.

따라서 이를 더 정확히 그린다면 원뿔로 이뤄진 세 층위로 표상해 주어야 하는데, 제일 위에 있는 층위만이 바다 위에 떠 있는 빙산처럼 구체적인 경험 대상이 되며, 아래 층위들은 내성 또는 성찰에 의해서 자각이 될 뿐이다. 즉, 누구나 쉽게 자각하는 것은 의사소통 상황을 일으키는 상황 층위이며, 개개의 사회적 사건이 된다. 여기서 대화 참여자들 사이에 발화를 통해 사회적 사건이 진행되어 나가는 것이다. 그렇지만 이는 아무렇게나 팔자걸음을 걷는 것이 아니라, 일정한 변이 폭을 허용하는 심층의 제도적(또는 기관적) 담화 질서에 의해 인도된다. 이런 담화 질서들도 궁극적으로는 일반적 사회구조라는 보편적인 질서에 뿌리를 두고 있기 때문이다.

만일 소쉬르의 이분법으로 말하면 개개의 사회적 사건은 파롤(개인별 변이체)에 해당하고, 사회적 실천관행과 사회구조는 랑그(사회 구성원들 사이의 공통 속성)에 해당한다. 페어클럽 교수의 이런 접근 방법은, 비록 칸트(Kant, 1724~1804)에 대한 인용이 없지만, 칸트가 한 인간을 세 층위로 파악하였던 방식을 연상시킨다. 칸트는 인간 유전자가 만들어 내는 보편적인 속성들을 범주(categories)로 부르고, 구성원들이 공유하는 공동체 요소들을 규범(maxims)으로[31] 부르며, 개인이 각자의 체험에 따라 형성하게 되는 것들을 개인별 개념틀(schemata)로 불렀다. 여기서 사회적 실천관행은 세 가지 층위로 다음처럼 재분석될 수 있다.

개별 정체성 모습(style)	⇨ 개인별 존재 방식(ways of being)	개인
하위 담화(discourses)	⇨ 공통된 표상 방식(ways of representing)	↕
기본적인 갈래(genre)	⇨ 공통된 행위 방식(ways of acting)	집단

---

31) 아리스토텔레스의 『수사학』에 처음 쓰인 maxim(격언, 경구)은 우리한테 지혜를 전해 주는 격언이나 잠언의 뜻을 지녔었다. 그런데 중세의 강단(스콜라) 철학자들에 의해 이 말이 axiom(공리)이란 뜻으로 확장되었다. 칸트도 중세 철학자들의 뜻으로 썼기 때문에, 백종현 뒤침(2006), 『순수 이성 비판, I~II』(아카넷)에서는 '준칙'으로 불렀다. 법칙에 버금가는(준하는) 것으로서 규범들과도 통한다.

이런 얼개 위에서 사회적 질서와 담화와의 관계는 직접 대응되기보다 오히려 내재적 분석을 통해서 결과적으로 서로 긴밀성이 드러날 수 있다. 이를 다음과 같이 나타낼 수 있다.

일반적 사회구조 사회적 실천관행 사회적 사건 ┌ 행위와 행위들의 사회적 관계 　　　　　 ├ 사람들의 정체성 　　　　　 └ 세상에 대한 표상	**외부 층위** (사회 층위)
담화(개별 정체성 모습, 하위 담화, 갈래) 텍스트/언어 ┌ 의미 　　　　　 ├ 문법과 어휘 　　　　　 └ 음운/철자	**내부 층위** (언어 층위)

그렇다면 이제 담화가 어떤 방식으로 사회 질서를 표상하는지에 대한 논의가 이어져야 할 것이다. 점강적인 진행방식을 통하여 차례대로 갈래와 텍스트 짜임들의 내재적 질서를 분석하고, 서로 얽힌 담화 속성들을 다루며, 서사 이야기 구조를 다룬 다음에, 마침내 미시언어학 영역을 논의한다. 가장 미세하게 '절'(또는 철학과 심리학에서는 '단언')을[32] 분석하는 자리에서는 특히 종결 서법이나 양태(확실성 아니면 가능성)에 초점이 모아진다. 이것들이 상위 차원에서 지배 이념이나 권력이 행사되는(평가와 가치가 깃들어 있는) 언어적 방식이기 때문이다. 뿐만 아니라, 하나의 절 속에 행위 주체가 명시적으로 표현되는지(능동 표현 따위), 아니면 행위 주체에 대한 언급이 사라지고 오직 결과 상태나 대상만이 부각되는지(수동 표현 따위)를 드러내는 서술관점도, 이념을 고정되고 당연한 것처럼 여기도록 유도하는 방식이므로, 화자의 표현 의도를 포장하는 방식을 직접 드러내어 주는 단서가 된다.

---

32) 췌이프(Chafe 1994; 김병원·성기철 뒤침 2006)에서는 입말을 기본으로 보므로, 사고의 기본 단위를 '억양 단위(intonation unit)'라고 부른다.

더욱 중요한 것은 명사와 동사(동사로 투영된 절이나 문장) 사이의 구분이다. 동사가 투영하여 만들어 내는 문장은 구체적인 사건들을 개별적으로 언급한다는 점에서, 논의되는 사건들을 여러 측면을 그대로 드러내 줄 수 있다. 그렇지만 이것이 명사화되거나 완전히 명사로 바뀌면, 결과 상태나 대상물만이 진리인 듯이 당연히 전제되고, 다른 사람들이 그 존재성과 사실성 여부를 문제 삼지 못하도록 만들어 버릴 소지가 있다. 아무렇게나 저절로 표현하고 아무렇게나 명사화 표현을 쓰는 것이 아니다. 부지불식간에 더 깊은 밑바닥에서는 ① 구체적 사건을 경험하여 비로소 참인지 여부를 깨우치도록 표현하거나, ② 아니면 애초에서부터 부인할 수 없는 참값임을 전제하도록 표현할지에 대한 중요한 차이가 들어 있는 것이다(59쪽 각주 6, 173쪽 각주 17 참고 바람).

　필자가 보기에, 아직 기억 부서와의 관련성까지 언급하지 못하였지만, 이런 차이점에 대한 논의는 아마 페어클럽 교수가 처음일 것으로 판단된다. 또한 어휘 선택과 관련해서도 종결 서법 및 양태에 대한 논점과 일맥상통하는 가치 및 평가의 동기가 숨겨져 있음을 구체적 사례를 들면서 논의해 나가고 있다. 결국 마치 참인 양 전제되거나 가정된 가치(이념)를 비판적으로 드러내어 공개 토론마당에서 논의 대상으로 삼는 일이, 언어 자각임과 동시에 비판적 담화 분석이 된다.

　이런 생각들을 염두에 두고서 페어클럽(2001; 김지홍 뒤침 2011)과 페어클럽(2003; 김지홍 뒤침 2012)에서는 다양하게 구체적인 담화 사례(연설, 대담, 신문 기사, 정부 서식 따위)들을 놓고서, 어떻게 비판적으로 적용하고 실천할 수 있는지를 매우 미세하게 현미경 시각으로 보여 주고 있다. 그 중에서도 현재 우리 사회에서 무감각하게 관심 없이 흘려버리는 문제로, 거대한 다국적 기업들의 이익에 봉사하며, 시민들의 권리를 보호해야 할 국가적 의무를 당연히 포기하도록 만들어 가는 신자유주의 내지 작은 정부 지향의 흐름을 예리하게 초점 모아 비판하고 있다.

　1970년대 초반에 프랑스의 지성 푸코와 미국의 지성 참스키가 화란에서 한데 모여 텔레비전 방송으로 자유로운 토론을 벌인 바 있다.33) 1960년대에서부터 월남 전쟁을 반대하면서 미국 정부를 비판해 왔고, 지금도 미국 정부와 사회의 문제에 대하여 날카롭게 비판을 출간해 오고 있는 참스키 교수는, 당시 자신이 전공하는 언어학과 사회적 비판 운동 사이에 필연적 관련성이 있는지 여부를 묻는 사회자의 질문에 부정적인 답변을 한 적이 있다. 아마 형식 언어학의 한계에만 관심을 집중할 경우에는, 실천적이며 실용적인 특성이 결코 큰 주제로 부각될 수 없다. 그렇지만 페어클럽 교수의 책들을 통해서 필자는 언어와 사회 사이에 자연스런 연결이 들어 있음을 깨달을 수 있다. 다시 말하여, 언어학을 공부하는 실천적 지성이 자신의 전공 지식을 통해서 자연스럽게 사회에 대하여 무슨 일을 어떻게 해야 할지에 대하여 많은 시사점을 보여 주는 것이다.

비판적 담화 분석에 있는 논의들이 언어 산출과 관련하여 무엇을 알려 줄 수 있는 것일까? 개인적으로 필자는 우리가 언어·텍스트·담화를 의식하든 그렇지 않든 간에 언제나 쓰고 있었지만, 자기 반성을 통하여 왜 그런 언어·텍스트·담화를 쓰고 있는지를 제대로 밝은 눈을 갖고 드려다 볼 수는 없었다. 그렇지만 이제 이런 비판적 담화 분석의 논의들을 통하여, 우리의 의도와 도구로서의 언어·텍스트·담화를 더욱 분명하게 깨달으면 깨달을수록, 의식적으로 그리고 합목적적으로 산출 과정에서 이 도구를 더욱 잘 활용할 수 있을 것으로 본다.

---

33) 1971년에 화란 텔레비전을 통해서 그들 사이의 토론이 중개된 바 있다. 또한 뒤에 그 내용이 책으로 출간되었는데, 최근 이종인 뒤침(2010), 『촘스키와 푸코, 인간의 본성을 말하다』(시대의창)로 번역되어 있다. 또한 장영준 뒤침(2009), 『촘스키, 변화의 길목에서 미국을 말하다』(시대의창)와 장영준 뒤침(2011), 『촘스키, 러셀을 말하다』(시대의창)도 같이 읽어보기 바란다. 현대 한국 사회의 병폐를 말할 적에, 한국에는 「지식인들만 있지, 지성인이 없다」는 이야기를 종종 듣는다. 지식인들에게 사회적 책임을 묻고 있는 것이다. 두뇌 속의 인지 부서들의 접합 경계면(interfaces)에 대한 조건들을 다루고 있는 촘스키의 최근 언어학 책자들의 번역은 243쪽 각주 14를 보고, 비판적 지성의 실천은 441쪽 각주 87을 보기 바란다.

2. 언어교육과 글쓰기 분야에서의 논의

언어교육의 상의어로 더러 응용 언어학이란 말이 쓰이기도 한다. 언어교육에서는 산출과 관련하여 크게 말하기와 글쓰기 영역이 있고, 입말과 글말의 공통점과 차이점을 다루는 하위 영역이 있다. 글쓰기는 서구에서 수사학의 전통과 함께 오랜 역사를 지니고 있다.[34] 반면에 말하기에 대해서는 1980년대에 스코틀런드 어느 중학교 학생들을 대상으로 하여 '정보를 전달해 주는 말하기'가 구조적인 틀을 중심으로 교육될 수 있음이 처음으로 입증되었다.[35] 그 이후 지금까지 비록 30년이나 흘렀지만, 압도적인 숫자의 글쓰기 연구 축적물에 비해서는 비교

---

34) 서구 수사학의 논의를 가장 잘 정리해 놓은 것으로 김봉군(1999, 제4판), 『문장 기술론』(삼영사)이 있다. 그 제4판 서문에 이 책이 나오기까지 20년이 걸렸다고 씌어 있다. 어떤 이는 글쓰기 방법 연구사에서 1960년대 이전에는 특별한 방법이 없는 것처럼 서술하였는데 잘못이다. 연면히 수사학 전통이 이어져 오고 있었다. 그런데 유별난 것을 좇는 유행처럼 우연히 글쓰기의 새로운 흐름들을 소개하는 번역본과 전문 연구서들이 숫적으로 헤아릴 수 없이 많이 출간되고 있기 때문에, 마치 수사학 전통이 옛날 엽전처럼 취급될 우려가 있지만, 인문학에서 '온고지신(溫故知新: 옛날을 알고 또 새로운 것도 받아들임)'의 지혜를 새길 필요가 있다. 최근 희랍어 원전에서 번역된 아리스토텔레스 저작들이 우리에게 여전히 소중한 자산이 됨을 느낀다.

35) 앤더슨·브롸운·쉴록·율(Anderson, Brown, Shillcock, and Yule 1984; 김지홍·서종훈 2014 뒤침), 『모국어 말하기 교육: 산출 전략 및 평가』(글로벌콘텐츠)에 그 내용이 들어 있고, 이를 제2 언어로서 영어교육에 적용한 사례가 브롸운·율(Brown and Yule 1983; 김지홍·서종훈 2014 뒤침), 『영어 말하기 교육』(글로벌콘텐츠)이다. 전자에서 이용되었던 자료들은 앤더슨(1995), 「대면담에서 의미 연결을 타개해 나가기(Negotiating coherence in dialogue)」, 건스바커·기본(Gernsbacher and Givón) 엮음, 『자발적인 텍스트에서 의미 연결(*Coherence in Spontaneous Text*)』(John Benjamins)에서 자세히 분석되고 있어서 크게 도움이 된다.
   이 연구는 두 가지 중요한 기여를 하였다. 첫째, 말하기도 또한 '정보 전달용' 과제를 통해서 교육될 수 있음을 처음으로 입증하였다. 둘째, 현재 언어교육의 주류를 이루고 있는 과제 중심 언어교육(Task-based Language Teaching, 이른바 의사소통 중심 언어교육[CLT]의 최근 흐름임)에서 다뤄지는 중요한 논제인 「과제의 등급화 원리」를 처음으로 구현하였다. 첫 번째 업적에서는 일후에 의사소통을 지배하는 공평성 원리와 체면의 원리가 분명하게 다뤄짐에 따라서(클락 1996; 김지홍 뒤침 2009, 『언어 사용 밑바닥에 깔린 원리』, 경진출판), '친분 쌓는 말하기'도 정보 전달용 말하기와 마찬가지로 중요하게 교육되어야 함을 깨닫게 되었다. 따라서 강한 의미로 정보 전달만을 교육해야 한다고 해석되어서는 안 된다. 의사소통 중심 언어교육(CLT) 흐름에서 시행하는 전반적인 말하기 교육에 대해서는 바이게잇(Bygate 1987; 김지홍 2002 뒤침), 『말하기: 옥스포드 언어교육 지침서』(범문사)를 읽어보기 바란다.

할 수 없을 정도로 영성(零星)하며, 독자적인 이론이나 이론가도 잘 찾아지지 않는다.

이하에서는 글쓰기 분야에서 특히 인간의 기억 특성을 기반으로 하는 구성주의 글쓰기 논의를 다루기로 한다. 먼저 구성주의는 바아틀릿(Bartlett 1932, 재판 1995) 『기억하기 : 실험 및 사회 심리학 연구(Remembering: A Study in Experimental and Social Psychology)』(Cambridge University Press)의 재구성 개념을 통하여 이론적 뒷받침을 얻는다.36) 바아틀릿(1886~1969)의 저서는 킨취(Kintsch) 교수의 개관을 추가하여 60년 뒤에 다시 출간되었다. 그런데 이름부터가 고정적이고 정태적인 기억(memory)이 아니라, 역동적이며 유동적인 '기억하기(remembering)'로 썼음에 주목하기 바란다. 이는 기억 그 자체가 추가되어 갱신되거나 점차 쇠잔해지는 지속적이며 역동적인 과정임을 함의하고 있다. 바아틀릿은 독일 심리학자 에

---

36) 필자는 스피뷔(Spivy 1997; 신현재 외 4인 뒤침 2004 개정판), 『구성주의와 읽기·쓰기』(박이정)에서 정리된 구성주의를 읽고 많이 배울 수 있었는데, 기억 연구의 아버지로 칭송받는 바아틀릿(Bartlett, 1886~1969)을 자세히 다루고 있어 도움이 된다. 필자가 이해하기로는, 구성주의가 많은 호응을 얻게 된 데에는 여러 사람의 기여가 있었다. 기억 연구에서 심리학자 바아틀릿, 어린이 인지 발달에서 피아제(Piaget, 1896~1980), 사회적 상호작용을 통한 인지 발달에서 유물주의 심리학자 뷔고츠키(Vigotsky, 1896~1934), 단언(명제)을 통한 언어 구성방식을 극명하게 밝혀 준 심리학자 킨취(Kintsch, 1932~) 등이다. 국어교육의 글쓰기 분야에서는 유행처럼 구성주의 글쓰기라든지 과정 중심 글쓰기를 거론한다. 그렇지만 양자가 서로 배척적인 것이 아니라, 점진적으로 구성되어 나간다는 측면에서 상호 보완적인 개념으로 본다.

글쓰기 쪽에서는 로렌스 얼바움(Lawrence Erlbaum) 출판사에서 간행한 것들 중에서 글쓰기의 심리학적 과정을 다룬 브롸이어터·스까다말리어(Bereiter and Scardamalia 1987), 『글 짓기 심리학(The Psychology of Written Composition)』; 지속적인 수정을 통하여 글쓰기를 완성하는 캘뷔·퍼퓨모 엮음(Calfee and Perfumo 1996), 『교실 수업에서 글쓰기 자료철: 정책과 실천, 전망과 재난(Writing Portfolios in the Classroom: Policy and Practice, Promise and Peril)』; 논술 갈래의 글짓기 과정을 다룬 레뷔·륀스들 엮음(Levy and Ransdell 1996), 『글쓰기의 과학: 이론·방법·개인 편차·적용(The Science of Writing: Theories, Methods, Individual Differences, and Applicaitons)』; 스미쓰(Smith 1994, 제2판), 『글쓰기와 필자(Writing and the Writer)』 등도 글쓰기의 연구에 중요한 기여를 하였다.

필자는 그뢰브·캐플런(Grabe and Kaplan 1996; 허선익 뒤침 2008), 『쓰기 이론과 실천 사례』(박이정); 플라워(Flower 1993 제4판; 원진숙·황정현 뒤침 1998), 『글쓰기의 문제 해결 전략』(동문선); 머코미스키(McComiskey 2000; 김미란 뒤침 2012), 『사회 과정 중심 글쓰기: 작문 교육 패러다임의 전환』(경진출판)에서도 많이 배울 수 있었다. 또한 의사소통 중심 언어교육의 글쓰기와 관련하여 트뤼블(Tribble, 1996; 김지홍 뒤침 2003), 『쓰기: 옥스포드 언어교육 지침서』(범문사)도 읽어보기 바란다.

빙하우스(Ebbinghaus, 1855~1909)가 실험실 조건에서 연상주의 가정 위에서 기억을 연구하려는 일에 반발하고37) 미국 심리학자 왓슨 등의 강한 행동주의 가정을 비판하여, 실시간으로 이뤄지는 기억의 연구에 연구의 초점을 맞추었었고, 「서사 이야기를 환기해 내는 실험」들을 통하여 그 변용의 모습에 예의 주시한 바 있다.

그는 사람들이 시각 자료의 의미를 구성하는 과정이나 글말 담화를 지각하는 과정이 비슷하게 연결 과정이며, 전체 유형에 짜맞추는 경향이 있다는 점에 주목하였다. 곧, 사람들이 민담을 듣고 무엇을 기억하고 무엇을 빠뜨리며, 무엇을 더 추가하고, 무엇을 바꾸는지에38) 주의를 기울여 연구를 진행하였다. 그는 지각하고 인식하고 기억하는 일을 매개해 주는 과정을 '재구성(reconstruction)'이라고 불렀다. 그리고 기억이 부분들의 연상작용에 의해서 일어나는 것이 아니라, 거꾸로 전체적인 유형이나 형상이 먼저 촉발되어, 인과적 추론을 통하여 점차 이를 가다

---

37) 연상주의에서는 부분들끼리의 결합에 초점을 모으게 된다. 그렇지만 바아틀릿은 전체적인 유형이나 윤곽이 먼저 발생한다고 보았다. 이런 전체적 유형이나 윤곽이 한 개인을 넘어서서 집단적 경향을 보이는 사회 전체로 확대하여 사회적인 개념틀(스키마)을 상정하기도 하였다. 바아틀릿(1923), 『심리학과 원시문화』에서는 사회적 집단 경험을 강조하였지만, 반면에 바아틀릿(1932), 『기억하기』에서는 개인에 더 많은 강조점을 두었다고 한다.

38) 현대판 아리스토텔레스를 연상시키는 피아제(J. Piaget, 1896~1980)의 용어로는 「동화와 조절」이다. 만일 이런 모습으로 처리할 수 없는 자료가 많이 쌓이면, 개인이 세워 놓은 개념틀이 서서히 변증법적 재조정 과정을 거쳐 모순된 자료들을 처리할 수 있도록 바뀌면서 새로운 균형 상태를 이룬다고 본다. 피아제는 60대에 들어서면서 역동적이고 변증법적으로 재구성되어 새로운 균형 상태에 이르는 과정에다 관심을 집중하였다. 그가 타계하던 해에 출간된 마지막 저서(1980)도 『변증법의 기본적 형식들』이었고, 사후에 출판된 책 두 권(1991, 1992 영역)이 『의미의 논리에 대하여(Towards a Logic of Meaning)』와 『형태 및 범주(Morphemes and Categories)』였음도 상위 사고의 자기 조정 기능에 골몰하였음을 잘 드러내어 준다. 이런 관심사 전환의 시발점이 되는 피아제(1974, Coltman 1980 영역), 『모순 조정에서의 실험들(Experiments in Contradiction)』(University of Chicago Press)을 보기 바란다. 간단히 피아제를 읽어보려면 보든(Boden 1994; 서창렬 뒤침 1999), 『피아제』(시공사)를 참고하기 바란다. 피아제 책은 초기의 아동 인지 분류 쪽에 번역이 7권 나와 있다(김재은 1983; 성옥련 재번역 1996; 송명자·이순형 1985; 송명자·류웅달·김상윤 2000; 오세철 1980; 김태수 1986; 박전규 1990; 김억환 1984). 아직도 제대로 중요성이 부각되지 않았지만, 그의 말년 관심사인 상위 인지의 조정 기능과 관련된 책자 20권도 충실히 우리말로 번역될 필요가 있다.

듬어 가게 되는 것으로 보았다.[39] 이는 자연스럽게 덩잇글에서 의미를 파악하고 나서 계속 더 큰 다른 정보와 연결하려고 노력한다고 보았는데, 이를 'effort after meaning(1차 의미 파악 후 다시 더 큰 해석에 맞춰 놓는 노력)'이라고 불렀다(바아틀릿 재간본 20쪽, 44쪽 이하). 오늘날 해석학이나 문학 연구에서는 이해 및 해석으로 구분하여 부르거나, 또는 1차적(표면적) 해석 및 2차적(심층적) 해석이라고 불러 구분해 놓는데, 해석이나 2차적(심층적) 해석이 바로 전체 모습을 찾아내는 노력인 것이다.

현재 기억 연구에서는 누구든 앳킨슨·쉬프륀(Atkinson and Schiffrin 1968)의[40] '다중기억' 모형에 대한 가정을 받아들이며, 감각기억·단기기억(작업기억)·장기기억·영구기억 등을 구분한다. 특히 언어의 이해와 산출 과정에서는

작업기억(working memory), 장기기억(long-term memory), 장기 작업기억
(long-term working memory)

등의 중요성을 강조한다. 기억의 재구성 과정을 떠맡는 부서는 '작업기억'이며, 그리고 장기기억에 관련된 인출구조들을 수립해 놓고서 이를

---

39) 전체 형상(gestalt) 심리학에 맞닿는 이 주장은 오늘날 흔히 배경 및 초점으로 불린다. 전체적인 배경이 초점을 어떻게 부각시키는지에 대한 첫 단서가 되는 것이다. 비록 부분에 대한 정보들을 제공해 주더라도, 이해를 완성하기 위해서는 그 부분들을 통합하는 전체 얼개를 동시에 부지런히 찾아나가게 되는 것이다. 순수 언어학에서는 계층성을 중심 원리로 가정하는데(김지홍, 2010, 『국어 통사·의미론의 몇 측면: 논항구조 접근』을 보기 바람), 아마도 「계층성의 원리」가 우리로 하여금 전체 형상을 인출하게 만들어 주는 동인으로 보인다. 58쪽의 각주 5를 보기 바란다.

40) 앳킨슨·쉬프륀(1968), 「인간 기억: 하나의 제안 체계 및 그 제어 과정(Human memory: A proposed system and its control processes)」, 스펜스·스펜스(Spence & Spence) 엮음, 『학습 및 동기에 대한 심리학, 제2권(The Psychology of Learning and Motivation, vol. 2)』 (Academic Press). 자세한 설명은 이정모 엮음, 『인지 심리학의 제문제 I: 인지과학적 연관』 (성원사)의 제2부, 그리고 이정모 외 16인(2009, 제3 개정판), 『인지 심리학』(학지사)에 들어 있는 박태진 "기억"과 김성일 "기억 과정"을 읽어보기 바란다.

작업기억처럼 이용하는 '장기 작업기억(LTML)'이다. 장기기억은 다시 서술지식 기억과 절차지식 기억으로 나뉜다. 서술지식 기억은 다시 구체사례(episodic) 기억과 일반 의미기억으로 나뉜다.41)

작업기억은 단기기억에서 발전되어 나온 것으로, 주어진 자료를 처리하기 위하여 일시적으로 작동하며 용량에 제한이 있다.42) 전-전두엽에 자리 잡은 작업기억은 르두(LeDoux 2002; 강봉균 뒤침 2005)『시냅스와 자아: 신경세포의 연결방식이 어떻게 자아를 결정하는가?』에 따르면 세 종류가 있다. 그 중에서 외측 전-전두엽에 있는 것은 오직 영장류

---

41) 이정모(2009), 『인지과학: 학문 간 융합의 원리와 응용』(성균관대학교 출판부) 447쪽(그림 10-4)에서는 샥터 교수의 기억 분류를 소개하였다. 기억은 단기기억(작업기억)과 장기기억으로 나뉘고, 장기기억이 서술지식 기억과 비-서술지식 기억으로 나뉜다. 전자는 구체사례 기억과 의미기억으로 나뉜다. 후자는 절차지식 기억과 지각 점화와 조건 형성과 비-연합 학습으로 나뉜다. 서술지식 기억은 두뇌 지도에서 내측 측두엽, 간뇌, 편도체, 대뇌 신피질이 관계되고, 비-서술지식 기억 중에 절차지식 기억은 기저핵과 소뇌에 간여하고, 지각 점화는 감각 특수 연합피질 부분이 관련되는 것으로 표시되어 있다.
　　그런데, 세계에 대한 배경지식이 어떻게 기억 속에 저장되는지에 대한 복잡한 문제(배경지식 표상의 문제로 불림)를 논외로 하여, 오직 언어의 이해 및 산출 과정에 관련되는 기억 부서들만을 놓고 도표를 그려본다면, 아마 다음과 같을 것으로 본다. 여기서 장기기억 아래 들어 있는 하위의 삼원 기억 체계가 핵심적이고, 윗층에 자리 잡은 '재귀적 조정 체계'가 중요하다. 후자는 의식적이며 능동적으로 스스로를 점검 제어하는 부서로서 소위 '자아(self)'의 한 측면이 된다(530쪽의 도표 참고). 언어 산출과정에서 상정되는 무의식적인 재귀적 감지체계(proprioception)와는 전혀 종류가 다른 것인데, 스스로 의식이나 자각할 수 없기 때문에 연구자에 따라서 재귀적 감지체계를 임시저장고(buffers)라고도 부른다.

42) 밀러(Miller 1956), 『The magical number seven, plus or minus two: Some limits of our capacity for processing information』, 『*Psychological Review*』 63(pp. 81~97)에서 숫자를 덩이로 묶어 처리하는데 덩이의 크기가 대략 7±2 정도라고 하였다. 문장의 처리에서도 일시적인 처리에 용량 제한이 상정된다. 킨취(1998, 김지홍·문선모 뒤침 2010), 『이해: 인지 패러다임, I~II』(나남)에서는 대략 5~6개 정도의 문장이 일시에 처리된다고 보았다.

에만 있고, 나머지 복측(안와) 전-전두엽과 내측 전-전두엽에 있는 것들을 다른 동물들에게서도 찾아진다고 하였다. 인간에게서 전-전두엽은 사춘기를 지나야 발달이 완전해지는 것으로 알려져 있다.

인간에게서 찾아지는 작업기억에 대한 연구는 배들리(Baddley, 1934~) 교수의 의해 주도되었다. 배들리(1986) 『작업기억(*Working memory*)』 (Clarendon)에서는 작업기억이 두 가지 재료를 처리하게 된다. 즉,

① 언어 처리(음운순환회로 phonological loop)
② 비-언어 처리(시공간 그림판 visuospatial sketchpad)

이다. 이를

③ 중앙처리기(central executive)

가 매개하는데, 나머지 요소들을 과감히 생략한 '검박한(parsimonious)' 모형을 상정하였다.[43] 30년 뒤에 나온 배들리(2007) 『작업기억·사고·행위(*Working Memory, Thought, and Action*)』(Oxford University Press)에서는 중앙처리기의 발전된 모습으로 '주의 집중 제어계(attentional control system)' 와 '구체사례 임시저장고(episodic buffer)'를[44] 싸안는 확장된 여러 부서

---

43) 확대되기 이전의 1986년 작업기억 모형에 대해서는 조명한(2001), 「작업기억과 언어처리의 개인차」, 이정민 외, 『인지 과학』(태학사)을 읽어보기 바란다.

44) 구체적 개별 사례들의 기억을 가리키는 episodic memory(구체사례 기억)는 영장류들에게만 가능한 것으로 알려져 있고, 털빙·르파쥬(Tulving and Lepage 2004)에서 '뒤를 돌아보는(palinscopic) 기억'으로 불렸다. 이는 인간만이 자신의 경험을 반추하면서 미래를 기획할 수 있는 특별한 능력을 지녔음을 함의한다. 따라서 구체사례 기억들이 어떻게 유기적으로 작동하는지에 대한 연구는 기억 연구에서 매우 중요한 주제에 속한다. 배들리 교수도 어느 텔레비전 면담에서 구체사례 기억(또는 일화 기억으로 번역함)의 중요성을 누차 강조한 바 있다. 배들리 외 엮음(Baddeley, Conway, and Aggleton 2002), 『일화 기억: 연구의 새 방향들(*Episodic Memory: New directions in research*)』(Oxford University Press)을 참고하기 바란다.

모형(multicomponent model)을 제시하였다. 장기 작업기억(LTWM)이란 긴 덩잇글을 처리하는 경우에 계속 동원되어야 할 배경지식을 설명하기 위하여, 에릭슨·킨취(Ericsson and Kintsch 1995), 「장기 작업기억(Long-term working memory)」, 『*Psychological Review*』제102권 2호(pp. 211~245)에서 처음 주장된 것으로, 주로 이해 대상에 관하여 계속 장기기억 속에 축적 해 둔 '인출구조(retrieval structures)'를 가리킨다.

구성주의의 주장은45) 또한 언어 처리가 자의적으로 이뤄지는 것이 아니라, 그보다는 엄격히 명제들을 바탕으로 하여 큰 얼개(거시구조)를 형성해 나가는 과정이다. 최근에는 연결주의(활성화 확산이론)에 영향을 받아, 그물짜임의 강도를 강화시켜 놓은 것만이 마지막까지 기억 속에 남아서, 궁극적으로 상황 모형을 만들어 주기 위하여 비-언어 정보들과 더불어 재구성이 이뤄진다는 구성-통합(construction-integration, CI) 모형 에 의해서도 크게 뒷받침된다.46) 구성-통합 모형은 단지 언어 처리만을 겨냥한 것이 아니라, 우리가 스스로 자각할 수 있는 보편적인 이해 과정 에도 적용된다고 가정하고 있다(더 엄격히 말하여 '희망하고' 있다).

---

45) 구성주의를 논의한 번역서로서 글래써쓰펠트(Glasersfeld 1995, 김판수 외 6인 1999), 『급 진적(=근원적) 구성주의』(원미사); 슈미트(1987; 박여성 뒤침 1995), 『구성주의』(까치); 강인애(1997), 『왜 구성주의인가?: 정보화 시대와 학습자 중심의 교육 환경』(문음사)도 참고할 수 있다. 단, 급진적 구성주의는 '근원적' 구성주의로 써야 옳다. radical(근원적, 근본적)이란 수식어는 경험들을 구성하는 상위의 이론조차 구성할 수 있다는 뜻으로 쓴 것이기 때문이다. 그렇지만 상위 이론(칸트의 용어로는 범주와 규범에 해당함)일수록 일반적이고 보편적이어서, 결코 구성의 대상이 되지 못한다.

46) 기억을 기반으로 하여 명제들로써 덩잇글의 의미를 재구성한다는 주장은 킨취(Kintsch 1974), 『기억에서의 의미 표상(*The Representation of Meaning in Memory*)』(Lawrence Erlbaum) 에서 처음 다뤄졌다. 이어 폰대익·킨취(1983), 『담화 이해의 전략들(*Strategies of Discourse Comprehension*)』(Academic Press)로 더욱 구체화되었다. 최근에는 언어의 이해 과정이 단지 언어만을 대상으로 일어나는 것이 아니라, 우리가 스스로 자각할 수 있는 인지 과정의 전반에 확대 적용될 수 있다고 주장하면서 이를 '구성-통합(CI)' 모형으로 불렀다. 언어 이해 과정은 크게
  '명제 → 덩잇글 기반(미시구조+거시구조) → 상황 모형'
이 동시에 층위별로 작동하면서 정교하게 되어(세 층위의 동시 가동임), 마지막으로 이 해 주체가 구성해 놓은 상황 모형이 장기기억 속에 저장된다고 보았다. 자세한 것은 킨취 (1998; 김지홍·문선모 뒤침 2010), 『이해: 인지 패러다임, I~II』(나남)과 뒤친이 해제를 읽어보기 바란다.

입말과 글말 사이에는 공통점도 있고 차이점도 있다. 기억의 보조 수단으로만 간주되던 글말의 지위가, 서구 사회에서 인쇄 문화의 보급과 더불어 독자적인 몫을 떠맡게 되었다.47) 우리 문화에서도 어느덧 '글말'(가령, 각서 따위의 문서)의 증거력이, 가령 재판 과정에서 입말보다 더욱 월등함을 당연하게 여기기에 이르렀다. 그렇다면 입말 산출 과정과 글말 산출 과정은 각자의 몫이 다른 만큼 고려사항들이 달라질 것임을 예측할 수 있다.

입말과 글말을 나누어 놓는 여러 가지 잣대들이 있다. 그 중 하나가 실사와 허사 사이의 빈도를 측정하는 '실사어휘 밀집도(lexical density)'이다. 글말일수록 그 밀집도가 높고, 입말일수록 상대적으로 허사 사용이 더 많다. 문장 구조도 또한 입말일수록 '병렬 구조'가 압도적이며, 글말일수록 '내포 구조'가 많아지고 복잡해진다. 상대적으로 입말일수록 현장 상황에 간여되는 표현 관점이 쉽게 찾아지며, 글말일수록 현장 상황을 벗어난 표현 관점들을 쓰는 일이 많아진다. 바이버(1988, 1995)에서는 이런 차이들이 담화 상황에 따라 표현을 달리하게 되는 '언어투식(register, 말투)'의 변이 모습이라고 결론을 짓는다.

비록 결정적인 것은 아니라고 하더라도, 만일 입말과 글말 사이에 어떤 유의미한 차이가 있다면, 그 차이는 과연 어디에서 나오는 것일

---

47) 언어교육 쪽에서는 글말 문화가 정착하는 과정을 언급할 적에는 흔히 옹(Ong 1982; 이기우·임명진 뒤침 1996), 『구술문화와 문자문화』(문예출판사)와 머클루언(McLuhan 1962; 임상원 뒤침 2001), 『구텐베르크 은하계』(커뮤니케이션북스)를 자주 거론한다. 필자의 경험으로 보아 입말과 글말 사이에 차이점을 가장 심도 있게 다룬 업적은 핼러데이(Halliday 1985), 『입말과 글말(Spoken and Written Language)』(Oxford University Press)와 호로뷔츠·쎄뮤얼즈 엮음(Horowitz and Samuels 1987), 『입말과 글말 이해하기(Comprehending Oral and Written Language)』(Academic Press)이다. 그리고 입말과 글말은 서로 근본적인 차이가 있는 것이 아니라 다만 '언어 투식상'의 변이일 뿐이라는 주장이 설득력이 있다. 주위에서 입말·글말이 서로 혼성된 사례들을 자주 접할 수 있고, 최근 일반적인 '통신언어'로서 텍스트 메시지나 전자서신(e-mail)도 혼성 갈래이다. 바이버(Biber 1988), 『입말과 글말에 걸쳐 있는 변이(Variation across Speech and Writing)』(Cambridge University Press)와 바이버(1995), 『언어 투식 변이의 차원들: 여러 언어들 사이의 비교(Dimensions of Register Variation: A Cross-linguistic Comparison)』(Cambridge University Press)를 읽어보기 바란다.

까? 이는 입말로 의사소통하는 전형적인 경우에 언제나 참여자들이 서로 얼굴을 마주 보면서 얼굴 표정·어조 따위의 비언어적 정보도 내어 주면서 진행하기 때문에, 화자가 의도한 전달내용이 청자에게 제대로 이해되었는지를 곧바로 확인하고 점검할 수 있다(상대방의 얼굴 표정만으로도 가능함). 만일 화자가 의도한 바를 청자가 제대로 알아차리지 못했다고 판단한다면, 다시 새로운 언어 표현을 선택하여 전달할 수도 있고, 전달이 제대로 이뤄지기 위한 토대로서 다시 상대방과의 공통기반 및 정보간격을 확인해 나갈 수도 있다. 입말과 글말이 서로 갈리는 핵심 속성은, 두 방향으로 오가는 의사소통 과정마다 즉각 매번의 전달내용의 성공 여부를 점검하고 확인하여 쉽게 고쳐갈 수 있다는 점이다. 일각에서는 이런 속성을 조금 현학적으로 말하여 '사회적 구성주의'라는 이름표를 붙여 놓기도 한다.[48] 그렇지만 전형적으로 한 방향의 의사소통으로 간주되는 글말에서는, 필자와 독자가 서로 시간과 공간상으로 떨어져 있어서 그런 확인 점검 과정이 차단되어 있다. 따라서 화자가 청자와의 정보간격(information gaps)을 제대로 가늠하도록 훈련시키는 일이 언어교육에서는 중요하게 된다.[49]

그런데 구성주의에서는 읽기와 쓰기가 뚜렷이 나뉘지 않는 특징이 있다. 읽고 이해한 내용을 중심으로 곧장 그것을 산출에 이용한다고

---

48) 물론 이것 말고도 사회구조와 관련되는 담론 차원까지도 다루게 된다. 이와 맞서는 개념이 개인적 구성주의 또는 인지적 구성주의이며, 피아제(Piaget)로 대표된다. 사회적 구성주의에서 사회를 구성하는 것을 무엇으로 보는지에 따라서 또한 여러 하위 갈래들이 구분될 수 있다. 자세한 것은 스피뷔(Spivey 1997; 신헌재 외 뒤침 2002), 『구성주의와 읽기·쓰기』를 읽어보기 바란다.

49) 이를 다음처럼 가상적인 사례를 놓고서 제시할 수 있다. 어느 중학교 2학년 학생들을 데리고, 진주 박물관으로 야외 견학을 나갔다 온 뒤에, 국어 시간에 그 일을 놓고서 받아 볼 사람들을 달리하여 편지를 쓰도록 요구할 수 있다. 첫째 멀리 떨어져 있는 자기 삼촌에게 편지를 쓰도록 한다. 둘째, 작년에 서울로 이사 간 친구에게 편지를 쓰도록 한다. 셋째, 부산에 살고 있는 초등학교 5학년 사촌동생에게 편지를 쓰도록 한다. 이때 이들 세 종류의 편지들에 공통점도 있고, 받는 사람의 취미를 생각하면서 서로 달리 부각시켜야 할 차이점도 있을 것이다. 이런 과정을 흔히 글쓰기 교육에서 '독자층(readership)'을 달리한 글쓰기 훈련이라고 불린다. 우리나라의 국어교육에서도 정보간격을 가늠하기나 독자층을 달리하여 글쓰기 등을 특히 강조하여 훈련시켜 줄 필요가 있다.

가정하기 때문이다. 글쓰기는 완전히 백지 상태에서 시작하는 것이 아니다. 자신의 경험과 배경지식이 동원되어야 하고, 읽은 내용이 자연스럽게 쓰기로 이어져야 한다. 읽기와 쓰기가 공모 작용을 일으킨다(서로 힘을 얻음). 그러나 만일 학습자들이 어떻게 뭘 써야 할지 막막히 느낀다면, 이는 먼저 덩잇글을 읽고 요약하기 과정이 선행되지 않았기 때문에 생겨나는 공황 상태일 수 있다. 따라서 구성주의 글쓰기 과정은 몇 가지 유사하거나 다른 덩잇글 자료들을 요약하고 재구성하면서, 일관되게 재생성해 내도록 권장하게 된다. 이 과정에서 글을 전개하기 위해 기대어야 하는 뼈대(=상위 구조)도 함께 학습하게 되는 것이다.

물론 글의 갈래마다 선호되는 상위 구조들은 차이가 있을 것이며, 이를 갈래별 글쓰기로 훈련시킬 수 있다.50) 얼마나 많은 갈래들을 대상으로 삼아야 하는지에 대해서는, 학습자 조건과 학습 목표에 따라서 상당한 편차를 보일 수 있을 것이다. 가령, 문학에서는 가락글(=운문)과 줄글(=산문) 사이에 질서가 다르고, 줄글 내부에서도 하위 갈래에 따라서 서로 다른 관례나 질서들을 따라야 한다. 대체로 글쓰기를 학술적으로 연구하는 쪽에서는 이른바 창작으로 불리는 문학류의 글쓰기를 다루지 않고, 대신 즐겁게 문학을 체험하는 일을 목표로 한다.51) 글쓰기에 대한 일반 모형들은 기술문·설명문·논술문 등을 대상으로 한다.

---

50) 언어교육 쪽에서 갈래에 대한 논의는 스웨일즈(Swales) 교수에 의해서 주도되었다. 스웨일즈(1990), 『갈래분석(*Genre Analysis*)』과 스웨일즈(2004), 『조사연구 갈래들(*Research Genres*)』 (둘 모두 Cambridge University Press)을 참고하기 바란다.

51) 학습자들에게 글쓰기를 가르치는 일 또한 작가나 시인을 만들기 위한 것은 아니다(이는 대학 문예창작과에서 가르치는 일임). 글말의 역할이 중요한 현대 일상생활에서 요구되고 글감들을 미리 대비하여 훈련하기 위한 것이다. 김지홍(2010), 『언어의 심층과 언어교육』 (경진출판) 102쪽에서는 글말을 가르치는 영역들을 명시적으로 다음처럼 나타내었다.

```
                                            일반실용적글말
                      참된실생활글말 <                     직업관련글말
                                            특정목적의글말 <
글말교육 <                                                 학업관련글말
          상상력 기르기글말:4갈래문학류 글말
```

'비판적 지성'을 기르는 교육을 추가하여, 이 도표를 다음처럼 조정할 수도 있다.

흔히 이를 참된 실생활(authenticity) 글말 능력을 키워 주는 교육으로 불린다. 이런 글쓰기는 크게 구성주의 또는 과정 중심 글쓰기[52] 범주로다 포괄할 수 있다.

버롸이어터·스까다말리어(Bereiter and Scardamalia 1987: 10쪽) 『글쓰기 심리학(*The Psychology of Written Composition*)』(Lawrence Erlbaum)에서는 지식을 서술하는(telling) 일과 지식을 변형하는(transforming) 일을 구분한다. 그리고 후자의 많고 적음에 따라 글쓰는 능력에 개인차가 나타난다고 보았다. 플라워(Flower 1993; 원진숙·황정현 뒤침 1998) 『글쓰기의 문제 해결 전략』(동문선)에서는 글쓰기 얼개를 짜고 언어로 옮기며 점검해 나가는 일련의 문제 해결의 과정으로 파악하고, 자신의 글을 계속 점검하며 고쳐 나가는 과정 중심의 글쓰기를 강조한다.[53] 그뢰브·캐플런(Grabe and Kaplan 1996; 허선익 뒤침 2008) 『쓰기 이론과 실천 사례』(박이정)에서는 거시적 텍스트 언어학의 성과를 반영하여 수준별 글쓰기를 논의하고 있다. 레뷔·뢴스덜 엮음(Levy and Ransdell 1996) 『글쓰기의 과

---

52) 이재승(2002), 『글쓰기 교육의 원리와 방법: 과정 중심 접근』(교육과학사), 20쪽에서 과정 중심 글쓰기가 '의미를 구성'해 나가는 일이라고 설명하면서, "글을 쓰는 과정에서 자신이 기존에 가졌던 지식이 새롭게 생성되거나 변형, 확장되는 과정을 거치게 된다. 이 과정이 곧 의미 구성 과정이다."라고 썼다. 24쪽에서는 개인마다 의미 구성의 과정이 다르다는 점도 중요하게 고려됨을 적어 놓고 있다. 또한 34쪽에서 글쓰기 연구사를 정리하면서, 심리학적 측면이나 철학적 측면이나 수사학적 측면에서 정리한 경우들을 예로 들었고, 자신은 '형식·인지·사회' 관점으로 나누는 삼분 방식을 택하였다. 과정 중심 글쓰기의 장점 및 주의 사항들에 논의도 눈여겨 볼 만하다.

53) 이재승(2002), 73쪽 이하에서는 플라워·헤이즈의 모형이 개인의 인지 관점에서 사회적 인지 관점으로 바뀌었다고 서술하면서, 그 차이를 서로 다른 그림(각각 그곳의 그림 2와 그림 3)들로 제시하고 있다. 그러나 필자가 보기에는 두 모형의 근원적 차이가 기억 모형을 도입함에 따라 관련 대목들을 인출하여 스스로 따져 보면서 글을 써 나가는 데에 있는 듯하다. 그렇다면 이는 담화 각편과 그 내적 담론 구조들을 고려하면서 글쓰기를 진행해 나가는 일에 지나지 않는다.

학: 이론·방법·개인 편차·적용(*The Science of Writing: Theories, Methods, Individual Differences, and Applicaitons*)』(Lawrence Erlbaum) 19편의 글들에서는 이런 글쓰기의 전환들을 종합적으로 다루고 있다.

최근 번역된 머코미스키(McComiskey 2000; 김미란 뒤침 2012) 『사회 과정 중심 글쓰기: 작문 교육 패러다임의 전환』(경진출판)에서는 페어 클럽 교수의 비판적 담화 분석 모형이54) 글쓰기에 적극 활용되어야 함을 강조하여 눈길을 끈다. 이는 글쓰기가 사회적 과정임을 강조하는 것이다. 이는 '제멋대로 읽고 제멋대로 쓴다'는 비난을 받기 일쑤인 개인의 자의적 구성과정을 일정 범위로 제한시켜 줄 수 있는 기법이기도 하며, 또한 집단 글쓰기나 협동 글쓰기의 개념과도 정합적으로 맞물릴 수 있다.

그런데 여기서 놓치지 말아야 할 중요한 핵심점이 있다. 담화 또는 담론 질서는 결코 일직선의 수평적 전개 방식이 아니라, 표층과 중간층과 심층으로 뿌리를 내리듯이, 서로 얽혀 있는 수직적 실체라는 사실이다. 더 깊이 깔려 있을수록 공동체의 믿음체계 또는 이념/가치관과 맞물려 있고, 표층으로 갈수록 언어와 텍스트 또는 담화에서 개인 차원의 변이들이 관찰된다. 이들 여러 층위는 결코 하나씩하나씩 단선적으로 단조롭게 가동되는 것이 아니다. 개인별 자각의 폭이나 심도 여하에 따라서 동시에 작동하고 가동시켜야 하는 것이다. 이렇게 동시에 나란히 제대로 가동되려면, 327쪽의 각주 41에서 제시한 기억의 도표에서

---

54) 언어교육 쪽에서는 '언어 자각(language awareness)'이란 용어를 써 왔다. 이 용어는 호킨즈(Hawkins 1984, 1987 개정판), 『언어에 대한 자각: 개관(*Awareness of Language: An Introduction*)』(Cambridge University Press)에서 처음 쓰였다. 이어 페어클럽 엮음(1992), 『비판적 언어 자각(*Critical Language Awareness*)』(Longman)과 제임즈·개릿 엮음(James and Garrett 1992), 『교실 수업에서의 언어 자각(*Language Awareness in the Classroom*)』(Longman)과 뷘리어(van Lier 1996), 『언어 교육과정에서의 상호작용: 자각·자율성·참된 실생활 속성(*Interaction in the Language Curriculum: Awareness, autonomy and authenticity*)』(Pearson Education)으로 이어졌다. 자각과 비판의 개념을 정합적으로 표현하면, 먼저 언어와 언어 사용을 자각하고 나서 그 밑바닥에 숨겨져 있는 이념이나 가치 체계를 비판한다고 말할 수 있다.

'재귀적 조정체계'가 매우 중요한 역할을 하는 것이다. 연구자에 따라서는 이를 미약하게나마 '자기 성찰'(내성)로 부르든지, 또는 상위 인지나 초인지라고도 부른다. 그런데 이런 복잡한 과정은 결코 임시 저장소(buffers)들을 상정하여 조정되는 것이 아니다. 처음에서부터 붙박이처럼 스스로 생각을 열어가고, 생각에 마침표를 찍는 의식적인 작동 과정 속에 언제나 꼭 들어가 있어야 하는 것이다. 배들리 교수의 생각과는 달리, 필자는 이 측면이 언어 산출 체계에도 작업기억이 들어 있어야 함을 필수적 요구사항으로 파악한다(43쪽 이하 및 171쪽 참고).

대화를 한다고 하여, 또는 급우(동료)가 고쳐 준다고 하여, 이것이 반드시 사회적인 것만은 아니다. 무늬만 두 방향의 의사소통을 한다고 사회적이라고 이름을 붙여 줄 수는 없다. 반드시 '사회적'이라는 속성이 들어 있어야 하는 것이다. 이는 사회구조를 반영해 주는 고정된 담화란 의미에서 '담론' 또는 '담론 질서'를 자각하고 활용하는 것을 의미한다. 머코미스키(2000; 김미란 뒤침 2012)에서 작문 교육이 세 가지 차원의 복합된 모습으로 가르쳐야 된다고 주장한다. ① 언어가 확장되는 텍스트 차원, ② 텍스트가 의사소통 상황에 맞물리면서 변동하는 차원, ③ 권력이나 이념 관계가 깔려 있는 담론 차원이다. 필자는 이들이 수직적으로 '표층·중간층·심층'의 방식으로 짜얽혀 있어야 한다고 본다. 쉽게 눈에 띄는 것은 표층에 있는 텍스트 차원이지만, 더 깊이 깔려 있는 권력이나 이념의 실체를 놓쳐서는 안 된다.[55] 언어교육은 이런 수직적인 깊이를 더욱 잘 자각할 수 있도록 장려하고 돕는 일을 지속적으로 실천해야 하는 것이다.

---

55) 구체적인 실제 사례로서, 번역서 34쪽에서는 동캘리포니어 대학에서 어느 학부생이 지저분한 화장실 상태에 대하여 관계자에게 청결히 해 주도록 하는 요청 편지의 사례를 들고 있다. 텍스트 차원이나 수사학적 차원에서 흠 잡을 데 없었지만, 정작 아무 효과도 거두지 못한 실패작이었다. 밑바닥에 깔아 놓은 묵시적 권력 관계가 편지를 읽는 사람으로 하여금 부지불식간에 거부감이 일어나게 만들었기 때문이다. 이런 권력 관계는 미시사회학에서처럼 「자율성을 높이고 자존심을 보호하는지를 되돌아보게 함」으로써 좀 더 명시적으로 논의를 할 수 있을 것이다.

5부 마무리

이상에서 '언어 산출'과 관련하여 필자는 여러 단계의 과정(층위)들이 긴밀히 동시에 작동하고 있음을, 제한된 독서의 범위 내에서 다루어 보았다. 이 책의 이름을 여러 학문에서의 접근으로 내세운 동기가 있다. 비록 동일하게 언어 산출 과정을 다루고 있는 여러 분야의 학문이 있지만, 아직 서로 긴밀히 논의가 맞물려 진행되는 것 같지는 않다. 부족한 대로 이 책에서는 필자의 전공 분야인 국어 교육을 중심으로 하여, 언어 심리학과 언어 철학과 미시사회학과 수학기초론 등의 분야를 능력이 닿는 범위 안에서 서로 유기적으로 맞물려 들 수 있도록 서술해 보았다. 이는 필자의 좁은 이해 범위가 올바르다는 뜻이 결코 아니며, 필자의 서술이 오류일 개연성을 배제할 수도 없다. 오랜 기간 국어교육을 가르쳐 오는 동안에 이를 촉발한 동기는 뿌리 학문들에 대한 갈증 때문이었다.

능력이 제한된 필자의 독서 범위 속에서만 보면, 여러 학문의 결과들을 한데 모아 서술해 놓은 책이 꼭 필요하지만, (과문하여 단정할 수 없으나) 아직 이런 노력을 담고 있는 글을 우리말이나 영어에서 잘 찾을 수 없었다. 그런 만큼 이 논의는 시론적인 성격을 띨 수밖에 없다. 다시 말하여 이것이 한계이면서, 동시에 장점일 수도 있는 것이다. 다른 연구자가 이런 통합적인 접근을 해 주기를 손을 놓고 기다리기에는 이제 필자에게 남은 세월이 많지 않다는 조급함 때문에, 마치 목마른 사람이 우물을 파듯이, 제 능력을 돌아보지도 않은 채 무리하게 목차에 제시되어 있는 대로 가닥을 세워 흩어진 논의들을 얽고 묶어 보았다. 이런 과정에서 필자에게 호소력을 지닌 기본적인 틀은 인류 지성사에서 문·사·철을 아우르는 통섭 또는 융합 흐름의 고전 사상들이었다. 특히 서구 계몽주의 선구자들의 저작이 그러하였다. 이제 각 장의 서술 내용을 요약하여 마무리로 삼고자 한다.

제1부 '언어화 이전의 언어 산출 관련 요소'에서는 생각의 재료와 기억을 다루고, 기억의 분류를 다루었으며, 현재 서로 대립하고 있는 기억의 신경-생리학 경합 이론을 언급하였다. 제1장 '생각의 재료와 기억'에서는 세 가지를 다루었다. 첫째(제1장), 계몽주의 시대로부터 우리 생각을 구성하고 있다고 주장되고 있는 감각 재료와 추상 재료이다. 둘째(제2장), 이런 재료들이 주로 대뇌 피질에 자리 잡고서 우리가 이용하고 있는 여러 기억들을 유지해 주는데, 현재 심리학에서 받아들여지고 있는 다중기억들의 종류를 살펴보았다. 셋째(제3장), 머릿속에서 어떻게 신경-생리학적으로 기억이 생겨나게 되는지에 대하여 노벨상을 받은 크뤽 및 에들먼으로 대표되는 상반된 경합이론을 개관하였다.

계몽주의 시대에서부터 본격적으로 우리들이 생각 또는 사고가 무엇으로(어떤 재료로) 이뤄져 있는지에 대한 의문에 답변이 제시되기 시작하였다. 여기서는 크게 두 종류의 재료들이 지적되었는데, 연구자들에 따라 다른 이름으로 불리더라도 거의 같은 외연을 지닌다. 하나는 감각 인상(impressions), 심상(images), 감각 재료(sense data), 재귀적 감각질(qualia), 지각 재료(percepts) 등으로 불리는데, 신체 감각 기관들을 통해 받아들인 것들을 가리킨다. 다른 하나는 관념(ideas), 통상 개념(notions),

개념(concepts), 단언(propositions) 등으로 불리는데, 감각 재료로 바꿀 수 없다는 측면에서 추상적인 재료라고 말할 수 있다. 이들은 오늘날의 연구에서도 그대로 유효하게 수용되어 쓰이고 있다.

그런데 생각을 구성하는 재료들은 물과 기름처럼 나뉘어 있는 것이 아니라, 복잡하게 여러 영역들의 매개를 통하여 뒤얽혀 있다. 이런 복합적인 재료들의 뒤얽혀 있는 방식들이, 킨취(1998)에 따르면 크게 네 가지 정도의 그물짜임으로 제안되어 있다. 첫째, 자유연상에 의해서 이뤄지는 연상(연합) 그물짜임이다. 둘째, 속성(자질) 체계에 의한 그물짜임이다. 셋째, 그물의 매듭 또는 교점들에 유목의 이름들이 표시되어 있는 의미 그물짜임이다. 넷째, 명제 형식의 추상적인 그물짜임이다. 마지막 방식에는 각본·틀·개념틀·기억 꾸러미 등 연구자들에 따라서 여러 가지 다른 이름들이 붙여져 있다. 스트룹(Stroop) 교수의 간섭 자극 연구는 감각 재료와 추상 재료가 뿔뿔이 아무렇게나 흩어져 있는 것이 아니라, 서로 유기적으로 관련되어 있음을 시사해 준다. 우리가 혼자만 있으면서도 전화를 받을 경우 종종 의식도 못한 채 머리 숙여 절을 하거나 손짓을 하면서 통화를 하는 일이 쉽게 관찰된다. 이것도 생각·언어·운동신경계 부서들이 긴밀히 연합하여 동시에 작동하는 사례이다.

어떤 방식으로든 생각 또는 사고의 재료들이 모종의 유기적 그물짜임을 이루고 있다고 할 때에, 이들 단위 사이에서 일어나는 작용 또는 운용에는 현재 크게 두 가지 가정이 제안되어 있다. 1960년대 「생각의 흐름도가 명시적으로 단계별로 표현될 수 있다」는 튜링(Turing)의 연산주의 제안은, 이어 우리 머릿속에 독립적인 단원체(modularity)들이 있다는 가설로 이어졌다. 제한된 과제들에서 연산주의 가설이 많은 영향력을 발휘하여, 급기야 생각 또는 사고를 탄생시키는 물질들이 다르더라도 동일한 정신(마음) 작용이 생겨난다는 초기 퍼트넘의 기능주의도 제안되기에 이르렀다. 그렇지만 컴퓨터의 연산 방식에 의존한 인간 사고의 모의는 점차 양자 사이의 차이들을 더욱 분명하게 드러내었다. 1980

년대 중반에는 머릿속 그물짜임의 교점들 사이에 제약이 만족되면 그 물짜임의 활성화가 확산되어 나간다는 연결주의(본디 이름은 '병렬분산 처리')가 제안되어, 연산주의의 한계를 대체하려는 시도들이 이어졌다. 핑커(Pinker)나 마커스(Marcus) 등은 연산주의와 연결주의를 모두 다 수용하여 인간 정신의 다양성을 모의하려는 '혼성 접근'을 시도하고 있다.

본격적인 기억 연구를 열어 놓은 에빙하우스(Ebinghaus)는 기억의 그 물짜임에 초점을 맞추어, 무의미 자극물들을 이용하여 어떻게 연상 작용이 일어나는지를 구명하였다. 그렇지만 이런 접근을 비판하면서 바아틀릿(Bartlett)은 우리 인간이 이용하는 기억이 부분적이기보다는 「전체적인 형상과 관련하여 유기적으로 재구성된다」고 보아 이야기 재구성 과정들을 연구하였다. 오늘날 구성주의로 불리는 흐름은 부지불식간에 인간 기억이 재구성 과정이라는 바아틀릿의 결론에 기대고 있다.

1960년대에 처음으로 우리의 기억이 적어도 감각 등록기·단기 저장고·장기 저장고 등 여러 가지 다른 기억들이 있어야 한다고 주장되었다. 이는 언어 처리와만 관련하여 다룰 적에, 작업기억과 장기기억이라는 부서들로 발전하였다. 특히 장기기억은 절차지식 기억과 서술지식 기억으로 나뉘고, 다시 후자는 구체사례 기억과 의미 기억으로 나뉜다고 알려져 있다. 그런데 작업기억은 일찍부터 용량이 제한되어 있음이 지적되었는데, 이런 특징 때문에 언어 이해력 수준을 나누어 놓는 데에 '억제 기제 효율성' 가설도 등장한 바 있다. 그렇지만 대용량의 언어 자극물을 효율적으로 처리하기 위해서는 용량이 제약되어 있는 매개부서만으로는 불가능하다. 따라서 1990년대에는 장기기억을 작업기억으로 이용한다는 논의가 시작되었는데, 특히 장기기억 속에 영역별 '인출 구조'들을 만들어 둔다고 가정한다.

현재 우리가 주관적으로 느끼는 기억을 신경생리학으로 규명하려는 움직임에는 크게 두 가지 흐름이 잘 알려져 있다. 모두 노벨 생리의학상 수상자들에 의해 주도되는 흐름이다. 하나는 크뤽이 주도하는 환원론적 기억 기반이며, 다른 하나는 에들먼이 주도하는 통합주의 시각의 기억 기반이다. 비록 서로가 서로의 접근을 조롱하지만, 복잡하고 다양한 인간 기억의 실체를 구현해 주려면 서로의 지혜들을 모아나가는 일이 필요하다. 심리학자 윌리엄 제임스의 시각은 에들먼의 통합주의 속으로 녹아들어 있다.

제2장 '개념과 단언과 언어'에서는 첫째, 생각의 단위 또는 사고의 단위가 무엇인지에 대하여 개관하고, 둘째 사고의 단위로서 '절' 또는 단언(명제)의 형식을 소개하였으며, 셋째, 우리말 동사들의 투영 사례를 들어 이들 단언이 자의적으로 아무렇게나 흩어져 있지 않고 일정한 위계를 지니고서 연합해 있음을 실증해 보여 주었다.

의사소통에 초점을 맞추기 위하여 사고의 재료 중에서 추상적인 재료를 대상으로 하여 논의를 진행할 경우에, 생각의 단위 또는 사고 단위를 결정해 주어야 한다. 추상적인 재료를 언어에만 국한시킬 때에, 세 가지 후보가 제안될 수 있다. 첫째, 낱말이고, 둘째, 구절이며, 셋째, 동사가 투영하는 절 또는 단언이다. 이들 세 가지 후보들의 여러 장점과 단점들을 검토한다면, 가장 융통성 있는 후보는 마지막 후보일 수밖에 없다. 다만 이런 단위를 의사소통 과정에 적용하기 위하여, 수학이나 논리학에서 쓰는 복잡한 형식보다 간략하고 소박한 '절' 단위의 접근법이 제안될 수 있다.

의사소통을 다루기 위해 제안될 수 있는 '절' 또는 단언은 개념상 원초적 집합 모습(원시적 관계 그물)으로 상정된다. 이 개념은 다시 집합의 집합(관계들의 상위 관계)으로 계속 모순 없이 확장될 수 있다. 이는 우리가 실생활에서 경험하는 「낱개의 사건과 대응」될 수 있다. 사건들의 연결 및 다른 연결들과의 얽힘은 담화 세계로 이끌어 간다. 언어 형식을 빌어 표현하면, 담화는 문장들이 모여 미시구조 또는 문단을 이루고, 문단들이 모여 거시구조 전체 덩잇글을 이루는데, 이 전체 덩잇글 밑에 여러 가지 가치와 이념들이 깔려 있다고 본다. 비판적 담화 분석은 가려져 있는 그런 이념들을 명시적으로 드러내어 비판하려는 노력이다. 담화의 미시구조는 언어적 기제들에 의해 엮이지만, 거시구조는 한 개인의 배경지식 속에 들어 있는 수사학적 구조나 계층적인 사고방식에 의해서 유도된다.

절 또는 단언은 핵어로서 동사들이 투영되어 만들어진다. 그런데 동사들은 아무렇게나 있는 것이 아니라, 유기적으로 서로 얽히어 있다. 이를 우리말의 감각동사와 감정동사 무리들을 통하여 예증할 수 있다. 가령,

'덥다 → 뜨겁다 → 더워하다, 뜨거워하다'

의 관련성이나

'기쁘다 → 즐겁다 → 기뻐하다, 즐거워하다'

사이의 관련성에서 공통된 질서를 찾아낼 수 있다. 따라서 내부 감각동사, 외부 자극물 지각동사, 내부 감정동사, 외부 자극에서 유발된 감정동사, 교감 묘사동사 등의 부류를 확보하여, 관련된 의미자질을 표시해 줄 수 있다. 임의의 사건은 또한 외부 사건의 매개에 의해 사역 구조(복합사건 연결체)를 갖출 수도 있다. 이 경우 우리말에서는 '-아게 하다/만들다' 또는 '-아하게 하다/만들다'의 구문을 지니게 되며, 상위문 동사의 의미자질에 따라 사역의 직접성 여부가 구별될 수 있다. 이런 의미자질은 필요할 경우에 특정한 단언을 투영해 주는 실체가 되며, 사건들이 어떻게 복합화되어 하나의 낱말로 정착되는지를 명시적으로 깨달을 수 있다.

제3장 '마음의 갈래와 작동에 관련된 논의'에서는 첫째, 인류 지성사에서 가장 포괄적으로 마음을 논의하였던 성리학을 개관하였다. 둘째,

현대 심리철학에서 의식과 심신 인과의 문제를 다루었다. 셋째, 논리화 과정의 완벽성에 대한 믿음이 어떻게 독단론(유아론)과 배타주의에 빠질 수 있는지를 검토하여, 겸손한 회의주의 태도로 서로를 존중하고 협력하려는 인격적 의사소통의 바탕을 마련해 놓았다.

성리학은 인류 지성사에서 처음으로 일원론적 세계관을 분명하게 구현하였던 흐름이다(서구에서는 현대에 와서 프레게에 의해 처음 시작됨). 비록 도출 층위와 만물이 개별화되는 현상 층위를 따로 벌려 놓지 않음으로써, 서로 혼재되는 악순환을 경계하여 제거하지는 못하였지만, 물질들에서 찾아지는 위상이 마음에서 어떻게 적용될 수 있는지를 모색하였다는 점에서, 오늘날 새롭게 추구되는 생태학적 자연주의의 초기 모형으로 평가된다. 성리학의 세부 논의에서는 매우 다양한 갈래들이 추구되지만, 거시적으로 지도를 그려본다면, 전혀 생각을 작동시키지 않는 무극에서부터 첫 생각의 작동을 가리키는 태극이 생겨나고, 이 태극이 기호학적 두 가지 속성으로 발현됨으로써 비로소 '이·기'(결·김)의 형이상학적 질서가 갖추어진다. 이는 생명을 지닌 존재에 적용될 경우에 '심·성' 또는 '성·정'으로 표현될 수 있다. 인간의 마음에 적용하기 위하여 더 자세한 층위들이 다음처럼 제시될 수 있다.

'심 → 성 → 정 (→ 의) → 욕 (→동물의 본능)'

만일 이를 서구의 이성과 감성의 이분법에 대응시키려면 통합적으로 사단과 칠정으로 제시할 수도 있다.

그렇지만 필자의 생각에 위의 접근법에 몇 가지 한계도 들어 있다. ① 하나의 연역 이론 체계가 다른 경합 이론과 비교하여 어떻게 선택될 것인지에 대한 상위의 판단 개념을 상정함으로써, 서로 간에 합의할 수 있다는 생각에 이르지는 못하였다. ② 또한 마음의 작용이 어떻게 하여 우리 몸을 비롯한 물질세계에 인과관계 또는 인과력(심신 인과)을 발휘하는지가 문제가 됨을 자각하지도 못하였고, 따라서 물질 현상계와 정신 사유계를 맞물려 주는 문제에 답변을 시도하지도 못하였다. ③ 주관적이고 1인칭적인 서술만이 가능한 '나'를 중심으로 하여, 내 자신을 인간의 대표로 삼고서 인문학적 접근(독단론이나 유아론에 치우칠 위험을 수반함)만이 당연한 것처럼 치부한 점이다. 사회가 먼저 존재하는지, 아니면 인간들이 모여서 사회가 되는지의 여부는, 사회학 또는 사회과학 중심 접근이냐 인문학 중심 접근이냐로 나뉜다. 이는 둘 중 어느 하나의 배타적인 선택이 아니다. 오히려 어느 것으로부터 출발하여 다른 영역의 복합 문제들까지 제대로 설명해 내는지에 대한 개념 설정의 선후 문제일 뿐이다. 이런 점에서 성리학의 마음 논의는 사회학(미시 사회학) 또는 사회과학(거시 사회학)의 복합 관점이나 거시적 관점을 논의의 첫 출발점으로 삼지 못하였다고 말할 수 있다. 아마 이는 예(禮)라는 상위 개념이 동시에 사회도 규제하고(周禮) 개인도 규제해(儀禮) 놓았기 때문일 듯하다.

마음과 몸을 별개의 실체로 보는 심신 이원론은, 물리세계의 인과율에 따른 마음 작용을 설명할 수 없다. 따라서 물리세계에서 인과관계가 성립한다는 강한 인과율을 준수하기 위하여, 심신 부수현상론, 심신 수반론, 미시차원으로의 환원론, 기능적 환원론들이 검토될 수 있다. 여기서는 김재권 교수의 최근 주장이 다른 주장들의 한계들을 어떻게 극복할 수 있는지를 검토하면서 기능적 환원론을 서술하였는데, 심신 인과관계는 더 낮은 차원의 범주들이 복합적으로 동시에 작동하면서 일어나는 관계이다. 이는 신경생리학적 탐구도 결국 통합주의적으로 연구되어야 함을 함의한다.

오늘날 수학기초론에서는 두 가지 이상의 공리계가 양립 가능하므로, 상호간에 간결성이나 우아성(인간에게 쉽게 인식됨)의 기준으로 선택된다는 사실을 알려 준다. 따라서 아무리 완벽한 논리성을 갖추고 있더라도 그것만이 유일하다는 논증을 보장받을 수 없고, 인류 문화사에서 꾸준히 견지해 온 '겸손한 회의주의'만이 우리들이 합리적으로 선택할 수 있는 사고방식임을 함의해 준다. 인류 문화사에서 논리화의 완벽성에 대한 추구는 자기 신념의 강화라는 긍정적 측면도 있지만, 자칫 독단주의와 배타주의로 흐르기 쉬운 부정적 측면(곡학아세)도 있다. 후자는 역사 기록에서 읽을 수 있는 여러 독재자들의 저지른 반인륜적인 만행들과 연결되어 있는 것이다.

의사소통 행위 자체는 두 방향으로 이뤄지는 협력 행위이며, 상호신뢰와 상호존중(배려)이 바탕에 깔려 있다. 남을 무시하는 독단적 태도로는 일방적인 명령과 억압만 있을 뿐이다. 이른바 갑질 관계이다. 중세 세계관이 무너지면서 우리가 믿을 수 있는 새로운 질서를 찾으려던 계몽주의 지성인들이 인류 지성사에서 처음으로 마주하게 된 것은, 우리가 지닌 인식 기관 그 자체와 한계성 및 그런 기관을 통한 불충분한 인식의 결과이다. 이는 불가지론의 논의로 흘러가기보다, 오히려 개별 주체들로서의 인간들 사이에서 공유되는 공통된 인식에 대하여 새롭게 물음을 던지게 만들었다. 오늘날 현상학에서 유행시킨 '상호주관적 인식'의 뿌리도 여기에서 말미암는다.

필자의 개인적 선호에 따른 선택으로, 이 절에서는 아리스토텔레스와 주희의 세계관에 주목하여 그들이 어떤 배경에서 자신들의 논리적 완벽성을 상정하였는지를 살펴보았다. 현재 ⅓정도만이 전해진다는 아리스토텔레스의 저작들 중에는 위작들도 섞여 있지만, 6권으로 된 '사고 도구(organum, 학문/논리 도구)'와 『자연학 후편(형이상학)』과 『영혼론』, 『생성소멸론』 등을 통하여 일관된 사고의 구성과정을 추적할 수 있다. 그는 대상들이 존재하게 되는 실체의 문제에서부터 시작하여, 생성과 소멸, 작용과 운동의 질서를 다루고 난 뒤에, 이런 질서에 대한 궁극적인 원인을 논의하였다. 여기서 궁극적 원인은 운동도 하지 않고 생멸도 없으며, 보편적으로 적용되는 하나의 존재라고 보았다. 이런 점이 논리적 완벽성을 부여해 준다. 이 점이 중세 신학의 도구로 그가 환영받았던 이유로 보인다.

주희는 오랑캐의 외침으로 서울을 남쪽으로 옮겨가는 수치스런 시대를 살면서, 중국에서 내려온다고 관념되는 사상에 토대를 두고서, 당시 접할 수 있었던 이질적인 여러 생각들을 받아들이면서 일관된 질서를 부여하려고 평생을 노력하였다. 그는 외동아들로 태어나 18세에 아버지를 여의고 이듬해 과거에 급제하였지만, 40일 간의 중앙정부 벼슬과 8년의 지방 벼슬을 제외하고서는 한 평생을 오로지 학문에 다 바쳤다. 그의 신유학에 대한 뿌리와 우주관은 『주역 전의 대전』에 실린 『주역 본의』와 57세 때 지은 『역학 계몽』에 명시적으로 드러나 있다. 우리가 접하는 주위 생태환경에서 「바뀜(變)과 달라짐(易)을 벗어나는 대상은 어떤 것도 존재하지 않는다」는 전제를 밑바닥에 깔고 있는 주역의 서술방식(뭐쓸의 함의 관계와 동일함)은, 불가피하게 사고의 전개상 몇 단계의 도출과정을 상정할 수밖에 없다. 무극과 태극과 상과 수와 상극·상생의 음양과 8괘의 배합에 따른 64괘로서, 궁극적으로 우리가 매일 접하는 삼라만상과 대응을 보이는 데 이르기까지, 계속 도출되어 나간다. '역'은 크게 바뀌고 달라지는 이치를 따지는 의리학(義理學)과 인간이나 사회의 미래를 미리 예언하려는 상수학(象數學)으로 대분된다. 후자(상수학)는 자신의 앞날을 궁금하게 여기는 속성이, 예언에 대한 상위 차원의 평가 척도도 제안됨이 없이 전자(의리학)에 더해진 것에 불과하다.

이런 접근에서는 스스로 자신의 미래를 결정하는 자유의지의 개념은 상정될 수도 없다. 자유의지를 지닌 개체들이 감정이입을 통하여 서로를 긍정적으로 이해하고 공감하는 바탕들에 대해서도 적극적으로 독자적인 영역을 마련해 놓을 수 없었다. 오직 태어나고(生) 자라고(成) 이울고(衰) 없어지는(退) 무심한 우주의 주기가, 일부 인간들의 체험에 의해서 확인될 뿐이고, 철저히 논증되거나 반증되는 계기가 전혀 허용되지 않는다. 우리의 삶도 빈부, 화복, 길흉의 대립 축 사이를 오가는 자취이므로, 일방적으로 어느 한 끝점에 머물지 않도록 경계하고 마음을 닦는 일이 우주 질서와 인생을 조화시키는 방식이다.

아리스토텔레스가 바로 눈앞에 존재하는 대상들의 밑바닥 실체에 대한 물음을 던지면서, 더 멀리 상정되어야 할 형이상학적 존재에 도달하였다면, 주희는 바로 눈앞에서 확인할 수 있는 바뀌고 달라지는 현상자체를 가장 근본적이라고 관념함으로써, 북송 시대에 유행하던 변역(變易) 질서의 논의를 받아들여, 단계별로 가닥 잡는 사고체계를 확립할 수 있었다. 어느 접근에서도 논리적 완벽성에 구멍이 나 있을 개연성에 대해서는 진지하게 물음을 던지지 못하였다. 이는 문화사적으로 고전 세계관이 최초로 형이상학적 영역을 다루면서 지닐 수밖에 없었던 일반적인 한계로 보인다.

제2부 '언어화되기 전의 결정 과정'에서는 첫째(제4장), 의사소통 의도가 마련되기 위하여 그런 결정이 내려지는 과정과 그 결과를 수시로 수정할 수 있는 상위 의도를 다루었다. 둘째(제5장), 의도가 세워지기 위해 주어져야 하는 공통기반과 정보간격, 그리고 의사소통 진행 과정에서 점검 확인되어야 하는 상호조율에 대하여 논의하였다.

제4장 '의사소통, 결정 과정, 상위 의도'에서는 첫째, 의사소통에서 결정 과정이 어떻게 일어나는지를 다룬 논의를 포괄적으로 소개했다. 둘째, 그 의도를 결정하는 데에 의사소통 상황에 대한 판단이 선행되고 나서 단계별로 의도가 결정되는 점을 논의하였다. 셋째, 이런 결정이 제대로 가늠되지 않았음을 청자 반응으로부터 확인할 경우에, 수시로 상위 의도에 의해서 수정될 수 있어야 하므로, '재귀의식' 자체가 인간 정신 또는 인식의 중요한 특징이 됨에 주목하였다.

의도에 대한 앤스컴 교수의 연구 이후, 써얼(Searle) 등의 심리철학자들은 줄곧 의도가 두 단계로 상정될 수 있음을 논의해 왔다. 그렇지만 사밀(내밀)하고 주관적인 의도의 특성상, 외적으로 관찰 가능한 자료들과 관련지어 검박하게 제약해 놓는 방안이 보다 바람직할 수 있다. 그라이스(Grice)는 언어 그 자체가 비-자연적 결합체이기 때문에, 그 결합을 가능하게 해 주는 내적 주체로서 의도를 상정하였고, 이를 의사소통 의도라고 불렀다. 의사소통의 여러 측면들이 다뤄지는 화용 또는 담화 영역에서는 비-언어적인 재료들의 서로 긴밀히 어우러지는 측면을 다루기 위하여 내적인 실체로서 의도가 상정될 수밖에 없다.

르두(LeDoux) 교수와 더마지우(Damasio) 교수의 두뇌 신경생리학 연구에서는 제2의 두뇌에 자리잡은 1차 감정회로들이 우리의 판단과 결정에 큰 영향력을 미친다고 지적한다. 또한 카느먼(Kahnemann) 교수와 하드먼(Hardman) 교수의 심리학 연구들에서도 우리가 결정을 내릴 때에 합리적인 과정을 따르기보다는, 여러 가지로 치우친 비-합리적인 결정들을 내린다고 주장한다. 이를 '어림 판단'(주먹구구 판단)으로 부를 수 있는데, ① 한 개인이 지닌 고정 관념에 이끌려 결정을 내리게 되는 고정 관념 치우침이 있고, ② 기억에 생생히 남아 있어 쉽게 이용할 수 있는 기억 활성 치우침이 있으며, ③ 처음 제시된 예시 기준에 이끌리어 거기에 맞춰 결정을 내리는 예시 치우침이 있다. 판단을 내리는 데에 영향을 주는 요인으로 틀 부여 효과, 과신(또는 고집)의 정도, 경험한 뒤 치우침 등도 찾아내었다. 사람들은 신중하게 여러 정황들을 다 검토하면서 판단을 내리는 것(카느먼 교수의 '체계 2' 결정)이 아니라, 신속하게 단편적인 정보만으로, 또는 단서 하나에만 의존하여 어림 판단을 내리는 경향이 있는 것이다('체계 1' 결정). 마카크 원숭이 연구에서 모방을 가능하게 해 주는 실체로서 상정된 '거울 뉴런'이라는 새로운 신경 생리학 개념은, 유아의 의사소통에서 관찰되는 감정이입의 실체를 논의할 수 있게 해 주며, 순식간에 일어나는 판단과 결정에 서로 정합적으로 관여하는 요소들로 간주할 수 있다.

의사소통 상황에 대한 판단과 결정은 상대방 청자와의 공통기반 및 정보간격에 대한 가늠을 통하여 이뤄지지만, 화자의 짐작이 언제나 실제와 일치되는 것은 아니다. 따라서 화자는 기대된 청자의 반응을 점검 확인하면서, 자신의 짐작이 옳았는지 여부를 평가해야 한다. 만일 잘못 가늠되었다면 신속히 의도를 수정하거나 포기하여 새로운 의도를 마련함으로써 이에 따라 의사소통을 계속해 나갈 수 있다. 이렇게 급박한 상황을 이끌어 가기 위하여 일부에서는 또 다른 의도를 설정하여 자칫 '의도 층위의 무한 남발'을 빚을 소지를 열어 놓는다. 의도의 층위가 많아지면 많아질수록 신속히 의사소통을 진행하지 못할 뿐만 아니라, 당연히 신경생리적인 작동에 에너지가 더 많이 들어가면서, 의사소통 자체가 '골치 아픈' 일로 전락할 우려마저 있다. 실시간 의사소통에 반드시 단절이 자주 관찰되어야 하겠지만, 이런 기대는 명백히 '관찰의 타당성'을 위배하고 있다.

이런 의도의 남발을 막기 위하여, 외부에서 관찰 가능한 명백한 증거가 없다면 의도의 층위를 제약시켜 놓는 것이 논의를 모아가는 데에 핵심이 될 듯하다. 필자는 자기-지시적인 재귀의식을 가동시키면서 기대된 청자의 반응 여부를 평가함으로써, 그 간격에 따라 전략적으로 본디 의도 층위를 재가동시킬 수 있을 것으로 가정한다. 이를 '전략적인 상위 의도'라고 불렀다. 만일 기대된 반응에 큰 차이가 없이 본디 의도를 상대 청자가 알아차렸다고 믿을 근거가 있다면, 따로 상위 의도를 가동시킬 필요가 없는 것이다.

제5장 '공통기반과 정보간격과 상호조율'에서는 첫째, 믿음체계, 공유된 공통기반, 정보간격의 가늠과 관련된 논제를 다루었다. 둘째, 상호조율에 관하여 전반적 논의를 하였다. 셋째, 화자 쪽에서 조율을 하려고 의도하였으나 실패하였을 경우를 '조율 상의 간격'으로 부르고 이를 극복하는 방법들을 논의하였다.

의사소통 상황에서 의사소통 의도가 결정되는 과정은, 화자가 의사소통을 시작하려는 동기만으로 이뤄지는 것은 아니다. 의사소통 상황에 대한 판단과 더불어, 다른 참여자와 공유된 공통기반을 토대로 하여, 있을 수 있는 정보간격을 가늠해야 한다. 여기서 공유된 공통기반은 흔히 문화인류학에서 언급되는 보편적 범주들을 토대로 하여 구축되겠지만, 공통기반의 목록 예시는 제약 없이 무한정 늘어날 수 있다. 따라서 공통기반을 논의하는 데에는 크게 내부 구성원인지 여부에 따라서 차이를 둘 수 있다. 내부 구성원들은 하위 집단에서 공유하는 문화 또는 가치체계들을 공유하고 있다. 설사 이방인끼리라고 해도 우리 문화에서는 '통성명'이라는 절차를 통해서, 서로 결속될 수 있는 공통 요소들을 찾는 경향이 있으며, 이는 넓은 의미에서 협력원리에 근거를 둔다. 정보간격이란 '나는 알고 있지만, 너는 그렇지 않은 정보'라고 말할 수 있다. 참여자들이 공통의 관심사를 지닌 경우에는 정보간격이 클수록 의사소통 가치가 비례하여 더 커질 수 있다.

공통기반은 '내부 구성원'인지 여부에 대한 판정에 따라 쉽게 구획될 수 있겠지만, 개인들 사이의 일상생활 경험의 차이로 말미암아 생겨나는 정보간격은, 의사소통 상황에서 언제나 짐작이나 추정을 해야 하는 것이다. 더욱이 이는 일방적인 짐작에 지나지 않는다. 따라서 발화가 전달되면서부터 상대방 청자 쪽의 반응을 면밀히 점검 확인하고(얼굴 표정도 포함함), 상대방 쪽에서 주의를 계속 기울이고 있는지를 평가함으로써, 정보간격이 제대로 가늠된 것인지 여부를 알 수 있다. 만일 정보간격을 제대로 가늠하지 못하였다고 스스로 평가한다면, 재빨리 수정할 필요가 있다. 때로 정보간격을 미리 가늠하는 관례적 절차를 이용하기도 한다. 의사소통을 진행하기 전에 미리 상대방에게 질문을 던져 확인을 해 보는 것이다. 가령,

"철수가 어제 휴가를 떠났다는데 알고 있니?"

라고 물어봄으로써 정보간격(알고 있니?)을 확인할 수 있다. 이는 정보간격의 확인이자 또한 의사소통에서 다룰 주제의 도입을 예고해 주는 복합적인 성격을 지닌다. 공유된 공통기반과 정보간격의 가늠은 어느 의사소통 상황에서나 필수적으로 깔려 있는 기본적인 고려사항들이며,

의사소통의 갈래에 따라서 일정한 정도의 공통기반과 정보간격이 미리 전제될 수도 있다.

클락 교수는 의사소통의 상호조율 과정에는 몇 가지 전제가 깔려 있다고 본다. 첫째, 서로 경쟁이 아니라 협동하고 있다. 둘째, 참여자들이 충분한 능력을 지니고 있다. 셋째, 의사소통과 관련된 문제를 쉽게 풀 수 있다. 넷째, 즉각적으로 그 문제를 풀 수 있다. 그는 이를 「해결 가능성의 전제 및 충분한 능력의 전제」로 부른다. 의사소통은 단발의 행위가 아니라, 일정 시간 동안 지속해 나가는 일련의 연속 행위들이다. 언어를 이용하는 의사소통에서는 관례화된 두 가지 해결책을 이용한다. 첫째, 긴밀하게 상호조율 형식으로 이뤄진 언어적 절차들을 이용하는 것이다. 이를 위하여 발달되어 온 의사소통 진행 관례들을 다음과 같이 도표로 제시할 수 있다.

의사소통의 흐름은 한꺼번에 모두 덩어리로 진행되는 것이 아니다. 항상 마디별로 잘라서, 필요한 만큼의 지속 시간 뒤에 그 마디를 종결짓고, 이어서 다시 새로운 마디를 만들어 이어나가는 것이다. 지속적인 의사소통 행위가 마디(section)별로 진행되는 것이다. 각 마디는

'시작 → 본체 → 종결'

의 형식을 지닌다. 마치 서로 간에 악수를 할 경우에, 시작 단계는 손을

내미는 단계로 이뤄지고, 본체는 굳게 상대방의 손을 잡고 몇 번 흔들며, 그러고 나서 종결하기 위하여 손의 근육에서 힘을 빼면서, 서로 손을 푸는 행위로 이뤄지는 것과 같다. 그런데 의사소통에서 종결 마디는 명시적으로 제시되는 것이 아니라, 지금까지의 진행 내용에 대한 평가로 대신하여 이뤄질 수 있다. 따라서 이런 위치에서는 자연스럽게 가치를 함의하고 있는 속담이나 경구가 쓰일 수 있다. 만일 평가를 담고 있는 종결마디가 참여자들 사이에서 수용된다면, 앞의 주제나 화제에 대한 의사소통을 종결되고, 다시 다른 화제나 주제를 제안하거나 도입하면서 의사소통의 방향이 재설정되는 것이다.

의사소통 과정에서 아무리 상대방의 마음을 가늠하여 확정하더라도, 결과적으로 상호조율이 제대로 일어나지 않거나 실패할 수 있다. 이를 조율 상의 간격으로 부르기로 한다. 흔히 우리말에서 "열 길 물속은 알아도, 한 길 사람 마음속은 알 수 없다!"고 하며, 심지어 "내 마음 나도 몰라!"라고도 한다. 모두 상호조율의 문제와 관련하여 중요한 통찰을 담고 있다. 비록 상대방의 마음을 알 수 없더라도, 상대방이 일관된 생각과 행동을 한다면, 의사소통에서 상대방의 반응을 주시하고 평가하여 상대방의 마음을 역추적할 수 있다. 스스로 자신의 마음을 모르겠다는 말은, 어떤 사안에 대하여 판단과 결정이 이뤄지지 못하거나 어려운 상태를 가리킨다(판단·결정의 보류 상태).

조율 상의 간격은 상대방의 반응 의도에 따라 '큰 간격'과 '작은 간격'으로 나눌 수 있다. 만일 큰 간격이 관찰된다면, 두 가지 원인에서 말미암을 수 있다. 하나는 화자인 내 자신이 공통기반과 정보간격을 제대로 가늠하지 못하였기 때문이다. 다른 하나는 상대방의 마음가짐이 협력하는 방향과 반대쪽에 있기 때문이다. 첫 번째 원인은 서로의 공통기반을 확보하기 위하여 예비 단계로서 몇 가지 질문들을 던지면 그 답변들을 통하여 조정될 수 있다. 그렇지만 두 번째 원인은 의사소통이 실종되거나 파괴되는 결과로 이어진다. 우리 문화에서는 이를 놀부의 마음씨로 부른다. 놀부와는 협력할 수도 없고 상종할 수도 없다. 고프먼 교수가 제시한 처방은 소극적 해결책으로서 '거리 두기' 또는 '회피하기'이다. 아마 적극적 해결책은 사회적 격리 내지 집단 따돌림일 것이다. 만일 이 단계를 넘어서면, 제도화된 법적 문제가 될 것이다. 전통적으로 흥부의 마음씨를 우리 문화에서는 '인격' 또는 '인품'으로 불러왔다. 의사소통에 대한 다양한 논의들도 결국은 서로의 '자율성과 자존심'을 존중해 주는 인품을 갖춘 행위(배려의 문화)로 모아질 수밖에 없다. '작은 간격'은 화자인 나의 의사소통 의도에 대한 상대방의 곡해를 다루는 네 가지 처리 방식으로 진행할 수 있다.

제3부 '언어화 과정 및 되점검 방식'에서는 첫째(제6장), 의사소통의 갈래(또는 범주)와 서술관점의 수립에 대하여 다루는데, 광의의 서술관점은 언어 사용의 심층에 깔려 있는 구성 틀 및 해석 틀을 포괄한다. 둘째(제7장), 의사소통이 매끄럽게 흘러가기 위해서는 수시로 상대방 청자가 화자인 나의 의도를 제대로 알아차렸는지를 점검하고 확인하여야 하며, 또는 일정 시간에 걸쳐 일관되게 의사소통이 진행되어 나가기 위한 주제 전개 전략을 다루었다.

제6장 '의사소통 갈래와 서술관점의 수립'에서는 먼저 의사소통의 갈래가 사회적 삶의 모습만큼 다양하고 많으며, 어느 문화권에서이든지 작은 갈래들을 일상언어의 낱말들로 친숙히 불러 왔음을 전제하였다. 의사소통의 갈래 또는 범주를 의사소통의 여섯 가지 구성요소와 이에 따른 여섯 가지 기능으로 나누려는 시도가 처음으로 언어학자 야콥슨에 의해 이뤄졌다. 그러나 구성요소가 각각 하나의 고유한 기능을 지닐 수도 없고, 한 마디 발화에서도 여섯 가지 기능들이 서로 중첩되어 있었기 때문에, 일단 분류의 목적을 달성하겠으나, 실용의 목적은 전혀 엄두도 못낸다. 언어교육에서는 크게 정보 전달용 의사소통과 친분을 도탑게 하는 상호작용 의사소통으로 대분하여 왔다. 이들 두 갈래도 초점이 어디에 있느냐로 나뉠 뿐이며, 서로 배타적인 선택 범주는

아님에 유의할 필요가 있다.

어떤 의사소통 갈래의 행위를 선택하든지 간에, 의사소통이 일어나도록 하기 위해서는 서술관점을 세울 필요가 있다. 매우 협소하게 보면, 서술관점은 하나의 담화가 누가 누구에게 어떤 일을 하기 위하여 발화되고 있는지를 따지는 일이다. 이는 친숙하게 수사학에서 6하 원칙으로 다뤄온 바 있다. 임의의 발화는 논의하고 있는 사건에 대하여 누가 책임이 있는지를 놓고서, 책임 소재를 일부러 가린 채 전달될 수도 있고, 명시적으로 책임 소재를 밝힐 수도 있다. 하나의 발화만을 다룬다면, 상대방 청자에게는 이런 협소한 서술관점이 의도를 탐색하는 데에 효과적일 수 있다.

그렇지만 그런 표현 방식을 검토하여 찾아낸 서술관점은 다시 큰 시각에서 그 참여자가 속한 특정한 집단(국가 및 국제기구까지도 포함함)의 기득권과 이념(또는 중립적으로 가치관)을 옹호하는 데에서 비롯되는 경우가 많다. 이런 점을 비판하려는 흐름이 '비판적 담화 분석'이며, 현대 사회에서 특히 교묘하게 대중매체들이 통계 따위의 과학적 수단을 무기로 하여 '동의의 조작' 과정을 서슴없이 실행해 오는 사례가 많다(441쪽 참스키 교수와 218쪽 레이코프 교수의 저작 참고).

이런 상황에서는 한 개인의 천부인권적 권리를 부지불식간에 부당하게 빼앗기고도 제대로 깨닫지 못하는 수도 적잖이 있다. 이 점이 학교 교육에서 비판적 사고(살아 있는 지성)를 장려해야 하는 근거이기도 하다. 심층의 이런 측면들을 전면적으로 드러내고 명시적으로 다루기 위해서는, 사고의 밑바닥에 작용하는 개념 구성 틀과 해석 틀을 예시하면서, 사회의 현실 문제나 현안을 구성원들 사이에 토론하고 합일점에 이르도록 하는 터전이 학교 교육에서 마련되어야 한다. 서술관점의 영역에서 가능한 복수의 세계관들에 대해서도 비교하거나 대조하면서 주도면밀하게 다뤄나가야 할 것이다.

제7장 '청자 반응의 점검 및 주제 전개의 전략'에서는 만일 두 방향의

의사소통이 멈춤이나 간격이 없이 지속적으로 이어져 나가려면, 화자인 나 자신이 내 발화에 귀를 기울이고 있는 상대방 청자의 반응을 수시로 점검하고 확인하는 일이 필요하다. 또한 의사소통이 협력 관계로서 진행되어 나가기 때문에, 청자도 또한 적절한 반응(언어적 및 비-언어적 반응)을 보이면서 적극적으로 자신의 이해 방식이 올바른지에 대하여 원래 화자에게 되물을 수 있다. 심리적으로 서로 가까운 사람들끼리 주고받는 의사소통에서는 흔히 애매한 표현들이 자주 쓰인다. 이런 현상은 두 가지 측면으로 해석되고 있다. 첫째, 두 사람 사이의 공통기반이 두드러지기 때문에 그러할 수 있다. 둘째, 화자 자신이 너무 구체적이고 명시적으로 이야기하는 일이 뜻하지 않게 상대방의 판단과 지식을 무시하는 결과(상대방을 깔봄)를 빚을 수 있으며, 이런 오해를 피하려 하기 때문이다. 이런 점을 고려하면서 클락 교수는 의사소통 경로를 1차적인 실무 경로와 2차적인 점검 경로가 나란히 작동되어 나간다고 보았다.

일단 협력 관계의 참여자들과 더불어 의사소통을 진행시켜 나가려면 서로 합의되거나 묵시적 동의를 얻은 주제를 놓고서 일관되게 전개해 나가는 전략이 뒤따라 가동되어야 한다. 일부 심리학 연구에서는 통사 결속의 관계만을 놓고서 중심소 전개(centering) 이론을 주장하였다. 그렇지만 더 거시적인 의미 연결 관계를 고려하면서 의사소통을 진전시켜 나가려면, 머릿속의 배경지식 또는 정신모형에 의지하여 큰 줄거리를 잡아 놓아야 한다. 화자 쪽에서는 이런 주제 진전의 전략이 주제 유지와 주제 전환의 두 부류 아래 다시 자잘한 세부 갈래를 상정할 수 있다. 반면에 상대방 청자 쪽에서는 오직 발화 흐름에 의존하여 주제 전환 여부를 판단할 수밖에 없으므로, 크게 주제의 유지와 주제의 전환 정도로 대분할 수 있다.

담화 연구에서는 어느 문화에서나 청자에게 가장 명시적으로 주제 전개의 방향을 알려 주는 '두괄식' 전개를 선호하는 것으로 알려져 있다. 입말의 경우에는 접속 구문과 반복 표현이 글말에 비해 상대적으로 두드러짐을 확인할 수 있는데, 이를 입말 산출의 무계획성(즉각성)으로 해석하기도 한다. 이에 반하여 글말 산출에서는 보다 더 계획적으로 의도를 명시적으로 드러낼지 숨길지에 대하여 미리 고려할 수 있다는 점에서 구문 상으로 입말 산출과 다른 여러 특징들도 찾아진다.

비록 겉으로 입말 및 글말 산출물이 구별되는 듯이 보이지만, 이것들이 언어를 표현하는 매체에 의해 구별되기보다는 전형적인 입말 산출 상황과 전형적인 글말 산출 상황에서 일반화되는 보편적 속성들로 재구성되어야 한다. 이를 언어 투식(말투)이나 변이체로 부르는데, 격식성 여부 및 공식성 여부, 그리고 즉석 변통의 가능성 여부가 주요 인자로 다뤄져야 마땅하다.

글말은 인쇄 문화가 보편화되기 이전에는 기억을 보조해 주는 수단처럼 부차적으로 치부되었으나, 오늘날에는 독자적인 몫을 차지하고 있으며, 인류 문화/문명의 존속에 불가결한 도구가 된다. 또한 법정 증거력의 측면에서 글말은 입말을 압도한다. 전형적으로 입말은 즉석 변통이 가능하기 때문에 새로운 상황이나 사태에 맞춰 쉽게 해결책을 담아 놓을 수 있다. 이는 순간적으로 언어 표현을 마련해야 하는 산출 상의 압박감을 동반하기 때문에, 굳어진 표현이나 정형화된 표현을 자주 이용하여 해결하는 일이 두드러지다. 그렇지만 글말은 이미 문화 역사적으로 공동체에서 인정된 형식과 전개 방식이 있고, 전통이란 이름으로 특정한 방식이 선호되기 때문에, 글말의 산출 교육에서는 글말 읽기를 통한 이해와 내재화 과정이 수반되어야 한다.

제4부 '언어 산출에 관련된 분야들에서의 논의'에서는 필자가 중요하다고 판단한 여러 학문 영역의 논의들을 필자 나름대로의 이해 범위 속에서 서술해 놓았다. 여기에는 첫째(제8장) 언어심리학이 있고, 둘째(제9장) 일상언어 철학이 있으며, 셋째(제10장) 미시사회학이 있고, 마지막(제11장)으로 언어학, 언어교육(응용 언어학), 글쓰기 분야가 있다.

제8장 '언어심리학에서의 논의'는 전산언어학의 흐름을 수용하면서

언어 산출과 언어 이해의 측면에 대한 논의를 요약해 놓았다. 비록 1980년대에 들어서서 언어 산출에 대한 심리학의 논의가 본격적으로 시작되었지만, 인간 정신과 의식 작용을 다루려는 대담한 가정들에 힘입어서 언어 산출은 중요한 기여를 해 오고 있다. 먼저 1960년대에 앨런 튜링(Turing)의 연산주의 가정이 수용되면서, 포더(Fodor)의 단원체(modularity) 가설이 세워졌고, 미국 철학계에서는 컴퓨터 비유를 빌린 이른바 '기능주의'도 세력을 얻게 되었다. 그렇지만 인간 사고의 복잡성과 신속성, 여러 일을 동시에 처리할 수 있는 다중 처리의 가능성에 대한 설명은 점차 병렬 분산 처리(또는 활성화 확산, 연결주의) 가정도 중요한 대안으로 검토하도록 만들었다.

언어 심리학에서 언어 산출을 다루는 흐름에는 연산주의 가정을 따르는 르펠트(Levelt) 모형과 병렬 분산 처리 또는 연결주의 가정을 따르는 델(Dell) 모형이 있었다. 어느 흐름도 완벽히 단일한 가정만으로는 실시간의 언어 산출을 설명하는 데에 난점들에 부닥치게 된다. 따라서 이후의 발전 모형은 서로를 참고하면서 장점들을 수용해 나가고 있다. 여기서는 현재 정상 과학의 위치에 있는 르펠트(1989; 김지홍 뒤침 2008)가 다뤄졌는데, 이 모형을 중심으로 연결주의 가정을 수용해 나가는 변화의 모습을 추적하였다. 르펠트 교수가 1990년대 제안한 모형은 더욱 쉽고 가지런한 모습을 띠며, 360쪽에 있는 그림과 같다.

흔히 기호학에서는 언어의 상징체계가 형식과 내용의 결합체라고 말한다. 이 그림에서 산출 과정은 내용이 먼저 결정된 다음에 차츰 형식을 대응시켜 나가는 모형으로 표현되어 있다. 이 둘 사이를 매개시켜 주는 것이 낱말 창고(또는 어휘부서)이다. 두 부서를 매개해 주기 위하여 낱말 그 자체가 내용과 형식의 결합체로 상정되며, 이 그림에서는 각각 통사·의미값(lemma)과 형태·음운값(lexeme)으로 언급되어 있다.

낱말 창고에서의 작업도 꼭 쉬운 것만은 아니다. '상의어 문제'로 불리는 결정 사항이 있고, 내용을 결정하기 위해 핵어인 동사가 자신이 거느

수정된 언어 산출 청사진(르펠트 1999)

리는 논항들을 모두 채워 넣더라도, 통사의 고유한 업무가 남아 있다. ① 관점 설정과 ② 시제 표현과 ③ 양태 표현과 ④ 서술 서법 등의 결정이다. 통사론에서도 이런 일들이 유기적으로 어떻게 일어나는지에 대한 통합적 설명이 없고, 산출과정에 대한 심리학의 논의에서도 이를 아직 논의한 바 없다. 그럼에도 불구하고, 가장 핵심적인 이런 통사 요소들이 반드시 의사소통 의도가 결정되는 도중이나 또는 서술관점을 결정하는 바로 다음 단계에서 의식적이든 무의식적이든 일괄 결정되어야 할 것이다. 르펠트의 후기 발전 내용들은 낱말 창고에서의 처리가 연결주의 모습을 받아들이는 쪽으로 이뤄지고 있다('WEAVER+'로 불림).

앞의 그림에서 단계별로 제시된 모든 일들이 순조롭게 끝나는 경우에, 마지막 단계는 외현된 발화에 대한 자기 자각 또는 자기 점검체계를 가동시키면서 동시에 상대방의 반응을 관찰해야 한다. 이 일은 흔히 무의식적으로 작동하는 것으로 설정되는 임시저장고(buffers)들로는 감당할 수 없는 것이다. 이는 산출 과정에 불가피하게 '여러 부서들의 동시 작동방식'을 상정하도록 만드는 주요한 요인들이 된다.

한편 연결주의(병렬 분산 처리, 활성화 확산) 모형도 일단의 지지를 얻으면서 발전되어 왔는데, 가장 뚜렷한 업적은 언어 이해의 측면에서 살펴볼 수 있다. 킨취(Kintsch) 교수는 연결주의 모형을 특히 제약 만족 과정으로 부른다. 교점들이 그물짜임을 이룰 적에 특정한 조건들이 만족되면 강화가 일어난다. 이런 일련의 과정을 거쳐 최종적으로 연결 강도가 높은 것들만이 작업기억에 남아, 비언어 자료들과 연합하여 '상황 모형'을 만든 뒤에 장기기억에 보존된다고 본다. 이 모형은 한국연구재단의 명저번역 사업에 도움을 받은 킨취(1998; 김지홍·문선모 뒤침 2010)로 집약되어 있다. 현재 잠재태 의미분석(latent semantics analysis)의 지원을 받으면서, 인간의 이해에 대한 자동 처리과정을 추구해 나가고 있다. 활성화 확산에 기댄 델(Dell) 교수의 모형은 계속하여 필자가 공부하고 추가해 나갈 과제이다.

언어 산출 과정에 대한 심리학의 연구에서 가장 큰 약점은, 언어화 이전의 단계에서 이미 많은 일들이 일어나는데, 이를 제대로 다루지 못한다는 한계이다. 아마 초기에서부터 '말실수' 자료들을 설명하기 위한 모형 구축의 영향 때문에 그럴 수도 있다. 만일 이를 산출 초기 단계로 부른다면, 초기 단계에서는 적어도 두 가지 중요한 논제를 다루어야 한다. 첫째, 인간사고(의식)에 대한 논의이다. 언어를 산출하기 위하여 우리의 사고(의식)가 어떻게 촉발되고, 어떤 모습으로 형성되며, 무슨 결정들이 내려지는지를 다루어야 한다. 둘째, 담화 또는 담론 모형이다. 여기서는 언어 그 자체에 대한 논의뿐만 아니라, 언어 사용상황과 청자에 대한 변인들도 중요하게 다뤄져야 한다. 언어에서 텍스트로 발전하고, 텍스트에서 담론으로 발전할수록, 권력 관계나 지배 이념의 문제가 깊이 도사려 있다. 이런 것들도 충분히 다뤄진 다음에라야, 의사소통 의도가 결정되고, 서술관점과 표현 방식이 선택되며, 마지막으로 언어로 표현되는 단계를 다룰 수 있다.

제9장 '일상언어 철학에서의 논의'에서는 자연언어를 비하하고 고치려고 했던 논리실증주의를 비판하면서, 영국을 중심으로 생겨난 '일상언어 철학'의 논의를 소개하였다. 일상언어 철학에서는 전통적으로 언어가 그 자체로 진리를 드러내는 도구일 뿐만 아니라, 더욱 중요한 것이 언어 그 자체가 '행위'(사고 행위)라는 점에 주목함으로써 전환이 일어난다. 언어는 진리와 대응되는 것이 아니라, 더욱 포괄적으로 어떤 행위를 지향하며, 그 행위는 구성원들 사이에서 만족 조건에 따라 평가될 뿐이다. 진리 또한 '단정 또는 주장하는 행위'에 다름 아니다. 또한 언어(발화) 행위는 단선적이지 않고 늘 두 가지 이상의 행위가 복합되어 있다.

오스틴(Austin)의 화행 이론은 이런 전환의 시발점이다. 이를 실제의 언어 사용 현장으로 적용하려면 언어 사용 규범에 대한 질서를 붙들어야 하며, 자유의지에 따라 그 질서를 일부러 상대방이 알아차릴 수 있도록 위배할 수도 있다. 이런 점을 역동적으로 설명하기 위하여 그라이스(Grice)의 대화 규범 중에서 표현 방식(manner)에 대한 논의들이 계속 발전되어 왔다. 클락(Clark 1996)에서는 다음과 같은 방식으로 의사소통이 진행된다고 보았다.

절차와 과제 방식의 성격	의사소통 진행 절차	의사소통 과제의 분류
자명한 방식	고정된 절차(융통성이 제약되어 있음)	지엽적인 과제
	정규적 절차(융통성이 있고 가변적임)	최소 협동 과제
상호합의 방식	자명한 예비 단계를 통해 합의하는 절차	확대된 과제
	처음부터 공동목표를 합의하는 절차	협력하여 의미를 수립하는 과제

의사소통에 참여하는 구성원들이 서로 간에 어떤 방식으로 어떤 절차를 통하여 임의의 과제를 공동의 목표로 진행해 나가더라도, 각 과제들마다 매끄럽게 진행되기 위해서는 반드시 상위 차원에서 의사소통 진행을 방해함직한 요인들을 자각하면서, 그 요소들을 제거하여 긴밀하게 협력해 나가야 한다. 이를 다음 도표에서와 같이 몇 가지 가능성으로 제시할 수 있는데, 의사소통이 신중할수록 예비 요청 방식을 통해 걸림돌을 미리 제거해 나가게 된다.

걸림돌 제거	예상되는 걸림돌	걸림돌 없애려는 관례적 표현(예비 요청)
화자 주도적	청자에게 의무감 없히기	"거기 후추통 좀 건네 줄래요?"
	청자의 능력과 자발성 고려	"우리 지금 식사하러 나가실까요?"
조건 충족 후	청자가 지닌 지식	"철수가 어디 있는지 아세요?"
	청자의 물리적 실행 조건	"충전용 건전지가 팔아 줄래요?"
청자 주도적	청자의 의향을 타진	"여기 와서 이 옷 좀 입어 볼래요?"
	청자에게 허락 받기	"그 신발 어디서 샀는지 물어 봐도 되나요?"

보다 더 심각하게 화행 이론을 인간의 모든 행위에 적용시켜 나간 경우를 우리는 독일 사회철학자 하버마스(Harbermas)에서 볼 수 있다. 그는 인간 행위를 전반적으로 다음처럼 상정하였다.

특히 인간의 사회적 행위는 크게 이득 취하는 것을 목표로 삼는 '전략적 행위'와 그렇지 않은 '의사소통 행위'로 나뉜다. 후자는 상호 이해를 지향해 나간다. 그렇지만 언제든지 이득을 취하려는 전략적 행위에 의해 간섭 받고 교란될 수 있다. 필자는 머클레인(McLane)의 두뇌 형태 분류에 따라, 전략적 행위는 욕망(경제성)을 지향하는 제2의 뇌(테두리 뇌, 변연계)에 의해 설명될 수 있고, 의사소통 행위는 모든 것을 희생하여 보람(가치)을 찾는 제3의 신생뇌에 의해 설명될 수 있을 것으로 본다. 쉽게 대립적으로 말한다면, 경제 원칙(놀부 원칙)으로 설명되는 영역과 동시에 온갖 정성을 쏟아 보람 느끼는 희생 원칙(흥부 원칙)으로 설명해야 하는 두 가지 부류가 있는 것이다. 이 양자 사이를 매개해 주는 부서가 더마지우(Damasio 1994)의 감성적 결정 부서이다(37쪽). 아직은 두 부서들 사이의 간섭 가능성만 논의되었고, 매개 부서를 통하여 설명하려는 시도는 없는 듯하다.

그럼에도 이해를 지향하는 의사소통 행위와 이익을 추구하려는 전략적 행위가 일부 서로 겹칠 수도 있다. 언어교육에서는 이를 각각 친분 쌓는 행위와 정보를 전달하는 행위로 나눈 바 있다. 친분 쌓는 행위는 반드시 이익을 얻어내려고 전략적으로 이루어지는 것만이 아니다. 감성적으로 서로 끌리고 서로 정을 나누는 행위 그 자체로 독자적이며 독립적으로 간주할 수 있다. 이를 확대경을 대면, 미세하게 의사소통 과정에서 서로의 체면(face)에 대한 문제가 부각될 수 있다.

제10장 '미시사회학에서의 논의'에서는 거시적이고 개별 인간들이 들어 있지 않은 구조사회학에 반발하고, 개개인의 행위들에 초점을 모아 어떻게 다른 구성원과 관련을 맺는지를 연구해 온 흐름을 요약하였다. 사회학은 크게 사회 전반(societal)의 구조를 다루는 거시사회학과 개인들 사이에(social) 상호작용을 다루는 미시사회학으로 나뉜다. 후자쪽에서는 주로 '상징적 상호작용' 이론으로 불리는 흐름이 인간들의 의사소통에 긴밀하게 주목하여 왔다. 특히 고프먼(Goffman 1981)의 논의가 중요하게 다뤄진다. 그는 대화를 통한 상호작용이 단순하지 않고, 언제나 세 가지 축이 융합된 채 이뤄진다고 보았다.

① 상호작용 의례 갖추기 과정(process of ritualization)

② 참여 얼개(participation framework)

③ 의례 속으로 끌어들여 자리 잡도록 하는 능력(embedding capacities, 내
  포 능력)

설사 혼자서 뇌까리는 듯한 독백담(self-talk)조차 상호작용 의례 속에서
보면 화자가 스스로 자신의 인상 관리 전략을 실행하고 있음(예행 연습)
을 찾아낼 수 있다. 이런 혜안은 의사소통이 언제나 두 가지 경로를
통해 나란히 진행된다는 모형을 낳게 된다. 하나의 경로는 1차적인 실
무 경로인데, 이전까지 다뤄온 의사소통 모습들이 관련되는 경로이다.
동시에 실무 경로를 확인 점검하는 재귀적 경로가 있는데, 이를 2차적
인 점검 경로라고 부른다. 뿐만 아니라, 이런 복선적인 경로를 가동시
켜 나가는 참여자들은 더 이상 단순히 '너'와 '나'가 아니다. 너와 나의
역할은 실질적으로 다양한 역할들의 융합으로 결과된 내용에 불과하기
때문이다.

대화에서 역동적으로 변화되거나 유지될 수 있는 참여자들의 '입장/
처지 설정(footing, 참여자의 역할에 대한 설정)'을 다루면서, 고프먼 교수
는 참여 주체들을 놓고서 화자와 청자란 표현 대신에 '산출 구성형식
(production format)'과 '참여 구성형식(participation format)'으로 부르면서,
다음처럼 세분해 놓았다. 말하기에서 남의 말을 인용할 경우에 원저자
(author)가 있으며, 정부 대변인처럼 특정한 사람을 위해 대신 말을 해
주는 실행자(animator)도 있고, 주연 배우(principal)도 있다. 또한 발언권
을 얻어 참여할 수 있는 방청자(overhearer)와 그렇지 못하는 몰래 엿듣
는 사람(eavesdropper 염탐꾼)도 있다.

발화의 복합적인 구조를 만들어 내는 참여 주체들에 대한 고프먼의
직관은, 1990년대에서부터 입말 뭉치들을 전산 처리하면서, 인용 형식
또는 유사 인용 형식이 실질적인 논제로 부각되자 확고한 기반을 갖게

되었다. 머카씨(McCarthy 1998)에서는 영국에서 수집된 입말 말뭉치를 분석하여, 인용문 또는 유사 인용문들을 다뤘는데, 통계적으로 유의미하게 많은 사례들이 단순히 남의 말을 인용하는 것이 아님을 밝혀내었다. 더구나 명백히 입 밖으로 나온 바도 없어서 결코 인용이라고 말할 수 없고, 따라서 다만 남의 마음에 대한 추정이라고 볼 수밖에 없는 것들도 상당한 비율로 자주 인용 구문의 탈을 쓰고 나타난다는 사실이 드러났다. 따라서 피상적인 인용 이외의 중요한 기능들을 지니고 있는데, 머카씨 교수는 다음처럼 요약하였다.

① 현재 상황에서 무대를 마련하는 기능(=주제 도입 또는 무대 마련 기능)
② 현재 담화에서 초점을 부각하여 극적으로 생생하게 만드는 기능(=초점 부각 기능)
③ 담화에서 언급된 내용을 반복하여 매듭짓는 기능(=매듭짓기 기능)
④ 자신의 주장에 대하여 입증을 하는 기능(=신뢰성 입증 기능)

위의 기능들 중에서 특히 마지막 기능은 의사소통의 진정성을 유지해 주기 때문에 더욱 중요하다. 페어클럽(Fairclough 2003)에서는 이를 의사소통의 '합법화 전략'으로 다루게 된다. 그곳에서 거론된 합법화 전략은 다음과 같은데, 의사소통 참여자들이 즉석에서 실시간으로 판단하고 즉각적으로 대응해 내어야 하는 전략에 해당된다.

권위 확보(authorization)	전통·관습·법의 권위성 및 제도적 권위를 지닌 사람에게 기댄다
합당성 부여(rationalization)	제도적 행위의 유용성 및 사회에서 인지적 효력을 부여한 지식에 기댄다
도덕적 평가(moral evaluation)	사회 구성원들에게 받아들여진 가치체계에 기댄다
신화로 만듦(mythopoesis)	서사이야기를 통해서 그럴 듯하게 전달하여 합법화를 꾀한다

미시사회학 중에서 이른바 '소집단 관찰해석(ethno-graphy)'이나 '소집단

관찰방법론(ethno-methodology)'으로 불리는 흐름에서도, 대화 분석에 주력하여 인접쌍, 발언순서 얻어내기, 청자의 반응 등에 대한 얼개들을 밝혀낸 바 있다.

제11장 '언어학, 언어교육, 글쓰기 분야에서의 논의'에서는 필자가 전공하는 친숙한 분야이므로, 이들을 모두 아울러 함께 요약해 놓았다. 언어학에서는 언어 사용과 관련하여 화용론, 텍스트 언어학, 담화론 등이 일정 부분 서로 겹치면서 발전이 이뤄져 왔다. 특히 담화 쪽에서는 1990년대에 영국을 중심으로 하여 순수한 일원주의 담화 및 실용적인 다원주의 담화 사이에 논쟁이 벌어진 바 있었다. 위도슨(Widdowson) 교수와 페어클럽(Fairclough) 교수가 그 중심에 있다. 위도슨 교수는 의사소통 중심 언어교육을 이끌어 가는 중심 학자로서 담화 그 자체를 자족적으로 그리고 자립적으로 본다. 그렇지만 페어클럽 교수는 말은 일을 하기 위하여, 즉 삶을 살아가기 위하여 존재하는 것이라고 보고, 인간의 자유를 억누르고 지배하는 부당한 권력과 이념을 부각시켜 비판적으로 검토해 나가려고 한다.

순수한 일원주의 담화 쪽에서는 발화나 문장을 서로 얽어 주는 규칙들을 다섯 가지 찾아내었고, 이를 통사 결속(cohesion)이라고 불렀다. 그 결과, 작은 단락을 이루게 되더라도, 이 작은 단락들도 또한 더 확장되어 크게 연결되어야 한다. 이를 의미 연결(coherence)이라고 부른다. 통사 결속은 어느 언어에서나 언어 자체로 형성된 기제들이 있다. 지시표현·어휘 사슬·대용표현·생략·접속사들이며, 모든 언어에서 지시표현과 어휘 사슬이 가장 압도적으로 많이 쓰이는 것으로 알려져 있다.

그렇지만 작은 단락들을 묶어 주는 특별한 언어 기제는 없고, 수의적으로 언어 표현을 써서 나타날 수 있다. 언어교육에서는 일찍이 이를 담화 차원에서 통사 결속을 매개해 주는 미시표지 및 의미 연결을 이끌어 가는 거시표지로 나누어 놓고, 제2 언어 학습자들을 대상으로 하여 그들의 이해 정도를 실험 측정하여 그 결과들을 보고한 바 있다. 미시

표지들은 학습자들의 이해에 큰 도움을 주지 않지만, 거시표지들은 전체 덩잇말·덩잇글의 이해에 상당히 많은 기여를 한다. 미시표지와 거시표지를 서로 뒤섞은 담화 형식은, 오히려 핵심적인 거시표지만 들어 있는 경우보다 더 낮은 이해력을 보여 주었다. 이 사실은 말을 듣거나 글을 읽을 적에 이해 주체들이 거시적 담화 표지에 매우 민감히 반응하면서, 그 표지들을 중심으로 자신이 처리한 내용을 재구성한다는 사실을 함의한다.

작은 단락들을 잇거나 묶어 가는 과정을 일반적으로 추론이라고 부르는데, 폰대익(van Dijk 1980)에서는 '거시구조'라 부르기도 하였다. 언어 처리와 관련하여 킨취(Kintsch 1993)에서는 추론이 크게 다음과 같은 방식으로 작동한다고 보았다.

처리 방향 자각 여부	인출	생성
무의식적인 자동 과정	교량 추론, 연상 정교화	유사 영역에서 이행 추론
의식적인 통제 과정	교량 지식에 대한 탐색	논리적 추론

추론의 가장 단순한 모습은, 결론을 먼저 제시하고 곧 이어 증거를 대 주는 '두괄식'(연역적 제시법) 방식이다. 이것이 조금 변형되면 '주장 → 입증'이나 '단정 → 사례 제시' 또는 방송 뉴스 보도에서 '뉴스 → 길거리 목소리' 등으로 나타나기도 한다.

그런데 앞의 순순한 일원론적 담화를 벗어나서, 담화로 일을 하고 삶을 살아간다는 '실용적인 다원주의 담화'는 특히 영국의 페어클럽 교수와 화란의 폰대익 교수에 의해서 주도되어 왔고 비판적 담화 분석(Critical Discourse Analysis, CDA)으로 불린다. 여기서는 페어클럽 교수의 저작들(2001, 2003; 김지홍 뒤침 2011, 2012)을 중심으로 다루었다. 페어클럽 교수는 언어·텍스트·담화 사이의 구분이 동일하게 사회에 대한 세 가지 층위를 반영해 주는 것으로 본다. 이를 다음처럼 동심원으로 나타낼 수 있다(더 정확히 말하면 원뿔로 이뤄진 세 층위로 표상해 주어야 하는데, 제일 꼭대기 윗층위만이 바다 위에 떠 있는 빙산처럼 구체적인 경험 대상이 되며, 하위 층위들은 모두 내성 또는 성찰에 의해서 자각됨).

제일 작은 동심원은 표층(원뿔의 꼭대기)에 있는 상황 층위이다. 의사소통 참여자들에게 누구나 쉽게 자각될 수 있고, 제일 먼저 지각되는 대상이다. 이 상황은 일정한 변이를 허용하면서 일정한 질서를 따르게 된다. 이를 중간 층위에 있는 제도적 층위라고 부를 수 있다(미시사회학자 고프먼은 '의례화된 절차'라고 부름). 제도적 층위도 또한 궁극적으로는 어느 사회에서나 보편적으로 찾아질 수 있는 사회구조 층위에 의해 인도되고 구조화된다. 이런 존재론의 위상은 그대로 언어의 옷을 입게 되면, 다음 도표와 같이 나타낼 수 있다.

개개의 사회적 사건(social events)	⇨ 언어/텍스트로 구현됨	상부
사회적 실천관행(social practices)	⇨ 담화 질서로 고정됨	⇕
일반적 사회구조(social structures)	⇨ 담론으로 밑바닥에 잠복해 있음	하부

한 개인을 바라보는 이런 입체적인 시각은, 비단 비판적 담화 분석에서만 찾아지는 전유물이 아니다. 극심히 혼란스럽던 시대에 근대정신을 확립해 놓은 철학자 칸트(Kant, 1724~1804) 또한 비슷한 생각을 한 바 있다. 오늘날 우리가 쓰는 친숙한 용어로 칸트의 생각을 바꾼다면, 인간 유전자가 만들어 내는 보편적인 속성들(하부 층위)을 범주(categories)로

부르고, 구성원들이 공유하는 공동체 요소들(중간 층위)을 규범(maxims)
으로 부르며, 개인이 각자의 체험에 따라 형성하게 되는 것들(상부 층위)
을 개인별 개념틀(schemata)로 불렀다. 페어클럽 교수의 논의에서 명시적
으로 칸트를 인용한 바는 없지만, 결과적으로 매우 비슷한 내용을 주장
한다. 이를 도표로 보이면 다음과 같다.

개별 정체성 모습(style) ⇨ 개개인의 존재 방식(ways of being)	개인	
하위 담화(discourses) ⇨ 공통된 표상 방식(ways of representing)	⇕	
기본적인 갈래(genre) ⇨ 공통된 행위 방식(ways of acting)	집단	

인간이 사회 속에서 존재하는 모습은 동심원을 이루는 여러 층이 포개
어져 있는 상태이다. 여기서는 다만 서술의 편의상 표층(개인 차원)과
중간층(매개 차원)과 심층(사회 차원)이라고 부르기로 한다. 그런데 이런
존재의 실상이 그대로 대응을 보이며 담화로 실현되는 것은 아니다.
비록 언어 또는 담화가 입말로 실현되는 경우에는 그 자체가 오직 일직
선으로 이어진 연결체(앞뒤 연결체)에 지나지 않지만, 그 실상은 계층적
으로 몇 가지 층위로 나뉜다는 점에서, 언어 또는 담화를 예리하게 층
위별로 분석해 낼 수 있어야 한다. 이런 시각에서 비언어 층위와 언어
층위인 사회 질서와 담화 질서를 다음처럼 나타낼 수 있다.

일반적 사회구조 사회적 실천관행 사회적 사건 ─┌ 행위와 행위들의 사회적 관계 　　　　　　├ 사람들의 정체성 　　　　　　└ 세상에 대한 표상	외부 층위 (사회 층위)
담화(개별 정체성 모습, 하위 담화, 갈래) 텍스트/언어 ─┌ 의미 　　　　　　├ 문법과 어휘 　　　　　　└ 음운/철자	내부 층위 (언어 층위)

이런 관점에서 몇 가지 중요한 논제들은 다음과 같다. ① 왜 명사 표현이 있고, 절 표현이 있는지에 대한 물음, ② 종결 서법과 양태 요소들을 통하여 이념이나 권력 관계가 은밀히 부호화되는 방식, ③ 어떤 사태를 자연스럽고 당연한 듯이 하나의 사실처럼 포장하는 표현 방식들에 대한 자각이다. 이런 비판적 담화 분석을 통해서만이, 한낱 지식이 '지성'으로 승화하는 것이고, 사회의 가치에 책임을 진 비판적 지성의 역할을 실천으로 옮기는 터전이 마련되는 것이다.

응용 언어학은 여러 갈래가 있겠지만, 주로 언어교육을 뜻한다. 그런데 아쉽게도 말하기 교육은 충분히 독자적 가정이나 이론을 이룰 만큼 성숙되어 있지 않다. 다만 서구의 수사학 전통을 이어나가는 글쓰기 교육에서는, 오늘날 구성주의 또는 과정 중심의 글쓰기 흐름이 주도적으로 논의되고 있다. 이는 기본적으로 인간 기억에 대한 가정으로부터 뒷받침을 받는다. 인간의 기억은 재구성(reconstruction) 과정이라는 바아틀릿(Bartlett 1932)의 주장과 앳킨슨·쉬프륀(Atkinson and Shiffrin 1968)의 다중기억 이론 위에서, 필자는 언어 산출 및 이해 모형과 관련하여 최소한 다음과 같은 기억의 갈래가 상정되어야 한다고 본다.

언어 산출과 이해 과정에서는 반드시 일반 처리 체계 및 재귀적 조정 체계가 동시에 가동되어야 한다. 전자는 작업기억이란 이름으로 친숙히 불리는 단기기억과 우리의 경험들을 쌓아 놓고 있는 장기기억이 동시에 공모해야 하는 부서들이다. 장기기억에는 절차지식 기억과 서술지식 기억이 있어야 하며, 이 둘 사이를 매개해 주기 위하여 에뤽슨·킨취 (Ericsson and Kintsch 1995)에서 주장한 '장기 작업기억'이 들어 있어야 한다. 절차지식 기억이란, 문법 규칙과 담화 전개 규칙들을 위시하여, 일반인들이 스스로 느낄 수 없는 암묵적인 지식 체계들을 뜻한다. 서술 지식 기억에는 우리가 구체적으로 경험하는 개별 사건들에 대한 기억과, 그 개별 사건들을 부류로 묶어 주고 일반화해 줄 뿐만 아니라, 위계적인 분류도를 형성하고 있으리라고 믿어지는 추상적인 기억도 존재한다. 각각은 구체사례 기억(일부에서는 잘못된 용어로 '일화'[시시한 이야기]] 기억 으로 번역함)과 의미 기억으로 불린다. 털뷩·르파쥬(Tulving and Lepage 2004)에서는 전자를 뒤를 돌아보는(palinscopic) 기억으로, 후자를 앞만 내다보는(proscopic) 기억으로 불렀는데, 오직 유인원에게서만 뒤로 돌아 보는 기억이 발견되며, 이를 토대로 하여 미래를 예측하는 능력을 갖는 다고 보았다.

구성주의에서는 글쓰기 과정이 단선적이지 않고 여러 겹으로 반복되 면서, 스스로 필자 자신에 의한 수정이 일어나는 과정으로 본다. 또한 읽기 과정과 쓰기 과정이 서로 간에 긴밀히 영향을 주고받는 것으로 가정한다. 따라서 쓰기란 읽기와 긴밀히 맞물려야 하며, 여러 변이체들 을 읽고 분석하면서 통일된 방식으로 '의미를 재구성하는 과정'이 크게 부각된다. 언어교육에서 추구하는 글쓰기의 갈래는 다음 도표로 요약 할 수 있다.

여기서 일반 언어교육에서 초점을 모아 연습시키는 부분은, 윗 줄에서부터 시작할 수 있는데, 글말의 갈래별로 몇 가지 수준을 더 나눌 수도있다. 또한 글쓰기 과정에서 어떤 변인에 더 가중치를 두는지에 따라서, 학습자 변인·글 갈래 변인·글쓰기 목적 변인 등으로 나누어 살펴볼수 있다. 최근에는 사회적 구성주의 모습에 따라서 비판적 담화 분석(CDA)을 수용한 글쓰기 교육 모형들이 추구되고 있는데, 여기서는 하부에 깔려 있는 권력 관계나 지배 이념들에 특히 초점을 모으도록 강조한다(McComiskey 2000; 김미란 뒤침 2012).

Interdisciplinary Approaches to Language Production

부록

두뇌·기억·언어※

들머리

인간의 언어에 대한 연구에서는 진화론상으로 현생 인류(크로마뇽인)의 출현과 더불어 인간의 말소리(자음과 모음으로 나뉨)가 생겨났다고 보는 쪽이 일반적이다. 대략 5만 년 전후에 인간 목청이 비로소 성대 하강과 더불어 만들어진다.[1] 목젖과 바짝 붙어 있던 후두개는 숨길과 식도를 분리해 주는 기능을 하였다. 그런데 후두개가 밑으로 목의 중간

※ 이 첫 번째 부록은 올해 저자가 학부생들과 대학원생을 대상으로 하여 강의 자료로 썼던 것이다. 본문과 중복되는 부분이 없지 않으나, 산출 과정과 이해 과정을 함께 다룰 수 있도록 의도하였다.

1) 이는 언어 진화학자 필립 리버먼(Philip Lieberman)의 일관된 주장이다. 최근 그의 책들 가운데 유일하게 한 권이 번역되어 나왔는데, 리버먼(1991; 김형엽 뒤침 2013), 『언어의 탄생』(글로벌콘텐츠)을 보기 바란다. 또한 리버먼(2006), 『언어의 진화 생물학에 대하여(*Toward an Evolutionary Biology of Language*)』(Harvard University Press)과 22편의 글이 모아져 있는 나잇·스터딧케네디·허포드 엮음(Knight, Studdert-Kennedy, Hurford 2000), 『진화론상에서의 언어 탄생(*Evolutionary Emergence of Language*)』(Cambridge University Press)도 참고하기 바란다.

위치로 내려감으로써 입(구강)을 통과한 뒤에 숨길과 식도가 하나의 길로 통합된다. 이 통합은 인간에게 목구멍의 울림통(후두강)을 만들어 준다. 이것이 형식과 내용의 결합을 다루는 기호학에서, 이른바 '형식으로서의 말소리(sound as a form)'가 탄생하는 순간이다.

그렇지만 이처럼 성대(울대막)가[2] 하강하여 말소리가 탄생하기 전에 이미 상당히 오랜 기간 동안 대뇌(제3의 뇌)의 발달로 '내용으로서의 경험 기억(memory as a content)'이 복잡하게 축적되어 왔다. 내용에 해당하는 기억 체계가, 형식으로서의 말소리보다 먼저 풍부하게 갖춰져 있어야 하는 것이다. 성대 하강의 진화론적 압력은 2백만 년 전부터 제3의 두뇌가 점차 누적적으로 발달함과 동시에, 엄청나게 복잡다단한 기억 내용을 가지런히 정리해 놓을 필요성으로부터, 그리고 그 생존 및 여가 생활에 서로 소통할 절실한 필요성이 공모하여, 결국 성대 하강의 실마리로 작용한다고 생각해 봄 직하다.

---

2) 소리를 만들어 내는 성대(vocal cord)는 아주 부드럽고 말랑말랑한 근육으로 이뤄져 있고, 순식간에(1초에 120회 이상) 붙고 떨어지면서 작은 공기 덩이들(puffs)을 내보낸다. 이 공기 덩이들이 후두강과 구강에서 일정하게 파장을 이루면서, 주기파를 갖는 모음이 만들어진다. 성대가 결코 현악기의 줄처럼 생긴 것은 아니다. 그렇지만 현악기의 '띠, 줄'과 같은 비유를 인간의 목청에 적용하여 써 온 지 이미 오래되었다. 따라서 비유적 용어 사용으로 간주한 채 새로운 용어를 만들어 쓰지 않는다.

1장. 세 겹 두뇌의 진화

진화론의 시각에서 인간 두뇌의 발달에 대하여 잠깐 훑어보기로 한다. 흔히 언급되는 바로는 급격한 기후 변화로 인하여 아프리카 동쪽 지구대의 숲들이 점차 사라지자, 나무에서 내려와 풀들 사이에서 생활하면서 직립하게 되는 2백만 년 즈음부터, 인류 종(직립 인류)의 두뇌에서 몇 가지 진화적 변화가 일어난다. 인간의 아래턱뼈가 작아지고 머리뼈의 봉합이 사춘기 이후에 이르러서야 끝나게 되면서, 영양가 높은 부드러운 음식물을 섭취하고 또한 불로 익혀 먹기 시작하면서, 제3의 두뇌(대뇌 피질)가 발달하게 된다. 인류 종의 두뇌는 한꺼번에 발달한 것이 아니다.[3] 먼저 바다에서 등뼈를 지닌 동물이 진화를 하고, 다시 육지에서 등뼈의 척수에 뇌간과 제1뇌(작은 뇌, 소뇌)가 발달하는데, 흔히 원시 파충류(기어다니는 짐승, 길-짐승)에서부터 관찰된다고 하여 '파충류의 뇌(reptilian brain)'라고도 한다. 제1뇌는 우리가 의식하지 못하더라도 저절로 우리 몸의 신진대사를 관장하게 된다(자율 반사 기관).

여기에 다시 이 두뇌를 둘러싸고 있는 '테두리 뇌(limbic system)'가 생긴다. 이를 두 번째로 진화한 2차 뇌라고[4] 부른다. 테두리 뇌는 8개의 하위 기관들을 묶어 놓은 개념이다. 일본에서는 해괴하게 '갓 변(邊)', '소매 끝 연(緣)'을 붙여 '변연 체계' 또는 '변연계'라는 알쏭달쏭한 말을 지어 내었다. 일부 우리나라 사람들이 한자의 뜻을 새기지 못한 채 맹종하고 있는 듯하다. 머클레인은 테두리 뇌가 진화상 젖먹이 짐승(포유류)들에서부터 찾아진다고 하여 '원시 포유류(paleomammalian)의 뇌'로

---

3) 두뇌에 관한 번역서들이 아주 많이 나와 있지만, 두뇌에 관한 개관으로서 우리나라 심리학자들이 펴낸 성영신·강은주·김성일 엮음(2004), 『마음을 움직이는 뇌, 뇌를 움직이는 마음』(해나무)을 읽어 보기 바란다.

4) 뤼즈텍(Restak 1984; 김현택·류재욱·이강준 뒤침 1994), 『나의 뇌, 뇌의 나 Ⅱ』(예문지) 73쪽 이하에서 글상자 속에 들어 있는 머클레인(MacLean, 머클린) 교수의 '세 겹 두뇌' 설명을 보기 바란다.

부른다. 여기에는 욕망 및 감정에 관련된 8개 기관들이 들어 있다. 최근 더마지우 교수의 연구에서는 우리가 어떤 결정을 내릴 적에 감정의 변수들이 가장 크게 작동한다고 주장한다.[5] 특히 제2의 뇌(테두리 뇌)에서는 두 가지 경로로 정보를 입력하게 된다. 하나는 제3의 뇌(대뇌, 피질)로 부르는 통로를 거쳐 정보가 입력되는데, 이 경우 우리가 스스로 감각이나 의식을 자각할 수 있다. 그렇지 않고, 그대로 신체에 있는 신경 체계로부터만 입력되면, 우리는 의식하지 못한 채로 무의식적인 신체 반응만을 보일 뿐이다.[6]

진화상으로 유인원에게서 제일 늦게 발달한 뇌를 제3의 뇌로 부른다. 인간을 기준으로 하여, 가장 큰 두뇌 부서이므로, 큰뇌 또는 대뇌(대뇌 피질)라고 부른다. 머클레인 교수는 '신 포유류(neomammalian)의 뇌'라고 불렀다. 그런데 큰뇌는 명함 두께로 된 6층위의 뇌세포 신경들이 수평 및 수직 그물짜임을 이루고 있다.[7] 특히 두뇌 세포들의 수직 짜임은 제3의 뇌를 제2의 뇌와 제1의 뇌로 연결해 주고, 전체로서 하나의 두뇌처럼 작동하게 해 주는 중요한 기능이다.[8] 이런 제3의 신생뇌(대뇌

---

5) 안토니오 더마지우(Antonio Damasio) 교수의 3부작 중에서 두 권이 번역되어 있다. 더마지우(1994; 김린 뒤침 1999), 『데카르트의 오류: 감성, 이성, 그리고 인간의 뇌』(중앙문화사)와 더마지우(2003; 임지원 뒤침 2007), 『스피노자의 뇌: 기쁨, 슬픔, 느낌의 뇌과학』(사이언스북스)에서는 욕망과 감정을 떠맡는 제2의 뇌에서 최종적인 판단과 결정이 일어남을 여러 임상적 증거들을 통해 입증하고 있다. 103쪽 각주 26을 보기 바람.

6) 특히 '편도체'라는 기관이 떠맡는 '공포 감정'에 대한 연구로 유명한 조지프 르두(Joseph LeDoux) 교수의 글들을 읽어 보기 바란다. 르두(2002; 강봉균 뒤침 2005), 『시냅스와 자아: 신경세포의 연결방식이 어떻게 자아를 결정하는가?』(소소)와 르두(1998; 최준식 뒤침 2006), 『느끼는 뇌: 뇌가 들려주는 신비로운 정서 이야기』(학지사)가 번역되어 있다. 특히 전자는 두뇌에 관한 개론서의 역할도 겸하고 있다. 르두 교수는 자극과 이에 대한 신경운동 체계의 반응이 ① '감각기관→제1의 뇌→운동신경계'의 보다 원시적 방식과 ② '감각기관→제1의 뇌→제3의 뇌→제2의 뇌→운동신경계'의 의식화된 방식이 전후로 복잡화하면서 작동하게 된다고 주장한다.

7) 호킨즈(Hawkins 2004; 이한음 뒤침 2010), 『생각하는 뇌, 생각하는 기계』(멘토르)에서는 인공지능과 두뇌 과학의 접점에 대한 논의를 읽을 수 있다. 특히 여섯 층위(L1~L6)로 된 피질을 놓고서 제6장 7절 이하에서 자세히 다루고 있으며, 감정이나 정서의 역할을 기억의 강도와 관련시키고 있는 대목도 눈길을 끈다. 톰슨(Thompson 1985; 김기석 뒤침 1989), 『뇌: 신경과학 입문』(성원사)의 29쪽에도 6층으로 이뤄진 대뇌 피질의 그림을 다루고 있다.

피질)가 발달하려면 구조적으로 아래턱뼈가 작아져야 한다. 그래야 아래턱뼈를 움직이는 근육들이 작아져서, 피질들을 계속 덧붙여 놓을 수 있도록 두개골의 봉합이 더 늦게 이뤄지는 것이다. 원숭이 부류는 대략 3살 전후에 완전히 두개골이 봉합되지만(더 이상 대뇌 피질이 추가하여 들어갈 공간이 없게 됨), 인간은 사춘기(12살) 전후에 이르러서야 두개골이 완전히 봉합된다고 알려져 있다.

그런데 이렇게 뇌가 발달해 왔다고 하더라도,[9] 뇌가 발달해서 어떻다는 것인지에 대해 대답을 해 주어야 한다. 이는 주로 의식 또는 인지를 중심으로 하여 논의가[10] 이뤄져 왔는데, 오늘날 '인지과학'이라는 복합 학문이 연구 목표로 삼는 영역이다. 옛날 희랍 시대에서부터 아주 소박하게 인간의 능력을 세 개의 부서가 복합되어 있는 것으로 보았다. 다시 말하여, 진·선·미(또는 반대 개념인 위·악·추)로 이뤄져 작동하는 실체이다. 이런 삼차원 개념은 칸트의 책에서도 그대로 반영되는데, 필자는 각각 순수이성·실천이성·판단력이 큰 틀에서 서로 대응하는 것으로 이해한다.

---

8) 회백색 물질(회백질)로 이뤄진 제3의 뇌는 신피질로도 불린다. 피질(lobe)은 때로 엽(葉, 두정엽, 측두엽, 전두엽 따위)이라는 말로도 번역한다. 언어를 사용할 적에 백색 물질(백질)로 이뤄진 제2의 뇌(테두리 뇌, 변연계)와 제3의 뇌(피질)사이의 유기적인 관련에 대해서는 특히 핑커(Pinker 1999; 김한영 뒤침 2009: 588쪽, 603쪽, 610쪽, 635쪽, 665쪽 등), 『단어와 규칙: 스티븐 핑커가 들려주는 언어와 마음의 비밀』(사이언스북스)을 읽어 보기 바란다.

9) 최근 등장한 새로운 학문분야 이른바 '진화심리학'이다. 인간의 심리적 특성과 행위들이 진화의 산물이라고 보는 것인데, 여기서 심리는 단순히 감정만이 아니라 더 포괄적인 마음이나 정신작용을 의미한다. 언어학 쪽에서는 하버드 대학 심리학과로 자리를 옮긴 핑커 교수가 대표적이다. 핑커(Pinker 1997; 김한영 뒤침 2007), 『마음은 어떻게 작동하는가: 과학이 발견한 인간 마음의 작동 원리와 진화심리학의 관점』(동녘사이언스)을 읽어 보기 바란다. 전반적으로 인간 행동 또는 행위와 관련하여서는 버스(Buss 2004; 김교헌·권선중·이홍표 뒤침 2005), 『마음의 기원: 인류 기원의 이정표 진화심리학』(나노 미디어)을 읽어 보기 바란다.

10) 가장 쉽게 읽히는 개관서는 염색체의 구조를 밝혀 노벨상을 수상한 크릭(Crick 1994; 과학세대 뒤침 1996), 『놀라운 가설』(한뜻출판사)이다. 또한 그의 동료 코크(Koch 2004; 김미선 뒤침 2006), 『의식의 탐구: 신경생물학적 접근』(시그마프레스)도 읽어 보기 바란다. 이들은 한결 같이 우리 의식이나 인지가 반드시 신경생물학적 근거를 지녀야 한다는 가정을 세우고서, 이를 '의식의 신경과학적 근거(NCC)'라고 불렀다.

사고 또는 정신이 작동하려면 적어도 머릿속에 어떤 표상들이 떠올라야 한다. 이런 표상은 주로 감각 표상과 개념 표상으로 나뉜다. 흔히 큰 범주에서 감각자료와 언어자료로도 부르지만, 단순한 대상들이 아니라 여러 내용들과 관계들이 복잡하게 뒤얽혀 있는 복합물들이기 때문에, 인간 기억에 대한 엄격한 신경생리학적 뒷받침이 없다면 결코 만만히 다뤄 나갈 수 없다. 이런 표상들 사이에 어떤 추론(연결)이 이뤄지는 것이 사고 또는 정신의 두 번째 작동 단계이다. 이 과정에서 표상들 사이에 적합성과 관련성에 대한 판단과 결정이 일어나면서, 여러 가지 취사선택이 이뤄진다. 이런 일은 마지막으로 결정 내리기 또는 의사결정 단계로 진행됨으로써, 사고 또는 정신작용에 작은 한 매듭이 이뤄지게 된다.[11]

이런 정신작용이 적합하게 일어나기 위해서는 인간 두뇌 속에 들어 있는 기억들이 작업기억 속으로 인출되어야 한다. 따라서 의식 또는 인지에 대한 논의는, 하부구조로서 기억들과 이 기억들을 조정하고 통제하면서 새롭게 정보를 가공해 나가는 '작업기억(working memory)'을 중요하게 다뤄야 한다. 현재 알려지기로는 우리가 여러 가지 다른 종류의 기억들을 이용하는데, 이를 '다중기억 이론'이라고 부른다. 이제 기억의 생리적 기반과 기억의 종류에 대하여 알아보기로 한다.

---

11) 다양하게 16편의 글이 모아져 있는 하드먼·마키 엮음(Hardman and Macchi 2003), 『사고 과정: 추론·판단·결정 내리기에 관한 심리학적 관점(*Thinking: Psychological Perspective on Reasoning, Judgment, and Decision Making*)』(John Wiley & Sons)에서는
'표상 → 추론 → 판단 → 결정'
이 사고 과정의 단면이며, 이 주기가 계속 반복되면서 발전해 나가는 것을 사고가 진행되는 것으로 본다.

2장. 기억의 신경생리학: 환원주의와 통합주의의 갈등

살아 있는 사람은 말을 한다. 그렇지만 죽은 시체는 말이 없다. 이런 자명한 사실로 말미암아, 말을 하는 일이 살아 있는 사람의 두뇌 속에서 신경 생리학적인 기반을 두고 일어나고 있음을 아무도 부정할 수 없다. 언어 산출 과정이 물론 그러한 신경 생리학적 기반을 통하여 일어나고 있겠지만,12) 그런 과정들은 우리가 전혀 자각할 수 없는 무의식 차원의 영역들까지 가동되고 있으므로, 일반적으로 인문학의 영역에 포함시켜 다뤄 오지 않았다. 흔히 이를 우리가 스스로 자각할 수 있는지 여부에 따라, 낮은 수준의 처리와 높은 수준의 처리라고 불러 구분하기도 한다. 가령, 낮은 수준의 처리는 우리가 말소리를 낼 때에 다수의 발성기관들이 어떻게 협업을 펼쳐 나가는지에 대한 내용들이다. 이런 것들에 대해서는 전혀 의식적으로 자각할 수 없다. 오로지 우리는 결과적으로 낱개 소리에 대한 자각 정도만 스스로 의식하여 알 뿐이다. 이를 높은 수준의 처리라고 부르는데, 말소리 자각으로부터 낱말과 문장과 덩어리 발화와 어떤 이야기 주제와 상황과 상대방의 의도까지 모두 포괄할 수 있는 매우 광범위한 용어이다.

그런데 최첨단 학문으로서 두뇌 신경 생리학을 다루는 자연과학에서도 인문학에서나 관찰될 법한 논쟁이 벌어지고 있음을 생생히 바라보면서, 이런 논쟁이 두루 인간의 인식 조건에서 비롯된 것일 수 있음을 느끼게 된다. 즉, 환원주의와 이를 거부하는 비환원주의의 대립이다.

---

12) 연산주의와 연결주의를 혼성하는 접근을 주장하는 핑커(S. Pinker 1997; 김한영 뒤침 2007), 『마음은 어떻게 작동하는가』(동녘사이언스)에서는 이런 과정을 '역설계 공학(reverse engineering)'으로 불렀다. 마치 시계를 다 분해하고 나서 다시 재조립하는 방식이다. 그런데 정신의 단원체 가설(연산주의)을 주장한 심리철학자 포더(J. Fodor 2000), 『인간 마음은 그런 식으로 작동하는 것이 아니다(The Mind doesn't Work that Way)』(MIT Press)를 써서 직접 핑커의 접근 방식을 비판한다. 그러자 핑커를 옹호하고 포더를 반박하면서 언어학자 제킨도프(R. Jakendoff 2002)가 『언어(Language)』 제78호 1권(164~170쪽)에 서평을 실은 바 있다. 49쪽의 각주 36에 있는 그림을 보기 바란다.

배타적인 이름 때문에 전자가 기본적임으로 암시할 수 있으므로, 후자에 고유한 이름을 붙여 '통합주의'로 부르는 것이 온당하다.13) 이 절에서는 환원주의 대 통합주의가 여러 계층들의 존재와 계층 간의 서로 다른 역할을 인정하는지 여부에서 길이 갈린다는 점에 초점을 모아 다루어 나갈 것이다. 인문학이나 사회학에서는 흔한 이런 현상이, 첨단 학문으로 불리는 일부 두뇌 신경 생리학의 접근법에서도 똑같이 관찰됨이 흥미롭다.

이런 대립을 쉽게 이해하는 방식은, 먼저 우리 의식이 어떻게 출현하는지에 대하여 신경생리학적 설명을 보여 준 윌리엄 제임스(W. James 1890; 정양은 뒤침 2005)의 논의를 검토하는 것이다. 그는 우리 의식이 한 무리의 위계화된 신경망이 일정한 문턱값을 넘어 활성화될 경우에

---

13) 여기서 언급하는 사람들은 모두 노벨상 수상자들로서, 크뤽(F. Crick), 에들먼(G. Edelman), 캔델(E. Kandel)이다. 그런데 이들이 쓴 책들이 우리말로 다수 인문학 전공자들에 의해서도 번역되었다는 사실이 특기할 만하다. 일각에서는 우리나라 인문학의 위기를 소리 높여 외치고 있다. 앞으로 꾸준히 여러 학문에 걸쳐서 통합적인 공부를 해 오는 인문학자들이 많이 나오는 한, 점차 그런 위기감은 상당 부분 잦아들 것으로 믿는다. 크뤽(1994; 과학세대 뒤침 1996), 『놀라운 가설』(한뜻); 캔델(2006; 전대호 뒤침 2009), 『기억을 찾아서』(랜덤하우스); 에들먼(1992; 황희숙 뒤침 2002), 『신경과학과 마음의 세계』(범양사)이며, 크뤽과 공동연구를 했던 코크(Koch 2004; 김미선 뒤침 2006), 『의식의 탐구』(시그마프레스)도 번역되었다.
  이 절의 제목에 대해서도 반드시 다음 단서를 붙여 두어야 하겠다. 먼저, 여기서 대립적으로 서술한 두 흐름은, 오직 협소한 필자의 독서 범위 내에서만 이뤄졌음을 밝힌다. 달리 말하여, 두뇌에 대한 신경 생리학적 접근이 오직 두 가지 대립 흐름만 있다는 뜻은 결코 아니다. 두뇌 신경생리학의 발전에 크게 기여한 카할(S. Cajal)이나 헵(D. Hebb)에 대해서는 필자가 오직 간접 인용으로만 접했을 뿐이다. 따라서 필자는 전반적으로 신경 생리학적 기억 연구를 개관할 능력이 한 톨도 없다. 그럼에도 여기서 '대립'이라는 말을 붙인 이유는 크뤽과 에들먼 사이에 서로 상대방을 공격하고 있기 때문이다. 환원주의에서는 상대 쪽을 현대판 '동키호테'라고 기롱하고, 통합주의에서는 상대방을 현대판 '골상학자'라고 조롱하는 것이다. 환원주의 쪽에서는 통합주의 연구자들이 위계 내지 계층 설정이 얼마만큼 허용되어야 할지 아무도 알 수 없으므로(제약 없이 자의적인 계층 설정임), 풍차를 대상으로 마구잡이로 칼을 휘두르며 돌격하는 동키호테로 표현한 것이다. 인문학에서의 통찰력은 이런 대립이 서로 조율되고 합쳐질 수 있는 길을 암시해 준다. 비유를 하자면, 우리는 맨눈으로 사물을 볼 수 있다. 그렇지만 필요에 따라서 볼록렌즈로 대상을 확대하여 자세히 볼 수도 있고(이른바 zoom-in 접근), 거꾸로 오목렌즈를 통하여 더 너른 전체적인 배경 속에서 작은 대상을 유기적으로 바라볼 수도 있다(대립적으로 zoom-out 접근). 언제나 대상은 변함없이 동일하겠지만, 필요에 따라서 우리가 시각과 범위를 좁게 하여 자세히 살펴보거나 또는 거리를 멀리 두고서 아득하게 대상을 바라볼 수도 있는 것이다.

생겨난다고 보았다.[14] 낱개의 신경이 그 자체로 자극을 받더라도 그것이 그대로 우리들에게 의식으로 자각될 수 없는 것이다. 이런 생각은 에들먼(1992; 황희숙 뒤침 2002: 136쪽)에서 신경군들이 서로 짝으로 연합하여(classification couple, 분류쌍) 서로 정보를 주고받으면서 안정상태에 이를 때에 비로소 기억이 생겨난다는 주장으로 이어진다.[15] 낱개의 뉴런이 곧장 의식을 만들어 내는 것이 아니다. 오히려 여러 개의 뉴런(군집)이 위계적인 그물짜임을 만들고서 동시에 가동됨으로써 비로소 의식이 생겨난다는 가정이다. 이런 접근을 「통합주의 접근」으로 부를 수 있는데, 이런 입장에서는 인간의 의식 세계를 모의하기 위하여 계속 위계화된 복잡한 신경망들을 구축해야 할 것이다.

그런데 바다 민달팽이(군소)의 뉴런을 전기적으로 자극하여 새로운

---

14) 정양은 뒤침(2005), 『심리학의 원리, 1~3』(아카넷) 제6장에서는 우리의 정신 또는 의식이 생겨나는 신경생리학적 기반을 stuff(신경망 단위의 것, 단위 신경망)이란 말을 쓰고, 그 물질적 기반의 기능으로 정신이나 의식이 생겨나므로 하이픈을 중간에 넣고서 mind-stuff이란 복합어를 쓰고 있다. 이를 정양은 교수는 '정신-소자'라는 환원주의 용어로 번역하였다 (결국 윌리엄 제임스의 본디 의도와 달라져 버렸다). 소자(素子)는 기본이 되는 입자(알갱이)를 연상시켜 준다. 따라서 이는 통합주의적 '일군의 신경 다발' 또는 위계적인 '일군의 신경망'이 하나의 단위가 된다는 원래 취지를 제대로 드러내어 주지는 못하는 듯하다. 아래 그림은 하나로 통합된 위계적인 신경 그물짜임(신경망)이 있고, 이들이 어떤 일정한 문턱값(threshhold, 역치) 또는 임계값을 넘어서야 비로소 의식이 생겨남을 비유적으로 잘 보여 주고 있다. 단, 제1권 287쪽의 그림을 놓고서 필자가 임의로 설명의 낱말을 덧붙였다.

15) 에들먼(2004; 김한영 뒤침 2006), 『뇌는 하늘보다 넓다』(해나무)와 에들먼(2006; 김창대 뒤침 2009), 『세컨드 네이처』(이음)도 나와 있다. 후자는 인간 정신이 자연을 창조해 내었다는 뜻에서 '이차적인 자연'이라고 부른 것이다. 에들먼 교수의 모형에서 의식의 기본 단위인 분류쌍은 아마 '재입력' 회로(김한영 뒤침 2006: 54쪽, 150쪽에서는 '재유입' 회로)를 기반으로 하는 듯하다. 번역자들에 따라서 각자 고유한 낱말들을 채택함으로써 에들먼 교수가 쓰는 용어들이 아직 통일되어 있지 않다. 연계성을 이루도록 이전에 공들여 선택한 용어들을 뒤의 번역에서 검토하는 일도 중요할 것으로 보인다.

뉴런 돌기가 뻗어나와 시냅스(연접부)를 형성한다는 사실을 밝혀내고, 이것이 바로 기억의 근거임을 주장한 캔델(2006; 전대호 뒤침 2009)에서는 엄격한 환원주의 입장을 고수한다(그럴 뿐만 아니라 여전히 행동주의 심리학을 강력히 지지하고 있다). 기억이란 곧 뉴런과 뉴런 연접부들 사이에서 벌어지는 신경 생리학적 특성으로 환원되는 것이다. 동일한 태도는 크릭(1994; 과학세대 뒤침 1996)과 코크(2004; 김미선 뒤침 2006)에서도 찾아진다. 왓슨(J. Watson)과 함께 DNA 구조를 밝혀낸 크릭(1916~2004)은 오랜 기간을 코크와 함께 「인간 의식의 신경생리학적 근거」를 밝히는 일에 골몰하였었는데, 타계하기 전까지도 인간의 자아가 전장(claustrum, 담장)에 자리잡고 있다고 굳게 믿었다고 한다(캔델 2006; 전대호 뒤침 2009: 421쪽 이하). 심리철학에서는 '자아(self, ego)'가 여러 속성들의 복합체로 정의된다.16) 따라서 만일 특정한 두뇌 부서만을 배타적으로 자아 부서로 지정해 놓는 일은 그 자체가 모순을 일으킬 수 있다.

비록 노벨상을 수상한 기억 연구라고 하더라도, 그 연구는 매우 낮은 하등동물 차원의 기억을 대상으로 한 것이다. 고차원의 인간 의식을 설명할 단계에까지 이르려면 갈 길은 아직도 아득히 멀다. 또한 낮은 차원의 기억을 기술하였다고 하더라도, 그런 환원론적인 신경 생리학적 설명을 모두가 따라가는 것도 아닌 듯하다. 현재로서 분명한 사실은, 신경 생리학적 환원주의가 아직 고차원의 의식을 설명하는 데에까지는 이르지 못하였고, 그렇다고 하여 통합주의 접근 방식이 일반 심리학에서 언급하는 개념들을 구현해 주는 것도 아니다. 서로 모색의 단계에 있다고 보는 것이 온당하며, 이들 접근이 서로 모순 없이 조정되거

---

16) '자아'에 대한 심리철학 논의는 특히 써얼(J. Searle) 교수와 김재권 교수의 책들이 도움이 된다. 써얼은 정신이나 마음을 독자적인 영역이나 존재로 간주하지만, 김재권 교수는 최근 수반론에서 한 걸음 더 나아가 조건부 '물리적 환원론' 쪽으로 기울어져 있어 대비된다. 써얼(1983; 심철호 뒤침 2009), 『지향성: 심리철학 소론』(나남); 써얼(2004; 정승현 뒤침 2007), 『마인드』(까치); 김재권(1998; 하종호 뒤침 1999), 『물리계 안에서의 마음』(철학과현실사); 김재권(2004; 하종호 뒤침 2007), 『물리주의』(아카넷)를 참고하기 바란다. 107쪽 이하의 논의를 보기 바란다.

나 통일되려면 미래 어느 시점까지 기다려야 할 것이다.

3장. 인간이 이용하는 기억의 분류

기억은 흔히 저장과 인출이라는 두 과정으로 이뤄진다. 기억이란 이
전까지 우주의 본질이라고 여겨지던 '시간' 개념의[17] 형성에도 밑바탕
이 되는 필수 조건이다. 털빙·르파쥬(Tulving and Leparge 2001)에[18] 따르
면, 영장류(그리고 코끼리 등 일부 포유류)만이 자신의 겪은 구체적인 과거
사건들을 되돌아볼 수 있는 기능이 있고, 이를 '뒤돌아보는(palinscopic)'
기억이라고 불렀다. 시간 개념은 이런 기억의 특성이 없었다면 결코
생겨나지 않았을 것이다. 그런데 대다수의 포유류들은 오직 현재 및
매우 근접한 장래 시간 폭의 정보만을 인출하여, 자신이 있는 공간에서
행동으로 옮길 뿐이다. 이를 뒤돌아보는 기억과 대립시켜 그들은 '앞만
내다보는(proscopic)' 기억이라고 불렀다. 다시 말하여, 짐승들은 「본능
에 따라 오직 현재 시간만을 살고 있을 뿐」이다. 과거 경험과 현재 자극
내용을 비교하면서 미래를 계획하거나 반성을 할 수 없는 것이다. 그러

---

17) 칸트는 인간 인식에서 가장 근본적인 개념들을 아리스토텔레스의 용어를 빌어 범주
(categories)라고 불렀는데, 시간 개념도 그런 범주의 한 요소라고 보았다. 곧, 우리가 경험
을 하지 않더라도 이미 주어져 있어야 하는 개념으로 치부하였던 것이다. 그렇지만 신경
생리학적으로 보아 이미 겪은 구체적 개별 사건이 기억 속에서 저장되고 다시 수시로
인출될 수 있어야만 비로소 시간 개념이 생겨나는 것이다. 따라서 기억에 기반하여 생겨
나는 시간 개념은 모든 피조물과 공유될 수 없고, 따라서 더 이상 가장 근본적인 범주가
될 수 없다. 물론, 우주 속의 개체들이 상태를 변화시키고 있으므로, 물리적 시간 폭도
있고, 생물학적 시간 폭도 주어져 있어야 한다. 이런 시간 개념은 '방향성'을 지닌 변화라
는 공유 특성만을 제외한다면, 심리학적 시간 개념과 시간 폭은 다른 영역이나 다른 축에
있는 시간 폭과 병렬되거나 일치되는 것이 아님을 알 수 있다. 한마디로, 시간 개념은
인간 또는 공동체에서 '재구성해' 놓은 대상일 수밖에 없고, 우리는 모두 공동체 구성원
으로 살아가면서 일정 부분 그런 재구성 내용을 공유하게 되는 것이지, 결코 '대상 자
체'(thing itself)에 깃들어 있는 것은 아니다.

18) 쉐터·스캐뤼 엮음(Schacter and Scarry 2001; 한국 신경인지기능 연구회 뒤침 2004), 『뇌와
기억 그리고 신념의 형성』(시그마프레스)의 제7장 '인간의 과거에 대한 인식은 뇌의 어
느 부분에 있을까?'를 보기 바란다.

나 인간에게서만은 자신이 겪은 구체적 개별 사건을 기억 속에 저장해 두고, 필요할 때마다 수시로 인출할 수 있으므로, 과거 시점과 현재 자극 사이에 있는 간격(또는 거리)를 스스로 자각하게 되고, 여기서 비로소 '시간'이란 개념이 생겨나는 것이다.

인간의 두뇌 속에 저장해 둔 기억에 대한 연구는 19세기에 와서야 크게 두 갈래로 시작되었는데, 그 흐름을 열어 놓은 연구자들을 기리기 위해 '기억 연구의 아버지'로 부르고 있다. 한 쪽은 임의의 대상들을 놓고서 자유연상의 기법을 실험실에서 연구한 독일 심리학자 에빙하우스(H. Ebbinghaus, 1855~1909)이다. 일반인들에게는 그의 망각곡선 연구가 널리 알려져 있다. 다른 한 쪽은 그런 부분적이고 기계적인 기억 연구가 결코 인간의 기억을 제대로 드러낼 수 없다고 비판하면서 이미 갖춰 놓고 있는 배경지식과 관련하여 기억을 연구한 영국 심리학자 바아틀릿(F. Bartlett, 1886~1969)이다. 바아틀릿은 새로운 대상들을 미리 머릿속에 갖추어 둔 배경지식과 관련하여 새롭게 정보를 재구성(reconstruction)함으로써 비로소 기억을 하게 된다고 보았다. 오늘날 구성주의로 불리는 흐름들은 크든 작든 결국 인간 기억 그 자체가 재구성된 내용이라는 바아틀릿의 결론에 기대고 있는 셈이다.[19]

의사소통 과정의 연구에 응용할 수 있도록 더욱 발전된 기억 연구로서 최소한 다음 네 단계의 거점 연구들이 있다. 다중기억 가설, 절차지식

---

19) 바아틀릿의 연구를 소개하는 글들을 보면, 초기에 그가 전체 형상(gestalt) 심리학을 연구한 일도 인간 기억을 재구성 과정으로 보는 데 일조하였다고 해석하기도 한다. 그의 업적(1932)은 인간의 이해가 구성-통합(CI) 모형으로 이뤄진다고 주장하는 킨취(Kintsch) 교수의 재판 서문을 덧붙여 케임브리지 대학 출판부에서 다시 1995년 『기억하기: 실험 및 사회 심리학 연구(Remembering: A Study in Experimental and Social Psychology)』 발간되었다. 영어권의 책자에서 흔히 쓰는 memory(기억)이란 말을 쓰지 않고, 굳이 remembering(기억하기, 기억해 내는 일)을 쓴 까닭이 있다. 전자가 정태적이고 고정 불변의 어떤 대상을 암시한다. 정작 우리의 기억은 그렇게 고정되어 있지 않다. 수시로 변동해 나간다. 시간이 흐름에 따라 사그라들고 아스라해지거나 반대로 더욱 강화될 수 있는 것이다. 이런 특성을 가리키기 위하여 정태적인 느낌의 낱말 memory를 피하고, 역동적인 낱말 remembering을 쓴 것이다. 우리말로 바아틀릿의 연구에 대한 개관을 읽어 보려면 스피뷔(Spivey 1997; 신현재 외 뒤침 2004: 제2장), 『구성주의와 읽기·쓰기』(박이정)을 참고하기 바란다.

기억과 서술지식 기억, 작업기억, 장기 작업기억에 관한 것들이다. 첫째, 앳킨슨·쉬프륀(Atkinson and Schiffrin 1968)에서[20] 주장된 '다중기억' 가설이다. 인간의 머릿속에 보편적인 기억이 하나 있는 것이 아니라, 적어도 기억체계의 구조적 특징으로 보아 감각 등록기(sensory register)·단기 저장고(short-term store)·장기 저장고(long-term store)가 있어야 하며, 이런 기억들이 한데 얽혀 작동한다는 주장이다. 오늘날 이것들은 각각 감각기억·작업기억·장기기억으로 불리고 있다.

둘째, 장기기억은 절차지식 기억과 서술지식 기억으로 나뉘는데,[21] 더 발전된 모습으로 털빙(Tulving 1972)에서는 서술지식 기억이 다시 개별적인 구체사례(episoic) 기억 및 의미(semantic) 기억으로 나뉨을 밝혔다.[22] 절차지식과 서술지식의 구분은 물건을 생산하는 공장의 콘베이어 벨트와 원료로 비유할 수 있다. 절차지식은 서술지식을 대상으로 하여 새로운

---

20) 스펜스·스펜스 엮음(K. Spence and J. Spence 1968), 『학습 및 동기의 심리학, 제2권(*The Psychology of Learning and Motivation*, Volume 2)』(Academic Press), 89~195쪽에 실린 논문 「Human memory: A proposed system and its control processes」이다.
21) 이전에도 막연하나마 이런 두 가지 기억이 필요하다는 성찰이 있었고 다음처럼 이름을 붙였었다.

연구자 이름	서술지식(declarative) 기억	절차지식(procedural) 기억
제임스(William James 1890)	primary(1차) 기억	secondary(2차) 기억
롸일(Gilbert Ryle 1949)	what-knowledge(세계지식) 기억	how-knowledge(방법지식) 기억
브루너(Jerom Bruner 1969)	explicit(또렷한 외현) 기억	implicit(막연한 암묵) 기억
털빙 외(Endel Tulving 2001)	자체 지각적 기억(재귀의식 수반)	지각적 기억(재귀의식 없음)

22) 털빙(1972), 「구체사례 기억 및 의미 기억(Episodic and Semantic Memory)」은 털빙·도널슨(Tulving and Donaldson) 엮음, 『기억의 조직 내용(*Organization of Memory*)』(Academic Press)의 제10장(381~402쪽)이다. episode는 자신이 겪은 구체적 개별 사건이나 사례인데, 몇 사람들은 '숨을 일, 빼어날 일(逸)' 또는 '꽂을 삽(揷)'을 써서 '일화'나 '삽화'로 번역한다. 숨기고 말하지 않아도 될 시시한 이야기가 일화(逸話)이고, 이야기 흐름 중에 아무렇게나 끼워 넣을 수 있는 자잘한 이야기가 삽화(揷話)이다. 시시하거나 자잘한 이야기는 모두 episode라는 낱말이 원래 의도한 내용과 전혀 관련이 없다. 이는 한 개인이 겪은 생생한 구체적 사건이나 사례를 가리키므로, 자서전적 구체사례(autobiograhical episode)라고 불렀다. 따라서 이를 중심으로 하여 번역 용어를 만들면 '구체사례 기억' 정도가 될 것으로 본다. 30년 넘게 '작업기억'을 연구해 온 영국 심리학자 배들리 교수는 인간 기억 연구의 한 차원 높은 발전 여부는 구체사례 기억에 대한 연구에 달려 있다고 본다(Baddeley, Aggleton, and Conway 엮음 2002, 『구체사례 기억: 새로운 연구 방향들(*Episodic Memory: New Directions in Research*)』, Oxford University Press).

지식을 만들어 내는 상위 지식 또는 하부의 무의식적 지식이다. 절차지식
은 대체로 스스로 자각할 수 없지만, 서술지식은 언제나 내성 또는 내관
에 의해서 자각이 가능하다. 서술지식이란 어떤 사건이나 대상에 대하여
서술문 형식으로 된 지식이며, 절차지식이란 새로운 지식을 만들어 내는
과정이나 절차에 관련된 상위 지식이다. 인공지능을 다루는 쪽에서는
간단히 조건문 'if ~, then~' 형식의 진술들을 절차지식으로 부른다. 털뷩
(1972)에 따르면, 구체사례 기억이 스스로 경험한 구체적 개별 사건(과거
의 경험 사건)들에 관한 자서전적 지시내용(autobiographical reference)을 가
리킨다. 의미 기억은 전형적으로 언어 사용에 관한 인지적(cognitive) 지시
내용을 가리키며, 언어체계 그 자체의 독자성 때문에 구체적 사건과
독립될 수 있는 기억이다(Tulving 1972: 389쪽 이하).23) 그렇지만 의미 기억
이 반드시 필수적으로 언어체계에만 국한되는 것은 아님에 주목할 필요
가 있다. 더욱 포괄적으로 개념·관계·양·사건·사실·단언(명제)들까지 포
함하는데, 이것들은 구체적인 사건이나 사례와 관련될 필요가 없다는
점에서 한데 묶인다. 뒷날 이런 두 종류의 기억은 털뷩·르파쥬(2001)에서
언어를 기준삼지 않고, 대신 기능을 고려하면서 각각 '뒤돌아보는 기억'
과 '앞만 내다보는 기억'으로 재명명된다.

---

23) 박태진(2003: 171쪽), 「기억」, 이정모 외, 『개정판 인지심리학』(학지사)에서는 양전자 방
출 단층 촬영(PET) 자료를 통해서 구체사례 기억과 의미 기억이 각각 대뇌 피질의 서로
다른 두뇌 부서에서 작동됨을 확인할 수 있다고 하였다. 구체사례 기억은 전두엽의 오른
쪽에서, 의미기억은 전두엽의 왼쪽에서 혈류가 증가한다. 더욱 진전된 주장은 공포 감정
의 연구자로 잘 알려진 르두(LeDoux 2002; 강봉균 뒤침 2005), 『시냅스와 자아』(동녘사
이언스)에서 읽을 수 있다. 르두 교수는 작업기억이 전전두엽의 세 곳에 위치해 있고,
각각 복측(안와) 전전두엽·외측 전전두엽·내측 전전두엽임을 지적한다. 이 가운데에 외
측 전전두엽에 자리 잡은 작업기억은 오직 영장류에게서만 찾아진다고 한다. 만일 작업
기억이 언어의 처리와 관련된다면, 이 일은 곧 '외측 전전두엽'에서 관장되고 있음을 함
의하고 있는 것이다. 더군다나 이런 작업기억은 사춘기 이후에야 비로소 완벽히 갖추어
진다고 한다. 그렇다면 머카씨(McCarthy 1998; 김지홍 뒤침 2012), 『입말, 그리고 담화
중심의 언어교육』(경진출판)에서 보고된 어린이 및 성인 사이의 언어 사용 차이점들은
외측 전전두엽에 자리잡은 작업기억 발달 정도와 유관할 것임을 알 수 있다. 앞으로 언어
학이나 언어교육으로 대표되는 응용언어학에서는 작업기억의 발달과 관련하여 언어 사
용의 질적 차이나 변이 과정에 대하여 심도 있게 다뤄나가야 할 것이다.

셋째, 대뇌 피질 전전두엽에 자리잡고 있는 작업기억의 존재이다. 초기에 이는 임의의 자극물을 장기기억으로 옮겨 주도록 상정된 단기기억 또는 완충기억으로 불렸었는데, 배들리(Baddeley 1986)에서 '작업기억(working memory)'(외부의 자극물을 장기기억 속에 저장할 수 있도록 작업하는 부서)으로 불리면서 그 중요성이 크게 부각되었다.[24] 단기기억의 폭은 숫자를 한 덩이(chunk)로 묶는 밀러(Miller 1956)의 연구 이후에, 대략 7±2라는[25] 묶음 덩이가 받아들여져 왔다. 특히 중등 학생들을 대상으로 한 덩잇글 처리에서도 작업기억에서 대략 5개 가량의 명제를 붙들고 처리가 이뤄진다고 보고하는데(킨취 1998; 김지홍 뒤침 2010), 이 또한 밀러의 기억 덩이 주장을 반영해 준다. 배들리의 작업기억의 구성 모습은 매우 검박하게(parsimonious) 상정되어 있다. 두뇌에서 작동하는 재료가 감각 재료와 추상 재료이므로, 이에 대응하여 오직 감각인상을 조절할 수 있는 '시공간 그림판(visuospatial sketchpad)' 및 말소리 되뇌임이 가능한 '음운 순환회로(phonological loop)'만이 중앙연산 처리기에 의해 제어된다.[26] 또한 작업기억은 언어 산출 과정보다는 비대칭적으로

---

24) 배들리(1986), 『작업기억』(Oxford University Press)을 보기 바란다. 특히 언어 처리와 관련해서는 개더코올·배들리(1993), 『작업기억과 언어』(Psychology Press)를 참고할 수 있다. 단기기억 또는 작업기억은 연구자의 관점에 따라서 작동되는 시간 폭이 다소 다른데, 대략 250밀리초에서부터 2초 정도의 시간 폭이 거론된다. 최근 작업기억에 대한 20년의 성과들을 종합하여 배들리(2007), 『작업기억·사고·행위(Working Memory, Thought, and Action)』(Oxford University Press)가 나왔지만, 여전히 중앙연산 처리부서가 중요한 역할을 맡고 있다. 이는 에들먼(Edelman 2004, 김한영 2006 뒤침), 『뇌는 하늘보다 넓다』(해냄)에서 전혀 중앙연산 처리부서를 설정함이 없이도, 다양한 두뇌 신경군들이 다른 신경군들과 연결되어 기능적 회로를 형성하고 '상호 재유입'의 상호작용의 결과로서 의식이 출현한다는 주장과 상치된다. 일부에서는 작업기억에서 '자아'의 속성들까지도 부여하기도 하는데, 자아는 스스로 느낄 수 있는 특성(재귀의식)이 있다. 배들리의 작업기억 모형에서는 중앙연산 처리기에 우리가 의식적으로 접속할 수 없다는 점도 문제가 되고, 여전히 산출 과정과 연관될 작업기억에 대해서 침묵하고 거의 배타적으로 이해 처리 과정만을 비대칭적으로 다루는 점도 문제이다.

25) 즉, 5개 내지 9개의 숫자들이 하나의 덩이로 묶이어 기억되는 일이다. 밀러 자신은 이를 신비로운 '마법 숫자'로 불렀다. 밀러(G. Miller 1956), 「The Magical Number Seven, Plus or Minus Two: Some Limits on our Capacity for Processing Information」, 『Psychological Review』 제63권(pp. 81~97).

26) 배들리(2007: 8쪽)에서는 이를 다음과 같은 그림으로 보여 준다. 단, 화살표들을 서로

언어 이해나 언어 처리과정에만 치우쳐 있다.27) 그런데 작업기억에 용
량 제약이 있다는 사실은, 일후 언어 처리에서 이해력이 떨어지는 사람
들의 특성을 설명하기 위하여, '억제 기제 효율성' 가설로까지 발전하
였다.28) 주어진 언어 자극물들과 부합 또는 일치되지 않는 세계 모형들
을 빨리 지워 버리고(억제하고), 대신 새롭게 일치될 수 있는 세계 모형
을 재빨리 만들어 내면서, 언어 자극물들과 부합되는 처리를 효율적으
로 수행해 나가야 한다. 그렇지만 이런 일을 능동적으로 잘 할 수 없는
사람들은 유독 언어 이해 능력이 떨어진다(언어 처리를 제대로 수행하지
못한다)고 설명하는 것이다.

　　넷째, 그런데 작업기억의 용량이 제약되어 있음이 사실이라면, 이는
기다란 덩잇글을 처리해 나가는 일반적인 우리의 능력을 제대로 설명해

다르게 그린 데에는 이유가 있다. 음운 순환회로는 말소리들이 꼬리에 꼬리를 물고 반복
순열처럼 순환하고 있다. 이를 한방향 화살표의 짝으로 나타내었다. 가령, 말소리가 abc
로 되어 있다면, "abc abc abc abc..."로 의미 처리가 끝날 때까지 계속 순환되는 것이다.
그렇지만 시공간 그림판의 쌍방향 화살표는 순열에 상관없이 처리 도중에 수시로 오고
감을 나타낸다. 이런 관계를 하나의 쌍방향 화살표만으로도 충분히 나타낼 수 있겠는데,
오른쪽 한 쌍의 한방향 화살표에 맞추기 위해 일부로 쌍방향 화살표를 두 개 그려 놓은
것이다.

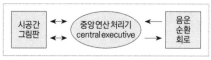

27) 개더코울·배들리(1993: 99쪽)에서 작업기억과 언어 산출 사이의 관련성에 대하여 "직접
　　적인 증거는 상대적으로 거의 없다"고 보았다. 그렇지만 당시만 하더라도 반대 견해가
　　이미 명시적으로 논의되고 있었다. 연산주의 관점에서 언어 산출 과정을 논의한 르펠트
　　(1989; 김지홍 뒤침 2008), 『말하기: 그 의도에서 조음까지, I~II』(나남)에서는 임시저장
　　고(buffers)들을 상정하였다. 이는 분명히 작업기억(또는 그 후보)에 속한다. 또한 의사소
　　통 의도를 결정하고 언어 주조기를 통과하여 발화가 만들어진 뒤에, 마지막으로 상대방
　　의 반응을 점검하고 확인하는 과정이 들어 있어야 한다. 이 과정이 동시에 작동하거나
　　진행되려면 응당 작업기억의 존재가 요청될 수밖에 없는 것이다. 바아즈·게이쥐(B. Baars
　　and N. Gage 2007; 강봉균 뒤침 2010: 47쪽), 『인지, 뇌, 의식: 인지 신경과학 입문서』(교
　　보문고)에서는 오로지 한 가지 작업기억만이 있는 것이 아니라, 영역마다 특정한 작업기
　　억과 일반적인 작업기억이 둘 모두 있어야 한다고 서술하고 있다. 얼굴을 마주 보는 의사
　　소통에서 언어 산출은 비언어적 요소도 함께 이용하게 되므로, 두 종류의 부서가 모두
　　함께 가동되어야 할 것으로 보인다.
28) 김선주(1998), 「글이해 능력의 개인차: 억제기제 효율성 가설을 중심으로」, 이정모·이재
　　호 엮음, 『인지심리학의 제문제 II: 언어와 인지』(학지사)를 읽어 보기 바란다.

줄 수 없다. 우리는 장시간 영화나 뮤지컬을 집중하여 보기도 하고, 몇 주에 걸쳐서 장편소설을 읽는 일도 다반사이다. 이런 자명한 사실들을 작업기억의 용량 제약은 결코 제대로 설명해 줄 수 없다. 따라서 용량이 제약된 작업기억 모형을 뛰어 넘어 새로운 어떤 작업기억이 요청되는 것이다. 에뤽슨·킨취(1995)에서는 이런 요청을 자각하고 장기기억을 일부 작업기억으로 이용하는 '장기 작업기억(long-term working memory, LTWM)' 이 존재한다고 주장한다. 다시 말하여, 장기기억 속에 기다란 분량의 덩잇글 이해와 관련된 배경지식으로서 위계화된 인출구조들이29) 다수 저장되어 있다고 가정한다. 이는 '전문가 지식 체계'에 대한 연구 등으로 쉽게 뒷받침된다. 이른바 전문가들은 자신이 관여하는 영역에서 임의의 대상들을 재빨리 그리고 아주 쉽게 이해할뿐더러, 또한 그런 대상들을 즉석에서 능동적으로 수정하고 재구성하기도 한다.

그런데 필자가 보기에 에뤽슨·킨취(1995)에서 장기 작업기억 속에 들어 있다고 주장된 '인출구조'는, 이해 또는 처리와 관련된 배경지식의 일부라는 점에서, 두 영역이 상당히 겹치는 것으로 판단된다. 더군다나 그들이 주장하고 있는 장기 작업기억은 선천적으로 타고 나는 것이 아

---

29) 에뤽슨·킨취(K. A. Ericsson and W. Kintsch 1995), 「Long-term working memory」, 『*Psychological Review*』 제102권(pp. 211~245)에서는 장기 작업기억에 들어 있는 인출구조의 모습을 비유적으로 다음 그림처럼 나타내었다. 단, 일부 빈 칸들이 그대로 남아 있었던 것을 필자가 이해하는 범위 내에서 명시적으로 이름들을 만들어 적어 놓았다.

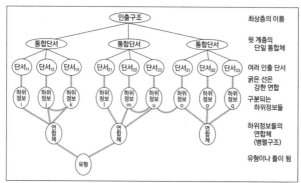

니라, 부단히 이해 주체가 스스로 일정 기간에 걸쳐서 능동적으로 구축하거나 수립해 놓아야 하는 것이다. 어떤 의미에서 보면, 연구자들 사이에서 약방의 감초처럼 거론되어 온 배경지식이나 세계모형이라는 막연한 개념을, 장기 작업기억에 들어 있는 '인출구조'가 좀 더 구체적으로 언급해 주는 대안일 수 있다. 인간 기억의 특성이 '재구성' 과정임을 밝힌 바아틀릿의 결론을 그대로 받아들인다면, '다중기억' 가설에서 장기기억 그 자체가 수시로 사그려져 가거나 반대로 더욱 또렷이 각인될 수 있는 인출구조들로 이뤄져 있을 개연성이 높다. 그렇다면 문제는 장기기억과 장기 작업기억(LTWM) 사이에 얼마만큼 개별적이고 자족적인 독립성이 있는지를 제대로 설명해 줄 수 있는지에 모아진다.

아직 장기기억의 실체에 대해서는 너무 범위가 넓은 탓인지 본격적인 진전이 이뤄진 것 같지 않다. 우리 인간 생활상의 거의 모든 대상들이 장기기억과 명시적이든 암시적이든 관련이 이뤄져 있기 때문이다. 거꾸로 보면, 장기기억에 대한 연구의 발전 과정에서 장기기억을 더욱 세분화해 나갈 필요가 생길 개연성도 높다. 이런 관점에서는 '장기 작업기억'의 존재가 그런 발전 방향의 첫걸음일 수도 있다. 다시 말하여, 방대한 장기기억의 범위와 대상들을 놓고서 크게 '자아의 동일성'을 유지시켜 주는 기억들을, 상대적으로 고정적인 영구기억으로 분류하고, 여타의 기억들을 위계화된 그물짜임으로서 장기 작업기억이나 또는 상위 범주의 이름이 붙은 '인출구조'들로 분화시켜 줄 수 있는 것이다.

언어 산출 과정과 관련하여 다중기억 가설이 지닌 함의는 다음과 같다. 언어 산출 과정은 산출자가 스스로 의식할 수 있는 범위가 크게 차이가 난다는 점에서 상당 부분 '절차지식' 기억에 속한다. 절차지식 기억에 대한 자각은 교육이나 훈련을 통하여 점자 통제되고 제어될 수 있다. 특히 의사소통 의도가 결정되는 과정에 대한 자각은 사람에 따라 변동 폭이 클 것이다. 물론 자극과 반응 이론으로 설명할 수 있도록 단순하게 생각 없이 말을 내뱉을 수도 있다. 하지만 더욱 신중한 사람일수록 절차지식을 반추하면서 용의주도하게 의사소통 목표와 의도를 계획하고, 상대방의 반응에 따라서 계획을 실천하는 전략을 바꿀 수 있을 것이다. 이런 변동 폭은 두 극점 사이를 잇는 실선에서 임의의 지점에 놓인 것일 수 있다. 신중한 언어 산출 계획 및 전략의 채택에서는 서술지식에 속하는 구체사례 기억 및 의미 기억도 함께 고려되어야 공통기반과 흥미로운 주제들을 제시해 줄 수 있다.

비록 현재의 작업기억이 언어 산출과 관련하여 어떤 역할을 해야 하고 어떤 몫을 떠맡고 있는지에 대하여 합의가 이뤄져 있지 않은 실정이지만, 언어 산출이 오로지 즉물적으로 즉석에서 이뤄지는 것이 아니라면, 작업기억이 반드시 필요하다. 왜냐하면 다음과 같이 일련의 언어 산출 과정을 뒷받침해 주는 일이기 때문이다. 언어 산출은 매우 빠른 시간 안에 복잡하게 여러 단계가 순환 점검되면서 일어나는 것이다. 상대방과의 공통기반과 정보간격을 예상하는 데에서부터 시작하여, 의사소통 의도를 결정하고, 서술관점을 수립하며, 언어 표현 형식을 채택하여 발화를 구성하고, 상황에 적절한 말소리로 표현해 준 뒤에, 자신의 발화에 대한 상대방의 반응을 확인 점검하면서 동시에 자신의 원래 의도와 표현 내용을 재평가하는 일이다. 이는 단 한 번의 순환이 아니라, 의사소통의 성공 여부에 대한 자기평가에 따라 필요하다면 지속적으로 순환하면서 일어나야 하는 과정이다. 자신의 언어 산출에 대한 스스로의 평가는 '자유의지'의 구현이며, 어떤 단계에서이든지 재귀의식이 가동되어 있어야만 비로소 가능하다.

이런 점에서 우리들의 언어 산출 과정이 단순히 기계의 단추를 누름으로써 스피커를 통해 소리가 흘러나오는 일(기계적 과정)과는 근본적으로 다름을 분명히 해 둘 필요가 있다. 따라서 진지하게 언어 산출 과정에 관련된 여러 층위의 복잡한 부서들을 동시에 작동시키면서 알맞게 조율해 나가려면, 장기기억과 외현된 발화 사이에 중간 매개영역이 있어야 한다. 만일 이 점이 사실이라면, 그 영역은 산출 과정에 관련되는 작업기억에 다름 아니다. 지금까지 작업기억의 논의는 우연히 언어 산출 과정과 연합해 오지 않았기 때문에, 일방적으로 언어 이해 과정에만 치우쳐 온 것임을 알 수 있다.

4장. 생각 또는 정신작용의 기본 재료:
감각 재료 및 추상 재료

인간의 생각 또는 사고에 대한 본격적인 탐구는, 서구에서 중세 암흑기를 벗어나 갈릴레이나 뉴튼과 같은 과학자들이 근대를 열어 가면서 이에 발맞춰 나온 계몽주의 전통으로부터 시작된다. 이는 흔히 영국 중심의 경험론과 대륙 중심의 합리론으로 거론된다. 경험론 쪽에서는 존 로크(J. Locke 1689)『인간의 이해 능력에 관한 논고(인간 지성론)』와 데이빗 흄(D. Hume 1740)『인간 본성에 대한 논고』가 그러하고, 합리론 쪽에서는 데카르트(R. Decartes 1637)『방법 서설』과 라이프니츠(G. W. Leibniz 유고 출간 1765)『인간의 이해 능력에 관한 새로운 논고』와 칸트(I. Kant 1787)『순수 이성 비판』등이 그러하다.30)

갤러버더·코쓸린·크뤼슨 엮음(Galaburda, Kosslyn, and Christen 2002)『두뇌 작동 언어(*The Language of the Brain*)』(MIT Press)에서는 우리 인간의

---

30) 로크의 책(An Essay Concerning Human Understanding)은 아마 일본 번역의 영향으로『인간 오성론』이라고도 하지만, 추영현 뒤침(2011)에서는『인간 지성론』(동서문화사)으로 번역하였고, 정병훈 외 2인 뒤침(2014),『인간 지성론』(한길사)으로 번역하였다. 필자는 개인적으로『인간의 이해 능력에 관한 논고』로 번역한다. 흄의 책은 이준호 뒤침(1994),『인간 본성에 관한 논고, 1~3』(서광사)로 나와 있다(뒤친이의 종합적인 해설은 2005년 살림출판사에서 나온 판본의 앞부분에 들어 있음). 데카르트 책은 이현복 뒤침(1996),『방법 서설』(문예출판사)과 원석영 뒤침(2012),『철학의 원리』(아카넷)로 나와 있다. 칸트의 3부작이 모두 새롭게 백종현 교수에 의해 번역되었는데, 백종현(2009),『순수이성 비판, 1~2』(아카넷)가 있다. 백지 상태에서 후천적 경험에 의존하여 지성을 수립하려는 로크를 비판하면서 본유적 능력을 옹호한 라이프니츠 책은 불어에서 영어로 3종이 번역되어 있다(P. Remnant and J. Bennett, 1981, *New Essays on Human Understanding*, Cambridge University Press).

두뇌 속에서 표상되는 재료가 크게 언어적 표상 및 비언어적 표상으로[31] 나뉘어 모두 23편의 글들이 들어 있다. 언어적 표상과 비언어적 표상은 데이빗 흄(1740)에서 생각의 재료(또는 인간의 지각)를 각각 ideas(관념)와 impressions(인상)로 구분했던 내용과 그대로 일치한다.[32] 이들은 또한 오늘날 연구자들에 따라서 각각 concepts(개념)과 percepts(지각)으로 불리거나, 또는 propositions(단언)와 qualia(재귀적 감각질)로도[33] 불리기도 하며, notions(통상 개념, 통념)과 sense data(감각 재료)/images(감각인상)로도 쓰인다. 어떤 용어를 쓰든지 그 범위들이 서로 간에 공통 분모들이 있는 유의어들이다. 철학이나 심리학이나 사회학 등에서는 '단언(명제)'이란[34] 말을 자주 쓴다. 관념, 개념, 단언(명제), 통념, 추상 개념과 같은 용어들에서 공통되게 모두 포함해야 하는 요소는, 일반

---

31) representation(표상)을 축자적으로 재현(再現) 또는 복제라고 번역하지 않는 까닭은 칸트로부터 찾아진다(독일어로 Vorstellung). 칸트는 비록 세계에 있는 물 자체(thing itself)의 본질에 대해서는 우리가 알 수 없지만, 세계로부터 오는 자극들이 우리 감각기관을 거쳐 머릿속에 들어오면 많든 적든 일정하게 재구성 과정을 거쳐 자리를 잡게 된다고 보았다. 따라서 우리 머릿속에서 우리 스스로 자각할 수 있는 정신적 대상들을 가리켜 흔히 '표상'이라고 부른다. 29쪽의 각주 6을 보기 바람.

32) 흄은 『인간 본성에 관한 논고』에서 일관되게 서로 구분되는 용어들을 썼다. 관념(ideas)은 사고 작용(thinking)을 하고, 인상(impressions)은 감각 작용(feeling)을 한다. 관념들 사이에는 추론(reasoning)이 일어나며, 인상들 사이에서는 추리(inference)가 일어난다. 그렇지만 이 양자를 통괄하는 상위 부서에 대한 필요성은 느끼지 못하였던지 정신모형(mental model)과 같은 부서의 상정은 찾을 수 없다. 그럼에도 관념들을 연합하는 원리(연합원리)로서 유사성·인접성·인과성을 상정하거나 인과율 자체도 본유적인 자연법칙이 아니라 오히려 '원인-결과 인접성·원인 선행성·원인-결과 불변 연결'에 의해 드러나는 관찰 경험의 산물이라는 주장들은 오늘날에도 우리들로 하여금 성찰하고 반성하게 만드는 그의 혜안이다.

33) 김재권(2004; 하종호 뒤침 2007), 『물리주의』(아카넷) 247쪽, 251쪽, 257쪽에 보면, qualia(재귀적인 감각질)는 의식 경험의 질적인 특성이며, 신경생리학적인 내용으로 기술(환원)될 수 없다. 엄격히 말하면, 단순한 감각이 아니라, 그런 감각을 느끼고 있음을 깨닫는 의식 내용인 것이다.

34) 일본인 서주(西周 니시 아마네, 1829~1897)가 만들었다고 하는 번역 용어 '명제'는 '명령문으로 된 표제'라는 뜻을 담고 있다. 아마 간단 명료한 군대 명령을 염두에 뒀을 듯하다. '이마 제(題)'는 신분제 사회에서 모자가 신분을 나타내기 때문에, 제일 먼저 눈에 띈다는 점에서 붙여졌을 듯하다. 단언은 결코 명령문이 아니다. 왜냐하면 그 형식이 참과 거짓을 따지려면 언제나 서술 단정문으로 되어야 하기 때문이다. 그렇지만 그 뜻을 새기지 못한 채 '명제'란 말이 그대로 굳어져 통용되고 있다.

명사(terms)를 포함하는 자연언어이다. 자연언어 그 자체가 그대로 단언 또는 관념과 투명하게 일치되는 것은 결코 아니다. 논리 실증주의에서는 비록 자연언어를 불신하는 극단적 풍조가 팽배했었지만, 이런 태도를 비판하면서 일상언어 철학에서는 자연언어가 우리의 직관과 통찰을 찾아낼 수 있다고 보아 긍정적이고 적극적인 시각으로 자연언어를 옹호하면서 다루어 왔다.

그런데 이들 감각 재료와 추상 재료는 각각 따로따로 작동하는 것이 아니다. 아주 복잡하게 여러 계층들에 의해서 서로 뒤얽혀 있고, 또한 제2차 뇌에 자리한 감성 영역들과도 긴밀히 연합되어 있다. 킨취(Kintsch 1998; 김지홍·문선모 뒤침 2010: 97쪽 이하) 『이해: 인지 패러다임 I』(나남)에서는 인지과학 또는 심리학에서 우리가 스스로 인식할 수 있는 정신 내용을 표상하는 방식을 다음처럼 네 가지로 정리하였다. 첫째, 연상 그물짜임이다. 이는 가령 '주사기'라는 자극물이 주어지면, 사람에 따라 '병원'을 연상하기도 하고, '간호원'을 연상하기도 하며, 또는 병원에 입원한 '친척'이 떠오르기도 할 것이다. 이른바 자유연상(free association)에 기반한 주장이며, 가장 오래된 형태로서 아리스토텔레스까지 거슬러 올라간다고 한다. 둘째, 속성(자질) 체계이다. 이는 특히 언어학에서 낱소리를 음성자질의 복합체로 표상하는 일로부터 영향을 받은 것이다. 가령 짝이 되는 낱말 총각과 처녀는 모두 [+사람,+미혼,+젊음]이라는 공통 속성(자질)을 나눠 갖지만, 성별에서만큼은 각각 [+남성]과 [−남성]으로 대립하는 경우와 같다. 뷔즈닙스끼(Wisniewski 1995)에서는 바로 이런 속성들이 심리적 구성 내용물이며, 하나의 속성으로 구성되는 것은 더 큰 계층의 맥락·목표·경험에 달려 있다고 주장한다. 셋째, 의미 그물짜임이 있는데, 이름표가 붙은 그물의 마디의 연결은 엄격히 유목 포함관계(class inclusion) 등에 의해 제약되어 있다. 가령, 'IS-A'(~의 하나이다, 정체정 지정) 또는 'PART-OF'(~의 부분이다, 관계 지정)과 같은 관계로 그물들이 짜여 있다고 보는 것이다. 이들 그물 사이에도 몇겹의 위계들이 주어져 있다. 넷째, 각본(script)·틀(frame)·개념틀(schema35) 도식)·기억 꾸러미(MOPs) 등으로 불리는 표상 방법이 있다. 이는 특히 인공지능 연구자들에 의해 선호되는 방식으로서, 솅크·에벌슨(Schank and Abelson 1977)에서 제시한 '음식점 각본' 따위가 자주 인용된다. 마치 연극이 '각본'에 따라 공연되듯이, 음식점에 가서 누구나 실행하게 되는 일련의 행동이 적혀 있는 명시표에 비유된다. 그렇지만 이 방식은 자유의지를 지닌 인간이 모든 사태를 임의적으로 바꿀 수 있다는 특성을 따라가기에는 너무 고정적·정태적이며 융통성이 적다는 단점이 있다.

킨취 교수는 우리 정신이 단언(명제) 그물짜임으로 이뤄져 있다고 가정한다. 이때 명제는 자연언어에서 동사와 동사가 거느리는 명사들로 만들어져 있고, 미시적인 짜임과 거시적인 짜임 및 상황모형 등으로 얽히어 있다. 킨취 교수는 논설류의 글읽기 과정이 문장들로부터 미시구조를 만들고, 미시구조들로부터 거시구조를 만들며, 이 거시구조를 시지각 재료와 유기적으로 관련되게 만들고 나서(상황 모형 구성) 장기 기억에 '인출 구조'들로 저장해 놓다고 보았다. 우리가 일련의 어떤 정보를 하나의 재료에만 의지하여 기억하고 인출하기보다는, 오히려 이용할 수 있는 모든 감각 재료들을 모두 다 같이 동원함으로써 기억과 인출이 더 쉬워지도록 촉진하는 것이다.36)

---

35) 본디 칸트가 본질적 범주·공동체 규범·개인별 개념틀에서 따온 것이다. 공동체 규범을 가리키는 maxim은 원래 아리스토텔레스의 『수사학』에서 인간 행동에 대하여 지혜와 통찰을 담은 경구나 잠언을 가리켰다. 이런 뜻이 점차 확장되어 중세 스콜라 철학자들은 인간들이 지닌 주관적 행위 원칙과 같은 뜻으로 썼다고 한다. 칸트도 이런 용어 사용을 받아들여, 인간을 탐구하는 세 가지 계층 중 두 번째 층위로 규정한다. 곧, 인류 공통의 차원에 적용되는 범주(category)가 있고, 문화 공통체에 적용되는 규범(maxim, 백종현 교수는 '준칙'으로 번역하였고, 일본에서는 '격언+법률'을 합쳐 '격률'이라고 하는데, 격언과 법률은 결코 합쳐질 수 없다는 점에서 잘못임을 알 수 있는데, 한때 중국 당나라에서는 정형률의 뜻으로 쓰인 적이 있다. 580쪽을 보기 바람)이 있으며, 개인별 체험에 적용되는 개념틀(schema, 일본에서는 그림과 공식을 합하여 '도식'으로 번역하였지만, 결코 그림만도 아니고 수학 공식만도 아니며, 추상적 명제들도 들어 있음)이 있다. schema(개인별 지식 개념틀)는 인간 기억 연구의 아버지로 칭송받는 영국 심리학자 바아틀릿(Bartlett)과 아동의 인지 발달 단계(인지 분류학)를 밝힌 스위스 심리학자 피아제(Piaget)에게 채택된 뒤에, 미국 쪽으로 건너가서 인공지능 연구자들 사이에서 크게 보급된 바 있다.

의사소통과 관련하여 중요한 심리학 실험 보고들이 있다. 가장 초기의 연구는 스트룹(Stroop) 교수가 시자각 자료 및 언어 자료 사이에 일치되지 않는 자극들을 제시하여[37] 실수를 유발하는 정도나 지연 반응의 정도를 측정하는 실험이다. 그 결과는 색깔과 그 색깔을 가리키는 언어 사이에 긴밀한 연관성을 깨닫게 해 주었다. 이런 실험을 흔히 그의 이름을 따서 '스트룹 효과'라고 부른다. 그런데 이런 자극물들 사이에 불일치 실험은 유치원 학생들을 대상으로도 이뤄졌다. 가령, 얼굴 및 몸짓으로 전달해 주는 자극물(가령 찡그리거나 괴로운 표정과 몸짓)과 말로 전달해 주는 자극물(행복한 옛날이야기) 사이에 불일치를 극대화하는 경우에, 어린이들은 비언어 자극물로부터 더욱 진실한 정보를 얻는 경향이 아주 높다고 한다. 따라서 귀로 듣는 옛날이야기의 내용과 상관없이, 오직 불행한 이야기로만 받아들인다. 반면에, 사춘기를 넘은 학생들을 대상으로 하여 실험을 진행할 경우에는, 불일치되는 감각 자극물을 일단 접어 두고서, 언어 자극물로부터 기본적인 정보를 언어 처리하는 것으로 알려져 있다. 물론 이런 실험 보고들은 이례적으로 두 영역

---

36) 그런데 이런 일들이 두뇌의 고유 영역에서 독립적이며 자족적으로 일어나는지, 아니면 상위에 있는 어떤 부서가 있어서 그 부서의 제어를 받는지(옛날에는 또 다른 자아나 초자아로도 불렸음)에 대해서 의문이 제기될 수 있다. 현재로서는 튜링(Turing)의 생각을 계승하여 평면적으로 각 부서마다 독립적이고 자족적인 성격을 부여하는 단원체(module) 접근 방식이 있고, 입체적으로 각 영역들을 위에서 통합 관리하는 상위 부서 접근 방식이 있다. 전자에 대해서는 포더(Fodor 1983), 『마음의 단원체 속성(*The Modularity of Mind*)』(MIT Press)과 다수의 연산주의(computationism) 논의들이 있다. 비록 연산주의를 비판하면서 나왔지만 연결주의(connectionism)에서도 어떤 제약이 만족되면 교점들 사이에 활성화가 확산되어 그물짜임이 이뤄지며, 따로 제3의 부서를 상정할 필요를 느끼지 않는다는 점에서 평면적인 동일 부류의 접근으로 묶인다. 후자에 대해서는 존슨레어드(P. Johnson-Laird 1983), 『정신모형: 언어·추론·의식의 인지과학을 향하여(*Mental Models: Towards a Cognitive Science of Language, Inference, and Consciousness*)』(Harvard University Press)와 겐트너·스티븐즈 엮음(D. Gentner and A. Stevens 1983), 『정신모형(*Mental Models*)』(Lawrence Erlbaum)과 스퍼버 엮음(D. Sperber 2000), 『상위 표상: 여러 학문의 관점(*Metarepresentation: A Multidisciplinary Perspective*)』(Oxford University Press)을 참고할 수 있다.

37) 밀러(Miller 1991; 강범모·김성도 뒤침 1998: 210쪽 이하), 『언어의 과학: 그림으로 이해하는 언어와 정신의 세계』(민음사)에 화보 자극물들이 실려 있어 도움이 된다.

의 자극들이 일부러 내용상 괴리되거나 일치하지 못하도록 꾸며 놓은 것으로, 두 영역 서로 긴밀히 연합되어 있음을 드러내려는 목적을 품고 있다. 앞으로 발달 단계의 어느 시점에서 이런 전환이 시작되는지에 대하여 심층적인 연구들이 이어져야 할 것이다.

흔히 두 사람이 얼굴을 마주 보는 의사소통 상황에서는 두 영역에서의 처리가 동시에 일어난다고 알려져 있다.[38] 그렇다면 두 영역에서의 산출 처리가 동시에 일어나는 경우에, 전형적으로 두 영역의 자극들이 서로 부합되거나 일치되도록 제시 간격에서 시간상 적절히 조율되어야 한다는 교훈을 암시해 준다. 비언어 자극물에 대해서는 대체로 무의식적으로 받아들이면서 처리되다가 이례적인 자극일 경우에 주의력이 모아지지만,[39] 언어 자극물에 대해서는 주의를 집중하지 않고 막연히 흘려듣는 처리과정에서부터, 좀 더 의식적이며 비판적인 능동적 처리까지 여러 단계에 걸쳐 일어나는 것이다.

언어 산출 과정과 관련하여 생각의 재료에 대한 논의를 살펴보면,

---

38) 가령, 더욱 극단적인 시지각 처리 과정이 있다. 흔히 테니스 운동 선수들의 몸놀림이 대표적인 경우이다. 그들은 상대방 공이 날아오는 것을 시지각으로 처리한 뒤에 거기에 반응하는 것이 아니다. 오직 무의식적으로 손놀림이 먼저 공을 받아치는 쪽으로 특화되어 있다. 이를 영어로는 근육기억(muscle memory)이라고 부른다. 망막과 시각 저장고에 모아진 정보가 시상 하부의 처리에서 대뇌 피질로 정보가 가는 것이 아니라(따라서 스스로 의식할 수 있는 것이 아니라), 대신 곧장 근육 운동을 일으키는 경로로 전달되어 선수들이 미처 시지각을 의식적으로 느끼지 못한 채 신체 반응을 일으키는 것이다.

이런 처리와 관련하여, 얼굴을 마주 보는 의사소통에서는 상대방의 얼굴 표정이나 몸짓 따위가 특정한 정보를 전달해 주는데, 이는 흔히 '감성적 처리'들과 긴밀히 관련된다고 한다. 우리가 어떤 사람을 처음 만나고자 할 경우에 자신의 매무새를 깔끔히 단장하는 것도 이런 처리와 부합될 수 있다. 상호작용 사회학의 흐름을 이끌었던 고프먼(E. Goffman 1959; 김병서 뒤침 1987), 『자아표현과 인상관리: 연극적 사회분석론』(경문사)에서는 자아의 개념을 가면을 쓰고 연극을 하는 일에 비유하고, 이런 일을 특히 '자아 인상 관리'라고 부른 바 있다.

39) 신체 언어와 관련하여 선업들이 다음처럼 출간되어 있다. 김영순(2004), 『신체 언어 커뮤니케이션의 기호학』(커뮤니케이션북스); 김영순·김연화(2007), 『몸짓 기호와 손짓 언어: 교사-학생 간 비언어 의사소통 연구』(한국문화사); 한국기호학회 엮음(2002), 『몸의 기호학』(문학과지성사); 성광수 외 12인(2003), 『몸과 몸짓 문화의 리얼리티』(소명출판); 암스트롱 외(D. Amstrong et al. 1995; 김영순 외 뒤침 2001), 『몸짓과 언어 본성』(한국문화사).

의사소통 의도가 결정된 뒤에 산출 단계에서부터 언어적 경로 및 비언어적 경로를 모두 염두에 두고서 산출 전략이 마련되어야 하고, 양자가 조화롭게 통합되는 방식으로 산출이 이뤄져야 한다고 매듭지을 수 있다. 언어 산출이 비록 발화(입말) 또는 글말이 화자 또는 집필자 외부로 방출되어 나오더라도, 그 산출이 상대방에게 제대로 이해되고 소통되었는지를 확인하는 과정이 같이 맞물려 있어야 하므로, 산출은 언제나 상대방의 반응에 대한 '점검 확인'까지 포함되어야 하는 것이다.

5장. 언어의 작동방식, 그리고 기호학적 접근

먼저 언어를 다루는 시각부터 언급해 나가기로 한다. 언어학의 모태는 흔히 기호학(semiotics)이라고 부른다. 언어학의 아버지라고 불리는 소쉬르(1857~1913)는 명시적으로 인간의 정신 그 자체가 기호학의 대상이며, 이 기호의 본성을 잘 드러내어 주는 것으로 '자연 언어'를 주목하였다. 미국의 첫 철학자로 숭앙되는 퍼어스(Peirce 피어스 1839~1914)도 그의 선집을 보면, 40대에 논리(Logic)에 대한 글들을 써 오다가 50대부터 기호(sign)에 대한 글이 나오기 시작한다. 아마 논리의 상위 개념으로 기호학을 생각했던 것으로 보인다. 현대(또는 근대)를[40] 열어놓은 선구자들이 다 같이 인간 정신 영역의 최상위 개념을 기호로 귀착시켰던 일은, 우연치곤 너무 기이하다.

기호는 형식과 내용이라는 두 가지 층위를 갖는 대상을 가리킨다. 더 쉽게 '껍데기와 속살', 또는 '겉과 속'을 함께 지닌 대상이라고 말할 수 있다. 그런데, 기호학에서 주목하는 기호는 두 가지 종류로 나뉜다.

---

[40] 문학사나 역사를 다루는 경우에는 근대와 현대를 나누는 경향이 있지만, 언어학이나 논리학에서는 '근대 언어학, 근대 논리학'이 없으므로 '근대'라는 변별 특징을 내세울 수 없다는 점을 적어 둔다. 근대에 대해서는 27쪽의 각주 3을 보기 바란다.

하나는 형식과 내용이 1 : 1 대응 관계를 이루는 것이고, 다른 하나는
1 : 다(多) 또는 다(多) : 1의 관계를 이루는 것이다. 앞의 것은 자연 대상
을 사진 찍듯이 그대로 모방하여 그린다는 뜻으로 모상(模像 icon, 본뜸
관계)이라고 말할 수 있다. 형식과 내용이 결합되는 방식은 연구자에
따라 유연성(motivation 有緣性)·자연성(naturalness)·필연성(necessity)·연상 관
계(association) 등으로 달리 부른다. 그런데 형식과 내용이 1:1로 대응이
유지되지만, 그 형식이 누구에게나 자연스럽게 곧 그 내용으로 이어지
지 않는 경우가 있다. 이를 퍼어스는 형식과 경험이 1:1로 대응한다고
규정하고 색인(index, 붙듦 관계)이라고 불렀다.41) 아마 퍼어스는 인공언
어로서 논리학이 일관되게 색인(붙듦)의 필연적인 연결 고리들이라고
보았던 듯하다. 필자는 쉬운 사례로, 배가 고팠을 때 나는 '꼬르륵~~!'
소리를 들어 주는데, 특정한 소리와 현실 세계의 사건이 언제나 1:1
대응 관계를 맺는다. 특정한 그 소리를 기호로 표시하여 '~~~~~'으로
약속하면, 형식과 내용이 늘 1:1 대응을 이루는 것이다. 그렇지만 형식과
내용이 1:1 대응 관계를 이루지 못하는 경우를 상징(symbol)이라고 부른
다. 여러 형식에 하나의 내용이 대응할 수도 있고(가령, 사랑이란 동일한
하나의 주제를 다루는 수많은 문학 작품 예들), 하나의 형식에 여러 내용이
대응할 수도 있다(가령, 낱말의 다의성이 대표적임). 이렇게 결합되는 방식
을 여러 가지 용어로 언급한다.

　　자의성(arbitrariness)·비자연성(non-naturalness)·우연성(contingency)·무

---

41) 그의 선집 제2권에 제2논문(55세 때 집필)이 「What is a Sign?」인데, 7쪽에 지나지 않는
　　매우 짧막한 글이다. 여기서 그는 기호가 icon·index·symbol 세 갈래로 나뉜다고 적고
　　있다. 두 번째 index는 필자의 판단에 책자 끝에 있는 색인(찾아보기, 索引 삭인, 줄로
　　당김)의 비유로부터 가져온 것으로 본다. 색인의 항목이 '형식'이고, 그 항목이 가리키는
　　쪽수에 있는 내용이 곧 그가 주장하는 '사건 경험'에 대응하기 때문이다. 더러, 지표나
　　지시 등으로 번역하는 경우도 보았지만, '형식'과 '경험'이 1:1로 대응하는 관계를 드러내
　　기에는 미흡한 듯하다. 필자는 퍼어스의 세 갈래를 두 갈래로만 줄이겠다. 곧 1:1 대응이
　　되느냐, 그렇지 않느냐로 나뉘는 것이다. 이는 언어학에서 자주 쓰는 자질 이론의 기법을
　　응용하는 것이다.

연성(un-motivatedness 無緣性)

등으로 부른다. 인간이 이용하는 자연언어는, 무의식적이거나 본능적
으로 지르는 비명 소리 정도를 제외하고서는, 모두 상징의 속성을 지닌
다. 따라서 인간의 언어는 모두 상징이라고 단순화시켜 말할 수 있다.
상징에서는 형식과 내용의 관계가 필연적이지 아니하므로, 그 관계를
찾아나가는 노력이 들어가야 한다. 이 노력은 단순하고 직접적인 이해
의 축(정형화된 상징)으로부터 시작하여, 더 깊고 우원한 해석의 축(새롭
게 탐색해 나가야 할 상징)으로까지 뻗어 있다. 이제 이 관계를 다음과
같이 나타내기로 하겠는데, 형식과 내용 사이에 1 : 1 대응 관계를 의도
적으로 추구해 나가는 '인공언어'는 이 글의 논의에서 제외되고, 오직
상징의 대표적 사례인 '자연언어'만이 다루어진다.

(1) 기호('형식:내용'의 결합 관계)
　　1 : 1 대응 관계(자연스런 결합) → 모상(模像, 본뜸) 및 색인(붙듦)
　　1:多, 多:1 관계(비자연적 결합) → 상징

이제 언어와 언어 사용에 관련되는 특성들을 한데 모아 그림을 그려
보기로 한다. 언어의 형식은 매우 다양하게 하위 층위로 나뉠 수 있
다.42) 말(=입말)과 글(=글말)이라는 표현 매체를 따로 나누어 살펴보
면,43) 입말과 글말이 작은 단위에서부터 시작하여 더 큰 단위로 진행되

---

42) '언어'를 상위 층위의 용어로 보고, 그 하위 층위에 입과 귀를 이용한 언어와 손과 눈을
이용한 언어를 각각 '입말'과 '글말'로 부르기로 한다. '글'의 어원으로서, 순 임금 때 삼강
오륜을 가르쳤던 설(契)로부터 나왔다는 주장을 필자는 개인적으로 제일 가능성이 높다
고 본다.

43) 입말과 글말을 깊이 있게 다룬 연구들이 많이 나와 있다. 필자가 번역 원고로 학부생들에
게 읽히고 있는 핼러데이(Halliday 1985), 『입말과 글말(*Spoken and Written Language*)』
(Oxford Univ. Press)에서는 '실사 어휘의 밀집도(lexical density)'라는 잣대로써 입말과
글말을 나눈다. 또한 입말일수록 동사들을 많이 사용하고, 글말일수록 명사 표현들이

어 나갈 수 있다.

(2-가) 입말: 소리 → 형태 → 낱말 → 구 → 발화 → 발화 덩이 → 전체
덩잇말

나) 글말: 문자 → 형태 → 낱말 → 구 → 절 → 문장 → 문단 → 전체
덩잇글

이 단위들의 화살표 배열에서 왼쪽으로 갈수록 형식에 무게가 실려 있
고, 오른쪽으로 갈수록 내용에 무게가 실려 있다. 언어교육이 모국어(모
어) 교육과 비-모국어(비-모어) 교육으로 나뉠 때에, 후자는 형식에 대
한 학습에 초점이 모아질 것이고, 전자는 내용에 대한 학습에 초점이
모아질 것이다. 이 초점에 따라 평가의 잣대도 달라지는데, 형식에 초
점을 모은 학습에서는 반드시 정확성에 의해서 평가가 이뤄진다. 그렇
지만 내용에 초점을 모은 학습에서는 흔히 융통성 있고 '능대 능소하

더 많아짐도 지적한다. 아마 첫 전문가 국제학술회의 결과물인 호로뷔츠·쌔무얼즈
(Horowitz and Samuels 1987) 엮음, 『입말과 글말 이해하기(*Comprehending Oral and
Written Language*)』(Academic Press)에서 췌이프·대니얼뷔츠(Chafe and Danielewicz), 「입
말과 글말의 속성들(Properties of Spoken and Written Language)」에서는 여러 특징들에
대한 복합적인 결합(정도의 차이)을 놓고서 입말과 글말을 규정한다.

한편, 바이버(Biber 1988), 『말하기와 글쓰기에 두루 걸친 변이(*Variation across speech and
writing*)』(Cambridge Univ. Press)를 기본으로 하여, 바이버(1995), 『언어 투식 변이의 여러
차원: 여러 언어들의 비교(*Dimensions of Register Variation: A Cross-linguistic Comparison*)』
(Cambridge Univ. Press)로 확대되고, 마침내 동료들과 더불어 바이버(1999), 『입말·글말
영어의 롱맨 문법(*Longman Grammar of Spoken and Written English*)』(Longman)와 바이버
(2002), 『입말·글말 영어의 롱맨 학생 문법(*Longman Student Grammar of Spoken and
Written English*)』(Longman)이라는 엄청난 작업이 출간되었다. 그들은 3만 8천 종의 텍스
트로부터 4천만 낱말(40 million words)을 추려낸 방대한 말뭉치를 놓고서, 입말과 글말
을 실체를 규명하였다. 입말과 글말의 밑바닥에는 '언어 투식(register 의사소통 목적에
따라 달라지는 기능적인 말투 변이임)'이란 잣대가 작용한다고 결론을 짓는다.

필자는 언어 투식도 또한 의사소통의 관점에서 보면, 정보 간격을 좁혀 갈 수 있는
두 방향의 의사소통인지, 그렇지 않은지 여부에 의해서 달라질 것으로 믿는다. 어떤 관점을
취하든지 간에 입말과 글말을 궁극적인 개념으로 파악하는 것은, 마치 신발을 신은 채로
가려운 발등을 긁고 있는 것과 같이 너무 피상적인 것임에 틀림없다. 중고교의 국어과
교육과정은 잘못된 억측을 전파하고 있다. 그렇지만 여기서는 이해의 편의를 위해서,
임시로 입말과 글말을 해체시키지 않은 채 마치 독립된 개념처럼 취급하기로 한다.

다'고 얘기되는 능통성(또는 유창성)의 잣대를 쓰게 될 것이다. 형식에 초점을 모으는 교육을 '언어 기술' 중심의 교육(기능교육)이라고 부르고, 내용에 초점을 모으는 교육을 '의사소통' 중심의 교육(가치교육)이라고 부른다. 하지만 이것들은 가중치 부여나 강조의 정도에 따라 달라지는 것이며, 두부모 가르듯 분명히 나뉘는 것은 결코 아니다. 비-모국어 교육의 낮은 단계에서는 모국어 교육의 배경지식들을 잘 이용해야 학습 효과를 거둘 수 있고, 내용에 초점을 모으게 되는 높은 단계에서는 모국어 교육과 비슷한 속성들을 많이 나눠 갖게 된다.

언어가 기호로서 형식 및 내용이 결합되어 있다고 하더라도, 그 언어 단위들이 복합체를 이룬 연결 고리들의 동기를 파악하려면, 이해와 해석 (혹은 표면 해석과 심층 해석)의 과정을 거치게 된다. 흔히 '앞뒤 문맥'으로 번역될 수 있는 co-text를 다루는 차원에서는 이해의 문제가 중심이 된다 (508쪽). 그렇지만 언어 형식 속에 깃들어 숨어 있거나 또는 표현되지 않은 내용들을 찾아내기 위해서는 '사용 맥락'이라고 일컬어지는 context (con-text)를 다뤄야 하며, 그 결과를 앞의 낮은 차원의 이해와 구분하기 위하여 해석이라고 부른다.44) 1차적인 이해는 언어 형식과 내용에 의해서 제약되므로 이해자들 사이에 공통분모를 찾아낼 수 있다. 그렇지만 2차적인 해석은 숨어 있거나 표현되지 않은 내용을 추론하여 파악해야 되므로, 해석자의 기량과 통찰력에 따라 크게 차이가 날 가능성이 언제나 열려 있다. 그렇지만, 그런 광막한 가능성을 적절히 통제하거나 조절해 줄 수 있는 개념이 '의사소통 의도'(문학에서는 작품의 '주제')이다.

그런데 더욱 복잡한 것은 의도를 밑에서 떠받치고 있는 복합적 개념 틀(schemata)이다.45) 언어 사용과 관련해서, 1970년대에 심리학자 털뷩

---

44) 이는 특히 위도슨(Widdowson 2004; 김지홍 뒤침 2018), 『텍스트, 상황 맥락, 숨겨진 의도』 (경진출판) 제4장 'Context and co-text'에서 강하게 주장되었다. 그는 이를 더 대립적으로 언어표현 내부의(intra-linguistic) 정보를 이용하는 일과, 언어표현 외부의(extra-linguistic) 정보를 이용하는 일로 표현한다. 한편 생성어휘론에서 푸슛욥스키는 cotext(앞뒤 문맥) 를 coersion(앞뒤 맥락을 통하여 '낱말 뜻 고정하기')이라고 부른다.

(Tulving)은 기억을 짜읽는 두 가지 기억 창고를 제안하였다.[46] 구체적인 개별사례 기억 창고(이를 episodic memory라고 하며 일화 기억이라고도 번역함)와 일반적인 의미 기억 창고(semantic memory)이다. 이것들은 모두 단정 서술문 형식으로 표시될 수 있기 때문에 '서술지식'이라고 불린다. 이 서술지식들을 입력물로 하여 'if … then …(입력이 들어오면 출력을 내보냄)'의 연산과정들로 재구성하는 지식을 '절차지식'이라고 부른다. 더 쉽게 말하면, 서술지식은 풍부히 체험하고 경험한 것들을 하나하나 가리키며, 절차지식은 그것을 다른 사례에다 응용하거나 종합하는 일(새로운 지식이 나옴)을 말한다. 이런 기억 창고들은 어떤 과정을 통해서 어떤 방식으로 채워지는 것일까? 이는 순수히 심리학적 물음만이 아니다. 매우 생경하지만 이는 언어 단위에서 왜 하필 낱말이 존재하고, 문장이 존재하는지에 대한 물음과 궤를 같이 한다.

우주 속에서 사건(상태들의 변화)들은 오직 세 가지 범주에 의해 일어난다. ① 인과율과 ② 본능이다. 동물의 본능을 자연적 인과율의 하위 개념으로 설정한다면, 무생물에 적용되는 인과율과 생물에 적용되는 인과율로 말할 수도 있다. 이것 이외에 ③ 의도는 인간이 일으키는 사건들과 관계된다.

그런데 사건이란 늘 복합 사건들로 존재하고, 하나의 사건이 다른 사건과 이어져 있는 기다랗고 거대한 복합체이다. 이를 '복합사건 연결체'라고 부르기로 한다. 우리는 늘 복합사건 연결체 속에(또는 문학적으

---

45) 본디 칸트가 썼던 용어로서(399쪽 각주 36), 심리적 연상 작용과 그 효과를 깊이 연구했던 바아틀릿(Bartlett 1886~1969)은 바아틀릿(1935), 『기억해 내기: 실험적·사회학적 심리학 연구(*Remembering: A Study in Experimental and Social Psychology*)』(1995년에 다시 킨취가 재출간 서문을 쓰고 Cambridge Univ. Press에서 나옴)를 썼는데, 복합적인 개념틀은 제10장 'A Theory of Remembering'에서 기억을 설명하기 위해 상정된 개념이다.

46) 털빙·크뢰익 엮음(Tulving and Craik 2000), 『기억에 대한 옥스포드 소백과(*The Oxford Handbook of Memory*)』(Oxford Univ. Press)은 기억 연구에 대한 큰 지도를 제공하려는 목적으로 이 분야에서 처음 펴낸 소백과(handbook)임을 서문에서 밝히고 있듯이, 인간 기억에 대한 현재 연구 성과를 알 수 있어 도움이 크다.

로 말하여 '삶의 한가운데', 수리철학에서는 '함의 관계'로) 놓여 있다. 이를 기억 속에 집어넣기 위하여, 의식하든 그렇지 않든 간에 그 복합사건 연결체들을 분절하고 도막을 내어 놓아야 한다. 이 과정에서 개념(명제) 또는 언어라는 거르개가 작용한다.

언어학에서는 '육하' 원칙을 언어현상 설명에 적합하도록 고쳐 놓은 '의미역 구조'로써 개개의 단언(낱개의 사건)들을 표상한다. 그 의미역 구조는 아무렇게나 놓여 있지 않고 어떤 질서 위에 차례가 잡혀 있다. 복합사건 연결체들로부터 분절되어 나온 도막들의 연결은, 궁극적으로 자연의 변화를 설명하는 인과율(물리계 인과율과 생물계 인과율) 또는 그런 복합사건을 일으킨 특정 행위자의 의도(자유의지)라는 포장지로 묶어 놓는다. 이것이 우리가 체험하는 개별사례 기억에 대한 소략한 묘사이다. 일반화된 의미 기억은 반드시 개별사례를 대상으로 하여 이뤄진다. 이는 개별사례 기억들을 놓고서 상위 의식 또는 상위 인식으로서 많든 적든 일반화 또는 추상화를 진행시켜 나간다.[47] 체험이 다양해질수록 일반화의 가능성은 더 높아진다.

이런 내용들을 그러모아 다음과 같이 한 장의 그림으로 나타낼 수 있다(〈그림 2〉). 네모 칸이 언어에 관련된 것이고, 타원이 우리 머릿속 기억에 관련된 것이다. 언어는 전형적으로 형식과 내용 두 층위의 결합이기 때문에, 전적으로 형식만 있다거나 아니면 전적으로 내용만 있는 극단적인 경우는 언어 대상으로 다루기에 적합하지 않다. 따라서 사선을 꼭지점 사이에 이어 놓지 않았다.[48]

---

47) 참스키(Chomsky 2000), 『언어 및 정신에 대한 연구에서의 새로운 지평(*New Horizons in the Study of Language and Mind*)』(Cambridge Univ. Press)에서 언어 능력과 수학적(추상적) 사고 능력이 별개의 것임을 인정하지만, 진화론상으로 추론할 경우에 언어 능력이 먼저 발달해야 뒤에 수학적인 고도의 사고 능력이 발현될 것이라고 추측한다. 이런 점으로 미뤄 볼 때, 참스키 교수는 언어 능력이 낮은 단계의 추상화 능력으로부터 높은 단계의 추상화 능력까지 범위가 넓게 분포하는 것으로 이해하는 듯하다. 김지홍(2000), 「참스키 교수의 내재주의 언어관」(『배달말』 27호)를 참고하기 바란다.

〈그림 2〉 상징으로서의 언어와 그 하위 층위들의 구성 내용

언어교육에서 흔히 쓰면서도 제대로 정립되어 있지 않은 개념이 있다. 소위 기술(skill)과 전략(strategy)에 대한 구분이다(올더슨 2000; 김지홍 뒤침 2015, 『읽기 평가 2』, 글로벌콘텐츠, 549쪽 이하 §.9-3 '전략'에서 자세히 논의됨). 다시 기술(skill)은 지식(knowledge)과 대립된다. 기술은 반드시 연습에 또 연습을 해서 체득되는 대상이지만, 지식은 한 번만 듣거나 보면 단박에 깨닫게 되는 것으로서 굳이 연습을 필요로 하지 않는다. 국어교육에서는 '능력'이란 말로 쓰이므로, 자칫 이런 구분이 흐려질 우려가 없지 않다. 여기서 문제는 '전략'이다. 전략이란 도대체 뭘 말하는가?

---

48) 이 그림을 놓고서 필자는 더러 학생들에게 가장 중요한 것 한 가지만 고르도록 요구한다. 학생들의 답변은 다양하다. 그렇지만 필자가 뜻하는 것은 의도가 가장 중요하다는 사실이다. 이는 '마차·말·마부'로 이뤄진 다음 그림으로 비유를 할 수 있는데(일부러 본문의 그림과 맞춰서 그려 놓았음), 이들 세 가지 요소 가운데 뭘 잡아야 나머지 두 개가 저절로 따라올 것인지에 대한 물음이다. 그 답은 마부이다. 아주 가까운 사람끼리 나누는 의사소통은 주제가 제멋대로 자주 바뀌는 특징을 지닌다고 알려져 있다. 왜 그럴까? 그 까닭은 서로 공유된 배경지식이 많기 때문에, 화자가 말을 채 다 끝마치기도 전에 청자는 미리 그 의도를 알아차리기 때문이다. 불교에서 '마음에서 마음으로 전해 준다'는 설화에서 가섭이 빙그레 웃었던 염화시중(拈華示衆)의 미소는, 결국 말에 의해 매개되지 않고서도 전달자(부처)의 '의도 알아차리기'에 다름 아니며, 서로 간에 공유 경험이 없다면 불가능하다.

전략이란 용어가 전형적으로 전쟁을 전제로 하므로, 이를 교육에 응용하는 것을 꺼려하는 사람들에 의해서 최근 인지 활동(cognitive activity)라는 용어도 쓰이고 있다. 전략은 임의의 목표를 달성하기 위하여 미리 준비한 방식이 현장에서 문제가 생길 경우에 새로운 해결 방식을 찾아내는 종합 능력이다. 따라서 하위 영역에 대한 실행을 이끌어가는 개별 기술(또는 기능)과는 서로 구분되어야 하는 것이다. 위 그림에서 기술은 네모 칸에 관련된 연습 활동이다. 인지 활동이란 용어로 보편화될 수 있는 전략이란, 타원과 관련되어 설정된 목표를 달성하기 위한 종합적 연습 활동이며, 기본적으로 무의식적인 절차지식을 의식적으로 붙들게 만들고, 그런 절차지식들을 확장해 나가는 일을 가리킨다(좀 더 자세한 모습은 530쪽 도표 참고).

6장. 개념과 단언과 언어의 관계

기억의 신경생리학적 기반이 아직 어떻게 구성되어야 하는지에 대한 합의가 없더라도, 우리는 스스로 내성하면서 「생각의 단위들이 있다」고 자각한다. 생각의 단위들은 영어로는 흔히 notions(통상적인 일반 개념)나 concepts(특정 분야에서 정의를 하여 쓰는 기본 개념)라는 낱말들을 쓴다. concepts는 둘 이상이 모여 복합적으로 되면 conception(복합개념 형성 과정, 복합 개념)이란[49] 낱말도 쓴다. 개념 또는 복합개념은 감각

---

49) 동음이의어로도 취급될 수 있겠으나, 흔히 영어 사전에서는 다의어로서 conception에 '임신하다'는 뜻도 집어넣고 있다. 한자어로 '평미레 개(槪)'와 '생각 념(念)'이 결합된 낱말이 언제부터 쓰였는지는 잘 알 수 없다. 『설문 해자』에는 '所以木气斗斛也(되질하는 데에 곡식을 평평하게 밀어주는 작대기)'로 씌어 있다. '평미레[平＋밀＋개/에]'란 되에 잔뜩 담은 곡식을 평평하게 밀어 주는 나무 막대기로서, 기준 또는 표준을 가리킬 수 있다. 북경 『한어(漢語) 대사전』 4권 1197쪽이나, 대만 『중문 대사전』 5권 427쪽, 429쪽이나, 제교철자 『대한화 사전』 6권 502쪽을 보더라도 유용한 정보를 전혀 얻을 수 없다. '개념'(되에 잔뜩 담은 곡식을 평미레로 밀듯이, 가지런히 표준화해 놓은 생각)이란 낱말은 아마 개화기 시절 일본인들에 의해 쓰였을 법하며, 일부 유의어로서 관념(觀念)과도 통합

재료와 추상 재료로 이뤄졌을 것이지만, 이하에서는 일단 이 글에서
다루려는 언어 산출에만 초점을 모으기 위하여 후자만을 선택적으로
논의하기로 한다. 언어학 개론 수준에서는 언어와 사고의 관련성들을
다루는데, 이는 언어 발달의 과정에 따라 논점이 분명히 달라져야 할
것이다. 여기서는 초점이 흩어지지 않도록 하기 위하여, 풍부한 경험을
지니고 상당한 정도의 배경지식을 쌓은 정상적인 어른을 가정하고서
논의를 전개하기로 한다. 그런 어른이라면

'일상 생활 〉 경험 〉 복합개념 〉 배경지식 〉 언어'

와 같은 층위를 상정할 수 있을 것이다. 이를 동심원으로 나타낼 수도
있겠는데, 가장 밑바닥에 있는 큰 원이 왼쪽 항목이 되며, 가장 높이
있는 작은 원이 오른쪽 항목이 될 것이다. 언어 산출과 언어 이해를
아우르는 언어 사용은, 배경지식과 복합개념과 언어 사이를 오가면서
이뤄지는 정신 활동이라고 말할 수 있다. 이런 언어 사용은 경험과 일
상생활의 구체적 단편들을 상기해 주는 촉매제가 되거나 더 광범위한
가능세계들을 구성해 줄 수 있다. 이하에서는 먼저 생각이나 사고 단위
를 규정하고, 이것이 언어로 표현될 경우에 '절' 또는 단언(명제)에 해당
됨을 보이며, 우리말의 감각동사 부류를 들어서 하나의 동사가 몇 가지
개념(또는 단언)들을 동시에 얽어 내장하고 있음을 보이기로 한다.

듯하다. 관념은 로크와 흄이 썼던 것으로, 「눈을 감으면 대상들이 눈앞에 있는 듯하다」는
비유를 번역한 것이다. 개념이 무엇인지 형식적으로 정의하는 일은 이 글의 소관 사항이
아니다. 아마 무정의 용어로서 뤄쓸(1937, 개정판), 『수학 원리』에서 상정한 원초적 집합
개념(class-concepts)과 관련되어야 할 듯하다. 개념을 정의해야 하는 까닭은 프레게의 합
성성 원리(compositionality)를 따라 생각이 전개되기 때문이라고 말해야 할 것이다.

1) 생각 또는 사고 단위

논의를 한데 모아가기 위하여, 일단 두뇌 작동의 추상적 재료를 중심
으로 다루되, 이를 대략 '언어'와 유사한 대상이라고 간주하기로 한다.
그렇다면 생각의 단위 또는 사고 단위를 물을 경우에, 생각의 단위는
언어에서 과연 어떤 단위와 관련되는 것일까? 이 물음에 대하여, 언어
학의 분절 방식에 따라 적어도 다음 세 가지 후보를 답변으로 상정할
수 있다.

첫째, 가장 소박하게 낱말이다.
둘째, 좀 더 큰 구(XP, 최대투영의 구절) 또는 이음말(collocation, 연어)이다.
셋째, 동사가 투영되어 나온 최소 단위인 절 또는 단언(명제)이다.

첫 번째 답변이 아마 가장 흔한 것이고, 누구에게나 자명한 듯이 보일
듯하다. 왜냐하면 일반 사람들이 머릿속에 쉽게 떠오르는 것이 하나의
낱말들일 것이기 때문이다. 이런 입장은 또한 일상언어 철학의 흐름을
열어 놓은 옥스퍼드 철학자 오스틴(Austin)과 그롸이스(Grice)에 의해서
도 제안될 법하다. 왜냐하면 이들이 펴낸 책들이 모두 낱말(words)에
초점이 모아져 있기 때문이다.[50] 그렇지만 일상언어 철학에서는 한 낱
말을 단서로 하여 맥락이나 상황을 통하여 그 낱말 속에 깃든 함의들을
찾아내는 일에 노력을 쏟았다.[51] 그럴 뿐만 아니라 오늘날 언어학의

---

50) 오스틴(1962)은 '낱말들의 작동 방법(how to do things with words: do things는 operate을
뜻함)'이지만 축자 번역을 하지 않은 채 장석진 뒤침(1997), 『오스틴: 화행론』(서울대학
교 출판부)로 나오고, 김영진 뒤침(1992), 『말과 행위』(서광사)로 나왔다. 유작인 그롸이
스(1989)도 '낱말들의 운용법에 대한 연구(studies in the way of words)'이다. 또한 뷔고츠
키(Vygotsky 1934; 데이비드 켈로그·배희철·김요호 뒤침 2011), 『생각과 말』(살림터)에
서도 낱말을 사고 단위로 본다.

51) 가장 많이 인용되는 사례가 뷧건슈타인의 '원시 언어' 사례이다. 이영철 뒤침(1994: 23쪽
이하), 『철학적 탐구』(서광사)에서는 어느 공사장에서 십장과 일꾼 사이에서 "석판!"이라

토대를 세운 소쉬르는 언어학을 기호학의 하위 분야로 보았다. 기호는 언제나 대립체계 속에 존재한다는 점에서, 한 낱말이 제시된다고 하더라도, 계열체로서 유무 대립이나 이항 대립을 통하여 표면에 드러나지 않은 다른 항과 짝을 맺으며, 또한 통합체로서 더 상위 교점의 항과도 결합하게 마련이다. 언어는 체계로 존재하기 때문이다.

화용 상황에서 생략은 언제나 복원 가능성을 전제로 일어난다. 화자는 청자와 얼굴을 마주 보는 상황에서 지리하게 공통된 정보를 발화하는 것이 아니라, 오히려 서로 간에 정보간격이 있다고 믿어지는 대상만을 골라 발화하는 것이다. 따라서 복원 가능성이란 공유된 정보에 속하는 것일 수밖에 없다. 이런 모습이 일찍이 그롸이스의 대화규범(maxims)에 의해서 예측하는 바이다. 설사 그런 가능성을 제대로 찾지 못한다고 하더라도, 임의의 낱말이 외연의미 및 내포의미를 동시에 지니고 있으므로,[52] 각각 "X가 있다"(외연의미, 존재지시)나 "X이다"(내포의미, 속성지정)의 모습을 기본값으로 배당받게 된다. 따라서 이런 점들을 고려한다면, 소박하게 낱말이라고 느끼고 대답하는 경우라 하더라도, 실제적으로는 임의의 낱말을 통하여 범위가 더 확대되는 것이라고 매듭지을 수 있다.

둘째 답변은 두 가지로 나뉠 수 있다. 임의의 최대투영 구절(XP)은

고 외치는 경우를 제시한다. 이 낱말이 맥락에 따라서 건축 재료(부재)를 지고서 빨리 올라오도록 요구하는 것일 수도 있고, 아니면 다치지 않게 피하라는 경고일 수도 있다. 결국 언어의 의미는 국어사전 속에 있는 것이 아니라, 그 언어가 쓰이는 맥락에 따라서 결정되는 것이다.

52) 킨취(Kintsch 1998; 김지홍·문선모 뒤침 2010), 『이해: 인지 패러다임 II』(나남)의 제6장 5절에서 제시한 비유적 의미 확장에 대한 심리학 실험보고를 보면, 한 낱말의 의미는 항상 원래 의미와 확장된 의미가 동시에 인출된다. 적어도 둘 이상의 의미가 한꺼번에 작업기억에 인출되어, 주어진 언어의 앞뒤 맥락에 대하여 적합성 경쟁을 벌이고, 그 중 하나의 의미가 선택되는 것이다. 따라서 한 낱말의 의미 해석 과정에서 소박하게 원래 의미가 먼저 적용되고, 그 의미가 해석상 여의치 않을 경우에 순차적으로 확장된 의미를 적용시킨다는 소박한 직관은 더 이상 유효치 않다. 소박한 직관과 실험 결과가 서로 상충한다. 이 때문에 부당한 속뜻이 스며들지 않도록 용어 자체를 바꾸어 각각 외연의미와 내포의미로 부르는 것이다.

생성문법에서 당연히 주어져 있는 것처럼 치부되는 언어형식의 기본 단위이다. 이 형식은 중간투영을 허용하는 점에 특징이 있고, 중간 교점을 제외하고서는 어디에서든지 확장이 가능하다. 필자의 생각에 이런 형식이 마련된 동기는, 가장 작은 자족 형식인 명사구(NP) 및 문장(CP)으로부터 나오며, 이것들이 융통성 있게 변형될 수 있도록 보장해 주기 위한 조치로 이해된다.53) 1990년대 이후의 논의는 전통문법에서 허사로 취급되던 것들까지도 일관되게 최대투영 구절(XP)의 모습을 지니는 것으로 다뤄졌다. 제약된 구조가 더욱 너른 언어 영역들에 적용될 뿐만 아니라 이전에 제시되지 못하던 설명력도 더 갖추었다는 점에서, 사고 단위가 될 개연성이 높은 후보이다. 그렇지만 이 투영은 최종적으로 어말어미(complementizer에서 첫 글자 C를 따서 표지를 삼음)의 투영으로 마감된다는 점에서, 세 번째 답변과 동일한 결론에 이른다.

생성문법에서는 명사구와 문장이 최소한의 자족형식임을 기술하는 것으로 만족할 뿐, 정작 왜 그러한지에 대하여 아직 설득력 있는 설명을 제시해 주지 못하였다. 필자는 아마도 우리가 장기기억 속에 갖고 있는 두 종류의 서술지식 기억으로부터 나올 것으로 본다. 즉, 의미 기억과 구체사례 기억에 대한 구분인데, 하나의 사건은 언제나 경험 가능한(따라서 진위 판단도 가능한) 문장 형식을 취한다. 반면에 필수 논항들까지도 지워질 수 있는 명사구들에서는, 구체적인 개별 사건이 일반화되고 추상화되어 의미 기억 속에 들어 있을 것으로 판단된다. 비판적 담화 분석에서는 임의의 개념이 문장 형식을 충실히 갖추어 표현될수

---

53) 자세한 설명은 김지홍(2010), 『국어 통사·의미론의 몇 측면: 논항구조 접근』(경진출판)의 제1부 논의를 보기 바라며, 그곳 40쪽에서는 두 층위의 계층을 이루는 구조가 언어 형식뿐만 아니라, 또한 우리의 일반적인 사고 전개의 모습으로도 널리 적용될 수 있음을 다음의 예들로 제시하였다.

록 상대방으로 하여금 참과 거짓을 판단할 수 있도록 만들어 주지만, 반면에 문장이 아닌 명사절이나 명사구 형식으로 제시될수록 언제나 참으로 간주되어 상대방으로 하여금 늘 주어져 있는 사실처럼 믿게 만들어 놓는 효과가 있음을 지적한다. 문장 형식일수록 판단의 대상이 되지만, 명사구 형식 쪽으로 다가갈수록 따지지 말고 덥석 믿게 만드는 효과를 지니는 것이다.54)

둘째 답변에서 이음말로 보는 입장은, 전산 처리된 말뭉치로써 처음 코빌드(COBUILD) 사전의 편찬을 주도했던 씽클레어(Sinclair, 1933~2007) 교수의 주장이다.55) 그는 이음말(연어)을 '미리 짜인 단위'로 부르는데, 관용적 결합원리에 지배를 받는다. 이전의 언어학 단위를 낱말에서 낱말보다 조금 더 큰 단위인 이음말이라고 주장하는 것이다.56) 이것이

---

54) 이런 사실은 페어클럽(N. Fairclough 2003; 김지홍 뒤침 2012: 제5장), 『담화 분석 방법: 사회 조사연구를 위한 텍스트 분석』(경진출판)에서 처음 본격적으로 다루어졌다. 우리말에서 예를 들어 보이면 다음과 같은데, 하나의 문장이 명사 절을 거쳐 명사구까지 표현될수 있다(173쪽의 각주 17 참고).

   ① 철수가 영이를 사랑하고 있다 → 현재 진행 사건(듣는이가 추체험하여 참이나 거짓을 따질 수 있음)
   ② 철수가 영이를 사랑하고 있는 것 → 명사절(문장 정보가 모두 보존되나, 마치 명사처럼 기능하며, 이것에 대한 평가 서술이 이어질 수 있음)
   ③ 철수가 영이를 사랑하고 있음 → 명사절(시간 표현이 보존되며 상태를 표시함)
   ④ 철수의 영이 사랑 → 명사구(참이나 거짓을 따질 수 없이 오직 해당 사건의 골격만 표현되며, 마치 세계 속의 대상물처럼 주어져 있음이 속뜻으로 깔림)
   ⑤ 철수의 사랑 → 명사구(가능 관계만이 표현되고, 실세계의 대상처럼 사실로 주어짐)
   ⑥ 사랑 → 명사(추상성만 표시됨)

   여기서 하나의 사건을 가리키는 문장 ①이 명사절 ②를 거쳐 명사구나 단독 명사로 될수록, 현재 상황에서 듣는 이가 직접 진위 여부를 확인할 수 있는 가능성이 옅어지며, 점차 추상성이 높아져 간다. 그런 만큼 적용 범위가 더욱 확장되는데, 임의 시점에서 임의 세계에 다 적용될 수 있는 것이다. 명사구 쪽으로 표현될수록 그 표현이 가리키는 대상이 참이 되어 마치 주어져 있는 것처럼 사실로 느끼게(착각하게) 된다. 이런 표현을 쓰는 의도는 한 언어 표현의 합법화 목적을 달성해 줌으로써(그 책의 제5장 2절에서 다뤄짐), 화자의 의도나 화자가 추구하는 이념을 부지불식간에 상대방에게 심어 놓을 수 있다.

55) 씽클레어(1991), 『말뭉치·용례·이음말(Corpus, Concordance, Collocation)』(Oxford Uinversity Press); 씽클레어(2003), 『용례 해석(Reading Concordance)』(Pearson); 베이커 엮음(Baker 1993), 『텍스트와 처리기술: 씽클레어 회갑기념 논문집(Text and Technology: In Honour of John Sinclair)』(John Benjamins)을 보기 바란다.

56) 근본적으로 형식을 염두에 둔 이런 주장을 수용하면 처리가 복잡해질 수 있다. 가령, 우리말에서 '기 막히다'라는 표현의 다의적 어휘 확장에 대한 설명이 힘들어진다. '기

보다 더 큰 단위로 결합되기 위하여 다시 '개방적' 선택원리가 적용되며, 비로소 화용과 담화를 포함하는 거시언어학의 세계를 구성한다. 이는 전통적으로 언어 형식이 '낱말과 문법'이라는 직관을 수정하여 「이음말과 문법이라고 재해석」하는 셈이다. 낱말이 범위가 낱말들의 연결체로 확대된 것에 다름 아니다. 이런 답변에서도 첫째 답변에서 살펴보았듯이 지향점이 궁극적으로 거시언어학 영역을 향하고 있음을 확인할 수 있다.

셋째 답변은 가장 많은 분야에서 상정되는 것이다. 수학기초론, 철학, 심리학, 인공지능, 사회학, 언어교육 등이다. 그런 만큼 이를 표현하는 용어만 해도 스무 가지가 넘는다.[57] 언어의 산출 및 이해 과정에서도

막히다'라는 표현은 직관적으로 '기도가 막힌다'(숨이 막힌다)라는 축자적인 의미에서부터 시작하여, 다음과 같이 앞뒤의 환경에 따라 여러 가지 뜻으로 해석될 수 있다. 축자적인 뜻일수록 '기 뚫리다'는 대립 표현이 가능하지만, 비유적일수록 이런 대립이 성립되지 않는다. 만일 어떤 기 치료사가

  ① "얼굴이 붓는 것은 기(가) 막힌 증세입니다."

라고 말한다면, 축자적인 뜻으로 고정되어, 우리 몸 속에 흐르는 어떤 힘이 장애물을 만나 막혀 있다는 해석을 받으며, '기 뚫다'는 표현과 대치될 수 있다. 그렇지만

  ② "생사람을 억지로 도둑으로 몰아가니 기막히네!"

에서는 '어이없다'는 뜻으로 고정되며, 한 낱말로 인식되어 국어사전에서는 띄어 쓰지도 않는다. 또한

  ③ "기막힌 사연, 기막힌 인생"

에서는 이례적이거나 평탄치 않은 사건이나 삶을 가리킨다. 여기서도 결코 '기 뚫리다'와 짝을 이룰 수 없다. 그리고 다음처럼 부사의 구실도 한다.

  ④ "기막히게 좋은 제품이구나!"

에서는 '말로 표현할 수 없을 만큼 대단히'라는 뜻을 갖게 된다. 만일 이런 경우들을 이음말로 처리한다면, 다의어적인 확장 의미로 볼 적에, 적어도 세 종류의 틀이 주어져야 할 것이다. 먼저 두 개의 축이 설정되고('기 막히다/뚫리다'의 틀 및 부사의 구실의 틀), 그 축 사이의 어느 지점에 자리잡는 틀이 있어야 한다. 그렇지 않다면 모두 별개의 이음말로 처리되어야 하며, 어휘 항목만 끝없이 늘어날 것이다. 필자의 판단에, 씽클레어 교수의 이음말 접근 방식은 오직 낱말 형식의 묶임만을 고려한 것이지, 좀 더 심각하게 의미 처리까지 고려되어 있지 않다. 따라서 그 복잡성이 더욱 가중될 것으로 보이며, 의미 관계를 먼저 제어하는 것이 더 나은 해결책일 것이다. 물론 이런 약점도 대용량의 기계적 처리로 신속하게 해결한다고 방어한다면 문제가 되지 않을 수도 있다.

57) 르펠트(1989; 김지홍 뒤침 2008, 1권: 59쪽)에 이미 18개가 올라 있다. 주기, 심층 절, 착상, 정보 벽돌, 정보 단위, I-표지, 전달내용, 음운 절, 단언(명제)구조, 문장, 분출, 표면 절, 통합체, 어조 집단, 어조 단위, 총체 개념물, 발언기회 구성단위, 최대투영 구절들이다. 이밖에도 종결 가능 단위(T-unit), 단순 개념(simplex), 억양 단위, 정신 언어, 최소

단언(명제)을 기본 단위로 본다. 심리학의 논의에서는 단언의 '심리적 실재성'을 입증하기 위하여, 비록 한 문장으로 표현되어 있다고 하더라도 복합 단언(명제)으로 이뤄진 것을 처리하는 시간과 '단일 단언'으로 이뤄진 것을 처리하는 시간이 서로 차이가 나며, 인출 회상에서도 그러함을 증명해 왔다.58) 이때, 수학이나 논리학에서 다루는 엄격한 의미의 단언이 아니라, 아주 느슨하게 '절(clause)' 단위로 이뤄진 것인데,59) 이런 느슨한 의미의 단언이 심리적 실재라는 주장이다. 이 글에서도 이런 입장을 그대로 따르기로 한다.

단언(명제)의 형식은 프레게(G. Frege 1879)에60) 따라, 양화사를 머리에 얹고서 일원론적 표상 방식으로 나타낼 수 있다. 이는 양화된 술어논리로 불리며, 오늘날 우리가 기대어 학문을 해 나가는 '가설-연역적 접근' 방식이 프레게의 틀을 그대로 물려받고 있다. 매우 소략하게 큰 지도를 말한다면, 이 접근 방식은 언어학자들에게 친숙한 기호학 접근에서 '형식과 내용'의 결합을 명시적으로 표시해 주는 방식에 다름 아

진술문, 의사소통 최소단위 등도 추가될 수 있다.

58) 킨취(1998; 김지홍·문선모 뒤침 2010), 『이해: 인지 패러다임』(나남)의 제3장에서는 회상 실험·읽기시간·점화연구의 세 가지 측면에서 단언의 심리적 실재성을 확인하고 있다.

59) 언어학에서는 절(clause) 단위라고 부르기도 하고, 절이 하나의 억양 단위로 묶이므로 췌이프(Chafe 1996; 김병원·성기철 뒤침 2006), 『담화와 의식과 시간: 언어 의식론』(한국문화사)에서는 '억양 단위'로도 불렀다. 전통문법에서는 막연히 단순한 문장이란 뜻으로 '단문'이라고 부른 적도 있지만, 단문이 아무런 제약도 없이 임의의 논항을 문장 형식(내포문)으로 구현할 수 있기 때문에, 단순하다는 개념 자체가 잘못된 것이다.

60) 프레게(G. Frege 1848~1925)는 하이주누엇 엮음(Heijenoort 1967)에서는 '현대 학문의 비조(the forefather of modern sciences)'라고 극찬되기까지 한다. 아마 최상위 개념인 판단(judgement)만을 제외하고서, 엄격히 일원론적인 사고 전개 방식을 완벽히 형식화해 놓았기 때문으로 짐작된다. 긴 부제가 달린 『개념 표기법: 순수사고를 위하여 산술 형식언어에 바탕을 둔 하나의 형식 언어(*Begriffsschrift: a formula language, modeled upon that of arithmetic, for pure thought*)』은 하이주누엇 엮음(1967), 『프레게로부터 괴델까지: 1879년 ~1931년 사이의 수리논리학 자원 독본(*From Frege to Gödel: A Source Book in Mathematical Logic, 1878~1931*)』(Harvard University Press)에서 영어로 된 완역을 볼 수 있고, 기취·블랙 엮음(Geach and Black 1970), 『고틀롭 프레게의 철학 논문 번역선(*Translations from the Philosophical Writings of Gottlob Frege*)』(Basil Blackwell)에도 일부(제1장)가 들어 있다. 프레게 저작의 우리말 번역은 현재 세 권이 나와 있다. 프레게(1884; 박준용·최원배 뒤침 2003), 『산수의 기초』(아카넷)와 프레게(1893; 김보현 뒤침 2007), 『산수의 근본 법칙 I』(울산대학교 출판부)와 프레게(1879; 전응주 뒤침 2015), 『개념 표기』(EJ북스)이다.

니다. 기호학에서는 형식이 다시 단위와 단위들의 결합체로 나뉘고, 그런 결합체들은 모두 내용과의 대응 여부를 묻게 된다. 동일한 사고절차를 따르고 있지만 논리학이나 수학에서는 용어들을 특별히 만들어 쓰는데, 이를 공리계(axiomatic system)라고 부른다. 공리계는 '무정의 용어(undefined terms)'들과 이들을 결합시키는 연산자와 참값을 따지는 의미 해석 규칙 및 담화세계로 이뤄져 있다. 이는 고등학교 수학에서 익숙히 다루던 정의역과 치역의 결합인 셈이며, 이런 결합을 놓고서 특별한 관계인 함수라고 부른다. 이렇게 번역된 단언 형식들은 추론 및 함의 관계를 명시적으로 밝히는 데에 이바지해 왔다.61)

그렇지만 특이하게 이런 사고의 진행 과정을 상위 차원에서 감시할 상위 인식은 도입되지 않았다. 괴델(Gödel, 1906~1978)이 증명하였듯이 변항을 도입하는 순간에 명제 형식은 자기 모순을 빚기 때문이다.62) 화용론이나 담화론에서는 화자와 청자가 공유하는 것으로 믿어지는 상호 공통기반을 확정하는 경우에 이러한 모순이 생겨나며, 특히 이를 '무한 퇴행(infinite regression)'의 역설이라고 부른다. 의사소통이 제대로 이뤄지기 위해서는 이를 극복하는 전략들을 세워야 한다.63)

---

61) 자연언어를 명제 형식의 언어 또는 논리 언어로 번역해야 하는 이유를 데이빗슨(Davidson 1980; 배식한 뒤침 2012), 『행위와 사건』(한길사), 246쪽 이하에서 '카자일에 답함'을 보면, 명제들 사이의 성립하는 함의나 함축관계를 명시적으로 드러내어 계산하려는 것이라고 분명히 서술해 놓고 있다.

62) 뤄쏠(Russell 1903, 1937 제2판), 『수학의 원리(*The Principle of Mathematics*)』(Norton) 제3장에서도 형식 함의(formal implication)은 그 자체로 판단이 완벽히 이뤄질 수 없음을 지적한 바 있다. 따라서 오직 실질 함의(substantial implication)들만으로써 자신의 수학 원리를 구성하고 있다. 연산주의에서도 입력이 들어가면 출력이 나오는 관계를 똑같이 함의 관계의 기호를 쓰고 있으며, '→'를 연산(computation)으로, '⊨'을 계산(calculation)으로 구분하여 부른다. 충분 조건만 적용되는 것을 연산이라 하고, 필요·충분 조건이 적용되는 것을 계산이라 하는 것이다. 필자는 뤄쏠의 함의 관계가 주역에서 말하는 변화 또는 변역(變易)과 동등하다고 본다. 즉, 사건의 내적 또는 외적 변화를 표상해 주는 것이다. 괴델의 완벽성 정리(1930)와 형식 함의의 미결정성 증명(indecidable proposition)은 모두 하이주어늣 엮음(1967) 속에 영역되어 있다.

63) 무어(1953; 김지홍 뒤침 2019), 『철학에서 중요한 몇 가지 문제』(경진출판)의 제14~15장에서 믿음의 문제와 관련하여 지적된 바 있다. 클락(H. Clark 1996; 김지홍 뒤침 2009), 『언어사용 밑바닥에 깔린 원리』(경진출판) 제4장에서 무한 퇴행을 극복하는 재귀적 공통

이를 피하는 방식들 중 하나가 타아스키(A. Tarski, 1901~1983)의 진리 모형에서 주장되고, 데이빗슨(D. Davidson)이 적극 옹호한 상황들로만 이뤄진 1계 단언 논리식(first-ordered logic)이다.[64] 물론 영어에서 'such that(다음처럼 참값을 지닌 항들이 있음)'으로 번역되는 추상화(abstraction) 연산의 딸림-함수(g-function)도 언제나 진리값이 부여되는 항들이므로, 논리식은 좀 더 확장될 수 있다. 의사소통이 일어나는 현실세계에서는 이미 치역이 정해져 있고, 담화세계(discourse domain)라고 불린다. 따라서 정의역에서 계산되는 '형식'의 완결성을 추구하기보다는 오히려 치역들의 세분화에 무게가 실린다. 정의역을 플라톤의 이데아(제3 세계)라고 본다면, 치역은 오히려 아리스토텔레스의 분류학이 적용되는 현실계이자 경험세계이다. 따라서 형식의 완결성이나 완벽성에 치중하기보다는, 주어진 내용으로서 삶의 세계에 대한 분류가 더 요청된다고 말할 수 있다.

언어 산출에 대한 전제로서 '생각의 단위'가 무엇인지에 대하여 다루었다. 일단 생각은 언어로 이뤄진다고 전제하고서, 이 물음을 언어의 기본단위에 대한 물음으로 환원할 수 있었다. 그런데 소박한 낱말이나 구절이라는 답변도, 실제 작동을 위하여 이것보다 더 큰 단위가 함의되어 있음을 확인하였고, 그 단위를 '절(clause)' 또는 단언이라고 불렀다.

기반 따위 여러 가지 방식들이 검토되고 있지만, 자족적으로 완벽한 해결책은 없다. 다만, 상식적으로 서로 공통된 믿음을 공유한다고 생각하고서, 의사소통에 지장이 없는 한 의심을 삭감할 뿐이다. 이런 상식적 접근이 바로 일상언어 철학자 그롸이스(P. Grice)가 택한 방식이다.

64) 상황은 언제나 참값을 지닌 존재들을 다루기 때문에 모순이 생겨나지 않는다. 그렇지만 변항이 도입될 경우에 양화 범위가 전체가 될 수도 있고, 하나가 될 수도 있다. 전칭 양화사의 참값을 보장해 줄 수 있는 방식이 논리식 속에 자체적으로 들어 있지 않다는 것이 문제이다. 대상세계를 따지지 않고, 대신 도출 과정에 엄밀성을 따지는 간접적인 방식을 추구한 수학자가 바로 튜륑(A. Turing)이다. 상황만으로 된 1계 논리식의 진리 모형은 타아스키(Tarski 1956), 『논리, 의미, 상위-수학(Logic, Semantics, Meta-mathematics)』 (Hockett Publishing Co.)을 보기 바란다. 데이빗슨(D. Davidson, 1917~2003)의 책 중에서 최근에 한국연구재단의 명저 번역사업으로 데이빗슨(1980; 배식한 뒤침 2012), 『행위와 사건』(한길사)과 데이빗슨(1984; 이윤일 뒤침 2011), 『진리와 해석에 관한 탐구』(나남)가 출간되었다.

그렇다면 이제 낱말보다 좀 더 큰 단위인 절 또는 단언이 무엇이며, 다른 것과 어떤 연관을 갖는지에 대하여 묻고, 대답을 해야 할 것이다.

2) 언어 단위로서 '절(clause)' 또는 단언

프레게(1879)에서는 함수와 논항이란 말을 쓰고 있지만, 자연언어에서는 전형적으로 각각 동사와 명사에 해당한다. 수학에서 함수란 재귀성·대칭성·추이성을 만족시키는 특정한 관계를 가리킨다. 그런데 이 함수는 아직 채워지지 않은 홈을 지니고 있으며, 이 홈이 채워져야만 비로소 참·거짓 값을 가질 수 있다. 그는 이 홈을 채울 수 있는 항을 논항(argument)으로 불렀고, 폴란드 논리학자들은 자리(place 또는 tuple)라고 불렀다. 특히 이 결합 형식은 언제나 실세계에서 가리킬 수 있는 대상의 숫적 범위를 표시하는 양화 연산자에 의해 묶여 있어야 한다. 어떤 식형도 양화 연산자가 표시되어야 하며, 설사 수량을 따질 수 없는 상항(constant)조차 일관되게 그런 형식을 지녀야 하는 것이다. 이를 진리값을 따질 수 있도록 닫혀 있는 식형(closed formulae)이라고 부른다.

단언(명제)은[65] 칸토어(Cantor, 1845~1918)의 집합 개념에서도 쉽게 도출된다. 소략하게 말하여, 집합(set)은 동사에 해당되고, 원소(element)는 명사에 해당된다. 원소는 집합을 전제로 하고, 집합은 또한 원소를 상정해야 한다. 명사와 동사를 철학적으로 표현하면, 각각 개별자와 보

---

65) 소흥렬(1979), 『논리와 사고』(이화여자대학교 출판부)를 보면, 생각의 최소 단위인 단언은 실제 세계에서의 어떤 사실을 진술하는 것이다. 따라서 참과 거짓을 판정할 수 있는 원자 진술문인 것이다. 추론을 가능하게 하는 삼단논법과 생략된 모습의 삼단논법(enthymeme)을 아리스토텔레스가 확립한 뒤로, 중세시기에는 단언들 사이에서 개념상으로 성립하는 논리적 관계들을 엄격히 따졌다(소흥렬 1979, 제5장). 이때의 단언은 시간을 초월한 절대불변의 것을 가리켰었다. 무시제 표현인 것이다. 그렇지만 뤄쓸(Russell 1905)과 스트로슨(Strawson 1950) 사이에 벌어진 논쟁으로 말미암아 추상적인 단언이 시간과 공간에 따라 달라지는 실제적인 모습을 다루게 되었다. 이를 단언(명제)과 구분하여 진술(statement)이라고 부른다. 정대현 엮음(1987), 『지칭』(문학과지성사)에 실린 뤄쓸과 스트로슨 글들을 참고하기 바란다.

편자에 대응한다. 이들은 반드시 서로 긴밀히 짜이고 합쳐져야 한다. 즉, 보편자와 관련 없는 개별자가 있을 수 없고(개별자는 다수의 보편 속성을 지니고서 '속성들의 다발'로서 존재하거나 또는 우리들에게 드러남), 개별자가 전혀 없는 보편자도 존재할 수 없는 것이다. 보편 속성은 반드시 개별 대상을 통해 구현되는 것이다. 때로 보편자를 추상적 존재로 보고 개별자를 경험할 수 있는 구현체로 여기기도 한다. 뤄쓸(Russell 1903)에서는 이러한 관계를

class-concept(원초적 집합 개념),66)

---

66) 필자는 2012년 한 해 동안 경상대학교 수학교육과 조열제 교수(한림원 정회원)의 도움 아래 뤄쓸(1937, 제2판)『수학의 원리』라는 전체 제7부로 이뤄진 천재의 걸작 중에서 제3부까지 한 문장씩 번역하면서 자세히 읽을 수 있었다. 깊이 감사드린다. 뤄쓸은 일반적인 용어인 set(집합)이나 aggregation(모음)이란 낱말을 쓰지 않고, 독특하게 class(클라스, 부류, 계층: 수학에서는 번역 없이 '클라스'라고 부름)란 말을 쓰고 있다. 그렇지만 왜 그런 선택을 하였는지에 대해서 어디에서도 명시적인 언급을 하지 않고, 통상적인 개념(notions)처럼 도입되었다. 따라서 오직 읽는 사람이 해석을 해야 할 몫일 뿐이다.

필자의 생각으로는, set(집합, 칸토어 Mengenlehre의 영어 번역)이란 용어를 쓴다면, 개체들만이 들어 있어서 마치 죽은 시체들만 있는 고요하고 정적인 세계처럼 느껴질 소지가 있다고 본 듯하다. 이들이 살아 있는 사람들처럼 복잡한 관계를 맺으려면 반드시 연산(operation, 2013년 대한민국학술원 발간 책자에서 박세희 교수는 operator를 벡터에서 벡터로 가는 '작용소'로 번역하고 있으므로, '작용'으로도 번역될 수 있음)이 주어져야 한다. 가령, 철수와 영이가 서로 연인이라는 관계로 맺어지거나, 동향이라는 관계로 맺어지거나, 라면을 즐겨 먹는다는 관계 또는 청바지를 입고 다닌다는 관계나 미혼자라는 관계 등으로 복잡하게 얽히고 맺어질 수 있다. 이런 관계들을 포착해 주는 특정한 관계가 함수(function) 또는 표현(representation, 우리 개념과 사고를 드러내고 나타냄)이라고 불린다. 아마도 뤄쓸은 set(집합)이라는 용어는 임의의 연산이 이뤄져 도출되는 이런 가능한 관계들을 연상시켜 주지 못한다고 파악하였을 듯하다. 따라서 임의의 연산이 들어가 있는 어떤 집합을 드러내기 위하여, 일부러 다른 낱말인 class(클라스)를 선택하였을 것으로 보인다. 따라서『수학의 원리』에서 미리 전제된 개념이 class-concepts(원초적 집합 개념, 클라스-개념체)이다. 이들은 모두 어떤 연산 가능성(특히 실질 함의[substantial implications] 관계)을 자신 속에 녹여 지니고 있는 대상들이 된다. 필자의 생각에 이를 자연언어로 번역하면, 임의의 속성을 지닌 대상들(entities with a property)이 그 후보가 될 것이다.

조열제 교수는 수학 연산을 가능하게 만드는 전제 개념으로 '거리'(복합개념임)가 기본적이며 필수적이라고 본다. 만일 인간의 정신작용이 유사성과 차별성을 찾아내는 과정이라면, 거리 개념이 성립되기 위해서 응당 서로 차별적인 두 점(또는 지점)이 미리 주어져 있고, 두 점 사이에 모종의 공통기반에 기대어 거리가 주어질 수 있는 것이다. 그렇다면 '거리'는 임의의 연산이 주어져 있는 서로 떨어져 있는 동질적 개체들을 가리키는 개념이 될 수 있다.

classes(집합),

classes of classes(상위 집합으로서 관계[relations] 또는 함수[functions])

를 통하여 일관되게 단언(명제) 논리식을 계산할 수 있는 개념들을 구현하고 있다. 그의 수학체계는 맨 뒤에 있는 집합들에 대한 집합들(classes of classes)을 다루며, 이 관계는 언제나 '재귀성·대칭성·추이성'의 속성들을 이용하여 일관성(비모순성)을 확정 짓게 된다.

단언과 자연언어 사이에는 쉽게 번역되는 부류도 있고, 그렇지 않은 부류도 있다. 특히 후자 때문에 논리 실증주의에서는 자연언어가 불신을 받기도 하였다. 가령, 영어의 정관사 the는 뤄쓸(Russell)에 따르면 존재성 및 유일성의 조건이 녹아 있지만(특칭 연산자 iota operator),67) 자연언어는 결코 스스로 그런 사실을 드러내지 못한다. 일상언어 철학자 오스틴(Austin)의 분석에 따르면, 영어의 조동사 can은 언제나 '원하다, 선택하다' 따위의 동사로 이뤄진 조건문으로 재번역된다.68) 뿐만 아니라, 자연언어마다 고유하게 동사 의미구조의 변동 폭이 개별적으로 달라진다. 다의어적 관점에서 볼 때, 한국어의 '보다'는 시지각동사(사진을 보다)에서부터 시작하여, 행위동사(시험 보다, 사위 보다)를 거쳐 시도를 나타내는 보조동사(가 보다, 먹어 보다)뿐만 아니라, 추측동사(비가 오는가 보다, 눈이 내릴까 보다)로까지 변동된다. 그렇지만 영어 'see'는 시지각동사에서부터 이해를 가리키는 인지동사로만 변동된다. 이런 특성들 때문에 자연언어로부터 개념언어 또는 보편언어(또는 논리학자 몬태규

---

67) 정대현 엮음(1987), 『지칭』(문학과지성사)에서 하종오 교수가 번역한 뤄쓸(1905), 「표시에 관하여(On denoting, 지시 구절의 속성에 대하여)」를 읽어 보기 바란다.

68) 사후에 편집된 오스틴(1961), 『철학 논문선(*Philosophical Papers*)』(Clarendon)의 제7장 'IFs and CANs'를 보기 바란다. 자연언어가 그대로 단언 형식의 논리형태를 갖출 수는 없다. 73쪽 이하에서는 우리말의 감각동사·감정동사·교감 묘사동사들이 새로운 단언들이 더 추가되면서 의미가 표상됨을 논의하였다. 가령, 우리말에서 '덥다 : 뜨겁다 : 더워하다 : 뜨거워하다'는 비록 사전에 한 낱말로 등록이 되어 있지만, 이를 개념상으로 다루려면 체계적으로 단언들이 추가되는 형식을 제공해 주어야 함을 다루었다.

R. Montague는 '중간언어'라고[69] 부름)로 쉽게 곧장 번역될 수 없고, 반드시 재조정 과정을 거쳐야 한다. 그 까닭은 자연언어의 단서를 통하여 관련된 개념들을 정합적으로 재구성하여, 논리적 추론과 단언들의 함의 관계를 명시적으로 도출해 내려는 목적 때문이다. 재조정이나 재구성이 필요한 만큼, 자연언어는 많든 적든 간에 안개에 휩싸여 흐릿하게 존재한다고 말할 수 있다. 따라서 자연언어의 '재번역'이 매우 중요해지는 것이다.

이런 사고 전개 방식을 자연언어에 적용할 경우에, 전형적으로 동사를 중심으로 하여 이뤄진다. 그렇지만 이는 명사 또한 명사 구절로도 확장된다. 그런데 그 방식이 마치 동사가 빈 홈들을 채워 나가는 것과 같다고 하여, 이를 참스키(N. Chomsky) 교수는 핵어(head)라고 부른다. 곧, 모든 언어 표현은 하나의 핵어를 지니고, 그 핵어가 요구하는 논항으로 이루어지는 것이다(Frege의 '방법론적 일원론' 형식을 따름). 전통적으로 동사는 현실세계에서 사건과 대응하고, 명사는 현실세계에서 대상과 대응한다. 그렇지만 이들은 별개의 두 개체가 아니라, 집합과 원소의 관계로 묶여 있다. 달리 말하여 존재(Being) 및 존재자(being)의 관계이다. 존재를 언급하면 보편 개념인 집합이 되고, 존재자를 언급하면 대상 개념인 원소가 되는 것이다. 그렇다면, 핵어로서 동사가 비어 있는 홈을 채우고 하나의 자립 형식을 만들어 낸다면, 이는 현실세계에서의 낱개의 사건에 대응한다. 홈이 채워지는 과정을 생성문법에서는 투영(projection)이라고 부른다. 투영된 결과는 현실세계에서 우리가 경험

---

69) 프레게의 마지막 제자가 카아냅(Carnap) 교수이며, 카아냅의 뛰어난 제자가 몬태규(1930~1971)라고 한다. 몬태규는 초기에 자연언어를 직접 논리언어로 번역하는 일에 집중하다가, 이런 일이 불가능함을 깨달았다. 대신 중간 매개언어로서 내포논리(intensional logic)를 통하여 논리식으로 번역하는 일이 가능함을 입증하였다. 파어티(Partee) 교수는 참스키의 보편문법과 몬태규의 내포논리 언어가 동일한 것으로 보았다. 몬태규 교수의 글들은 사후에 토머슨 엮음(Thomason 1974), 『형식 철학: 뤼춰드 몬태규 논문선(*Formal philosophy: selected papers of Richard Montague*)』(Yale University Press)로 발간되었다. 우리나라에서는 특히 이기용 교수와 이익환 교수가 몬태규의 내포논리를 소개하는 데 앞장섰다. 이익환(1984), 『현대 의미론』(민음사)을 읽어 보기 바란다.

할 수 있는 하나의 단위 사건(낱개 사건)에 대응한다. 이제 물음은 단위 사건이 정의될 경우, 다음에 무슨 일을 할지에 모아진다. 다시 말하여, 낱개의 사건들이 어떻게 이어지며, 어떻게 통합되는지에 대한 물음이 제기되는 것이다. 이는 거시언어학 또는 담화에서 다루는 주제가 된다.

거시언어학 또는 담화에서는 크게 두 가지 영역을 다룬다. 발화(문장)와[70] 발화(문장)가 결합되는 미시영역 및 덩어리진 단락들이 결합되어 전체 덩잇말(덩잇글)을 이루는 거시영역이다. 미시영역은 발화들을 묶어 주는 언어 기제에 의해 엮인다. 핼러데이·허싼(Halliday and Hasan 1976) 『영어에서의 통사 결속(*Cohesion in English*)』(Longman)에서 논의된 지시 표현·어휘사슬·대치·생략·접속사들을 이용하는 것이다. 그렇지만 거시영역은 특정하게 마련된 언어 기제가 따로 존재하지 않는다. 대신 장기기억에 있는 배경지식에 따라 추론을 하면서, 해석 주체가 스스로 덩어리들을 한데 묶어 가게 된다(547쪽, 576쪽). 최근 언어심리학에서는 이런 구분을 고려하지 않은 채, 영역의 크고 작음만을 나누어 local coherence(지엽적 연결 속성)나 global coherence(전반적 연결 속성)으로 부르는 경우도 있다. 그렇지만 처리 도구가 다름을 드러내지 못하는 한계가 있다. 응당 원래의 용어를 살려 cohesion(통사결속)과 coherence(의미 연결)을 서로 구분해 놓는 것이 바람직하다.

담화는 언어를 매개로 한 미시영역과 거시영역을 다루지만, 거시영역을 일관되게 이어주고 추론이 일어나도록 하는 힘은, 그 밑바닥에 깔려 있는 이념이나 가치와 밀접히 맞물려 있다. 따라서 그런 이념이나 가치를 명시적으로 부각시켜 비판적으로 다루는 흐름이 최근 비판적

---

70) 언어가 경험되는 단위는 입밖으로 나온 말소리 연결체와 종이 위에 씌어 있는 글자 연결체들이다. 이들을 각각 입말과 글말이라고 부른다. 하나의 단언 또는 절이 입말로 나올 경우에 '발화'라고 부르고, 글자로 적혀 있을 경우에 '문장'이라고 부른다. 옛날에서부터 글로 적힌 문헌들이 문화의 중심에 자리잡고 있었기 때문에, 문장이 더 중요한 것처럼 느껴질 수도 있다. 그렇지만 문장이 지켜야 하는 질서와 말소리로 나오는 발화가 지켜야 하는 질서들이 고유하게 따로 있으므로, 최근에는 각각 독립된 영역들로 다루기도 한다. 이 주제는 제8장에서 논의하게 된다.

담화 분석(critical discourse analysis, CDA)이란 이름으로 자리잡았다. 특히 영국의 페어클럽(Fairclough) 교수와 화란의 폰대익(van Dijk) 교수에 의해 주도되어 왔다.71) 이 관점에서 서면, 우리가 일상생활에서 접하는 많은 의사소통들이 결국 이념이나 가치체계의 갈등이나 부합이나 새로운 적응의 모습에 지나지 않는다. 표면상으로는 언어 표현들로 수식되어 있지만, 이것들이 심층에 있는 이념이나 가치체계의 반영일 뿐이다. 그렇다면 의사소통 모습으로서 언어 산출의 과정은 심층에 깔고 언어로 외현되지 않는 이런 이념이나 가치체계들도 스스로 자각하고 있어야 할 것이며, 얼굴을 마주 보는 의사소통에서도 상대방의 반응을 통하여 이런 심층의 신념이나 태도들을 짐작해 나가야 할 것이다.

명제를 다루는 논의들은 계속 상위에 있는 계층들을 더욱 분명히 다루면서 발전해 나가고 있다. 이런 일은 인간 정신 기능의 특성에 의해 가능해질 듯하다. 뤄쓸(1937) 『수학의 원리』에 따르면, 이런 특성을 표현하는 중요한 개념들 중 하나가 다음 기능이다.

[[하나(one 일자) ⇄ 여럿(many 다자) ⇄ 전체(whole)] ⇄ 하나 ⇄ 여럿 ⇄ 전체] …

'하나·여럿·전체'의 변증법적 상하 관계로서, 신라 원효스님의 논설도

---

71) 페어클럽 교수의 책들 중에서 다섯 권이 번역되어 있다('페어클라우/페어클로'는 잘못된 발음이며 www.forvo.com에서 확인할 수 있음). 페어클럽(1995; 이원표 뒤침 2004), 『대중매체 담화 분석』(한국문화사); 페어클럽(2001; 김지홍 뒤침 2011), 『언어와 권력』(경진출판); 페어클럽(2003; 김지홍 뒤침 2012), 『담화 분석 방법: 사회 조사연구를 위한 텍스트 분석』(경진출판); 페어클럽(1993; 김지홍 뒤침), 『담화와 사회 변화』(경진출판); 페어클럽 외(2012; 김현강·신유리 뒤침 2015), 『정치 담화 분석』(박이정). 폰대익 교수의 책들도 몇 권 나왔다(www.forvo.com에서 van Dijk의 화란 발음을 들을 수 있음). 폰대익(2004), 「덩잇글 문법에서부터 비판적 담화 분석으로의 전환: 간략한 학문적 자서전(From Text Grammar to Critical Discourse Analysis: A brief academic autobiography)」에서는 언어학자가 심리학, 사회학, 문화 비판으로 점차 학문상의 발전을 하게 되는 전환점들을 적어 놓고 있다. 폰대익(1980; 서종훈 뒤침 2017), 『거시구조』(경진출판)와 폰대익(2014; 허선익 뒤침 2020), 『담화와 지식』(경진출판)을 보기 바란다.

이를 다룬다고 한다.[72] 이는 연구자에 따라 내포하기(embedding), 겹겹이 싸기(encapsulation), 포개어 놓기(nesting), 계층화(hierachy) 등으로 불린다. 이는 한 방향으로 작용하기도 하고, 또한 역방향으로도 작용할 수 있다. 그렇지만 일반 사람들에게는 끝없이 전개되는 상위 계층으로 올라가는 일이나 하위 계층으로 내려가는 일에 익숙지 않다.[73] 대신 어느 정도 안정된 숫자의 계층들을 선호하고 요구한다. 분류학에서는 이 점이 흔히 낱말들에 관한 위계로 포착된다. 그 위계는 기본 층위를 중심으로[74] 소략하게 하위로 2개 층위, 상위로 2개 층위가 설정된다(514쪽 도표).

---

72) 김상일(2004), 『원효의 판비량론 비교연구』(지식산업사)와 김상일(2012), 『대각선 논법과 역』(지식산업사)에서 읽을 수 있는데, 괴델의 초월수 논리(대각선 증명의 논리)를 원효스님이 먼저 깨닫고 구현하였다고 주장한다. 그런데 만일 그 주장이 옳다면, 초월수의 저작권은 본삼매의 궁극적 열반을 처음 설파한 2600년 전의 부처에게로 돌아가야 할 것이다.

73) 수학자 박재걸 교수의 「Functions and Background of Definition of Binary Operations」(2011, 경상대학교 수학과 특강원고)를 보면, 수학의 설계에서도 이런 과정이 핵심적이다. 수학에서는 순방향을 합성(composition), 역방향을 decomposition(분해)으로 부른다. 또는 집중화(concentration), 단순화(simplification)로도 부른다. 한국학중앙연구원의 김형효 교수는 불교를 해설하는 강의에서 인류 지성사의 전개가 오직 구성(순방향, construction) 및 해체(역방향, deconstruction) 두 방향밖에 없다고 하였다. 그렇다면 학문 분야별로 비록 다른 용어를 쓰고 있지만, 인간 정신의 공통된 작용 방향들을 언급하고 있는 것임을 알 수 있다.

74) 테일러(Taylor 1989; 조명원·나익주 뒤침 1999), 『인지 언어학이란 무엇인가: 언어학과 원형 이론』(한국문화사)과 신현정(2000), 『개념과 범주화』(아카넷)의 제4장을 읽어 보기 바란다. 이 분야에서는 롸슈(E. Rosch)의 글들이 많이 읽힌다. 롸슈는 이런 층위들이 생각을 만들어 낸다고 가정하고 연구를 진행하였였다. 그렇지만 롸슈(1988), 「Coherence and Categorization: A Historical View」, F. Kessel ed., 『The Development of Language and Language Researchers: Essays in Honor of Roger Brown』(Lawrence Erlbaum)에서는 개념을 만들어 내는 데에 관여하기보다는 이해를 촉진하는 방편으로 보아야 한다고 반성하고 있어서 주목된다(178쪽, 254쪽 참고).

그런데 이런 층위의 문제는 언어의 산출과 이해에도 관련된다. 일단 임의의 의사소통 의도가 정해지면, 의도를 언어로 표현하기 위하여 어휘항목을 인출해야 한다. 이때 더 상위층위의 어휘항목도, 더 하위층위의 어휘항목도 아닌 꼭 알맞은 층위의 어휘항목을 적시에 뽑아내어야 한다. 르펠트(1989; 김지홍 뒤침 2008), 제6장 2절에서는 이를 어휘항목 및 통사-의미값(lemma) 접속에 관련된 '상의어 문제'로 부른다. 그는 이 문제를 해결하기 위하여 '유일성·변별적 핵심자질·구체적 명세내역 관련 원리'들이 긴밀히 공모해야 한다고 보았다. 그런데 대체 이런 상위 원리들은 어떤 층위/계층에 있는 것일까? 만일 '자아' 층위가 설정된다면 이보다 더 낮은 층위일까, 아니면 대등한 층위일까? 또한 언어 이해 과정에 작동하는 추론에서도 특히 정보 더해 놓기에 층위의 문제가 관여한다. 정보를 더해 놓은 일은 더 높은 층위에 있는 개념을 언어로 표현해 주는 것인데, 얼마만큼의 상위 계층에 있는 개념과 낱말을 인출해야 하는지 아직 어디에서도 결정된 일이 없다.

하위 층위는 어느 언어에서이든지 대체로 고정되고 안정되어 있지만, 상위 층위는 구성 주체의 관점에 따라 다양하게 변동될 수 있다.

이상에서 절(clause) 또는 단언(명제)이 사고의 기본단위로서 자연언어에서 전형적으로 동사와 동사가 거느리는 명사들로 만들어짐을 살펴보았고, 또한 단언들이 더 연결되어 더 큰 덩어리로 되며, 담화라는 분야에서 이런 확장 관계를 다룸을 알 수 있었다. 이런 확장 경로는 단순한 외길이 아니라, 복합적인 여러 경로를 통해 뒷받침되는 과정이다. 보편성과 개체, 추상성과 구체물, 전체와 하나, 상위 계층과 하위 계층 사이의 내포화 과정 등이 동시에 작동되어 나오는 일이다. 인류 지성사에서는 이런 짝 관계를 모순으로 파악하거나 또는 정합적 의존 관계로 파악하기도 하였다. 그렇지만 이런 단언들의 작동방식도 설사 아무리 모순스럽더라도 단언으로 표현될 수밖에 없다는 어려움이 있다. 즉, 우리가 혼동스러움을 벗어나려면 불가피하게 낮은 차원이나 높은 차원이라는 수식어를 붙여 쓸 수밖에 없는 것이다. 후자일수록 단언에 대한 단언, 즉 상위 차원의 단언이 된다. 이제 구체적으로 낮은 차원의 단언이 자연언어에서 '동사'와 어떻게 관련되는지를 우리말의 일부 동사들의 사례를 들어 유기적이고 체계적으로 짜여 있음을 보이기로 한다.

7장. 언어가 작동하는 실례: 보편 언어와 개별 언어

1) 단언(명제)을 투영하는 동사의 분류: 우리말 감각동사·감정동사·교감 묘사동사의 사례

필자는 자연언어가 스스로 짜임새 있는 내적 질서를 구현하고 있음을 보여 주기 위하여, 가장 적임인 사례들이 '감각동사' 무리들이며, 버금 후보로 '감정동사'가 있다고 본다. 일부에서는 이들을 '심리(psychological)

동사'라고 부르지만, 심리는 우리 의식과 거의 같이 쓰이므로, 결코 적절한 이름이 될 수 없다. 좀 더 구체적으로 우리말에서는 '감각동사, 감정동사, 교감/감정이입 묘사동사'가 체계적으로 낱말 형태들로써 정연히 대립을 보여 준다. 가령, 다음의 감각동사 사례들을 보기 바란다.

　　① 덥다 : 뜨겁다
　　　 춥다 : 차겁다

이는 우리가 느끼는 촉감 중에 온도와 관련된 동사이다. 국어를 전공하는 학생들에게 이들의 차이를 말해 보도록 하면, 제대로 대답해 주는 경우가 드물다. 국어사전에서 이런 구분을 제대로 풀어 주는 것도 아니다. 이들은 공통된 소리를 나눠갖고 있다. 'ㅂ(읍) : 겁'의 형태적 대립이 그것이다. 이들 사이의 차이를 말해 주려면, 동사가 문장을 투영하는 핵어이므로, 이 동사들로 문장을 만들어 보면 간단해 진다. '덥다, 춥다'는 이 온도를 느끼는 경험 주체만 있으면 된다. 이를 논항구조 접근법에서는[75] 전형적으로 온도를 경험하는 주체(경험주 의미역)가 채워진다. 이를 경험주 의미역을 지닌 논항이라고 부른다. 이는 내부 감각동사들을 가리키게 된다. 이를 명제 형식으로 번역한다면 오직

---

[75] 머릿글 8쪽 이하도 보기 바람. 더 자세한 논의는 김지홍(2010), 『국어 통사·의미론의 몇 측면: 논항구조 접근』(경진출판)을 읽어 보기 바란다. 의미역(semantic role)이란 용어는 한 사건을 구성하는 항들에 붙은 의미 딱지이다. 가령, 수사학에서 다루는 '6하 원칙' 중 '왜'를 제외하면 하나의 사건을 구성하는 항들을 찾을 수 있다. 배경으로서 '언제, 어디서'가 있고, 사건으로서 '누가, 무엇을, 어떻게'가 있다. 여기서 '무엇을'은 대상을 가리키는 의미 역할을 하므로 '대상 의미역'이라고 부른다. '누가'는 대상에 변화를 일으킨다면 '행위주 의미역'이라고 부르고, 그렇지 못하면 '경험주 의미역'이라고 부른다. 가령 "철수가 사진을 본다"에서, 사진에는 아무런 변화도 생겨나지 않는다. 따라서 이 구문에서 '철수'는 경험주이다. 그렇지만 "철수가 영이를 때렸다"에서는 영이에게 변화가 생겼다(얻어맞았다). 이때에는 '철수'가 대상에 변화를 일으켰으므로 행위주라고 부른다. '어떻게'는 문법상으로 사격들로 나온다는 점에서 '사격 의미역'으로 통칭되지만, 그 내부 항들은 연구자들마다 조금씩 숫자가 달라진다. 흔히 목표 의미역, 기점 의미역, 처소 의미역 따위가 설정된다.

"나는 느낀다 & 그 느낌은 특정 온도이다"

와 같다.[76] 그런데 '뜨겁다, 차겁다'는 경험주 의미역만으로 홈이 다 채워지지 않는다. 반드시 온도라는 촉감을 느낄 수 있는 외부 대상이 주어져 있어야 한다. 다시 말하여, 개념상 경험주 의미역과 대상 의미역이 필수적으로 구현되어야 한다. 이들은 외부 대상 지각동사인 것이다.[77] "나에게는 이것이 뜨겁다, 나는 그것이 차겁다"와 같은 표현으로 되는 것이다.[78] 이를 명제 형식으로 번역하면,

"나는 느낀다 & 외부 대상이 있다 & 그 느낌은 대상의 특정 온도이다"

와 같을 것이다. 그렇다면 내부 감각동사에 외부 대상이 더해지면 외부 대상 지각동사가 되는 것이며, 이를 등식으로 간단히 나타낼 수 있다.

---

76) 데이빗슨의 사건 논항 표현을 따르면 내부 감각동사는
   "∃x (느끼다 [나, x] & 높다[기준 온도, x]"
   와 같고, 외부 대상 지각동사는
   "∃x (느끼다 [나, x] & 있다[대상, x] & 높다[기준 온도, x]"
   와 같을 것이다. 외부대상을 서술해 주는 단어가 하나 더 들어가 있어야 하기 때문이다. 여기서는 그런 사건 논항들을 표시하는 일이 번거로울 수 있으므로, 소략하게 단언들의 존재와 관련 논항들만을 적어 두기로 한다.

77) 윌리엄 제임스의 책을 보면, 임의의 perception(감각)에 대해서 스스로 자신이 감각하고 있음을 느낄 적에 분트(Wundt)는 특별히 apperception(스스로 지각함)이라고 명명하였다. 일본에서는 통각(統覺)이란 말을 쓴다. '감각을 통제한다'는 뜻이지만, 결코 그런 감각을 줄이거나 늘이지 못한다. 잘못된 말이다. 그렇지만 심리학자들은 그 뜻도 새기지 못한 채 잘못된 용어를 맹종한다. 우리말에서는 지각(知覺)이라고 불러왔다. 「감각하고 있음을 스스로 안다」는 뜻이다.

78) 경험주는 언제나 주격 형태로만 실현되는 언어가 있고, 여격 형태로 실현되는 경우가 있으며, 대격 형태로 나오는 경우도 있다. 이런 차이가 언어의 고유한 매개변항이 된다. 뷔어머·모해넌 엮음(M. Verma and K. Mohanan 1990), 『남아시아 언어에서 경험주 주어 (*Experiencer Subject in South Asian Language*)』(CSLI at Stanford University)를 보기 바란다. 또한 심층구조에서 대상 의미역을 받는 요소가 언어 표현에서 항상 주격을 받아야 하는 경우가 있다. 가장 전형적인 것이 형용사 구문인데, 레븐·뢰퍼포어호밥(B. Levin and M. Rappaport-Hovav 1995), 『비-대격동사 속성(*Unaccusativity*)』(MIT Press)를 보기 바란다.

"외부 대상 지각동사=내부 감각동사+외부 대상"

"뜨겁다=덥다+외부 대상" 또는 "뜨겁다=[[덥다] 외부 대상]"

언어학의 아버지 소쉬르는 언어가 체계를 이루고 있다는 사실을 처음 밝혀내었다. 그렇다면, 감각동사의 이런 형태상의 대립을 감정동사로 부터도 찾아낼 수 있을 것이다.

② 기쁘다 : 즐겁다

　　슬프다 : 서럽다

여기서는 'ㅂ(읍) : 겁'이라는 형태가 있는 것이 아니라, '브 : 겁/럽'이라는 형태가 대립하고 있다. 임의의 닿소리(자음)는 소리가 만들어지기 위하여 반드시 홀소리(모음)와 결합해야 한다. 닿소리 앞에 홀소리가 놓이면 내파음(종성 받침)이라고 부르고, 닿소리 뒤에 홀소리가 놓이면 외파음(초성)이라고 부른다. 동일한 자음이라도 소리가 나는 방식이 두 가지인 셈이다. ①에서는 닿소리 'ㅂ'이 내파음(종성)으로 나온다('읍'처럼 나옴). 그렇지만 ②에서는 닿소리 'ㅂ'이 외파음(초성)으로 나온다('브'처럼 나옴). 따라서 내파음으로 나오든 외파음으로 나오든 동일한 닿소리 'ㅂ'에 지나지 않는다. 감정동사들은 한글 맞춤법에서 원형을 밝히지 않기 때문에 글자 형태가 서로 달라져 있다(쁘, 프, 겁, 럽). 그렇지만 이 낱말의 원형을 재구성하면 '깃+브다, 슳+브다'와 '즑+업다/즐ㄱ+업다, 섫+업다'이므로, 공통된 형태소를 찾아낼 수 있다.79) 따라서 감

---

79) 이런 대립이 필요충분조건으로 작용하는 것이 아님에 유의할 필요가 있다. '아프다 : 괴롭다'에서도 동일한 대립 형태소를 찾아낼 수 있다. '앓+브+다'의 결합이기 때문이다. 여기서 '브'와 '롭'이 같은 부류의 형태소 대립으로 파악된다. '괴롭다'는 언제나 외부사건으로 인한 고통을 가리키므로 외부사건이나 대상을 감각하는 동사로 지정하기에 큰 문제가 없다. 그러나 '아프다'는 변동이 심한 듯하다. '~때문에 아프다'라고 흔히 말할 수 있는 것이다. 이는 외부사건이나 대상을 감각하는 경우를 가리킨다. 따라서 '아프다'는 강하게 어느 한 쪽으로 지정해 놓을 수 없다는 점이 부기되어야 할 것이다.

정동사들에서의 대립 또한 감각동사에서의 대립과 동일한 형태소의 모습을 그대로 유지하고 있는 것이다.

매우 비슷하지만 '기쁘다'와 '즐겁다'가 기본 의미가 어떻게 다른지에 대해서, 명시적으로 밝혀 놓은 본격적인 논의는 과문하여 잘 모르겠지만 아직 없는 듯하다. 왜냐하면 형태소가 정연히 대립한다는 사실을 전혀 주목하지 못하였기 때문이다. 만일 감각동사들의 형태소 대립을 그대로 이용한다면, '기쁘다'는 경험주 의미역이 하나로 충분한 내부 감정동사에 속한다.[80] "나는 기쁘다"라고 말할 수 있다. 따라서 소략하게 명제 형식으로 번역한다면

"나는 느낀다 & 그 느낌은 특정 감정이다"

일 듯하다. 그렇지만 전형적으로 '즐겁다'는 그 원인을 가리키는 논항이 들어가 있어야 한다. 다시 말하여 "~때문에 즐겁다"처럼 표현되는 것이다. 이때 원인이 바로 앞의 감각동사에서 외부 대상과 짝이 된다. 여기서는 특정한 감정을 외부 대상이 불러일으키기 때문에, '자극물'이라는 상위 개념으로, 외부 대상이나 원인을 함께 묶어 줄 수 있다. 이를 외부 자극으로부터 <u>유발된 감정동사</u>라고 부를 수 있다. 이를 소략하게

그런데 '믿다'에 접미사가 붙은 '미쁘다[믿+브+다]'와 '미덥다[믿+업+다]'에서도 그런 대립을 찾을 수 있을 것인가? '믿다'는 마음가짐이 일반적으로 외부 사건이나 대상을 두고 일어나므로, 이는 외부사건에 대한 마음가짐 동사 또는 심리(심리상태 견지) 동사로 부를 수 있다. '미쁘다'는 옛 문헌에서 찾을 수 있는 의고적 표현의 낱말이며, '미덥다'는 오늘날에도 자주 쓰인다. 같은 시대에 두 형태소 대립이 있었는지는 잘 알 수 없지만, 같은 부류의 동사로서 아마 형태소의 실현만 '미쁘다'에서 '미덥다'로 바뀐 것이 아닌가 의심해 본다. 특히 '미덥다'는 이음말로서 부정 표현을 얹어 '못 미덥다'의 구문을 더 많이 쓴다. 이는 명백히 외부사건이나 인물 따위에 대한 평가를 가리키는 데 쓰인다.

80) 한자어에서 '감정, 정감, 정서' 따위에 대한 구분은 불분명하다. 1세기 경 허신(許慎)이 펴낸 『설문해자』 해설도 도움이 되지 않는다. 송나라 시대의 성리학자들은 실체와 작용으로 파악하여, 내부에서 지속되는 속성이나 본체를 성(性)이라고 불렀고, 일정 기간 지속되거나 단속적인 느낌을 정(情)라고 불렀으며, 외부 자극물로부터 느끼는 것을 감(感)이라고 불렀다. 여기서는 이런 구분을 심각히 진행하지 않은 채, 일단 뭉뚱그려 '감정동사'라고만 부르기로 한다.

명제 형식으로 번역하면,

　　"나는 느낀다 & 외부 자극이 있다 & 그 자극은 특정 감정을 일으킨다"

로 될 듯하다. 이런 관계 또한 등식으로 표시해 줄 수 있다.

　　"유발된 감정동사＝내부 감정동사＋외부 자극"
　　"즐겁다＝기쁘다＋외부 자극" 또는
　　"즐겁다＝[[기쁘다] 외부 자극]"

　　그런데 대체 이런 설명 방식이 무슨 도움이 될까? 흔히 언어학에서
는 어떤 표현이 받아들일 수 있지만, 다른 표현은 받아들이지 못하는
경우가 있다. 이때 왜 수용 불가능한지를 임의의 이론이 적절히 설명해
주어야 한다. 이런 설명 여부가 언어현상에 대한 한 이론의 생존을 판
가름하는 기준이다. 우리말에서 "즐거운 여행"은 말이 되는데, 왜 "*기
쁜 여행"은 이상하게 느껴지는 것일까?81) 학생들이 운동장에서 "즐겁

---

81) 별표 '*'는 통사적으로 비문(규칙 위반 문장)이나 의미상 이상하게 느껴지는 문장을 가리
키는 약속에 지나지 않는다. 이와는 달리 두 표현이 다 가능한 경우가 있고, 이와는 반대
로 작동하는 거울 영상의 사례도 있다. 이런 현상이 아직 한 번도 본격적인 논의를 받아
본 일이 없다. 따라서 여기서는 한낱 시론적 성격만을 지님을 미리 언급해 둔다.
　먼저 "즐거운 소식 : 기쁜 소식"을 보기로 한다. 이들이 결코 같은 내포의미를 지니는
것은 아님에 유의해야 한다. 임의의 사건을 표현하는 언어 내재적 논리는 한 사건의 진행
과정과 결과 상태를 분명히 구분해 주는 것이다. '죽다'라는 동사에서 진행 과정이 되려
면 '죽기'가 되고, 그 과정이 끝나서 결과 상태가 되려면 '죽음'이 되며, 죽은 결과 상태로
서 나온 산출물은 '주검[죽엄]'이 된다. 우리말에서는 접미사 '-기 : -음 : -엄'이 이런 위
상들을 각각 표시해 주는 일을 한다(묻다→묻기 : 묻음 : 무덤). 만일 영어로 말하면 '-ing
: -ed : -er'를 대응시킬 수 있으나(teach라는 동사에서 'teaching : taught : teacher'), 우리
말처럼 정연하지 않고 대립 사례들이 소수에 지나지 않는다. 그렇기 때문에 퍼젯스키
(Pezetsky 1996), 『영 형태소가 구문을 바꾸어 놓는 통사론(Zero Syntax)』(MIT Press)을
썼던 것이다. 교착어인 우리말에서 '먹다 : 먹이다'의 대립은 굴절어인 영어에서는 'eat
: zero＋eat'의 대립을 상정해 놓아야 하는 것이다(단, zero는 소리 형식이 없는 사역 형태
소임).
　이와 같은 사건 위상 분화의 모습에서 보면, '즐거운 소식'은 감정을 일으키는 행위
과정에 초점이 모아져 있다. 그렇지만 '기쁜 소식'은 그런 감정유발 행위가 끝나서 결과

게 뛰어논다"고 말하는데, 왜 "*기쁘게 뛰어논다"고는 말하지 않는 것일까? 여행은 그 자체로 외부 자극이라는 원인(감정 유발 원인)이 될 수 있다. 그렇지만 내부 요인은 아니다. 마찬가지로 뛰어노는 일이라는 놀이 자체가 외부 자극으로 감정을 일으키는 원인이 된다. 하지만 그런 놀이가 내부 요인은 아니다.

감각동사와 감정동사는 경험주 의미역이 화자인 나를 중심으로 표현되는 것이다. 그런데 우리는 남의 감각이나 감정도 교감을 통하여 느낄 수 있다. 흔히 이를 감정이입(empathy)으로 부른다. 우리말에서는 이런 경우를 위하여 묘사(depict) 동사로서 '-어 하다'라는 표현을 마련해 놓았다.[82]

③ 더워하다 : 뜨거워하다

상태에 있는 모습을 가리킨다.

이런 구분이 필요한 까닭은 거꾸로 작동하는 사례들 때문이다. "슬픈 소설/슬픈 영화"는 받아들일 수 있지만, "*서러운 소설/*서러운 영화"는 이상하게 들린다. 그렇지만 "슬픈 인생"도 괜찮고, "서러운 인생"도 여전히 다 쓰일 수 있다. 소설의 경우는 대상물이 된다. 이 대상이 감정을 계속 유발하는 자극물이라면 진행 과정의 표현으로 "나를 슬프게 만드는 소설"이라는 뜻으로 "서러운 소설"이라고 말할 수 있을 듯하다. 그렇지만 특정한 대상이 유발한 감정의 결과 상태만을 가리키려면 "누구든 그 소설을 읽고 나서는 슬픈 감정을 느낀다"는 뜻으로 "슬픈 소설"만을 쓰는 듯하다. 이와는 달리 인생은 특정한 시폭을 지닌 사건들의 연속이며, 그 연속 사건들이 한 개인의 감정을 유발하는 진행 과정으로서 표현될 수도 있고("서러운 인생"), 아니면 결과 상태로서 표현될 수도 있다("슬픈 인생").

아직 어느 누구도 자연언어(우리말)의 이런 사례들을 본격적으로 다루어 보지 못하였다. 이런 형태상의 대립이 부각된 적이 없기 때문이다. 그렇지만 우리말의 내재 논리를 명시적으로 설명해 주는 책임이 국어학자들에게 주어져 있다. 여기서의 시도는 첫 설명으로서 매우 엉성하게 진술된 구석이 많을 줄 안다. 앞으로 필자가 더욱 보강해야 할 부분이다. 여기서는 설사 외부자극에 의해 유발된 감정동사와 내부 감정동사가 두루 다 쓰이는 사례라고 하더라도, 내포의미가 다르다는 점을 부각시킬 수 있다는 정도만으로 그치고자 한다. 본격적인 논리를 갖추고 설명하는 일은 필자가 책임져야 할 앞으로의 과제이다.

82) 묘사동사 '-어 하다'의 존재는 부사형어미 구문을 다루는 김지홍(1993), 「국어 부사형어미 구문과 논항구조에 대한 연구」(서강대학교 박사논문)에서 처음 언급되었다. 맞춤법에서는 묘사동사 '-어하다'와 자동적 과정을 가리키는 '-어지다'를 붙여 쓰도록 하여 마치 한 낱말인 양 처리하고 있다. 그렇지만 내재된 규칙 내지 질서를 제대로 파악하지 못하였기 때문에 띄어쓰기나 붙여쓰기에서 좌충우돌하는 결과를 빚고 있다.

추워하다 : 차가워하다

이들 사례도 감각동사이다. 그런데 이들은 화자 자신의 감각을 가리키는 것이 아니다. 내가 관찰하고 있는 사람이 있고, 그 사람이 느끼는 감각을 묘사해 주고 있다. 이를 '상대방' 또는 '제3자'라고 부르고, 각각 상대방이나 제3자의 내부 감각과 외부 대상 지각이라고 부르기로 한다. '더워하다, 추워하다'가 핵어로서 문장을 투영한다면, 관찰자로서의 화자와 특정 감각을 느끼는 상대방 제3자가 반드시 주어져야 한다. 이를 소략하게 명제 형식으로 표현하면,

"화자인 나는 상대방을 관찰한다 & 상대방 제3자가 느낀다 & 그 느낌은 특정 온도이다"

와 같다. 달리 말하여, 관찰 묘사동사 속에 감각동사가 들어 있는 것이다. 비록 표면에서는 "철수가 더워하네!"라고 하여 경험주 의미역이 하나만 있는 것처럼 착각할 수 있으나, 관찰 묘사동사 '-어 하다'의 존재는 관찰 주체가 심층의 표상에 들어가 있어야 함을 명증하고 있다.[83] 또한 "철수가 뜨거워하네!"라고 말할 적에도 '뜨겁다'가 외부 대상 지각동사이므로, 심층 표상에서 반드시 감각을 일으키는 자극물이 주어져 있어야 한다. 따라서 외부 대상 지각동사의 사건을 관찰 묘사하는 경우에는 심층 표상에서 논항이 필수적으로 세 개가 주어져 있어야 한다. 하나는 관찰자로서 화자가 되고, 다른 하나는 지각을 느끼는 지각 주체가 되며, 마지막 하나는 지각의 대상인 외부 자극물이다. 따라서 이 동

---

83) 물론 "철수가 덥네!"라고 말할 수 있음을 부인하는 것은 아니다. 이는 '더워하네'의 줄임 표현과 대등하며, 상황이 갖추어지면 묘사동사가 그냥 감각동사로만 나올 수도 있다고 봐야 한다. 상황이 다르다면 "덥네!"는 기본값으로서 현재 말하고 있는 화자가 감각동사의 주어가 될 수밖에 없다. 설령, 표면상 중의성을 띠더라도, 기본 형상에서는 사건 구조가 서로 상이한 것으로부터 나온 것이다.

사의 의미 표상을 다음과 같은 등식으로 나타낼 수 있다.

"감각사건 묘사동사=관찰 주체+감각 주체+내부 감각동사"
"더워하다=관찰하다+제3자+덥다" 또는
"더워하다=[화자 [제3자 [덥다]]]"

"지각사건 묘사동사=관찰 주체+지각 주체+외부 대상+지각동사"
"뜨거워하다=관찰하다+제3자+자극물+뜨겁다" 또는
"뜨거워하다=[화자 [제3자 [자극물 [뜨겁다]]]]"

이런 모형은 이내 감정동사에도 적용된다. '-어하다'라는 형식을 이용하여 상대방의 감각을 관찰 묘사할 수 있기 때문이다. 맞춤법에서는 이런 정연한 질서를 미처 파악하지 못하였기 때문에, '기뻐하다 : 즐거워하다'나 '슬퍼하다 : 서러워하다'는 하나의 낱말처럼 붙여 놓았다. 제3자가 느끼는 임의의 감정을 관찰 묘사할 수 있기 때문에, '-어하다'의 구성은 규칙적으로 끝없이 새로운 낱말을 만들 수 있는 것이다.[84] '안타깝다 : 안타까워 하다', '썰렁하다 : 썰렁해 하다'가 역시 완벽히 가능하다. 또한 '못마땅하다 : 못마땅해 하다'도 가능하며, '칠칠치 못하다 : 칠칠치 못해 하다' 또한 가능한 관찰 묘사 표현이다. 이들도 의미 표상 방식을 앞에서와 같이 동일하게 다음처럼 나타낼 수 있다.

"내부 감정 관찰 묘사동사=관찰 주체+감정 주체+감정동사"
"기뻐하다=관찰하다+제3자+기쁘다" 또는

---

84) 국립 국어원에서 펴낸 『표준 국어 대사전』에는 붙여쓰기가 일관되거나 통일되어 있지 않다. 따라서 일반 사람들에게 혼란만 부추기고 있다. 사전을 펴내는 전문가들이 우리들의 머릿속에 이런 규칙들이 있다는 사실을 전혀 깨닫지 못하였기 때문이다. 이하에서 '-어 하다'는 한 낱말처럼 붙이지 않고, 사전에 표제 항목으로 올라 있지 않으므로, 비일관적이지만 잠정적으로 띄어 써 놓기로 한다.

"기뻐하다=[화자 [제3자 [기쁘다]]]"

"유발된 감정 관찰 묘사동사=관찰 주체+감정 주체+외부 자극+감정동사"
"즐거워하다=관찰하다+제3자+외부 자극+즐겁다" 또는
"즐거워하다=[화자 [제3자 [외부 자극 [기쁘다]]]]"

만일 위의 사건을 외부의 어떤 힘이나 사건을 매개로 하여 일어나도록 할 수 있다. 이를 사역 구문이라고 부른다. 이를 위해서는 상위문 동사로서 다시 '하다, 만들다'를 이용할 수 있는데, 그 결과 복합사건 연결체를 구성한다. 가령, "뜨거워하게 하다, 뜨거워하게 만들다" 또는 "즐거워하게 하다, 즐거워하게 만들다"와 같다. 내포문을 요구하는 상위문 동사는 서로 동일하지 않다. 그 의미자질의 차이로 말미암아 내포문의 사건이 일어나는 조건이 달라질 수 있다. '만들다'라는 동사는 직접적이며 강제적인 사역 사건을 속뜻으로 함의하는데, 이를 '강제성+인과관계'의 복합 개념으로 볼 수 있다. 반면에 '하다'라는 동사는 내포문 사건이 일어나는 환경이나 조건을 만들어 준다는 점에서 간접성 또는 매개적인 특성을 속뜻으로 지닐 수 있으며, 이를 '인과적인 환경+자발적 반응'의 복합 개념으로 나타낼 수 있다. 비록 문장으로만 보면 하나의 문장('복문'으로 부름)이지만, '-아하게 하다/만들다'의 구문은 최소한 세 가지 단언이 모아져 있는 복합사건 연결체인 것이다. 첫째, 내부 감각에 대한 단언, 둘째, 외부 대상이나 사건에 대한 지각 단언, 셋째, 외부사건을 일으키는 단언이며, 외부사건이 직접성 여부에 따라 더 세분될 수도 있는 것이다.

대체로 이런 구문의 문법적 특성이나 형태 특성은 '절차적 지식'에 해당한다. 따라서 비록 모국어 직관을 지녔다고 하더라도, 사람들은 막연히 그렇게 느낄 뿐, 왜 그렇게 복합적인 사건을 표현하는지 명시적으로 설명해 줄 수 없을 듯하다. 오직 우연히 교착어의 특성을 보이는 한국어를 깊이 다루는 경우에라야 그 속내를 제대로 그려낼 수 있다. zero 형태를 쓰는 영어의 경우에 이런 특성들을 찾아내기가 쉽지 않을 것이다. 현재 관련분야에서 줄곧 막연히 '심리동사'라는 포괄적 상위어만을 쓰고 있는 사실도 이를 반증해 준다.[85] 한국어의 교착어적 특성은 이들 동사군을 중심으로 하나의 동심원을 놓고 차츰 확장될 수 있는 부류들을 찾아내어, 이를 명시적인 단언으로 번역할 수 있게 해 줌으로써, 임의의 구문이 실제 사건들을 어떻게 포착하고 표현해 주는지에 대하여 논의할 수 있는 탄탄한 기반을 얻을 수 있다.

이상에서 매우 소략하게 사고의 기본단위로서 단언이 실제 자연언어와 유기적인 관계를 맺고서 어떻게 표상될 수 있는지에 대한 밑그림을 그려 보았다. 비록 아무리 미세한 대립이라고 하더라도, 엄격히 개념상의 차이를 보여 주고, 이를 단언(개념)으로 표상해 주는 일이 중요함을 알 수 있었다. 언어 유형론(typology)에서 교착어 또는 부착어로 분류되는 우리말은 어떤 개념에 대한 문법 형태소가 반드시 낱말 속에 붙어 있음을 함의한다. 우리말 감각동사 계열에서 '덥다 : 뜨겁다 : 더워하다 : 뜨거워하다'는 아무렇게나 쓰이는 것이 아니다. 또한 감정동사 계열에서도 이런 대립이 정연히 찾아진다. '기쁘다 : 즐겁다 : 기뻐하다 : 즐거워하다'이다. 비록 음절이 하나씩만 달라지거나 늘어나지만, 개념상으로는 독립된 단언이 하나씩 더 추가되어 있는 것이다.

재미있는 현상은 우리말에서 이런 정연한 어휘 형태의 대립이 굴절어인 영어에서는 zero(영 형태소) 밖에 설정해 놓을 수 없다는 사실이다.

---

85) 흔히 분트(Wundt)의 용어를 받아들여 외부 감각에 대한 스스로의 지각 또는 자각을 perception(감각)에 접두사를 붙여 apperception(지각)이라고 부른다. 일본에서는 '거느릴 통(統)'을 붙여 '통각'이라고 잘못 번역하였다. 감각은 결코 우리가 통제할 수 있는 것이 아니기 때문이다. 아직 심리학이나 심리철학에서는 감각에 대한 자기-지시적 의식 또는 재귀의식을 구분하는 일 정도만 다루고 있으며, 스스로 자각할 수 있는 감각자료를 최근에 qualia(재귀적 감각질)로 달리 부르기도 한다(30쪽). 그렇지만 자연언어로서 지혜를 담고 있는 한국어의 감각동사군에서 구별해 놓듯이, 정연한 확장 대립 과정을 통해 서로 구별 가능한 개념군들을 확립시키지 못한 듯하다.

감각동사의 4분지 계열 대립을 오직 'hot'이란 낱말 하나로만 표시해 주어야 하고, 감정동사의 4분지 계열 대립은 오직 'happy'라는 낱말 하나로만 표시해 주어야 한다. 물론 앞뒤로 이어지는 언어 환경이 변동됨에 따라 우리말에서 보여주는 계열 대립의 측면들을 차츰 표상해 나갈 수 있다. 즉, zero(영 형태소)를 설정해서 3가지 경우를 도출해 내어야 하는 것이다. 그럼에도 불구하고, 도달점은 동일하다. 감각동사의 경우, 나를 중심으로 하여

　　내부 감각동사 : 외부 대상 지각동사

가 먼저 나뉜다. 이를 바탕으로 하여 다시 제3자의 감각사건을 관찰 묘사하는 경우를 내세울 수 있다. 이를 다음처럼 대립시킬 수 있다.

　　화자 경험 동사 : 관찰 묘사동사

이런 순차적 절차는 우리의 경험을 '원심력'을 통해 확장시켜 나가는 논리적 방향이며, 일관되게 진행될 수 있다. 이는 감정동사의 경우에도 동일하다.

　　그런데 감각과 감정동사 군을 제외한다면 임의의 사건이 있다(여기서 '사건'은 대상의 상태나 속성에 대한 것도 모두 다 포괄함). 이는 언제나 외적 관찰의 결과이기 때문에, 외적 관찰이 기본값이 되어 더 이상 관찰 묘사의 형태소를 추가시키지 않는다. 오직 내부 경험과 외부 대상을 나누는 동사군에서만 관찰 묘사동사의 형태가 주어져야 할 뿐이다. 즉, 제한적인 관찰 묘사동사의 적용 조건인 것이다. 반면에, 임의의 사건은 언제나 우리가 관찰하는 대상이 된다. 이것이 기본값이다. 그러므로 사건에 대한 관찰 묘사동사를 덧붙이는 일은 생겨날 수도 없는 것이다. 오직 내부 경험과 외부 세계에 대한 경험이 구분될 경우에만 논리적으

로 관찰 묘사동사의 존재가 요청되며, 그것도 또한 반드시 감정이입이 가능한 대상에 한정되어야 함을 추론할 수 있다. 임의의 동사들은 또한 외부의 사건을 원인 또는 매개로 하여 해당 동사의 사건이 일어나도록 할 수 있다. 우연히 교착어로 분류되는 우리말에서는 서로 변별되는 형태소들을 이용하여 복합적인 사역 사건으로 표현할 수 있다. 이는 언어 형태소에만 기대어 진행되는 것이 아니라, 우리의 개념상 요구에 따라 필요하다면 언어 형태소를 넘어서 더욱 상세히 진행될 수도 있다.

언어 산출과 관련하여 이런 분석이 갖는 함의를 적어 두기로 한다. 의사소통 의도를 결정하는 과정에서 분명하게 소략한 단언 형식의 사건들을 자각한 다음에, 각 단언 형식에 맞는 어휘를 인출하는 일이 이어질 수 있도록 하는 것이 가장 이상적이다. 그렇지만 이는 절차지식에 속하므로 차츰 훈련을 거쳐 조금씩 자각의 정도를 늘여나가야 할 것이다.

8장. 언어, 사회 관계, 비판적 담화 분석

담화는 문장들이 모여 문단을 이루고(미시구조), 문단들이 모여 전체 덩잇글/덩잇말을 이루며(거시구조), 그 속에 의도(가치와 이념)가 깔려 있는 독립된 실체이다.[86] 이하에서 화용이나 담화에 대한 개관은, 필자가

---

86) 담화 전개 방식에서는 cohesion(미시구조를 형성하는 통사 결속)과 coherence(거시구조를 이루는 의미 연결)라는 용어를 쓰는데, 라틴어 어원이 모두 '서로 달라붙다(to stick together)'는 뜻을 담고 있다. 담화에서는 이 두 기제를 통하여 사건 표현들이 일관성 있게 얽혀 청자나 독자로 하여금 유의미한 해석을 이끌어낸다. 전통적으로 수사학에서는 일관된 방식으로 「글을 전개하는 일」이라고 불러왔다. 그런데 '응집(凝集)'이란 말의 뜻은 한 점에 엉기어(凝) 모인다(集)는 뜻이다. 학교문법에서는 cohesion을 엉뚱하게 '응집성'이라고 번역하는 것은 잘못이다. 문장과 문장이 얽히어 펼쳐져 나가야 하며, 이를 한자로는 글의 전개(展開, 펼쳐 나감)로 부른다. 만일 한 점에 모아져 있으면(응집되어 있으면) 방향이 거꾸로 되어 결코 전개되어 나갈 수 없는 것이다. 그렇지만 이런 용어상의 자가당착(자기 모순)을 제대로 지적한 경우가 거의 없다. 아마도 일본 사전을 베낀 '영한사전'들을

전문 서적들을 번역하면서 배우게 된 지식을 이용하여 채워 넣는다.87)

보면서 궁색하게 뜻도 새겨 보지 못한 채 한자어를 골라내었을 듯하다. 쿡(Cook 1989; 김지홍 뒤침 2003), 『담화: 옥스포드 언어교육 지침서』(범문사)에서 이 점이 처음 지적되었을 뿐이다.

이 글에서는 올바르게 문장과 문장이 서로 얽히어 묶이면서 펼쳐져 나가는 것을 뜻하므로, 생성문법의 결속(binding) 개념과 함께 통합하기 위하여 '통사 결속'이라고 번역해 둔다. 글만을 대상으로 한다면 '문장 묶기'로 부를 수도 있다. 통사 결속을 이룬 결과, '단락'이 나오며, '작은 단락'이나 또는 조금 큰 '내용 단락'으로 귀결된다. 다시 이들을 대상으로 하여 읽어 주는 기제가 coherence(의미 연결, 개념 연결)인데, 학교문법에서 쓰는 '통일성'이란 용어도 어름하고 막연하기는 마찬가지이다. 먼저 글 속에서 '일관성'이 확보되어 판정을 받는 경우에야 내릴 수 있는 판정에만 관련된다는 점에서, 통일성이 직접 문단들 사이의 연결을 가리켜 주는 것은 아니다. 필자는 이를 의미 연결이나 개념 연결로 번역하는 것이 더 낫다고 본다. 왜냐하면 오래 전에서부터 교실 수업에서는 '의미 단락'이란 용어를 써 왔는데, 의미상으로 더 크게 묶는 단락을 뜻하고, 이런 의미 단락들이 논리적 추론 방식에 따라 일정하게 얽혀져야 하기 때문이다. 소주제문들이 얽히는 방식을 고려한다면 '개념 연결'이나 '주제문 연결'이라고도 말할 수 있다. 아니면 coherence를 일관성이라고 번역해 줄 수도 있다.

이제 단락들끼리 일관되고 긴밀하게 얽힌 결과물은 덩잇글 기반(text-base)으로 불린다. 이전에 덩잇글 기반에 붙였던 표찰이 '큰 주제문'(대주제문)에 해당한다. 언어 이해의 마지막 단계로서 우리 기억 속에 집어넣기 위하여, 덩잇글 기반은 다시 감각 재료들과 관련된 상황모형과 결합하여야 한다. 「상황모형이 우리 기억의 입력물이 되는 것」이다. 담화를 처리하는 이런 절차와 과정들은 다시 본문 속에서 언급될 것이다.

백 걸음 양보하여, 담화와 화용에 대한 올바른 가닥은 현재 학교문법의 서술 수준으로는 엄두도 낼 수 없다. 담화와 화용에 대해서 무엇을 어떻게 다루어야 하는지에 대해서도 아직 제대로 졸가리를 잡지 못하고 있다는 개인적 판단이 든다. 여기에서는 필자가 이해하는 담화와 화용의 핵심 내용을 먼저 서술해 놓고 나서, 담화와 화용 영역에서 무엇을 다루어야 하는지를 개관하기로 한다.

87) 화용론은 영미 철학에서 분석철학을 비판하면서 옥스퍼드 대학의 오스틴, 그라이스, 스트로슨, 오스틴의 제자 썰얼 등에 의해서 창도되고, 그리고 케임브리지 대학의 후기 뷧건슈타인의 주장을 가리키는 '일상언어 철학(ordinary language school)'이 그 뿌리이다. 필자는 스탠포드 대학 심리학과 클락(Clark 1996; 김지홍 뒤침 2009), 『언어 사용 밑바닥에 깔린 원리』(경진출판)를 번역하였는데, 요령 있게 정리되어 있다. 텍스트 언어학 또는 담화 영역은 크게 언어 재료의 조직 방식에 중점을 두는 순수 접근과 이를 이용하여 일을 하는 가치 비판 접근으로 나뉜다. 전자는 주로 심리학이나 제2 언어로서의 영어교육 분야에서 활발히 다뤄져 왔고, 후자는 모국어와 사회학과 관련하여 비판적 시각을 고무하는 쪽으로 발전해 왔다. 우연히 필자는 순수 담화 쪽에서 쿡(Cook 1989; 김지홍 뒤침 2003), 『담화: 옥스포드 언어교육 지침서』(범문사)를 번역하였고, 한국연구재단의 명저 번역으로 정상 지위에 있는 언어 산출(화란 심리학자 르펠트 교수) 및 언어 이해(미국 심리학자 킨취 교수)에 관한 책자를 발간하였다. 또한 '비판적 담화 분석(Critical Discourse Analysis)' 쪽에서 425쪽 각주 71에서 적었듯이 페어클럽 교수의 책들을 세 권 번역했다. 물론 더 많은 수의 최정상급 저서들도 많이 나와 있다. 예를 들자면, 생성문법을 만든 참스키(Chomsky) 교수의 사회 비판 책자들은 우리말로 30종이 훨씬 넘게 번역되어 있고(『실패한 교육과 거짓말』이나 『촘스키, 사상의 향연』은 학부 교재로 쓸 만함), 또한 인지 언어학자 레이코프(Lakoff) 교수의 책들도 10종이 넘게 번역되어 있다(『프레임 전쟁』도 독자들에게 비판적 시각을 길러 줌. 218쪽을 참고 바람). 필자가 접할 수 있는 참스키 교수의

1) 화용론 또는 일상언어 철학

오늘날 화용론(Pragmatics)으로 불리는 영역은 적어도 세 가지 흐름이

책자들을, 편의상 언론 조작·지성인의 임무·권력기관의 정경 유착·국제관계의 패권주의·신자유주의 실체 폭로 등으로 나누어 제시해 둔다. 그의 언어학 전문서들은 243쪽 각주 14를 보기 바람.

① 정경옥 뒤침(2006), 『여론 조작: 매스미디어(=대중매체)의 정치 경제학』, 에코 리브르
② 황의방 뒤침(2005), 『환상을 만드는 언론: 민주사회에서 언론은 어떻게 사고와 사상을 통제하나?』, 두레
③ 이종인 뒤침(2005), 『촘스키, 세상의 물음에 답하다(총 3권): I 권력이 여론을 조작하는 방식에 관하여, II 권력이 세상을 지배하는 방식에 관하여, III 민중이 권력에 저항하는 방식에 관하여)』, 시대의창
④ 박수철 뒤침(2003), 『노암 촘스키의 「미디어 컨트롤」』, 모색(=국가의 대중매체 통제 실상을 해부함)
⑤ 이성복 뒤침(2002), 『프로파간다(=세뇌 목적의 선전)와 여론』, 아침이슬

⑥ 강주헌 뒤침(2012), 『권력에 맞선 이성: 지식인은 왜 이성이라는 무기로 싸우지 않는가』, 청림
⑦ 이정아 뒤침(2007), 『촘스키의 아나키즘(=무정부주의)』, 해토
⑧ 강주헌 뒤침(2005), 『지식인의 책무』, 황소 걸음
⑨ 강주헌 뒤침(2004), 『실패한 교육과 거짓말』, 아침 이슬
⑩ 정연창 뒤침(2001), 『냉전과 대학(大學): 냉전의 서막과 미국의 지식인들』, 당대

⑪ 권기대 뒤침(2014), 『촘스키, 은밀한 그러나 잔혹한: 서양이 저지른 기나긴 테러의 역사』, 베가 북스
⑫ 강주헌 뒤침(2014), 『촘스키, 만들어진 세계 우리가 만들어갈 미래: 미국이 쓴 착한 사마리아인의 탈을 벗기다』, 시대의창
⑬ 강주헌 뒤침(2013), 『촘스키, 누가 무엇으로 세상을 지배하는가: 세상의 진실을 들여다보는 통찰』, 시대의창
⑭ 강주헌 뒤침(2012), 『촘스키, 점령하라: 시위를 말하다』, 수이북스
⑮ 박종일 뒤침(2011), 『학살의 정치학』, 인간사랑
⑯ 강주헌 뒤침(2008), 『촘스키, 우리가 모르는 미국 그리고 세계』, 시대의창
⑰ 유강은 뒤침(2006), 『촘스키, 미래의 정부를 말하다』, 모색
⑱ 송은경 뒤침(2005), 『중동의 평화에 중동은 없다』, 북 폴리오
⑲ 황의방·오성환 뒤침(2003), 『패권인가 생존인가: 미국은 지금 어디로 가는가』, 까치
⑳ 강주헌 뒤침(2004), 『촘스키, 세상의 권력을 말하다』, 시대의창
㉑ 지소철 뒤침(2004), 『해적과 제왕: 국제 테러리즘의 역사와 실체』, 황소 걸음
㉒ 홍한별 뒤침(2002), 『권력과 테러: 노암 촘스키와의 대화』, 양철북
㉓ 장영준 뒤침(2002), 『불량국가: 미국의 세계 지배와 힘의 논리』, 두레
㉔ 이수현 뒤침(2001), 『미국의 이라크 전쟁: 전쟁과 경제 제재의 참상』, 북막스
㉕ 유달승 뒤침(2001), 『숙명의 트라이앵글: 미국, 이스라엘, 팔레스타인』, 이후
㉖ 김보경 뒤침(1999), 『미국이 진정으로 원하는 것』, 한울

㉗ 김시경 뒤침(2012), 『경제 민주화를 말하다: 극단적 양극화와 반복되는 위기 사이에서 새로운 경제를 꿈꾸다』, 위너 북스
㉘ 백미연 뒤침(2008), 『"그들이 우리의 일자리를 빼앗고 있다!": 이민에 대한 미국 사회의 편견과 신화』, 전략과 문화
㉙ 오애리 뒤침(2007), 『507년: 정복은 계속된다』, 이후
㉚ 이종인 뒤침(2007), 『야만의 주식회사 G8을 말한다』, 시대의창
㉛ 강주헌 뒤침(1999), 『그들에게 국민은 없다(=탐욕과 지배만 있다): 촘스키의 신자유주의 비판』, 모색

한데 모아져 있다. 먼저 논리 실증주의 또는 분석철학의 흐름을 비판하면서 발화 행위(speech acts)에 초점을 모은 오스틴(Austin 1976)이 있다. 둘째, 임의의 명제 속에서 맥락에 의존하여 지시내용이 고정되는 지표(indexical) 낱말들에 초점을 모아, 서로 의미론과 영역을 뚜렷이 구분한 바-힐렐(Bar-Hillel 1954)와 몬태규(Montague 1968)이 있다. 셋째, 진리 조건과 무관하게 발화 또는 문장들 사이의 속뜻을 다루는 그라이스(Grice 1988)이 있다. 오스틴의 책 제목

『*How to Do Things with Words*(낱말들을 운영하는 일)』

과 그라이스의 책 제목

『*Studies in the Way of Words*(낱말들의 운용 방식에 대한 연구)』

가 잘 드러내듯이, 이들은 참과 거짓을 따지는 단언(proposition, 명제)에 관심을 쏟는 것이 아니라, 오히려 평범한 일상 낱말에 주목하고 있는 것이다. 반면에 가능세계를 상정하여 내포논리학을 발전시켜 온 쪽에서는 의미론만으로 모두 만족스럽게 진리값을 찾아내지 못하므로, 맥락에 의존하여 지시내용을 갖게 되는 일부 요소들을 화용론이란 이름으로 다루었다.

그렇다면 화용론이란 이름 아래 모여 있는 흐름들은 모두 앞 시대의 언어 분석 방법의 한계를 극복하기 위하여 추구된 시도였음을 알 수 있다. 여기서는 자연언어를 다루려는 목적을 지니고 있으므로 형식 논리학의 한 갈래인 내포의미론에서의 화용론을 제외하기로 한다. 먼저 오스틴(John Langshaw Austin, 1911~1960)의 핵심 논점을 다룬 뒤에, 다음으로 그의 옥스퍼드 대학 후배인 그라이스(Herbert Paul Grice, 1913~1988)의 대화 규범을 언급하기로 한다. 이들이 주도한 흐름을 특히 '일상 언

어 학파(ordinary language school)'라고 부르거나 '일상언어 철학'이라고 한다. 군이 '일상'을 덧붙이는 까닭은 수학처럼 상징 논리학(기호논리학)으로 표현된 '이상적' 언어(ideal language)와 구분하기 위한 것이다.

오스틴은 단언(명제)들이 진리값을 갖는 부류와 그렇지 않은 부류가 있다는 점에 유의한 첫 번째 철학자이다. 그는 전자를 진리값(constative) 단언이라 부르고, 후자를 수행(performative) 단언이라고 불렀었다. 그런데 전자 또한 주장이나 단정이라는 행위(acts)를 하고 있기 때문에, 후자의 부류 속에 묶인다고 보아 자신의 주장을 speech acts(발화 행위)라고 불렀다. 발화 행위가 종전에 언어 또는 단언을 다루는 일과 무엇이 다를까? 그는 언제나 발화가 세 층위의 행위로 동시에 일어난다고 보았다. 발화(locution) 행위와 발화에 깃든 속뜻(illocution) 알아차리는 행위와 관련 속뜻을 직접 몸으로 보여주는 실천(perlocution) 행위이다. 이런 일이 만족스럽게 일어날 경우에 적합 또는 만족이라는 상위 가치가 부여된다.

오스틴의 새로운 시각은 자연 언어 또는 일상 언어를 놓고서 다룰 거리를 많이 제공해 준다. 그렇지만 이는 흥부만이 살고 있는 착한 세계에서만 관찰되는 언어에 지나지 않는다. 현실의 세계에서는 많은 속임수들이 언어의 옷을 입고 횡행하고 있다. 따라서 오스틴의 '속뜻'을 좀 더 근본적인 개념으로부터 도출될 필요가 있는 것이다. 이런 점에 착안하여 그의 후배인 그라이스는 '의도'의[88] 개념을 상정한다. '상식적'이란 말을 아주 좋아하는 그라이스로서는, 의도 또한 상식적으로 언어로 표현되기를 기대한다. 이를 위해 그라이스는 칸트의 범주들을 끌어들인다. 아리스토텔레스의 범주 개념을[89] 빌린 칸트는, 초월적 순수이성이 모양

---

[88] 현대적 의미에서 '의도'의 개념을 처음 다룬 사람은 뷧건슈타인의 제자 앤스컴 교수이다. 94쪽밖에 안 되는 앤스컴(1957), 『의도(*Intention*)』(Basil Blacwell)는 1963년에 다시 미국 코넬 대학 출판부에서 중판이 나오기도 하였다. 원래 그라이스(1968)에서는 '화자의 의미'란 표현을 썼지만, 점차 '의도'란 말로 통일해 나갔다. 148쪽과 511쪽 각주 2를 보기 바람.
[89] 현재 전해지고 있는 아리스토텔레스의 업적 중에서 '사고/논리 도구(organon)'로 묶여

새를 갖추기 위해 모든 사람들에게 맨처음 주어져야 할 네 가지 범주

'양, 질, 관계, 양태'[90]

를 상정하였다. 그라이스 또한 언어를 사용하는 일도 정확히 그런 범주를 따라야 한다고 보았다. 다만, 언어 사용에 맞추기 위하여 네 가지 범주들의 내용을 조금 조정하였고, 이를 maxim(대화 규범)이라고[91] 불렀다. 즉,

'양, 질, 관련성, 방식'

이다. 더욱 중요한 것은 이 대화 규범이 준수될 수도 있고, 위배될 수도 있다. 만일 일부러 이 규범들이 위배되고 있음을 명확히 상대방 청자가 파악하게 된다면, 규범 위배를 통한 새로운 해석이 도출될 수 있다. 가령, 어조를 이례적으로 끌면서 '잘~ 났다!'라고 말하면 반어법이 되는 것이다. 이런 제안에 힘입어 비로소 놀부의 언어 사용도 다룰 수 있게

있는 책들 중 '범주론'이 있는데, 약간의 추가 설명을 더해 주면 오늘날 언어학 개론서로서도 충분히 이용될 만하다.

90) 양태 범주는 하나의 사건이 발생하고 변화하며 소멸하는 모습들을 포착하는 개념이다. 세 가지 모습을 다루게 되는데, '가능 : 불가능', '현존 : 부재/결여', '필연 : 우연'이다. 이 개념만은 일상 언어 사용에 적용하기 위하여 manner(방식)이란 말로 바꾸었다. 기존의 언어 형식을 이용하든지 새로운 형식을 이용하든지, 아니면 기존의 언어 형식을 반어법처럼 이용하는 일이다.

91) 일본에서는 격언과 법률을 합쳐서 '격률'이라는 우스꽝스럽고 잘못된 용어를 만들었다. 우리 쪽에서도 한자를 새기지 못하여 이를 맹종하는 경우가 있다(580쪽 참고). 이 용어는 플라톤의 책에도 나오고, 아리스토텔레스의 책에도 나온다. 본디 격언·잠언·경구·속담 등의 의미를 지녔다. 그러다가 중세 시대로 들어서서 아리스토텔레스의 학문 체계가 뼈대를 이루자, maxim(규범)이 '공리'나 '준칙'이란 뜻으로 상승되었다. 계몽주의 시대의 한 축을 맡고 있는 로크(1689), 『인간의 이해 능력에 관한 논설』(오성론, 지성론으로도 번역됨)에서도 maxim(공리, 준칙)이란 용어를 중세때 용법으로 쓰고 있다. 그라이스가 뜻하는 maxim은 일부러 위배할(flouting) 수도 있는 것이다. 따라서 이를 제대로 드러내려면 필자의 판단으로는 '규범' 정도가 가장 무난할 듯하다. 여기서는 이를 '대화 규범'으로 부르기로 한다.

되었다. 필자는 이를 재해석하여 역동적인 연속 과정을 두 단계로 제시한다.

(1) 의도 수립 정신작용 : 결정과정 ⇒ 의사소통 의도

먼저 이는 우리가 주변 환경 및 주위 사람들과 상호작용하면서 기억 속에 정신작용의 실체들을 담아 놓고, 절차지식 기억을 이용하여 이를 작동시키면서 관련된 의사소통 사건이나 사태에 대하여 판단·결정을 내린 뒤에 '의사소통 의도'(이하에서는 줄여서 '의도'로만 부름)를 갖는 전 단계의 과정이 주어져야 한다. 이어 이 의도가 다음 도표에서와 같은 여러 단계의 가지에서, 어떤 하나를 선택해야 하는 것이다. 이 선택에 따라 관련된 언어 표현을 짜 놓게 된다.

(2)

물론 여기서 나눈 두 단계가 시간에 따른 처리 방식이 아니라, 편의상 언어 표현의 선택에 초점을 모으기 위하여 나눈 것일 뿐이다. 삼원 구성체의 정신 모형에서는, 전반적인 과정을 통제하고 검토하는 상위 부서로서 '재귀의식'이 있다(530쪽 그림). 이 재귀의식은 임의 단계를 순환적으로 재가동시키게 되는 주체인데 두 갈래로 작동한다. 하나는 의도와 최종 선택된 언어 표현을 스스로 점검하면서 고쳐 나갈 수 있다.[92] 다른 하나는 상대방의 반응을 관찰하면서 나의 의도를 알아차

---

92) 언어 산출과 이해에 대한 심리학적 처리과정은 한국연구재단의 서양 명저 번역으로 나온 르펠트(Levelt 1989; 김지홍 뒤침 2008), 『말하기: 그 의도에서 조음까지, I∼II』(나남)과

렸는지를 검토하고 평가하여, 만족스럽지 않을 경우에 다시 고쳐 나갈 수 있는 것이다. 당시 심리학이나 인지과학의 결과들을 접해 보지 못하였던 그롸이스의 대화 규범의 작동방식은, 언어 산출 및 이해 과정에서 찾아진 통찰에 비춰서 새롭게 재구성될 필요가 있다.

그런데 스퍼버·윌슨(1986) 『관련성: 의사소통과 인지』에서는[93] 관련성만을 유일한 항목으로 치부하였다. 그렇지만 이는 우리의 정신작용이 일관된 속성을 부여한다는 특성의 결과를 최종적으로 확인하는 것에 불과하다. 어떻게 하여 일관성이 부각되고 그렇게 파악되는지를 알려 주는 바는 전혀 없다. 이를 가능하게 만들려면 반드시 재귀적 평가 과정이 도입되어야 하며, 이는 존슨-레어드 교수의 삼원 구조의 정신 모형(mental model) 등을 상정하게 만든다.

2) 순수한 담화 및 비판적 담화: 상부·하부로 얽힌 질서

앞에서 잠깐 언급한 바 있지만, 언어학의 코페르니쿠스 전환을 이룩

킨취(Kintsch 1998; 김지홍·문선모 뒤침 2011), 『이해: 인지 패러다임, I~II』(나남)을 보기 바란다.

93) 본디 제목이 『*Relevance: Communication and Cognition*』이다. 김태옥·이현호 뒤침(1993), 『인지적 화용론: 적합성 이론과 커뮤니케이션』(한신문화사)에서는 relevance를 '적합성' 으로 번역하였다. 그렇지만 이는 발화들 사이의 관계를 가리키는 것이 아니라, 한 차원 더 나아가 그런 관계에 대한 평가를 한 뒤에 내리는 개념(적합/부적합 판정)이다. 이런 점에서 간접적으로만 연관될 뿐이다.

그런데 문제는 공리 체계에서 무정의 용어(undefined terms)의 숫자를 늘일지, 줄일지에 대한 결정이다. 무정의 용어가 적을수록 도출 과정이 의외로 엄청나게 길어질 수밖에 없다. 따라서 우아성(elegance)의 기준에 따라 일정 정도의 무정의 용어들이 허용되는 것이 우리가 쉽게 파악하는 길을 보장해 준다. 이런 점에서 필자는 네 가지 대화 규범이 하나의 개념으로 환원되는 스퍼버·윌슨(1986)은 올바른 선택이라고 판단하지 않는다.

더욱이 최근에 나온 스퍼버 엮음(Sperber 2000), 『몇 가지 상위 표상: 하나의 복합학문의 관점(*Metarepresentations: A Multidisciplinary Perspective*)』(Oxford University Press)을 보면, 적합성이 결코 최상위 층위에 있는 것이 아니라, 중간 층위에 자리 잡는 도출 개념에 지나지 않는다. 그렇다면 초기에 가정하였듯이 굳이 하나로 환원되어야 할 정당성이 있는 것도 아님을 재확인할 수 있다. 여기서 언급하는 상위 표상은 본문에서 필자가 '재귀 의식'으로 부르는 내용과 서로 겹친다.

한 참스키 교수는 일찍부터 언어학 이외의 분야에서도 많은 저서들을 출간한 바 있고 그 번역본만도 30여 종이 훨씬 넘는다(441쪽). 참스키 교수 자신은 스스로 주도하고 있는 생성문법과 사회 비판적 활동이 오직 '약한' 관련성만을 갖는다고 언급한 바 있다. 그의 언어학이 주로 형식과 구조에 초점을 모으기 때문이었다. 그렇지만 의미에 초점을 모은 언어학과 언어교육도, 참스키 교수의 전환 이후에 60년이나 넘게 발전에 발전을 거듭해 왔다. 그 결과 참스키 교수의 비판적 활동이 오늘날 그대로 '비판적 담화 분석(Critical Discourse Analysis)'으로 묶을 수 있게 되었다. 일찍이 생성문법이 의미에 초점을 두어야 한다고 판단하여 스승을 떠나 새롭게 '인지 언어학'이란 흐름을 창도한 레이코프 교수의 최근 업적들(218쪽)도, 모두 미국 사회 내부의 갈등과 기득권 세력의 끝없는 욕망을 비판적으로 다루고 있다. 왜 이런 전환이 이뤄졌을까? 이를 한 마디로 말한다면,

  "말은 <u>삶을 위해서</u> 존재하는 것이다!"

여기서 삶은 크게 일과 사회관계로 이뤄져 있다. 이와는 반대로 말을 위한 말(형식을 위한 형식)은 고고한 상아탑에서나 필요할 뿐이다. 일상 생활을 하는 대다수의 사람들에게는 거의 의미가 없다. 언어학도 실용적인 몫을 맡고자 할진대, 모름지기 의미들의 집적인 사회관계와 일에 초점을 모아야 한다. 본디 말은 일을 하고 관계를 맺기 위해 존재하였고, 원래대로의 목적으로 되돌아가는 것이다. 이것이 비판적 담화에서 핵심점이 된다.

  담화(discourse)는 독일 쪽에서는 덩잇글/덩잇말(text)로 부르지만, 동일하게 발화나 문장들이 얽히고 나서, 다시 일관된 이념이나 가치를 배경으로 하여 더 크게 얽힌 구조물이라는 점에 모두 동의한다. 그런데 왜 순수 담화 연구와 비판적 담화 연구로 나뉘는 것일까? 여기서도 '형

식 : 내용'의 대립이 재연(再燃)된다. 담화에서 전개 형식들에 초점을 모을 수도 있고, 그 형식을 이용하여 무슨 일을 하려는지에 초점을 모을 수도 있다. 후자에서는 특히 기득권층의 이득 갈취 방식이나 가치 세뇌에 칼을 들이대는데, 이를 '가치' 또는 '이념'의 문제로 부른다.

먼저 순수 담화 연구들에 대하여 간략히 개관하기로 한다. 순수한 쪽의 담화 연구는 형식 언어학에 대한 비판을 하면서 나온 기능주의 언어학(Halliday)과 사회 언어학(Gumperz, Hymes, Schegloff)의 전통을 계속 잇고 있다. 특히 오늘날 심리학자들과 제2 언어교육 전공자들이 주류를 이룬다. 화란 언어학자 폰데익(van Dijk)과 미국 심리학자 킨취(Kintsch)가 함께 1983년 『담화 이해에 대한 몇 가지 전략(*Strategies of Discourse Comprehension*)』(Academic Press)과 여러 학회에서 교육용 책자로 집필한 그뢰이써·건스바커·골드먼 엮음(Graesser, Gernsbacher, and Goldman 2003) 『담화 처리 소백과(*Handbook of Discourse Processes*)』(Lawrence Erlbaum)와 응용 언어학 대가 위도슨(Widdowson 2004; 김지홍 뒤침 2018) 『텍스트, 상황 맥락, 숨겨진 의도』(경진출판)가 이런 흐름을 대표할 수 있다.

여기서는 필자가 한국연구재단의 지원으로 번역한 킨취(Kintsch 1998; 김지홍·문선모 뒤침 2010) 『이해: 인지 패러다임, I~II』(나남)을 소개하기로 한다. 현재 콜로라도 주립대학의 명예교수인 킨취 교수는 40년 넘게 언어 이해를 중심으로 하여 언어심리학을 이끌어 온 대가이다. 언어학 또는 언어교육 분야와는 달리 심리학에서는 담화를 우리 머릿속에 저장하는 과정 및 인출하는 과정까지도 유기적으로 다루고 있어서 더욱 도움이 된다. 담화를 처리하기 위해서는 먼저 담화의 최소 단위를 결정해야 한다. 언어학(Chafe 1994)에서는 절-유사(clause-like) 단위로 부르고,[94] 철학이나 심리학에서는 단언(proposition, 명제)이라고 부른다. 일단 심리학적 실재로 입증되는 최소 단위가 결정되면, 본격적으로 그

---

94) 췌이프(Chafe 1994; 김병원·성기철 뒤침 2006), 『담화와 의식과 시간: 언어 의식론』(한국문화사)을 보기 바란다.

단위들이 결합하고 연결되는 방식을 다뤄야 한다. 언어에만 초점을 모으는 접근에서는 크게 미시영역(또는 미시구조로 부름)과 거시영역(또는 거시구조)으로 구분한다. 왜냐하면 미시영역에서는 언어 형태들에 의해 최소단위들이 얽히고 짜이기 때문이다. 그렇지만 거시영역을 묶거나 일관성을 부여하게 되는 고정되어 있는 특정 언어 형식은 존재하지 않는다. 오직 머릿속의 배경지식을 가동시켜 짜임새를 부여해 나갈 뿐인데, 이런 과정을 추론(inference)이라고도[95] 부른다.

심리학에서는 결코 이것만으로 작업이 종결되었다고 선언하지 않는다. 이런 과정의 결과물이 어떻게 머릿속 기억에 저장되는지, 그리고 어떻게 유관한 기억들을 불러내는지(인출 과정)에 대해서도 진지한 논제로서 다루게 된다. 중간에서 이런 심부름을 하는 두뇌 부서를 각각 '단기 작업기억'과 '장기 작업기억'으로 부르는데, 후자에서는 전문지식의 처리를 위해 장기기억 속에 있는 '인출구조'를 꺼내는 일과 긴밀히 관련된다.

킨취 교수는 크게 '덩잇글 기반'을 마련하는 일과 '상황모형'을 만들어 기억 속에 넣는 일을 다루고 있다. 덩잇글 기반은 앞에서 언급한 미시영역과 거시영역으로 나뉘는데, 그 결과물을 각각 미시구조(microstructure)와 거시구조(macrostructure)로 부른다. 덩잇글 기반을 마련하는 일은 두가지 작용을 통해 일어난다. 정보를 덜어내는 일(reduction)과 정보를 더해 놓는 일(accretion)인데, 이를 '구성 과정(construction)' 또는 추론이라고 부른다.[96] 이 구성 과정의 결과물이 덩잇글 기반(text-base)이다.

---

95) 서구 논리학에서는 추론을 주로 귀납법과 연역법을 이용하여 전개시켜 왔다. 그렇지만 퍼어스(C. S. Pierce, 1839~1914)에서는 언어 표현과 머릿속 정보를 결합하여 새로운 결론을 내리는 추론도 우리 일상생활에서 아주 중요함을 처음으로 지적하였고, 이를 abduction(하나의 사실이 주어지면 배경정보에 근거하여 추론하는 일)으로 불렀다. 그렇지만 언어 이해에서 언급하는 '추론'은 논리 형식을 이용하는 추론과 달리 어림짐작으로 일관성을 찾아나가는 비형식적 추론이다. 일찍이 흄(1739)에서는 관념들 사이의 연결을 reasoning으로, 감각들 사이의 연결을 inference로 구분했던 적이 있었다(29쪽의 각주 8 참고). 그러나 뒷사람들이 서로 뒤섞어 쓰는 듯하다.

자연언어의 형태가 이런 구성 과정에 간여하는 방식은 오직 미시구조에 있을 뿐이다. 단언과 단언의 연결은 추상적 대상이다. 그럼에도 불구하고 단언들을 서로 붙여 놓으려면 추상적인 도구를 쓸 수밖에 없다. 그 도구가 이른바 결속(cohesion, 통사 결속)이라는 이름으로 불리는 다음 다섯 가지 기제이다. 이 기제에 대한 첫 논의는 핼러데이·허싼(Halliday and Hasan 1976) 『영어에서의 결속 속성(*Cohesion in English*)』(Longman)에서부터이다. 이는 동일한 종류의 사건 연결인지, 그렇지 않은지에 따라 크게 대분된다.

(1) 진화의 역사 위에서 인류가 종의 특성으로서 언어를 획득한 이후에 이를 가능하게 만든 바탕은, 사건 그 자체를 분할하여 '언어의 내적 구조'(주어와 술어로 나뉨)를 표상하게 된 데에 있다. 일련의 사건이 자유 의지를 지닌 동일한 사람에 의해 일어날 경우에, 동일한 사람을 언어적으로 지정해 줌으로써, 그 사건들이 '왕자풀'(뽄드)처럼 긴밀히 달라붙어 있는 것으로 우리가 이해를 하게 된다. 이런 이해의 바탕에는 평소에 체험하였던 사건 연결체를 작업기억에 불러들여 연상을 함으로써 작동하는 것이다. 이것이 이른바 지시표현인데, 영어에서는 소리 형식이 있는 대명사를 통해서 나오고, 우리말에서는 공범주(empty category, 소리 형식 결여됨) 대명사를 쓰게 된다. 단언하건대, 지시표현이 크로마뇽인의 탄생 이후에 단연코 어른들이 제일 많이 이용되는 '언어 표현'

---

96) 폰대익(van Dijk 1980; 서종훈 뒤침 2017), 『거시구조』(경진출판)에서 처음 문을 열었고, 계속 정교하게 가다듬어져 왔다. 폰대익 교수의 네 가지 거시구조 형성 규칙은 다음과 같다.

① 삭제
② 선택(여기에는 그대로 놔두는 zero rule '무위적용 규칙'도 들어 있음)
③ 일반화
④ 구성(construction)

더 나아가 킨취(1993: 193~202쪽), 「덩잇글 이해에서 정보 더해 놓기 및 정보 덜어내기: 추론(Information accretion and reduction in text processing: Inferences)」, 『담화 처리(*Discourse Processing*)』 제16호에서는 더욱 간단하게 정보 덜어내기와 정보 더해 놓기로 나누었을 뿐이다.

을 붙여 놓는 왕자풀이다.

(2) 반면에 어린이들은 접속사를 이용하여 붙여 놓는다. 나이가 더 어릴수록 접속사의 사용이 잦다고 알려져 있고, 어느 정도 나이가 들면 접속사는 반드시 필요한 경우가 아니라면 잘 쓰지 않는 것으로 알려져 있다. 마치 내를 건너는 데에 보폭이 짧으면 징검다리의 폭도 좁게 빽빽히 놓여 있어야 하는 것에 비유할 수 있다. 어른들은 굳이 접속사의 도움이 없이도 명제들이나 문장들 사이의 관계를 스스로 재구성하면서 이해해 나가는 것이다. 이런 일이 가능해지기 위해서는 반드시 사춘기 이후에 완벽히 발달된다는 전전두엽의 작업기억이 잘 갖춰져 있어야 한다.

(3) 두 번째로 어른들이 많이 이용하는 방식은 낱말들의 사슬(어휘 사슬, 낱말 간의 사슬)을 만들어 놓는 일이다. 이는 특히 글말에서 핵심적 속성이다. 고유한 글말 전통이 없이 한문 위주로[97] 글말살이를 해 온 우리 문화에서는 자주 이용되지 않는 듯하다. 그렇지만 한 낱말에 관련 된 변이 가능한 낱말들로 명제들 사이에서 사슬을 만들어 놓는 일은 중요하다. 영어 글말을 대상으로 하여 464쪽 이하에서 낱말 사슬(lexical chain)을 만드는 기제를 분석한 호이(Hoey 1991) 『덩잇글에서 낱말 사슬 의 여러 유형(*Patterns of Lexis in Text*)』(Oxford University Press)를 참고하기 바란다.

(4)~(5) 이제 남은 결속 기제는 동일한 유형의 사건을 대상으로 하는 데, 하나는 생략이고, 다른 하나는 대용 표현(그러하다, do so)을 쓰는 일이다. 생략과 대용이라는 두 기제는 오직 제한적으로 담화에서 동일

---

97) 한문에서도 어김없이 같은 낱말의 반복을 피해야 한다고 강조함은 서구 수사학의 전통과 정확히 일치한다. 아득한 옛적의 『서경』에서뿐만 아니라, 기원전 기록인 전한(前漢) 시대 에 이미 "문상피이(文相避耳, 문장에서 같은 낱말을 쓰는 일은 서로 피할 따름이다)"(『자 치통감 강목』 BC 194년 가을 7월 기록), 또는 "변문(變文, 문장 속의 낱말을 바꾼다)"이나 "피복(避複, 같은 낱말을 거듭 쓰는 일을 피한다)"(『자치통감 강목』 BC 175년 가의[賈誼] 의 상소문)라는 수사학 원리를 명시적으로 언급하고 있다.

유형의 사건을 언급해야 하는 경우에만 관찰될 수 있다. 대용 표현을 쓰더라도 그 해석은 언어 그 자체로 결정되지 않는다. 가령,

"철수가 영이를 사랑하고, 동수도 그러하다"

에서는 대용 표현 '그러하다'가 남녀 간의 삼각관계를 가리키는 듯하다. 그렇지만 다음 문장에서는 결코 그러하지 않다.

"철수가 아내를 사랑하고, 동수도 그러하다"

비록 언어 구조가 동일하지만, 해석은 삼각관계가 아니라, 자신의 부인을 사랑하는 남편의 관계를 동일한 사건으로 복사하고 있다. 왜 그럴까? 앞에 선행한 문장에서 '철수와 영이'의 관계, 그리고 '철수와 아내'의 관계가 우리 머릿속에서 상이한 배경지식을 끌어내기 때문이다.

덩잇글 기반은 다시 기억 속에 들어가기 위하여 미리 우리가 머릿속에 저장하고 있던 감각 관련 자료들과 유기적으로 합쳐져야 한다. 왜냐하면 계몽주의 시대 이후로 인간 두뇌 속에서 작동하는 재료의 실체는 감각 자료와 개념 자료로 대분되기 때문이다. 감각 자료는

impression(감각 인상), image(인상), sense-data(감각 자료), sensibilia(감각물), percepts(지각물), qualae(재귀적으로 느끼는 감각자료, 복수는 qualia)

등으로 불리어 왔다. 이 중에서 다섯 가지 감각 자료들을 모아 놓고서 시지각의 유관 영역(시상하부) 속에서 3차원의 공간 감각을 구성해 내기 때문에(설사 맹인이라고 3차원의 공간 감각을 형성하려면 시지각 피질 및 시상하부를 작동시켜야 함이 밝혀짐), 서구 지성사에서는 이미지즘(심상주의)의 흐름처럼 압도적 비중으로 시지각 자료에 치중해 왔다. 덩잇글

기반과 감각 자료를 유기적으로 엮어 통합시켜 놓은 결과를 '상황모형'으로 부른다. 이는 개인별 편차가 불가피하지만, 모종의 공통기반을 근거로 하여 다양하게 변동될 수 있다. 이를 킨취 교수는 '통합 과정(integration)'이라고 부르며, 자신의 주장을 구성-통합 모형(CI model) 이론이라는 이름을 붙였다.

이것이 임의의 덩잇글을 이해하여 장기기억 속에 집어넣는 이해 방식인 것이다. 비록 서술의 편의를 위하여 순차적으로 단계별 서술을 하였지만, 구성-통합 과정은 반복 순환 과정이며, 이해력이 빠른 사람은 처음에서부터 몇 후보의 상황모형을 작업기억 속에 불러 대기시켜 놓고서 점차 가다듬어 나가는 것으로 가정된다. 자신이 받아들이고 있는 덩잇글 자극과 상황모형이 극명하게 차이가 날 경우에는, 상황모형을 빨리 없애고 대안이 되는 다른 후보 모형을 만들고 대기시켜야 한다. 이것이 개인마다 이해 능력의 높거나 낮은 현상(개인차)을 설명해 주기 위해 제안된 이른바 '억제 기제(inhibition)' 가설이다.[98] 그렇지만 이해에 대한 연구가 종결된 것은 아니다. 다시 인간이 이용하는 기억의 실체에 대한 복잡한 논의들이 실타래마냥 뒤얽혀 있고, 더욱이 기억을 신경생물학적으로 구현하기 위한 쟁점은 노벨 수상자들 사이에서도 서로서로를 비방하는 낮은 수준에 있기 때문이다. 갈 길이 멀고도 아득할 뿐이다.

이제 참된 실학으로서(서구에서는 응용 학문으로 부름) 비판적 담화 분석을 볼 차례이다. 여기에 깔려 있는 몇 가지 전제가 있다. 하나는 인간만이 가치를 추구하는 존재이며, 다른 하나는 나와 너와 그가 모여 인간은 사회를 이룬다는 전제이다. 개인이 지닌 가치나 믿음(또는 퍼어스의 용어로는 '믿음 고정의 과정[fixation of belief]')은 집단을 대상으로 하면 '이념'으로 불린다. 비판적 담화 분석에서는 주로 기득권층과 공적 제도에서 퍼뜨리는 이념들을 대상으로 하여 그것이 허구임을 드러내고자

---

98) 김선주(1998), 「글 이해 능력의 개인차: 억제 기제 효율성 가설을 중심으로」, 이정모·이재호 엮음, 『인지 심리학의 제문제 II』(학지사)를 읽어 보기 바란다.

한다. 따라서 비판적 안목을 갖추려면 임의의 이념에 대립하는 대안 이념이 미리 깔려 있어야 한다. 비판적 담화 분석이란 이념의 대결 현장이며, 억눌린 다수와 억울한 민초들을 해방시켜 주고자 하는 목적을 지닌다. 이런 일에 뛰어들기 위해서는 반드시 대안이 되는 가치체계와 이념에 대한 확고한 배경지식을 지녀야 한다. 이런 흐름을 인류 지성사에서는 지식인의 '비판적 기능'으로 불러왔고, 언어학의 흐름을 바꾼 참스키 교수나, 참스키 교수의 형식주의에 반발하여 인지언어학을 만든 레이코프 교수도 마지막으로 도달한 지점은 비판적 지성의 자리이다(218쪽 이하). 이는 실학이자 또한 인간을 자유롭게 하는 도덕적 명령이다. 이런 차원에서 담화 또는 화용(언어 사용)은 오직 보편적이고 일반적인 질서와 가치를 반영해 줄 따름이다.

3) 담화의 미시구조 얽기: 통사 결속 기제

여기서는 앞에서 잠깐 언급한 미시구조를 이룩하는 다섯 가지 언어 기제들을 다루기로 한다. 가장 많이 쓰이는 것은 단연 '지시표현'(대상물 가리키기)이다. 영어에서는 대명사를 이용하나 우리말에서는 소리 형식이 없는 공범주 대명사를 이용한다. 다음으로 낱말들 사이에 사슬을 만들어 놓는 방식인데, 특히 글말에서 주로 강조되어 온 기제이다. 세 번째가 나이 어린 화자에게서 찾아지는 접속사를 이용한 방식인데, 접속사들의 분류는 이미 전통적인 수사학에서 설진할 만큼 이뤄져 왔다. 마지막으로 동일한 종류의 사건일 경우에 한하여 채택되는 매우 제한된 방식이 있는데, 생략 및 대용 표현을 쓰는 일이다.

(1) 기준점 중심의 지시표현(deixis, 다익시즈)

먼저 간단하게 자의적인 기호의 하나로서 인간 언어의 특징으로 자주 거론되어 온 '가리키는 표현(deixis)'을 살펴보고 나서 통사 결속 기제들을 다뤄나가기로 한다. 이는 주로 화용 쪽에서 논의되어 왔는데, 'to show(보이다)' 또는 'to indicate(가리키다)'의 어원을 지닌 이 용어를, 일부에서는 '직시(直示, 직접 보다, 직접 보이다)'나 화시(話示, 화용상의 보임)로 번역한 경우도 있으나, 우리말 '보다, 보이다'라는 뜻이 언어 형식과 긴밀히 관련되는 것이 아니라는 점에서 다소 문제이다. 이 용어는 본디 손으로 사물을 가리키듯이, 특정 낱말로 대상을 가리킨다는 의미에서 만들어진 것이다. 만일 '가리키는 표현'을 쓸 경우에는 반드시 기준점이 명확히 밝혀져야 하며, 뷜러는 기원(origin)을 의미하는 'origo(지시 기준점)'라는 용어를 썼다. 매우 소박하게 생각한다면 기준점이 줄곧 현재 '화자'가 되겠지만, 좀 더 들어가면 가리키는 표현뿐만 아니라 이동 동사들과 관련하여서도 복합적으로 추가 사항들이 깃들어 있고, 몇 갈래로 변동함을 알 수 있다. 만일 이런 상황을 고려하면, 필자는 개인적으로 deixis라는 용어를 '기준점 중심의 지시표현'으로 번역하는 것이 좀 더 명확해지지 않을까 의심해 본다.

이 논제는 뷜러(Bühler 1934; 지광신·최경은 뒤침 2008)『언어 이론: 언어의 서술기능』(나남) 제2부 '언어의 지시영역과 지시어'에서 처음 심도 있게 다뤄졌었다. 이어 인지언어학을 만드는 데 이바지한 촤알즈 필모어(Fillmore 1997)『기준점 중심의 지시표현에 대한 강의(Lectures on Deixis)』(CSLI at Stanford University)에서도 관련 내용을 읽을 수 있는데, 특히 내용이 확대되어 시간·공간·이동동사도 다루고 있다. 최근의 논의로는, 아마 언어 산출 과정 속에서 기준점과 관련하여 언어 형식으로 달리 표현해야 하는 현상을 놓고서 이를 다룬 화란 심리학자 르펠트(Levelt 1989; 김지홍 뒤침 2008)『말하기: 그 의도에서 조음까지, 제I권』(나남) 제2장 2절 '상황(=기준점) 중심의 지시표현'일 듯하다. 그곳에서는 '인칭 지시표현, 장소 지시표현, 시간 지시표현'으로 하위 영역을 나누었다. 장소 지시표현에서는 다시 일반 좌표계를 도입하면서[99] 논의를 진행하였는데, 좌표계의 원점이 화자에게 있는 경우를 '내재적 좌표계'로 부르고, 다른 곳에 있는 경우를 '외재적 좌표계'로 불렀다. 이를 비유하면, 화자인 내가 자동차를 운전하면서 항상 맞닥뜨리는 길의 방향을 정하는 선택도 있고, 내 차를 상공에 떠 있는 비행기나 드론을 통하여 내려다보면서(네비게이션 또한 그러함) 내 자동차가 가는 방향을 서술해 줄 수도 있는 것이다. 일상 언어에서는 좌표계의 기준점은 수시로 전환이 일어나고, 문화권마다 다소간의 차이가 관찰된다. 기준점은 시간 표현에서 특히 '참조시(reference time)'라는 용어를 써서 달리 부르기도 한다.

우리말의 자료를 놓고서 이 주제를 보려면 유현경 외(2015) 『우리말 연구의 첫걸음』(보고사)의 제10장 3절 '직시'를 읽어 보기 바란다. 다만, 필자의 생각과 현격히 다른 대목이 있다. '이, 저' 그리고 '그'라는 지시 대명사('이것, 저것, 그것' 등의 결합 표현에서는 지시 관형사로 부르거나 또는 그냥 지시사로도 부름)의 제시 방식이다. 일본어와 스페인 어에서는 이렇게 지시 방식이 3원 체계로 이뤄져 있음이 잘 알려져 있다. 일본어

---

99) 위치 지시내용과 관련하여 인도 유럽 언어권에서 상정되는 세 가지 좌표계에 대한 예시 도표를 보이면 다음과 같다(김지홍 뒤침 2008: 112쪽).

좌표계＼기준점		위치 관련 기준점	
		화자 기준점	다른 개체 기준점
좌표계	화자 원점	1차적 지시표현 "공이 내 앞에 있다"	2차적 지시표현 "공이 나무 뒤에 있다"
	다른 개체 원점	서로 상충되는 개념이므로 언어 표현도 존재하지 않음	기준점이 외부 대상임 "공이 의자 앞에 있다"

는 화자 세력권/영향력이 미치는 범위에 따라 '근칭, 중칭, 원칭'으로 부른다. 일본인 산전효웅(山田孝雄)의 기술 방식이 최현배 문법 속에 이식된 뒤에, 아직까지도 우리나라 학교문법에서 이 점이 전혀 고쳐지지 않은 채 답습되고 있을 따름이다.

그렇지만 3원 체계와는 달리, 우리말이나 영어는 2원 체계이다. 영어에서는 심리적 거리감이라는 추가 요인이 덧붙어 있으므로 우리보다 조금 더 복잡하게 작동한다. 우리말에서는 두 기준점이 두 겹의 계층으로 작동한다. 화자가 좌표계의[100] 원점이 될 경우에, 원점에서 가까운 영역을 '이'로 말하고, 멀리 있다고 느끼는 경우에는 '저' 말한다. 그렇지만 '그'는 작동방식이 이것들과 판이하게 다르다. '그'에는 두 가지 용법이 있다.

① 화자와 청자가 공유하는 특정한 대상이나 영역을 가리킨다.
② 선행 또는 후행 대용으로, 임의의 언어 표현을 다시 끌어들여 가리킨다.

"그 책 줄래?"라는 요구를 듣는 사람이 머릿속에 화자와 공유하는 특정한 대상이 들어 있지 않을 경우에는 "그 책이 뭔데?"라고 반문해야 할 것이다. 서로 주고받는 이야기를 시작하면서 "그런 말 들어봤니?"라고 발화하면서 '그런 말'에 대한 부연 설명을 이어나갈 수 있다. 이는 후행 대용 표현(cataphora)에 속한다. 또한 특정한 대상이나 사람을 언급하고서, 다시 "그게, 그이가"라고 말한다면, 앞에 이미 나온 언어 표현을 대신하고 있으므로 선행 대용 표현(anaphora)으로 부른다.

---

100) 사면의 팔방과 위와 아래를 포함하는 시방(十方)을 가리키기 위하여 '좌표계'라는 전문 용어를 쓰고 있다. 기준점을 지닌 지시표현은 언제나 수의적으로 구체적 시간과 위치를 지닐 수 있다. '지난 번'에가 '어제 5시'에나 또는 '7월 9일 오후 5시'에로 수시로 바꿔 쓸 수 있기 때문이다. 아주 소략하게만 본다면, 지시 대명사나 지시 관형사의 용법은 좌표계의 한 축만을 써서 일직선상으로 화자에게서 가깝다 또는 멀리 떨어져 있다고 충분히 서로 구분하여 말할 수 있는 것이다.

유현경 외(2015: 310쪽) 『우리말 연구의 첫걸음』(보고사)에서 다음처럼 결여 형태가 관찰되지만, 아직 이유가 밝혀지지 않은 수수께끼 표현들을 필자의 논의에 따라 분명하고 아주 쉽게 설명해 줄 수 있다. 응당

    [[이 : 저] : 그]

처럼 제시되어야 일관되겠으나, 그곳에서 제시한 대로 아래에 인용하고, 다시 결여 형식을 ∅로 표시하여 재배열해 놓기로 한다.

    '이 다음/그 다음/*저 다음' ([[이 다음 : ∅] : 그 다음])
    '이 때/그 때/*저 때' ([[이 때 : ∅] : 그 때])
    '이번/*그번/저번' ([[이번 : 저번] : ∅])

'이 다음'만 있고, '*저 다음'이 없는 것은, '다음'이 가리키는 가시적이고 명시적인 영역을 상정할 수 없기 때문이다. 그러나 청자와 화자가 머릿속에 공유하고 있는 특정 시점이나, 이미 언어 표현에서 이용했던 특정 시점을 다시 도입한다면 '그 다음'이라고 말하게 된다. '이 때'만 있고, '*저 때'가 없으며(화용 상황에 따라 예외적으로 옛날 운동회 사진을 보면서 '저 때'라고 말할 수도 있음), '그 때'가 있는 것도 또한 같은 이치이다. '때'가 가시적이고 명시적 시점을 가리키는 것이 아니므로, 오직 화자가 존재하는 해당 시점이나 청자와 공유하는 특정 시점만을 가리킬 수 있을 뿐이다. 다만, '접때'(과거 일정 시폭의 시간)라는 낱말이 있는데, 새로 들어 있는 받침 'ㅂ'이 시폭의 영역을 붙들고서 가리켜 주는 것으로 설명해야 할 듯하다. 이런 결여 형태와는 달리, 차례를 뜻하는 번(番)은 '이번'이나 '저번'만이 가능하고, '*그번'은 불가능하다. 종이 위에 목록 형태로 써 놓지 않은 상태에서, 차례는 오직 화자 원점을 기준점으로 하여 일직선 상에서 가까운지 멀리 떨어져 있는지에 따라서만 언

급될 수 있다. 이것이 '이번, 저번'만이 모두 가능한 표현이 되는 이유이다. 그렇지만 '*그번'이란 차례는 불가능하다. 전형적으로 화자 중심으로 순서 짓는 방식에는(이것만이 유일무이한 차례 짓기가 됨), 그렇게 정해진 차례에는 청자가 원점으로 작용하여 공유된 특정한 차례란 더 이상 존재할 수 없기 때문이다. 만일 청자 차례가 허용된다면 뒤죽박죽이어서 더 이상 차례라고 표현할 수도 없게 된다.

(2) 지시표현

지시표현은 하나의 문장과 하나의 문장을 묶어 주는 가장 흔하고 가장 많이 쓰이는 언어 기제이다. 동일한 현상을 놓고서 대용 표현이나 조응 표현으로 달리 부르기도 한다. 이 글에서는 '그러하다' 따위를 '대용 표현'으로 부르려고 하므로, 서로 구분을 해 주기 위하여 '지시표현'이란 용어를 선택하였다. 조응(照應, 비추어 응하다)이란 말은 '빛을 비춰 대상과 그림자 사이에 서로 일치하듯이 대응한다'는 뜻을 지닌 듯한데, 제대로 그 뜻을 가늠하거나 새기기가 쉽지 않다. 필자 개인의 판단에는, 두 대상이 서로 동일한 것임을 가리키는 데에는 적합한 낱말이 아닌 듯하다. 지시표현은 담화를 묶는 기제로 다음처럼 쓰인다.

"철수가 도서관에 왔다"
"＿ 영이를 찾았다"

라는 두 개의 발화가 서로 이어져 말해질 경우에, 한국어를 쓰는 사람이라면 '누가' 영이를 찾았는지 명확히 알 수 있다. 영어를 쓰는 사람이라면 'he(그가)'라는 인칭 대명사를 썼을 것이다. '＿' 곳에는 머릿속으로 '철수'가 있다고 여긴다. 우리말에서는 소리값이 없는 공범주 대명사 'e'(empty에서 따왔으나, 일부에서는 pronoun의 앞쪽을 따서 'pro'로도 씀)를 쓰고, 같은 대상임을 가리켜 주는 지표(영어로 index이므로, 편의상 'i'부터 시작하여 아랫첨자 'i, j, k, ...'를 붙여 동일한 대상임을 표시해 줌)를 함께 써서

"철수$_i$가 도서관에 왔다. e$_i$ 영이를 찾았다"
"John$_i$ arrived at the library. He$_i$ tried to find Sue"

와 같이 나타내 준다. 남성 단수 인칭 대명사 'he'가 나와야 하는 영어 표현에서도 동일한 지표를 붙여 줄 수 있다. 이런 표상으로써, 두 문장이 자유의지를 지닌 주체 '철수' 또는 'John'에 의해서 시작된 일련의 사건 연결체임을 알 수 있게 해 준다. 두 문장에 걸쳐 있는 낱말들이 같은 지표로 묶여 있다고 하여 이를 특히 '결속(binding)'이라고 부르고 있다. 필자는 우리말의 이런 방식을 학생들에게 쉽게 설명해 주기 위해서, 주인공을 따라가면서 비디오를 찍는 일을 같이 연상시켜 준다. 비디오 기사는 언제나 처음 주인공의 뒤를 바짝 따라다니면서 그 주인공의 행동들을 연달아 찍어야 한다. 첫 화면에 배경과 더불어 주인공이 등장하면, 다음 장면부터는 마치 주인공의 눈이나 되는 듯이, 촬영 기사는 주인공 시각을 중심으로 하여 사건들을 찍어나갈 수 있다. 이런 점이 두 번째 문장에서부터 공범주 대명사를 쓰는 일과 매우 닮아 있다.

"___ 영이를 찾았다"에서 생략이라고 말하지 않고, 굳이 공범주 대명사 e를 표시해 놓는 이유는, 이 환경이 '생략 조건'이 되지 못하기 때문이다. 뒤에서 언급되겠지만, 동일한 종류의 사건이 반복될 경우에는 ① 생략이 일어나거나 ② 대용 표현 '그러하다'가 쓰일 수 있다. 생략은 반드시 '복원 가능성'을 전제로 하여 일어난다. 공범주 대명사가 쓰이는 환경은 동일한 사건이 '반복'되어 일어나는 것도 아니고, '복원'을 전제로 하는 바도 없기 때문이다. 만일 이런 환경에서 공범주 대명사를 쓰지 않은 채 앞의 두 문장에서 모두 '철수'를 구현할 수도 있다. 이 경우에는 해석이 달라질 수밖에 없다.

"철수가 도서관에 왔다. 철수가 영이를 찾았다"

"John arrived at the library. John tried to find Sue"

우리말에서는 대체로 두 개의 사건(온 사건, 찾는 사건)이 시간상 현격히 떨어져 있어서, 각각 별개의 사건 연쇄 속에 들어 있는 듯이 관념할 가능성이 높다. 영어에서는 반드시 인칭 대명사로 바꿔야 하는 필수 규칙이 작용하기 때문에, 동시에 일어나는 사건이라 하더라도 앞의 John(존 케네디)과 뒤의 John(존 버틀러)이 서로 다른 사람이라고 여길 개연성이 높다. 이런 이유로 통사론의 논의에서는 공범주 대명사 e를 표시해 주는데, 이 대명사의 범주를 더 자세히 구명하여, 흔히 이태리 어에서 자주 관찰되는 작은 공범주 대명사 pro를 써 넣기도 한다. 이는 구조가 엄격히 짜인 영어에서 설정하는 큰 공범주 대명사 PRO와 대립 된다. 이 글에서는 공범주 대명사의 실체를 더 자세히 다루지 않은 채 그냥 넘어가기로 한다.

이미 이런 일반적인 언어 기제에 대해서는 생성문법을 창도한 참스 키 교수에 의해서도 이런 지시표현이 어떻게 선행 또는 후행 표현과 결속되고(지표를 받고) 해석이 이뤄지는지를 놓고 결속(binding)이란 개 념으로 심도 있게 다룬 바 있다. 심리학자들도 언어 처리와 관련하여 local coherence(지엽적 연결)이란 개념으로 논의가 온축되어 왔으며, 자 연 언어의 전산처리 쪽에서도 centering(중심소 전개하기)의 개념으로 다 뤄져 왔다.[101]

특히 우리말 자료들을 놓고서 참스키 이론을 적용하려는 양동휘(1988) 『한국어의 대용화』(한국연구원)와 우리말의 독자성을 찾아내려는 임홍빈

---

101) 언어 이해의 심리학적 과정을 명시적으로 논의한 책은 킨취(Kintsch 1998; 김지홍·문선 모 뒤침 2010), 『이해: 인지 패러다임, I~II』(나남)을 읽어 보기 바란다. 전산처리 쪽에서 는 워커·조쉬·프륀스 엮음(Walker, Joshi, and Prince 1998), 『담화에서 중심소 전개 이론 (Centering Theory in Discourse)』(Clarendon)을 보기 바란다.

(1987)『국어의 재귀사 연구』(신구문화사) 사이에서 심도 있는 논쟁이 촉발된 바 있다. 이런 생산적 논쟁 덕택에 우리말의 연구 수준이 크게 향상된 것으로 평가된다. 생성문법의 발전 과정에서 지시표현을 중심으로 한 이론이 어떻게 전개되었는지에 대해서 김용석(1996)『대용화 문법론: 그 이론적 동향과 한국어의 제현상』(한신문화사)에서 충실히 개관할 수 있다. 최근 김광희(2011)「대용 표현 연구의 이론과 논점」, 유현경 외 6인『한국어 통사론의 현상과 이론』(태학사)도 유용한 개관 논문이다.

이런 지시표현을 다룰 경우에, 일반적으로 대명사들만을 논의의 대상으로 삼고 있지만, 우리말의 표현 관습에 따르면 흔히 사람을 가리키는 대명사를 쓰기보다는 그 사람과 관련된 직위나 신분이나 고향(가령, '경주ㅅ댁[慶州ㅅ宅], 산청ㅅ댁[山淸ㅅ宅]' 등) 따위를 대신 쓰기도 하며, 옛날에는 호 또는 자(字)를[102] 대신 부르기도 하였다. 이런 특성을 고려하면 지시표현의 범위를 대명사에 한정해서는 일부 실상을 드러내지 못할 수 있다.

---

102) 지금은 없어진 풍속인데, 옛날 선비들은 자신의 이름 글자와 관련하여 따로 자(字)를 만들어 쓰는 일이 허다하였다. 경상대학교 한문학과에서는 만 20세가 되는 학생들에게 성인식(남자는 관례, 여자는 계례)을 치르면서 '자(字)'를 지어 주는 풍습이 있다. 옛날에는 '이름(名)'을 소중히 여겼으므로, 함부로 부르지 않았었다. 호(號, 남이 불러주는 다른 이름)를 짓는 이유도 마찬가지이다. 특히 임금의 이름 글자들은 직접 부르기를 꺼리기 때문에, 중국의 운서에서는 피휘(避諱, 함부로 불러서는 안 되는) 글자로 맨 처음에 올려 놓기도 하였다.

　　조선을 세운 이성계는 다시 이름을 '아침 단(旦)'으로 고쳤기 때문에, 조선조 학자들은 모두 이를 피하여 대신 동일한 의미를 지닌 '아침 조(朝)'로 바꾸어 썼다. 가령, 고려말 조선초에 살았던 제주 사람 고인단(高仁旦)이 때로 피휘하여 고인조(高仁朝)로 씌어 있는 경우가 있다. 고(故) 양주동 교수가 독학하면서 '인칭 대명사'라는 말이 무슨 뜻인지 알 수 없었다는 글이 있다. 문화 전통이 서로 달랐으므로 그 어려움을 충분히 공감할 수 있는데, 우리나라에서처럼 신분이나 지위나 당호로써 호칭이나 지칭을 하는 전통이 서구에서는 거의 없기 때문이다. 서구 문법에 따르면 대명사가 아니라, 오직 고유명사나 집단명사로 분류될 뿐이다.

(3) 낱말 사슬 만들어 놓기

담화를 얽고 엮는 두 번째 빈출 기제가 '낱말 사슬(lexical chain)'을 만들어 주는 일이다. 이는 'thesaurus(유관 낱말 총괄 사전, 관련 어휘 총괄 사전)'라는 도구사전과 함께 활용되어야 가능하다. 그렇지만 글말의 역사와 전통이 세워져 있지 않은 '우리글'에서는 여기에 대한 의식이 아직 갖추어져 있지 않다. 도구사전으로서 우리 쪽에서는 북한 학자들이 공동 작업(김일성 종합대·평양 외국어대·김형직 사범대·사회과학원 교수진)으로 2006년 펴낸『우리말 글쓰기 연관어 대사전, 상~하』(황토출판사)을 필두로 하여, 고(故) 김광해 교수의 연구를 이은 서울대 국어교육연구소·낱말 어휘정보 처리 연구소(2010)『넓은 풀이 우리말 유의어 대사전, 1권~7권』(㉆ 낱말)이 출간되었지만, 아직 일반인들에게 보급되기는 어려운 실정이다. 서구의 수사학 및 한문 문화권에서는 일찍부터 이런 낱말 사슬을 만드는 일이 집중적으로 훈련되어 왔지만, 우리 문화에서는 아직 뚜렷한 자취를 찾기 힘들다. 그럼에도 불구하고 담화를 얽어 짜 나가는 두 번째 빈출 방식이므로, 여기서는 낱말 연쇄에 대한 정상 지위의 업적을 중심으로 하여 소략하게 설명을 베풀어 나갈 것이다.

1970년의 후반 들어서서 담화 연구가 시작된 이래, 낱말 사슬(lexical chain, 어휘 연쇄)에 대한 연구 중 압권은 단연 호이(Hoey 1991)『덩잇글에서 낱말 사슬의 여러 유형(*Patterns of Lexis in Text*)』(Oxford University Press)이다.[103] 서구에서는 신문 등에서 자주 이런 낱말 사슬들을 찾을 수

---

103) 영어에서는 'word, vocabulary, lexicon, lexis, lemma, lexeme' 등의 용어가 쓰이는데, 내포 의미들이 서로 다르다. 우리말에서는 낱말과 어휘 정도만을 구분한다. 낱말들을 모으고 다시 형태소나 관용구를 모아 놓을 경우에 상의어로 '어휘'라는 말을 쓰고 있다. 영어에서는 word와 vocabulary가 각각 낱말과 어휘에 짝이 될 수 있다. 그런데 그 이하의 용어들은 특정한 전제들이 깔려 있다. lexicon은 생성문법에서 쓰는 용어로 통사를 투영하는 선택 자질(논항과 의미역)이 들어 있는 낱말들의 집합을 뜻하고, lexis는 곡용과 활용을 다양하게 하는 개별 낱말들을 따로 세지 않고 오직 낱말 원형만을 하나의 기본단위로 다루기 위해 언어교육 쪽에서 쓰며, 어휘들의 집합체이다. 마지막 두 개의 용어는 심리학에서 쓰는데, 낱말들이 머릿속에 저장될 경우에 반드시 두 개의 기억 창고에 따로 저장된다고

있는데, 낱말 사슬이 확보됨에 따라 독자나 청자는 일관된 주제가 계속 전개되고 발전되어 나간다고 느끼게 된다. 따라서 동일한 낱말을 그대로 반복할 경우에는,[104] 지능지수가 낮다거나 전문지식이 없는 것으로 오해를 살 소지가 있다. 따라서 서구의 초중등 모국어 교육에서는 글말 교육에서 가르쳐야 할 핵심 중 하나이다. 쿡(Cook 1989; 김지홍 뒤침 2003: 38쪽)『담화: 옥스포드 언어교육 지침서』(범문사)에서는 이를 '품격 있는' 반복이라고 언급하였다. 머카씨(McCarthy 1990; 김지홍 뒤침 2003: 159쪽 이하)『어휘: 옥스포드 언어교육 지침서』(범문사)에서는 다음의 신문 기사를 예시로 제시하였는데, 밑줄 그은 낱말로부터 사슬들이 관찰된다(학습자들에게 6개의 낱말 사슬을 찾도록 하는 물음이 들어 있음).

바닷가 휴양지가 여전히 최고

영국 사람들에게는 여전히 해변 주위에서 빈둥대는 것이 가장 선호되는 휴가이다. 그리고 태양이 작열하는 이국적 휴양지의 대중성에도 불구하고, 우리들은 대부분 집에서 휴가 보내기를 좋아한다. 새로운 유럽 경제 공동체의 조사에 따르면, 휴가를 떠나는 영국인들은 거의 60 퍼센트가 해변으로 향해 가고, 이들 중 3분의 1이 외국으로 나간다. 우리들 40 퍼센트는 1년에 휴가를 하루만 가지지만, 21퍼센트는 여러 차례 휴가를 즐긴다. 지난 해에는 39 퍼센트가 하루의 휴가도 갖지 못하였는데, 그들이 휴가를 낼 수 없었음을 말해 주고 있다.

영국 공영방송(BBC)의 기사를 놓고서 호이(1998)에서는 다음과 같이 낱말 사슬을 예시로 제시하여 분석한 바 있다(선으로 연결됨).

가정하고, 통사·의미값을 담고 있는 것을 lemma(낱말의 통사·의미 정보)로 부르고, 음성·형태값을 지닌 것을 lexeme(낱말의 음성·형태 정보)라고 달리 부른다. 이 글에서는 이러한 자세한 구분이 필요하지 않으며, 순수한 우리말인 '낱말'을 주로 써 나가기로 한다.

104) 필자가 지도한 학생 중에서 박사 논문의 초고에 일부러 '낱말 사슬'을 시도하여 제출한 경우가 있었다. 소설가 겸 문학 교육을 전공하는 심사자 한 분은 이런 사슬 형성에 대하여 매우 부정적으로 반응을 하였다. "왜 굳이 같은 개념을 하나의 낱말로만 쓸 것이지, 여러 개의 낱말로 달리 쓰느냐?"고 반문을 하였고, 그 결과 오직 하나의 낱말로 통일하여 고쳤던 적이 있었다. 우리글에서는 아직 글말 등급이나 수준이 서로 차별화되어 있지 않은 단계일 듯이 느껴진다.

2.2 1 A drug known to produce violent reactions in humans has been used for sedating grizzly bears Ursus arctos in Montana, USA, according to a report in The New York Times.
2 After one bear, known to be a peaceable animal, killed and ate a camper in an unprovoked attack, scientists discovered it had been tranquillized 11 times with phencyclidine, or 'angel dust', which causes hallucinations and sometimes gives the user an irrational feeling of destructive power.
3 Many wild bears have become 'garbage junkies', feeding from dumps around human developments.
4 To avoid potentially dangerous clashes between them and humans, scientists are trying to rehabilitate the animals by drugging them and releasing them in uninhabited areas.
5 Although some biologists deny that the mind-altering drug was responsible for uncharacteristic behaviour of this particular bear, no research has been done into the effects of giving grizzly bears or other mammals repeated doses of phencyclidine.

① 뉴욕 타임즈 신문 기사에 따르면, 사람들에게서 과격한 반응을 만들어 내는 것으로 알려진 약이 미국 서북부 몬테너 주에서 북극곰으로 알려진 회색 곰들을 진정시키기 위해 사용되어 왔다.

② 온순한 동물로 알려진 곰 한 마리가 일부러 자극지도 않았음에도 공격 하여 야영자 한 명을 죽여 잡아먹은 뒤에, 과학자들은 그 놈이 마취제 펜사이클리딘 또는 '가루 약'으로 11차례나 진정되었었음을 발견하였는데, 이는 환각을 불러일으키며 복용자로 하여금 가끔씩 분별력 없는 파괴력의 느낌을 준다(=일으켜 놓는다).

③ 많은 야생 곰들이 인간 개발지 주위에 있는 쓰레기 더미들로부터 뒤져 먹으면서 '쓰레기통 열광꾼'으로 되어 왔다.

④ 그놈들과 인간들 사이에 잠재적으로 위험한 충돌을 피하기 위하여, 과학자 들은 그놈들을 마취시키고서 사람이 살지 않는 지역에 풀어놓아 줌으로써 그 동물들을 자연으로 복귀시키려고 애쓰고 있는 중이다.

⑤ 비록 일부 생물학자들이 향정신성 마약이 이 특정한 곰의 예외적인 행동에 책임이 있음을 부인하지만, 아직 회색 곰들 또는 다른 포유류 동물들에게 펜사이클리딘의 반복 투여를 해 주는 영향을 놓고서 어떤 조사 연구도 실시된 적이 없다.

이런 낱말 사슬이 크게 '낱말 단순 반복' 및 '낱말 혼효 반복'으로 나옴에 주목하고, 호이(1998: 68쪽 이하)에서는 이들을 판정하는 흐름도를 다음처럼 제시한 바 있다.

낱말 반복에 따른 사슬의 종류 찾아내기

이런 흐름도를 따라 반복되는 실선들이 합쳐진다면 해당 그물의 강도나 문장들 사이의 유대를 표상해 줄 수 있다. 호이 책 97쪽에서『정치사상의 거장들』이라는 책 속의 일부 본문을 분석하여 문장들 사이의 유대 정도를 다음과 같이 제시한 바 있다.

< 문장들 사이의 연결 강도의 수치 >(음영은 유대의 형성 기준치를 넘어서 활성화된 값임)

①	④	⑫	문장	⑯	⑰	⑱	⑲	⑳	㉑	㉒	㉓	㉔	㉕	㉖	㉗	㉘	㉙	㉚	㉛	㉜	㉝	㉞	㉟	㊱	㊲	㊳	㊴	㊵
3	2	2	⑰	1	⑰																							
ø	ø	ø	⑱	ø	ø	⑱																						
2	1	1	⑲	1	2	ø	⑲																					
2	1	1	⑳	1	2	ø	5	⑳																				
4	2	2	㉑	2	4[5]	ø	3	3	㉑																			
1	ø	ø	㉒	ø	1	ø	1	3	2	㉒																		
4	3	2	㉓	2	4	ø	2	3	4	1·	㉓																	
2	2	3	㉔	3	3	ø	1	1	3	1	4	㉔																
2	ø	ø	㉕	1	ø	ø	2	3	1[2]	1	2	ø	㉕															
3	1	1	㉖	ø	2	ø	3	6	2	3	3	ø	4	㉖														
ø	ø	ø	㉗	ø	1	ø	ø	ø	ø	ø	ø	ø	ø	2	㉗													
2[3]	2	2	㉘	2	3	ø	4	5	3[4]	2	3	2	3	6[7]	ø	㉘												
1	ø	ø	㉙	ø	1	ø	2	2	1	ø	1	ø	2	2	ø	2	㉙											
ø	ø	ø	㉚	ø	ø	ø	1	1	ø	ø	ø	ø	1	1	ø	1	1	㉚										
ø	1	ø	㉛	1	ø	ø	1[2]	2	ø	ø	ø	ø	1	1	ø	1	1	2	㉛									
ø	ø	ø	㉜	ø	ø	ø	ø	1	ø	ø	ø	ø	ø	ø	ø	2	ø	2	ø	㉜								
ø	ø	ø	㉝	ø	ø	ø	1	1	1	ø	ø	ø	1	2	ø	1	1	1	2	2	㉝							
1	1	1	㉞	ø	1	ø	2	3	1	2	1	ø	1	3	ø	3	4	ø	ø	3	ø	㉞						
ø	ø	ø	㉟	ø	ø	ø	ø	ø	1	ø	ø	ø	1	ø	ø	ø	1	1	1	3	1	㉟						
3	1	1	㊱	1	2	ø	2	2	2	1	5	1	1	2	ø	2	1	ø	ø	ø	1	1	2	㊱				
1[2]	2	2	㊲	1	2[3]	ø	1	1	2	ø	ø	2	ø	2	ø	1	1	ø	ø	ø	1	ø	ø	1	㊲			
4	3	3	㊳	2	3[4]	ø	3	4	4	1	4	2	2	3	ø	3	1	ø	ø	ø	ø	1	ø	2	3	㊳		
1	3	3	㊴	1	1	ø	1	2	2	1	3	2	2	2	ø	3	1	1	1	ø	ø	ø	ø	1	1	7	㊴	
2	2	ø	㊵	ø	1	ø	1	3	2	2	2	ø	2	4	ø	2	1	ø	ø	ø	ø	2	ø	1	ø	2	1	

(4) 접속사를 통한 담화 전개

담화를 연구하는 사람들 사이에서는 일찍부터 접속사에[105] 주목을 하고, 미시구조를 형성하기 위한 접속사와 거시구조를 이어주는 접속사들이 글 이해의 방식에 차이를 일으킨다는 사실을 밝혀 왔다. 대표적인 본보기 연구가 쇼드런·뤼춰드즈(Chaudron and Richards 1986)인데, 누넌 (Nunan 1992)『언어 학습에서의 연구 방법론(*Research Methods in Language Learning*)』(Cambridge University Press) 제2장 5절에 자세히 설명되어 있다. 미국 역사에 관한 어떤 강의 내용을 놓고서 접속사(접속 표지)들을 이용

---

105) 우리말에서는 연결 어미들이 접속의 역할을 맡고 있으므로, 따로 접속사라는 범주를 내세우지 않는다. 대신 문장 첫 머리에서 관찰되는 부류들을 '접속 부사'라고 불러 왔다. 이 항목의 서술에서는 이런 언어 간의 차이를 크게 부각시키지 않는다. 대신 모두 '접속' 기능을 하는 요소들을 통칭하여 '접속사'로 부르기로 한다.

하여 네 가지 담화를 만들었다.

① 전혀 윤색을 하지 않은 원래 내용,

② 미시구조를 이루는 접속사('미시 표지'로도 불림)를 집어넣은 내용,

③ 거시구조를 이루는 접속사('거시 표지'로도 불림)를 집어넣은 내용,

④ 미시구조와 거시구조에 필요한 접속사를 모두 집어넣은 내용

그리고 이 실험에 썼던 접속사들은 전통 문법에서 말하는 것뿐만 아니라, 또한 다음 도표에서와 같이 담화 이해를 촉진해 주는 화용 표지(일부에서는 filler[군말]로도 부름)들도 포함되어 있다.

하위 범주	사 례
시간 연결	then(그런 뒤), and(그리고), now(이제), after this(이 일 뒤에), at that time(그때)
인과 연결	because(왜냐하면), so(따라서)
대조적 관계	but(그러나), actually(사실은)
상대적 강조	you see(아시겠지만), unbelievably(믿을 수 없을 만큼), of course(물론)
마디 만들기	well(그럼), OK(좋아요), all right?(괜찮습니까?)

앞에서 변형시킨 네 가지 담화 내용들의 사례는 다음과 같은데, 밑줄 그은 부분이 추가된 부분이다.

① 윤색 없는 원래 담화

"The United States came into existence officially in 1783 after eight years of war …"(8년에 걸친 전쟁 뒤 1783년에 공식적으로 미국 합중국이 존재하게 되었습니다)

"By 1803, the original thirteen colonies had doubled in size …"(1803년까지, 원래의 13군데 식민지들이 크기가 곱절이 되었습니다)

② 미시구조의 접속사를 집어넣은 담화

"*Well*, the United States came into existence officially in 1783 after eight years of war …"(그런데, 8년에 걸친 전쟁 뒤 1783년에 공식적으로 미국 합중국이 존재하게 되었습니다)

"*And so*, by 1803, the original thirteen colonies had doubled in size …"(그래서, 1803년까지, 원래의 13군데 식민지들이 크기가 곱절이 되었습니다)

③ 거시구조의 접속사를 집어넣은 담화

"*To begin with*, the United States came into existence officially in 1783 after eight years of war …"(무엇보다도, 8년에 걸친 전쟁 뒤 1783년에 공식적으로 미국 합중국이 존재하게 되었습니다)

"*What we've come to by now was that* by 1803, the original thirteen colonies had doubled in size …"(지금까지 우리가 다루어 온 바는, 1803 년까지, 원래의 13군데 식민지들이 크기가 곱절이 되었다는 것이었습니다…)

④ 거시구조 및 미시구조 접속사가 모두 집어넣은 담화

"*Well, to begin with*, the United States came into existence officially in 1783 after eight years of war …"(자, 무엇보다도, 8년에 걸친 전쟁 뒤 1783년에 공식적으로 미국 합중국이 존재하게 되었습니다)

"*And so, what we've come to by now was that* by 1803, the original thirteen colonies had doubled in size …"(그래서, 우리가 지금까지 다루어 온 바는, 1803년까지, 원래의 13군데 식민지들이 크기가 곱절이 되었다는 것이었습니다)

공분산 분석(ANCOVA)을 통해 이뤄진 이 연구에서 찾아진 결론은, 오직 거시구조를 표시해 주는 접속사(거시 표지)들만이 결정적으로 담화 이해를 촉진해 준다는 사실이었다. ③과 ④의 담화가 가장 이해가 쉬운 담화였던 것이다. 미시구조를 이루는 접속사들은 담화 이해에 기여하는 바가 거의 없었다. 담화를 읽어 나가는 접속사를 포함한 담화 표지들에 대한 연구는 앞으로 다양한 언어들을 통해서 이전의 표본 연구가 올바른 노선에 있는지 여부를 확인해 나갈 수 있다. 과문하여 아직 우리말에서 이러한 연구가 심도 있게 진행되었다는 소식은 듣지 못하였다.

우리말의 접속 부류들을 놓고서 형태론적 접근을 해 나갈 수도 있다. 만일 그럴 경우에는 해당 형태소들을 놓고 어떤 분류법을 채택하는지가 문제될 수 있다. 페어클럽(Fairclough 2003; 김지홍 뒤침 2013)『담화 분석 방법: 사회 조사연구를 위한 텍스트 분석』(경진출판) 제5장 2절에서는 절 또는 문장들의 의미관계를 중심으로 하여 다음과 같이 접속사들의 상위 범주를 제시한 바 있다.

〈 접속사의 의미관계 〉

하위 범주	실 례
㉠ 인과관계	ⓐ 이유관계: We were late *because* the train was delayed (기차가 연착되었기 때문에 우리는 지각했다) ⓑ 결과관계: The train was delayed, *so* we were late (기차가 연착되었고, 따라서 우리는 지각했다) ⓒ 목적관계: We left early *in order to* catch the first train (첫 기차를 타기 위하여 우리는 일찍 출발하였다)
㉡ 조건관계	*If* the train is delayed, we shall be late (만일 기차가 연착된다면, 우리는 지각할 것이다)
㉢ 시간관계	We were worried *when* the train was delayed (기차가 연착되었을 때 우리는 걱정하였다)
㉣ 순접관계	What a day! The train was delayed, *and* the dog was sick (재수 없는 날이로다! 기차가 연착했고, 그리고 개도 아팠다)
㉤ 부연관계	사례 제시 및 재서술을 포함한다. The train was delayed — it was due at 7:30 and arrived 9:00 (기차가 연착되었다 — 7시 30분에 왔어야 했는데 9시에 도착했다)
㉥ 역접·양보관계	The train was delyed, *but* we were still in time (기차가 연착되었지만, 그러나 우리는 여전히 시간 내에 도착하였다)

여기서 제시된 하위 범주들이 결코 불변 고정의 것은 아니다. 오직 페어클럽 교수의 개인적 견해를 드러낼 뿐이다. 오늘날 기호논리학에서는 오직 '질료 함의(material implication, 실질 함의)'만이 유일한 논리적 추론 내지 전개 방식이다.106) 이를 받아들이면, 명제들 사이에 성립하는 관계를 다음과 같이 서술해 줄 수 있다. ① 질료 함의로부터 조건관계를 이끌어내고, ② 이 관계가 언제나 관찰되고 경험된다는 전제 아래 인과관계를 확정할 수 있을 것이다. ③ 시간관계도 또한 조건관계와 밀접하게 관련되어 있는데, 결과가 결코 선행 조건보다 먼저 일어날 수 없기 때문이다. 시간이란 개념이 선후관계의 하위 개념으로 설정되는 것이다. ④ 그렇다면 공간적 나열관계와 시간적 순차관계를 양립해 놓는 편이 더욱 바람직할 수도 있다. 앞의 도표에서 인과관계 아래 들어 있는 목적 관계는, 조건관계가 일부러 후속 사건을 일으키기 위하여 설정되어 있지만, 아직 선행 사건이 현실에서 일어나지 않은 상태를 구별하여 가리키기 위한 것이다. 또한 이런 다양한 조건 관계들이 선행 사건과 뒤의 후속 사건의 결과가 서로 공통된 상위의 목적을 위해 수렴될 수 있는지, 그렇지 않은지 여부에 따라, 다시 ⑤ 순접관계와 ⑥ 역접관계로 구분될 수 있다. ⑦ 양보관계는 그런 결합이 느슨하거나 잘 찾아지지 않는 것들을 가리키는 개념이다.

이런 복잡한 관계들을 수학적으로 정의하고 도출할 경우에는 두 집합 사이의 '단사관계, 전사관계, 전·단사관계'를 확정 짓게 된다. 전·단사 관계를 만족시켜 주는 경우를 '필요·충분' 조건이라고도 부른다. 자연언어의 용법과 달라서 늘 혼동을 야기하지만, '충분' 조건은 관계를 세우기에 충분하지만 '아직 완전한 것은 아니'라는 뜻을 지니고 있다. 완벽해지려면 반드시 '필요' 조건이 더 추가되어야 한다. 수학에서는 맨 처

---

106) 뤄쏠(Russell 1903, 1937 개정 확대판), 『수학의 원리(The Principles of Mathematics)』(Norton & Co.)를 보기 바란다. 이와 대립되는 형식 함의는 우연성이 없이 필연성만을 다루므로, 하느님 영역이 될 뿐이다.

음에 숫자들을 놓고서 실수 집합이 완벽함(흔히 수학에서는 'completeness theorem[완비성 정리]'로 번역함)을 귀납적 반복 함수로서 정의해 주고 나서, 순서쌍으로 된 좌표계를 도입하여 거리 및 공간으로 확장해 나가며, 이런 관계가 재확인될 수 있는 범위에서 제3의 추상 공간을 확대하는 작업을 진행해 나간다. 이런 점에서 수학도 시간과 공간을 관계(함수)를 통하여 다루는 학문이고, 언어학도 시간과 공간으로 이뤄진 생태환경 속에서 사건들의 관계를 시·공의 축으로 표현하고, 이를 경험 기억 속에서 인출하여 이해하는 일련의 과정임을 깨달을 수 있다. 수학에서 하지 못하지만 언어학에서 하는 일은, 하나의 사건에 대한 내재적 분석인데, 주먹구구식으로 6하 원칙의 요소들로 표상하는 전통이 있다(의미역 구조).

흔히 인과관계 중에서 '원인'과 '이유'를 제대로 구분해 놓지 못하는 경우가 허다하다. 앞의 도표에서는 원인을 따로 설정해 놓지 않고 있는데, 시간상 원인과 결과의 연결체를 '인과'(영어에서는 causality[원인 속성]이라고도 부름)로 부르기 때문이다. 그렇지만 우리말에서는 '원인'과 '이유'가 마치 형제인 양 함께 자주 쓰이는 듯하다. 원인이란 조건관계에서 늘 시간상으로 선행 사건(=전건)과 후속 사건(=후건) 사이에 일정한 반복이 어느 누구에게나 관찰되어야 하는 관계를 말한다. 즉, 필연적인 반복이나 확률이 높은 반복이 관찰되어야 하는 것이다. 그렇지만 '이유'는 원인관계를 거꾸로 적용한 것이고, 후속 사건이 일어나 있음이 미리 전제되어 있다. 후속 사건이 참값으로 주어져 있으므로, 이를 근거로 하여 원인이 되었을 선행 사건을 찾아내는 일을 이유관계라고 부른다. 이유는 거슬러서 원인을 역추적하는 일이며, '말미암을 유(由)'가 이를 가리켜 준다. 따라서 이유를 언급하는 구문에서는 「상대방 또는 일반 사람이 명확하게 이유나 그 까닭을 채 깨닫지 못하고 있다」는 함의가 깃들어 있는 것이다.

우리말에서는 대표적으로 '-어서'나 '-때문에'가 인과관계를 표현해 준다. 이유관계는 전형적으로 '-니까'에 의해 표현되며, 이 접속 어미가 투영하는 전형적인 구문은 오직 선행절과 후행절만이 주어져 있는 이항 접속(binary conjunction)으로 구현된다. 이는 인과관계가 다항 접속(mutiple conjunction)을 실현하는 점과 대조가 된다. 아마 인지적으로 참값으로 주어진 후속 사건에 대한 있을 수 있는 원인을 찾는 작업은, 하나의 선행 사건을 찾아내는 것이 가장 효율적이고 적합하다는 제약과 관련이 있을 것으로 짐작된다. 자세한 논의는 김지홍(2010)『국어 통사·의미론의 몇 측면: 논항구조 접근』(경진출판) 제4부 '접속 구문의 구성과 논항구조'를 읽어 보기 바란다.

페어클럽 교수의 도표를 수정하여 우리말의 접속 관계들에 대한 범주를 다음처럼 제시할 수 있다. 너무 논리적으로 일관된 도출 유형에만 치우친다면, 일반인들이 쉽게 알아차리기 힘들기 때문에, '우아성(elegance)'이라는 기준을 내세워 쉽게 일반인들도 알아차릴 수 있도록 작업하게 된다. 공자가 일반인들의『주역』이해를 위해 읽어놓은 글인「계사전」에서는 이(易)·간(簡) 원칙을 내세웠는데, 동일한 동기이다. 단, 우리말 학교문법에서는 '접속사'를 설정하지 않고, 대신 '접속 부사'를 설정하고 있다. 이는 항상 접속 구문을 이끄는 연결 어미들을 지니고 있기 때문에, 접속 구문의 하위 분류와도 서로 겹칠 수밖에 없다. 접속 구문에서 관찰되는 연결 어미들의 논의도 함께 읽어 보기 바란다. 그럴 뿐만 아니라, 접속사들의 사례는 배타적으로 어느 하나의 관계만을 유일하게 가리키는 것이 아니다. 접속 어미가 그러하듯이, 접속사도 또한 앞뒤 맥락에 따라서 두루 여러 관계들을 가리킬 수 있는 것이다(김지홍 2020,『제주 방언의 복합구문: 접속문과 내포문』, 경진출판을 보기 바람). 그렇지만 가장 중요한 것은 이런 접속사들이 미시구조에 간여하는지, 아니면 거시구조를 읽어 주는지에 대한 판단이라고 생각된다.

〈 우리말 접속 부사의 '일부' 사례 〉(또한 서로 중복될 수 있음)

하위 범주	실 례 (공통어 번역)
① 조건관계	그러면(그렇다면, 그렇다고 한다면),[107] 그래야(그렇게 해야)
② 목적관계	그러고자(그렇게 하고자), 그러려고(그렇게 하려고)
③ 원인·이유관계	그래야(그렇게 해야), 그러니까(그렇게 되니까, 그렇게 하니까), 그 때문에, 그 까닭에, 그러므로(그렇게 하므로), 그러기에(그렇게 하기에)
④ 선후·동시관계 (시간관계)	그리고, 그래서(그렇게 하여서), 그러자마자(그렇게 하자마자), 그러면서 (그렇게 하면서), 그런 뒤에(그렇게 한 뒤에), 그런 다음(그렇게 한 다음), 그러고서(그렇게 하고 나서), 그래 갖고
⑤ 순접·부연관계 (시간관계 확장)	그러고(그렇게 하고), 그럼, 그렇고 말고(상대방 의견을 받아들여 동조함)
⑥ 역접·양보관계	그러나, 그런데, 그렇지만, 그랬을망정(그렇게 했을망정), 그렇더라도(그렇게 하더라도), 글쎄말야(상대방 의견에 동의를 유보하거나 새 의견의 추가)

이 도표에서 접속 부사(접속사)들의 형태 구성의 특성은 선행사(ananphora, '그' 앞에 선행한 요소) 또는 후행사(cataphora, '그' 뒤에 나올 요소)를 가리키는 '그'를 씨앗으로 하고 있으며, '그러하다' 및 '그것'으로 대분될 수도 있을 듯하다.

---

107) 본디 형태와 줄어든 형태는 서로 속뜻이 다르다. 통사적 구성을 지닌 본디 형태는 여러 가지 기능을 지닐 수 있다. 그렇지만 줄어든 형태는 특정한 몇몇 기능만을 지닐 뿐이다. 통사 구성에서 어구(phrase)로 줄어들 수 있다. 그러나 낱말은 통사 구성을 위배함으로써 (비통사적 구성) 낱말답게 되는 것이다. '먹을 거리'는 관형형 어미 '-을'이 들어 있으므로, 통사적 구성을 따르고 있다(어간+관형형 어미+명사). 그렇지만 '먹거리'는 동사 어간 '먹-'이 명사 형식에 직접 붙어 있으므로(어간+명사), 통사 구성을 일부러 어기고 있다. 통사 구성을 어겨야 비로소 낱말이 되는 셈인데, 우리말에서는 '사이시옷' 구성도 낱말을 낱말답게 만들어 주는 중요한 형태 표지이다. 통사 구성은 여러 상황에 따라 다양한 의미를 지닐 수 있다. 밭에 씨를 뿌리면서 '먹을 거리를 뿌리고 있다'고 말할 수 있다. 또한 밥상에 올라온 조리된 음식도 '오늘 밥상에 먹을 거리가 풍성하다'고 말할 수도 있다. 그렇지만 낱말 구성은 의미가 특수하게 굳어져 특정한 내용만 가리키게 된다. '먹거리'는 오직 시장에서 사온 먹을 거리를 조리하여 우리가 먹을 수 있는 대상을 가리킬 뿐이다(=음식). 통사 구성은 규칙적이며, 제2의 뇌에서 처리된다. 그러나 낱말 구성은 특수하고 예외적이며, 오직 한 덩어리로서 제3의 뇌에 저장되고 이용될 뿐이다.

(5) 동일 유형의 사건을 묶는 기제: 생략과 대용 표현

주로 접속 구문을 중심으로 하여 시작된 생략 관련 연구가, 2000년에 들어서면서 생성문법의 흐름에서는 논의의 폭과 깊이가 갑자기 늘어나 많은 업적들이 집적되었다. 이런 흐름이 영어학 전공자들을 중심으로 하여 우리말에 대한 생략도 보편적 틀 속에서 진행된 바 있다. 임창국 엮음(2007)『생략 현상 연구: 범언적 관찰』(한국문화사)은 그 결과물 중 하나이다. 그렇지만 초기 표상의 구조적인 짜임새에서 반드시 의무적 이동을 통하여 생겨나는 빈칸과 초기 표상에서부터 생략이나 대용 표현 자체를 요구하는 언어 유형들 사이에 서로 구분을 해 줄 필요가 있다. 이른바 '제자리 이동(move-in-situ)'이란 개념은 필수적 이동을 전제로 한다는 점에서, 우리말과 같이 화용 동기로 생략 요소가 도입되어야 하는 언어에 적용하기에는 무기력하다고 판단된다.

화용 동기는 반드시 선행된 언어 표현을 전제로 하지 않을 수도 있다. 만일 어떤 친구가 다른 친구에게 성가신 행동이나 행위를 자주 할 경우에 다음처럼 대용 표현을 쓸 수 있다. 이때 '그러하다'는 대용 표현은 선행한 언어 표현을 가리키는 것이 아니라, 행위를 가리켜 준다.

> 갑: 어떤 행위를 반복함
>
> 을: "그러지 마!" 또는 "하지 말아!"

물론 통사적 환경 속에서 선행 요소나 후행 요소와의 관련성을, 명시적 기제를 통하여 찾아나가도록 제약을 만들어 주는 일도 중요하겠지만, 우리말의 용법과 관련하여 굳이 언어 표현이라는 작은 영역 속에서만 갇혀 있을 필요는 없을 것으로 본다. 이런 생각은 미시구조가 다시 거시구조 속에서 일관성과 해석 가능성을 얻을 수 있기 때문이기도 하다.

생략과 대용 표현은 같이 다뤄질 수 있다. 동일한 유형의 사건이 복사되는 과정이기 때문이다. 얼마만큼 복사가 허용되는지는 언어마다 특성이 수립될 수 있다. 또한 생략 표현이나 대용 표현이 가리키는 범위가 넓은지 또는 좁은지에 대한 해석이 중의적일 수 있다. 아마도 복사 허용 기제에 따라 복원 가능성을 중심으로 선택되어야 할 것으로 본다. 그럴 뿐만 아니라 생략과 대용 표현이 의무적으로 적용되어야 할지, 수의적으로 적용되는지에 대해서도 매개인자를 찾아낼 수 있을 것으로 본다.

언어의 산출과 이해에 대한 '다중 처리' 모형※

1. 들머리

언어 사용은 크게 산출과 이해로 나뉜다. 이 글에서는 언어 사용에 관여하는 여러 부서들의 내용과 작동 과정을 간략하게 소개하고, 언어 교육과 어떻게 연관되는지를 생각해 보려고 한다. 더 정직하게 표현한 다면, 국어교육을 공부하는 필자가 아는 범위에만 국한하여, 언어의 산 출 및 이해 과정을 다룬 뒤에, 참된 실생활 자료인 담화를 다루는 과제 중심의 언어교육을 살펴볼 것이다.

여기에는 우선 언급되어야 할 전제들이 있다. 인간의 정신과 그 정신

※ 이 글은 2012년 9월 22일(토) 전남대학교에서 열린 제55회 한국 일본어 교육학회의 초청 특강 원고에 바탕을 두고 있고, 같은 해 출간된 이 학회의 학술지 『일본어 교육 연구』 제62집(1~20쪽)에 실렸다. 변변찮은 필자를 이 학회의 특강에 초청해 주신 경상대학교 일본어교육과 윤강구 선생님의 고마움을 적어 둔다. 이 글에서는 언어 산출과 이해의 과정이 어떻게 과제 중심 언어교육에 반영될 수 있는지를 살펴보았는데, 이해의 과정을 다루고 있으므로 함께 부록으로 실어 놓는다. 또한 김지홍·서종훈 뒤침(2014), 『모국어 말하기 교육: 산출 전략 및 평가』(글로벌콘텐츠)에도 부록으로 실려 있다.

을 작동시키는 요소들이다. 정신은 궁극적으로 물질적 기반을 지닌 두 뇌로 환원될 것이지만, 여기서는 고유한 정신 영역이 있다고 전제하고, 정신에 대한 논의에서부터 출발하기로 한다.

전통적으로 인류 지성사에서 논의되어 온 영역은 「자연과 생물과 사회와 인간」이다. 자연은 인과율로 설명되지만, 이를 생물에게 적용하기 위하여 인과율 대신 본능이란 말로 바꿔 쓴다. 그렇지만 인간으로 이뤄진 사회와 개별 인간을 다룰 경우에는, 본능 이외에도 다른 것이 필요하다고 보아, 그것을 인간 정신이라고 부르고 그 본질을 추구해 왔다. 정신이란 말과 동일한 말로서 최근에 '인지'와 인지 주체(cognizer)란 말을 쓰기도 한다. 의식이나 영혼 따위도 인간 정신을 다루는 유의어이다.

그런데, 인간이 먼저인지 사회가 먼저인지에 대해서는 대답하기가 쉽지 않다. 자연과 생물 사이에는 자연이 먼저 주어져야 한다는 점에 아무도 의심하지 않는다. 그렇지만 인간과 사회는 인문학과 사회학을 나눌 만큼, 존재론적인 선후 물음에는 가닥을 잡기가 쉽지 않다. 만일 좀 더 큰 돋보기를 들이대면, 사회라는 개념도 거시적 관점으로 사회구조를 다루는 거시사회학과 미시적 관점으로 인간들의 상호작용을 다루는 미시사회학으로 구분됨을 알 수 있다. 또한 인간이란 대상도 여러 인간들 및 모든 인간을 대표하는 하나의 개인으로 구분될 수 있다. 그렇다면 여기서 미시사회학과 인간들이 서로 겹치는 영역에 속함을 알 수 있다. 소박하게, 세 사람의 인간이 모이면 집단이 되고, 집단이 확장되면서 추상적 실체인 사회를 이룬다고 가정할 수 있다. 일단 사회가 성립하려면 경제·정치·문화·예술 등의 여러 차원에서 세워진 제도와 규범이 주어져야 한다. 이 규범을 준수하면서 구성원들이 행동하게 되는 것이다.

인문학은 한 개인을 모든 인간의 대표로 내세워 인간 정신을 다루게 된다. 그런데 인간 정신이 얼마나 많은 부서들이 한데 얽혀 작동하는지에 대해서는, 연구자들의 관점에 따라 다양하게 달라질 듯하다.

칸트는 계몽의 시대를 확고히 다지면서, 적어도 순수이성의 영역과 실천이성의 영역과 판단력이라는 세 가지 영역이 필요하다고 보았다. 이는 흔히 말하는 진선미 삼분 영역과 상응한다. 이렇게 인간의 능력을 구성하는 여러 부서들을 정의해 주는 일을 심리학에서 흔히 구성물 정의로 부른다. 지능 지수를 결정할 때, 최근 7~8 영역의 다중지능이론에 대한 주장도 있다.

이런 접근과는 달리, 근대에 들어 언어학을 확립시킨 소쉬르는 공통성 영역과 개별성 영역을 상정하였다. 소쉬르의 머릿속에는 아직 사회라는 실체가 미리 수립된 실체로 간주되지 않았던 듯하다. 오직 '랑그'로 불린 언어의 공통 영역을 통해서만 사회가 이뤄지고, 여기에서 객관성이 확보된다고 보았던 듯하다. 그렇지만 언어란 대상이 담화로 확대되고, 사회적으로 고정된 형태의 담화가[1) 직접 한 개인의 언어 사용에 영향을 미침이 밝혀지면서, 소쉬르의 생각과는 달리 간단치 않음을 깨닫게 되었다.

2. 정신작동 요소와 다중기억 모형

인간의 정신이 어떤 요소들로 작동하는지에 대해서는 두뇌 진화의 시각에서 바라볼 수 있다. 인간 두뇌의 진화는 대체로 세 단계에 걸쳐 일어났다.[2) 물속에서 등뼈와 척수가 생겨난 뒤에 온몸의 신진대사를 자동적으로 관장하는 작은뇌가 먼저 발현된다. 이는 뇌 화석 증거로 보면 원시 파충류(reptilian)에서 찾아진다. 다음으로 이를 테두리처럼 둘

---

1) 담화 형식이 고정되어 사회에서 특정한 기능을 맡게 되면 흔히 담론으로 불린다. 이를 구분하기 위하여 영어에서는 전자에는 소문자 discourse를 쓰고, 후자에는 대문자 Discourse를 쓰기도 한다.
2) 머클레인(MacLean)은 이를 세 겹 두뇌 가정이라고 불렀다. 103쪽 각주 26을 보기 바람.

러싸고 있는 제2의 뇌가 있는데, 주로 감정과 욕망을 맡는 것으로 알려져 있다. 테두리 뇌는3) 화석상의 증거에서 원시 포유류(paleomammalian)로부터 찾아진다. 여기에 다시 회백질의 신생뇌로서 두 개의 반구로 이뤄진 큰뇌가 자리 잡는다. 이를 신 포유류(neomammalian)의 뇌라고 부른다.4)

제1의 뇌와 제2의 뇌는 주로 감각을 맡고 있다. 감각은 먼저 외부 감각과 내부 감각으로 나뉜다. 외부 감각 수용기는 세 가지 감각을 받아들인다. 물질적 접촉에 반응하는 감각(촉각, 청각)과 화학적 신호에 반응하는 감각(후각, 미각)과 광자에 반응하는 감각(시각)으로5) 나뉜다. 인간에게는 다른 피조물처럼 지구 자기장에 반응하는 특정한 수용기는 없다. 내부 감각은 크게 재귀적 감지체계(priprioception)와 내부 감각체계(visceral feeling)로 나뉜다. 이를 뭉뚱그려 감각 자료 또는 감각 인상이라고 부른다.

그런데 이런 감각 자료 이외에도 머릿속에서 작동하는 중요한 요소가 있다. 추상적인 요소로서 흔히 자연언어를 포함하여 일반 개념 요소들이 대표적이다. 철학이나 심리학에서는 흔히 이를 통틀어 단언(명제) 요소라고 부른다.6) 또한 인간의 정신이 발현되기 위해서는 내 머릿속에 있는 감각이나 의식을 스스로 깨달을 수 있는 상위 차원의 의식도 필요하다. 흔히 이를 재귀의식(reflection)이라고 부른다.

---

3) Limbic system(테두리 뇌)은 작은 뇌를 마치 정구채의 테처럼 둘러싸고 있다고 하여 붙여진 이름이다. 쉽게 테두리 뇌라고 번역할 수 있다. 일본인들은 '갓 변(邊)＋옷 가장자리 연(緣)'을 써서 '변연계'라고 번역하였다. 생물학에서 체계라는 말은 '계'라고만 번역하여 붙여 쓰는 경우가 많다. 주변에서 해괴하게 변연계라는 말을 그대로 따라 쓰기도 한다.

4) 레스탁(1984; 김현택·류재욱·이강준 뒤침 2004: 73~74쪽), 『나의 뇌 뇌의 나, 제2권』(예문지)를 보기 바란다.

5) 파커(2003; 오은숙 뒤침 2007), 『눈의 탄생: 캄브리아기 폭발의 수수께끼를 풀다』(뿌리와이파리)에서는 5억 4천만 년 전 선 캄브리아기 화석들로부터 눈의 발생이 확인된다고 한다.

6) '명제'란 일본인들의 번역어는 명령문(命)으로 된 표제(題)란 뜻이다. 그렇지만 명제에서 다루는 형식은 오직 서술문일 뿐이며, 결코 명령문이 아니다. 잘못된 조어의 뜻을 전혀 새기지 않은 채, 그냥 굳어져 쓰이고 있다. 30쪽 각주 10과 397쪽 각주 34를 보기 바람.

신화의 세계에서 이성적인 사고를 확립한 서구 계몽주의 시대에 데이빗 흄(Hume 1748)은 이미 내성을 통하여 적어도 감각 자료와 추상적인 자료가 사고의 재료임을 깨닫고 있었다. 오늘날에도 갤러버더 외 (Galaburda et als 2002) 『두뇌 작동 언어(*The Language of the Brain*)』(Harvard Univ. Press)에서 크게 비언어 표상과 언어 표상으로 나누고 있으며, 존슨 레어드(Johnson-Laird 1996)에서는 하나를 더 추가하여 '감각 인상·명제 표상·정신 모형'으로 보았다.[7]

이런 요소들은 인간의 머릿속에서 직접적으로 기억 창고 속에 들어가 있다. 기억에 대한 신경생리학적 연구는 아직 초보 단계이며, 서로 대립하는 가정들이 있다. 크게 보면, 장기 강화에 의해서 뇌 신경 접합부가 새로 생겨난다는 환원론적 연구가 있고(Crick, Kandel), 이에 맞서서 뇌 신경들이 다발을 이루고 분류 쌍을 만들어 관련 정보들이 반복 재유입을 거쳐 안정되어야 기억이 생겨난다는 통합론적 연구가 있다 (W. James, Edelman). 이는 매우 낮은 수준의 기억을 대상으로 하고 있다. 그렇지만 우리가 이용하는 기억은, 낮은 수준의 기억뿐만 아니라, 또한 높은 수준의 기억을 이용한다. 여기서 수준의 높고 낮음에 대한 기준은, 스스로 그런 기억을 깨달을 수 있는지 여부이다. 즉 재귀의식이 가능한지 여부에 달려 있다. 언어의 사용과 관련된 기억은, 발화 산출시 목 근육 운동을 제어하는 명령 계통만을 제외한다면, 거의 대부분 높은 수준의 기억만을 대상으로 삼고 있다.

현재 우리 인간이 이용하는 기억에 대한 심리학적 연구는 앳킨슨·쉬프륀(Aitchson and Schiffrin 1968) 이후 '다중기억' 모형으로 불린다.[8] 다음처럼 여러 가지 종류의 기억을 우리가 이용하고 있는 것이다.

---

7) 베가 외(Vega et als 1996), 『시공간 인지의 여러 모형(*Models of Visuospatial Cognition*)』 (Oxford Univ. Press)에 '심상, 모형, 명제 표상'으로 실려 있다.
8) 배들리(Baddley 1984: 16), 『작업기억(*Working Memory*)』(Clarendon Press)에서 재인용함.

감각기억, 단기기억(=작업기억), 장기기억, 영구기억

언어의 산출과 이해에 관련된 기억은 특히 단기기억과 장기기억이다. 단기기억은 배들리(Baddeley 1986) 『작업기억(*Working Memory*)』(Clarendon Press)에서 비로소 작업기억으로 불리면서, 음성 순환회로·공간 시각적 그림판이 중앙 처리기에 의해 작동되는 모습으로 상정되었다. 그런데 이는 주로 언어 이해와 관련하여 연구가 이뤄졌다. 르두(2002; 강봉균 뒤침 2005) 『시냅스와 자아』(동녘사이언스)에 보면, 전전두엽에 위치한 작업기억은 세 군데 자리 잡고 있다. 복측(안와) 전전두엽·내측 전전두엽·외측 전전두엽이다. 이 중 마지막 외측 전전두엽만이 인간의 두뇌에서 찾아진다.

장기기억은 털뷩(Tulving)의 연구에 따라 크게 서술지식 기억과 절차지식 기억으로 나뉜다.[9] 전자는 다시 구체사례 기억과[10] 일반의미 기억으로 나뉜다. 털뷩·르파쥬(Tulving and Leparge 2001)에서는 기능상으로 이들을 각각 뒤돌아보는(palinscopic) 기억과 앞만 내다보는(proscopic) 기억으로 부르는데, 인간은 두 기억을 모두 지니지만, 여타 동물들은 오직 후자의 기억만을 지닌다.

---

9) 이 용어는 연구자에 따라서 다음처럼 다양하게 달리 불린다.

용어 \ 연구자	서술지식(declarative) 기억	절차지식(procedural) 기억
William James	1차(primary) 기억	2차(secondary) 기억
Jerome S. Bruner	또렷한 외현(explicit) 기억	막연한 암묵(implicit) 기억
Gilbert Ryle	세계지식(what-knowledge) 기억	방법지식(how-knowledge) 기억
Tulving and Leparge	자체 지각적 기억(재귀의식 있음)	지각적 기억(재귀의식 없음)

10) episodic memory를 일화 기억 또는 삽화 기억으로 부른다. 일화(逸話)란 시시하여 무시하거나 빼 버려도 될 이야기란 뜻이고, 삽화(揷話)는 이야기 줄거리에다 꽂아 놓은 부차적 이야기란 뜻이다. episode(구체적 사건)란 우리가 현장에서 직접 겪는 구체적 사건들을 가리킨다. 즉 내가 경험한 개별 사건이다. 이를 가리키기 위한 낱말로서는 일화도 삽화도 모두 적절하지 않다. 여기서는 개별적인 구체사건 기억이라고 부르기로 한다. semantic memory(일반의미 기억)에서 semantic은 1970년 대에 털뷩이 의미론의 논의(특히 낱말들의 상하관계)들을 참고하면서 붙였던 데에서 말미암았다. 굳이 '의미'에 집착하지 않는다면, 일반화된 기억이나 추상화된 기억이라고 말할 수 있다.

핑커(1999; 김한영 뒤침 2009)『단어와 규칙』(사이언스북스)을 보면, 불규칙한 모습을 지닌 낱말들은 제3의 뇌(큰뇌, 대뇌 피질)의 두정엽과 후두엽에 저장된다. 그러나 규칙적인 낱말들은 제2의 뇌(테두리 뇌)의 기저핵과 전두엽에서 동시에 활성화가 일어난다. 언어의 하위 단원체들인 통사·어휘·형태·음소·의미가 장기기억의 어느 곳에 들어가 있는지에 대해서 아직 잘 알려져 있지 않다.11) 언어 사용 과정을 단계별로 추적하면서, 유관한 정보들이 저장되고 인출되는 관련 부서들이 확정된다면, 그런 부서들의 신경생리학적 상관물에 대해서도 본격적으로 탐구를 시작될 수 있을 것이다.

3. 생각의 단위와 작동방식

만일 비언어적 요소인 감각 자료를 제외하고, 언어적 요소들에만 국한시켜 추상적인 생각의 진행 과정을 다룰 경우에, 언어적 요소들의 기본 단위에 대한 물음이 제기된다. 이 물음에 대해서 대략 세 가지 후보를 답변의 후보로 검토할 수 있다.

첫째, 소박하게 기본 단위가 낱말이다.
둘째, 낱말보다 좀 더 큰 구절(XP, 최대투영 구)이거나 이음말(collocation 연어)이다.
셋째, 동사가 지닌 요소들이 투영된 절 또는 명제이다.

첫 번째 후보는 일반 사람들이 직관적으로 느낄 수 있는 대답이며, 또

---

11) 브로카 영역과 베르니케 영역은 그 중 한 부분에 불과하다. 마치 두 부서만이 전적으로 언어에 관련된 부서인 냥 서술하는 것은 오류이다. 더군다나 낱말 창고는 제2의 뇌와 제3의 뇌에 두루 퍼져 있으므로, 그런 서술이 잘못임을 알 수 있다.

한 일상언어 철학자인 오스틴(Austin)이나 그롸이스(Grice) 등이 제안할 후보이다. 머릿속의 기억 창고에 저장되어 있는 것이 바로 낱말이라고 스스로 느껴지기 때문이다. 일상언어 철학에서는 특히 발화 행위에 주목한다. 발화는 얼굴을 마주보는 두 사람 사이에서 꼭 필요한 정보 간 격만을 산출하는데, 이는 최소한 한 낱말 또는 그 이상으로 되어 있다. 그렇지만 이를 분석하기 위해서는 관련된 상황과 앞뒤로 오가는 발화들을 참고해야 한다. 따라서 비록 한 낱말로 된 발화이더라도, 생략되기 이전의 원래 모습으로 복원될 수 있다고 전제한다. 그렇다면 표면에서 한 낱말만이 실현되었다고 하더라도, 좀 더 큰 모습으로 재구성될 수 있는 것이다. 이는 두 번째 후보를 검토하도록 요구한다.

두 번째 후보에서 최대투영 구(XP)는 생성문법에서 자족적인 단위로 상정된다. 그 핵어가 처음에는 어휘범주의 명사와 동사였다. 그 후에 논의가 기능범주의 어미들로까지 확대되어, 핵어 X에 서법을 나타내는 종결어미도 실현될 수 있었다. 만일 종결어미의 최대투영이라면, 이는 문장과 동일하기 때문에 세 번째 후보와 서로 겹치며, 명제와 함께 논의될 수 있다. 그런데 종전에 핵어 X는 전형적으로 동사와 명사로 대표되었는데, 왜 명사도 핵어로서 최대투영 구절을 형성해야 하는지에 대한 근거를 제시하지 못하였다. 필자는 명사의 투영이 일반의미 기억과 상응하는 언어 표현으로 본다. 이와는 달리 동사 및 종결어미의 투영인 문장을 구체사례 기억으로 파악한다.

두 번째 후보에서 이음말은 전산 처리된 말뭉치(corpus)로 처음 코빌드(COBUILD) 사전을 편찬하였던 씽클레어(Sinclair 1991) 교수가 주장한 것이다.12) 그는 이음말을 「미리 짜인 단위」라고 부르는데, 관용적 결합

---

12) 씽클레어(1991), 『말뭉치·용례·이음말(*Corpus, Concordance, and Collocation*)』(Oxford Univ. Press); 씽클레어(2003), 『용례 해석(*Reading Concordance*)』(Pearson); 씽클레어(2004), 『언어교육에서 말뭉치 이용 방법(*How to Use Copora in Language Teaching*)』(John Benjamins) 등을 보기 바란다.

원리에 의해 지배된다. 이 단위는 더 큰 단위를 만들어 내기 위하여 개방적 선택원리의 적용을 받는다. 더 큰 단위는 단순한 문장을 훨씬 넘어, 거시언어학에서 다루는 담화로까지 이어진다. 그런데 이음말을 기본 단위로 상정할 경우에는, 참값을 지닌 요소들만을 모으면서 일관되게 참된 논리를 전개하는 데에 어려움이 생긴다. 이 점은 수학자 프레게(Frege)에 의해서 처음으로 제기되었고, 세 번째 후보로 해결책을 마련하게 된다.

세 번째 후보는 현재 철학, 심리학, 인공지능, 수학기초론, 언어교육 등에서 수용한 답변이다. 그만큼 이를 가리키는 용어도 스무 가지가 넘는다.13) 프레게(1879)는 처음으로 문장을 주어와 술어로 나눈 전통 문법의 개념으로는 더 이상 엄격히 참된 학문을 전개할 수 없음을 깨달았다.14) 오직 방법론 상으로 일원론을 택할 때에라야, 그 대상의 참값을 확보한 뒤에 이를 토대로 하여 참된 논리 전개가 가능한 것이다. 그의 선택은 술어를 기본으로 하여, 주어가 술어 속에 들어가 있다는 생각으로 전환하였다. 곧 술어는 집합이 되고, 주어가 원소가 되는 것이다. 그는 이를 각각 함수(function)와 논항(argument)으로 불렀으며, 함수는 자연수의 질서를 따라 언제나 양화사(적용 범위)를 기본적으로 갖게 된다.

만일 단언(명제)이 실제로 우리가 생각을 전개하는 기본 단위임에 틀림없다면, 이를 증명하는 실험도 고안할 수 있다. 킨취(1989; 김지홍·문

---

13) 르펠트(1989; 김지홍 뒤침 2008: 59쪽), 『말하기: 그 의도에서 조음까지, 제I권』(나남)에 18개의 용어가 올라 있다. 주기, 심층 절, 착상, 정보 벽돌, 정보 단위, 내적 표지, 전달 내용, 음운 절, 명제 구조, 문장, 분출, 표면 절, 통합체, 어조 집단, 어조 단위, 총체 개념 물, 발언기회 구성단위, 최대투영 구절이다. 이밖에도 글쓰기에서 자주 거론하는 종결 가능 단위(T-unit)을 비롯하여, 단순 개념(simplex), 억양 단위, 정신 언어, 내적 언어, 최소 진술문 등도 추가될 수 있다.

14) 프레게(1879), 「개념 표기법(Begriffsschrift)」, Heijenoort 엮음, 『프레게로부터 괴델까지 (From Frege to Gödel)』(Harvard Univ. Press)에 영역이 실려 있다. 417쪽 각주 60을 참고 바람.

선모 뒤침 2010: 제3장) 『이해: 인지 패러다임, 제I권』(나남)에서는 비록 한 문장이더라도 두 개의 단언을 갖고 있는 것과 오직 하나의 단언만을 갖고 있는 것을 나란히 제시하여, 그 처리 속도를 측정하여 차이가 있는지 여부를 관찰하였다. 두 개 이상의 단언이 들어 있는 문장은, 하나만 들어 있는 것보다 과연 처리 속도에서 유의미하게 차이가 났다. 이는 생각의 단위가 단언으로 이뤄지며, 단언의 수가 늘어날수록 처리 속도가 정비례하여 늘어남을 시사해 준다. 즉, 단언이 '심리적 실재'라는 것이다.

일단 우리가 생각의 단위를 단언이라고 합의하더라도, 생각들이 작동하는 방식이 다뤄져야 한다. 생각을 다루는 방식은 1950년대에 튜링(Turing)에 의해서 다뤄졌다.[15] 튜링은 수학 기초론에서 계산 가능성에 대한 문제를 풀면서, 생각이 진행하는 방식에 자의성을 배제시키고 엄격한 질서를 부여하여 오직 그 질서만 따른다면, 보편적인 생각에 도달할 수 있을 것으로 보았다. 그는 '입출력 장치, 기억 장치, 중앙연산 처리장치'로 된 사고 모형을 처음 제시하고, 이를 연산(computation)이라고 불렀다. 인간의 사고나 생각도 또한 연산의 흐름으로 나타낼 수 있고, 우주에 있는 생명체도 임의의 생각을 한다면 모두 똑같이 그러할 것으로 여겼다.

더 나아가, 뉴얼·싸이먼(Newell and Simon 1972) 『인간의 문제 해결능력(*Human Problem Solving*)』(Prentice-Hall)에서는 상징체계도 연산에 의해 구현되며, 문제 해결 능력도 연산의 흐름으로 나타낼 수 있음을 보여 주었다. 또한 포더(Fodor 1983) 『정신의 단원체 속성(*The Modularity of Mind*)』(MIT Press)에서는 인간 정신 그 자체가 몇 개의 독자적 부서들로 이뤄져 있고, 이들 간에 연산의 흐름으로 정보를 주고받는다고 제안하였다.

---

15) 튜링의 관련 글들이 쉬버 엮음(Shieber 2004), 『튜링 검사(*The Turing Test*)』(MIT Press)에 해설과 함께 모두 모아져 있다.

그렇지만 우리 머릿속에서는 하나하나 순차적으로 계산이 일어나서 마지막에 판단과 결정을 하는 것이 아니다. 그보다는 동시 다발적으로 자유연상에 의해 한꺼번에 처리가 일어나며, 직관적으로 판단하고 결정을 내리게 된다. 이런 점을 부각시키면서 룀멜하앗·머클랠런드(Rumelhart and McClleland 1986)『병렬 분산 처리(*Parallel Distributed Processing*), 제1~2권』(MIT Press)이 제안되었다. 이는 현재 '연결주의, 제약만족 이론, 활성화 확산 이론' 등의 이름으로도 불린다.

연산주의와 연결주의는 서로 배타적이지만은 않다. 언어 산출에 대한 르펠트의 연구는 연산주의에 근거하고 있고, 언어 이해에 대한 킨취의 연구는 연결주의(제약만족 이론)에 근거하고 있다. 비록 서로 다른 가정 위에서 연구가 이뤄져 있더라고, 양자가 서로 통합될 수 있는 것이다. 한 방향의 단선적인 처리 방식을 벗어나서, 여러 방향의 복선적인 처리와 자기 점검 방식을 도입함으로써, 대립적으로 보이는 두 작동방식이 긴밀히 맞물려 들 수 있는 것이다. 이미 핑커(1997; 김한영 뒤침 2007)『마음은 어떻게 작동하는가』(동녘사이언스)와 마커스(Marcus 2001)『대수적 마음: 연결주의와 인지과학의 통합(*The Algebraic Mind: Integrating Connectionism and Congnitive Science*)』에서는 연산주의와 연결주의가 통합된 정신의 작동방식(혼성 접근)을 보여 주고 있다.

4. 입말 산출 과정: 르펠트 모형

언어 산출 과정에 대한 연구는 입말 산출을 중심으로 하여 1980년대에 들어와서 본격화되었다. 기호학에서 가정하듯이, 만일 언어가 형식과 내용의 결합체라면, 언어 산출은 내용을 결정하는 일에서부터 시작하여, 형식을 선택하여 입 밖으로(또는 글자로) 내보내는 일로 이어진다. 그런데 내용은 어떻게 결정되는 것일까? 이를 다루기 위해서는 언어 산출의 전형적인 모습을 상정하여, 어떤 단계들이 관여하는지를 밝히고, 각 단계마다의 속성을 드러내어야 한다.

현재 언어 산출에 대한 연구로서 연산주의에 입각하여 르펠트(1989; 김지홍 뒤침)『말하기: 그 의도에서 조음까지, I~II권』(나남)의 연구가 있다. 이 내용의 핵심이 르펠트(1999)에서 간단히 다음 그림처럼 제시되었다. 이를 마치 정지 사진처럼 하나의 발화가 만들어지는 과정을 종단면으로 잘라서 설명해 주는 것이다.[16)

〈그림 1〉 언어 산출 과정의 두 단계

---

16) 김지홍(2011), 「르펠트의 언어 산출 모형에서 몇 가지 문제」, 한국언어학회, 『언어』 36-4(887~901쪽)도 참고하기 바란다.

이 그림에는 두 개의 음영 글상자와 세 개의 타원이 들어 있다. 위쪽의 음영 글상자는 '수사–의미–통사 체계'로 이름이 붙여져 있고, 아래쪽의 음영 글상자는 '음성–음운 체계'로 이름이 붙여져 있다. 이들이 각각 내용과 형식에 대응하는 부서이다.

먼저 '수사–의미–통사 체계'에서는 언어로 되기 이전의 전달내용(메시지)이 마련되어야 한다. 이를 위해 먼저 의사소통을 하려는 화자가 스스로 개념을 마련하여야 한다. 이는 외부세계에 있는 청자를 파악하여 그와 공유하는 공통기반을 가늠하고, '나는 알되, 너는 모르는' 정보 간격(information gap)도 가늠해야 한다. 이를 맨 위쪽의 타원에서는 '청자 모형'으로 부른다. 공통기반과 정보간격이 확정되면, 이제 화자는 자신의 장기기억에서 관련된 적절한 담화모형을 인출해 내어야 한다. 이 일이 곧 의사소통 의도가 결정되는 과정이다. 이 과정은 단언 형식으로 매개된다. 이를 자연언어로 바꾸기 위해서는 어휘 창고에서 먼저 동사를 인출하고, 그 동사가 거느리는 논항들을 차례로 인출해 낸 다음에, 하나의 발화나 문장을 완성하고, 시제와 양태와 종결어미 등의 문법 요소도 함께 실현해 놓아야 한다. 이것이 문법 부호화로 불린다.

이는 머릿속에서 두 음영 글상자를 매개해 주는 '표면 구조'가 되어 다시 다음 단원체인 '음성–음운 체계'의 입력물로 들어간다. 이 입력물에 다시 형태소 활용과 음운 동화 과정을 덧얹혀 출력물로서 음운 내역을 만들어 낸다. 이는 다시 재음절화의 과정을 거쳐 음성 부호화 내용을 출력하고, 근육을 자동적으로 움직이기 위한 명령들로 전환하여 직접 목소리를 내게 되는 것이다.

여기서 최종 출력물은 외현된 발화이다. 그런데 맨 왼쪽에 긴 화살표로 자기 점검체계를 그려 놓았다. 자신의 목소리는 제일 먼저 화자 자신이 듣게 된다. 이런 자기 점검이 스스로 헛말이 튀어나오는지 여부를 알 수 있게 하고, 그런 실수를 교정할 수 있게 해 주는 것이다.

그런데 이런 모습이 실제 말을 주고받는 일을 그대로 재현하듯이 역동적인 모습이 되려면, 추가되어야 할 부서들이 있다. 먼저 내 스스로 의사소통 의도를 결정하는 과정이 복선적으로 이뤄져야 한다. '의도'를 다루는 문헌에서는 세 가지 의도를 상정하여 다룬다. 「예비 의도, 현재 작동 중인 의도, 상대방이 내 말뜻을 알아차리지 못했을 경우에 현재 의도를 지속할지 바꾸어 놓을지를 결정해 주는 상위 의도」들이다. 그러나 위 그림에서는 이런 복합 층위의 의도 결정 과정을 제대로 반영해 주지 못한다.

만일 의사소통 의도가 결정되었다고 하더라도, 두 가지 사항이 계속 신속히 결정되어야 한다. 하나는 표현할 내용에서 서술 관점이 수립되어야 한다. 이는 대략 과정 중심으로 사건을 서술할지, 아니면 결과 중심으로 서술할지를 결정하는 일이다.[17] 과정 중심 표현에서는 한 사건의 행위 주체와 책임 주체가 명시적으로 들어간다. 그렇지만 결과 중심 표현에서는 행위 주체와 책임 주체가 표현되어 있지 않다. 따라서 상대방으로 하여금 이미 확립된 사실로 주어져 있어서 사태의 추이를 변화시킬 수 없다는 암시를 깔 수 있는 것이다.

뿐만 아니라, 서술 관점이 수립되었다고 하더라도, 언어 표현을 직접적으로 표현할지, 간접적으로 표현할지를 결정해야 한다. 간접 표현에는 다시 우회적으로 표현할지, 비유적으로 표현할지가 결정되어야 한다. 따라서 언어 표현 방식에는 적어도 445쪽의 (2)에 보였듯이 몇 가지 선택이 있는 것이다. 표현법의 선택도 함께 결정되어야 한다.

만일 하나의 발화가 지속적으로 이어져 나갈 경우에는, 진지하게 담화 전개 방식이 고려되어야 한다. 클락(1996; 김지홍 뒤침 2010) 『언어사

---

17) 영어에서는 능동태 구문과 수동태 구문의 대립으로 다뤄진다. 우리말에서는 예를 들면 다음과 같다. "철수가 그 책을 태웠다"에서는 관련 사건에 책임질 주체가 문장 속에 들어 있다. 그렇지만 동일한 사건이 "그 책이 다 탔다" 또는 "그 책이 불태워졌다"라고 표현한다면, 누가 그 사건의 책임을 지는지 알 수 없다. 관공서의 공문서나 신문의 보도에서는 책임질 주체를 일부러 숨기는 표현을 선호하는 것으로 알려져 있다. 페어클럽(2001; 김지홍 뒤침 2011), 『언어와 권력』(경진출판)의 제5장을 참고하기 바란다.

용 밑바닥에 깔린 원리』(경진출판)를 보면, 담화 주제를 전개시키는 방식에 다섯 가지 선택이 있다.

① 다음으로, ② 심화 전진, ③ 빠져 나옴, ④ 잠시 일탈, ⑤ 본론으로 복귀

주제 내용의 진전에 따라서 워커 외(Walker et als 1998) 『담화에서 중심소 전개 이론(Centering Theory in Discourse)』(Clarendon Press)에서는 다음처럼 표현하였다.

① 지속적 전개, ② 전환 유보, ③ 부드러운 전환, ④ 급격한 전환

이는 일반적으로 선호되는 순서로 배열되어 있다. 이는 주제 전개 전략에 해당하며, 현장 상황과 청자의 반응에 따라 역동적으로 즉석에서 선택되고 바뀌어야 하는 과정이다. 담화는 다른 일처럼 마디 또는 매듭을 이어가면서 전개된다. 하나의 마디나 매듭이 지어져야 할 경우에는, 대체로 이전의 얘기를 정리해 주거나 아니면 이전 얘기에 대한 평가를 내리게 된다. 이런 매듭 짓기는 의사소통 참여자들 사이에서 묵시적으로 다음 마디나 매듭으로 옮겨갈 수 있게 해 준다.

언어 산출에 전념하면서 화자는 자신의 발언 기회를 지속할지 여부를 판단하고, 상대방의 반응을 놓고서도 부지런히 나름대로의 평가를 내려야 한다. 의사소통 참여자들에게 적용되는 이 평가에 관련된 원리는 다음과 같이 제안된다. 첫째, 공평성 원리가 지켜지고 있는지, 둘째, 나 자신의 자율성이 존중받고 있는지, 셋째 나의 자존심이 지켜지고 있는지에 비춰 지금까지의 상호작용과 이에 수반된 의사소통을 판결하는 것이다. 이 판결에 따라서, 되돌아가서 수정이나 사과를 상대방에게 요구할 것인지, 계속하여 다음 단계로 넘어갈 것인지에 대하여 결정하고, 행동을 지속해 나가는 것이다.

이런 과정은 매우 역동적이고 즉각적이며, 순간의 판단력이 발휘되어야 하는 어려운 일이다. 그러나 르펠트의 그림에서는 이런 일을 도맡아 진행할 부서가 전혀 제시되어 있지 않다. 다시 말하여, '수사-의미-통사 체계'와 '음성-음운 체계'가 통제될 수 있는 제3의 부서가 동시에 작동해야 하는 것이다. 이 제3의 부서에는 자기 점검은 물론, 재귀의식이 가동되어 매 순간 나 자신과 상대방의 반응을 점검하고 확인해 나가는 일이 중요한 몫으로 주어져야 한다. 이런 점들은 언어 산출에서 '작업기억'과 유사한 부서를 요구하며(530쪽 그림 참고), 반드시 동시에 같이 연동하면서 진행되어야 하는 연결주의의 필요성을 강조해 주고 있다.

5. 덩잇글 이해 과정: 킨취의 구성-통합 모형

언어교육의 네 가지 영역 가운데, 읽기에 대한 연구는 수를 다 헤아리기가 어려울 만큼이나 아주 많다. 이는 읽기의 대상으로서 그 갈래가 다양할 뿐만 아니라, 각 갈래마다 읽을 각 편들의 수가 압도적이다. 언어교육 쪽에서의 읽기 연구와 심리학자의 읽기 연구는 과연 다른 것인가? 만일 다르다면 과연 무엇이 어떻게 다른 것인가?

종이 위에 글자로 쓰인 대상을 놓고 연구한다는 공통점이 분명히 있지만, 두 분야에서의 접근 방식은 매우 다르다. 언어교육 쪽에서는 글그 자체에 매달려 있어서, 그 글을 떠나거나 벗어나는 일을 거의 권장해 주지 않는다. 또한 글의 갈래마다 지닌 특성들을 부각하면서 각 갈래별 특성대로 글을 읽어야 함을 강조하며, 마치 진리가 하나로 고정되어 있는 듯이 암시한다. 따라서 마치 비디오 영상처럼 모든 글 내용을 원상태대로 복원해 내어야 하는 것을 최상으로 삼는다고 해도 과언이 아니다.[18]

그렇지만 글을 읽는다는 일 그 자체는 피상적인 과정이다. 글들 밑에 깔려 있는[19] 글 이해의 과정에 초점을 모아야 한다. 글 이해의 과정은, 글 내용에 대한 재구성 과정이다. 이는 곧 재구성된 내용을 이해 주체가 자신의 장기기억 속으로 저장하는 일이며, 필요할 때에 알맞게 관련 정보를 인출하여 문제를 해결하는 일이다. 덩잇글을 이해하는 과정은 심리학적으로 기억에 토대를 두고 있다. 그 기억 내용 또한 글을 읽는 주체가 글 내용을 상황 모형으로 재구성하여, 장차 쉽게 인출될 수 있도록 대비하는 것에 지나지 않는다. 이런 이해 과정이라야 비로소 임의의 글 내용을 자기 자신의 지식으로 만들고, 그것을 이용하여 새로운 생산물을 만들어 낼 수 있는 것이다.

이는 전통적인 글 읽기의 연구 및 교육 방식이 잘못이라는 뜻이 아니다. 오히려 필자는 더욱 정확히 글 내용을 파악하고 오독을 방지할 수 있도록 도와주는 측면들이 아주 중요한 기여라고 평가한다. 그렇지만 그것만 전부인 것으로 관념하여 끝내서는 안 된다. 장기기억 속에 집어넣는 일과 필요할 때에 그 기억을 꺼내어 활용하도록 하는 일까지 다뤄야 한다. 비유한다면, 학습자가 읽은 글 내용이 자신의 피가 되고 살이 되도록 도와 주어야 한다.

그렇다면 글 읽기의 심리학적 모형에서는 이해가 어떻게 진전되어 나가는 것일까? 앞에서도 언급하였듯이, 킨취(1988)에서는 연결주의 모형을 받아들이고 있다.[20] 그곳에서 논의의 대상으로 삼은 글은 주로

---

18) 듣기 활동 또한 마찬가지이다. 결코 상대방의 이야기를 그대로 녹음기처럼 복원해 내는 일을 요구하지 않는다. 듣기 또한 이해하기이기 때문이다. 이해하기란 상대방의 이야기를 단서로 하여, 그 이야기를 하게 된 의도나 동기를 찾아내는 일에 해당한다.

19) 흔히 일상적으로 "행간 사이를 읽는다, 종이 뒷장을 꿰뚫는다(지배[紙背]를 철[徹]하다), 저의를 파악한다"라는 말을 한다. 이런 것을 심층적 읽기, 또는 깊은 이해라고 말할 수 있다. 어떤 이는 이를 1차적 이해와 구분되는 2차적 이해로 부르기도 하고, 어떤 이는 표면적 이해를 이해로 부르고, 심층적 이해를 해석으로 달리 부르기도 한다.

20) 특정한 제약들이 만족되면(이를 제약만족 과정으로 부름), 그물조직을 통하여 낱개 지식들의 활성화가 확산되면서 큰 졸가리(전체 그물짜임)를 구성하게 된다. 킨취는 연결주의를 먼저 특정 제약들을 상정하여 글을 읽는 과정에서 그 제약들이 만족된다면, 더 큰 그물 조직으로 활성화가 확산되어 나가는 것으로 파악하는 것이다. 이는 점층적으로 낱개의 문장에서 시작하여, 작은 문단으로 확산되고, 전체 큰 문단으로 확산되는 것으로

중학교 교과서에 있는 덩잇글들이며, 대략 논설류에 속한다. 이런 글은 일상언어를 그대로 이용하고 있으므로, 학습자들이 스스로 덩잇글을 이해하는 과정과 방식을 익힐 수 있다는 장점이 있다. 그뿐만이 아니다. '인지 패러다임(이론 체계)'이란 이 책의 부제목이 시사해 주듯이, 덩잇글을 이해하는 구성-통합의 모형은 단지 덩잇글에만 국한되어 적용되는 것이 아니다. 더 나아가 수학 문제를 풀이하는 과정, 행위를 계획하고, 문제를 해결하며, 일상적으로 만나는 임의의 사람들에 대한 인상을 형성하는 일에까지도 폭넓게 적용될 수 있음을 보여 주고 있다.

킨취의 구성-통합 모형에서는 적어도 다음과 같이 세 가지 층위의 이해 과정이 동시에 작동해 나간다고 가정한다.

〈표 1〉 구성-통합 모형의 세 가지 층위

층위		대상	저장 장소	작용 방식
표면 구조		덩잇글 속의 문장들	종이 위의 글자	언어 해석 및 명제 구성
덩잇글 기반	미시구조	미시명제와 인출구조	단기/장기 작업기억	인출단서의 활성화 확산
	거시구조	거시명제와 배경지식	장기 작업기억	안정된 지식 그물조직
상황 모형		감각인상과 상위 인지	장기기억	감각인상과 상위 명제 구성

표면 구조로부터 덩잇글 기반을 만드는 과정은, 이미 읽기 연구에서 익숙하게 시행해 온 내용이다. 용어가 비록 다르더라도, 문장들이 모여서 이룬 작은 단락을 놓고서 작은 주제문을 만드는 과정이, 덩잇글 기반에서 미시구조를 형성하는 일에 해당한다. 다시 여러 단락들을 놓고서 일관되게 묶어 하나의 큰 단락을 만들고, 그 글의 주제문을 결정하는 과정이, 덩잇글 기반에서 거시구조를 형성하는 일에 해당한다.

그런데 표면 구조로부터 덩잇글 기반을 만들어 가는 과정은, 흔히 추론 또는 정교화 과정이라고 일컫는다. 이는 복잡하고 심오한 절차를

말할 수 있다.

따르는 것이 아니다. 소략하게 말하여 「정보를 덜어내고 정보를 더해 놓는 일」이다.[21] 표면구조는 문장들로 이뤄진다. 문장들은 먼저 단언 (명제) 단위로 재구성되어야 한다. 이는 동사를 중심으로 하여 각 동사 가 거느리는 논항들을 채워 놓은 것이다.

이제 각 단언들을 대상으로 하여 삭제와 추가를 진행해 나간다. 다시 말하여, 추론 작업이란 크게 정보를 덜어 내거나 더해 놓는 일인데, 중 요성에 비춰서 값이 낮은 명제들을 쓸어 없애고, 이 과정을 통과하여 남은 명제들은 다시 새로운 상위 명제를 설정하여 통합해 나가는 것이 다. 특히 후자의 통합 과정은 기계적이지 않고, 글을 읽는 사람의 소양 이나 배경지식에 따라 많든 적든 편차가 나게 마련이다. 이 두 과정은 인출구조와 배경지식에 의해 조정된다. 여기서 인출구조란 주어진 한 낱말이나 어떤 주제와 관련하여, 읽는 주체가 평소에 그물조직의 모습 으로 계층화하여 붙들어 둔 개개의 백과사전 지식이다(497쪽 각주 22 참고). 전문지식이나 배경지식이 많을수록 이에 비례하여 인출구조들 이 풍부히 장기기억 속에 저장되어 있다.

가장 중요한 층위이면서 가장 막연한 내용이 상황 모형을 형성이다. 상황 모형을 만드는 일이란, 이해 주체가 덩잇글로부터 얻어낸 덩잇글 기반을 놓고 장기기억으로 저장하기 위하여, 그 내용과 관련된 감각 인상을 덧붙여 놓는 일이다. 감각 인상은 다섯 감각 수용기를 통해 저 장해 놓은 감각 자료를 가리키지만, 주로 시지각과 관련된 심상을 다루 고 있다. 덩잇글 기반과 관련하여, 모종의 심상 자료를 인출하여 한데 묶어 놓는 과정이다. 따라서 이들을 묶기 위해서 이해 주체는 스스로

---

21) 폰대익(Van Dijk 1980; 서종훈 뒤침 2017), 『거시구조』(경진출판)에서는 '거시구조'를 만드는 네 가지 거시규칙을 제안한 바 있다. ① 삭제(deletion), ② 선택(selection: 여기에 또한 그대로 놔 두는 zero rule 규칙도 들어 있음), ③ 일반화(generalization), ④ 구성 (construction)이다. 이를 더욱 간결하게 정리하여 킨취(1993), 「텍스트 이해에서 정보 더 해 놓기와 덜어 내기: 추론(Information accretion and reduction in text processing: Inferences)」, 『Discourse Processes 16』(pp. 193~202)에서는 두 종류의 작업으로 재분류하였 다. 이 두 종류의 작업은 킨취의 구성-통합(CI) 모형에서 각각 구성과 통합에 상응한다.

상위 단언(명제)을 만들어 내야 하는 것이다(능동적 처리과정임).

그런데 그 결과는 이해 주체마다 천차만별로 다양하게 달라질 수 있다. 이런 자의성이나 편의성이 얼마만큼 허용되는지는 제대로 다뤄지지 않고 있다. 그렇지만 감각 인상을 함께 덩잇글 기반과 묶어 두는 일이, 오직 장기기억에 저장을 위한 방편이라면, 굳이 제약을 두어야 할 이유는 없을 것이다. 오정환(2010: 87쪽 이하) 「덩잇글 이해에서 학습자의 상황모형 구성 사례들에 대한 분석」(경상대학교 박사논문)에 따르면, 다양한 상황모형 구성 사례들을 놓고서도 공통된 요소를 추출할 수 있음을 지적하고 있다. 배경지식이 풍부한 학습자들은 더 복잡하고 유기적인 상황모형을 보여 주었지만, 그렇지 않은 학습자들은 단출하고 부실한 상황모형을 보여 주었다. 이것이 연구자의 요구로 말미암아 학습자들의 반응이 그렇게 된 것인지, 아니면 일반적인 이해 과정에서 언제나 그런 일이 일어나는지는 또 다른 연구거리이다.

킨취는 낱말의 의미를 고정하는 과정에서도 언어학의 가정과는 다른 실험 사례를 보여 준다. 언어는 상징이다. 그렇기 때문에 낱말은 기본적으로 외연의미와 내포의미를 지닌다. 이 두 의미 중에서 언어학에서는 기본의미로서 외연의미를 상정하고, 이 의미가 확장되어 내포의미를 지니는 것으로 설명해 왔다. 그렇지만 킨취의 실험에서는 한 낱말이 지닐 수 있는 모든 의미가 동시에 작업기억에 인출되고, 해당 맥락에 대한 단서들이 추가되면서 무관한 낱말 의미들이 삭제됨을 보여 준다. 이를 '망라 접속'으로 부른다. 대략 한 낱말의 의미는 평균 시간이 350밀리초를 전후하여 고정된다.

이런 복잡한 일이 동시에 머릿속에서 처리되기 위해서는, 용량이 제약된 단기 작업기억만으로는 불가능하다. 작업기억의 용량은 밀러(Miller 1956)에서 제시된 신비의 숫자 실험에 따라, 대략 '7±2' 정도를 덩어리로 묶는 것으로 알려져 왔다. 덩잇글 처리과정에서도 대략 대여섯 개의 명제가 작업기억에 대기하고 있는 것으로 추정되었다. 그렇지만 동시에 세 가지 층위가 가동되면서 이해가 진행되려면, 낱말의 의미를 모두 불러내기 위하여 이런 용량은 큰 제약으로 작용한다.

에륔슨·킨취(Ericson and Kintsch 1995)에서는 이를 극복하기 위한 방편으로, 장기기억을 작업기억으로 이용한다는 주장을 한다. 다시 말하여 장기기억 속에 덩잇글 이해와 관련된 배경지식으로서 위계화된 인출구조들이[22] 다수 저장되어 있다고 가정하는 것이다. 이는 우선 '전문가 지식 체계'에 대한 연구 등으로 쉽게 뒷받침된다. 소위 전문가들은 자신이 관여하는 영역의 덩잇글을 신속하고 쉽게 이해할 뿐만 아니라, 그런 내용을 곧잘 능동적으로 수정하고 재구성하기도 한다. 킨취의 구성–통합 모형에서 장기 작업기억의 역할은 용량 제약을 벗어나기 위하여 매우 중요한 개념이다.

그렇지만, 만일 이해의 과정에서 장기 작업기억이 실재하고, 덩잇글 이해를 촉진시켜 주는 실체라면, 과연 배경지식과 장기 작업기억이 어떻게 구별될 것인지에 대한 의문이 든다. 글 이해 과정에서 직관적으로 누구든지 간에 이해 주체의 배경지식의 중요성을 강조해 왔다. 장기 작업기억 속에 들어 있다고 상정된 인출구조는, 관련된 배경지식의 일부라는 점에서 두 영역이 상당히 겹치는 것으로 판단된다. 더군다나 장기 작업기억은 선천적으로 타고 나는 것이 아니라, 부단히 이해 주체

---

22) 비유적으로 인출구조의 모습을 다음 그림처럼 나타내었다(해당 논문의 216쪽에서 가져옴).

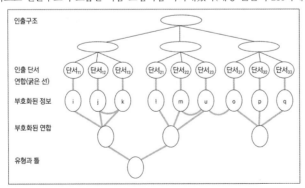

가 스스로 능동적으로 구축해 놓아야 하는 것이다. 그러므로 어떤 의미에서 보면, 연구자들 사이에서 약방의 감초처럼 거론되어 온 배경지식이라는 막연한 개념을 좀 더 구체적으로 언급해 주기 위한 대안일 수 있다.

그렇다면 특히 읽기 교육에서의 가르쳐야 할 내용이 뚜렷이 부각될 수 있다. 읽기 교육이 바람직하게 진행될수록 특정한 영역에 대하여 위계화된 인출구조가 풍부하게 많아져야 한다. 이 주장이 사실이라면, 그런 교육을 촉진하기 위하여 읽기 과정에서 명시적으로 인출구조의 후보들을 풍부히 만들어 나가는 일을 자주 연습할 수 있어야 한다. 이런 연습 과정이 누적될수록 덩잇글 기반을 감각 인상과 맞물려 상황모형으로 바꾸는 일도 더욱 촉진될 것이기 때문이다.

6. 과제 연속물을 이용하는 담화교육

영국에서는 모국어 교육을 '담화교육'이라고23) 규정한다. 영국에서는 1975년 '불럭(Bullock) 보고서'로 알려진 모국어 교육 감사 보고서에서 이미 '참된 실생활 자료(authenticity)'를 이용하여 교육해야 함이 지적되었다.24) 이 흐름은 기능주의 언어학을 거쳐서 1980년대에 「의사소통

---

23) 담화는 언어 및 비언어로 구성되어 있다. 다시 말하여 언어적 정보와 비언어적 정보가 함께 들어가 있는 것이다. 또한 담화가 전개되는 과정에서 큰 덩이들이 연결되는 방식은 언어 정보에 의존하는 것이 아니라, 배경지식에 의존하게 된다. 담화 교육에 대해서는 쿡(Cook 1989; 김지홍 뒤침 2003), 『옥스포드 언어교육 지침서: 담화』(범문사)가 쉬운 안내서이다. 또 페어클럽(Fairclough 1995; 이원표 뒤침 2004), 『대중매체 담화 분석』(한국문화사); 페어클럽(2001; 김지홍 뒤침 2011), 『언어와 권력』(경진출판)도 참고하기 바란다. 개론서 형식으로 미국 학자들이 마련한 그뢰이써·건스바커·골드먼 엮음(Graesser, Gernsbacher, and Goldman 2003), 『담화 처리 소백과(Handbook of Discourse Processes)』(Lawrence Erlbaum)도 좋은 길잡이다. 일반적으로 언어교육에서는 굳이 담화 또는 담화 교육이라고 말하지 않는다. 대신 참된 실생활 자료를 이용하는 교육이라고 말한다.

24) 영국 여왕 문서국(Her Majesty's Stationary Office 1975), 『삶을 위한 언어(A Language for Life: Report of the Committee of Inquiry appointed by the Secretary of State for Education and

중심의 언어교육(CLT)」이란 개념을 만들어 냈다. 그리고 유럽 연합체에서는 개념 기능 중심의 언어교육으로 발전하여, 이른바 외국어 교육을 위하여 유럽 공통 얼개가 마련되기에 이르렀다.25) 이밖에도 참된 실생활 자료를 이용하는 담화교육을 위하여, 사회생활에서 쓰이는 담화의 밑바닥에 깔린 이념적 의도들을 비판적으로 분석하는 '비판적 담화 분석(CDA)'도 중요한 흐름으로 자리 잡고 있는데, 일각에서는 언어 자각(language-awareness)으로도 부른다.

최근에 우리나라의 국어 교육에서도 언어 사용에 대한 자각을 높여 주기 위하여 두 방향의 의사소통을 직접 해 나가도록 권장하고 있다. 학급에서 두 방향의 의사소통은 짝끼리, 모둠에서, 전체 학급을 대상으로 이뤄질 수 있다. 「두 방향의 의사소통을 통해서 언어가 학습된다」는 주장은 의사소통 중심의 언어교육(CLT)에서 얻어낸 중요한 결론이다. 이 주장을 받아들인다면, 더 이상 기계적 암기 학습을 강요하는 과제들이 주기보다는, 오히려 참된 의사소통 동기가 들어 있는 과제들을 놓고

Science under the Chairmanship of Sir Alan Bullock FBA)』(영국 교육·과학부 Department of Education and Science)이다. 609쪽이나 되는 방대한 분량이다. 필자는 개인적으로 영국의 모국어 교육에 대한 감사 보고서인 불럭 보고서(1975)·킹먼 보고서(1988)·콕스 보고서(1991)를 '언어교육의 3대 비판서'라고 부른다. 콕스 보고서는 브롸이언 콕스(Brian Cox 1991), 『콕스 보고서에 대한 콕스의 의견: 1990년대의 영어 교육과정(*Cox on Cox: An English Curriculum for the 1990's)*』(Hodder and Stoughton)를 참고할 수 있다. 또한 콕스 (1995), 『영어 교육과정을 위한 전쟁에서 콕스의 의견(*Cox on the Battle for the English Curriculum)*』(Hodder and Stoughton)도 참고할 필요가 있다. 영국병을 고치면서 처음 시작된 영국의 국가 교육과정을 놓고서 무엇을 가르쳐야 할 것인지에 대해 뜨겁게 전개된 논쟁의 내용을 살펴볼 수 있어서 도움이 크다(콕스는 문학 전공자임). 우리나라에서도 제7차 국어과 개정 교육과정을 마련할 때에 비슷한 논란이 있었다. 듣기 말하기 읽기 쓰기의 네 가지 기능만을 국어교육에서 다루고 문학과 언어를 제외하자는 쪽과 이전처럼 문학과 언어를 포함하여 기존의 틀을 고수하자는 쪽 사이에 벌어진 논란이다. 국어교육 쪽에서는 월등한 세력에 밀려 후자의 승리로 싱겁게 끝나 버렸다.

25) 이는 외국어 교육에 대한 유럽 연합의 표준 모형이다. 유럽 연합 교육위원회(2001), 『언어교육을 위한 유럽 공통 참고 얼개: 학습·교수·평가(*Common European Framework of Reference for Languages: Learning, Teaching, Assessment)*』(Cambridge Univ. Press)로 나와 있다. 또한 관련 책자로서 같은 출판사에서 세 권이 더 출간되었는데, 뵈넥·트륌(van Ek and Trim 1990), 『왕초보 단계(*Waystage 1990)*』; 뵈넥·트륌(1990), 『문턱 넘기/초보 (*Threshold 1990)*』; 뵈넥·트륌(2001), 『도약 지점/중급(*Vantage)*』이다.

서 학습자들끼리 직접 상호작용을 해 나가면서, 언어와 언어 사용을 체득해 나가도록 권장된다.

이런 과제들은 비단 언어 재료로만 되어 있지 않다. 비언어 재료들도 동일하게 중요한 정보를 표상해 주므로, 언어 재료를 비언어 재료로 바꾸거나, 비언어 재료를 언어 재료로 바꾸는 연습도 병행되어야 한다. 이런 측면에서 과제(task)라는 용어는 때로 입력물(input)이나 참된 실생활 자료라는 말로도 바뀌어 쓰인다.

입력물의 범위는 과거에 교사 중심의 언어교육에서 해 왔듯이 가장 훌륭한 언어 재료로서의 '정전(正典 canon)'만을 이용되는 것이 아니다.26) 같은 수준이나 더 낮은 수준의 학습자가 산출한 결과물도 학습을 위한 재료로 이용될 수 있다. 그런 재료들에 대해서 직접 일관된 의도가 잘 드러나도록 고쳐 보게 한다든지, 서로 토론을 통하여 어떻게 표현하는 것이 설득력을 지닐지에 대하여 비판적인 안목을 키워 나갈 수 있는 것이다.

윌리스 부부(Willis and Willis 2007) 『과제 중심 언어교육 실행하기 (*Doing Task-based Teaching*)』(Oxford Univ. Press)에서는 과제 연속물(a sequence of tasks)이란 개념을 도입한다. 이를 놓고서 학습자들이 직접 상호작용을 해 나감으로써 언어 사용 능력이 향상된다고 본다. 그들은 다음과 같이 몇 가지 단계로 나누어 과제들의 갈래를 풀도록 제안한다. 그 과

---

26) 이에 대한 좋은 사례가 5세기 초엽에 중국 양나라의 소통(蕭統, 소명태자로 불림)이 엮은 『문선』이다. 여기에 중국 주나라 때부터 육조 시대까지 800여 년 간에 걸쳐 만들어진 130여 편의 걸작들이 담겨 있는데, 결코 쉬운 글들이 아니다. 이는 우리나라에도 영향을 주어 1478년 『동문선』이 편찬되기에 이르렀다. 서양에서는 이른바 anthology(명작선) 불리는 책들이 편찬되었고, 지금도 편찬되고 있다. 이런 전통은 우리나라에서 광복이 되자, 국어 교과서 편찬에 직접 영향을 끼쳤다. 그렇게 해서 뽑힌 글들 중에는, 한때 남들이 쉽게 알지 못하도록 어렵게 씌어질수록 더 높은 평가를 받던 왜곡된 경우도 있었다.서구에서도 상황은 비슷하였지만, 이에 대한 극적인 반전이 1975년 불력 보고서에 의해 시작되었다(498쪽의 각주 24를 보기 바람). 그 맥을 의사소통 중심의 언어교육(CLT)이 잇고, 오늘날 「과제 중심의 언어교육(TBLT)」로 계승되고 있다. 이를 반영한 말로서 주위에서 흔히 '실용 영어'라는 표현을 자주 듣는다. 이 글에서는 '참된 실생활 언어/자료'라고 표현하였다.

제들은 융통성 있게 여러 단계들로 분화되거나 통합되면서 다시 조절될 수 있다. 또한 과제 활동의 종류와 범주들도 학습자의 수준에 따라 다양한 내용들을 제시해 줄 수 있다.

① 예측 과제 연속물의 진행 단계

　　1단계: 예측에 대한 점화 ⇨ 2단계: 예측 과제 제시 ⇨ 3단계: 학급에 보고할 준비를 하기 ⇨ 4단계: 보고하기 ⇨ 5단계: 본 과제 읽기 ⇨ 6단계: 언어 형식에 초점 모으기 ⇨ 7단계: 평가

② 조각맞춤 과제 연속물의 진행 단계

　　1단계: 예비과제 풀기 ⇨ 2단계: 이야기를 모아 맞춰 놓기 ⇨ 3단계: 학급에 보고할 준비를 하기…. 이하 위 단계와 동일하게 진행됨

③ 질문 주관자로서의 학습자를 키우는 과제 연속물의 진행 단계

　　1단계: 덩잇글/덩잇말 선택하기 ⇨ 2단계: 모둠별로 10가지 질문 마련하기 ⇨ 3단계: 다른 학습자들이 해당 질문들에 답을 적어 넣기 ⇨ 4단계: 언어 형식에 초점 모으기

④ 원형이 훼손된 덩잇글을 복원하는 과제 연속물의 진행 단계(크게 사실적 공백 채우기와 언어적 공백 채우기로 나뉨)

　　(가) 사실적 공백이 들어 있는 과제를 진행시키는 단계

　　　　1단계: 예비과제 풀기 ⇨ 2단계: 개인별로 읽기 과제를 풀기 ⇨ 3단계: 모둠별로 해결책을 공유하기 ⇨ 4단계: 계획하기와 보고하기 ⇨ 5단계: 해결책들을 점검하고 비교하기

　　(나) 언어적 공백이 들어 있는 과제를 진행시키는 단계

　　　　1단계: 점화하기 ⇨ 2단계: 읽기 과제 풀기 ⇨ 3단계: 보고하기와 해결책 비교 점검하기 ⇨ 4단계: 후속활동으로 기억 여부에 대한 도전

⑤ 새로 순서 짓기 과제 연속물의 진행 단계

　　1단계: 이야기 소개하기 ⇨ 2단계: 순서가 뒤범벅이 된 덩잇글(부분)을

새로 정렬해 놓기 ⇨ 3단계: 학습자 재구성 순서를 같이 검토하기 ⇨
4단계: 전체 덩잇글을 함께 구성해 보기
⑥ 모둠별 받아쓰기 과제(원래 덩잇글 재생 과제) 연속물의 진행 단계
1단계: 전지에다 덩잇글의 부분들을 차례로 카드에 옮겨 적고 핀으로
고정시켜 교실 벽에 붙여 놓기 ⇨ 2단계: 모둠별로 받은 종이 위에 원
래 덩잇글을 재구성하기 위해, 구성원 한 사람씩 읽고 와서 다른 구성
원들에게 말해 주기 ⇨ 3단계: 덩잇글 재생이 끝나 교사에게 제출되면,
교사는 재생에 걸린 소요 시간과 재생의 오류들을 지적해 내기

또한 과제 연속물을 구성하는 범주를 다음과 같이 보여 줌으로써, 언어
교육 현장에서 어떤 형태의 과제들을 어떻게 구성하여 연습시킬지에
대한 지침을 제안하고 있다.

순서짓기·분류하기
이어주기,
등급 나누기,
분류하기

일치시키기
가령, 낱말과 구절
들을 그림에,
방향을 길거리
지도에 일치시킴

목록 만들기
난상 제안하기,
사실 찾아내기

과제 활동

비교하기
차이점·유사점들
을 찾아내기

문제 해결하기
가령 수수께끼, 논
리적 문제, 예측 등

**장기 학습과제,
창의적 과제**
학급신문, 벽보, 현
장조사, 환상물 등

**개인 경험
공유하기**
이야기 전달하여
말해주기,
일화, 회고담

〈그림 2〉 과제 활동의 유형

과제 연속물은 목표 언어의 생활세계를 그대로 반영해 주는 것이다.

세계적/국제적 논제
• 밀수꾼들
• 불법 이민, 위장 결혼
• 고갈되는 자원(가령 기름, 석탄)

교실수업 또는 교수 중심의 문제
• 영어 수업시 모국어가 대량으로 이용됨
• 숙제를 해 오는 학생의 수가 적음
• 수업에서 고르지 않은 학습자 참여
• 간이식당/매점 음식이 싸지만 해롭다

십대들의 문제
• 흡연과 급우 간 압력
• 말다툼
• 용돈 없음
• 부모와 십대 사이에 의사소통 결여
• 편지 지내며 중립 지대에서 친구를
  사귈 곳이 없음

과제의 후보

환경 문제
• 도심에서의 주차난
• 교통 체증
• 물 부족
• 강과 바다 오염
• 소음이 많은 풍력 발전에 대한
  반대 여론 극복

사회/집안 맥락
• 성인이 된 자식들이 출가하지 않을
  때…
• 외국 대학생활에서의 외로움
• 실직 상태
• 맹인/귀머거리 상태
• 죽은이 장례 치르기

업무 맥락
• 취업 면담 준비
• 따분한 모임, 구제 방법
• 생산품 판매, 시장 경쟁자를 다루는 법
• 직장에서의 불평등 대우
• 직장 업무와 집안일을 모두 잘 처리하기

〈그림 3〉 참된 실생활의 과제 후보들

이는 언어 사용에 대한 자각을 일깨워 주고, 실제 상황에서 일어나는 여러 가지 문제들을 미리 대비하여 해결해 본다는 장점을 지닌다. 만일 어떤 주제나 소재들이 많은 학습자들에게 흥미를 불러일으킬 경우에는, 집중적으로 네 가지 기술을 똑같이 연습시키면서 통합 활동을 진행할 수 있다.

그렇지만 비록 학습자들이 '혼자 스스로 활동·짝끼리 활동·모둠 활동·학급 전체 활동' 등을 반복해 나간다고 하더라도, 난이도가 점차 높아지지 않거나(과제 등급화의 문제임) 또는 과제 해결에 대한 평가표(어떻게 평가를 해야 할지에 대한 자세한 내용)가 주어지지 않는다면, 학습자들이 스스로 자신의 향상 과정을 되돌아볼 길이 없다. 이는 과제 활동의 의미를 반감시킬 뿐만 아니라, 왜 담화 자각 활동을 해야 하는지 의문을 갖도록 만들 소지가 충분하다. 따라서 불가결하게 과제가 등급화되는 척도 및 평가 명세표가 과제 연속물과 함께 학습자들에 주어져야 하는 것이다. 이를 더 극적으로 표현한다면, 능력 있는 학습자들이 과제 설정과 진행에도 참여하여 발언할 수 있는 기회가 보장될 수 있어야 한다. 이 일은 반드시 영국에서처럼 학교별로 교육과정 및 교과서 편성 권한이 보장되어 있어야 함을 전제로 한다.

과제 등급화 원리는 어떤 합의점에 이르기 위해서는 앞으로 심도 있게 더 많은 논의가 필요하다.[27] 평가 명세표는 바크먼·파머(Bachman and Palmer 1996) 『실용적인 언어 시험 시행하기(*Language Testing in Practice*)』(Oxford Univ. Press), 바크먼·파머(2010) 『실용적인 언어 평가(*Language Assessment in Practice*)』(Oxford Univ. Press)에서 제안한 구성물의 정의를 응용할 수 있다. 그들은 크게 ① 조직화 지식으로 문법 지식과 텍스트 지식을 나누었고, ② 기능적 지식으로 화용 지식과 사회언어학 지식을 나눈 바 있다. 이는 학습자의 수준에 따라 특정 영역들이 더 세분되거나 추가될 수 있을 것이다.

언어 산출 및 이해의 과정에 대한 심리학적 논의 내용은, 아직 「과제 중심 언어교육」 속에 유기적으로 들어가 있지 않다. 이는 서로 간에 전혀 영향을 주고받음이 없이 독자적으로 발전해 왔기 때문이다. 그럼에도 불구하고 과제 중심 언어교육은 참된 실생활 자료를 다루는 담화교육이므로, 담화 조직 원리에 대한 자각을 키워 주려면, 불가결하게 심리학의 연구 성과를 반영해 주어야 할 것이다. 이것이 평가 명세표에 들어갈 수도 있고, 과제 등급화에 대한 변수로 들어갈 수도 있으며, 과

---

27) 언어교육에서 처음 과제들의 난이도를 등급화해 놓은 사례는 앤더슨·브롸운·쉴록·율 (Anderson, Brown, Shillock, and Yule 1984; 김지홍·서종훈 2014 뒤침), 『모국어 말하기 교육: 산출 전략 및 평가』(글로벌콘텐츠)이다. 여기서 처음으로 의사소통이 크게 정보를 전달해 주는 영역과 친분을 쌓는 영역으로 나뉘어졌고, 특히 스코틀랜드 중학교 2학년 학생들을 놓고서 정보 전달용 말하기를 등급별로 가르칠 수 있음을 처음 예증해 놓았다. 그 후에 클락(1996; 김지홍 뒤침 2009), 『언어사용 밑바닥에 깔린 원리』(경진출판)에서 친분 쌓는 의사소통에도 중요한 원리가 들어 있음이 밝혀졌다. 필자는 이것들이 적절하게 교육될 수 있으며, 특히 전전두엽에 있는 작업기억이 완전히 발달된 사춘기 후년의 학습자들을 대상으로 하여 교육될 필요가 있다고 본다.

제 연속물 속에 녹아들 수도 있다. 어떠한 선택을 하든지 간에, 우리가 직접 접하는 실제 담화를 언어교육에서 다루므로, 담화 이면의 작동원리를 깨닫도록 하기 위해서는, 이제 유기적으로 두 영역의 내용을 조화롭게 맞물리도록 하는 일이 숙제로 남아 있는 것이다.

7. 마무리

지금까지 가닥도 잘 잡지 못한 채 논의를 어수선하게 이끌어 왔다. 언어의 산출과 이해에 대한 심리학의 연구 성과는 우리 머릿속에서 여러 층위의 부서가 동시에 작동하고 있음을 보여 준다. 이를 이 글의 제목에서 '다중 층위'의 처리 모형으로 불렀다.

이 모형은 현재 언어교육의 주류를 이루는 참된 실생활 자료를 통한 교육 모형과 정합적으로 맞물려 들어간다. 이것이 담화교육이기 때문이다. 담화가 언어 및 비언어로 이뤄져 있다. 뿐만 아니라, 이들을 엮어 가는 심층의 절차지식들을 하나하나 자각하고 연습시켜 나가야 한다. 이는 과제 중심의 언어교육(TBLT)에서는 과제를 등급화하여 수준별로 제시하고, 학습자들에게 스스로 향상을 점검할 수 있는 평가 명세표를 강조하는 까닭이다.

과제 중심 언어교육에서는 외국어가 목표언어인 경우에, 기본적으로 수업 시간을 내용 중심으로 진행하되, 마무리를 짓기 전에 학습자들이 꼭 알아야 할 언어 형식을 간추려 재강조해 주도록 제안한다. 이와는 달리 모국어 화자를 대상으로 한 경우에는 굳이 언어 형식에 대한 강조가 없어도 되지만, 특히 언어 사용에 관련된 절차지식들을 학습자들이 자각하도록 미리 단계별로 내용을 잘 짜 두어야 하고, 학습자들이 스스로 평가하면서 향상됨을 체험할 수 있도록 담화 심리학의 연구 결과들을 수용하면서 여러 가지 일들이 마련되어야 할 것이다.

짙은 안개 속에서 대상을 보는 듯한
언어 표현, 이를 극복하려는 인지 작동 방식※

: 「통상적인 개념, 정의, 분류, 그리고 범주화」에 대하여

1.

기호학에서 처음 형식과 내용의 결합체로서 다뤄진 「언어」는 일반인에게는 겉으로 매우 자명한 듯하여 마치 개미들이 주고받는 개미산의 의사소통마냥 명백하다고 확신하기 십상이다. 그렇지만 실상을 들여다본다면, 형식과 내용 사이에 자의적(상징적, 비자연적, 관습적) 결합 때문에, 그리고 의사소통 의도를 표현하는 방식이 직접 표현 이외에도 간접 표현(우회적 표현·비유 표현)도 있기 때문에, 언어 사용의 실상은 아침에 짙게 낀 안개처럼 회미한 그림자를 통해서 실상(의사소통 의도)을 추론해 나가야 하는 것이다. 가령, 대립 짝을 찾는 일을 우리말로 해 보자.

※ 이 글은 담화 교육론 강의 자료들 중 하나로 씌어짐.

「곱다 : 밉다」

라는 낱말이 서로 반대말이라고 사전에 올라 있다. 그렇지만 이 낱말의 사례들을 확인하면 그런 경우와 그렇지 않은 경우를 쉽게 확인할 수 있다. 분명히

「아기 얼굴이 곱다」

라는 표현에 대한 반대 표현은

「얼굴이 밉다」

이다. 국어사전에 있는 설명대로이다. 특정 얼굴이라는 구체적 대상을 느끼고 표현해 주는 경우이다. 그렇지만 그 대상을 조금 바꿔보면(비유적인 확장으로 들어서면), 짝을 이루는 반대말들이 변동하는 것을 이내 깨닫게 된다.

「어머니의 고운 손」

은 반대 표현이 과연 무엇일까?

「*범죄자의 미운 손」

이 말이 될까? 반지를 낄 수 있는 구체적인 손의 형상을 보고 말하는 것이 아니기 때문에 이는 잘못된 표현이다. 이보다는 오히려 살인을 하는 등의 죄를 저지르는

「범죄자의 더러운 손」

이라고 해야 우리말답다(범죄를 실행하는 도구로서 '손'이 환유 표현으로 선택됨). 그렇다면 여기서는 분명히 「곱다 : 더럽다」가 반대 짝이라고 할 수 있다. 다시 더 대상을 추상적인 것으로 바꿔 보기로 한다.

「영이 마음씨가 곱다」

라는 말의 반대 표현은 무엇일까?

「고약한 마음가짐, 못된 마음가짐, 패려한/패악스런 마음가짐」

에서 후보를 골라서

「돌쇠 마음씨가 고약하다, 마음씨가 못됐다」('못되었다' 줄임말)

라고 하거나, 또는 좋은 싹이 자랄 수 없다는 뜻의 속된 표현으로

「싹수가 노랗다, 싸가지(싹+아지) 없다」

라고 말할 법하다. 여기서는 「곱다 : 못되다」가 반대 짝이라고 말할 수 있다. 이렇게 낱말들의 대립 짝이 대상들에 따라 서로서로 달라지는 것이 언어 사실이다.

또 다른 예로, 우리말에서 「손 내밀다」라는 어구를 생각해 보자. 앞뒤 결합되는 낱말에 따라 의미가 새롭게 결정된다는 뜻으로 영국 언어학자 핼러데이(M. A. K. Halliday, 1925~2018) 교수는 이미 1970년대 중반에 이를 새로운 뜻을 결정해 주는 「앞뒤-문맥 요소」(co-text)라고 불렀

고(위도슨 2004; 김지홍 뒤침 2018, 『텍스트, 상황 맥락, 숨겨진 의도』, 경진출판, 제4장을 보기 바람), 전산 처리된 말뭉치로 영어 사전을 처음 만들어 낸 싱클레어(J. Sinclair, 1933~2007) 교수는 이음말(collocation, 연어)이라고[1] 불렀다. 전산 처리된 사전에서는 반드시 구체적인 담화 사례를 빈도에 따라 배열해 놓고 있으므로, 사전 속에 있는 임의 표제 항목의 의미를 나열하는 순위도, 균형 잡힌 말뭉치에서 얻어낸 사용 빈도에 따라 배열되어 있다. 따라서 종전에 상정할 수 있는 어원을 중심으로 하여 점차 의미 확장을 서술해 나갔던 주먹구구 방식과 선연히 대조를 보인다.

가령, 우리말에서 「손 내밀다」라는 어구는 무엇과 결합하는지에 따라 새로운 의미가 부각되어 나온다. 「천사가 위중한 환자들에게 손을 내밀다」에서는 '환자'가 겪을 고통을 속뜻으로 갖고 있으므로 이를 중심으로 반대의 뜻으로 「치료하다, 구원하다」는 의미를 띤다. 그렇지만 「그 거지가 손을 내밀었다」에서는 '거지'의 속성으로부터 「구걸하다」는 의미를 갖는다. 이와는 달리 최근 촛불 혁명으로 밝혀진 바(지금 관련된 재판의 결과로서 얻은 새로운 배경지식)에 따라 「최순실이 삼성에 손을

---

1) 논리학·수학·심리학·참스키 언어학 등에서 일반적인 지성사에서는 공통적으로 절(clause) 단위 또는 최소 단언문(proposition, 명제, 단위 사건)을 생각의 기본 단위로 본다. 이와 대립되는 것이 단순히 낱말이 우리 생각의 기본 단위라고 보는 것인데, 특히 계몽주의 시기 때 훔볼트 등 일부 사람들이 그렇게 믿었고(뒤의 각주 8을 보기 바람), 이런 왜곡된 생각이 초기에 국어학에도 자리를 잡아 「한글 맞춤법」도 낱말 중심의 시각을 당연시하는 잘못을 저지르고 있다.
   이런 시각과 달리, 특이하게 싱클레어 교수는 낱말들이 이어져 있는 이음말이 미리 짜여 머릿속에 보관되어 있는 기본 단위(preconstructed units)로 여긴다. 두 극단적 입장에서 중간 지점을 선택했다고 볼 수도 있고, 전산 처리된 말뭉치를 다루면서 얻어낸 연구 결과로도 볼 수 있다. 여기에 관용적 결합 원리(idiom principle)가 작동한다. 이 기본 단위는 다시 결합을 통하여 더 큰 형식으로 나오는데, 개방적 선택 원리(open-choice principle)에 따르게 된다. 그는 이 절차에 따라 문장 이상의 단위까지 만들어 내는 것을 보았지만, 이는 미시 구조에 그치는 정도였고, 페어클럽 교수나 레이코프 교수처럼 정작 담화 또는 텍스트의 거시 구조(밑바닥의 추론 방식)를 다룬 바는 없다. 싱클레어 교수는 또한 언어 전개 구조를 소쉬르처럼 그대로 일직선(linear)으로 봤는데, 이것 또한 인간 사고를 포착하는 집합 관계를 받아들여 계층성(hierarchy)이 기본속성임을 밝힌 참스키 교수의 생각과도 대립된다.

내밀었다」는 치료하는 것도 아니고 구걸하는 것도 아니라, 특별히 「뇌물을 요구하다」는 뜻을 갖게 된다. 이런 특별한 해석은 지난 정부 때의 사건을 목격해 온 사회 공동체 구성원들에 의해서 간단한 이 언어 표현을 해석하기 위하여 당시 '상황 맥락'을 더 덧붙여 놓은 결과로서 얻어지는 것이다. 「손 벌리다」나 「손을 쥐다」도 무엇과 결합되는지에 따라서 거의 새로운 의미가 깃들기 마련인데, 레이코프·존슨(2006 수정판)에서는 이런 비유 방식이 사고의 기본 절차 중 한 가지이다.

요약하자면, 어느 언어에서든지 우리 몸과 관련된 낱말 및 가장 빈번한 경험 대상과 관련된 낱말은 모두 이런 변동을 보이므로(비유적 확장이며, 소쉬르의 생각을 확장한 야콥슨의 통찰에 따라 우리 책에서는 은유와 환유의 기제로 설명함), 언어 표현이 국어사전이나 언어사전 속에 있는 모습으로만 쓰이는 것이 아님을 분명히 알 수 있다.

만일 언어 표현이 그 자체로 중의적일 뿐만 아니라, 앞뒤-문맥이나 이음말에 따라 새로운 의미가 더해지며, 해당 언어 표현을 쓰는 상황이나 화자의 의도에 따라 더 변동될 수 있음이 사실이라면, 사람들 사이의 의사소통이 언제나 불발로 끝나는 것이 아니라, 크든 작든 많든 적든 간에 어느 정도 성공적인 의사소통으로 판정하고 믿게 되는 것은 도대체 무슨 까닭이고, 그런 믿음이 우리 의사소통의 실상일까? 이는 매우 중요한 질문인데, 김지홍(2015)『언어 산출 과정에 대한 학제적 접근』(경진출판)에서는 두 가지 측면으로 답변하였다. 하나는 언어를 발달 이전의 복합적 정신 작용으로서(더 기본적으로 작동함)

「감정 이입」(empathy)

을 상정하였고, 다른 하나는 언어가 충분히 발달된 이후의 의식적인 판단·결정 체계에 작동하는 정신 작용으로서 스스로의 생활 체험을 능동적으로 덧씌우는(의식적인 판단 결정 과정임)

「겹쳐 읽기」(projection of self - experience)

를 상정하였다. 일상언어 철학을 열어 놓은 후기 뷧건슈타인의 '삶의 형식'(*forms of life* [Lebensform])나 후설의 현상학에서 말하는 '추-체험' (*re-enactment* [Nacheleben])도 또한 필자가 이해하기로는 거의 동일한 목표로 작동하는 유사 개념이다. 그렇지만 그들에게서는 의사소통에서 흔히 일어나고 관찰될 수 있는 오독 가능성이 어떻게 재수정되고 어떻게 보정되는지를 전혀 의식도 하지 않았고, 따라서 이를 중요한 문제로서 다루지도 못하였다. 이른바 「부합 : 비부합」의 문제 또는 「일치 : 간격」에 대한 자각의 문제를 대상으로 부각시키지 못하였던 것이다. 이런 측면에서 정작 중요한 문제가 정면으로 대면하여 해결되지 않은 채 뒤로 미루어졌을 뿐이다.

그런데 이런 문제를 다루려면 반드시 「판단·결정」 체계 이외에 「평가」 체계가 우리 머릿속에서 작동해야 하는 것이다. 이는 우리 정신의 재귀적 작용에 속하는 것인데, 이런 일이 성공할 수도 있고, 그렇지 않을 수도 있는데, 그 마무리는 결국 자기 자신일 수밖에 없다. 여기서 언어를 지닌 존재의 중요한 전환점이 두 군데 있음을 확인하는데, 「나와 사회와 또다시 나」인 것이다. 이런 측면에서 「또다른 나」를 노래한 시인 윤동주(1917~1945)나 미시사회학을 열어놓은 조어쥐 허어벗 미이드(G. H. Mead, 1863~1931)의 통찰력은[2] 여전히 스스로를 돌아보는 우

---

2) 미국에서 '실용주의'(pragmatism) 철학을 열어놓은 존 듀이(J. Dewey, 1859~1952)의 친구였고, 시카고 학파(인간들 사이의 관계를 다루는 미시 사회학, 상징적 상호작용론)를 이끌었던 미이드(1863~1931)는 사후에 그의 글들을 모아서 696쪽에 이르는 방대한 미이드 (1938) 『행위 철학(*The Philosophy of the Act*)』(University of Chicago Press)이 출간되었다. 그는 인류 지성사에서 자아(Self, Ego)가 적어도 내면적 자아(I)와 외향적 자아(Me)로 작동한다는 통찰을 처음으로 내세워 다룬 바 있는데, 근대에 들어서면서 아리스토텔레스를 부정함과 동시에 '의지, 의도' 따위도 함께 논의 목록에서 사라져 버린 터전에서 새롭게 통합적 주체로서의 인간에 대한 그림을 마련해 놓은 셈이다. 이런 통찰은 그의 제자인 블루머와 고프먼에 의해 계속 발전되었다.
한편 심리철학 쪽에서는 한참 뒤늦게 뷧건슈타인의 여제자 앤스컴(Anscombe 1957)

리들한테 중요한 의미를 지닌다.

2.

다음 절에서는 신현정(2011) 『개념과 범주적 사고』(학지사)를 비판적
으로 요약해 놓고자 한다. 이 저서는 1990년 인디애너 대학의 미간행
박사논문을 확대하여 간행한 신현정(2000) 『개념과 범주화』(아카넷)를
중심으로 하여, 다시 학부생과 일반인한테 쉽게 읽히기 위하여 간략한
축약본 형식으로 발간된 것이다. 따라서 더 깊은 공부를 하려면, 거꾸
로 이전의 책도 함께 읽어보기를 권한다. 개인적 선호도로서 필자는
우리의 경험과 개념 만들기의 관계를 본격적으로 연구해 온 미국 하버
드 대학 심리학과 브롸운(R. Brown, 1925~1997) 교수와 미국 일리노이
주 서북대학(NorthWestern University in Eavnston, Illinois) 심리학과 메딘(D.
Medin, 1944~) 교수가 추구해 오는 흐름의 글들을 선호한다.[3] 그들의

『의도(*Intentions*)』(얄팍한 94쪽의 책자이지만 미국에서 여러 차례 재간되었고, 필자는
2000년 Harvard University Press 재간본을 읽었음)와 관련하여 본격적으로 논의되기 시작
하였고(148쪽 참고), 이어 일상언어 철학자 그롸이스(H. P. Grice, 1913~1988) 및 행동주
의 철학자 데이빗슨(D. Davidson, 1917~2003)에 의해 비로소 중요한 거점 개념으로 발전
되었다. 각각 그롸이스(1988) 『낱말 사용 방식에 대한 연구(*Studies in the Way of Words*)』
(Harvard University Press)와 데이빗슨(1980; 배식한 뒤침, 2012) 『행위와 사건』(한길사)
을 보기 바란다.

3) 케쓸 엮음(Kessel 1988) 『언어 발달과 언어 연구자들: 브롸운 교수를 기념하며(*The Development
of Language and Language Researchers: Essays in Honor of Roger Brown*)』(Lawrence Erlbaum)
에 18편의 글이 들어 있는데, 또 그의 제자 롸슈·로이드 엮음(Rosch and Lloyd 1978)
『인지와 범주 부여(*Cognition and Categorization*)』(Lawrence Erlbaum)에도 중요한 10편의
글이 실려 있다. 그리고 안우경 외 엮음(Ahn, Goldstone, Love, Markman, and Wolff 2005)
『실험실 안팎의 범주화: 메딘 교수 기념 논총(*Categorization Inside and Outside the
Laboratory: Essays in Honor of Douglas L. Medin*)』(미국심리학회 APA)에도 16편의 글이
들어 있다. 72쪽, 178쪽, 254쪽, 426쪽, 584쪽도 보기 바람.
　　그렇다면 우리들에게서 개념이 어떻게 생겨나는 것일까? 이를 다룬 책자로서 다음 세
권이 중요하다. 희랍 시대에서부터 오늘날까지 중요한 글들을 26편 모아 놓은 마골리스·
로뢴스 엮음(Margolis and Laurence 1999) 『여러 개념들: 독본(*Concepts: Core Readings*)』
(MIT Press), 머퓌(Murphy 2004) 『개념에 대한 기본 책자(*The Big Book of Concepts*)』(MIT

결론에 따르면 자연 언어의 역할이 매우 한정적이며, 때로 전혀 영향이 없는 경우도 흔히 찾아진다. 이는 독일에서부터 일제 시절을 거쳐 현재 우리 문화(특히 배타적인 국어학자들)에 이식된 「언어 만능주의」나 「언어 상대성 이론」을 때려눕히는 결정타(KO blow)가 된다.

그렇지만 아직까지도 우리 국어교육 쪽에서는 이러한 실상을 읽어 보려고도 하지 않은 채, 우리말을 '한글'로 착각하며(말과 글은 모두 언어의 하위 대상이지만 서로 독자적인 속성을 지님), 우리말 수구주의의 고리 타분한 태도(mannerism)에만 빠져 있을 따름이다. 극단적으로, 영어를 배우면 우리말('한글'로 잘못 부름)이 망가지고, 우리말을 쓰면 영어 학습을 막는다는 흑백 논리에 빠져서 학습자들의 정신 성장을 방해하는 주범이 되고 있다. 인간은 언어 습득의 결정적 시기(두 차례)에 몇 개의 언어 사용 환경에 노출되는지에 따라서 여러 가지 언어를 동시에 습득할 수 있음이 잘 알려져 있다.

20세기에 들어서면서부터 인류학이나 심리학 쪽에서 글을 지니지 못한 원시사회(이른바 문명사회 속에 들어가지 않는 사회)에서 주위 생태 환경을 어떻게 구분하는지를 놓고서 조사와 연구가 이뤄졌다. 이를 민간에서 쓰는 분류 방식이나 분류 틀(folk taxonomy)이라고 부르는데, 자연 대상물과 인공물이 똑같은 방식을 따르고 있다고 알려져 있다. 아래에서 간단한 사례로서 명사를 중심으로 하여 자연물 '소'와 인공물 '연필'의 경우를 제시해 놓기로 하겠다. 자연언어에서 낱말로 제시된 소와 연필은 모두 간단한 형식을 지니고 있는데, 이를 기본 층위(basic level) 또는 종 층위(generic level)이라고 부른다. 이를 중심으로 하여, 아래로든 위로든 두세 층위 정도가 상정되는데, 결과적으로 다섯 가지 층위 내지 여섯 가지 층위가 된다. 카네기-멜른 대학 심리학자 앤더슨(J. R. Anderson, 1947~) 교수는[4] 6개 층위로 이뤄진 제3의 두뇌의 구조와 관련하여,

press), 캐어뤼(Carey 2009) 『개념 발달의 기원(*The Origin of Concepts*)』(Oxford University Press)이다.

이런 민간 분류법도 여섯 층위를 기본적인 것으로 상정한다. 그런데 아래 층위는 자연언어와 대응하는 형태가 주어져 있어서 매우 안정되어 있지만, 윗 층위는 고정되어 있는 언어 형태가 없다는 점에서 대상들을 묶어 주는 시각이 개인마다 다를 수 있다는 점이 특이하다. 이를 영어에서는 sub라는 접두사를 덧붙이어 sub - level(하위 층위)와 sub - sub - level(차 하위 층위)라고 부르고, super라는 접두사를 덧붙이어 super - level(상위 층위)와 super - super - level(최상위 층위, 포괄 층위)라고 부르지만, 우리말에서는 각 층위마다 다른 낱말을 쓰는 것이 편리하다(신현정 2011에서는 §.2-4를 보기 바람).

대상물 층위 명칭	자연물	인공물
최상위 층위	피조물, 대상 …	공산품, 추억거리 …
상위 층위	가축, 짐승, 영수네, 우골탑 …	필기구, 철수 소유물, 학용품 …
기본 층위	소	연필
하위 층위	황소, 젖소, 얼룩소, 물소 …	연필, 색연필, 4B연필, 몽당연필 …
차-하위 층위	뿔 굽은 황소	빨강 색연필
경험 대상	내가 보는 이웃집 외양간의 황송	채점할 때 내가 쓰는 빨간색 색연필

---

4) 인간의 정신 작용은 크게 무의식과 의식(인지)으로 나뉘는데, 후자 중에서 감각과 지각과 이성을 포괄하는 우리의 의식 내지 인지를 포괄적으로 다루는 탁월한 심리학자로서 카네기-멜른 대학에 있다. 그가 주창한 의식 작용의 방식을 약호로 ACT라고 부르는데, 앤더슨(1990)『사고의 최적 특성(*The Adaptive Character of Thought*)』의 약자였지만 앤더슨(1998)『사고의 원자 구성성분(*The Atomic Components of Thought*)』(두 권 모두 Lawrence Erlbaum에서 출간됨)으로 바뀌었다.
　　필자는 언어 처리 방식이 다른 인지 처리 방식에서도 동일하게 일어난다는 콜로라도 대학 심리학자 월터 킨취(W. Kintsch, 1932~) 교수의 대표작(1998; 김지홍·문선모 뒤침, 2010)『이해: 인지 패러다임 Ⅰ, Ⅱ』(나남, 한국연구재단 '동서양 명저 번역 총서'의 하나임)을 번역한 바 있다. 그런데 이와는 달리 앤더슨 교수는 언어 우선주의가 아니라, 감각과 인식 밑바닥에 더 깊은 처리 방식이 공통적으로 작동한다고 주장한다. 필자로서는 앤더슨 교수의 책자를 몇 권 사 놓고 읽어 가려고 노력했었다. 그렇지만 수많은 수식과 수리 형식들을 잘 이해할 수 없었다. 따라서 반복하여 언급된 앤더슨 교수의 최종 지향점 정도 이외에는 정확히 그의 주장을 하나하나 설명해 줄 수 없다. 필자의 능력이 한계로 여러 차례 좌절만 안겨준 책들 중 하나이다. 필자에게는 뤄쏠『수학 원리』와 타아스키 『논리·의미·상위: 수학』과 같은 부류의 책인 셈이다. 당장 처리해야 하는 눈앞의 의무들이 사그라들면, 혹시 뒷날 또 한 번 도전을 해 볼 것이다.

필자가 읽어본 현대 심리철학에서는 인간 정신 작용의 맨 밑바닥에는 기본적으로 유형 짓기(patterning) 또는 유형-인식(pattern recognition)이 작동한다(김지홍 2015의 제3장을 참고하기 바람). 주위 환경에서 경험할 수 있는 대상과 그 대상이 관련된 사건들이 만일 하나하나 개별적으로 우리 머릿속에 저장되었더라면, 우리 머릿속이 폭발해 버렸을 것이다. 이는 2500cc 전후의 용량을 지닌 두뇌 속에는 결코 하나씩하나씩 개별 대상들이 저장되는 것이 아님을 시사해 준다. 곧, 속성에 따른 유형별로 간략히 저장해 놓는 것이다. 유형별 저장은 임의의 대상이나 사건을 놓고서 '같다/다르다'에서 '다름'을 먼저 인식하는 일이다. 만일 그런 경험이 자주 일어났고 또한 앞으로 일어날 만한 사건으로 유의미하다고 판단할 경우에는, 언어 공동체에서 개별적인 언어로 포장하는 일(naming, 이름 붙이기)이 일어난다. 물론 본능적으로 무의식적 처리의 과정도 비슷할 것으로 추정되지만, 여기서는 오로지 스스로 깨달을 수 있는 의식적 차원의 것만을 대상으로 삼고 있다.

'개념'은 '평미레'(어원은 평평하다+밀다+도구 접사「개」) '槪'는 옛날 쌀 파는 가게인 싸전(쌀+廛)에서 되질을 할 적에 수북이 올려놓은 쌀을 되의 높이대로 평평하게 밀어 가지런히 만드는 막대기를 가리킨다(평미레는 아마 한나라 시대의 용법으로 보임). 여기에서 전반적이고 일반적이라는 속뜻이 생겨났다. '생각 念'(이제 今+떠오르는 마음 생각 心)과 합쳐져서, '개념'은 전반적으로 모든 대상에 적용하는 낱개의 생각(기본 생각)을 가리킨다. 영어로는 concept(기본 개념), conception(복합 개념, 임신)이란 말을 쓰는데, 우리에게 필요한 것은 몇 가지 정의를 바탕으로 복합해 놓은 후자 쪽이다. 엄격한 '정의(definition)'를 도입하지 않고서 상식적 차원에서 쓴다면 notion(통상적인 생각이란 뜻으로 '통념'[通念, 보통 생각]으로 부르거나, 일반 사람들이 갖고 있는 상식적 생각)이란 말을 쓴다.

일반적으로 언어 습득과 동시에 막연한 통념들을 형성하여 지니고 있지만, 제도권 교육을 경험하는 동안에 일부 자신의 통념들이 반성적 사고를 거쳐 엄격한 정의를 지닌 개념들로 그리고 그런 개념들이 덧붙여진 복합 개념들로 발전하며, 급기야 어른의 완숙한 단계에서는 모든 경험을 싸안는 통념과 개념들을 포괄할 수 있는 이론적 얼개(세계관)를 갖추게 된다. 이 단계에서 그런 포괄적 얼개를 마련하기 위하여 스스로 성찰하면서 범주들이 위계화된 모습을 참고하게 되는데, 가장 전형적으로 다섯 내지 여섯 가지 층위로 이뤄진 범주화 모형을 다뤄왔다. 또한 이런 일을 도와줄 수 있는 언어의 중요한 특성은, 명사·동사로 대표되는 낱말들에 대한 자질(features 세부특징)들을 확정하여 외견상 전혀 다른 대상들과의 공통 속성을 찾아내는 훈련이다. 언어학사에서 처음으로 참스키 교수가 직접 이런 일을 구현해 주었지만, 스스로 이를 일반 정신 (인지) 작용과 맞물려 있음을 명시적으로 지적해 놓지는 못하였다.

신현정 교수는 9쪽의 머릿글(말이 아니라 '글'임)에서 「개념과 범주는 우리 앎의 바탕」이라고 적었는데, 이를 희랍 고전들에서는 「정의와 분류를 위한 범주」라고 말할 수 있다. 이는 수동적 측면도 있고, 능동적 측면도 동시에 있다. 「정의 내리고, 범주 부여하기」라고 말할 경우에, 우리가 경험하는 모든 생태 환경과 사건들을 스스로 자신의 기준에 따라 재구성하고 있는 것이다.[5] 대상은 사물이고 정적이지만, 사건들은 이런 대상을 놓고서 자유의지를 지닌 인간들에 의해 의도적으로 변화가 생겨난 일을 말한다. 희랍에서는 이를 6하 원칙(언제, 어디서, 누가, 무엇을, 어떻게, 왜)으로 요약하고, 마지막 「왜」를 제외한 것을 이른바 하나의

---

5) 머릿속에서 일어나는 이런 일을 다루려면, 무엇보다도 신경 생리학적 「기억의 실체」를 미리 파악해야 옳지만, 이는 이 책에서 전혀 다뤄지지 않는다. 그렇지만 영국 심리학자 바아틀릿(F. Bartlett, 1886~1969)이 주장한 인간에게 두드러진 「재구성 기억(reconstruction)」이 전제되어 있다고 상정할 수 있다. 바아틀릿이 비판했던 기억 이론은 헤르만 에빙하우스 (H. Ebbinghaus, 1850~1909)의 「자유 연상 기억(free association)」이다. 이 두 사람은 현재 기억 연구의 아버지로 칭송받고 있다. 후자의 기억은 2010년 노벨 생리의학상을 받은 켄들(E. Kandel, 1929~)에 의해서 새로운 연접부(synapses)의 생성으로 토대가 마련되었지만, 전자의 기억은 면역계 연구로 노벨 생리의학상을 받은 에들먼(G. Edelman, 1929~2014)에 의해서 모의된 바 있다. 각각 후자를 환원주의 모형으로 부르고, 전자를 통합주의 모형으로 부른다.

사건을 나타내는 「문장」 또는 「문법」이라고 말한다. 이 영역도 구조주의
를 창도한 페르디낭 드 소쉬르(F. de Saussure, 1857~1913) 그리고 말뭉치
언어학을 주도한 좐 씽클레어(J. M. Sinclair, 1933~2007) 교수가 상정한
'앞뒤 연결체'로서의 「일직선 관점」은, 수학자 칸토어(G. Cantor, 1845~
1918)와 수학자 프레게(G. Frege, 1848~1925)의 일원론 시각을 받아들인
노엄 참스키(N. Chomsky, 1928~) 교수의 「계층성 관점」과 서로 하늘과
땅만큼 크게 차이가 난다.

그런데 「문장」 영역에서 배제된 「왜」(인과관계)에 의해서 둘 이상의
문장이 연결되는데, 이를 다루는 영역이 담화 또는 텍스트이다. 여기에
는 다시 「미시 영역」과 「거시 영역」으로 나뉘는데, 후자에서는 더 이상
언어에 의존하지 않고[6] 배경지식 또는 「언어 외부의 상위 개념」에[7]

---

6) 신현정 교수 책의 144쪽 이하(제3장 4절. 유아에게서 관찰되는 「범주에 기반한 귀납 추
론」의 발달)에서는 언어가 제대로 갖추어져 있지 않은 유아들을 대상으로 한 실험들을
소개하였다. 주의를 쏟는 응시 시간을 측정하여, 이를 습관화의 기제를 발달시키는 첫
단계로 해석하고, 다시 다른 모습의 자극을 연동시켜 제시함으로써, 탈습관화의 기제를
새롭게 발달시키는 내용이다. 따라서 이와 같이 자극에 대한 개념 형성과 개념 변형이라
는 의식적 작동 방식을 기반으로 하여, 만 5세를 전후하여 하루마다 습득하는 낱말이
30개에 달하는 「언어 폭발」이 일어난다고 설명하는 것이 더욱 설득력 있는 정합적인
방식으로 본다. 이는 언어에 골몰하는 언어상대론 주장을 반박하는 실험 결과이다.
    뿐만 아니라 의사소통의 밑바닥에는 「감정 이입」이라는 기제가 작동되고 있어야 하는
데, 이 기제도 태어난 지 4주 전후에 눈의 초점이 정상적으로 작동함과 동시에 관찰된다
는 점에서, 「언어 우월주의」는 더 이상 지지될 수 없음을 알 수 있다.
    가장 유명한 논쟁이 1970년 말에 언어학자 참스키와 인지발달 심리학자 피아제(피아제
이) 사이에 있었는데, 피아틀리-파마뤼니 엮음(Piatteli - Palmarini 1980) 『언어와 학습:
장 피아제이와 노엄 참스키 사이에 논쟁(Language and Learning: The Debate between Jean
Piaget and Noam Chomsky)』(Harvard University Press)으로 출간되었다. 참스키 교수는 언
어 주도적인 개념 발달을 주장하였으나, 피아제(영어 발음은 피아제이) 교수는 일반 인
지 발달에 따라서 언어가 발달한다고 주장하여, 서로 반대 방향의 논점을 옹호하였다.
그렇지만 현재는 각자 장님이 코끼리를 만지는 모습을 보여 주었다고 본다. 개념과 언어,
이들이 상승작용을 일으키는 단계도 있고, 반성적 사고를 거쳐 개념을 재확정하는 경우
에 언어 주도적인 측면이 강하게 일어나는 경우도 있다. 결국 서로 보완 관계를 포착해
내어야 하는 것이다. 또한 언어 이해의 측면 및 언어 산출(표현)의 측면이 언제나 일치하
지 않고, 전문 훈련을 거치지 않은 경우에는 이해의 측면이 더 먼저 더 큰 영역을 차지하
고 있다는 점(특히 학습자들에게서 이해 어휘가 산출 어휘보다 더 많다는 관찰 및 실험
결과도 있음)도 고려하면서 일반 인지와 얽힌 문제들을 다뤄나가야 온당할 것으로 본다.
7) 이는 「추론」, 「정당성 부여」, 「합당성 확보」, 「일관성 찾기」, 「골자」, 「통일성 부여」 등으
로 다양하게 불린다. 페어클럽 교수의 『담화 분석』(경진출판)과 레이코프 교수의 『프레

따라 일관성 있는 의미 연결이 확립된다. 다시 말하여 일관성을 부여하는 심리적 근원은 각자마다 자신의 직·간접 경험들을 붙들고서 임시 고정시켜 놓은 '믿음 체계'에 의해 조정되는 것이며, 의사소통 의도 또한 이 믿음 체계에 따른 「판단·결정」, 그리고 「평가」의 결과로 도출된 심리적 구성물에 불과하다.

최근 국어과 교육과정에서 '문법'이 철저히 왕따 당하고 있다. 그 책임은 온전히 문법 전공자들에게 있고, 스스로 「자승자박」한 꼴이다. 왜냐하면 문법 내지 국어학 전공자들이 고작 1930년대에 이뤄진 「공리공담」으로서의 고리타분한 문법(하나의 문장 속에만 갇혀 있는 '답답한' 문법)만 복사하여 재생하고 있을 뿐이지, 「실학, 실용적 학문」에 관련한 설득력을 조금도 제시해 주지 못했기 때문이다.[8] 언어 현상은 깊이가 얕든지 깊든지 상관없이, 희랍 시대에서부터 하버드 대학 콰인(W. Quine, 1908~2000) 교수에 이르기까지, 독자적인 목소리를 내지 않는 이가 없을 만큼, 인간에게서 매우 중요한 특징이다. 특히 언어는 재귀적으로 의식할 수 있는 최대의 장점을 지닌다.

언어 현상은 언어 형식보다 상위 영역에 있는 언어 사용에 초점을 모음으로써(이 영역을 화용론, 사회언어학, 담화론, 텍스트 언어학 등으로도 부름) 「의사소통 의도」를 붙드는 일에 주력하게 된다. 의사소통 의도는 결코 저절로 생겨나는 것이 아니다. 한 개인이 간여하는 의사소통 상황

임 전쟁』(창비)을 참고하기 바란다.

8) 신익성 뒤침(1998) 『훔볼트(상·하)』(서울대학교 출판부)에서 낱말만이 전부였다고 믿었던 왜곡된 시각을 볼 수 있다. 낱말 중심의 언어학은 우리나라에서 「한글 맞춤법」 속에 잘 반영되어 있는데, 맞춤법의 한계는 기본 단위를 「낱말」로 보았을 뿐, 더 확장 개념인 「어절」이나 「어구」 단위라고 생각해 보지 못하였다. 특히 후자는 최근에 전산 처리된 말뭉치 언어학을 이끌었던 씽클레어 교수가 주장했던 「사고 단위」이다. 결과적으로 평가하여, 낱말 중심의 언어관은 희랍 시대의 아리스토텔레스의 논의도 수용하지 못한 실패작이다. 보잘것없는 언어 철학에서의 성취에도 불구하고, 훔볼트(A. G. von Humboldt, 1769~1859)는 자연학자 또는 자연지리학자(지구물리학자)로서 큰 업적을 개척하였기 때문에, 1810년 세워진 베를린 대학의 이름을 그와 그의 아우를 기려서 1826년 훔볼트 대학으로 이름을 고쳤다.

을 스스로 규정하고 부지불식간에 그 상황에 가장 적합한 모형을 상정하면서 그 의사소통 속에 참여하게 되는 것이다. 의사소통 의도가 수립되는 과정과 해당 의사소통 상황에서 적의한 소통 모형을 수립하는 일은 불가피하게 인간의 정신 작동을 다루도록 만든다. 복합적인 여러 층위의 정신 요소들이 긴밀히 상호조율하면서 「판단·결정·평가」를 거쳐 일어나는 일이다. 이렇게 여러 층위의 정신 작동을 수반하므로, 이 일이 마침내 이는 인류 지성사의 고전들 속에서 다뤄온 보석 같은 통찰력들과도 긴밀히 관련되는 것이다.

그렇지만 국어학 전공자들이 다른 영역들에 있는 논의를 잘 공부하지 않는 「자가 당착」을 스스로 깨치지 못하는 경우가 많다. 비록 저자가 관련성을 언급해 놓지 못했지만, 여기서는 뤄쓸(B. Russell, 1872~1970)의 생각대로, 대상 또는 개체 그 자체가 여러 가지 보편 속성들로 모아진 것이고, 그런 속성들이 어떻게 다른 대상의 속성과 모종의 관계를 맺으며, 그런 관계들이 다시 어떻게 상위 관계를 맺는지를 밝혀 주는 일을 해 나가고 있다. 이런 시각을 집합족(family of classes, 67쪽)을 다루는 「방법론적 일원론(methodological monism)」이라고 부르며, 오늘날 서로 경합하는 여러 학문들에서 가장 밑바닥에 깔려 있는 관점이다. 뤄쓸 책의 서문에서 적은 비유가 눈길을 끈다. 먼저 우리가 맨눈으로 세상을 보는 일은 우리 일상세계의 모습일 구성한다. 그렇지만 이것만이 모든 세계가 아니다. 미시세계와 거시세계가 있기 때문이다. 맨눈으로 볼 수 없는 미시세계를 들여다보기 위하여 전자 현미경과 같은 도구를 쓴다. 거시세계를 보기 위해서도 지구를 벗어난 우주의 어느 지점에 허블 망원경(또는 가까운 시기에 '제임스 웹 우주 망원경')을 쏘아 올려 광막한 우주들을 관찰하고 있다(지구상에서 빛이 전혀 포착되지 않는 심우주에서도 아득히 먼 초기 은하들이 존재함).

자연 언어를 다뤄온 언어학은 매우 상식적으로 누구나 다 스스로 접속할 수 있다는 장점을 지닌다(재귀적 접속이 가능함). 소쉬르를 기점으로 전개되는 현대 언어학에 국한짓더라도, 언어는 형식만 가지고 있는 것이 아니라, 내용도 함께 관습적으로 결합되어 있으므로, 내용에 가중치를 둘 경우 언어학은 결코 자족적이지 못하다. 언어의 하부 층위(언어 자질이나 속성 따위) 및 언어학의 범위(흔히 문장 따위)를 벗어난 상위 층위에도 매우 중요한 여러 영역들이 「언어를 언어답게 만들어 주기 때문」이다. 후자의 경우에 최근 담화 내지 텍스트라는 이름표로 다뤄져 오고 있지만, 이것만이 전부가 아니다. 의사소통을 이끌어 가는 실체를 「의사소통 의도」라고 본다면(희랍 시대에서부터 행위의 동기로서 상정되어 온 '의지'는 잠시 논외로 함), 의사소통 의도는 관습적이든 한 개인의 고유한 속성이든 간에 전적으로 우리 의식 작용의 산물이다. 그렇다면, 어떻게 임의의 의사소통 의도를 고정시키는지를 다뤄야 온당할 것이다. 만일 우리의 정신 작동 방식이나 의식 작용의 본질과 절차가 손에 붙들 만큼 잘 드러난다면, 아마 언어학에서 다루는 층위보다 하위에 있는 층위 및 상위에 있는 층위들이 동일한 원리에 의해서 포착될 수 있고, 시행 방식만이 서로 차이가 날 개연성이 높은 것이다.

이는 물리학에서 양자 역학의 세계와 거대 우주의 세계를 다루면서, 미시세계의 질서는 거시세계의 질서에 적용될 수 없지만, 거꾸로 거시세계의 원리는 미시세계를 설명하는 데에 거의 쓰이지 않는다는 점과 대조가 된다. 우리가 재귀적으로 접속 가능한 의식 세계는 낱말의 내적 속성을 이루는 의미 자질들의 속성까지도 규정해 줄 수 있을 것이기 때문이다.

3. 신현정(2011) 『개념과 범주적 사고』(학지사)의 요약

전체 5장으로 구성된 이 책은 제5장의 결론을 제외하면, 크게 두 부분으로 나뉜다. 하나(제1장~제2장)는 개념과 범주를 다루는 연구가 심리학에서 어떻게 발전되어 왔는지를 소개하고 머릿속에서 어떻게 작동하는지를 서술해 준다. 다른 하나(제3장~제4장)는 이를 인간의 정신 작용(추론 능력, 합리성 작동)과 관련하여, 심리학의 논의가 그 현상을 어떻게 설명해 내는지, 그리고 개념들을 표상하는 몇 가지 방식을 보여 준다.

신현정(2011)에서는 우리들의 생각은 ① 개념들에 의해서 단계별로 이뤄지고, ② 개념들을 표상하는 방식이 적어도 다섯 가지가 있다고 적었다(고전적 시각·원형성 시각·본보기 제시 시각·개념틀 시각·지식 기반 시각). 이 책에서 밝혀져 있지는 않지만 앞의 주장은 현대 학문의 비조 (forefather)로 칭송받는 독일 예나대학 수학자 프레게(G. Frege 1879; 전웅 주 뒤침 2015)『개념 표기(개념 표기법, 개념 문자): 수리학의 공식 언어를 본뜬 순수 사유의 공식 언어』(EJ북스)에서 처음 다뤄진 내용이다. 언어학 (특히 내포의미론)에서는 그의 이름을 따서 프레게 원리(Frege principle) 또는 합성성 원리(compositionality principle)라고 부른다. 이는 우리 생각에 결코 뺑튀기가 허용되어서는 안 된다는 말과 같다. 미국 심리철학자 포더·르포어(Fodor and Lepore 2002)『합성성 원리 논문(*The Compositionality Papers*)』(Clarendon Press, 자신들이 쓴 9편의 논문)에서 깊이 있게 논의되어 있다.

개념 표상 방식은 옛날부터 내려온 고전주의 접근으로서 특정한 정의를 내려서(필요·충분조건을 이용함) 대상을 정의하거나 몇 가지 중요한 사례를 제시해 주는 방식이 있다. 신현정 교수는 후자를 원형 (prototype) 접근이나 본보기(exemplars) 접근으로 다루기 위하여, 일부러 제외해 놓았지만, 사실은 이미 집합을 표시하는 중요한 두 가지 방식 (속성 표시법 : 사례 열거법)으로서 익숙히 다뤄져 온 것이다. 원형 접근은 중요한 속성을 상정해야 하지만, 본보기 접근은 대표적인 대상을 중심으로 하여 적용 범위를 확장해 나가는 것이다. 여기서 '개념'이라는 것은 특정한 정의를 내린다는 뜻으로 쓰였다.

가장 흔한 정의 방식은 아리스토텔레스가 추구했던 것으로 알려져 있다. 임의 대상의 상위 범주를 정해 놓고서, 다시 형제·자매 관계에 있는 항목들과 구별되는 속성을 제시하는 일이다. 가령, '돼지'를 정의할 경우에 상위 범주로서 '돼지는 가축이다'라고 제시하되, 이제 가축의 구성원들이 말과 소와 구별되는 속성을 덧붙여 준다면,

「돼지는 가축으로서 중요한 식재료인 고기를 제공해 준다」

고 정의해 줄 수 있다. 엄격한 의미에서 필요·충분 조건을[9] 이용하여 정의한다면, 이른바 항진명제(tautology, 동어반복)를 이용해야 한다. 즉,

「돼지는 돼지이다」

를 내세운 다음에 필연적이고 대표적인 돼지 속성에 해당하는 것들을 고려하면서 재귀적 관계·대칭 관계·추이 관계를 만족시키는 후보를 골라내어야 할 것이다. 필자의 생각대로 진행하면서 이를 추가한다면,

「돼지는 돼지인데, 다음 조건을 충족시켜야 한다. 첫째, 가축으로서 지방질 식재료의 자원이다. 둘째, 시장에서 사고파는 대상이다. 셋째, 친숙한 조리 방법들이 있다」

---

9) 신현정 교수의 책에서는 필요조건과 충분조건을 거꾸로 쓰는 오류를 범하고 있다. 가령 정수 집합에서 $x^2=4$를 만족시키는 것은 '−2, +2'이다. 이들 중 어느 하나만 가리키는 것을 '충분조건'(sufficient condition)이라고 말하므로, 실제로는 완벽한 모든 범위의 후보가 아니라, 불충분한 후보를 가리킬 뿐이다. 여기서 필요조건(necessary condition)을 걸어야만 두 후보가 모두 포함된다. 결과적으로 우리가 쓰는 일상 언어 사용 방식(충분이 모자람이 아니라 이미 넉넉히 남아 있음을 뜻함)이 이런 오판과 오류를 낳았음을 알 수 있다. 수학에서 충분조건은 후보의 일부만을 가리키고, 필요조건은 모든 후보를 다 찾아내어야 한다. 수학의 연산을 가능하게 만드는 '→'은 뤄쑬(Russell)이 implication(함의)라고 말했고, 튜링(Turing)은 computation(연산)이라고 불렀는데, 이 약속이 충분조건만 따지는 일이므로, 좌변 항목이 언제나 우변 항목 속에 들어가 있어야만 함을 알 수 있다. 좌변이 작은 집합이고, 부분 집합이며, 우변이 더 큰 포괄 집합이 되는 것이다.

따위가 될 법하다.

그렇지만 사람들에게 '2, 3, 7, 12, 111, 644'와 같은 여러 후보 중에서 대표적인 '짝수'를 고르라고 한다면, 아마도 어느 하나를 선호하여 뽑을 법하다. 짝수의 정의 또는 개념은 떡을 하나씩 둘이 먹다가 남는 것이 없음을 가리킨다. 그렇지만 우리는 짝수의 원형으로 '2'를 내세우는 데에 주저하지 않는다. 컵을 말할 적에도 차나 커피를 마시는 컵을 대표로 내세울 수 있고, 잔을 말할 적에는 소주를 마실 적에 쓰는 작은 술잔을 대표로 내세울 법하다. 우리가 '새'를 얘기할 경우에 '참새'나 '까치' 따위가 우선 항목이 되겠지만, '타조'나 '펭귄'은 우선 순위가 한참 뒤에 있을 것이다. '학생'을 거론할 경우에도 '중학생'이나 '고등학생'이 먼저 떠오르고, 유치원 학생이나 박사과정의 학생은 나중에라야 포함해 놓을 법하다. 이런 경우를 가리켜 원형 또는 본보기 사례를 우선 내세운 개념 정의라고 부른다. 물론 순서가 서로 다른 이것들을 하나로 묶어 주는 방식은 '아주 느슨한 유사성'이며, 이를 뷧건슈타인은 「느슨한 의미로 가족끼리 닮음」(family resemblance, 미약한 유사성)이라고 불렀다. 이들 두 방식 사이에는 저자가 원형성의 복합 개념은 '+' 연산으로 이뤄지지만, 본보기 사례의 복합 개념은 '×' 연산으로 이뤄진다고 적어 놓았으므로, 수학적 구분 방식에 의존하고 있음을 알 수 있다.

이런 접근들을 통합하는 모형으로서 개념틀이나 입체적 그림과 같은 절충식 모형이 있고, 상투적으로 일어나는 사건 흐름에 따라 연결 사건들에 대한 정보를 모두 한데 모아 놓은 지식 기반 모형이 있다(가령, 문화권마다 다르거나 공통적인 식당의 음식 주문에서부터 식사를 끝내고 값을 지불하는 방법에 이르기까지 여러 가지 복합 사건들의 흐름도 따위).

신현정(2011)의 제3장에서는 다섯 가지 개념 표상 방식이 모두 장점과 단점들을 지니고 있음을 항목으로 나열하여 제시하고 있다. 눈여겨 새겨둘 만한 지적이다. 그렇지만 필자는 이런 다섯 가지 개념 표상 방법들이 개인차가 있을 것이고, 연습에 따라서 점점 더 큰 방식으로 다섯 모형이 한데 융합되어 있는 모습을 띠면서 점차 우리가 복합 개념들을 지닐 것으로 본다. 제2장에서는 전형성 효과를 확인하는 실험 방식들에 대한 예시, 본보기 효과를 확인하는 실험 방식 예시, 대상과 속성을 확인하는 데에서 세상 지식(경험한 지식)의 효과가 어떻게 실험 방식으로 검증할 수 있는지에 대한 예시들이 다뤄져 있다.

신현정(2011)의 제3장에서는 추론이나 추리 과정에서 개념 범주들이 어떻게 작동하는지를 예시해 주고 있다. 분류상의 상하 관계, 인과 관계, 주제에 따른 하위 사건 관계, 전체와 부분 관계, 생태학적 관계 따위이다. 추론이나 추리 과정은 연역 방식을 택할 수도 있고, 거꾸로 귀납 방식을 택할 수도 있다. 귀납 단계에서는 구체적 사례나 대상으로부터 출발하는지, 아니면 그 대상으로부터 공통된 속성을 추출하여 낮은 차원의 범주로부터 출발하는지에 따라 추리 또는 추론의 효과가 달라짐을 예시해 놓았다. 여기에는 전제 범주의 주장과 결론을 내리는 표적 범주의 주장을 하위 영역으로 나눠 줄 수 있다.

제3장 1절에서는 전제 범주의 전형성 효과가 관찰되고, 또한 결론을 내리는 표적 범주가 전제 범주와 유사한 효과를 지닌다. 이런 두 경우가 어린이들에게서 먼저 관찰되므로 추론 능력 발달상 더 빨리 나타난다고 언급하였다. 그리고 초등학교 고학년에 이르면 상위 범주가 얼마나 포괄적인가에 따라 귀납 추론이 진행된다고 언급하였다. 이는 개별 사례이든 낮은 차원의 범주이든 이것들로부터 유사한 속성을 찾아 상위 차원의 범주로 묶어줌으로써 일반화가 일어나게 됨을 말해 주는데, 신현정(2011: §.3-2)에서 이를 범주에 토대를 둔 귀납추리 모형으로 불렀다(범주기반 귀납추리). 유사성을 판정하는 기준들은, 필자가 보건대 먼저

① 형태상의 유사성
② 속성상의 유사성
③ 기능별 유사성

으로 나눌 수 있다(대상의 생물학적 유사성과 서식 환경의 유사성도 언급됨). 이 기준도 일시적으로 관찰되는 속성인지, 아니면 그 대상이나 환경의 내재적 속성인지에 따라 다시 추가적으로 구분될 수 있다.

신현정(2011) 제4장에서는 개념 결합의 문제(복합 개념을 만들어내는 기반)를 다루고 있는데, 세 가지 방식으로 교집합 해석과 주제 관계에 따른 해석과 속성 대응 해석을 논의하였다. 그러나 필자가 보기에는 명사들의 결합 모습을 대상으로 하여 너무나 평면적인 서술을 해 놓고 있다. '장난감 총'은 총이다. 그렇지만 실제로 살상을 하거나 상해를 입힐 수 없다(장난감 집합 속에서 부분집합이나 한 요소로서의 총). 그러나 '장난감 가게'는 거꾸로 ㉠ 가게라는 집합 속에서 부분집합으로 장난감을 파는 경우이거나, ㉡ 장남감 세상 속에서 플라스틱으로 만든 가짜 가게일 수도 있다. 이런 두 경우의 포함 관계만 있는 것이 아니다. '장난감 영화'는 만화 영화처럼 두 집합 사이의 교집합으로서 어린이들이 좋아하는 장난감 주인공이 등장하여 찍은 영화일 수 있다. 소위 「융합 복합어」라고 불리는 '우리 강산'은 강과 산을 포함하여 새롭게 제3의 개념인 '우리 국토'를 가리킬 수도 있다(국토 안에 강·산이 있으므로 환유 표현일 수 있음). 이와 같이, 두 낱말이 한데 모여 하나의 합성어를 이룰 경우에, 그 내적 질서를 어느 하나로만 고정시킬 수 없음을 잘 알 수 있다.

그런데 합성어는 모두 다 외현되어 있는 것이 핵심 요소가 되는 것이 아니다. '새장' 안에 새가 있고, '신발장' 안에 신발이 있지만(대상이 있음), '찬장' 안에는 '그릇'이 있다(대상이 있음). 더 나아가서 '모기 장' 안에는 모기가 없다(대상이 없음). '곰술고개'와 '바위고개'(바우고개)는 아마 그 고개의 어딘가에 곰술과 바위가 있겠고, '눈물고개'에도 마찬가지로 힘들어서 피눈물을 쏟았을 '눈물 자국'이 있을 법하다(대상이 있음). 그렇지만 '보릿고개'에는 고개 위에 보리가 있는 것이 아니라, 오히려 먹을 보리가 없는 것이다(대상이 없음). '짝수, 짝지/짝꿍, 짝짓기'에서는 분명히 서로 잘 맞는 복수의 대상이 있어야 하겠지만(서로 짝으로 어울리는 두 대상), '짝귀, 짝신, 짝눈'에서는 서로 어긋나는 대상(전혀 짝을 이룰 수 없는)임에 더욱 강조점이 놓인다. 그렇지만 '짝사랑'에서는 결코 둘이 아니므로 짝이 없거나 짝을 찾는 것으로 봐야 온당할 것이다(대상이 결핍됨).

이런 반례들로써 두 낱말을 병치하여 다룰 수 있는 개념 결합이, 신현정(2011)에서 다루듯이 결코 쉽고 만만치는 않을 것임을 분명하게 알 수 있다. 형식이나 구조만 갖고서 모든 자료를 남김없이 다 설명해 줄 수 없다. 왜 그럴까? 의미 또는 해석 방식이 상위 개념으로서 더 중요하기 때문이다. 설사 형식들의 요소를 놓고서 분류를 하는 초보적 과정에서이라도 필경 의미 영역이 끼어들 것이다. 만일 정반대의 해석이 모두 가능한 경우라면, 급기야 생활 체험이나 삶의 방식까지도 동원되어야 그 본령을 이해할 수 있을 것이다. 그렇다면 이런 여러 복잡한 층위의 간여 요소들을 놓고서 일반화하거나 공통 특성을 밝혀내기란 참 어려운 일임을 알 수 있다.

또한 복합 개념들을 포착하는 방식으로서 신현정(2011) 제4장 2절에서 먼저 ① 전통적 접근 모형과 ② 선택적 수정 조건 모형을 다루고 나서, ③ 개념을 자세히 명시하는 모형과 ④ 몇 가지 가능한 개념들이 서로 경합하는 모형을 제시하였다. 그리고 마지막으로 ⑤ 이것들을 통합하는 복합 모형을 '이원적 과정' 모형으로 다뤘고, 신현정 교수가 이 모형을 179쪽에서 예시해 놓았다.

여기서는 ③과 ④를 간략히 다루기로 한다. 165쪽에서 '컴퓨터 잡지'라는 표현에서 복합 개념들이 어떻게 만들어지는 것일까? 신현정 교수는 '컴퓨터'라는 개념에서 자세하게 명시할 수 있는 하위 개념들 가운데에서 하나를 선택한다고 보았다. 즉, 컴퓨터라는 주제 슬롯(slot, 빈칸, 틈새, 자판기 동전 구멍의 비유)이 채워지면, 다시 그 아래에 대상 슬롯(빈칸)이 컴퓨터라는 주제를 다루는 잡지라는 값이 채워짐으로써 복합 개념이 나온다고 설명하였다. 그렇지만, '컴퓨터 잡지'라는 의미(복합 개념)는 미처 신현정 교수가 생각지도 못한 사례들도 가리킬 수 있다. ⓐ 컴퓨터로 제작한 잡지도 '컴퓨터 잡지'이고, ⓑ 컴퓨터처럼 신속히 나온 잡지도 '컴퓨터 잡지'이며, ⓒ 컴퓨터 화면으로 구독하여 보는 것 또한 '컴퓨터 잡지'이다. 그럴 뿐만 아니라 ⓓ '컴퓨터 잡지'가 부정적인 어감을 지니고서 컴퓨터가 우리를 지배하지 못하도록 막는 방책들을 논의하는 모임에서 발행하는 잡지일 가능성도 배제할 수 없는 것이다. 외연 의미는 가시적으로 모두 합의할 수 있겠지만, 내포 의미의 한계는 어느 누구도 미리 그어놓을 수 없는 것이다. 우리의 생태환경을 직접 살아나가면서 구성원들 사이에 끊임없이 합의해 나가는 속성을 띠기 때문이다.

'컴퓨터 잡지'가 지닐 만한 의미(복합 개념)는 아직 잠재태로서 결정되어 있지 않고, 오직 현실 세계의 필요성에 따라서 특정한 의미를 지니게 된다. 가장 우스운 것으로서 국어 교과서에서

「새말을 만들어 보자!」

고 학생들에게 제안하는 경우를 본다. 새로운 낱말은 공허한 「말장난」이 아니다. 반드시 현실 세계에서 새로운 낱말로 불러야 하는 반복적인 경험이 구성원들 사이에서 공유되어야 한다. 이런 일이 있고 나서 어떤 방식으로든 새롭게 낱말을 만들어서 구성원들 사이에서 수용되든지 거부되는 일이 일어난다. IMF를 겪으면서 새로운 낱말로 「아우성」이 유행한 적이 있다. 당시 우리나라의 어려운 경제 사정 때문에 못살겠다고 외쳐댄 것은 결코 아니다. 이는 '구성애'씨가 일정 기간에 걸쳐 진행하였던 텔레비전 프로그램이 「아름다운 우리들의 성」에서 어절마다 첫 음절을 딴 것이었다. 그렇지만 이는 그 분이 관련 프로그램을 더 이상 진행하지 않자 곧장 사라지고 말았다.

필자는 복합 개념도 또한 이러한 현실 세계에서의 필요성이 구성원

들에게 공감되고 전제되어야만, 어떤 방식으로 만들든지 간에, 그 언어 공통체에서 수용되는 것으로 봐야 온당할 것으로 믿는다. 다시 말하여, 복합 개념들이 만들어지고 수용되는 데에는 현실 세계에서 구성원들 사이에 쉽게 반복적으로 체험할 수 있는 일련의 사건들이 반드시 있어야 한다고 매듭지을 수 있다.

4. 자연언어를 가동시켜 주는 인간의 의식 체계

그런데 이 책에서도 제대로 포착하지 못하는 개념 결합들 중에서 결여(가령, 짝사랑)를 표현하거나 부재(가령, 모기장)를 표현하는 것들은 어떻게 자각하게 되는 것일까? 이것들이 단순히 예외일 것인가? 그렇지 않다. 다시 511쪽에서 다룬 '오독 가능성'을 고치거나 새롭게 해독해 나가도록 해 줄 가능성으로 되돌아간다. 이런 일이 어떻게 가능할 수 있는가? 이를 가능하도록 만들어 주는 「판단·결정·평가」에 대한 상위 기능이다. 이를 스스로 성찰하거나 반성하는 일, 또는 「나는 잘 모르겠다」고 말하던 소크라테스가 실증해 준 겸손한 '회의주의' 방식이다.

설사 자연언어가 불만스런 구석이 있다고 하더라도, 그 장점은 누구나 언어 습득 과정에서 어떤 소리 형식이 늘 실제 세계의 어떤 대상이나 사건을 가리킨다는 경험을 계속 쌓아두면서, 만일 낱말이 있다면 실제 대상이 있는 듯이 생각하기 마련이다. 그리고 그런 표현이 누구에게나 공유되고 있음을 확인하게 된다. 이런 소박한 경험이 계속 늘어나는 언어 표현의 범위와 언제나 합치되는 것은 아님을 새롭게 경험하게된다. 이런 간격이나 차이들을 자각하면서 스스로 성찰하고 되새겨 보면서 스스로 개념 정의를 가다듬게 되는 것이다. 이것이 학문 발달의 초기 모습이다. 생각과 언어 사이에 불일치와 간격을 조정하는 일은, 스스로 대상이나 사건에 대한 정의를 내리면서 새롭게 우리 경험 내용을 다시 탄탄히 다져 주어야 하는 것이다.

결론적으로, 자연 언어 및 개념 정의를 통하여 재구성하는 일이 동시에 진행되어야 한다. 이런 일이 우리로 하여금 진리를 찾아나가는 길을 탄탄하고 멀리까지 내다보게 해 줄 것이다. 필자가 30년 전에 현대 학문의 비조(forefather)로 기려지는 프레게(Frege 1879)「개념 표기법」을 읽으면서, 왜 굳이 개념의 문자를 만들어야 했는지 아주 궁금했었다. 그는 좌충우돌하는 자연 언어의 단면을 깨우쳤기 때문에, 이를 억누르고 구렁텅이가 없는 사고의 도로를 내기 위해서는, 엄격한 정의에 근거한 개념을 확정하고, 그 개념을 상징 기호로 포장하는 일만이, 혼란·착종·모순을 벗어나는 가장 안전한 수단으로 굳게 믿었을 것이다. 그렇지만 이런 믿음까지도 심판하는 주인이 있다. 이른바 반성적·재귀적 속성을 지닌「판단·결정·평가」체계인 것이다. 이런 역동적인 상위 차원의 체계가 요구되지만, 이를 분명하게 금을 그어 놓고서 대상화하여 심도 있게 연구해 온 전통은 과문하지만 뚜렷하지 않은 듯하다.

지금 우리는 넘쳐나는 정보들로 휩싸여 있고, 여러 나라의 대통령들까지도 '가짜 뉴스'라는 말을 서슴없이 언급하는 시대에 살고 있다. 필자는 소박하게 언어 층위에서 더 윗쪽으로

「언어 → 언어 사용 → 소통 의도 → 다층위의 의식 동시 작동 → 판단·결정·평가」

와 같은 상하 층위의 순환 반복 흐름을 상정하고 있다. 여러 언어 표현들이 난잡하게 횡행하고 있다는 주장이 사실이라면, 위의 단계별 상위 영역에서 가장 중요하게 연습되고 스스로 훈련을 해야 하는 것은「판단·결정·평가」체계를 더욱 잘 가다듬어 주는 일이다. 의무 교육으로 시행되는 공교육에서는 모두 교과목들이 이런 재귀적 판단 결정 평가 체계를 정교하게 적용할 수 있는 연습과 훈련을 돈독히 마련해 놓아야

하는 것이다.

최근에 필자는 언어 이해의 과정을 중심을 하여, 우리 의식 작용의 방식을 다음 그림으로 제시해 오고 있다(327쪽의 각주 41 도표 및 김지홍 2020『제주 방언의 복합 구문: 접속문과 내포문』, 경진출판에서 제4장 '사고의 과정을 다루는 인식론 및 인지과학에서의 접근').

이해 과정에서 두뇌 기억 부서들의 유기적인 작동 방식

외부 세계		작업기억		장기 작업기억		장기기억

자극물로서
• 대상들 및
• 일련의 사건
	⇨	• 감각 정보
		• 언어 정보
		• 배경과 초점을
		  나눠 놓음
			⇄	• 유관한 인출구조의
				  후보들
				• 누적된 관련영역의
				  지식들
					⇄	• 통일된 전체적인
						  지식 체계
						• 전체 세계 모형

⇕　　　⇕　　　⇕

재귀의식(상위 차원에 있는 자아 의식)

일련의 자극물과 인출구조를 서로 비교하면서 「판단·결정·평가」

이 모형에서 맨 왼쪽에 있는 '외부 세계'로 표시된 직사각형은 우리의 외부에서 들어오는 자극 자료에 해당하고, 오른쪽에 병렬된 세 가지 작은 직사각형들은 머릿속에서 이해를 가능하게 만들어 주는 단계별 진행 과정을 가리킨다. 이들 세 가지 작은 직사각형 밑에 다시 길게 가로로 겹줄로 표시된 직사각형이 놓여 있다. 이 부서가 바로 위에 표시된 세 가지 단계들마다 각각 제대로 작동이 일어나고 다음 단계로 진행되어 나가도록 '판단하고 결정하고 평가하는' 중요한 역할을 떠맡고 있다(전전두엽에 있는 작업기억에서 떠맡음). 이것이 재귀적으로 작동하면서 우리 자신의 생각을 맨 꼭대기에서 이끌어 가고 있다는 점에서, 비유적으로 '헌법 재판소'와 같은 「최상위 자아」인 셈이다. 이 과정이 비단 언어 자료만을 대상으로 삼지 않고, 다른 감각기관으로 포착하는 감각 자료까지도 포괄할 수 있다는 점에서, 이런 자료들을 모두 통합적으로 가리키기 위하여 「대상 및 사건」이란 이름을 붙여 놓았다. 한쪽

끝에 외부 세계에 있는 자극물로서, 대상들과 그 대상들이 일으키는 일련이 사건들이, 우리의 감각기관을 통하여 머릿속에 들어온다. 최상위 부서로서 밑바닥에 그려져 있는 우리의 재귀의식은, 우리가 머릿속에서 작동하는 것으로 스스로 의식하는 모든 내용들을 검사하고 비교하며 처리 과정을 진행해 나갈지 수시로 자문하게 되는「판단·결정·평가」절차로서, 오른쪽에 있는 세 가지 직사각형들을 작동을 지휘하게 된다. 외부 세계의 자극물은 한 방향으로만 작동하며, 일방적이다. 그렇지만 나머지 부서들은 모두 수시로 거듭거듭 입력과 출력들을 주고받으면서, 자극 자료들을 모두 포괄할 수 있는 개념들을 놓고서 복수의 가정을 내세우면서, 어느 가정이 최적이 될 것인지를 판단하고 결정해야 한다. 이는 최종적인 인식 결과물을 만들어 내게 된다.

여기서 다시 무어 교수가 처음 제기한 믿음의 역설이 관련된다(무어 1953; 김지홍 뒤침 2019,『철학에서 중요한 몇 가지 문제』, 경진출판: 제15장 및 제20장). 최상위 부서에서「판단·결정·평가」체계의 오작동 내지 잘못된 판정이 있을 경우, 또는 반복되어 생길 경우에 어떤 보완책이 있을 것인가? 믿음의 문제는 외부세계의 대상이나 사건과 달리 외부세계에서의 상관물을 공인된 방식으로 확인할 수 없는 만큼 객관적인 해결책은 없다. 오직 한문 문화권에서 몇 천 년 동안 줄기차게 다뤄져 온 스스로 되돌아보기 방식이 있을 뿐이다.『중용』에서는 이를 근독(謹獨)으로 부르며, 흔히 신독(愼獨)으로도 잘 알려져 있다. '홀로 독(獨)'은 한 개인이 다른 사람으로부터 떨어져 혼자 있는 상태를 가리키는 외연 의미만 띠는 것이 아니다. 내포 의미로서 나 자신만이 내밀하게 접속(재귀적 접속)할 수 있는 내 자신의 마음 자리를 단속하여 모순되는 두 기준이 깃들지 않도록 하는 마음가짐이 더욱 중요한 것이다.「판단·결정·평가」체계는 단일 기준만으로 운용되는 신독(愼獨)의 내포 의미로 재번역될 필요가 있다. 오랫동안 필자가 오직「홀로 있는 상태」라는 외연의 미에만 국한지어 놓고 신독을 이해했었는데, 530쪽의 의식체계 작동

방식을 깨달으면서, 신독(愼獨)의 본령이 내포의미로 주어졌음을 뒤늦게 자각하게 되었다. 결국 글의 이해에 대한 깊이가 「이해 주체의 준비성을 반영해 줄 따름」임을 절감한다.

언어를 매개로 한 의사소통의 과정※

: "다중 층위의 동시 처리 가정"을 내세우면서

1.

의사소통은[1] 그 범위가 매우 좁고 간단한 듯이 느껴지지만, 실재에 있어서는 인간의 경험과 지각과 인식을 모두 가동시키는 아주 복잡한 과정임을 알 수 있다. 다만, 우리들이 의사소통에 매우 익숙해져 있기 때문에 늘 그런 착각 속에 살아간다. 만일 이런 생각이 사실이라면, 먼

※ 2017년 11월 28일(화) 오후 4시 경상국립대학교 공과대 세미나실에서 발표된 원고임.

[1] 공과대 학장 변재현 선생님께 보잘것없는 사람을 초청해 준 데 감사드린다. 의사소통에 대한 전반적인 첫 논의는 미국 벨연구소 셰넌(Shanon 1948)이며, 통신에서 잡음을 제거하여 해석 가능하도록 만드는 과정을 수학적 모형으로 다뤘다(통신정책 연구소 번역 1985, 『통신의 수학적 이론』). 이 모형은 곧장 언어학자 야콥슨(R. Jacobson, 1986~1982)에게 영향을 주어 의사소통 모형을 본격적으로 다루는 계기를 만들었으나, 오늘날 시각으로 보면 두뇌 작용이나 심리적 과정을 전혀 알 수 없던 '호랑이 담배 필 적'의 일에 불과하다. 두뇌 작용이나 심리적 과정을 고려한 논의를 심도 있게 보려면 김지홍(2015)『언어 산출 과정에 대한 학제적 접근』(경진출판)을 참고하기 바란다. 우연히 필자는 몇 년 전에 한국 연구재단의 서양명저 번역을 두 번 출간한 적이 있다. 모두 현재도 언어 산출 및 이해의 심리적 과정을 다룬 정상급 책들이므로, 이들도 함께 간략히 다룰 것이다.

저 배경 지식으로서 인간의 정신 작동에 관하여 개관하고 나서, 다음에 언어로 의사소통을 하는 모습을 다루는 편이 편리할 듯하다.

경험과 지각과 인식에 관한 물음은 고대 희랍 시대에서부터 지금에 이르도록 끊임없이 논쟁을 일으키고 있는 매우 중요한 지성사의 물음이다. 강철웅(2016)『설득과 비판: 초기 희랍의 담론 전통』(후마니타스)에서는 절대주의 흐름과 상대주의 흐름을 각각 파르메니데스(소크라테스의 스승) 및 헤라클레이토스(궤변론자들의 우상)로 대표삼아 대립적으로 서술해 놓고 있다. 계몽주의 시대에 들어와서 한때 인간이 진리를 확보하는 방식이 경험론(지각주의)인지, 아니면 이성론(합리주의)인지 서로 갈등을 하는 듯이 서술해 왔다. 오늘날에는 특히 과학철학의 논의에 힘입어 귀납적인 단계를 거쳐 가설-연역주의를 확립하게 되는 혼성적 접근(통합론)이 많은 학문들에서 설득력을 얻고 있다.

매우 거칠게 학문의 분야를 인문학(예술 포함)·사회학/사회과학·자연과학으로 삼분할 적에, 자연과학의 방법론의 우월성이 똑같이 모든 다른 학문분야에까지도 적용된다고 강하게 주장하는 쪽이 있다. 최근 번역된 헴펠(1965; 전영삼·여영서·이영의·최원배 2011 역)『과학적 설명의 여러 측면 1~2』(나남)이 그러하다. 만일 그런 주장이 옳다면 언어를 도구로 삼는 의사소통 현상 또한 그러한 설명 모형으로 충분히 남김없이 설명될 것으로 기대할 법하다. 그러나 이런 기대는 우리가 직접 겪는 일상생활 속에서 늘 그렇지 않다는 반대 경험을 거듭함에 따라, 의문시되기 마련이다. 왜 이런 어긋남을 경험하게 되는지를 놓고 먼저 우리 생태환경을 되돌아볼 필요가 있다.

우리를 둘러싸고 있는 생태환경은 진화론이라는 과학 지식을 토대로 삼는다면, 궁극적으로 하나로부터 나왔겠지만, 최소한 서로 다른 지배 원리들에 따라 다음의 원뿔 그림과 같이 크게 세 가지 층위로 나눠 살펴보는 일이 편하다. 맨 처음 진화의 축은 물질의 진화(화학 원소 주기율에 따른 물질 진화)와 지구의 지질학적 진화(생태환경, 생명체 무대의 진화)

를 다루게 된다. 여기에서는 인과율이 지배하는 세계이므로, 상대적으로 물질의 변화를 맡고 있는 원리(들)만 알고 있다면, 임의의 초기 물질 조건이 주어질 경우에 귀결되어 나올 결과를 높은 확률로(또는 고전세계에서는 정확히) 예측할 수 있다는 점에서 「결정론적 세계 또는 단순계」로 불린다(이하에서는 이들과 대립하는 짝으로 「해석론적 세계와 복잡계」를 상정할 것이나, 초점이 후자 세계에 모아져 있으므로 자세한 분석이 필요함에 따라 별도로 이런 상의어를 쓰지는 않을 것임).

인간 사회 ┬ 자유의지에 따른 믿음 체계
　　　　│　free will with a belief system
　　　　└ 사회유지와 관련된 관습 및 법
　　　　　customs and laws

생명계: 본능에 지배됨
instincts

물질계: 인과율에 지배됨
causality

지구의 생태환경 진화를 거치면서(특정한 방사능 물질의 반감기를 측정하여 대략 40억 년 전후라고 함), 우리 은하계 내부의 초신성 폭발로 인하여 주로 탄소를 매개로 한 화합물을 중심으로 아미노산이 만들어졌고, 이런 유기물들이 우연한 결합에 의해 지구 생태계에서 단세포 생명(처음 혐기성 세포, 이후 호기성 세포)이 탄생한 이래, 이들의 우연한 복합에 의해 다세포 생명체가 나온다. 다시 5억년 전 선-캄프리아 시기에 바닷속에 사는 광합성 식물(바닷말 종류)로부터 빛에 예민히 반응하는 단백질 로돕신(Rhodopsin, rhodon+opsin)을 받아들여 우연히 '눈'(처음에는 홑눈, 겹눈, 이후에는 렌즈를 가진 눈)을 발전시킨 다음에는, 비로소 피식자와 포식자로 현격히 나뉘어 진화하면서, 이동을 촉진하기 위한 등뼈가 생겨났고 아울러 생명체의 다채로운 폭발적 진화가 일어났다(Parker 2003;

오은숙 역 2007, 『눈의 탄생: 캄브리아기 폭발의 수수께끼를 풀다』, 뿌리와이파리).

이들 생명체는 물질계의 대상처럼 누구나 태어나면 똑같이 성장을 거쳐 성체로 살다가 죽는 것이 아니라, 너무나 많은 변인들로 인해서 누구는 오래 살고, 누구는 곧 잡아먹힌다. 이런 측면을 가리키기 위해, 잠정적으로 독립인자와 종속인자로 구성된 '복잡계'라는 말을 쓰기로 한다. 복잡계를 이루는 각 생명체들은 본능에 의해서 그 행동들이 충분히 예측되지만, 개별 생명체들 사이에 연합을 하기 시작하는데, 흔히 이를 '공생관계'와 '기생관계'라고 부른다. 공생관계의 너비와 서로 주고받는 깊이는 생명체의 종류에 따라 각기 다를 것으로 짐작할 수 있다.

인간들 사이에서도 공생관계를 찾을 수 있지만, 대상이 다르기 때문에 용어를 바꾸어 '주고받는' 관계라고 부른다. 우리 인간은 물건을 주고받고, 행동을 주고받으며, 말을 주고받고, 마음도 주고받을 뿐만 아니라, 언어를 통하여 서로의 미래 계획이나 상상력까지 포괄적이고 전면적으로 서로 간에 주고받으면서, 이를 토대로 하여 복잡한 관계 그물을 얽어 놓고 살아나가는 것이다. 여기서 그 질과 폭이 여타 생명체와 아주 다른 특성을 지니기 때문에 인간을 놓고서는 공생관계라고 부르지 않고 '주고받기'처럼 달리 부르는 편이 더 낫다. 주고받는 가장 근본적 원리로서 미시-사회학자 고프먼(Erving Goffman 1967; 진수미 역 2008) 『상호작용 의례』(아카넷)에서는 '체면(face)을 높여 주거나 반대로 구겨 버리는' 원리를 제안하였는데, 이를 좀 더 계산 가능하도록 스탠포드 대학 심리학자 클락은 '자율성' 및 '자존심' 관련 하위원리들로 환원해 놓았다.

머클레인(MacLean 1990) 『진화 과정으로 본 세 겹 두뇌(*The Triune Brain in Evolution*)』(Plenum Press)에 따르면, 250만년 전후로 인간에서는 제3의 뇌(회백질로 이뤄진 신생뇌)가 생겨난다. 독일 심리학자 에빙하우스는 기억이 자극에 대한 적절한 반응이 머릿속에서 내재화된 경우를 'free association(자유 연상, 자유 연합)' 기억이라고 부르는데(독일 심리학자 에빙하우스), 주로 제1뇌와 제2뇌에서 일어나는 기억이다. 그렇지만 언어를 지닌 인간은 대뇌를 활용하여 기억을 하는데, 여기서는 주어진 자극뿐만 아니라 그 자극과 함께 어울릴 수 있는 이미 기억된 내용들도 이용하여 해당 자극을 재구성하여 기억하는데, 이를 'reconstruction(재구성)' 기억이라고 부른다(영국 심리학자 바아틀릿).

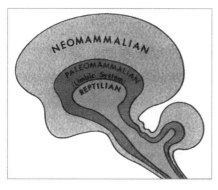

3차 뇌, 후기-젖먹이짐승 뇌(회백질)로서, 인간 기준으로 대뇌(피질, 엽)로 불린다.

2차 뇌이며, 초기-젖먹이짐승 뇌(백질): 8개의 기관이 있고, 감정과 욕망에 관련됨, 테두리 뇌(변연계)로 불림

1차 뇌, 파충류의 뇌(백질)로 불리며 신진대사를 맡음

밑에 있는 것은 뇌간임

그런데 그런 기억을 활성화하기 위하여 거치게 되는 중간 매개부서를 '작업. 기억(working memory)'이라고 부르는데, 우리 인간에서는 눈두덩 바로 위쪽 즈음에 자리를 잡고 있으며, 전두엽의 앞부분이므로, 전-전두엽(pre - frontal lobe, 전-전두 피질)이라고 부른다.

측면 모습

외측전전두피질

복측(안와)전전두피질

내측전전두피질

전-전두엽에 자리 잡은 세 가지 작업기억 중에서 오직 인간을 비롯하여 영장류에게만 있는 부서가 '외측 전-전두엽'인데, 인간에게서는 사춘기를 지나서야 비로소 완전히 갖추어지게 되는 것으로 알려져 있다. 이는 언어로 의사소통을 하는 데에 크게 차이가 나는 지점을 보여 주는데, 이와 관련하여 아래에서 「간접 표현을 이해하는 방식」이 사춘기 이후에 와서야 비로소 가능함을 언급하기로 한다.

적어도 인간의 머릿속에서 작동하는 기억 방식은 두 가지가 있는 셈이다. 하나는 자유연상 기억(영어에서는 근육 기억 muscle memory이라고도 함)이고, 다른 하나는 재구성 기억이다. 이 두 가지 가정은 각각 원자주의/환원주의(과거의 귀납법에 입각한 경험론) 및 통합주의/전체주의(과거의 연역법에 입각한 합리론)의 대립을 그대로 보여 주고 있다는 점에서 매우 흥미롭다.

현재 생명체의 기억에 대한 두뇌생리학적 모형이 각각 노벨상 수상 후보자들에 의해 모의되어 왔다. 전자는 2000년 바다 민달팽이(Aplysia Californica)의 뉴런을 대상으로 새로운 자극을 주면서 연접부(synapse)가 형성됨을 밝혀 노벨 생리의학상을 수상한 켄들(Eric R. Kandel, 1929~)이 대표적이다. 후자는 면역계의 연구로 1972년 노벨 생리의학상을 받은 뒤에 라호야 두뇌 연구소를 이끌던 에들먼(Gerald M. Edelman 1929~2014)

이 선봉이다. 에들먼은 미국 심리학의 아버지로 칭송받는 윌리엄 제임스(William James, 1842~1910)의 통찰에 따라 감각(perception)이 지각(apperception, '知'가 감각을 깨닫다는 뜻이므로, 일본의 '통각'은 잘못된 용어임)으로 전환되려면 일정한 문턱값(threshold, 문턱 역을 써서 '역치'로도 부름) 또는 임계값 자극(critical size)을 넘어서야 한다는 착상을 기억 모형으로 구현해 놓았다(아래 인용된 그림에서 3번 모형 참고).

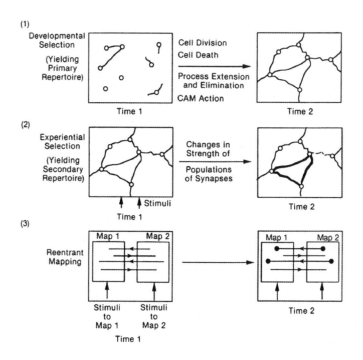

오늘날 현격한 발전을 이루면서 계속 연구가 진행되고 있는, 인간의 지각과 인식을 떠맡는 것으로 간주되는 여러 가지 종류의 기억을 알아보기로 한다. 1960년대 중반에서부터 이를 '다중 기억 이론'이라고 부르고 있다. 인간에게서 찾아지는 기억의 종류는 아주 많고 분류가 학자들에 따라서 조금 차이가 있다. 인간의 감각 기관과 관련된 기억을 감각기억이라고 부르고, 인간의 머릿속에 오래 보관하는 기억을 장기기억과 영구기억이라고 부르는데, 자극물을 받아들이고 장기기억이나 영구기억으로 보내기 위해서 전-전두엽에 있는 작업기억(working memory, 처음에는 단기기억 short - term memory이나 완충기억 buffer memory로도 불렀었음)이 있으며, 매우 위급함을 느낄 때에 대상과 사건을 환히 비춰서 세세한 것들까지 기억하는 경우를 'flash memory'(생생한 기억, 일본에서는 섬광기억[번갯불기억]으로 번역하지만, 우리말에서는 번갯불이 빠르다는 속뜻이 깃듦)도 있다. 여기서 지각과 인식 또는 인지를 다루려면 다시 장기기억(long - term memory)을 세분하게 된다.

장기기억은 토론토 대학 심리학자 털빙(Endel Tulving 1972)의 주장에 따라 크게 절차지식 기억과 서술지식 기억으로 나누는데, 후자는 다시 구체적 개별 사건기억(episodic memory)과 일반화된 의미기억(semantic memory)으로 나뉜다. 절차지식 기억은 서술지식 기억들을 대상으로 하여 새롭게 재조정하거나 상상력이 깃든 다른 기억 연합들을 만들어내는 상위 기억이다. 서술지식 기억은 사람들이 스스로 직접 경험한 사건들을 마치 마침표를 찍은 언어 표현마냥 머릿속에 지니게 된다는 뜻으로 '서술지식' 기억이라고 부른다. 이는 구체적 사건 하나하나를 기억하는 일과, 이를 일반화하고 추상화하여 새롭게 다른 추상화된 사건들과 추론의 그물짜임을 만들게 된다. 털빙은 최근에 이를 「뒤를 돌아보는 기억」으로 불렀는데, 이와 대립되는 일반화된 의미기억은 「앞만 내다보는 기억」으로 고쳐 불렀다. 인간은 적어도 5~6층위로 이뤄진 일반화된 의미기억을 갖고 있지만, 여타 짐승들을 매우 층위가 작은 의미기억만을 갖고 있으며, 이것 위에 제1의 뇌와 제2의 뇌에서 작동하는 본능들이 자리하고 있을 것으로 추정하고 있다.

최근 활동하는 두뇌의 작동을 포착하는 fMRI 및 PET 기술에 힘입어, 언어처리에서 절차지식들은 제2의 뇌(규칙적인 규칙들이 자리 잡은 기억 창고)를 활용하고, 개개의 낱말들은 제3의 뇌에 저장한다(개별적 구체적 대상과 사건들이 여러 층위의 그물짜임 속에 자리 잡은 기억창고)는 보고도 하버드 대학 심리학자 핑커(Pinker 1999; 김한영 역 2009) 『단어와 규칙』(사이언스북스)으로 읽을 수 있다.

20세기 중반의 신화에서는, 측두엽이 손상된 프랑스 환자인 Tan을 놓고서 임상 관찰을 한 결과로 추측하여, 언어 영역이 좌반구 측두엽으로 단정하여 의심치 않던 우스운 시대가 있었는데, 현재 출간되는 언어학 개론서들을 보면 여태 오도된 지식만 나열하고 있다. 언어 산출의 경우만 하더라도, 의사소통 상황에 관한 판단 결정 과정을 거쳐 의도를 만들어 내고, 다시 서술 관점과 방법을 선택하여, 입말로 공기의 파장을 내보낸 뒤에 상대방 청자의 반응을 관찰하고 평가하는 과정이 필수적이다. 이해의 과정도 언어 자료에 대한 사건 단위 분석을 진행하면서, 동시에 미시구조와 거시구조를 만들어 낸 다음, 다시 감각 자료들과 관련시키면서 상대방 글쓴이의 의도와 합치하는지를 따지면서(달리 말하여 겹쳐 읽으면서) 확보된 인출구조(retrieval structures)를 장기기억 속에 있는 유관한 그물짜임 속으로 집어넣는 일에 이르기까지, 머릿속의 많은 부서들을 동시에 작동시켜야 하는 실로 대단히 복잡한 일임에 틀림없다. 측두엽에 대한 그런 억측은 산출과 이해에 동원되는 두뇌 부서와 기능들이 서로 현격히 차이가 난다는 사실을 전혀 포착할 수도 없다.

2.

앞 절에서의 배경 지식을 염두에 두고서, 이제 우리 머릿속에서 여러 가지 관련된 층위들을 "동시에 작동"시켜야 하는 의사소통의 모습을 편의상 하나씩하나씩 다뤄나가기로 한다. 이런 접근을 의사소통을 가능케 해 주는 "다중 층위의 동시 작동 가정"이라고 부르기로 한다. 비록 여기서 다루지는 않겠지만, 의사소통의 가장 밑바닥에 깔려 있는

① 감정 이입(empathy)과

② 이런 작동의 결과로서 의사소통 참여자들이 사회관계로 긴밀히 얽힘

은 매우 중요한 기본값 원리이다. 여기서는 이것들이 이미 '참으로' 주어져 있다고 전제하기로 한다.

의사소통을 다룰 적에 첫 출발점이자 마지막 종착점이 '판단-결정' 및 '평가' 과정이다. 그러나 의사소통을 다루는 여느 책들에서는 이런 측면을 제대로 다루지 못하고, 마치 당연히 저절로 이뤄지는 것처럼 철저히 착각하며 그렇게 치부해 놓고 있다. 여기서는 매우 소략하게 2002년 인간의 판단 결정 체계가 상식처럼 합리적이지도 논리적이지도 않으며 기본값(default)으로 오직 주먹구구식 결정을 내린다는 우울한 사실을 처음으로 밝혀, 노벨 경제학상을 받은 버클리 소재 캘리포니어 주립대학의 심리학과 카느먼(Daniel Kahneman, 1934~)을 중심으로 하여, '의사소통 의도'를 만들어 내는 과정만을 언급한 뒤에 넘어가기로 한다(합리적 의사결정 체계는 경영학 등 사회과학에서 또다른 독자적 학문 분야임).

카느먼 교수는 우리가 두 개의 판단 결정 체계를 이용하는데, 하나는 언어를 갖기 이전에서부터 가동시켜 온 즉각적이고 직관적이며 감정에 치우친 '체계1'이고(밤중에 길을 걷다가 임의 자극에 신속히 내리는 반사적 결정에 따른 반응 따위), 다른 하나는 여러 가지 조건과 결과들을 고려하면서 신중하게 따진 뒤에 내리는 '체계2'이다(여기저기 다니면서 알아본 뒤 집 따위 부동산이나 자동차 따위 동산을 구매할 경우에 그러함). 전자는 제1뇌와 제2뇌에서 작동할 개연성이 크고, 후자는 제3의 뇌에서 작동될 법하다. 많은 경우에 사람들은 '주먹구구식 결정'을 하는데(heuristics 이대 심리학과 이영애 교수의 '추단법'[추측하여 단정하는 방법] 번역은 너무 자의적이며, 본질을 드러내는 유연성이 부족함), 그럼에도 자기 확신을 갖고서 합리적 결정을 내렸다고 믿거나, 아니면 운명적으로 그런 결정을

내릴 수밖에 없었다고 믿기 일쑤인데, 자기 확신 체계 또한 우리 자아의 중요한 구성요소 중 하나이다.

이전에는 영국 수학자 베이즈(Bayes, 1702~1761)가 제안한 모형이 종종 채택되어 왔고, 데이빗슨(Donald Davidson 1980; 배식한 역 2012) 『행위와 사건』(한길사)에서 일상적 행위들을 도출하는 데에 본격적으로 적용한 바 있었다. 하여간 어떤 절차를 따르든 간에, 의사소통 과정에서 이런 복합적인 판단-결정 체계는 이른바 '의사소통 의도'를 만들어낸다. 다시 말하여, 설사 주먹구구식 결정에 따르거나 아니면 합리적인 베이즈 식 확률 결정을 따른다 하더라도, 의사소통 상황과 거기에 걸맞다고 믿는 의사소통 모형을 직감적으로(직관적으로) 가늠하면서 뭘 말하거나 쓸지를 결정하게 된다고 가정하기로 한다. 그 결과 나온 심리적 구성체를 "의사소통 의도"라고 부른다(이하에서는 '의도'로 줄임).

희랍의 지성사에서는 말이나 생각이 의도(intention)로부터 나오고, 행동이나 실천이 의지(will, willingness)로부터 비롯된다고 보는 쪽도 있지만(오직 대상만을 달리한 하나의 마음 작용인지, 두 개의 서로 다른 마음 작용인지 여부), 여기서는 말을 도구로 한 대상을 다루고 있으므로 더 깊이 들어가지 않기로 한다. 우리 문화에서는 유교에서의 강조대로 말보다 실천을 위주로 가치를 평가해 왔음(두 마음 작용의 일치를 요구하며, 이를 '마음을 닦고 기르기'로 불렀음)만 적어 둔다.[2]

---

2) 부끄러운 고백이지만, 필자는 예사의(倪士毅, 1303~1348)가 엮은 『사서 집석』을 기본으로 하여 호광(胡廣, 1369~1418) 등이 엮은 『중용 장구 대전』의 소(疏 또는 세주[細注]나 자잘하다는 뜻의 '잔주')를 읽으면서, 신독(愼獨) 또는 근독(謹獨)의 의미가 기본적으로 「사회적 자아」를 가리키고 있음을 파악하고서(인식상의 전환), 낱말의 해석에조차 해석자의 배경지식이 깊이 간여하고 있음을 통렬히 반성한 바 있다. 필자는 60대 이전까지 '신독'에서 독(獨)을 피상적으로 혼자만 있는 경우로 보았었을 뿐, 그런 축자적 해석(외연 의미)에 한톨의 의심도 던질 수 없었다. 그렇지만 뒤늦게 60대에 와서야 처음으로 중용 속의 소들을 모두 다 읽으면서, 독(獨)은 홀로 있는 가시적인 상태(외연 의미)를 말하기보다, 오히려 「나 자신만이 접속할 수 있는 깊은 내면의 마음자리」를 가리킴(내포 의미)을 깨우칠 수 있었다. 외연 의미로부터 비로소 내포 의미에로의 전환인 것이다. 그렇다면 그런 마음자리가 모순되거나 배신하는 두 마음이 되지 않도록 항상 조심하는 일임을 알 수 있고, 그런 마음가짐의 결과로서, 주위의 다른 사람들은 신독하는 나를 한 점 의심

임의의 (의사소통) 의도는 자신의 옷으로 언어라는 매개체를 걸쳐 입
고 입밖으로 나가기 위하여, 최소한 세 가지 과정을 동시에 거치게 된
다. 첫째 낱말 선택의 과정이고, 둘째 사건 서술의 관점을 세우는 일이
고, 셋째 표현 전개 방식을 선택하는 일이다. 이 세 가지 과정이 동시에
겹쳐서 즉각적으로 일어난다. 이 과정의 밑바닥에는 이런 정신작용을
작동시키는 주체의 믿음체계(가치관, 태도)가 그대로 반영된다. 다시 이
믿음체계는 사춘기 이전에 집안에 있는 구성원들로부터 영향을 받아
왔으며, 사춘기 이후에는 집밖에 있는 사회관계 속 존재들로부터 끊임
없이 영향을 입고 있으며, 반성적 자아에 의해서 꾸준히 전반적인 믿음
체계가 바뀔 소지도 많다.[3] 이런 두 영역의 대응점을 부각하여 다루는
분야를 비판적 담화분석으로 부른다. 다시 말하여 의도가 스스로 자신
에게 자각되면서 무의식적으로 동시에 세 단계의 과정이 성취되는데,
오직 결과론적(해석론적)으로만 다른 가능성과 비교하면서 차이가 있을

없이 전폭적으로 믿게 되는 것이다.

이전까지 필자는 잘못된 시각으로, 중국 고전의 경서에서는 사회적 관계가 매우 희박
하다고 느껴 왔었고, 사회학(또는 사회과학)은 온전히 서구의 근대 학문이라고만 여겼었
다. 그렇지만 '홀로 독'(獨)의 진정한 내포 의미를 파악하는 일로부터 이런 외연 의미로서
의 인식이 큰 잘못임을 깨우쳤다. 만일 외연 의미에만 그친다면 이 마음가짐이 결코 더
큰 세계로 확장되어 나갈 수 없는 것이다. 다시 말하여, 수신(修身)의 첫 출발점이 겉과
속이 다르지 않은 진지한 마음가짐이며, 이것이 '울림'(감정이입, 공감)을 일으켜서 제가
와 치국과 평천하의 든든한 뿌리로 자리잡는 것이다. 이를 경(敬)으로 표현하든 성(誠)으
로 표현하든, 유정유일(惟精惟一)로 표현하든 주일무적(主一無適)으로 표현하든, (불교에
서 우주 정신으로 향한 제8식으로서의 아뢰야 식으로 표현하든), 한 개인 속에 있는 「사
회관계에서의 자아」가 본질인 것이다. 이런 관점에서는 내밀한 마음가짐에서조차 개인
적 자아라는 개념은 들어 있지 않고, 애초부터 「사회적 자아」만 상정되었음을 알 수 있
다. 이런 전환이 여러 가지 다양하게 다른 언어 표현들을 일관되고 통일성 있게 같은
지시대상(지시내용)을 향하고 있음을 알 수 있었다. 이 글의 도입부에 삼원 세계를 그려
놓은 「원뿔 그림」에서, 인간을 사회 관계 속의 인간으로만 여기는 관점인 것이다. 여기서
마음가짐을 첫 출발점이고, 실천은 마지막 귀결점임을 알 수 있으며, 일반 사람들의 평가
잣대가 어디를 향하는지는 개개인이 결정할 일이 된다.

3) 피아제(Jean Piaget, 1896~1980 영어 발음은 피아제이)는 60대 이후의 연구에서 초점 모
은 바는 우리 머릿속에 있는 모순들을 조정하여 다시 새롭게 평형 상태를 이루는 일이었
다. 『논어』에서는 공자가 거듭거듭 새로 태어났던 위나라 대부 거백옥(蘧伯玉)을 크게
칭찬하였다(공자가 그 집에 머물렀음). 그는 50살이 되자 그 이전 49년 동안의 잘못을
처음 깨달았으며, 하루하루 날마다 새롭게 살았던 사람이다.

경우에 역설계 방식(reverse engineering)으로 점차적으로 본디 의도를 추론해 나갈 수 있다.

(1) 낱말 선택

일단 낱말 선택을, 학생들 앞에서 교사인 내가 나 자신을 어떻게 부를지를 놓고서 예시하기로 한다. 여러 가지 선택지가 많다. 유치원에서는 교사가 스스로를 '선생님'으로 부르기 일쑤이다. 선생님은 언어 체계(소쉬르는 언어를 대립 관계로 이뤄진 체계라고 보았음) 속에서 학생과 대립되는데, 나의 정체성을 선생님이라고 부름으로써 그 속뜻으로 상대방이 스스로 학생 본분을 자각하도록 하는 의도를 담고 있거나 전제하고 있다. 고등학교에서는 아마도 '나'로 부를 수 있을 법한데, 언어 체계에서 학생을 대등한 '너'로 자리 매김해 주고 있다. 아니면 '본인'으로 부를 수 있는데, 이는 권력 속 상하 관계의 권위를 함의하고 있기 때문에, 이른바 '갑질'의 소지가 깃들 수 있다. 반면에 대학생들 앞에서는 아마 자신의 정체성을 스스로의 이름을 부르면서도 제시할 듯하다. 지구상에 70억 명이 살고 있다면 70억분의 1임을 전제로 하고, 개인적이며 객체로서의 한 사람을 속뜻으로 깔 수 있다.

(2) 서술 관점 수립

서술 관점의 수립은 주로 자유의지를 지닌 인간이 일으키는 사건을 놓고서 책임질 주체를 주어로 표시해 주는지, 아니면 하느님의 뜻이나 또는 자연계의 인과율에 의해서 저절로 일어나는 듯이 서술해 놓는지를 구별해 놓는 일이다. 가령, 사람이 간여한 사건이 다른 사건이 원인이 된 경우를 보기로 한다. "철수가 쓰레기를 태웠다"는 쓰레기 소각 사건에 대한 책임질 주체가 분명히 드러나 있다. 그런데, 이를 일부러 회피하는 두 가지 방식이 있는데, 수동(피동) 표현과 명사화 구문이 그러하다. 수동 구문을 쓰면, "쓰레기가 탔다"로 표현되며, 명사화 구문을 쓰면, "쓰레기 소각"이 된다. 만일 어떤 사건이 이 일에 뒤이어 일어났다고 해 보자. "뒷산 나무들이 다 불타 버렸다." 이는 임의의 상태를 표현한 것인데, 여기서 행위 주체가 표현된 "철수가" 선행된다면, 그 산불의 책임은 모두 철수가 져야 한다. 그렇지만 수동 구문이나 명사화 구문을 쓴다면, 누구에게 책임을 물어야 할지 전혀 알 수 없다. 특히 명사화 구문은 마치 구체적인 사물 명사가 이 세상에서 존재가 전제되어 있듯이, 우리들 머릿속에서는 참값을 지니고서 사실인 양 착각을 불러일으킨다.4) 일반적으로는 공문서 형식이나 대중 매체의 보도 형식이나 자연과학 논문들이 책임질 주체를 가려서 표현하는 일(impersonal expression, 비-인칭 표현)을 선호하는 것으로 알려져 있다.

---

4) 임의의 사건은 명사구로도 표현될 수도 있고, 절이나 문장 형식으로도 표현될 수 있다. 가령, 역적 이완용이 고종 임금을 배반한 사건을 언어로 표현할 경우에, 우리말에서 최소한 동일한 낱말로 16가지 이상으로 표현할 수 있겠으나, 대표적으로 "이완용이 고종을 배반했다"는 문장과 "이완용의 고종 배반"과 같은 명사구를 내세울 수 있다. 이것들이 모두 다 동일한 외연 의미를 공유하지만, 각각 명사구 형식과 절(문장) 형식은 서로 다른 내포 의미를 지닌다. 이런 점은 분석 철학자 무어(G. E. Moore, 1873~1958)에 의해 처음 자각된 바 있지만, 그 이후 깊이 천착되지 못하였다(무어 1953; 김지홍 뒤침 2019, 『철학에서 중요한 몇 가지 문제』, 경진출판). 최근에 서로 관련이 없이 이런 차이가 부각되었는데, 비판적 담화 분석 흐름에서도 첫 단계의 서술 관점의 차이를 반영해 주기 때문에 그 중요성이 새롭게 인식되었다. 좀 더 자세한 안내는 573쪽의 각주 13을 보기 바란다.
　최근 자연 언어의 전산 처리된 결과들이 나와서 도움이 큰데, 가령 40만 낱말을 담고 있는 사전에서 명사 항목이 65%, 동사 항목이 13%, 형용사 항목이 6%, 부사 항목이 4%, 그리고 나머지 요소로 이뤄져 있다고 한다. 명사가 종다수를 차지하고 있음은 매우 중요한 정보이며, 앞으로 그 함의가 깊이 해석되어야 할 것이다. 그런데 이런 접근 방식이 놓치는 대목은 임의의 단일 사건을 표현하기 위하여 이런 요소들이 서로 통합하여 각각의 몫을 발휘한다는 점이다. 이런 통합 방식은 이미 육하 원칙을 다룬 아리스토텔레스에서부터 시작되었지만, 당시에는 「분류학과 범주 확정」에만 전념하고 있어서, 방법론적 일원론에 터전하여 일관되게 모든 것을 도출하는 길을 상정하지 못했었다. 오늘날에는 칸토어의 집합 관계에 의해서 일원론을 다뤄 오고 있다. 특히 담화 분석에 주력하는 언어학은 서술 관점의 수립에 따른 언어 표현의 선택 방식이 근본적으로 화자의 의도와 믿음체계를 반영해 준다는 측면에 주의력을 모으고 있다(페어클럽 2003; 김지홍 뒤침 2012, 『담화 분석 방법』, 경진출판).

(3) 표현 전개 방식

표현 전개 방식은 (ㄱ) 낱말 표현과 (ㄴ) 수사학적 전개(또는 추론이나 합당성 부여) 방식의 선택과 밀접히 관련되어 있지만, 편의상 전자만 예시해 놓기로 한다. 후자는 인류 지성사에서 오랜 기간에 걸쳐 다뤄온 언어 재료들을 언급해야 하므로, 이 짤막한 시간 동안 개관하는 일 자체가 무리이다. 흔히 결과적 모습으로서 이를 다루려면, 현재의 선택과는 다른 추론 방식이 작업기억에 인출되고 양자 사이의 차이점이 명백히 찾아져야 한다. 복잡한 변인들을 포함하여 충실히 이를 다루려면 독립된 책자 한 권으로도 모자라다. 인류 지성사에서 선호해 오는 선택지가 문화권마다 다름이 잘 알려져 있기 때문이다. 여기서는 간략히 자신의 표현하는 말에서 합당성 또는 정당성을 부여하는 방식을 도표로 나타내는 것으로 그치기로 한다.[5]

합당성 부여(정당성 확보) 방식

합당성의 근거	외재적 토대	① 아무도 도전할 수 없는 신화로 만들어서 내세움
		② 영웅이나 전문가의 권위에 기댐
	내재적 토대	③ 해당 학문의 체계를 따르거나 당사자의 의도나 목표를 명시함
		④ 인간의 양심과 윤리에 기대어 정당성을 찾아 내세움

간단히 (ㄱ) 낱말 선택에 초점을 모은다면, 다음처럼 요약할 수 있다. 우리의 의도를 실어 나를 임의의 '낱말'을 선택하는 데에는 적어도 세

---

5) 의사소통에서 자주 거론되는 논리 제시 방식으로 툴민(Steven Toulmin, 1922~2009)의 논법은 다음과 같이 네 가지 단계로 이뤄진다. 간단한 경우로서 스위스 '다보스 모임'의 세계화에 대한 예시이다.

(ㄱ) 배경 자료	현재 세계화가 종종 아프리카 등 남반구에 상품들을 전해 주지 않는다
(ㄴ) 입론	만일 국가와 세계 경영방식에서 변화가 일어난다면 세계화가 상품들을 전해 줄 것이다
(ㄷ) 뒷받침하기	궁극적으로 세계화가 상품들을 전해 줄 수 있다
(ㄹ) 논점 주장	세계와 국가 경영방식에서 변화가 일어나야 한다

가지 후보가 있다. (i) 축자적 낱말(직접 표현 낱말), (ii) 간접 표현에서 우회적 낱말 선택과 (iii) 비유적 낱말 선택이다. 가령, '자동차'는 축자적 낱말이지만, 의성어로서 '빵빵~'은 비유적 낱말 중에 환유에 해당하며, '서울 가는 일'은 수단을 동반하는 간접 표현 방식이다.

어떤 의도가 세워지고 이를 축자적 표현으로 옷을 입혀 입 밖으로 내보낸다고 하여, 일이 다 끝난 것이 아니다. 중요한 것은 이제부터인데, 상대방의 반응을 관찰하고 평가하여야 하기 때문이다. 만일 긍정적 평가를 얻는다면, 지속적으로 자신의 의도를 언어라는 옷을 입혀 내보내겠지만, 부정적 평가를 얻는다면 두 가지 선택지가 있다. (a) 원래의 의도를 놔 둔 채, 이 의도를 다른 옷으로 입혀 내보내거나, 아니면 (b) 그 부정적 평가를 좋은 쪽으로 회복하기 어렵다면 원래의 의도를 포기하고, 새롭게 다른 의도를 수립해야 한다. 이 과정은 상위인식 또는 재귀적 인식으로 불리는 매우 중요한 제2의 판단-결정 과정이지만, 이 일이 제대로 입체적이며 명시적인 모습으로 다뤄지는 경우는 드물다.

이제 말하기 산출을 끝내고서, 전형적인 글말 이해의 과정을 소략하게 언급하기로 하겠는데, 이해의 과정이 너비와 깊이가 우리의 인생만큼이나 다면적이고 다양함을 먼저 직시해야 한다. 따라서 여기서는 인류 문명을 뒷받침해 주는 광범위한 글말 유산을 다루기보다, 오직 논술류의 글말을 대표로 삼아, 필자가 한국연구재단의 서양명저 번역과제로 출간한 책을 간단히 소묘해 놓기로 한다. 비록 처음부터 끝까지 동시에 순환 반복하는 이해의 과정을, 편의상 첫 끝점과 마지막 끝점이 있는 양 서술하겠지만, 반복 순환되는 이해의 과정이 여러 겹으로 된 관련 재료들을 작업기억(또는 장기기억을 작업기억으로 전환시킨 장기-작업기억)에 끌어들여 다룬다는 측면에서, 읽기의 심도를 그대로 반영해 주는 것이며, 따라서 통찰력이 있는 주체와 그렇지 않은 독해 주체 사이에는 심도 있는 해석 결과를 놓고서 하늘과 땅 차이가 있음을 미리 적어 둔다.

언어 이해의 과정을 다루기 위해서는 먼저 「우리 생각의 기본 단위」를 확정하는 일이 필요하다. 이는 우리가 겪는 낱낱의 사건과 일치하지만, 이를 가리키는 낱말은 학문 분야마다 너무나 다르다(르펠트 1989에서는 18개를 검토했음). 언어학에서는 억양 단위 또는 절-유사 단위라고도 부른다. 주어와 서술어(또는 명사와 동사)의 구조를 지니기 때문이다. 철학·심리학·수학에서는 명제(proposition, '명령문으로 된 표제'의 뜻이겠으나, 마땅히 '단언문'이나 '단정문'으로 고쳐 불러야 하는데, 567쪽의 각주 7을 보기 바람)라고 한다. 여기서 분석철학을 주도하였던 뤄쓸의 예시가 생각의 단위를 재구성하는 데에 본보기가 된다. *"The French king is bald"*에서 정관사로부터 "X가 존재한다, X가 유일하다"라는 단언문(명제)을 두 가지 뽑아내었다. 임의의 언어 표현을 얼마나 어떻게 단언문(명제)으로 바꿔놓는지는 절대적 기준이 없고, 그런 재구성 과정이 표면에 주어져 있지 않은 유익한 정보를 얼마만큼 확보하게 만드는지에 따라 그 가치가 재단될 수 있다.

덩잇글 이해 과정에서 동시 작동하는 세 가지 층위

층위		대상	저장 장소	작용 방식
표면 구조		덩잇글 속의 문장들	종이에 쓰인 글자	언어 해석 및 단언문 구성
덩잇글 기반	미시 구조	미시명제와 인출구조	단기/장기 작업기억	인출단서의 활성화 확산
	거시 구조	거시명제와 배경지식	장기 작업기억	안정된 지식 그물조직
상황 모형		감각인상과 상위인지	장기기억	감각인상과 상위 단언문 구성

하나의 논술류의 글말에서 이해의 과정을 모의하려면, 주어진 표면 덩잇글을 단언문(명제)들로 재분석하면서, 미시구조(≒각 문단의 주제 찾기)와 거시구조(≒전체 덩잇글의 주제 찾기)를 만들어내어야 한다. 이런 과정을 모두 추론(inferencing)으로 부르거나 골자 파악(skimming)이라고 부를

수 있는데, 이는 동시에

㉮ 정보 덜어내기(information reduction) 작업
㉯ 정보 더해 놓기(information accretion) 작업

으로 이뤄진다. 미시구조를 만들어주는 언어 기제는 주로 다섯 가지 정도(좀 더 세밀하게는 아홉 가지)로 다뤄져 왔으며, 개별 언어마다 크게 변이를 보이지 않는다. 그런데 「거시구조를 세워 주는 언어 형식은 따로 없음」에 유의할 필요가 있다. 오직 해석 주체의 배경지식으로부터 검토되고 확립되어 나올 뿐이다. 바로 이런 핵심적 처리 과정은, 여러 사람들 사이에서 임의 덩잇글에 대한 이해와 해석의 수준 차이를 반영하며, 정신 모형에 구축해 놓은 바를 가감 없이 그대로 보여 주는 것이다.

만일 임의의 논술류 글감을 놓고서 미시구조와 거시구조가 확립될 경우 이를 「덩잇글 기반(text - base)」으로 부르며, 장기기억 속에 저장되기 위해서 관련된 감각 정보(주로 시각)들과 연합하여 「유기적인 상황모형」들을 구성해 놓게 된다. 이것이 자발적 반성과 더불어 원래의 덩잇글을 적합하게 재구성한 것으로 스스로 판정을 하게 된다면, 비로소 장기기억 속에 있는 그물짜임으로 덧붙여지게 된다.

여기서 언어 산출의 첫 단계인 판단 결정 과정 동안에 의사소통 상황과 그 상황에 맞는 의사소통 모형을 가늠해 내는 일과 언어 이해의 마지막 단계인 임의 덩잇글의 상황 모형이 서로 유사함을 발견하게 된다. 의사소통이 진행되어 나갈수록 점점 더 두 모형 사이의 간격이 줄어들고 일치도가 더 높아지는 것이다. 왜 그런 것일까? 첫 단추와 마지막 단추가 서로 겹쳐질 수밖에 없는 까닭은 우리 두뇌의 처리 방식에서 찾을 수 있다.

언어 또는 개념을 지닌 인간 존재는 언제나 대상 및 사건들을 분류하고 그물로 얽어 짜 놓게 마련이다. 심리학에서는 흔히 이를 '개념과 범

주화' 작용이라고 부른다. 이런 정신 작용은 적어도 5개 층위를 통하여 이뤄지며, 중간 층위를 기본 층위(basic level) 또는 갈래 층위(generic level)로 부른다. 이 층위에서 구체적 감각 사건으로 내려가는 두 개의 하위 층위(각각 하위층위·차하위층위) 및 추상적으로 포괄해 나가는 두 개의 상위 층위(각각 상위층위·포괄층위)가 설정된다. 어떤 언어에서이든지 하위 층위일수록 명시적 언어 형식으로 고정되어 있으나, 위로 일반화 시켜 묶어가는 추상적 층위는 묶는 주체에 따라 가변적으로 끝도 없이 다양하게 바뀔 수 있다.6) 다시 말하여, 우리의 생각을 전개해 나가려면 상대적으로 첫 출발점이 되는 제일 작은 단위로서 '원자'는 쉽게 붙들 수 있겠지만, 거꾸로 '전체'에 대한 그림은 그려내기도 힘들거니와 그 범위도 활짝 열려 있는 것이다(칸토어 무한의 무한제곱 세계, $\aleph^{\aleph}$). 이는

  (ㄱ) 자가당착의 물음도 낳고
  (ㄴ) 인간의 사고 방식에 대한 또다른 함의도 지닌다.

(ㄱ) 인간의 범주화 과정은 닫힌 포괄 층위 아래 모두 감싸져 있지만, 포괄 층위는 항상 열려 있기 때문에 자기모순이 깃들어 있다. 아마도 이를 벗어날 수 있는 유일한 방법은 경험상의 유한 세계와 개념상의 무한 세계를 임시 나눠 구분해 주는 길밖에 없을 것으로 믿는다. (ㄴ) 다른 하나는 비판적 사고나 창의성을 정의하기가 마치 모래 알갱이들을 손아귀 속에 붙드는 일마냥 쉽지가 않겠지만, 적어도 전체주의를 작동시킬 수 있는 밑그림을 그릴 수 있다면, 샘물 솟듯 비판적 사고나 창의성으로 이어져 나갈 듯하다.

---

6) 514쪽 도표를 보기 바란다. 롸슈·로이드 엮음(Rosch and Lloyd, 1978) 『인지 과정과 범주 부여(*Cognition and Categorization*)』와 케쑬 엮음(Kessel 1988) 『언어 발달 과정과 언어 조사연구자들: 브롸운 교수 기념 논문집(*The Development of Language and Language Researchers: Essays in Honour of Roger Brown*)』(두 권 모두 Lawrence Erlbaum에서 간행됨) 이 좋은 안내서이다. 72쪽, 178쪽, 254쪽, 512쪽, 584쪽도 참고 바람.

3. 의사소통의 불일치
: "왜 사람들 사이에 의사소통이 어긋나는 것일까?"

이 의문을 놓고서 이제 소박하지만 합리적으로 답변을 마련할 수 있게 되었다. 의사소통이 일어나기 위한 전제 조건에서부터 시작하여, 판단-결정 과정, 의도를 외부에서 지각할 수 있도록 표현하는 과정, 표현물을 지각하는 과정, 표현물을 놓고서 나름대로 재구성하기 위하여 정보를 덜어내고 나서 다시 새로운 정보를 더해 놓는 과정, 유관한 상황 모형을 부합시키는 과정, 의도를 추정하여 확인(확정)하는 과정에 이르기까지 전반적으로 곳곳에 복병(잘못될 요인)이 숨어 있는 것이다.

여기서 화자인 나 자신뿐만 아니라 내가 상대하고 있는 청자에게도 함께 요구되는 것이 있다. 첫째, 주목하기이며, 때로 주의력 향상법이 처방으로 제시되기도 한다. 둘째, 감정이입을 작동시키면서 흥부의 마음으로 작은 원자주의 단위들을 모아 다시 더 큰 의사소통 모형의 지도까지 신속히 재구성하는 일이 무엇보다 중요하게 된다.

이와는 달리 만일 내 자신의 이해가 의사소통 초기 조건과 현재 조건 사이에 불일치가 지각(자각)된다면, 이를 바로잡거나 보정할 수 있는 방식은, 아마 큰 지도인 상황모형 또는 의사소통 모형을 스스로 교체하여 역설계 방식으로 기억에 의존하여 새로 재구성을 하는 일밖에 다른 선택지는 없을 듯하다. 이 경우 스스로의 실수를 인정하고 머릿속에서 빠른 교체를 능동적으로 시행하는 일이 뒤이어질 법한데, 여기에는 다시 의사소통과 간접적으로 연관된 한 개인의 품성 또는 성격이 또다른 주요 변수가 된다. 아마도 이런 인격이 희랍의 철학자 소크라테스의 '모른다'는 말이 뜻하는 「겸손한 회의주의」와 걸맞을 법하다.

자유의지를 지닌 존재들에게는 애초의 주목하기에서부터 어긋장을 놓을 수 있으며, 이것이 이른바 '불통'의 문제로 최근에 우리나라에서 부각된 바 있다. 불통의 심보(또는 저의나 믿음의 체계로 부름)가 놀부의 것일 경우에, 죽음 이외에는 아무도 놀부의 염색체(DNA)를 바꿔 줄 수 없으므로, 불통이 고쳐질 가능성이 오직 무한 영점으로 수렴될 뿐이다. 『논어』에서 "도가 같지 않으면 더불어 말할 수 없다"는 주장이 바로 이런 경우가 아닌가 싶다.

이런 측면에서 필자가 언급한 의사소통에 대한 다중 층위의 동시 처리 가정(또는 모형으로 부를 수도 있음)은 전반적인 의사소통 과정을 진단하고 처방하며, 최종적인 평가를 내릴 수 있게 해 준다. 전제로 깔린 숨은 단계(감정이입 및 사회관계 형성)에서부터 시작하여, 판단 결정 과정을 거쳐, 여러 단계에서 곳곳에 위반·결여·의도적 건너뜀 등에 의해 작동이 꼬일 수 있는 것이다. 이는 반성적 사고와 신중한 결정 체계2의 연합에 의해서만 탐지되고 교정될 수 있을 따름이다.

매우 단순한 대답이지만, 여러 층위의 두뇌 부서들이 우리들에게 모두 동시에 작동해야 가장 바람직하다. 그렇지만 두뇌 신경의 구조상 일부가 멈춰 있거나 더러 '동시 작동 배선'에 문제가 있어서 동시 작동이 어려워지고 일부만 작동할 경우가 있다. 이런 경우에는 규칙적인 의사소통의 편향적 결과를 초래할 수 있을 듯하다. 이는 신경 작동 방식에 대한 생리·화학적 치료를 요구하는 것이므로, 특별한 의학적 처방이 주어져야 하는 것이지, 단지 인문학적으로 상호조율의 착한 윤리나 심리 치료만으로는 보통 사람들의 상태로 회복시킬 수 없다는 점도 기꺼이 인정해야 할 것이다.

아는 것도 없음에도, 부끄러움을 무릅쓰고 의사소통 과정에 대한 성글고 거친 생각의 속내를 나름대로 그려보았지만, 여기저기 잘못과 모순이 많을 것 같다. 이제 가차 없이 비판과 오류를 지적해 주신다면, 필자가 더 나은 그림을 얻는 데 큰 도움이 될 것이다. 여러 가지 모자란 발표를 경청해 주신 교수님들께 깊이 감사드린다.

참고문헌

김영정(2005), 『가치론의 주요 문제들』, 철학과현실사.

김지홍(2010a), 『언어의 심층과 언어 교육』, 경진출판.

김지홍(2010b), 『국어 통사·의미론의 몇 측면: 논항구조 접근』, 경진출판.

김지홍(2015), 『언어 산출 과정에 대한 학제적 접근』, 경진출판.

김지홍(2020), 『제주 방언의 복합 구문: 접속문과 내포문 1~2』, 경진출판.

조명한 외 11인(2003), 『언어 심리학』, 학지사.

신현정(2000), 『개념과 범주화』, 아카넷.

신현정(2011), 『개념과 범주적 사고』, 학지사.

Bühler, K. (1934; 지광신·최경은 뒤침 2008), 『언어 이론: 언어의 서술기능』, 나남.

Berwick, R. C. and N. Chomsky (2016), *Why Only Us: Language and Evolution*(왜 꼭 우리 인간뿐일까?: 언어와 진화), MIT Press.

Chafe, W. (1994; 김병원·성기철 뒤침 2006), 『담화와 의식과 시간: 언어 의식론』, 한국문화사.

Chafe, W. (2018), *Thought-Based Linguistics: How Languages Turn Thoughts into Sounds*(사고에 토대를 둔 언어학: 언어가 사고를 어떻게 말소리로 바꾸는 가?), Cambridge University Press.

Chomsky, N. (2000), *New Horizons in the Study of Language and Mind*(언어와 정신 연구에서 몇 가지 새로운 지평), Cambridge University Press.

Chomsky, N. (2012), *The Science of Language: Interview with James McGilvray*(언어 에 대한 지식 체계: 캐나다 먹길대학 철학자 먹길브뢰이 교수와의 대담), Cambridge University Press.

Clark, H. (1996; 김지홍 뒤침 2009), 『언어 사용 밑바닥에 깔린 원리』, 경진출판.

Cook, G. (1989; 김지홍 뒤침 2003), 『담화: 옥스포드 언어교육 지침서』, 범문사.

Fairclough, N. (2001; 김지홍 뒤침 2011), 『언어와 권력』, 경진출판.

Fairclough, N. (2003; 김지홍 뒤침 2013), 『담화 분석 방법』, 경진출판.

Grice, H. P. (1989), *Studies in the Way of Words*(낱말들의 사용 방식 연구), Harvard University Press.

Kintsch, W. (1998; 김지홍·문선모 뒤침 2010), 『이해: 인지 패러다임 Ⅰ~Ⅱ』, 나남.

Levelt, W. (1989; 김지홍 뒤침), 『말하기: 그 의도에서 조음까지 Ⅰ~Ⅱ』, 나남.

McCarthy, M. (1990; 김지홍 뒤침 2003), 『어휘: 옥스포드 언어교육 지침서』, 범문사.

McCarthy, M. (1998; 김지홍 뒤침 2010), 『입말, 그리고 담화 중심의 언어교육』, 경진출판.

Widdowson, H. G. (2004; 김지홍 뒤침 2018), 『텍스트, 상황 맥락, 숨겨진 의도』, 경진출판.

Sperber, D. and D. Wilson (1886; 김태옥·이현호 뒤침 1993), 『인지적 화용론: 적합성 이론과 커뮤니케이션』, 한신문화사.

Sperber, D. ed. (2000), *Metarepresentations: A Multidisciplinary Perspective*(몇 가지 상위 표상: 복합 학문적인 관점), Oxford University Press.

담화의 산출과 처리 과정
: 두뇌 속 여러 부서의 작동 방식※

: 비판적 담화 분석이 왜 필요할까?

1. 들머리

먼저 발표자 개인의 사적인 의문점을 적어, 스스로 이 발표의 터전을 다지는 작업을 진행해 나가기로 한다. 이 발표의 안내문 「2018년도 질적 탐구학회 학술대회」를 보면, 너무 다양하고 복잡다기하다는 인상을 줄 뿐만 아니라, 또한 차분히 고민하면서 낱말들을 골라낸 표현이라기보다, 이리저리 외래어들을 남발하면서 일반 사람들의 상식적이고 쉬운 접근을 막아 버린다는 느낌을 떨칠 수 없다. 이것이 오직 발표자 개인에만 국한된 인상일 것인가?

만일 그렇지 않다면, 질적 접근 주체의 자기모순 또는 자가당착을

※ 이 글은 2018년 4월 28일(토) 서울대학교 71-1동에서 열린 '(춘계)질적연구탐구학회' 제3분과 발표문인데, 여기에 실으면서 일부 더 첨가한 내용도 있다. 인용 문헌의 출처는 모두 본문이나 각주 속에 밝혀 놓았기 때문에, 따로 참고 문헌을 작성해 놓지 않았다.

함의하며, 질적 접근의 원칙을 스스로 위배하고 있는 것은 아닐까? 언어와 상식을 지닌 존재이라면, 누구에게나 열려 있는 질적 접근이 오직 특정한 수련을 받은 몇몇 사람들에게만 국한된 듯이 왜곡하여 표현하는 것은 아닐까? 그렇다면 이런 시각은 철저히 잘못된 것이다. 질적 연구 수단의 한 갈래인 언어와 언어 사용에 대한 연구가 어느 문명권에서든 고대(아리스토텔레스『생각의 도구(organon)』따위)로부터 유래되었음을 지적하는 일만으로 충분하며, 달리 반증할 필요도 없을 줄 안다. 오직 신이하고 새것만을 좇는 부류들이 자신들의 주가(株價)를 높이려고 의도적으로 이름표만 달리 달았을 뿐이다. 특히 5천년 넘게 한문 문화권에서 글자로 씌어져 온 내용들은 크든 작든 일련의 사건을 서술하고 그 사건에 대한 평가를 내린다는 점에서, 인류 최초의「질적 연구 원형」이지만, 아무도 그런 문헌을 읽지 않기 때문에 그러한 상상조차 없다.

먼저 '질적'이란 용어에서부터 문제를 제기하기로 한다.[1] 영어에서 뿐만 아니라 우리말에서도 이는 '양·질'이란 낱말의 속뜻에 따른 오해를 빚기 일쑤이다. 우리말에서도

---

[1] 동일한 문제의식을 졸탄 도니에(Zoltán Dörnyei 2007)『응용 언어학에서의 몇 가지 조사 연구 방법론: 질적·양적·혼합 방법론(Research Methods in Applied Linguistics: Quantitative, Qualitative, and Mixed Methodologies)』(옥스퍼드 대학 출판부)에서도 확인할 수 있다.

20년 전 좀 넘게 국어교육 쪽에 박사과정 설치가 시작된 이후에, 우후죽순처럼 국어교육의 교육학 박사가 쏟아져 나오고 있다. 갓 나온 분야인 만큼 여러 가지 부족한 점이 많겠지만, 필자의 판단으로는 연구 방법론 분야가 제일 허무하다고 생각한다. 언어만 꿰뚫어 보면 저절로 연구 방법이 나오는 것으로 착각하기 때문일 듯한데, 감나무 아래에서 입만 벌리고 감이 떨어지기를 기다리는 꼴이다.

굳이 괴델(K. Gödel, 1906~1978)의 미결정론 입론을 끌어들이지 않더라도, 전체를 보려면 그 대상과 거리를 유지해야 한다. 전북 진안에 있는 '마이산'을 보려면, 마이산 속에 들어가 있어서는 안 되고, 반드시 마이산을 벗어나야 하는 것이다. 언어를 꿰뚫어 전체를 보려면 언어를 떠나야 하는 것이다. 이것만이「ε ∉ ε」의 자기모순을 벗어나는 유일한 길이다.

또한 언어를 지닌 주체를 놓고서 연구하는 방법은 먼저 인간을 군집 생물체로 간주하고서 접근할 것인지, 자유로운 개별 결단의 주체로 간주하고서 접근할 것인지를 결정한 뒤에, 여러 학문에서 다뤄오고 있는 접근법들을 적극 배우려고 노력해야 한다. 필자의 경험으로는 통계학 중에서도 비-모수 통계 분야는 매우 인문학적 상상력과 통찰력이 교차되는 지점이며, 통계 공식을 만들어 내는 기본 생각과 능력을 배울 수 있다.

"양보다 질!"

이라고 말하는데, 여기서의 질은 낮은 품질을 가리키는 것이 아니라 좋은 품질을 뜻한다. 접근 방법으로서가 아니라 본질적으로 양과 질의 문제는 인문학에서도 매우 고민스런 논제이다. 양이 압도적으로 많을 경우에 어떤 질적인 변화가 초래되는 듯이 보이는 영역들이 있기 때문이다. 이와는 달리, 양보다 질을 우선시하는 일상언어 용법은 이 방법의 핵심적 특징을 호도해 버리기 일쑤이다.

따라서 언어교육 쪽에서는 오해를 벗기 위하여 각각 '통계적·해석적'이란 낱말을 쓰고 있다. 만일 이런 용어를 '통계적·해석적'으로 바꾼다면, 통계의 대상이 전체 모집단이며, 해석의 대상의 개별 대상과 관련됨을 도출해 낼 수 있다. 물론 두 접근 방식의 대상과 범위는 언제나 서로 공통적인 목표인 사회(공동체 집단) 및 인간(자유로운 개인)이다. 희랍 시대의 용어로 바꾸면 전체와 개체에 대한 물음이며, 오늘날의 용어로는 초점이 구조적 사회과학(societal science, 거시차원)에서부터 상호작용 사회학(social science, 미시차원)을 거쳐 인문학(human science)으로 초점이 이동되는 과정이다. 고대와 구별되는 차이점을 군이 찾아내자면, 연구 대상에 대한 확립 및 그 대상을 연구하는 수단에 대한 일관된 자기 성찰이 덧없혀 있다는 측면에서, 옛날보다 좀더 정교하다는 측면을 들 수 있을 법하다.[2]

---

[2] 흔히 연구 대상과 범위가 협소한 해석적 연구의 한계를 극복하는 방안들이 다수 제안되어 있는데, 삼각 측량의 비유를 쓴다거나 일반화 가능성 따위의 개념을 써 나가면서 이것이 통계적 접근으로 이어지기를 희망한다. 필자는 해석적 연구에서는 얼마나 많은 차원들을 규칙처럼 만들고 통제할 수 있느냐에 따라 연구의 성패가 달라질 수 있겠지만, 통계적 접근과 밀접하게 맞물리는 일은 불가능할 것으로 본다. 양자 중에서 임의의 접근이 주가 되고, 다른 접근은 오직 보조적인 역할만으로 그쳐야 할 것으로 본다.

통계적 접근 중에서 기본적인 모수(paramatric) 통계를 배워 본 이라면, 누구나 너무 갑갑하고 단면단면 느려 터진 진행 절차에 실망하게 될 것이며, 이내 '통계 만능'의 환상을 버리게 될 것이다. 영(null) 가설과 대안(alternative) 가설을 지속적으로 대립시키면서 기각 및 수용의 절차를 거쳐, 계속 따분하게 다람쥐 쳇바퀴 돌 듯 순환시켜 나가야 하기

여기서 뤄쓸(1919) 『수리 철학 입문』의 서문에 씌어 있는 통찰력 있는 경구를 되돌아볼 필요가 있다. 대상과 수단은 누구에게나 맨눈으로도 다 보인다. 그러나 더 큰 범위를 보려면 천체 망원경이 필요하고, 더 작은 대상을 관찰하려면 현미경이 필요하다. 이 비유는 왜 일상언어를 쓰는 일반사람들이 엄연히 존재하는 실재 대상을 없다고 보는지(안 보이는 것으로 느끼는지)를 시사해 주며, 학문을 일구려면 일상언어를 떠나서 복합 개념들이라는 도구가 왜 굳이 마련해 놓아야 하는지를 웅변해 준다.

이하에서는 세 겹 두뇌(triune brain) 가정에 토대를 두고서 공동체 속에서 살아가는 주체들이 관계를 맺는 여러 방법 중에서 언어라는 매체를 통해 어떤 일을 하는지를 개략적으로 살펴봄으로써, 왜 늘 비판적 시각을 갖고 있어야 하는지를 소략하게 밝히기로 한다. 그 과정에서 우리의 두뇌가 동시에 여러 부서(영역)들이 함께 정합적으로 작동해야

때문이다. 일반인들을 주눅이 들도록 만들어 버리는 현란한 용어 사용도 그렇거니와, '확률'이라는 개념에 대한 명확한 이해가 필요하다. 소위 정규 분포를 전제로 한 소표본 검사(t - test, t - 검정)나 고약하게 철자만 쓰는 연동 개념인 α 수준(우연성 요인들에 말미암을 가능성을 가리키는 유의 수준)에 따른 p값(흔히 일반 통계에서는 95퍼센트의 유의성 p<.05, 제약회사에서 신약 실험에 이용되는 99퍼센트의 유의성 p<.01을 지니는 확률) 따위를 일반 독자의 눈높이에 맞춰 더 쉽게 고쳐져야 한다. 분명한 것은, 아무리 엄격히 이런 조사 과정을 거쳐 결과를 해석하더라도, 여전히 추론에 근거한 지식일 뿐임을 명확히 파악해야 한다.

필자는 인간을 결정론으로 설명하려는 쪽이 통계적 접근 방식이라고 본다. 보다 본능적 동기에 따라서 행동하는 인간들을 다루는 것이다. 인류 지성사에서 처음으로 '환원주의'를 성공적으로 보여준 데카르트의 노선을 따르는 것으로, 그는 마치 정밀한 시계마냥 인간의 신체를 기계론적 방식으로 설명해야 함을 의심치 않았다. 여기에 대립하는 비-결정론(자유의지론) 쪽이 융통성 있는 해석적 접근으로 파악하는데, 보다 자유롭게 목표를 설정하고 행동하는 인간들을 다루는 것이다. 심신 이원론자인 데카르트가 감정·욕구·의지라는 복합 개념(passions)을 통해 신체와 정신을 결합하려던 전통과도 이어지는데, 데카르트의 용어대로 자유의지(free will)를 지닌 인간 정신을 다루는 셈이다. 때로 후자에서는 인간의 행위들은 궁극적으로 일반화될 수 없고, 오직 결과론적으로 둘 이상의 행위들을 이어주는 해석만 가능하다는 극단적 입장도 있으며, 현재 이른바 탈-근대 또는 근대-후기로 불리는 이들 중에서 극단론을 보이기도 한다.

상반되어 보이는 듯한 두 입장을 동시에 작동시키는 방식이 소쉬르가 언어를 바라보는 시각인데, 그는 언어를 공통성을 지님과 동시에 개인마다 차별성을 지닌 것으로 설명하였으며, 이때 공통성은 사회 규범으로서 공동체의 공유 가치와 맞물려 있다. 이 양자가 갈등 관계에 있지 않고 서로 상보적임을 보다 분명하게 보여준 이가 촴스키 교수이다. 그는 공통성과 일반성의 토대 위에서 몇 가지 매개인자들을 상정하여 개별성과 특수성을 설명하는 방식을 모범적으로 실증해 놓았다.

만 이런 과정이 가능해짐을 드러내게 될 것이다.[3]

2. 기억 창고인 두뇌(세 겹 두뇌·작업 기억) 및 공동체
: 진화주의 관점

생물 진화로부터 시작된 진화론 또는 진화주의 시각은, 오늘날 우주의 진화, 물질의 진화, 지질학적 진화, 생물의 진화, 인류의 진화, 사회의 진화, 인간 마음의 진화, 언어의 진화 등 여러 분야와 범주들에 광범위하게 적용되는 중요한 이념(한 가지 생각 방식)이다.

인간 ┬ 자유의지에 따른 믿음 체계
사회 │ free will with a belief system
　　 └ 사회유지와 관련된 관습 및 법
　　　　customs and laws

생명계: 본능에 지배됨
instincts

물질계: 인과율에 지배됨
causality

---

3) 각각의 두뇌가 다시 여러 부서(하위영역)들로 조직되어 있는데, 논의 전개의 편의상 내성적 관찰에 의존하여 그런 부서(하위영역)들이 존재하는 것으로 상정해 놓기로 한다. 아직 어느 누구도 fMRI나 PET 스캔 따위의 도구를 이용하여 담화의 산출과 처리에 관한 그런 부서(하위영역)들이 실재함을 밝혀낸 바는 전혀 없으므로, 내성에 의한 작업가설의 지위에 머물고 있을 뿐이다.
　　언어 산출 과정에 대한 연구과 언어 이해 과정에 대한 연구가 비록 연산주의와 연결주의(제약만족 이론)라는 서로 대립되는 가정 위에서 다뤄져 있지만, 이들을 통합적으로 서술하는 일은 그다지 어렵지 않으며, 통합주의 또는 혼합 접근 방식이 유효함은 이미 하버드 대학 핑커 교수와 그의 제자인 뉴욕대 마커스 교수에 의해 주장된 바 있다. 심리학적 접근으로서 정상과학의 지위에 있는 르펠트(1989) 『말하기: 그 의도에서 조음까지 I, II』(한국연구재단 동서양명저번역, 나남, 213~214)와 킨취(1998) 『이해: 인지 패러다임 I, II』(한국연구재단 동서양명저번역, 나남, 292~293)가 중요한 저작이다. 조명한 외 11인(2003) 『언어 심리학』(학지사)도 개론서로서 큰 도움을 준다. 여러 학문 분야에서 언어 산출과 관련된 논의들을 보려면 김지홍(2015) 『언어 산출 과정에 대한 학제적 접근』(경진출판)을 참고하기 바란다.

머클레인(P. MacLean 1990) 『진화의 결과로 생겨난 세 겹 두뇌: 원시피질 기능들에서의 몫(The Triune Brain in Evolution: Role in Paleocerbral Functions)』 (Plenum)을 따르면 화석상의 증거로 대략 250만 년 전에서부터 아래턱뼈가 작아지면서 두개골의 봉합선이 훨씬 늦은 시기까지 느슨히 있었기 때문에 대뇌 피질이 생겨날 두뇌 공간이 생겨난 구조적 기반 위에서 좌반구·우반구로 나뉜 회백질의 대뇌 피질이 생겨났다. 제1뇌는 무의식적인 신진대사를 떠맡고 있는데, 길짐승(파충류)의 특색을 드러내고, 제2뇌는 제1뇌를 테두리처럼 둘러싸고 있는 테두리 뇌(난삽하게 일본에서는 변연[邊緣] 체계로 번역하여 그 뜻을 새기지 못하도록 만들어 놓았음)로서 고생대 젖먹이(포유류)의 특색을 드러내는데, 언어 사용과 관련하여 감성과 욕망이란 중요한 몫을 맡고 있다. 이들은 모두 백질로 이뤄져 있지만, 이 위에 새로 생겨난 제3뇌는 회백질(엽서 6장 두께의 회백질 속에 다시 백질이 들어차 있음)로 이뤄져 있으며, 신생대 젖먹이들(기억하기 쉽도록 대조적으로 말한다면 영장류)로부터 생겨났다. 인간에 대한 연구에서 놓치지 말아야 할 대목은, 서로 다른 진화 단계들 거친 두뇌의 존재들 때문에 생겨나는 「모순 내지 상충 성격에 대한 재조정 기능」이다. 필자는 편의상 비유적으로, 제1뇌를 놀부의 뇌(맹목적 생존 지향)로, 제3의 뇌를 흥부의 뇌(공동체 책무 공유)로 부르면서, 어떻게 재조정되는지가 한 개인의 「인격과 인품을 드러내는 잣대」라고 믿는다.

두뇌의 작동 방식으로서 가장 중요한 것이 기억의 저장과 인출이다. 1960년 중반에서부터 「다중-기억 가설」이 제기된 이래, 지금도 그대로 수용되고 있다. 언어 사용과 관련하여 가장 긴밀히 작동하는 영역이 단기 기억과 장기 기억(그리고 자아와 관련된 영구 기억)이다. 단기 기억은 영국 심리학자 앨런 배들리(Baddeley 1986) 『작업 기억(Working Memory)』에 따라 검박하게 감각 자료 처리부서 및 언어 자료 처리부서로 상정된 바 있다. 이는 세 곳에 자리한 '복측·내측·외측' 전-전두 피질(pre - frontal lobes) 중에서 특히 마지막 외측 전-전두 피질과 관련되고, 이 부서가 현재 사춘기 이후에 완전히 발달하는 것으로 알려져 있다. 이는 비판적 담화 분석을 가르쳐야 할 시기를 결정하는 데에 매우 중요한 변수가 된다.

기억의 기능으로서 가장 널리 수용되고 있는 모형은 1970년 초반 제안된 털빙(E. Tulving) 교수의 모형이다. 그는 장기 기억에 저장되는 요소로서 서술지식 기억과 절차지식 기억을 상정하고, 전자에 다시 구체적 개별 사건(episode) 기억과 일반화된(semantic) 기억을 상정하였다. 최근에 구체적 사건 기억을 뒤를 되돌아보는 기억으로, 일반화된 기억을 앞만 내다보는 기억으로도 불렀다. 오직 제3의 뇌를 지닌 부류들만 뒤를 되돌아보는 기억을 할 수 있으므로, 비로소 일련의 벡터 운동으로서 시간에 대한 개념을 갖게 된다고 보았다. 독특한 빗건슈타인의 사고 실험을 끌어들인다면, 설사 아프리카 암사자에게 아름다운 조수미의 목청을 달아주고서 이 발표장에 데려왔다고 하더라도, 아름다운 목청으로 노래를 부르기보다 오직 자기 본능에 충실한 행동을 하면서 우리를 고작 한 입 '간식거리'로만 볼 뿐이다. 서로 삶의 형식이 다르므로, 아무런 의사소통도 기대할 수 없는 것이다.

우연히 노벨상 수상자들이 기억의 신경생리학적(그리고 분자생물학적) 기반에 근거한 연구들을 꾸준히 해 오고 있다. 그러나 서로의 접근 방식과 가정을 용납하지 않는다. 염색체의 이중나선 구조를 밝힌 크뤽(F. Crick, 1916~2004) 교수는 두뇌 신경 세포들이 가닥을 뻗어 연접부를 형성하는 것을 기억의 구현으로 보았다. 이를 바다민달팽이(또는 군소)에게 전기적 자극을 주어 새롭게 연접부가 생겨남을 밝혀 노벨 생리의학상을 수상한 켄들(E. Kandel 2006) 『기억을 찾아서』(랜덤하우스)가 있다. 이와는 반대로 면역계로 노벨 생리의학상을 받은 에들먼(G. Edelman, 1929~2004) 교수는 캘리포니어 라호야에 두뇌 연구소를 차려 꾸준히 많은 저작물들을 발간해 왔다. 그는 미국 심리학자 윌리엄 제임스(William James, 1842~1910)의 통찰력을 이어받아, 두뇌 신경 세포들이 포도송이처럼 군집(무리)을 이루고 나서, 이 군집들 사이에 다시 연접부를 형성하여 임의의 자극이 두 군집들 사이에서 균형 있게 분포하여 안정된 모습을 기억의 발현으로 상정하였다.[4] 앞쪽 연구자들은 뒤쪽 사람들을 아무렇게나 지껄이는 돈키호테라고 조롱하고, 거꾸로 뒤쪽을 지지하는 연구자들은 앞쪽 사람들을 현대판 골상학자라고 비꼰다.

인류 지성사에서 기억의 연구를 처음 연구하여 기억 연구의 아버지들로 기려지는 이가 독일 심리학자 에빙하우스(Hermann Ebbinghaus, 1850~1909)와 영국 심리학자 바아틀릿(Frederic C. Bartlett, 1886~1969)이다. 에빙하우스는 자극과 반응이 내재화되어 이뤄진 자유 연상(free association)

---

4) 에들먼(1989: 45) 『기억에 근거하고 있는 현재: 의식에 대한 생물학적 이론(*The Remembered Present: A Biological Theory of Consciousness*)』(Basic Books)에서 가져온 그림 중 마지막 (3)이 기억에 대한 신경생리학적 모형이다. 발표자는 재구성 기억이 신경생리학적 모형으로 구현될 경우에 이와 유사할 것이 아닐까 생각이 든다.

에들먼 교수의 책 중에서 『신경과학과 마음의 세계』(황희숙, 범양사), 『뇌는 하늘보다 넓다』(김한영, 해나무), 『세컨드 네이처(늑의식이 창조해 내는 자연)』(김창대, 이음)이 번역되어 있다.

기억을 주장하였고, 바아틀릿은 이를 반박하면서 언어를 쓰는 주체는 이미 머릿속에 갖고 있던 그물짜임을 작동시켜 임의의 자극을 거기에 덧붙이거나 수정하는 재구성 기억을 주장하였다. 이들의 통찰은 제1뇌와 제2뇌에서의 연접부 확장을 통한 자유연상 기억과 제3뇌에서의 뇌세포 군집들 사이의 평형 상태를 통한 재구성(reconstruction) 기억을 대응시켜 줄 수 있는 중요한 기여를 한다.

화석 증거로 추정하여 250만 년 전에서부터 구체적 사건들을 기억하는 제3의 뇌가 갖춰지기 시작하여, 우리의 경험 내용들이 풍부하게 기억 속에 들어 있게 되자, 단순히 부르짖거나 외치는 일만으로는 더 이상 복합적인 사건들을 소통하고 싶은 기대에 만족스런 결과를 얻을 수 없게 되었다. 리버먼(P. Lieberman) 『언어의 진화 생물학으로(*Toward an Evolutionary Biology of Language*)』(하버드대학 출판부)에 따르면,5) 대략 5만 년 전에 현생 인류에게서 '성대 하강'이 일어나면서 비로소 연동되는 두 공간의 울림통(구강·후두강)이 생겨나자, 분절음의 기초인 모음이 마련되었고, 동시에 날숨을 방해시키는 소음(비유적으로 자식 소리로 보아 자음으로 부름)이 동시에 작동하면서 인간의 말소리가 생겨났다. 그는 간접 증거로서 아래턱뼈가 두개골에 접합되는 기울기를 측정하여 입천장의 너비와 상관관계를 따지는데, 갓 태어난 영아는 구석기 인류인 네안데르탈인과 공통적인 조음 방식을 공유한다. 그렇지만 1살 전후로 성대가 하강함으로써 아래턱뼈의 기울기가 직각 방향으로 바뀌는데, 더 이상 '외침이나 음향'이 아니라 비로소 '분절음'을 말할 수 있는 형식이 갖춰지게 된다.

만일 어느 종교의 천지개벽(천지창조) 신화대로 아담과 이브가 처음 생겨났더라면, 반드시 그들은 '아, 이, 우'라는 모음(2단·2서열 조직)과 입술을 이용하여 날숨을 막는 자음을 이용하여 서로 사랑을 노래했을

---

5) 리버먼 교수의 책이 오직 1권만 번역되어 있다. 『언어의 탄생』(김형엽 2013, 글로벌콘텐츠).

법하다. 로먼 야콥슨(R. Jakobson, 1896~1982, 제이콥슨)은 "Why mamma and papa?"에서 백여 가지가 넘은 상이한 언어 자료들로부터 귀납하는 방식으로, 보편적인 말소리 발달 과정을 다루었다.6) 날숨을 방해시키는 매우 단순한 방식인 입술 이용으로부터 시작하여, 최종적으로 혓뿌리와 목젖이 번갈아 가면서 교체되는 어금닛소리와 콧리를 변별적으로 갖추게 되는 긴 여정을, 보편적인 「생리학적 자음 발달의 단계」로 논의한 바 있다. 결국 형식과 내용의 결합체로서 기호의 작용 방식은, 먼저 내용을 충분하게 상당한 정도로 축적된 뒤에야, 비로소 진화론적 압력으로 형식이 발달이 촉발되었으며, 형식이 갖추어지자마자 상승작용으로 현격하게 여느 피조물과는 다른 특징들을 구비하여 만물의 영장으로서 행세하게 되었을 것으로 추측할 수 있다. 그렇지만 이것만으로 끝나는 것이 아니라, 마무리 짓는 요소가 한 차원이 더 주어져야 한다.

인간 종으로서 이러한 현생 인류(크로마뇽인)의 진화에 근거하여, 다시 공동체를 이루는 우연한 계기가 처음으로 메소포타미아 지역에서 일어났다. 다 성숙한 씨앗이 바람에 흩날리어 없어져 버리지 않은 채 그대로 남은 원시 곡물의 돌연변이를 발견하는 사건이 필수적으로 추가되어야 하겠는데, 대략 2만 년 전의 농경 유적이 보고된다. 잉여 곡물이 저장되는 농경사회가 갖춰지지 않고서는, 결코 노약자와 소수를 보호하고 노동 분업을 통해서 전문가 집단이 생겨나는 「공동체 존립 기반」이 마련될 수 없다. 자연 상태는 다윈의 관찰 그대로 오직 살벌하게 약육강식이 지배하고 있으며, 본능에 충실한 만인에 대한 만인의 투쟁이 있을 따름이다. 자기 생존에도 바쁜데, 어느 누가 한가한 짓을 하랴! 수렵 채취를 통하여 겨우 일궈나간 삶에는, 단지 생존 본능에 충실하도록 하는 압력만 지배하였던 것이다. 그러나 설사 일부로부터 시작되었

---

6) 이 논문은 야콥슨 선집 속에 들어 있다. 또한 야콥슨(1968) 『어린이 실어증과 음운상의 보편 요소들(*Child Language Aphasia and Phonological Universals*)』(Mouton)도 참고하기 바란다.

다손 치더라도, 잉여성으로 대표되는 남는 시간과 남는 힘이 사회적 놀이 및 개인별 상상 속에 젖어 노닐 수 있게 됨으로써, 그리고 점차 이런 일이 제도화됨으로써 「인간다운 인간으로 만들어질 수 있었던 것」이다. 다시 말하여 사회 속에 존재하는 인간이 되는 것인데, 연구 분야와 시각에 따라서 이런 대상을 '사회화된 사람, 교육받은 사람, 집단 속에 적응한 사람' 등으로 달리 부른다. 현재 비판적 담화 분석과 관련하여 어느 누구도 진화주의 시각에서 두뇌의 점진적 발달에 따른 논의를 도입한 바도 없고, 따라서 어떻게 관련되는지에 대한 논의도 시도된 바 없다. 여기서는 개략적인 소묘 수준에서, 판단·결정 그리고 평가 체계가 제3의 두뇌에 의해서 작업기억과 공모하면서 작동해야 가장 바람직할 것으로 상정하는 정도로 머물러 있음만 적어 두기로 한다. 사회 속의 자아와 합리적으로 상대방과 관계를 지닌 자아(미이드[G. H. Mead, 1863~1931]의 Self 중에서 Me의 존재)를 스스로 느끼게 되는 부서가 오직 제3의 두뇌에 의한 것이기 때문이다.

3. 언어 사용과 관련된 여러 부서(하위영역)들의 작동 방식

§.1 담화의 산출 과정

언어 사용은 기대만큼 결코 단순하지 않다. 1980년대 이후에 관련 연구들이 많이 쌓이면서, 언어의 산출 과정과 언어의 이해(또는 처리) 과정이 동일한 경로를 밟고 있는 것이 아님이 밝혀져 왔다. 언어 재료를 이용해야 한다는 점에서는 공통된 기억 창고를 이용하겠지만, 산출의 단계와 이해(처리)의 단계가 서로 일치하지 않는 것이다. 언어의 사용을 다루기 위해서는 논리적으로 먼저 「생각의 단위」를 결정해 주어야 한다. 여기서는 여러 가지 정황 증거를 직관적으로 받아들여, 아무런 논증이 없이 「낱개의 사건을 생각의 기본 단위라고 간주」하기로 한다.[7] 무엇을 낱개의 사건으로 볼 것인지는 사건 전개에서 무엇을 배경으로 무엇을 초점으로 보는지에 따라 달라지지만, 자유의지에 따른 선택 사항으로 치부할 수 있다. 자세하게 다룰 시간의 여유가 없으므로, 산출 과정과 이해(처리) 과정에 대한 도표를 내세워 성글더라도 간략히 다뤄 나가기로 한다.

우선 여러 차례 진화의 과정을 거친 결과로서 현생 인류인 우리 인간들에게는 적어도 다르게 작동하고 있는 두뇌들(제1뇌와 제3뇌)이 있고, 그 본질적 기능으로 기억의 방식들(자유연상 및 재구성)도 서로 다르다. 따라서 여기서는 옛사람들과 달리 현재 우리로서는 이런 모순되거나 상충되는 작동 방식이 주어져 있고, 개인차로 말미암아 크든 작든 통일성을 부여하는 일이 인격과 인품에 관련된다고 전제하기로 한다.

5억년 전후에 캄브리아기를 거치면서 눈이 생겨난 뒤에[8] 피식·포식의 범위와 갈래가 다양해짐으로써, 속도 경쟁을 촉진시키기 위하여 등뼈가 생겨나게 되었다. 이에 따라 종합 통제 부서로 깃들게 된 뇌간과 제1뇌(신진대사와 생존의 몫을 맡음)는 흔히 무의식 또는 잠재의식이 작동하는 판단·결정의 체계가 상정된다. 소위 카느먼(D. Kahneman) 교수

---

7) 흔히 참과 거짓을 따지기 위해 제시된 서술 단언 형식의 주장을 proposition(단언문)이라고 부른다. 아리스토텔레스는 이런 형식에 대한 내부 구성에서부터 찾아나가는 일을 6권으로 된『생각의 도구』에서 다져나가며, 오늘날까지도 이 용어가 여러 분야(수학 심리학 논리학 사회학 인지과학 등)에서 선호되고 있다. 화란 유학생으로서 서양 문물 수입에 앞장섰던 일본인 서주(西周, 1829~1897, 니시 아마네)는 이를 명령문(命)으로 된 표제(題)라고 잘못 해석하여 엉뚱하게 '명제'라고 번역하였다(397쪽 각주 34). 그렇지만 명령 서법은 결코 참값을 따지는 서술 단정 형식이 되지 못한다. 이런 오류를 비판하는 경우가 드물다. 외려 잠잠히 맹종하여 그대로 따름만 같지 못하다고 여기는 듯하다. 그게 아니라면, 한자의 뜻을 새기는 능력을 보통 교육 및 고등 교육 기간 동안에 전혀 배워 보지 못한 결과일 것인가? 답답할 뿐이다.

8) 다윈이 스스로 눈의 진화 과정에 대해서는 설명할 수 없다고 토로한 바 있는데, 풍부한 눈의 진화를 보여 주는 화석들을 대상으로 한 앤드루 파커(오숙은 뒤침 2007)『눈의 탄생: 캄브리아기 폭발의 수수께끼를 풀다』(뿌리와이파리)를 보기 바란다. 식물의 광합성에 관련된 로돕신 단백질이 눈을 만들어 주는 기본 재료임이 밝혀져 있으며, 생명체의 사슬 속에 유구히 이어져 있는 것이다.

의 '체계1'(자동적이고 즉각적인 판단·결정 체계)이며, 이것이 감성과 밀접히 작동하는 제2의 뇌와 연합하여 의사소통에 작동할 경우에는 '주먹구구식' 결정을 떠맡는다.[9] 반면에 우리가 자동차를 사거나 집을 구매할 경우에는 이와는 전혀 다른 판단 결정 체계를 가동시킨다. 이른바 그의 '체계2'(신중하고 주도면밀한 판단·결정 체계)이다. 이렇게 서로 성격이 다른 두뇌의 작동 방식은 공포 연구(편도체의 신경생리학)로 유명한 르두(J. LeDoux) 교수의 비유로 합리적인 설명 방식을 깨우칠 수 있다.[10]

캐나다 삼림 지대에서 산책하다가 불곰과 마주쳤을 경우 느끼는 공포감은 생존에 필수적이다. 그럴 경우에 두 가지 선택지가 있다. 우리가 곰을 보자마자 ⓐ 얼어붙어 있거나 기절하든지, ⓑ 생각할 사이도 없이 냅다 달아나는 것이다. 비록 달아난다 하더라도 공포감을 느끼는 일은 조금 뒤에 생겨난다. 공포에 대한 자극이 먼저 뇌간을 포함한 제1뇌에 전달됨과 동시에 콩팥으로부터 아드레날린이 분출되면서 내닫게 되지만, 그러는 동안에 동일한 자극이 시간 간격을 갖고서 다시 제3뇌로 전달되면서 스스로 해당 상황을 의식하게 된다. 이때 더욱 공포심을 느끼면서도 그 불곰이 여전히 나를 좇아오는지 되돌아보게 되는 것이다. 이때 시차에 따른 서로 다른 반응들이 바로 여러 겹으로 된 두뇌의 작동 방식을 시사해 주는 것으로 보인다.

언어 사용을 작동시키는 가장 중요한 부서(하위영역)는 판단·결정 체

---

9) 카느먼 교수의 책이 두 권 번역되어 있다. 이영애 뒤침(2001) 『불확실한 상황에서의 판단: 추단법과 편향』(아카넷)을 보기 바란다. 단, '추단법'이란 용어는 추측하여 단정한다는 뜻으로 만들어진 것이겠지만, 단정한다는 어감이 마뜩하지 않다. 발표자는 '주먹구구식' 판단·결정 방식으로 써 오고 있다. 편향이란 용어도 이전에 했던 방식대로 치우치게 결정됨을 뜻하므로, 더 쉬운 말을 쓰는 것이 더 바람직하다. 카느먼(2011; 이진원 뒤침 2012) 『생각에 관한 생각』(김영사)도 참고 바람.

10) 르두 교수의 책이 두 권 번역되어 있다. 강봉균 뒤침(2002) 『시냅스와 자아: 신경세포의 연결방식이 어떻게 자아를 결정하는가?』(소소), 최준식 뒤침(2006) 『느끼는 뇌』(학지사)이다.

계와 평가 체계이다. 언어를 다루는 쪽에서는 애써 이를 무시해 왔지만, 이 부서가 첫 시작점과 마지막 종결점이며, 이 순환 과정이 결국 의사소통을 전개해 나가는 최고 사령부(청와대)인 것이다. 의식적 판단·결정 그리고 평가 체계는 사춘기 이전과 사춘기 이후의 영향이 서로 다르다. 태어나면서부터는 부모와 집안에 영향을 받겠지만, 사춘기에 이르면 둥지를 벗어나는 새마냥 친구 및 집단에 소속하려는 욕구가 강해진다. 이것이 바로 교육에서 사춘기 이전에는 '자아실현'에 초점을 맞추고, 사춘기 이후에는 '공동체 책무'에 초점을 모으는 까닭이다.11)

일단 판단·결정 체계는 일반적으로 우리들의 믿음 체계 속에 고정되어 있다. 미국 철학자 퍼어스(C. S. Pierce, 1839~1914)는 1877년 글에서 'fixation of belief(믿음의 고정 방식)'이란 멋진 말을 썼다. 발표자에게도 부분적으로 믿음 체계가 달라지는 경우도 있음을 스스로 경험하고 자각한다. 경험이 누적됨에 따라 우리의 믿음 체계가 일부 또는 전체적으로 달라질 수 있는 것이며, 이것이 실재라고 굳게 믿고 있다.

이하에서 다룰 산출 과정에 대한 논의는 다음과 같이 동시에 작동(가동)해야 하는 한 번의 순환 주기가 재귀적 점검을 통해서 거듭거듭 반복되고 지속되어 나가는 것으로 언급된다.

---

11) 아주 짤막한 시기이더라도 현대에 들어서 언어교육이 급격하게 발전되고 전개되어 왔다 (일반 목적 교육→ 특정 목적 교육→ 비판적 지성 교육). 이런 분야와 갈래는 중요하게 '자유 학년제'의 시행 방식을 뒷받침해 줄 수 있다. 발표자는 사적으로 중고등 6년이 모두 자유 학년제가 되어야 하며, 학교별 교과과정을 각 학교의 수석 교사를 중심으로 짜고서 거기에 맞춰 개별 단원과 내용들이 구현되어야 한다고 본다.

언어 교육의 하위 갈래(언어교육의 발전 역사)

개인 가치 지향의 기본 교육 (core curriculum)	일반 목적의 언어교육 (general purpose)	일상생활을 위한 교육	개개인의 자아실현에 초점을 모음
		감성·상상력을 위한 교육(문학)	
	특정 목적의 언어교육 (specific purpose)	사회 취업을 위한 교육	
		전공 학업을 위한 교육	
공동체 가치 지향의 고급 교육 (advanced curriculum)	비판적 지성의 힘을 길러 주는 교육 (비판적 담화 분석) (critical discourse analysis)		공동체 책무를 깨닫게 함

말하기 단계들의 순환 반복 흐름

화자 머릿속 내부	⇨ 판단·결정 → 의도 → 서술관점 선택 → 표현 방식 선택 →
외부 객관적 대상	→ 외부로 드러나는 언어 표현 (청자에게 전달되는 실체임) →
화자 머릿속 내부	→ 상대방의 반응 관찰 → 그 반응에 대한 평가 ⇨ (동일 과정 반복)

　그렇지만 마치 한 단계 한 단계 단절되어 일어나는 듯이 설명해 나가기로 한다. 이런 편의상의 단계별 접근은, 핵심적으로 언어 교육에서 학습자들의 수행을 진단할 수 있게 해 주고, 여기에 따라서 처방을 내릴 수 있도록 해 준다. 이는 언어 사용 그 자체를 놓고서 우리가 교육을 할 수 있도록 디딤판을 마련해 주는 셈이다.

　판단·결정 체계는 임의의 의사소통 상황에서 무엇을 어떻게 말하지를 결정해야 하는데, 이는 의사소통 의도를 확정하는 단계에 해당한다. 언어교육에서 의사소통에 대한 논의는, 소위 야콥슨(제이콥슨)의 6요소·6기능(구조·기능주의 관점)이 서로 혼재되고 중첩됨으로써 교육에 적용할 수 없음을 비판하고 자각하는 데에서부터 시작한다. 그 대안으로 나온 것이 일부 서로 겹치더라도 초점이 다른 두 가지 축을 세워 주는 일이었다. 하나는 「정보 전달용 의사소통」이고, 여기에서는 입말 상황의 경우에 대화 상대방과의 공통기반과 정보간격을 가늠하는 일이 중요하게 된다. 글말 상황의 경우에는 서로 다른 독자층을 상정하여 그런 일을 연습시키는 일이 중요하다. 또한 초기에는 개인마다 알아서 혼자 처리해야 할 것으로 오해하였지만, 연구가 진행되면 될수록 더욱 중요한 것이 「유대감을 돈독히 하는 의사소통」이다. 이는 생물들의 공생관계를 인간에게 적용하여 주고받고 도로 갚는 일을 대상별로 범주별로 심도별로 다양하게 연습시켜 주어야 하는 것이다. 우리는 서로 자잘한 물건과 큰 물건만 주고받는 것이 아니라, 행위도 주고받고, 마음도 주고받으며, 목숨까지도 주고받는 것이 아닌가! 이런 상호작용 의사소통에 대한 논의는 스탠포드 대학 심리학자 클락(H. Clark) 교수의 책으로

부터 많은 사실을 알 수 있다.12)

여기서는 논의의 초점을 선명히 만들기 위하여 정보를 전달하는 경우에 국한키로 한다. 정보를 전달하기 위해서는 「공통기반과 정보 간격을 가늠」해야 하는데, 주먹구구식 결정에 따라 의사소통을 진행하는 경우에는 이런 추측이 늘 성공을 거두지 못할 수도 있다. 따라서 즉석에서 변통해야 할 몫이 추가될 수도 있다. 이런 추측을 진행하려면 기본적으로 감정이입에 따라 무엇이 같고 무엇이 다를지, 그리고 나는 알되 너는 모르고, 너는 알되 나는 모르는 내용을 가늠해 내어야 한다. 언어를 다루는 쪽에서는 이를 알려진 정보나 옛정보로 부르고, 이와 대립되는 것을 모르는 정보나 새로운 정보라고도 부른다. 임의의 문장에서 주어는 이미 알려진 정보가 놓이는 자리이고, 서술어는 새로운 정보가 놓이는 자리이다. 나는 알고 너는 모른다고 믿는 경우에는 서술 단정문으로 표현되고, 거꾸로 너는 알고 나는 모르는 경우라면 의문문으로 표현하여 정보를 요구할 수 있다. 지금까지 다뤄온 일을 아래 도표로 그려줄 수 있다.

「판단·결정 체계 + 의사소통 상황 → 의사소통 의도」

언어사용을 다룰 경우에, 마치 의사소통 의도가 첫 출발점인 듯이 서술하기 마련이지만, 실제로는 복잡한 경로를 거쳐 나온 산출물에 지나지 않는다. 의사소통 의도 또한 어떻게 상대방에게 전달될지에 대한 선택지들이 있다. 말이 없이 무언극이나 몸짓 등 감각 자료와 관련된 표현을 선택할 수도 있으며, 상대적으로 앞의 경로를 무시하고 최소화하여 언어 자료로 된 표현을 선택할 수 있다. 언어 자료 또한 구조주의 언어

---

12) 학술적 논의들은 클락(1992) 『언어 사용의 여러 무대(씨름판)(*Arenas of Language Use*)』 (시카고대학 출판부)에 모아져 있고, 전반적인 개관서로는 클락(1996; 김지홍 뒤침 2009) 『언어 사용 밑바닥에 깔린 원리』(경진출판)를 읽어 보기 바란다.

학의 업적에 기대어, 세부적으로 분절 자료와 초분절 자료가 중요한 특성을 지님을 깨닫게 되었다(여기서는 번다함을 피해 후자에 대한 논의도 차지해 둠). 로크와 흄 등의 논의 이후로 적어도 우리의 의식에서는 감각 자료와 추상적 자료가 구분되어야 함을 받아들이고 있다. 추상적 자료는 다시 자연언어로 이뤄진 것과 개념적으로 새롭게 정의된 것들로 나뉘지만, 편의상 인공언어에 속할 수 있는 후자는 괄호를 쳐서 논의에서 제외해 둔다.

비판적 담화 분석에서 초점을 모으는 강조 사항은, 의사소통 의도를 자연 언어로 표현할 경우에 어떤 서술 관점을 택하는지를 놓치지 말고 주목하도록 권고한다. 560쪽에 있는 원뿔 그림으로 돌아가면, 인과율로 작동하는 물질계와 본능에 따라 생활하는 생명계는 「결정론적 생태 환경」을 이룬다. 그렇지만 사회 속에 살고 있는 인간들은 크든 작든 예측 불가능하다는 점에서 자유의지에 따른 자율적 목표를 설정하여 행동하고 살아나간다. 다시 말하여 임의의 복합 사건이 일어났을 경우에, 결정론적 생태계의 사건들을 예측 가능하다고 말할 수 있겠지만, 인간들이 일으키는 사건은 그 동기와 그 귀결점이 오리무중이다. 자유의지에 따라 시작되고 종결되기 때문이다. 그런 사건을 언어로 표현할 경우에 해당 사건을 일으키는 주체를 명시적으로 드러내어 책임을 지울 수도 있고, 일부러 그런 책임을 묻지 못하도록 표현할 수도 있는 것이다. 이 중에서 어떤 선택을 할 것인가를 '서술 관점'의 선택 문제라고 부른다. 가령, 임의의 사건이 연속되어 다음의 앞 사건이 "뒷산이 온통 다 타 버렸다"는 후속 사건으로 이어져 있다고 상정하기로 한다.

우리가 앞 사건을 표현하는 방식은 여러 갈래가 있겠지만, 책임질 주체를 명시적으로 표현하는지 여부에 따라 크게 둘로 나뉜다.

문장 표현	"철수가 쓰레기를 태웠다"	:	"쓰레기가 불탔다"
명사13) 표현	"철수의 쓰레기 소각"	:	"쓰레기 소각"

우리가 문장(또는 발화)으로 말을 할 경우에는 부지불식간에 과연 그런지를 실제 따져 보도록 판단이 열려 있다. 그러나 동일한 표현이 명사처럼 나올 경우에는, 언어 습득 과정의 영향으로 말미암아 마치 해당되는 대상이 실세계에 이미 주어져 있는 듯이 관념하기 마련이다. 명사로 표현할 경우에는 그 사건을 일으킨 주체도 마음대로 생략되고 대상도 생략될 수 있으며, "소각"이라는 핵어만 남아 있더라도 아무도 결여된 (채워져야 하는) 표현이라고 생각하지 않는다. 영어의 수동태, 우리나라 학교문법의 피동태가 명사 표현과 공유하는 속성이 「책임질 주체를 숨

---

13) 전통문법에서는 절과 구를 서로 다른 것으로 구분하지만, 생성문법에서는 동일하게 여긴다(프레게에게 공을 돌려야 할 듯함). 더욱이 현대 학문의 비조(forefather)로 칭송되는 독일 예나대학 수학자 프레게(G. Frege, 1848~1925, 영어로는 [프뢰그])가 1879년에 '개념 문자(Begriffsschrift)'를 발표하면서 임의의 개념이 집합이란 질서 위에 표상되고(그의 용어는 함수와 논항), 도출과정이 충분조건만 갖춘 함의관계(implication, computation)의 사슬로 표상되며, 임의의 개념 문자는 문장으로도 나오고 명사구로도 나온다. 그가 유대인을 싫어했다는데, 아마도 참스키 교수가 그의 업적을 잘 인용하지 않는 데는 이유가 있을 법하다.

프레게는 아리스토텔레스의 논리학이 이분법(주어와 술어의 결합)에 기초하기 때문에, 결코 참된 판단을 유도할 수 없음을 처음으로 깨달았다. 당시 칸토어와 영향이 있었는지는 잘 알 수 없지만, 그는 술어로부터 모든 것을 따지도록 하는 토대를 처음 마련해 놓았다. 이를 방법론적 일원론(methodological monism)이라고 부르는데, 578쪽의 각주 19도 참고하기 바란다. 임의의 동일한 단위 사건이, 문장으로 표현되기도 하고, 명사구로 표현되기도 한다. 가령 "철수가 영이를 사랑했었다 : 철수의 영이 사랑"인데, 이들 사이에는 외연 의미는 같을지라도, 내포 의미가 서로 다르다. 이런 사실이 처음 분석 철학에서 자각되고 지적되었는데, 무어(Moore 1953; 김지홍 뒤침 2019) 『철학에서 중요한 몇 가지 문제』(경진출판) 604쪽의 역주 228을 보기 바란다. 담화 분석 쪽에서도 이런 중요한 차이를 다루고 있다. 특히 페어클럽(Fairclough 2003; 김지홍 뒤침 2012) 『담화 분석 방법』(경진출판) 321쪽 이하와 그곳의 역주 16을 보기 바라며, 또한 위도슨(Widdowson 2004; 김지홍 뒤침 2018) 『텍스트, 상황 맥락, 숨겨진 의도』(경진출판) 247쪽과 그곳의 역주 181을 보기 바란다.

길 수 있다」는 속성에 있는 것이다. 문법에서는 태(voice)만 구분해 놓았지, 왜 그렇게 달리 표현해야 하는지를 아무도 설명해 주지 못하였다. 이는 행위 진행 과정에 중심을 둔 표현인지, 아니면 결과 상태만을 보여 주는 표현인지로 구분된다. 결과 상태의 표현은 의도적으로 사건을 일으키는 주체를 누락시킴으로써, 마치 자연계의 인과율로 사건들의 연결이 이뤄진 양 표상해 주고 있는 것이다. 그렇다면 비판의 표적은 의사소통 의도를 언어로 표현하는 첫 단계에서부터 이뤄져야 한다. 서술 관점의 선택을 해 놓는 동기와 의도를 먼저 비판해야 하는 것이다.

제대로 자각할 수 없더라도 의도가 언어의 옷을 입는 데에는 다시 언어 표현의 선택 과정을 거치게 된다. 크게 직접 표현과 간접 표현으로 나뉘고, 후자는 다시 우회 표현과 비유 표현으로 나뉘며, 비유는 소쉬르의 결합관계에 따라 크게 환유와 은유로 나뉜다. 장광하게 이를 서술할 수는 없으므로, 이를 아래에 간략하게 도표로 그려서 적어도 네 가지 이상의 선택지가 있음만을 확인하기로 한다.

매우 간략하게 의도를 직접 표현의 형식으로 나타내었다고 해도, 초분절음적 요소에 따라 여러 가지 다양한 내포 의미를 띨 수 있다. 이례적인 어조로 "잘~ 났네!"라고 말한다면 누구나 이를 반어 표현(비꼼)으로 해석하게 된다. 초분절음의 요소로서 어조·억양·목소리(속삭이거나 크게 외침)·빠르기·딱딱함 등의 여러 항목들도 긴밀히 언어 표현 속에 눌러 붙어 의도의 전달 정도를 높이거나 낮추게 된다.

한 마디의 문장 또는 발화가 홀로 쓰일 수도 있겠지만, 전형적으로

이어지는 문장과 발화들이 사건들의 전개를 표상해 주게 된다. 크게 보면, 문장/발화의 전개도 또한

「시작 → 중간 → 끝」

이라는 하나의 매듭이 다시 새로운 매듭으로 이어져 나간다(클락 교수는 서로 간에 악수하는 일을 통하여 이런 과정을 예시해 주었음). 매듭의 신호로서 지금까지 전개되거나 진행되어 온 담화들을 평가하는 일이 중요한데(미시사회학에서는 이를 '마디 짓기'[formulation]라고 부름), 이런 몫을 관용구나 속담들이 자주 맡고 있다. 만일 그 평가가 부정적일 경우에 누구나 다 겪고 공유하는 바이기 때문에, 관용구나 속담 표현은 스스로의 체면을 보호하는 방어막이 될 수 있다.

담화 연구 분야에서는 사건과 사건이 문장과 문장으로 이어져 나가는데, 언어 형식을 이용하여 연결시켜 나가는 경우를 cohesion(통사 결속, 문장 연결)이라고 불렀다(어원은 together+to stick임).[14] 핼러데이·허�싼(Halliday and Hasan 1976) 『영어에서 쓰이는 결속 방식』에서 5가지 언어 기제가 논의된 이후에, 머카씨(1998; 김지홍 뒤침 2010) 『입말, 담화 중심의 언어교육』(경진출판)에서 시제 형식도 중요한 사건 전개(문장 전개, 169쪽 각주 14)의 방식임이 밝혀졌으며(입말과 글말에서 서로 차이가 있음), 이것저것 다 그러모아 9가지 방식을 논의하는 경우도 있다.

그런데 하나의 복합사건에 대한 매듭은 전통적으로 글말에서 문단이라고 말해 왔고, 문단을 묶는 개념을 소주제라고 불러왔다. 전체적으로 하나의 일관된 사건 연결체를 이루려면 문단들도 다시 연결되어야 하

---

14) 영어 사전에 이 낱말을 응집으로 풀어 놓았다. 이는 「한 점으로 모아진다」는 뜻이다(엉길 웅, 모일 집). 그렇지만 사건을 표현하는 문장은 전개되어 나가야(펼쳐져 나가야) 하는 것이다. 여태까지 이를 국어과 교육과정에서 여태 '응집성'이라고 쓰는 것은, 자기모순임을 깨닫지 못하는 것이다.

는데, 어원을 같이 하지만 접미사를 달리하여 이를 coherence(의미 연결, 일관된 연결)이라고 불렀다. 이는 「고유한 언어 기제가 없다」는 특징이 있다. 대신 논리를 전개하는 전형적인 방식들이 언어를 쓰는 주체들의 머릿속에 깃들어 있다. 소위 정당성이나 합당성을 부여해 놓는 방식이다. 가장 손쉬운 방식이 주장하고 입증하는 두괄식 전개 방식이다. 9시 뉴스에서 '길거리 목소리'를 취재하여 방영하는 것도,

「주장 → 입증 또는 근거 제시」

이라는 변형된 두괄식 전개에 지나지 않는다. 그런 만큼 뼛속까지 깊이 작동하는 합당성 부여/입증 방식이다. 비판적 담화 분석에서도 그 방식이 결코 복잡한 것이 아니라, 매우 단순하게 담화가 표상하는 사건들의 외부 질서에 기댄 방식과 내부 질서에 기댄 방식으로 나눈다. 이는 크로마뇽인이 사냥을 끝내고 배불리 먹은 뒤, 밤중에 불을 피우고서 둘러앉아 이야기를 나누던 일에 크게 벗어나지 않는다.[15]

합당성 부여 방식/정당성 확보 방식

합당성의 근거	외재적 토대	① 아무도 도전할 수 없는 신화(신의 말씀)로 만들어서 내세움
		② 영웅이나 전문가(국어사전 또는 전문서적)의 권위에 기댐
	내재적 토대	③ 해당 학문의 체계를 따르거나 당사자의 의도나 목표를 명시함
		④ 인간의 양심과 윤리에 기대어 정당성을 찾아 내세움

---

15) 물론 좀 더 의사소통에 설득력을 갖추기 위하여 주장된 방식들도 있다. 가장 많이 거론되는 모형이 툴민(Steven Toulmin, 1922~2009) 교수의 의사소통 논증법이다. 스위스 다보스에서 열린 세계 경제 모임에서 주장된 내용을 이런 모형으로 바꾸어 예시하면 다음과 같은데, 정밀하게 두괄식 모형을 가다듬고 변형한 것에 지나지 않는다.

㉠ 배경 자료	현재 세계화가 종종 아프리카 등 남반구에 상품들을 전해 주지 않는다
㉡ 입론	국가와 세계 경영방식에서 변화가 일어난다면 세계화가 상품을 그들에게 전해 줄 것이다
㉢ 뒷받침하기	궁극적으로 세계화가 상품들을 전해 줄 수 있다
㉣ 논점 주장	세계와 국가 경영방식에서 변화가 일어나야 한다

여기서도 비판의 표적이 토대에 대한 사실성 여부 및 현재의 상황에서의 적합성을 제시할 수 있다. 단계마다 그 내적 질서에 대하여 맹종하지 않고, 다른 선택지를 상정하면서, 왜 다른 표현을 쓰는지 왜 다른 합당성 토대를 이용하는지를 물어야 하는 것이다.

지금까지 의도에서부터 전체 덩잇말 또는 덩잇글의 전개까지 주마간산으로 서술해 왔다. 산출 과정은 반드시 상대방의 반응에 대한 평가를 내리고, 그 평가에 따라 원래 의도를 지속하거나 고쳐 나가게 된다. 그러므로 의사소통 첫 단계를 주관하는 '판단·결정 체계'가 다시 '평가 체계'와 동전의 양면처럼 맞물려 있음을 알 수 있다. 이를 연구자에 따라 「상위 인지, 상위 표상, 정신 모형」 등으로 다양하게 부르지만, 속내는 매한가지이다. 상대방의 반응을 평가하면서 대화나 담화가 전개되어 나갈 경우에(맞춤식 진행) 우리는 신중하고 배려가 많은 사람이라고 평가한다. 이런 일들이 모두 전-전두 피질에 있는 작업기억에서 일어나는 것으로 믿어지고 있다. 그렇지만 작업기억 창고의 용량 때문에 일부 심리학자들은 장기 기억의 일부를 작업기억으로 전환한다고 가정하며, 이를 장기-작업기억(long - term working memory)이라고 부른다.[16]

§.2 담화의 처리 과정

언어 처리 또는 언어 이해의 과정도 한꺼번에 일어나는 것이 아니라, 단계별로 또는 여러 단계가 동시에 작동하는 방식으로 논의되고 있다. 자세한 논의는 킨취(1998; 김지홍·문선모 뒤침 2010) 『이해: 인지 패러다임 Ⅰ, Ⅱ』(나남)을 읽어 보기 바란다. 비록 산출과 처리에 대한 논의가 균형이 맞지 않고 너무 치우쳐져 있더라도(또한 보고 읽을거리가 쓸거리를 압도함), 여기서는 아주 소략하게만 다루어 나가는 정도로 그치기로

---

16) 에뤽슨·킨취(Ericson and Kintsch 1995), "Long - term Working Memory", *Psychological Review* # 102-2.

한다.

언어 이해의 과정을 논의하기 전에 먼저 다루어야 중요한 것이 언어 및 개념 사이의 관계인데, 이른바 폴란드 논리학자들의 object(대상)와 meta(상위 개념)의 짜임새인 것이다.[17] 피상적인 언어 표현도 분석철학(논리실증주의)과 일상언어 철학의 논의에 의해서 복합적인 개념으로 잘 번역되어야 한다. 이 개념은 다시 의식적인 판단·결정 체계에 의해서 전체적인 그물짜임이 확보되어야 하며, 이런 그물짜임은 다시 우리가 매일 경험하는 일상세계(생활세계)의 체험들로 동시에 재확인되어야 하는 것이다. 이 마지막 단계에서는 비록 우리가 하나하나 의식하지 못하겠지만, 감각기관들로 계속 확인되고 있는 감각자료들이 이런 여러 겹의 그물짜임들을 뒷받침하고 있음을, 냉전 시기 때에 '감각 박탈' 실험들로 뒷받침된 바 있다. 무가치해 보이는 시시한 우리의 감각자료들이 우리의 믿음 체계를 강화시키는 주춧돌이라는 사실을[18] 애써 모른 척할 수 없는 것이다.

언어가 어떻게 개념으로 바뀌어야 하는지를 잠깐 살피고 넘어가기로 한다. 이 사실을 맨 처음 자각한 것은 케임브리지 철학자 뤄쓸(Russell, 1872~1970)과 옥스퍼드 철학자 스트로슨(Strawson, 1919~2006)의 논쟁으로부터 나왔는데,[19] 그 결과로서 시제 형식과 무관한 단언문(proposition,

---

17) 특히 타아스키(A. Tarski 1956, 1983 재간) 『논리·의미·상위-수학(Logic, Semantics, Meta-mathematics)』(Hackett Pub.)을 보기 바란다. 타아스키 교수 저작들은 행동주의 철학의 논리적 한계를 극복하는 데 큰 공적을 이룩한 것으로 평가받는 도널드 데이빗슨(Donald Davidson, 1917~2003)에게 끼친 영향이 자신의 스승 콰인에게서 받은 것보다 더 크다. 데이빗슨(1980; 배식한 뒤침 2012) 『행위와 사건』(한길사)을 보기 바란다.

18) 언어 교육 쪽에서는 오늘날 과제 중심 언어교육(TBLT) 과정의 주춧돌을 마련한 앤더슨 외(1984; 김지홍·서종훈 뒤침 2014) 『모국어 말하기 교육』(글로벌콘텐츠) 제2장 4절을 보기 바란다.

19) 정대현 엮음(1987) 『지칭』(문학과지성사) 속에 들어 있는데, 하종오 교수가 뤄쓸의 글을, 김현숙 교수가 스트로슨의 글을 번역하였다. 코피·굴드 엮음(Copi and Gould 1967) 『현대의 논리 이론들에 관한 독본(Contemporary Readings in Logical Theory)』(Macmillan)을 참고하기 바란다. 필자의 판단으로 더욱 중요한 기여는, 개체와 전체에 대한 오랜 철학적 난문제를 단칼에 풀어 준 뤄쓸의 지혜이다. 그는 개체를 관련된 보편 속성들의 한 묶음(a bundle of properties) 또는 유관한 관계들의 집합으로 보았으며, 이제 더 이상 개체가

명령문 표제의 뜻인 명제는 오역임)과 시제 형식을 갖춘 진술문(statement)에 대한 구분이 절실히 필요함을 깨닫는 계기가 되었다. 임의의 언어 표현이 언제나 전제가 깃들어 있고, 또한 그 표현이 참으로 성립될 경우에 참값으로 딸려 나오는 딸림 주장도 깔려 있는 것이다. 이를 각각 전제(presupposition)와 딸림 속뜻(entailment)이라고 부른다.

'*The* King of France is bald' (현재 프랑스의 왕은 대머리이다)

라는 단언문이 참일까? 거짓일까? 뤄쏠은 뒤에 '확정 표현 연산자'(*iota operator*)로 부른 정관사 the(분석철학에서는 이를 확정 표현 *definite expression*으로 부름)가 반드시 두 가지 전제를 만족시켜야만 됨을 지적하였다.

① there exits an x (실제 존재의 전제)
② and it is unique (유일성의 전제)

뤄쏠의 입장에서는 앞의 단언문은 참값을 따질 만한 자격도 갖추지 못한 셈이며, 따라서 논의의 대상도 되지 못하는 것이다. 이밖에도 중요하게 고려되어야 할 것이 있다. 만일 앞의 단언이 참이라면, 결과적으로 딸려 나오는 속뜻(entailment)이 있는 것이다. 가령, 추운 겨울 밖에서 왕이 열병식에 참석하려면, "더 따뜻한 털모자를 쓸 필요가 있음" 따위가 깃들 수 있다. 그롸이스(Grice, 1913~1988)의 용어를 빌리면, 이는 대화상으로 깃든 속뜻에 해당한다. 그리고 전제는 언어 형식에 따른(관례적으로 깃든) 속뜻에 해당한다.

아닌 것이다. 바로 이것이 방법론상으로 일원론의 구현이다(각주 13 참고). 연구실 벽에 뤄쏠의 대형 사진을 걸어두었다던 참스키 교수의 자질 이론도, 이런 발상의 표현물인 셈이다. 이런 정의가 주어지기 이전에는, 왜 개체들을 나누고 묶어 놓아야 하는지 제대로 알지도 못한 채 당연히 그런 것인 양 아무 의문도 없이 그냥 실행해 왔을 뿐이다.

이런 측면을 염두에 두면서 일상언어 철학(또는 화행론)을 개척한 오스틴(J. L. Austin, 1911~1960)은 언제나 언어 표현이 세 단계의 처리 과정을 거쳐야 한다고 보았고, 이를 각각

「언어 표현 → 속뜻 붙들기 → 제대로 실천하기」

(locution → illocution → perlcution)

라는 연결체로 표현했었지만, 이는 홍부가 쓰는 언어 사용만 대상으로 삼고 있다는 치명적 결함을 안고 있다. 그의 2년 후배 그라이스에 의해서 비로소 의도로부터 시작하여 언어 사용 규범(maxim)을 따르거나 일부러 어그러뜨리는(flouting) 일을 다루게 됨으로써, 현장에서 일어나는 의사소통 사건들이 실질적으로 논의될 수 있는 토대가 마련되었다.[20]

---

20) 생전에 그뢴디·워너 엮음(Grandy and Werner 1986) 『합리성에 대한 철학적 기반: 의도·범주·목적(*Philosophical Grounds of Rationality: Intentions, Categories, Ends*)』(Clarendon, 영어 첫글자를 모으면 P. Grice가 됨)에서 지성사 속에서의 그의 기여가 다뤄졌는데, 19편의 글들이 모아져 있다. 사후에 출간된 그의 책들이 1989년 『낱말 사용 방법의 연구(*Studies in the Way of Words*)』(Harvard University Press)와 1991년 『가치가 만들어지는 복합 개념(*The Conception of Value*)』(Clarendon)와 2001년 『단일한 이성의 두 측면(*Aspects of Reason*)』(Clarendon)이다. 가치는 죽음(유한성)을 전제로 하여 선택의 결과로서 만들어졌다고 보며, 칸트가 구분한 두 가지 이성이 단일한 이성이 발휘되는 두 측면에 불과하다는 창의적인 생각들을 담고 있다. 그라이스 교수의 주장에 대한 논박으로서는 데이뷔스(Wayne A. Davis 1998) 『속뜻 깔기: 그라이스 식 이론의 실패로서 의도와 관례와 원리』(캐임브리지대학 출판부)가 있다.

참고로 maxim(격언, 준칙, 대화 규범)의 번역 용어 선택에 대하여, 이미 네 군데에서 각주로 언급한 바 있다(269쪽의 각주 14와 319쪽의 각주 31과 399쪽의 각주 35와 444쪽의 각주 91). 중국 문헌에서는 격률(格律)이란 한자어가 당나라 때부터 쓰인 듯하다. 즉, 정형시로서 절구와 율시가 점차 고정되면서, 시의 격식을 규제하는 정형률(특히 글자의 평·측에 대한 규제)의 뜻으로 쓰인 것이다. 가령, 5언 절구가 발구·순구·요구·낙구(또는 더욱 쉽게 기·승·전·결)로 전개될 경우에,

「측측평평측, 평평측측평 : 평평측측평, 평평평측측」

의 운의 대립을 명확히 준수해야 시를 지어야 한다. 물론 이를 기본으로 한 허용 가능한 변이 모습도 있었다. 그렇다면 이런 의미에서 격률은 정형률(定型律)에 다름 아니며, 정형률을 위배하여 파격을 쓸 경우에, 과거 시험에 낙방으로 귀착될 뿐이다. 따라서 위배하더라도 그 결과 새로운 뜻이 생겨나는 maxim(대화 규범)을, 격률(정형시 운율)로 대응시켜서는 안 됨을 깨우칠 수 있다. 파격이나 변칙은 과거 시험에서 낙방으로 귀착될 뿐이기 때문이다.

인류 지성사 속에서의 이런 논의들은 겉으로 드러나 언어 표현만 유일한 것이 아니라, 이들을 발판 삼아 더 깊은 속내를 탐침할 수 있는 합리적 방안들을 시범적으로 보여 주고 열어 놓았다. 마치 북극에 떠 있는 빙산만이 유일한 것이 아니라, 바닷물 속에 가려져 있는 부분이 더 많은 실체이듯이, 「언어로 외현되지 않는 부분들이 중요할 수 있음」을 말해 준다. 언어 이해 과정이 흔히 '추론 과정'으로 불리고, 정보를 덜어내거나 더해 놓는 일로 이뤄진다(550쪽). 정보를 더해 놓으려면 반드시 이해 주체의 배경 지식 속에서 유관하며 포괄적인 진술문의 후보들을 뽑아낼 뿐만 아니라, 무엇이 최적의 값인지에 대한 결정을 내려 줄 수 있어야 하는 것이다. 이런 역동적 과정을 주도하기 위해서는 언어 표현들을 놓고 중요한 개념화 작업이 필수적으로 수반되어야 하는 것이며, 이런 과정들을 충분히 중등학교 학습기간 동안에 연습시켜 주는 일 그 자체가 언어 교육이 되어야 한다.

이하에서는 한 가지 이해 과정에 대한 사례로서 킨취의 논의를 다루기로 한다. 그는 글말 중에서 논술류(가령, 중학교 생물 교과서에서 심장의 구조와 기능을 다룬 글)의 갈래에서 한 편의 덩잇글을 놓고서 이해(처리)가 일어나는 과정을 다루고 있다. 이는

「언어 표면 구조 → 덩잇글 기반 → 상황 모형 → 장기기억에 인출구조로 저장」

의 과정은 스스로 점검을 하면서 반복 순환된다. 이 일 또한 '판단·결정, 그리고 평가' 체계(최상위 판결처인 '헌법재판소'로 비유할 수 있음)에 의해서 이뤄지는 것이다.

덩잇글의 이해 과정

층위		대상	저장 장소	작용 방식
표면 구조		덩잇글 속의 문장들	종이에 쓰인 글자	언어 해석 및 단언문 구성
덩잇글 기반	미시 구조	미시명제와 인출구조	단기 및 장기 작업기억	인출단서의 활성화 확산
	거시 구조	거시명제와 배경지식	장기 작업기억	안정된 지식 그물조직
상황 모형		감각인상과 상위인지	장기기억	감각인상과 상위 단언문 구성

임의의 논술류 덩잇글에서 이해의 과정을 모의하려면, 주어진 표면 덩 잇글을 단언문(명제)들로 재분석하면서, 미시구조(≒각 문단의 주제 찾기) 와 거시구조(≒전체 덩잇글의 주제 찾기)를 만들어내어야 한다. 이런 과정 을 모두 전통적으로 추론(inferencing)으로 부르거나 골자 파악(skimming) 이라고 부를 수 있으며, 의미 연결 찾아내기(coherencing)로도 불리며, 앞에서 말한 합당성 부여/정당성 확보 작업과도 긴밀하게 관련되는 것 이다. 킨취 교수는 이를 간단히 '정보 덜어내기' 작업과 다시 '정보 더해 놓기' 작업이 동시에 이뤄지는 것으로 보았다.21)

---

21) 화란의 언어학자 폰대익(Teun Adrianus van Dijk) 교수와 미국 콜로라도 대학의 심리학자 킨취 교수가 여러 차례 공동 작업을 한 바 있다. 폰대익·킨취(1983) 『담화 이해의 여러 전략(*Strategies of Discourse Comprehension*)』(Academic Press)은 담화 연구에서 기념비적 업적 이다. 이 노선에서 집필된 폰대익(1980; 서종훈 뒤침 2017) 『거시구조: 담화·상호작용·인지 에서의 총체적 구조에 관한 상호 학제적 연구』(경진출판)가 나와 있는데, 거기에서는 네 가지 방식을 '거시규칙'이란 이름으로 다뤘다. 삭제·선택·일반화·구성인데, 킨취 교수는 이를 더욱 간단히 만들어 놓은 것이다(정보 덜어내기와 정보 더해 놓기). 간단하면 간단할수 록 일반 사람들이 머릿속에서 작동시키는 실재를 드러낼 가능성이 높다. 언어학 쪽에서 우리 머릿속에 들어 있는 실체를 드러내려는 노력은 폰대익(2014; 허선익 뒤침 2020) 『담화와 지식: 사회 인지적인 접근』(경진출판)을 보기 바란다. 또한 스퍼버 엮음(Sperber 2000) 『몇 가지 상위 표상: 복합 학문적인 관점(*Metarepresentations: A Multidisciplinary Perspective*)』(Oxford University Press)을 보면, 적합성이 결코 최상위 층위에 있는 것이 아니라, 중간 층위에 자리 잡는 도출 개념에 지나지 않는다. 그렇다면 초기에 가정하였듯이 굳이 하나로 환원되어야 할 정당성이 있는 것도 아님을 재확인할 수 있다. 여기서 언급하는 상위 표상은 본문에서 필자가 '재귀 의식'으로 부르는 내용과 서로 겹친다.

추론 작업 ─┬─ 정보 덜어내기(information reduction)
          └─ 정보 더해 놓기(information accretion)

앞에서 cohesion(통사 결속, 문장 연결)로 불리는 작업의 결과, 미시구조가 나오는데, 기본적으로 5가지 언어 기제는 언어 보편적 요소이고, 자잘한 언어적 차이(매개인자)가 있을 뿐이다. 그런데 「거시구조를 세워 주는 고유한 언어 형식은 따로 없음」을 상기할 필요가 있다. 그렇다고 하여 신비한 그 무엇도 아니다. 앞에서 합당성 부여 방식의 변형 정도에 불과하다. 거시적인 의미 연결(coherence)은 오직 해석 주체의 배경지식으로부터 검토되고 확립되어 나올 따름이다. 바로 이런 핵심적 처리 과정은 여러 사람들 사이에서 임의 덩잇글에 대한 이해와 해석의 수준 차이를 반영하며, 정신 모형에 구축해 놓은 바를 가감 없이 그대로 보여 주는 것이다.

만일 임의의 논술류 글감을 놓고서 미시구조와 거시구조가 확립될 경우, 이를 덩잇글 기반(text - base)으로 부르며, 장기기억 속에 저장되기 위해서 관련된 감각 정보(주로 시각)들과 연합하여 유기적인 상황모형들을 구성해 놓게 된다. 이것이 자발적 반성과 더불어, 원래의 덩잇글을 적합하게 재구성한 것으로 스스로 판정을 하게 된다면, 비로소 장기기억 속에 있는 그물짜임으로 덧붙여지게 된다. 심리학자로서 언어의 이해 또는 처리를 다루기 때문에, 반드시 기억 속에 저장하고 인출하는 일까지를 다루고 있다.

여기서 언어 산출의 첫 단계인 판단 결정 과정 동안에 의사소통 상황과 그 상황에 맞는 의사소통 모형을 가늠해 내는 일과 언어 이해의 마지막 단계인 임의 덩잇글의 상황 모형이 서로 유사함을 발견하게 된다. 의사소통이 진행되어 나갈수록 점점 더 두 모형 사이의 간격이 줄어들고 일치도가 더 높아지는 것이다. 왜 그런 것일까? 첫 단추와 마지막 단추가 서로 겹쳐질 수밖에 없는 까닭은 우리 두뇌의 처리 방식에서 찾을 수 있다. 킨취 교수는 언어 처리 방식이 인간의 인지/의식 작용에 보편적이므로, 얼굴을 인식하거나 수학 문제를 풀거나 컴퓨터 프로그램을 창의적으로 짜는 일까지도 공통된 특성을 따른다고 주장한다. 그의 책의 부제가 '인지 패러다임(사고 유형)'이라고 붙인 이유도 여기에 있는 것이다.

언어 또는 개념을 지닌 인간 존재는 언제나 대상 및 사건들을 분류하고 그물로 얽어 짜 놓게 마련이다. 심리학에서는 흔히 이를 '개념 및 범주화' 작용으로 부른다. 이런 정신 작용은 적어도 5개 층위를 통하여 이뤄지며, 중간 층위를 기본 층위(basic level) 또는 갈래 층위(generic level)로 부른다. 이 층위에서 구체적 감각 사건으로 내려가는 두 개의 하위 층위(각각 하위 층위·차하위 층위) 및 추상적으로 포괄해 나가는 두 개의 상위 층위(각각 상위층위·포괄층위)가 설정된다. 어떤 언어에서이든지 하위 층위일수록 명시적 언어 형식으로 고정되어 있으나, 위로 일반화시켜 묶어가는 추상적 층위는 묶는 주체에 따라 가변적으로 끝도 없이 다양하게 바뀔 수 있다.22) 다시 말하여, 우리의 생각을 전개해 나가려

---

22) 514쪽을 보기 바람. 발표자는 개인적으로 개념 형성에 대한 교육도 중요하게 언어 교육의 몫이라고 굳게 믿고 있다. 그런데 「말은 얼이다」라는 얼빠진 소리 때문에 '말만' 가르쳐야 한다는 잘못된 생각으로 귀결되었다. 지금까지의 발표자의 논의를 조금이라고 수용한다면, 결코 말만 가르쳐서는 안 되고, 말까지도 가르쳐 주어야 하는 것이다. 본문에 언급한 대목은 롸슈·로이드 엮음(Rosch and Lloyd 1978) 『인지 과정 및 범주 부여(Cognition and Categorization)』와 케쓸 엮음(Kessel 1988) 『언어 발달 과정과 언어 조사연구자들: 브롸운 교수 기념 논총(The Development of Language and Language Researchers: Essays in Honour of Roger Brown)』(두 권 다 Lawrence Erlbaum)이 좋은 안내서이다. 우리말로는 부산대 심리학과 신현정 교수의 책들을 읽을 수 있다. 신현정(2000) 『개념과 범주화』(아카넷)이며, 아마 학부 교재로 집필되었을 신현정(2011) 『개념과 범주적 사고』(학지사)를 보기 바란다. 520쪽 이하에서 언급하였다.

필자는 개인적으로 우리 의식 세계(또는 인지 체계)가 적어도 5층위로 나뉘어 동시에 작동해야 한다고 믿고 있다. 이는 비단 정신 작동 방식일 뿐만 아니라, 개별 낱말과 문장 (절)을 거쳐 미시구조를 이룬 다음에 다시 거시구조를 확정해 나가는 과정에서도 긴밀하게 적용되어야 하는 일반적이고 보편적인 속성으로 본다. 이를 위도슨(2004; 김지홍 뒤침 2018) 『텍스트, 상황 맥락, 숨겨진 의도』(경진출판)의 「뒤친이 해제 겸 후기」 485쪽에 도표로 그려 제시하였고, 무어(1953; 김지홍 뒤침 2019) 『철학에서 중요한 몇 가지 문제』 (경진출판, 266쪽)의 역주 110에서도 그러하였고, 김지홍(2020) 『제주 방언의 복합 구문:

접속문과 내포문』(경진출판, 94쪽)에서도 〈표4〉로 제시한 바 있다. 이는 경험론과 합리론이 왜 서로 한데 맞물려야 하는지를 극명하게 잘 보여 준다. 낮은 단계(1~2층위)일수록 경험론 또는 귀납법에 의한 작동 방식이고, 높은 단계(4~5층위)일수록 합리론 또는 연연법(이성주의)에 의한 작동 방식이 된다.

여러 층위가 동시에 작동하는 인간 사고(의식계)의 모형

	층위 이름	역할	작동 속성
1	infinite, contingent facts(사실)	감각기관+관찰(우연성, 실험실, 도구)	구체적 대상과 사건
2	relevant data(자료)	관련 사실들 모아놓음(결여 부분 있음)	인과 또는 시계열
3	useful information(정보)	모형을 갖추고 일관성을 부여함	일반화 및 간접성
4	systematized knowledge(지식)	여러 영역을 연결, 통합 세계관을 세움	확장된 가설과 입증
5	brilliant wisdom(슬기, 지혜)	가능 세계에 대하여 예측과 검증을 함	추상적이고 보편적

이 모형에서 제1층위는 귀납법에 비견될 수 있고, 제5층위는 연연법에 비견될 수 있다. 제1층위는 사실들을 모으는 층위이다. 제2층위는 사실들 중에서 서로 관련된 자료들을 놓고서 긴밀성 정도로써 뽑아내어 다시 분류하는 층위이다. 여기에서는 결여된 사실들도 드러나게 된다. 제3층위에서는 해석 주체가 임의의 사건 전개 모형을 상정하면서, 일관되게 관련 자료들의 시작점과 진행과정과 종결점을 표상해 놓는 일을 진행하게 된다. 따라서 그런 모형이 우리가 경험하는 생태 환경 속의 사건들에 대하여 유용한 정보를 알려 줄 수 있는 것이다. 제4층위는 여러 영역들에서 찾아진 그러한 유용한 정보들을 다시 연결짓고 하나의 지식 체계로 통합해 나가는 일을 한다. 제5층위에서는 아직 경험하지 못하였지만 장차 있을 가능성이 있는 사건이나 사태까지도 미리 내다보면서 준비를 할 수 있다는 점에서, 우리에게 지혜로운 눈을 마련해 주는 층위이다.

각 층위들은 내포 관계에 의해서 거꾸로 세운 원뿔의 모습으로 존재한다. 각 층위들마다 또한 접속 관계의 모습으로 우리가 쉽게 체험하는 여러 사건과 자료와 정보들이 병렬될 것이다. 514쪽에서 다섯 층위를 다루면서 상위 층위의 개념이 크게 변동될 수 있음을 보았다. 여기에서도 층위가 올라갈수록 복수의 여러 후보들을 놓고서, 얼마나 적합하게 하위의 요소들을 잘 통합적으로 연결시켜 주는지를 따지면서 선택 범위들을 차츰차츰 좁혀 나가야 한다. 이런 점에서 여러 차례 순환적으로 이런 주기가 반복되면서 최적값을 찾아 가는 일이 우리 실제의 사고 모습을 반영한다고 말할 수 있다. 최적값을 결정하는 부서로서, 다시 530쪽에 제시해 놓은 표에서, 우리가 재귀의식으로 느끼게 되는 최상위의 「판단·결정·평가」 체계로 이뤄져 있는 것이다.

여기서 제1층위는 다수 「자연언어」에 의존해서 일어나지만, 제5층위는 스스로의 내성을 통해 독자적인 개념 체계를 수립해 줌으로써 생겨난다(새롭게 상정한 「개념 언어」에 달려 있음). 제1층위에서부터 제5층위를 거꾸로 세운 원뿔의 모습(여러 영역들을 하위에 포괄해야 하므로 역삼각형보다는 거꾸로 세운 원뿔의 모습이 더 나음)으로 상상할 수도 있다. 이는 흔히 '지식 체계'로도 불려 왔고, 통합된 '세계 모형'으로도 불리며, 최근 들어 새롭게 '생태 환경에 대한 큰 지도'라고도 불린다. 학교 교육은 이런 지식 체계나 세계 모형을 구성할 수 있도록 도움을 주는 것인데, 하루아침에 이뤄지지 않고, 초등과 중등 혹은 대학 교육에 이르기까지 적어도 일생의 1/4 기간을 쏟아야 한다. 만일 사회 속에서 전문인으로 활동하려면 해당 분야나 목표 영역에서 또 다른 시간을 투입해야 한다. 학교 교육에서는 이미 내세워진 세계 모형이나 지식 체계를 전달해 줄 수 있겠지만, 인류 지성사에서는 그런 모형이나 체계가 늘 안정적으로 고착되어 있는 것이 아니라, 계속 일련의 새로운 사건과 사태들에 의해서 반례로서 작용할 경우에 조금씩 허물어지기도 하고, 또는 전혀 새로운 발상을 요구하기도 하였음을 잘 알고 있다.

적어도 먼저 의식계(재귀적으로 느낄 수 있는 의식세계)로 불리는 우리의 두뇌는, 이미

면 상대적으로 첫 출발점이 되는 제일 작은 단위로서 '원자'는 쉽게 붙들 수 있겠지만, 거꾸로 '전체'에 대한 그림은 그려내기도 힘들거니와 그 범위도 활짝 열려 있는 것이다(칸토어가 말한 이른바 무한의 무한제곱 세계, x^x).

이는 양면의 얼굴을 지닌다. 첫째, 자가당착의 물음도 낳고, 둘째, 인간의 사고방식에 대한 또다른 함의도 지닌다. (ㄱ) 인간의 범주화 과정은 닫힌 포괄 층위 아래 모두 감싸져 있지만(encapsulated), 포괄 층위는 항상 열려 있기 때문에 자기모순이 깃들어 있다. 아마도 이를 벗어날 수 있는 유일한 방법은, 경험상의 유한 세계와 개념상의 무한 세계를 임시 나눠 구분해 주는 길밖에 없을 것으로 믿는다. (ㄴ) 또 다른 하나는 비판적 사고나 창의성을 정의하기가 마치 모래 알갱이들을 손아귀 속에 붙드는 일마냥 쉽지 않겠으나, 적어도 전체주의를 작동시킬 수 있는 밑그림을 그릴 수 있다면, 샘물 솟듯 비판적 사고나 창의성으로 이어져 나갈 듯하다.

일어난 사건이나 대상들을 가리키는 사실(facts, what has happened)들로 이뤄지는 구체적인 감각 자료(귀납 자료)들을 접하는 일뿐만 아니라, 또한 동시에 우연히 일어나는 사건에 대하여 주의를 기울여 그 대상이나 사건과 관련하여 다른 사실들도 함께 포착해 주어야 한다. 이것이 이른바 경험론 내지 귀납법으로 불리는 첫 단계의 시작점인 것이다. 그렇지만, 여기서 그쳐서는 안 되고, 다시 그런 감각 자료들이 일련의 사건들을 구성해 주는 것으로 상정하여, 서로 관련된 일련의 자료들로 바꾸어 놓음으로써, 임의 대상이 관련된 일련의 한 사건 흐름을 모아 놓아야 한다. 이 때 시간상의 계기적 사건들로 모을 수도 있고, 복수의 사건들이 하나의 목적을 위해 일어나는 것으로 관련성을 부여할 수도 있는 것이다. 이 단계의 관련된 자료들을 모으는 일에서는 중간중간(듬성듬성) 결여되어 있거나 모자라는 사실들도 있는지 여부도 챙겨 살펴야 할 것이다. 이렇게 모아진 관련 자료들은 하나의 사건 모형을 중심으로 하여, 유용한 정보의 상태로 재구성해 주어야 한다. 여기서 모형을 상정하는 과정에서 「일반화 작업」이 일어나고 또한 직접 경험의 단위가 아니더라도 간접적이거나 대행하여 확인할 수 있는 사건들도 함께 상정되어야 수미상관 또는 일관성이 확보되는 것이다. 이를 유용한 정보라고 부를 수 있다. 아마도 우리는 이 수준에서 임의의 대상이 일으키는 일련의 사건들을 자초지종의 모습으로 개별 지도를 그려 두고 있을 듯하다.

4. 비판적 담화 분석

비판적 담화 분석이란[23] 용어는 일상적 용법이 아니라, 특정한 주장을 하는 이들의 내세운 방식을 뜻한다. 이에 맞서는 짝으로 순수한 담화 분석을 내세울 수 있다. 특히 정치와 경제 분야의 복잡한 관계 맺음과 이를 지문처럼 드러낼 수 있는 담화 자국들의 상관성을 따져, 갑질 관계를 바로 잡는 일이 비판의 목적으로 상정된다. 그러나 이에 맞서는 쪽에서는 그런 언어 외적 영역으로부터 오염되지 않더라도, 언어들 사이의 연결 관계와 밑바닥에 깔려 있는 의중(속뜻)을 찾아내는 일만으로도 언어 교육이 충분하고도 넘칠 만큼 그 본령을 다 드러내는 것으로 본다.

이는 우리 문화의 전통과 서양의 전통 사이의 갈등이라고도 재번역될 수 있다. 특히 한문 문화권에서 논어의 영향 아래 「말보다는 실천」이 더욱 중요한 덕목이 되어 왔으므로, 조선조 후기에는 '공리공담'과 '실사구시'라고 대립각을 세워 놓기도 하였다. 말은 「일을 하기 위해 작동할 경우에라야 가장 바람직하다」는 가치 판단이다. 그렇지만 희랍 시대의 생각과 언어에 대한 분석 전통은 말과 사고(참된 판단) 사이의 관련성도 중요한 논제로 취급해 왔다.[24] 연구자의 시각에 따라서 전자

---

23) 발표자는 우연히 랭커스터 대학 명예교수이자 언어교육 전문가인 페어클럽의 저작물을 세 권 번역하였다(『언어와 권력』, 『담화 분석 방법』, 『담화와 사회 변화』모두 경진출판에서 나옴). 아마 이것이 이 발표에 초대된 동기일지도 모르겠다. 엉뚱하게 일부에서 '페어클로, 페어클라우'로 적기도 하는데, 어디에서 나온 발음인지 의아스럽다(자의적인 발음 표시일 듯함). 필자는 또한 의사소통 중심 언어교육의 대가인 쿡(Cook) 교수의 순 순 담화분석(『담화: 옥스퍼드 언어교육 총서』, 범문사 간행)도 번역하였고, 독자들이 균형 잡힌 시각을 배울 수 있도록 페어클럽 교수를 공격하는 위도슨(Widdowson 2004; 김지홍 뒤침 2018)『텍스트, 상황 맥락, 숨겨진 의도』(경진출판)도 같이 읽어보기를 권한다. 비판적 담화 분석의 또다른 실천가인 폰대익(van Dijk) 교수의 4부작(『담화와 권력』, 『사회와 담화』, 『담화와 맥락』, 『담화와 인식(지식)』)도 중요하다. 폰대익(2014; 허선익 뒤침 2020)『담화와 지식』(경진출판)에서는 모든 것이 우리 머릿속에 저장된 그물짜임 문제로 귀결시켜 다룬다. 이는 칸트적인 전환으로 평가된다. 그리고 보닥·마이어(Wodak and Meyer 엮음, 제3 개정판, 김현강 외 10인 뒤침 2021)『비판적 담화 연구의 방법들』(경진출판)에서는 여러 방향의 방법들을 익힐 수 있다.

를 '지성'으로 부르고, 후자를 '지식'으로 부르기도 한다. 이는 다양한 지식을 바탕으로 하여 지혜를 주는 단계로의 상승을 암암리에 깔고 있다. 그렇지만 토대나 바닥이 튼튼하지 않으면, 그 위에 세운 건물은 곧 무너지기 마련이다. 발표자가 요구받은 바가 비록 페어클럽 교수의 비판적 담화 분석을 개관해 주도록 한 것이지만, 순수한 언어 사용의 밑그림이 제대로 그려져 있어야만, 그 다음에 응용이 힘을 받을 것으로 믿는다. 이른바 『논어』에서 말하는 '회사 후소(繪事後素)'(채색하는 일은 바탕을 먼저 하얗게 만들고 나서 이뤄짐)인 셈이다.

페어클럽 교수의 책을 번역하면서 느꼈던 점은 그가 언어학 이외의 분야에서 독서량이 엄청나다는 것이었다. 번역자 후기들에서 다른 사람들의 서평까지 포함하여 충실한 개관을 적어 놓았으므로 그곳을 참고하기 바란다. 제대로 번역하기 위하여 발표자도 또한 말만 그대로 이사하듯이 옮겨 놓아서는 안 되었다. 반드시 원전을 확인하고 그들의 주장의 핵심을 이해한 터전 위에서, 우리말답게 뒤쳐 놓을 필요가 있다. 이태리 공산당 선언문을 쓴 그람씨, 인간의 행위와 제도에 대한 인문학적 해석 방식을 몸소 보여 준 프랑스 철학자 푸코, 그리고 의사소통에 대한 사회철학의 기반을 다진 독일 사회학자 하버마스 등이 페어클럽 교수가 옹호하는 사고의 원천이다.

말은 말 때문에 있는 것이 아니라, 「일을 하기 위해서 있는 것」이다.

---

24) 최근 나온 강철웅(2016) 『설득과 비판: 초기 희랍 철학 담론 전통』(후마니타스)을 보면, 절대주의 흐름과 상대주의 흐름이 계속 갈등을 하면서 희랍 문명을 풍부하게 만들어 놓았음을 알 수 있다. 전자는 소크라테스의 스승인 파르메니데스로 대표되고, 후자는 궤변론자들의 우상인 헤라클레이토스로 대표된다. 이들은 결코 대립 관계의 질서가 아니다. 오직 인과율과 본능에 지배되는 생태계라는 무대(결정론 세계)와 그 무대 위에서 삶을 살아가는 자유로운 인간들(비결정론 세계)의 대립을 놓고서 무엇을 기본으로 볼지에 대한 다툼이었다. 오늘날 시각으로 보면 '무대'와 '배우'의 관계(배경과 초점)로 통일되게 서술할 수 있다. 한문 문화권에서는 분서갱유를 면한 『주역』의 압도적 무게 때문에, 줄곧 이것들이 '천·지·인(天地人)'처럼 선후가 표현되었었지만, 그럼에도 불구하고 송나라 시대 이후에 그리고 조선조 이후에 '성'(품성, 성격)에 대한 본질을 따지는 논쟁에서 비-결정론적 논의가 활발히 부각된 바 있다. 아쉽지만 자유의지와 그 선택의 관습화에 대한 자각이 초점으로 부상되지 못한 점이 한계로서, 현대 세계의 논의들과 차이가 있다.

그 일 또한 우리를 억누르는 기득권 세력의 은밀한 의도를 드러내어, 공개 토론 마당에서 새로운 질서를 서로 존중하며 합의해 나가야 하는 것이다. 이는 난해하게 '숙의 민주주의'로 부르는, 서로의 의견을 존중해 나가면서 신중한 합의를 통해 사회를 만드는 일이다. 여전히 발표자에게 남아 있는 의문이 있다. 왜 군이 비판의 틀이 지배와 피지배인가? 왜 정치권력으로만 담화를 분석해야 할 것인가? 흔히 정치·경제·사회·문화라는 네 분야의 옛 도식과 같이, 각 분야마다 비판적 담화 분석이 이뤄질 수 없는 것일까? 이들 영역들은 정치가 먼저 앞서고 이에 따라 뒤에 있는 영역들이 딸려 오는 것일까? 아마도 손쉬운 일부터 시작했기 때문일 법하다.

지금 정부에서 흩뿌리고 있는 이념 중 하나가 '제4차 산업혁명'이다. 그렇지만 결과적으로 빈부의 양극화가 극대화될 위험이 내재되어 있음을 일부에서 경고하고 있음에도, 그런 구호를 오직 장밋빛 포장지로만 그럴 듯하게 포장해 놓고 있다. 마치 「누구나 그런 길로 가야만 하고, 그렇지 않으면 영원히 낙오되어 패배자로 살 것」인 양 몰아치면서 과대 포장하고 있는 것이다. 과연 그럴까? 하늘 아래 새로운 것은 하나도 없다고 한다. 인간의 정신 구조가 예나 제나 어느 공간에서이든 똑같은 것이므로 바쁠 게 하나도 없음을 일러 주는 민간 지혜로 보인다.

우리나라의 일부 출간물을 보면, 과거 영역과 대상을 놓고서 비판을 하는 경우가 있다. 물론 실제로 지난 정부 때 「블랙 리스트」가 있었으므로, 자기에게 손해를 끼칠 일을 피하려는 본능적 선택을 할 수도 있다. 그러나 진정한 비판의 범위와 시기는 현재에서 미래에 걸쳐 있는 것이라야 한다. 이런 점에서 발표자는 순수 언어학자로 출발했던 노엄 참스키 교수와 최근 인지 언어학 흐름을 만든 조지 레이코프 교수의 일련의 책자들이[25] 모두 「비판적 담화 분석 작업」을 해 오고 있음을

---

25) 우리나라의 언어학자와 언어교육자들을 부끄럽게 만드는 일을 두 사람의 대가가 몸소 실천해 왔다. 순수 언어학과 무관한 저술로서 언어학 혁명을 일으켰다는 참스키 교수는

깨달았다. 자잘한 부분들을 논외로 하면, 비판적 담화 분석은 지식을 지성으로 끌어올려, 우리 사회에서 억눌리고 억울한 사람들을 옹호하고 보살피며, 그들의 목소리를 공개 토론 마당에 자리 잡도록 헌신하는 일이다. 그렇다면 억압 구조를 드러내는 가장 손쉬운 방법이 정치권력과 기득권을 하늘이 준 것인 듯 고착화(자연화)시키는 사건들 및 그 언어 표현들을 파헤치는 일이 급선무일 듯싶다. 이것이 「공동체의 책무를 인식하고 실천하는 일」이라고 믿는다. 비판적 담화 분석은 한낱 언어 표현에 대한 분석일 수는 없다. 언어 표현의 단서로 드러난 안 보이는 실체를 파악하는 일에 주력하여야 하는 것이다. 이런 일이 교육을 통해 일어나야 하고 가능하다고 믿고 있는 것이다.

미국 사회 및 현대 문명을 비판하는 책들을 써 왔고, 그 중 30권이 훨씬 넘게 번역되어 있다(440쪽 이하의 각주 87에 제시한 표를 보기 바람). 또한 우리 인지 방식의 특성을 밝혀온 레이코프 교수도 미국 사회 비판의 책들을 써 왔는데, 218쪽의 각주 20을 보기 바란다.

실재론 및 관념론은 어떻게 맞물리는가?※

1.

오늘날 자주 쓰이는 실재론과 관념론이란 두 용어는 모두 진리를 확립하는 방법을 가리키는 말로서, 본디 무엇이 보다 더 진리를 드러내는 데에 적합한 것인지를 판단·평가하는 기준에 따라 나뉘게 된다.[1] 우리

※ 필자가 인류 지성사를 전반적으로 다루는 일에서, 맨 처음 조정되어야 하는 두 가닥의 핵심 개념이 있다. 실재론과 관념론이다. 이것들이 얼마나 다양한 이름표를 달고서 어떻게 다뤄져 왔고, 앞으로 어떻게 통합될지를 놓고서 나름대로 무딘 필자의 생각을 정리해 본 것이다. 물론 철학을 전공하는 분들로부터 따가운 질책을 들으면서 더욱 가다듬어져야 할 것이며, 계륵으로 치부될 소지도 있다. 필자는 이 둘을 통합시키는 질서로서, 적어도 5단계로 동시에 작동하는 인간의 인지 작용에 주목한다(584쪽의 각주 22에 있는 그림). 또한 514쪽에서 이와 연관된 원형 이론 또는 분류학에서 6층위 작동 방식을 참고하기 바라며, 530쪽의 도표도 같이 보기 바란다. 언어가 형식과 내용이 관습적 결합체임을 받아들일 경우에, 필자는 언어학에서 내용 영역을 본격적으로 다루려면 「인류 지성사의 통찰들」로부터 많은 것을 배워야 한다고 믿고 있다. 554쪽의 참고문헌에서 참스키 교수의 「후기 언어철학」으로 불릴 만한 '3부작'이 모두 다 인류 지성사를 본격적으로 다루고 있는 점도 이런 믿음에 크게 고무적이다.

1) 가장 최근에 나온 책으로서, 20편의 논문을 싣고 있는 한국분석철학회 엮음(1993) 『현대 분석철학 논쟁: 실재론과 관념론』(철학과현실사)에서는 제1부 「칸트: 관념론과 실재론」에

가 진리를 진리답게 확립하는 일에서 가장 먼저 주어져 있는 것이, 실세계에 있는 대상물과 관련된 사건(상태 변화)이라고 여기는 쪽을 「실재론」이라고 부른다. 반면에, 인간 인식의 가능성(understanding)을[2] 먼저 고려하는 쪽을 「관념론」이라고 부른다.

실재론과 관념론의 뿌리는 본디 희랍 시대에서부터 논리 추구 방법으로서, 대립적으로 귀납법(induction)과 연역법(deduction)으로 존재하였으며, 중세가 무너지고 새롭게 계몽주의 시대를 열어 놓으면서 인류 지성사를 재정립한 철학자 데이빗 흄(David Hume, 1711~1776, 스콧틀런드)과 조부 시절에 스콧틀런드에서 프로이센으로 이주하였다는 칸트(Immanuel[하느님이 우리와 함께 계시다] Kant, 1724~1804)에 의해서 각각 경험주의(empiricalism)와 이성주의(rationalism, 합리주의)로 불렸다. 그렇지만 두 철학자가 경험주의의 한계 및 이성주의의 한계를 명확히 인식하고서 그런 한계를 극복하는 방법을 모색하고 있었다.

어떤 이름으로 부르든 간에 이들 간의 대립은 간단치 않다. 현실세계의 외부 대상 및 사건이란 영역, 그리고 이런 외부 자극을 받아들여

서 6편의 글, 제2부 「진리: 지칭과 실재론」 6편의 글, 제3부 「사유: 인식론과 실재론」에서 8편의 글이 핵심 문제들을 다루고 있다. 이들 3부의 개별 제목만 살펴보더라도, 실재·인식·지칭(가리키기)·진리·관념과 같은 개념들이 가장 궁극적인 논의 주제임을 알 수 있다.

2) '이해 능력'을 일본인들은 '오성(悟性)'[깨닫는/깨우치는 속성]이란 말로 번역하였다. 그러나 understanding(이해 능력, 이해 가능성)은 개개의 대상과 사건들에 대한 이해의 정도가 점진적으로 누적되면서, 다시 말하여 이해의 너비와 깊이가 넓어지고 깊어지면서 생겨난 복합적 결과일 뿐이다. 결코 '오성'이란 두뇌 부서가 따로 있는 것이 아니기 때문에 아주 잘못된 용어 사용에 불과하다. '감성'(일본인들이 데카르트 책의 번역으로 '정념'이란 엉뚱한 말을 썼음)은 분명히 제1뇌(신진대사 기능)를 둘러싸고 있는 제2뇌(감성과 욕망 따위와 관련된 8개 원시 기관이 들어 있음)에서 1차적으로 두드러지게 작동함을 알 수 있다(일단 제3뇌도 수직적으로 연접부를 형성하여 제1뇌와 제2뇌에 간섭하는데, 이런 후천적 연결을 잠시 논의에서 배제함). 영장류 진화의 역사에서 직립보행을 시작한 이후, 그리고 부드럽고 영양가 높은 음식을 지속적으로 섭취하면서 시작된 회백질의 제3의 뇌(좌반구와 우반구로 나뉘며, 이들 사이에 다리가 놓여 있음)가 적어도 250만 년 전에서부터 시작되었고, 이를 대뇌 피질로 부른다. 대뇌 피질의 부서와 그 기능에 대한 두뇌 지도들이 만들어져 왔고, 그런 지도 속에 오성이 자리잡는 영역은 존재하지 않는다. 대신 이성으로 불리는 인간의 종합적인(그리고 관련 부서별 동시 작동의) 이해 능력이, 전-전두 피질(전-전두엽)에 있는 작업기억(working memories)들을 통하여 우리들로 하여금 지식을 저장하고 필요할 경우에 인출하도록 해 준다.

머릿속에 붙들어 두는 인식(기억+인출)이란 두 영역을 매개해 주는 것이 바로 우리의 감각 기관(sense organs)이다. 이 기관이 무색투명하여 절대적으로 언제나 신뢰할 만한 것은 아니라는 사실이 잘 알려져 있기 때문이다. 우리가 의지하는 5개의 감각기관(오관 five organs)은 생활환경에 맞추어 진화한 결과로서 오직 일부(부분적으로) 특정한 대상과 사건에 적합하게 적응되어 있다. 이는 다음 두 가지 사실에 의해서 확립된다. 첫째, 여전히 우리가 감각할 수 없는 대상과 사건들이 있음을 과학기술의 진보에 힘입어서 알고 있다. 결과적으로 우리 감각 기관만이 우주 속에 실제 대상과 사건을 감각하는 것이 아니라는 사실을 알고 있다(시지각은 가시광선 영역, 청지각은 20Hz~20KHz 영역). 둘째, 데카르트의 성찰로부터 크게 강조되었듯이, 우리에게 감각될 수 있는 대상과 사건조차 선행 조건에 따라 크게 변동할 수 있으므로, 서로 합의할 수 있는 중립적(생리학적) 조건을 따로 마련해야 함을 잘 알고 있다. 이런 두 가지 사실이 실재론과 관념론의 대립을 두 가지 중 하나만 선택하기보다는, 두 가지 접근법이 서로를 도와주도록 협력(공모)하도록 이끌어 가고 있다. 다시 말하여, 인류 지성사의 흐름을 되돌아보면서, 구체적이고 개별적인 사실(facts or events, what has happened)에 관련될수록 실재론의 흐름으로 대상과 사건을 인식한다. 또 다른 측면으로, 보편적이고 전체적인 원리(metaphysical design)일수록 더욱 관념론의 흐름 속에서 재조명되어야 함을 깨닫고 있는 것이다.

2.

이하에서는 필자가 개인적으로 이해하고 있는 두 흐름을 놓고서 서술한다. 이것들이 서로 배타적이며 하나만이 유일하게 옳다는 것이 아니라, 오히려 장님 두 사람이 코끼리를 더듬으면서 코끼리를 말해 주듯이,

조각들이 서로서로 모아져서 전체적인 그림을 완성해 나가야 하는 상보적 흐름들로 모아 놓을 것이다. 이 또한 언어학을 전공하고 있는 필자 개인의 태도에 지나지 않음을 명시적으로 밝혀 두는 바이다. 소쉬르로부터 시작하는 현대 언어학 자체가 특수성·개별성·차별성의 영역과 공통성·일반성·보편성의 영역이 모두 동시에 언어 사용 속에 들어있는 필수 속성임(각각 파롤 parole과 랑그 langue로 불렸음)을 드러내고 있기 때문이며, 참스키 교수도 또한 자신의 말로 바꾸어서 각각 원리(principles)와 매개인자(parameters, 매개변수)로 부르기 때문이다. 한마디로 말하자면, 생명체를 이루는 염색체가 간단히 「T·G·A·C의 염기」들의 배합으로 이뤄져 있지만, 이것의 배열방식이 아주 다양하게 주어져 있기 때문에(배열방식의 질서 그 자체가 중요한 의문사항임) 단순한 바이러스에서부터 복잡한 인간에 이르기까지 모두 도출될 수 있는 방식과 같다.

필자가 취한 태도와는 별도로, 철학 분야에서는 지금도 실재론과 관념론이란 두 흐름이 해결되지 않은 채로 계속 논의되고 있는 중임을 덧붙여 둔다. 그런 만큼 이것이 가장 근원적인 물음을 품고 있음을 뜻한다. 그 논의의 초점이 인간 의식을 물리적 대상인 자연물처럼 자연화할 수 있는지(naturalize) 여부를 중심으로 전개되고 있다. 무의식(잠재의식)의 영역만큼 의식 영역도 과연 그러할지에 대해서는 여전히 논의가 모아지지 않고 있다. 또한 인공지능을 구현하는(스스로 학습하는) 컴퓨터가 우리들처럼 과연 개별적 인성과 인격을 갖출 수 있는지 여부(공장에서 나온 컴퓨터를 '갑돌이·을순이·병돌이'라고 사람처럼 이름을 부를 수 있는지 여부), 그리고 인간의 정신을 뛰어넘어 인간을 지배할 수 있는지 여부에 대한 예측과도 맞물려 있다.

우리는 개미나 실험실 쥐들을 대상으로 하여 연구를 할 경우에, 자연수를 이용하여 번호를 붙일 뿐이지, 결코 갑돌이·을순이·병돌이처럼 개개의 이름을 부여하여 그 특성들을 부각시키지는 않는다. 이는 어떤 영역을 대상으로 연구하는지에 따라서 일반성·보편성 따위를 목표를 삼는지, 아니면 개별성·특수성·1회성을 목표로 삼는지를 먼저 결정해 주어야 함을 전제해 놓고 있다.

먼저 주변에서 흔히 들을 수 있는 다양한 낱말들을 놓고서, 그 내용을 쉽게 이해할 수 있도록 만들기 위해서, 설사 조금씩 다른 측면이 있다손 치더라도, 과감하게 둘로만 나눠서 다음과 같이 제시해 둔다. 각각의 줄마다 서로 대립되는 용어들을 적어 놓았다.

	생태 환경 속에 실재하는 대상과 사건	우리 기억 속에 있는 개념과 표현(표상)
1	실재론 *realism*	관념론 *idealism*
2	실세계 분류학(분류·범주화) *taxonomy*	이상 세계 *ideal world*
3	귀납론 *inductionism*(귀납주의)	연역론 *deductionism*(연역주의)
4	유물론 *materialism*	유심론 *metalism* ↔ [유명론 *nominalism*]
5	객관주의 *objectivism*	주관주의 *subjectivism*
6	사물 그 자체로 *towards a thing itself*	인식을 대상으로 *on reflections*
7	경험주의 *empiricism*	합리주의 *rationalism*(이성주의)
8	환원론 *reductionism*	통합론 *integrationalism*
9	원자주의 *atomism*	구성주의 *constructivism*
10	물리주의 *physicalism*	개념주의 *conceptualism*
11	개별 사례 *token*, 원소 *element*	묶음 유형 *type*, 집합 *set*, 상위집합 *set of set*
12	우연성의 세계 *contingency*	필연성의 세계 *necessity*
13	후천적인 *a posteriori* 종합 판단	선험적인 *a priori* 분석 판단
14	지금 이곳의 현재 세계 *actual world*	있을 수 있는 모든 세계 *all possible word*
15	제1층위의 술어 1st-*ordered predicate*	제2층위 이상의 술어 2nd-*ordered predicate*
	「외부 자극물에서 비롯되는 경험으로부터」 개별성(가령, 각자의 경험)과 사실이 중시됨	「머릿속 인지 방식에 대한 성찰로부터」 보편성(가령, 수학)과 적용 범위가 중시됨

왼쪽 칸에 있는 낱말들은 사고 작용의 첫 단계가 우리 주위의 현실 세계에 있는 대상과 그 대상들이 일으키는 사건에 관심을 둔다. 만일 바람에 나뭇가지가 꺾이는 따위 아주 간단한 사건일 경우에는, 이런 접근이 그다지 문제가 되지 않는다. 이제 똑같이 간단해 보이는 물리적 사건3) '해가 뜬다'는 상황을 상정하기로 하자. 이 서술(description 기술)에

는 예외가 많다. 두 극지방에서도 과연 해가 뜨는 것일까? 적어도 해가 늘 떠 있는 기간과 해가 잠깐 지평선에 보이다가 사라지는 기간으로 서로 구분되므로, 그런 곳에서는 '해가 뜬다'는 개별 사건 서술 방식은 의미가 없다. 해가 뜨는 것이 아니라, 특정 기간에는 붙박이별처럼 그 냥 언제나 하늘에 있는 것이기 때문이다.[4] 그렇다면 지구 위에서 '해' 의 움직임과 관련하여 서술(기술)하는 방식은 몇몇 가지로 나눌 수 있 다. 그럼에도 불구하고 이들을 모두 통합하여 동일한 하나처럼 서술해 주는 방식을 추구할 수 있다. 이것이 바로 오른쪽에 있는 흐름에서 추 구해 오고 있는 일이다.

오늘날 해가 뜨는 것이 해를 중심으로 하여 타원(두 개의 초점을 지님) 궤도로 돌고 있는 지구 자전에 말미암음을 잘 안다. 따라서 뉴튼이 거 리 제곱에 반비례하는 힘(만유인력)에 따라 행성이 공전하고, 적어도 40

---

3) 일상생활 속의 사건으로 '해가 떴다!'는 말은 이 표현과 자주 연결되어 쓰이는 속뜻들을 담고 있다. 가령, 잠자리에서 일어나라는 요구가 될 수도 있고, 논밭 일을 하러 나가자는 권유가 될 수도 있으며, 아침밥을 먹을 시간이라는 속뜻을 담을 수도 있다. 여기서 '물리 적 사건'이란 이런 다양한 속뜻들을 배제해 놓고, 오직 단순히 대상의 변화에 대한 고립 된 사건 서술을 가리킨다.

4) 문화인류학에서 드는 우스운 사례로서 나이 계산이 생활환경에 따라 달라질 수 있음을 알고 있다. 적어도 한국 사람들은 네 계절이 뚜렷이 나뉘는 지역에 있으므로, 1년을 네 계절의 변화(옷차림새가 간접 측정값임)로 가늠할 수 있다. 우리는 봄을 1년의 시작으로 여기고, 결실을 거두고서 숨을 고르는 겨울을 끝으로 여긴다. 그렇지만 네 계절이 뚜렷하 지 않은 바빌로니아에서는 밤낮의 길이가 똑같아지는 춘분점(vernal equinox)과 추분점 (autumnal equinox) 중에서 추분점을 첫 시작으로 정하여 썼다. 이 전통이 지금도 서구에 서 9월을 첫학기로 잡는 학사력(school year)의 뿌리이다. 여전히 태양력 1년과 학사력이 서로 불일치하지만 주위에서 다 그러하므로, 서구 사람들은 아무렇지도 않게 생각하나, 우리로서는 불편함을 느끼게 된다.

더 우스운 것은, 19세기에서부터 보르네오 섬의 소수 부족들을 만나면서 생겨났다. 그 곳에서는 1년의 단위를 우기와 건기로만 나누어 계산을 한다. 만일 우연히 우기와 건기 가 일정치 않고 더 빈발하였을 경우에는, 생물학적 세포 나이(세포 복제의 명령을 맡은 텔로미어[telomere]가 줄어드는 속도)와는 무관하게, 그리고 23.5° 기울기에 따라 1년 한 차례의 공전 기간 동안에도 무려 6년이나 8년도 지나갈 수 있으므로, 따라서 통상 1백 살이 넘은 원주민들이 아주 많았다고 보고한 바 있다.

이 우스갯소리는 표준화 및 도량 단위 기준 설정에 대한 문화간 공유의 중요성을 강조 해 준다. 그렇지만 이 표준이나 기준도, 만일 불현듯 우리가 외계인과 서로 성공적인 소통을 하였을 경우를 상상해 보기 바란다. 그들과 우리가 어떻게 합의할 수 있을까? 빗건슈타인이 '삶의 형식'을 상정했던 근본적 동기와 맞물려 있을 듯하다.

억 년 전에 우연히 원시지구(Gaia)와 테이아(theia)라는 행성이 서로 충돌하여 달이 만들어짐과 동시에, 지구의 자전축이 23.5° 기울어져 지구의 대류 순환이 일어나고, 이것이 생물이 탄생하는 결정적인 배경이 되었다고 추정하고 있다. 이런 내용들은 마치 개별 대상과 개별 사건을 서술해 주고 있는 듯하지만, 사실은 우리 개별 경험과 사실을 뛰어넘은 일반적이고 보편적인 원리를 적용시켜 도출해 낸 결과 기술에 지나지 않는다. 대상 및 관련 사건들의 범위가 넓혀지고 다른 사건들과 복잡하게 관련될수록(흔히 이를 사건들의 이면을 파악한다고 말함) 추상적이고 보편적인 원리와 이념들이 요구되는 것이다.5)

---

5) 필자는 중세에서 근대에로의 전환을 이야기할 적에, 아래 (1)과 (2)와 같이 중요한 대목들을 덮어 버리기 십상이다. 그뿐 아니라, 만일 588쪽의 각주 24에 언급된 강철웅(2016) 『설득과 비판: 초기 희랍 철학 담론 전통』(후마니타스)에서 서술해 놓았듯이, 희랍 사상의 갈래가 크게 파르메니데스 및 헤라클레이토스로 나뉠 경우에, 오늘날 우리가 품은 소박한 상식에 정면으로 의문을 제기하는 궁극적 실체에 대한 아래 (3)과 (4)와 같은 논의들은 이미 지성사의 운동장이 헤라클레이토스 쪽으로 기울어 있음을 느끼게 하며, 불가지론과의 접점도 있어서 더욱 혼미해질 수 있다.

(1) 아리스토텔레스를 비롯한 희랍인들에게 아주 자명하고 한톨 의문도 없는 사실이, 새로운 지동설의 관점에서는 철저히 인간 경험 중심의 왜곡된 이해에 지나지 않았음을 깨달았지만, 과거의 믿음이 자가당착이나 모순으로 귀결되지 않을 수 있었던 까닭을 잘 드러내야 한다. 아리스토텔레스에게 외부 대상(개체)은 운동과 멈춤, 변화와 정지라는 두 가지 위상이 주어져 있음에 의심의 여지가 없었다. 그렇지만 코페르니쿠스의 지동설을 받아들이는 순간, 그런 주장은 거짓이 된다. 아무리 멈춰 있는 대상이라고 지구 위에 있다면, 지구의 움직임만큼 항상 운동하거나 변화하기 때문이다. 이런 상식의 파탄을 어떻게 극복할 수 있었을까? 뉴튼은 운동과 정지라는 개념을 버리고, 새롭게 등속 운동과 가속도(감속도를 포함) 운동을 생각하였었다. 가속도 또는 감속도는 좌표계를 도입하는 순간 위상만 달리하는 동일한 개념으로 포착된다. 따라서 이것들을 통합하여 모든 대상은 등가속도 운동을 한다고 표현한다. 바로 여기서 인간적 시각이 새롭게 구제될 수 있었다. 인간이 파악하는 범위는 매우 제한되어 있기 때문에, 지구상의 모든 대상들은 등속 운동을 하더라도, 그 등속 운동이 멈춤 또는 정지라는 일상 낱말로 재번역된다. 필요하다면 과거 낱말을 쓰지 않고, 등속 운동을 하는 대상이나 물체라고 말할 수 있는 것이다.

(2) 다른 하나는 데카르트가 제시했던 궁극적인 코기토(나는 생각한다, 그러므로 나는 존재한다)에 대한 것이다. 데카르트는 아리스토텔레스의 논리를 전면 부정하고 새로운 생각의 정초를 닦았다고 믿었다. 그렇지만 코기토의 주장이 성립하려면 반드시 대전제로서 "임의의 대상이 존재한다면, 그 대상은 생각한다"는 전제가 밑바닥에 깔려 있어야 한다. 그렇지 않고서는, 내가 무의식적인 상태 또는 재귀적 자기 점검 의식이 작동하지 않을 때(흔히 '멍 때릴 때')에는 우스꽝스럽게도 「내 자신이 존재하지 않는다」고 선언해야 한다. 과연 그럴까? 내가 생각이 없을 경우에도 여전히 내 몸뚱이는 현실 세계에 존재하고, 존재해 나갈 것이다. 이런 해괴한 결과를 배제하기 위해서는, 반드시 코기토를 성립할 수 있게 만들어 주는 전제가 참값으로서 주어져야 한다. 만일 이 점을 인정한다

비록 인위적인 대상물을 비유로 삼기 때문에 한계가 있겠지만, 복잡한 손목시계가 정밀한 시간 폭을 분할하여 측정을 할 수 있게 해 주듯이, 여러 가지 부속품들이 긴밀하게 관련되어 작동할 수 있게 해 주려면, 응당 미리 「초침·분침·시침·날짜·요일」이 서로 잘 맞물릴 수 있도록 머릿속 생각이 잡혀 있어야 하는 것이다. 다른 사례로서, 복잡한 고층 건물을 지을 적에는 「내진 설비·공간 구획·전기 배선·하수 시설·환기 장치·승강기·주차 공간·편의 시설」 따위 여러 가지 복합적인 기획들이 동시에 구현되어 들어가야 한다. 이런 것들을 한 사람의 머릿속에서 한꺼번에 다 구비하기는 불가능하다. 분업을 위하여 반드시 설계도

면, 데카르트가 벗어나고자 애썼던 자신의 주장이, 도루묵처럼 아리스토텔레스의 「생략된 이단 논법」에 불과함을 명시적으로 알 수 있다.

(3) 필자가 이런 점을 상기하는 이유는, 지금 대중매체에서 종종 양자 컴퓨터와 양자 세계에 대해서 보도해 주는 일과 관련된 함의 때문이다. 더 구체적으로 필자는 다음처럼 질문을 던진다. 우리 정신 작동 방식의 진화(생태 환경에 맞춘 적응의 결과)가 새롭게 주장되는 양자 세계의 질서와 정합적으로 맞물릴 수 있을까? 지금 현재의 인간 인식이 오랜 진화의 결과라면, 양자 세계의 질서는 오직 특정한 도구를 통해서만 비로소 경험할 수 있는 이질적인 내용이다. 맨눈으로 바라볼 수 있는 대상이 아니라면, 특정 도구를 통해서만 통계적으로 추정할 수 있는 대상이라면, 일정 정도 간격 또는 틈새가 항상 주어질 것이며, 오직 그런 틈새를 매꿀 전문 지식 체계를 지닌 이들에게만 '실재하는 세계'가 될 것이다. 결국 일반 사람들에게는 적응할 기회가 거의 주어지지 않을 것이다. 이런 측면에서 양자 세계의 질서에 토대를 두고 일상언어로 수립해 온 상식 세계를 재조정할 수 있을까? 등가속도의 개념을 제안하여 일상적 믿음의 자가당착을 재조정할 수 있었던 일이 또 다시 일어날 수 있을 것인가? 설령 학습에 의한 간접적 지식 확보로 정합적인 재조정이 일어나더라도, 일상생활의 모습이 달라질 수 있을까?

(4) 과학 철학을 주도했던 카아냅(R. Carnap, 1981~1970) 교수는, 생태 환경을 표현하는 가장 올바른 표상은 초기값에서부터 확률적으로 주어진다고 믿었었다. 그렇지만 일상적으로 우리는 확률값을 통해 필연성과 우연성을 저울질하는 것이 아니다. 오히려 우연한 사건일지언정, 민간의 믿음에서는 운명 또는 인연이란 개념을 통해서, 나와 해당 사건 사이의 관계를 필연적인 방식으로 얽어 믿음 체계를 확립해 놓는다. 이와 같은 부류의 간격이나 또는 틈새들은, 현재 필자가 참되다고 믿는 실재들이 모두 다 헛된 낮도깨비이며 물거품으로 몰아갈 여지가 있다. 그럼에도 불구하고, 필자는 현재 파악하고 있는 세계관이 최선의 것임을 받아들여야 하고, 이 토대 위에서 회의의 고리를 끊어 버리는 선택을 할 수밖에 없다고 믿는다. 무어(1953; 김지홍 뒤침 2019) 『철학에서 중요한 몇 가지 문제』(경진 출판)를 번역하면서 무어 교수가 언어로 표현될 수 없는 실재를 두고서 씨름을 하는 대목에서(그곳의 제19장과 제20장을 보기 바람), 필자는 과연 그런 것이 존재할지 여부에 반신반의를 했었다. 그렇지만 지금 이 시점에서는, 진화적 적응으로 작동하는 인간의 인지(의식)가 더 내밀한 우주의 질서와 맞물리지 않을 가능성에 대한 사례들을 더 많이 절감하고 있으며, 번역 당시에 필자가 지녔던 느낌이 단견이었음을 인정한다.

가 먼저 갖춰져야 하고, 고급스런 고층 건물일 경우에 이 설계도에 따라 모형도 만들어 보고, 안전도 검사와 에너지 효율성 검사를 통과한 다음에라야, 비로소 임의의 장소에서 그 건물을 실제로 지어낼 수 있다. 우리나라에서는 전국의 검찰청이나 법원 건물(또는 전국에 세워진 교보 빌딩)들이 대동소이하다. 동일한 설계도를 갖고서 여기저기에다 지어 놓았기 때문이다. 595쪽의 도표에서 개별 건물들은 왼쪽 칸에 해당하고, 설계도 도면은 오른쪽 칸에 배당할 수 있다. 물론 설계를 하기에 앞서서 반드시 특정한 목적을 명백히 하여, 그 기능을 잘 살리려는 방향으로 도면을 구성하는 일이 더욱 중요하다. 그럼에도 가장 쉽게 두 칸을 어떻게 한데 합쳐 놓을 수 있는지를 보여 주는 방편으로서는 설계도 도면과 구체적인 실제 건물을 대립시켜 놓는 일만으로도 충분할 듯하다.

만일 이런 설계도가 미리 우리 유전자(염색체)에 의해 마련되어 있다면, 임의의 자극을 누구나 대동소이하게 경험할 것이라고 생각할 수 있다. 이 생각이 바로 칸트가 '순수이성'을 상정하게 된 근본적인 동기이다. 칸트는 희랍사람들의 인간 능력을 진·선·미의 복합체로 보던 방식을 자기 나름대로의 용어를 써서 각각 「순수이성·실천이성·판단력」이란 말로 포장해 놓았다. 그렇지만 이성이 우리 머릿속에서 두 개씩이나 필요한 것일까? 하나의 이성만이 있되, 이것이 사고 영역에 적용될 경우에 '순수이성(pure reason)'이란 옷을 입고 나타나고, 실천과 행동의 영역에 적용될 경우에 착함·나쁨(선과 악, good and evil)으로 나뉘는 '실천이성(practical reason)'이란 옷을 입고 나타날 뿐이다. 이런 통일성을 크게 강조한 이가 일상언어 철학자(옥스퍼드 철학자) 그롸이스(H. P. Grice, 1913~1988)이다.

3.

전체적으로 본다면, 실재론과 관념론의 대립은 결코 「선택의 문제」가 아니라, 오히려 어떻게 맞물려 조화되도록 하는지에 대한 「조정의 문제」이다. 이는 생각의 표현인 단언문(명제, 결코 명령문이 아니라, 서술 단정문이기 때문에 명령문으로 된 표제란 번역 자체가 오류임)이 전혀 다른 두 종류가 있다는 칸트의 깨우침에도 반영되어 있다. 칸트는 『순수 이성 비판』에서[6] 분석 단언(analytic proposition)과 종합 단언(synthetic proposition)을 처음으로 구분해 내었다.

> 모든 물체는 부피를 지닌다(All things extend[7]) → 주어의 개념 분석에 대한 일(분석 단언)
> 모든 물체는 무게를 지닌다(All things weigh) → 우리 경험을 덧붙여야 하는 일(종합 단언)

수학(기하학과 대수학 등)의 개념들은 분석 단언에 속한다. 개념들 사이에 모순이 없이 도출되는 과정을 다루기 때문이다. 수학의 모태는 20세기에 들어와서 논리적 개념 분석에 토대를 두고 있기 때문에, 이른바 '기호 논리학'(symbolic logic, 상징 논리학)으로부터 수학의 토대인 공리계

---

6) 가장 최근에 백종현 뒤침(2006) 『순수 이성 비판 1,2』(아카넷)을 읽을 수 있었는데, 용어들에 대한 비판도 같이 들어 있어서 도움을 준다.

7) 일본인들은 이를 '늘여 놓다'는 뜻의 연장(延長, 확장, 확대)으로 번역하였고, 우리 쪽 철학하는 이들도 맹목적으로 이를 받아들여 쓰기도 한다. 「물체가 연장을 지닌다」로 번역할 때, 더 정확히는 자동사 구문으로 써야 하므로 「물체가 연장한다」로 되어야 하겠지만, 그런 번역을 하는 이들도 과연 무슨 뜻인지 알고나 있는 것일까? 라틴어 어원 extendrere [out + stretch]의 뜻은 stretch out(외부로 뻗어나가다)이며, 그 결과로서 우리의 갖갖 기관으로 경험할 수 있다는 뜻을 담고 있다. 이런 개념을 처음 명시적으로 주장한 이는 데카르트인데, 물질세계를 기술하면서 물질세계의 속성으로 채택하였던 용어이다. 우리 말에서 부풀다(중세에는 부플다)라는 동사가 접미사 '이'가 붙어서, '부픠'로 쓰이다가 오늘날 '부피'가 되었다. 형용사 크다 또한 '킈'에서 현재 '키'로 쓰인다.

를 마련하고, 여기서부터 다양한 모든 수식들을 도입하게 된다. 그러나 두 번째 단언은 무거운지 가벼운지에 대한 상대적 기준을 정해 주기 위하여, 반드시 우리 경험이 더 덧붙여진 다음에 판단이 진행된다. 언어나 개념 분석만으로 참인지 거짓인지를 판단할 수 없고, 반드시 이 진술 밖에 있는 우리 경험이 외부의 기준으로 추가되어야만, 비로소 참이나 거짓을 판정할 수 있는 것이다.

그런데 임의의 주장이 현실 세계에 있는 대상이나 그 대상과 관련된 우리의 사건 체험과 직접 관련이 될 경우에는, 「참인지, 거짓인지」 누구나 쉽게 알 수 있고, 동의를 얻어낼 수 있다. 그렇지만 임의의 주장이 적용 범위가 넓어지고 추상적인 수준으로 진행된다면, 어떻게 「참인지, 거짓인지」를 따질 수 있을 것인가?

이에 대한 대답은 도출이나 전개의 일관성과 전체 무-모순성(희랍 시대에서부터 썼던 '모순율'이 없어야 함을 확장한 개념임), 그리고 우리 인간에게 보기가 쉬워야 한다(흔히 우아함[elegance]으로 부름)는 기대치에 의존할 수밖에 없다. 뷧건슈타인의 그림 이론에서 스승 무어 교수의 대응함수를 변형하여 상정했던 「우리 생각과 실세계와의 대응 관계」 정도만 내세울 수 있을 뿐이다. 그렇다면 이런 답변에도 속뜻으로 한편으로 전체 우주를 품는 '공리계'가 깔려 있고, 다른 한편으로 누구에게나 자명한 경험 단위의 실세계가 전제되어 있다. 이런 공리계를 막연하게 내버려 두지 않고, 능동적이고 적극적으로 상정하고서, 무정의 용어(undefined terms)로 이뤄진 임의의 공리계로부터 엄격하게 여러 층위의 단언들을 이끌어내게 된다. 이런 일이 소위 현대 기호 논리학에서 심도 있게 다뤄지는데, 아주 신비하고 어려운 방식이 아니라, 일상언어의 실체를 유기적으로 명증하게 드러낸 모습으로 진행된다.

언어는 퍼어스나 소쉬르 같은 기호학자들에 의해서 가장 대표적인 기호로 여겨졌다. 그런 만큼 형식과 내용의 자의적(상징적, 관습적, 비자연적) 결합 체계임이 잘 밝혀졌다. 임의의 공리계(an aximatic system)는 형식을 다루는 부분과 내용을 다루는 부분으로 나뉜다. 전자를 정의역 (domain)이라고 하고, 후자를 치역(range) 또는 더 일반 용어로 공역 (co-domain)이라고 부른다. 공리계는 정의 불가능한 용어(undefined terms 무정의 용어)들로 이뤄져 있다. 이 때문에 원초적 체계(primitive system)라고 도 부른다. 정의할 수 없다는 말은, 다른 차원으로 환원이 불가능하고, 오직 이 공리계를 받아들이는 인식 주체들이 사용 방식을 합의한다는 뜻만을 담고 있다.

정의역에서는 다시 개체들과 집합들을 정의해 주게 되는데, 상항과 변항, 그리고 이들의 관계를 얽어 놓는 술어들이다. 더욱 중요한 것으로서 집합과 집합을 얽어 놓고 새로운 집합을 만들어 주는 연산자 또는 계산 방식이 있다. 논리학에서는 이런 입력물을 연산(compute)시켜서, 출력물들이 나올 경우에도 적합한지 그렇지 않은지를 걸러 주어 도출 과정의 엄격성을 보장해 주는 「체 또는 거르개」가 필요하다. 그 결과는 적합하게 구성된 식형(well - formed formulae)이라고 부르는데, 이런 적형 들을 놓고서 다시 연산을 주어 더욱 복잡한 결과들을 만들어내게 된다.

치역 또는 공역을 매우 간단히 수학적으로 말하면, 참값과 거짓값으로 이뤄진다. 그러나 이 영역이 인간의 살고 있는 삶의 현장이나 생활 세계(경험세계, 일상세계 등으로도 부름)와 관련될 경우에는 더욱 복잡해지며, 특히 인문학 쪽에서는 반-데카르트 식 방식으로 이 치역이 모든 것을 결정해 준다고 주장하는 경우도 있다. 생활세계는 무한하므로, 잘못 빠지면 그 늪을 벗어날 길이 없다고 우려하는 일련의 논리학 흐름에서는, 오직 이를 판단의 두 값으로만 치부할 뿐, 기꺼이 손을 대려고 하지 않는다.

이런 상황에서는 모든 것은 이런 일에 뛰어들려는 주체의 태도와 직결된다. 만일 그런 태도들이 여러 사람에게 공유될 경우, 비로소 사회적 가치나 이념으로 된다. 이는 매우 약화된 「진리 개념」으로 상호 공존해야 할 여러 공리계 후보가 동시에 경합하고 있음을 말해 주는데,

흔히 소크라테스에서부터 시작하여 최근 후기 뷧건슈타인로까지 이어지는 「겸손한 회의주의(humble scepticism)」라고 불린다. 내가 그리고 우리가 제대로 이해할 수 없는 영역과 대상이 언제나 충분히 주어져 있다고 보는 것이며, 도구의 부재로 결국 침묵해야 할 도리밖에 없다. 필자가 궁시렁대 온 이 책 속의 모든 언어가 보다 심층에서 작동할 법한 잠재의식세계에서는 한낱 잠꼬대를 벗어나지 못할 듯하다.

참고문헌

강수택(1998), 『일상생활의 패러다임: 현대 사회학의 이해』, 민음사.

강인애(1997), 『왜 구성주의인가?: 정보화 시대와 학습자 중심의 교육 환경』, 문음사.

계량 언어학회 엮음(2001), 『계량 언어학, 1집』, 박이정.

고영근(1999), 『텍스트 이론: 언어 문학 통합론의 이론과 실제』, 아르케.

권오민(2004), 『인도 철학과 불교』, 민족사.

김봉군(1999, 제4판), 『문장 기술론』, 삼영사.

김여수(1977), 『언어와 문화』, 철학과현실사.

김영순(2004), 『신체 언어 커뮤니케이션의 기호학』, 커뮤니케이션북스.

김영정(1996), 『심리철학과 인지과학』, 철학과현실사.

김영정(2005), 『가치론의 주요 문제들』, 철학과현실사.

김영채(1995), 『사고와 문제해결 심리학: 인지의 이론과 적용』, 박영사.

김용석(1993), 『통제 이론』, 한신문화사.

김용석(1996) 『대용화 문법론』, 한신문화사.

김재권(1994) 『수반과 심리철학』, 철학과현실사.

김재권(1996; 하종호·김선희 뒤침 1997), 『심리 철학』, 철학과현실사.

김재권(1998; 하종호 뒤침 1999), 『물리계 안에서의 마음』, 철학과현실사.

김재권(2004; 하종호 뒤침 2007), 『물리주의』, 아카넷.

김재권 외 20인(1994), 『김재권 교수 회갑기념 논문집: 수반의 형이상학』, 철학과현실사.

김재현 외 11인(1996), 『하버마스의 사상: 주요 주제와 쟁점들』, 나남.

김지홍(2010a), 『언어의 심층과 언어교육』, 경진출판.

김지홍(2010b), 『국어 통사·의미론의 몇 측면: 논항구조 접근』, 경진출판.

김지홍(2011), 「르펠트의 언어 산출 모형에서 몇 가지 문제」, 『언어』 제36권 4호, 887~901쪽.

김지홍(2020), 『제주 방언의 복합 구문: 접속문과 내포문 1~2』, 경진출판.

도원영·박주원 엮음(2011), 『고려대 한국어 대사전과 사전학』, 지식과교양.

마승원 외(2001; 최남규 뒤침 2012), 『상해박물관 장(소장) 전국 초 죽서: 성정론』, 소명출판.

몽배원(1989; 홍원식·황지원·이기훈·이상호 뒤침 2008), 『성리학의 개념들』, 예문서원.

문영호(1993, 북한판본 1994 영인), 『응용 언어학』, 한국문화사.

백석윤(2010), 『페아노가 들려주는 자연수 이야기』, 자음과모음.

백종현(2008, 전정판), 『존재와 진리: 칸트 '순수이성 비판'의 근본문제』, 철학과현실사.

복모좌(濮茅左 2006), 『초 죽서 '주역' 연구: 겸술 선진 양한 출토 및 전세 역학 문헌자료, 상·하권』, 상해고적출판사.

서상규·한영균(1999), 『국어 정보학 입문』, 태학사.

서종훈(2009), 「학습자의 문단 인식 양상 연구」, 경상대학교 박사논문.

서태룡(1988), 『국어 활용어미의 형태와 의미』, 국어학회.

성광수 외 12인(2003), 『몸과 몸짓 문화의 리얼리티』, 소명출판.

성영신·강은주·김성일 엮음(2004), 『마음을 움직이는 뇌, 뇌를 움직이는 마음』, 해나무.

성철(1992), 『백일 법문, 상~하』, 장경각.

소흥렬(1979), 『논리와 사고』, 이화여자대학교 출판부.

신수송(1991), 『통합 문법 이론의 이해: 어휘 기능 문법』, 한신문화사.

신현정(2000), 『개념과 범주화』, 아카넷.

신현정(2011), 『개념과 범주적 사고』, 학지사.

안성득(1997, 북한 판본 2001 영인), 『수리 언어학』, 역락.

안영상(2002), 「본연지성, 기질지성: 인간성의 두 측면」, 한국사상사연구회 엮음, 『조선유학의 개념들』, 예문서원.

양동휘(1988), 『한국어의 대용화』, 한국연구원.

유현경·남길임(2008), 『한국어 사전 편찬학 개론』, 역락.

이동희(2012), 『주자학 신연구』, 도서출판 문사철.

이영철(1991), 『진리와 해석: 데이비드슨의 원초적 해석론과 진리조건적 의미 이론』, 서광사.

이익환(1984), 『현대 의미론』, 민음사.

이재승(2002), 『글쓰기 교육의 원리와 방법: 과정 중심 접근』, 교육과학사.

이정모(2009), 『인지과학: 학문 간 융합의 원리와 응용』, 성균관대학교 출판부.

이정모(2010), 『보급판 인지과학』, 성균관대학교 출판부.

이정모 엮음(1996), 『인지심리학의 제문제 I: 인지과학적 연관』, 성원사.

이정모·이재호 엮음(1998), 『인지 심리학의 제문제 II: 언어와 인지』, 학지사.

이정모 외 17인(1999, 2003 제2 개정판), 『인지심리학』, 학지사.

이정모 외 16인(1999, 2009 제3 개정판), 『인지심리학』, 학지사.

이정민 외(2001), 『인지 과학』, 태학사.

이준웅(2000), 「프레임, 해석 그리고 커뮤니케이션 효과」, 『언론과 사회』 제29호, 85~153쪽.

임창국 엮음(2007), 『생략 현상 연구: 범언어적 관찰』, 한국문화사.

임홍빈(1987), 『국어의 재귀사 연구』, 신구문화사.

전재성 엮음(2013), 『십지경: 오리지널 화엄경』, 한국 빠알리 성전 협회.

정대현 엮음(1987), 『지칭』, 문학과지성사.

정찬섭(1989), 「시지각 정보처리 계산 모형」, 이정모 외, 『인지과학: 마음·언어·계산』, 민음사.

정호근(1996), 「의사소통적 합리성과 권력, 그리고 사회 구성」, 김재현 외, 『하버마스의 사상』, 나남(재수록).

조명한(1985), 『언어심리학: 언어와 사고의 인지심리학』, 민음사.

조명한 외(2003), 『언어심리학』, 학지사.

최근덕 외(1993), 『원대 성리학』, 포은사상연구원.

한국 분석철학회 엮음(1991), 『비트겐슈타인과 분석철학의 전개』, 철학과현실사.

한국 분석철학회 엮음(1993), 『실재론과 관념론: 현대 분석철학 논쟁』, 철학과현
    실사.

한국 분석철학회 엮음(1995), 『철학적 자연주의』, 철학과현실사.

한국 분석철학회 엮음(1996), 『인과와 인과 이론』, 철학과현실사.

한국 분석철학회 엮음(1999), 『언어·표상·세계』, 철학과현실사.

한국 텍스트 언어학회 엮음(2004), 『텍스트 언어학의 이해』, 박이정.

한국기호학회 엮음(2002), 『몸의 기호학』, 문학과지성사.

한국사상사연구회 엮음(2002), 『조선유학의 개념들』, 예문서원.

호광(胡廣) 등 엮음(1414), 『주역 전의 대전: 정이(程頤)의 역전, 주희(朱熹)의
    주역 본의』, 학민문화사 영인; ① 김석진 뒤침(2006), 『주역 전의 대전
    역해, 상~하』, 대유학당; ② 성백효 뒤침(2011), 『현토 역해 주역 전의,
    상~하』, 전통문화연구회.

홍종선 외 6인(2009), 『국어 사전학 개론』, 제이&씨.

Aijmer, K. and A. Stenström eds. (2004), *Discourse Patterns in Spoken and Written
    Corpora*, Amsterdam: John Benjamins.

Altmann, G. ed. (2002), *Psycholinguistics: Critical Concepts in Psychology*, London:
    Routledge.

Amstrong, D. et al. (1995; 김영순 외 뒤침 2001), 『몸짓과 언어 본성』, 한국문화사.

Anderson, A., G. Brown, R. Shillcock, and G. Yule (1984; 김지홍·서종훈 뒤침
    2014), 『모국어 말하기 교육: 산출 전략 및 평가』, 글로벌콘텐츠.

Anderson, J. (1998), *The Atomic Components of Thought*, New Jersey: Lawrence

Erlbaum.

Anderson, J. (2009), *How Can the Human Mind Occur in the Physical Universe?*, Oxford, UK: Oxford University Press.

Anderson, J. and C. Lebiere (1998), *The Atomic Components of Thought*, New Jersey: Lawrence Erlbaum.

Anscombe, G. (1957, 1963 2nd edition), *Intention*, Mass.: Harvard University Press.

Anscombe, G. (1981), *The Collected Papers of G.E.M. Anscombe: Metaphysics and the Philosophy of Mind*, vol. 2, Oxford, UK: Basil Blackwell.

Antos, G. and E. Ventola eds. (2008), *Handbook of Interpersonal Communication*, Berlin: Mouton de Gruyter.

Arnauld, A. and C. Lancelot (1660; 한문희 뒤침 2011), 『일반 이성 문법』, 지만지.

Aristoteles(기원전 384~기원전 322, Andronikos 추정 기원전 70년), 로우브(Loeb) 고전 총서: 희랍 영어 대역본(하버드 대학 출판부): ① 김진성 뒤침(2008), 『범주들·명제에 대하여』(이제이북스); ② 김재홍 뒤침(2008), 『변증론』 (도서출판 길); ③ 김재홍 뒤침(2007), 『소피스트적 논박』(한길사); ④ 김진성 뒤침(2007), 『형이상학』(이제이북스); ⑤ 조대호 뒤침(2012), 『아리스토텔레스 형이상학, 1~2권』(나남); ⑥ 유원기 뒤침(2001), 『영혼에 대하여』 (궁리); ⑦ 이창우·김재홍·강상진 뒤침(2006), 『니코마스 윤리학』(한길사); ⑧ 송유레 뒤침(2012), 『에우데모스 윤리학』(한길사).

Atkinson, R. and R. Schiffrin (1968), "Human memory: A proposed system and its control processes", Spence and Spence eds., *The Psychology of Learning and Motivation*, vol. 2, New York: Academic Press.

Austin, J. (1961, 1979 3rd edition), *Philosophical Papers*, Oxford, UK: Clarendon Press.

Austin, J. (1962; 장석진 뒤침 1987), 『오스틴 화행론』, 서울대학교 출판부; 김영진 뒤침 1992 『말과 행위: 오스틴의 언어철학, 의미론, 화용론』, 서광사.

Austin, J. (1964), *Sense and Sensibilia*, Oxford, UK: Oxford University Press.

Ayer, A. (1946 2nd edition; 이영춘 뒤침 1959), 『언어와 진리와 논리』, 문교부; 송하석 뒤침(2010), 『언어, 논리, 진리』, 나남.

Baars, B. and N. Gage (2007; 강봉균 뒤침 2010), 『인지, 뇌, 의식: 인지 신경과학 입문서』, 교보문고.

Bacon, F. (1620; 진석용 뒤침 2001), 『신기관: 자연의 해석과 인간의 자연 지배에 관한 잠언』, 한길사; 김홍표 뒤침(2014), 『신기관』, 지만지.

Baddeley, A. (1986), *Working memory*, Oxford, UK: Clarendon Press.

Baddeley, A. (2007), *Working Memory, Thought, and Action*, Oxford, UK: Oxford University Press.

Baddeley, A., M. Conway, and J. Aggleton eds. (2002), *Episodic Memory: New Directions in Research*, Oxford, UK: Oxford University Press.

Baker, M. et al. eds. (1993), *Text and Technology: In Honour of John Sinclair*, Amsterdam: John Benjamins.

Bartlett, F. (1932, 2nd edition 1995), *Remembering: A Study in Experimental and Social Psychology*, Cambridge, UK: Cambridge University Press.

Bateson, G. (1972; 서석봉 뒤침 1989), 『마음의 생태학』, 민음사.

Beakeley, B. and P. Ludlow eds (2006), *The Philosophy of Mind: Classical Problems/ Contemporary Issues*, Mass.: MIT Press.

Beaugrande, R. de and W. Dressler (1981; 김태옥·이현호 뒤침 1995), 『텍스트 언어학 입문』, 한신문화사.

Bennett, M. R. and P. M. S. Hacker (2003; 이을상·하일호·신현정·오용득·박만준· 안호영 뒤침 2013), 『신경과학의 철학』, 사이언스북스.

Bereiter, C. and M. Scardamalia (1987), *The Psychology of Written Composition*, New Jersey: Lawrence Erlbaum.

Berlin, B. (1992), *Ethnobiological Classification: Principles of Categorization of Plants and Animals in Traditional Societies*, New Jersey: Princeton University Press.

Bermúdez, J. (2010; 신현정 뒤침 2012), 『인지과학: 마음과학의 이해』, 박학사.

Berwick, R. C. and N. Chomsky (2016), *Why Only Us: Language and Evolution*, MIT Press.

Biber, D. (1988), *Variation across Speech and Writing*, Cambridge, UK: Cambridge University Press.

Biber, D. (1995), *Dimensions of Register Variation: A Cross-linguistic Comparison*, Cambridge, UK: Cambridge University Press.

Block, N., O. Flanagan, and G. Güzeldere eds. (1997), *The Nature of Consciousness*, Mass.: MIT Press.

Blumer, H. (1937), *Symbolic Interactionism: Perspective and Method*, California: University of California Press.

Boden D. and D. Zimmerman eds. (1991), *Talk and Social Structure: Studies in Ethnography and Conversation Analysis*, Cambridge, UK: Polity Press.

Boden, M. (1994; 서창렬 뒤침 1999), 『피아제』, 시공사.

Bol, P. (2008; 김영민 뒤침 2010), 『역사 속의 성리학』, 예문서원.

Bonvillian (2002; 한국사회언어학회 뒤침 2002), 『문화와 의사소통의 사회언어학』, 한국문화사.

Brand, M. (1984), *Intending and Acting*, Mass.: MIT Press.

Bratman, M. (1987), *Intention, Plans, and Practical Reason*, Cambridge, UK: Cambridge University Press.

Brown, C. and P. Hagoort eds. (1999), *The Neurocognition of Language*, Oxford, UK: Oxford University Press.

Brown, G. and G. Yule (1983), *Discourse Analysis*, Cambrdige, UK: Cambridge University Press.

Brown, G. and G. Yule (1983), *Teaching the Spoken Language*, Cambrdige, UK: Cambridge University Press.

Brown, P. and S. Levinson (1987), *Politeness: Some Universals in Language Usage*, Cambrdige, UK: Cambridge University Press.

Bublitz, W., U. Lenk, and E. Ventola eds. (1999), *Coherence in Spoken and Written Discourse: How to Create it and How to Describe it*, Amsterdam: John Benjamins.

Bühler, K. (1934; 지광신·최경은 뒤침 2008), 『언어 이론: 언어의 서술 기능』, 나남.

Bygate, M. (1987; 김지홍 뒤침 2002), 『말하기: 옥스포드 언어교육 지침서』, 범문사.

Calfee, R. and P. Perfumo eds. (1996), *Writing Portfolios in the Classroom: Policy and Practice, Promise and Peril*, New Jersey: Lawrence Erlbaum.

Carey, S. (2009), *The Origin of Concepts*, Oxford, UK: Oxford University Press.

Carnap, R. (1966; 윤용택 뒤침 1993), 『과학철학 입문』, 서광사.

Carter, R. (1998; 양영철·이양희 뒤침 2007), 『뇌: 매핑 마인드』, 말글 빛냄.

Chafe, W. (1994; 김병원·성기철 뒤침 2006), 『담화와 의식과 시간: 언어 인식론』, 한국문화사.

Chafe, W. (2018), *Thought-Based Linguistics: How Languages Turn Thoughts into Sounds*, Cambridge University Press.

Chomsky, N. (1959), "Review of B. F. Skinner, Verbal Behavior", *Language*, 35 (pp. 26~58).

Chomsky, N. (1986; 이선우 뒤침 2000), 『언어에 대한 지식: 그 본질, 근원 및 사용』, 아르케.

Chomsky, N. (1995; 박명관·장영준 뒤침 2001), 『최소주의 언어 이론』, 한국문화사.

Chomsky, N. (2000), *New Horizons in the Study of Language and Mind*, Cambridge University Press.

Chomsky, N. (2003; 장영준 뒤침 2011), 『촘스키, 러셀을 말하다』, 시대의창.

Chomsky, N. (2007; 장영준 뒤침 2009), 『촘스키, 변화의 길목에서 미국을 말하다』, 시대의창.

Chomsky, N. (2012), *The Science of Language: Interview with James McGilvray*,

Cambridge University Press.

Chomsky, N. and M. Foucault (2006; 이종인 뒤침 2010), 『촘스키와 푸코, 인간의 본성을 말하다』, 시대의창.

Churchland, P. (1988; 석봉래 뒤침 1992), 『물질과 의식: 현대 심리철학 입문』, 서광사.

Churchland, P. (1989; 박제윤 뒤침 2006), 『뇌과학과 철학: 마음-뇌 통합과학을 향하여』, 철학과현실사.

Churchland, P. and T. Sejnowskin(1992), *The Computational Brain*, Mass.: MIT Press.

Clark, H. (1996; 김지홍 뒤침 2009), 『언어사용 밑바닥에 깔린 원리』, 경진출판.

Cohen, P., J. Morgan and M. Pollack eds. (1990), *Intentions in Communication*, Mass.: MIT Press.

Collins, R. (2005; 진수미 뒤침 2009), 『사회적 삶의 에너지: 상호작용 의례의 사슬』, 한울.

Cook, G. (1989; 김지홍 뒤침 2003), 『담화: 옥스포드 언어교육 지침서』, 범문사.

Cook, G. ed. (1995), *Principle and Practice in Applied Linguistics: Studies in Honour of H. G. Widdowson*, Oxford, UK: Oxford University Press.

Crick, F. (1994; 과학세대 뒤침 1996), 『놀라운 가설』, 한뜻.

Cutler, A. ed. (2005), *Twenty-First Century Psycholinguisitics: Four Cornerstones*, New Jersey: Lawrence Erlbaum.

Damasio, A. (1994; 김린 뒤침 1999), 『데카르트의 오류』, 중앙문화사.

Damasio, A. (1999), *The Feeling of What Happens: Body and Emotion in the Making of Consciousness*, San Diego: Harcourt.

Damasio, A. (2003; 임지원 뒤침 2007), 『스피노자의 뇌: 기쁨·슬픔·느낌의 과학』, 사이언스북스.

Davidson, D. (1980; 배식한 뒤침 2012), 『행위와 사건』, 한길사.

Davidson, D. (1984; 이윤일 뒤침 2011), 『진리와 해석에 관한 탐구』, 나남.

Davis, M. ed. (1965), *The Undecidable: Basic Papers on Undecidable Propositions, Unsolvable Problems, and Computable Functions*, New York: Raven Press.

Deacon, T. (1997), *The Symbolic Species: The Co-evolution of Language and the Brain*, New York: W. W. Norton & Comp.

Dell (1986), "A Spreading-Activation Theory of Retrieval in Sentence Production", *Psychological Review*, 93 (pp. 283~321).

Descartes, R. (1637; 이현복 뒤침 1996), 『방법 서설』, 문예출판사.

Descartes, R. (1641; 김형효 뒤침 1976), 『데카르트 성찰』(세계사상전집 19), 삼성출판사.

Edelman, G. (1992; 황희숙 뒤침 2002), 『신경과학과 마음의 세계』, 범양사.

Edelman, G. (2004; 김한영 뒤침 2006), 『뇌는 하늘보다 넓다』, 해냄.

Edelman, G. (김창대 뒤침 2009), 『세컨드 네이처』, 이음.

Edelman, G. and G. Tononi (2000), *A Universe of Consciousness: How Matter Becomes Imagination*, New York: Basic Books.

Eichenbaum, H. (2008), *Learning and Memory*, New York: W.W. Norton & com.

Eichenbaum, H. and N. Cohen (2001), *From Conditioning to Conscious Recollection: Memory Systems of the Brain*, Oxford, UK: Oxford University Press.

Ensink, T. and C. Sauer eds. (2003), *Framing and Perspectivising in Discourse*, Amsterdam: John Benjamins.

Ericsson, K. and W. Kintsch (1995), "Long-term working memory", *Psychological Review*, 102-2 (pp.211~245).

Fairclough, N. (1995; 이원표 뒤침 2005), 『대중매체 담화 분석』, 한국문화사.

Fairclough, N. (1996), "A reply to Henry Widdowson's 'Discourse analysis: a critical view'", *Language and Literature*, 5-1 (pp. 49~56).

Fairclough, N. (2001; 김지홍 뒤침 2011), 『언어와 권력』, 경진출판.

Fairclough, N. (2003; 김지홍 뒤침 2013), 『담화 분석 방법』, 경진출판.

Fairclough, N. ed. (1992), *Critical Language Awareness*, London: Longman.

Feferman et al. eds. (1986~2003), *Kurt Gödel, Collected Works* vol. I~V, Oxford, UK: Oxford University Press.

Flower, L. (1993 제4판; 원진숙·황정현 뒤침 1998), 『글쓰기의 문제 해결 전략』, 동문선.

Fodor, J. (1975), *The Language of Thought*, New York: Crowell.

Fodor, J. (1981; 이영옥·정성호 뒤침 1991), 『표상: 인지과학의 기초에 관한 연구』, 민음사.

Fodor, J. (2000), *The Mind Doesn't Work That Way: The Scope and Limits of Computational Psychology*, Mass.: MIT Press.

Fodor, J. (2008), *The Language of Thought Revisited*, Oxford, UK: Clarendon Press.

Frege, G. (1884; 박준용·최원배 뒤침 2003), 『산수의 기초』, 아카넷.

Frege, G. (1893; 김보현 뒤침 2007), 『산수의 근본 법칙 I』, 울산대학교 출판부.

Fromkin, V. (1973), *Speech Erros as Linguistic Evidence*, Hague: Mouton.

Fromkin, V. (1980), *Errors in Linguistic Performance: Slips of the Tongue, Ear, Pen, and Hand*, New York: Academic Press.

Galaburda, A., S. Kosslyn, and Y. Christen eds. (2002), *The Language of the Brain*, Mass.: Harvard University Press.

Gaskell, M. ed. (2007), *The Oxford Handbook of Psycholinguistics*, Oxford, UK: Oxford University Press.

Gathercole, S. and A. Baddley (1993), *Working Memory and Language*, Hove, UK: Psychology Press.

Geach, P. and M. Black ed. (1970), *Translations from the Philosophical Writings of Gottlob Frege*, Oxford, UK: Basil Blackwell.

Geeraerts, D. and H. Cuyckens eds. (2007), *The Oxford Handbook of Cognitive Linguistics*, Oxford, UK: Oxford University Press.

Gentner, D. and A. Stevens eds. (1983), *Mental Models*, New Jersey: Lawrence Erlbaum.

Gernsbacher, M. and T. Givón eds. (1995), *Coherence in Spontaneous Text*, Amsterdam: John Benjamins.

Glasersfeld, E. (1995; 김판수 외 6인 뒤침 1999), 『급진적(=근원적) 구성주의』, 원미사.

Goffman E. (1964; 김용환 뒤침 1995), 『오점: 장애의 사회 심리학』, 강원대학교 출판부; 윤선길·정기현 뒤침(2009), 『스티그마(=낙인): 장애의 세계와 사회 적응』, 한신대학교 출판부.

Goffman, E. (1959; 김병서 뒤침 1987), 『자아 표현과 인상 관리: 연극적 사회 분석론』, 경문사.

Goffman, E. (1967; 진수미 뒤침 2013), 『상호작용 의례: 대면 행동에 관한 에세이(= 글)』, 아카넷.

Goffman, E. (1974; 2nd edition 1986), *Frame Analysis : An Essay on the Organization of Experience*, Boston: Northwestern University Press.

Goffman, E. (1981), *Forms of Talk*, Philadelphia: University of Pennsylvania Press.

Goffman, E. (1982), "The Interaction Order", American Sociological Association, 1982 Presidential Address.

Grabe, W. and R. Kaplan (1996; 허선익 뒤침 2008), 『쓰기 이론과 실천 사례』, 박이정.

Graesser, A., M. Gernsbacher and S. Goldman eds. (2003), *Handbook of Discourse Process*, New Jersey: Lawrence Erlbaum.

Grandy, R. and R. Warner eds. (1986), *Philosophical Grounds of Rationality: Intentions, Categories, Ends*, Oxford, UK: Clarendon Press.

Grant, C. (2007), *Uncertainty and Communication: New Theoretical Investigation*, New York: Palgrave Macmillan.

Grant, C. ed. (2003), *Rethingking Communicative Interaction: New Interdisciplinary Horizons*, Amsterdam: John Benjamins.

Grice, H. P. (1971), "Intention and Uncertainty", *Proceedings of the British Academy*,

57 (pp. 263~79).

Grice, H. P. (1989), *Studies in the Way of Words*, Mass.: Harvard University Press.

Grice, H. P. (1991), *The Conception of Value*, Oxford, UK: Oxford University Press.

Grice, H. P. (2001), *Aspects of Reason*, Oxford, UK: Oxford University Press.

Grice, P. (1986), "Actions and Events", *Pacific Philosophical Quaterly*, 67 (pp. 1~35).

Gumperz, J. and S. Levinson eds. (1996), *Rethinking Linguistic Relativity*, Cambridge, UK: Cambridge University Press.

Halliday, M. (1985), *Spoken and Written Language*, Oxford, UK: Oxford University Press.

Halliday, M. and C. Matthiessen (2004; 3rd edition), *An Introduction to Functional Grammar*, London: Hodder Education.

Halliday, M. and R. Hasan (1976), *Cohesion in English*, London: Longman.

Hamm, S. and J. Brendenkamp (2004), "Working memory and slips of the tongue", T. Pechman and C. Habel eds. *Multidisciplinary Approaches to Language Production*, Berlin: Mouton de Gruyter.

Hardman, D. (2009; 이영애·이나경 뒤침 2012), 『판단과 결정의 심리학』, 시그마프레스.

Harley, T. ed. (2011), *Psycholinguistics*, London: Sage.

Harris, Z. (1952), "Discourse analysis", *Language*, 28 (pp. 1~30).

Härtl H. and H. Tappe eds. (2003), *Mediating between Concepts and Grammar*, Berlin: Mouton de Gruyter.

Hartmann, R. (1983; 서태길 외 4인 뒤침 2008), 『사전 편찬의 원리와 실제』. 제이&씨.

Hawkins (1984; 1987 개정판), *Awareness of Language: An Introduction*, Cambridge, UK: Cambridge University Press.

Heinemann, W. (1991; 백설자 뒤침 2001), 『텍스트 언어학 입문』, 역락.

Hellinger, M. and A. Pauwels eds. (2007), *Handbook of Language and Communication:*

Diversity and Change, Berlin: Mouton de Gruyter.

Hempel, C. (1966; 곽강제 뒤침 2010), 『자연 과학 철학』, 서광사.

Hempel, C. (1966; 전영삼·여영서·이영의·최원배 뒤침 2011), 『과학적 설명의 여러 측면, 그리고 과학철학에 관한 다른 논문들, I~II』, 나남.

Heoy, M. (1991), *Patterns of Lexis in Text*, Oxford, UK: Oxford University Press.

Herken, R. ed. (1994), *The Universal Turing Machine: A Half-Century Survey*, New York: Springer-Verlag.

Hewitt, J. (2000; 윤인진 외 뒤침 2001), 『자아와 사회: 상징적 상호작용주의 사회심리학』. 학지사.

Hijenoort, J. ed. (1967), *From Frege to Gödel: A Source Book in Mathematical Logic, 1878~1931*, Mass.: Harvard University Press.

Horowitz, R. and S. Samuels eds. (1987), *Comprehending Oral and Written Language*, New York: Academic Press.

Houser, N. and C. Kloesel eds. (1992), *The Essentail Peirce: Selected Philosophical Writings*, vol. 1, Indianapolis: Indiana University Press.

Hume, D. (1739~1740; 이준호 뒤침 1994), 『인간 본성에 관한 논고, 1~3』, 서광사.

Indefrey, P. and W. Levelt (2004), "The Spatial and Temporal Signature of Word Production", *Cognition*, 92 (pp. 101~144).

Jackendoff, R. (1990; 고석주·양정석 뒤침 1999), 『의미 구조론』, 한신문화사.

Jackendoff, R., P. Bloom, and K. Wynn eds. (1999), *Language, Logic, and Concepts*, Mass.: MIT Press.

James, C. and P. Garrett eds. (1992), *Language Awareness in the Classroom*, London: Longman.

James, W. (1891; 정양은 뒤침 2005), 『심리학의 원리, I~III』, 아카넷.

Johnson-Laird, P. (1983), *Mental Models: Towards a Cognitive Science of Language, Inference, and Consciousness*, Mass.: Harvard University Press.

Johnson-Laird, P. (1988; 이정민·조혜자 뒤침 1991), 『컴퓨터와 마음: 인지과학이

란 무엇인가』, 민음사.

Kahneman, D. (2011; 이진원 뒤침 2012), 『생각에 관한 생각』, 김영사.

Kahneman, D., P. Slovan and A. Tversky (1982; 이영애 뒤침 2001), 『불확실한 상황에서의 판단: 추단법과 편향』, 아카넷.

Kandel, E. (2006; 전대호 뒤침 2009), 『기억을 찾아서』, 랜덤하우스.

Kant, I. (1785; 백종현 뒤침 2005), 『윤리 형이상학 정초』, 아카넷.

Kant, I. (1787; 백종현 뒤침 2006), 『순수 이성 비판, I~II』, 아카넷.

Kempen, G. and P. Huijbers (1983), "The lexicalization process in sentence production and naming: Indirect election of words", *Cognition*, 14 (pp. 185~209).

Kennedy, H. ed. (1973), *Selected works of Giuseppe Peano*, Toronto: University of Toronto.

Kessel, F. ed. (1988), *The Development of Language and Language Researchers: Essays in Honor of Roger Brown*, New Jersey: Lawrence Erlbaum.

Kintsch, W. (1974), *The Representation of Meaning in Memory*, New Jersey: Lawrence Erlbaum.

Kintsch, W. (1993), "Information Accretion and Reduction in Text Processing: Inference", *Discourse Processing*, 16 (pp. 193~202).

Kintsch, W. (1998; 김지홍·문선모 뒤침 2010), 『이해: 인지 패러다임, I~II』, 나남.

Koch, C. (2004; 김미선 뒤침 2006), 『의식의 탐구』, 시그마프레스.

Kosslyn, S. (1994), *Image and Brain: The Resolution of the Imagery Debate*, Mass.: MIT Press.

Labov, W. and J. Waletzky (1967), "Narrative Analysis: Oral Versions of Personal Experience)", Paulston and Tucker eds. (2003) *Sociolinguistics: The Essential Readings*, Mass.: Blackwell Publishing 재수록.

Lakoff, G. (2006; 나익주 뒤침 2007), 『프레임 전쟁: 보수에 맞서는 진보의 성공전략』, 창비.

Lakoff, G. (2006; 나익주 뒤침 2010), 『자유는 누구의 것인가: 왜 진보와 보수는 서로 가지려고 하는가』, 웅진지식하우스.

Lamberts, K. and D. Shanks (1997), *Knowledge, Concepts, and Categories*, Mass.: MIT Press.

LeDoux, J. (1998; 최준식 뒤침 2006), 『느끼는 뇌』, 학지사.

LeDoux, J. (2002; 강봉균 뒤침 2005), 『시냅스와 자아: 신경세포의 연결방식이 어떻게 자아를 결정하는가?』, 소소.

Leibniz, G. (1686; 윤선구 뒤침 2010), 『형이상학 논고 외 6편』, 아카넷.

Leibniz, G. (1765; trans. by P. Remnant and J. Bennett 1981), *New Essays on Human Understanding*, Cambridge, UK: Cambridge University Press.

Levelt, W. (1989; 김지홍 뒤침 2008), 『말하기: 그 의도에서 조음까지, I~II』, 나남.

Levelt, W. (1999), "Producing spoken language: a blue print of speaker", Brown et al. eds., *The Neurocognition of Language*, Oxford, UK: Oxford University Press.

Levelt, W., A. Roelofs, and A. Meyer (1999), "A Theory of Lexical Access in Speech Production", *Behavioral and Brain Sciences*, 22-1 (pp. 1~38).

Levin, B. and M. Rappaport-Hovav (1995), *Unaccusativity*, Mass.: MIT Press.

Levin, B. and M. Rappaport-Hovav (2005), *Argument Realization*, Oxford, UK: Oxford University Press.

Levy, C. and S. Ransdell eds. (1996), *The Science of Writing: Theories, Methods, Individual Differences, and Applicaitons*, New Jersey: Lawrence Erlbaum.

Lieberman, P. (1991; 김형엽 뒤침 2013), 『언어의 탄생』, 경진출판.

Linguistic Politeness Group ed. (2011), *Discursive Approaches to Politeness*, Berlin: Mouton de Gruyter.

Locke, J. (1689; 정병훈·이재영·양선숙 뒤침 2014), 『인간 지성론, 1~2』, 한길사; 추영현 뒤침(2011), 『인간 지성론』, 동서문화사.

Louwerse, M. and W. van Peer eds. (2002), *Thematics: Interdisciplinary Studies*, Amsterdam: John Benjamins.

Lund, N. (2003; 이재호·김소영 뒤침 2007), 『언어와 사고』, 학지사.

Lyons, W. (1995), *Approaches to Intentionality*, Oxford, UK: Clarendon Press.

MacCarthy, M. (1998; 김지홍 뒤침 2012, 개정 증보판), 『입말, 그리고 담화 중심의 언어교육』, 경진출판.

Maienborn, C., K. von Heusinger, and P. Portner eds. (2011), *Semantics: An International Handbook of Natural Language Meaning*, Berlin: Mouton de Gruyter.

Malle, B., L. Moses, and D. Baldwin eds. (2001), *Intentions and Intentionality: Foundations of Social Cognition*, Mass.: MIT Press.

Mandler, J. (2004), *The Foundations of Mind*, Oxford, UK: Oxford University Press.

Marcus, G. (2008), *The Algebraic Mind: Integrating Connectionism and Cognitive Science*, Mass.: MIT Press.

Marr, D. (1982), *Vision: A Computational Investigation into the Human Representation and Processing of Visual Information*, New York: W.H. Freeeman & Co..

Martindale, C. (1991; 신현정 뒤침 1994), 『인지 심리학: 신경회로망적 접근』, 교육과학사.

McCarthy, M. (1990; 김지홍 뒤침 2003), 『어휘: 옥스포드 언어교육 지침서』, 범문사.

McCarthy, M. (1998; 김지홍 뒤침 2010), 『입말, 그리고 담화 중심의 언어교육』, 경진출판.

McComiskey, B. (2000; 김미란 뒤침 2012), 『사회 과정 중심 글쓰기: 작문 교육 패러다임의 전환』, 경진출판.

McLuhan, M. (1962; 임상원 뒤침 2001), 『구텐베르크 은하계』, 커뮤니케이션북스.

Mead, H. (1938), *The Philosophy of the Act*, Illionois: University of Chicago Press.

Melle, A. (1992), *Springs of Action: Understanding Intentional Behavior*, Oxford, UK: Oxford University Press.

Mellor, D. ed. (1990), *Philosophical Papers: F.R. Ramsey*, Cambridge, UK: Cambridge University Press.

Miller, G. (1956), "The magical number seven, plus or minus two: Some limits of our capacity for processing information", *Psychological Review*, 63 (pp. 81~97).

Miller, G. (1991; 강범모·김성도 뒤침 1998), 『언어의 과학: 그림으로 이해하는 언어와 정신의 세계』, 민음사.

Millikan, R. (1984), *Langugae, Thought, and Other Biological Categories: New Foundations for Realism*, Mass.: MIT Press.

Miyake, A. and R. Shah eds. (1999), *Models of Working Memory: Mechanisms of Active Maintenance and Executive Control*, Cambridge, UK: Cambridge University Press.

Murphy, G. (2004), *The Big Book of Concepts*, Mass.: MIT Press.

Newell, A. (1990; 차경호 뒤침 2002), 『통합 인지 이론』, 아카넷.

Newell, A. and H. Simon (1972), *Human Problem Solving*, New Jersey: Prentice-Hall.

Ong, W. (1982; 이기우·임명진 뒤침 1996), 『구술문화와 문자문화』, 문예출판사.

Pacherie, E. (2008), "The phenomenology of action: A conceptual framework", *Cognition*, 107 (pp. 179~217).

Pechman, T. and C. Habel eds. (2004), *Mutidisciplinary Approaches to Language Production*, Berlin: Mouton de Gruyter.

Petrus, K. ed. (2010), *Meaning and Analysis: New Essays on Grice*, Hampshire, UK: Palgrave MacMillan.

Pezetsky, D. (1995), *Zero Syntax: experiencers and cascades*, Mass.: MIT Press.

Phillips, J. (1983), "Goffman's Linguistic Turn: A comment on Forms of Talk", *Theory, Culture and Society*, 2-1 (pp. 114~116).

Piaget, J. (1974; trans. by Coltman 1980), *Experiments in Contradiction*, Chicago: University of Chicago Press.

Piaget, J. (1974; trans. by Eames 1980), *Adaptation and Intelligence*, Chicago: University of Chicago Press.

Piaget, J. (1975; trans. by Brown and Thampy 1985), *The Equilibration of Cognitive Structures*, Chicago: University of Chicago Press.

Piaget, J. (1977; trans. by Campbell 2001), *Studies in Reflecting Abstraction*, Sussex: Psychology Press.

Piattelli-Palmarini, M. and R. Berwick eds. (2012), *Rich Languages from Poor Inputs*, Oxford, UK: Oxford University Press.

Piattelli-Palmarini, M., J. Uriagereka, and P. Salaburu eds. (2009), *Of Minds and Language*, Oxford, UK: Oxford University Press.

Pinker, S. (1997; 김한영 뒤침 2007), 『마음은 어떻게 작동하는가』, 동녘사이언스.

Pinker, S. (1999; 김한영 뒤침 2009), 『단어와 규칙』, 사이언스북스.

Pinker, S. (2002; 김한영 뒤침 2004), 『빈 서판: 인간은 본성을 타고 나는가』, 사이언스북스.

Pinker, S. (2007), *The Stuff of Thought: Language as a Window into Human Nature*, New York: Viking.

Pinker, S. and J. Mehler eds. (1988), *Connections and Symbols*, Mass.: MIT Press.

Pollard, C. and I. Sag (1994), *Head-driven Phrase Structure Grammar*, Illionois: University of Chicago Press.

Pulvenrmüller, F. (2002), *The Neuroscience of Language: On Brain Circuits of Words and Serial Order*, Cambridge, UK: Cambridge University Press.

Pustejovsky, J. (1995; 김종복·이예식 뒤침 2002), 『생성 어휘론』, 박이정.

Putnam, H. (1981; 김효명 뒤침 1987), 『이성·진리·역사』, 민음사.

Putnam, H. (1988; 김영정 뒤침 1992), 『표상과 실재: 마음의 인지적/계산적 접근 방법은 왜 성공할 수 없는가?』, 이화여자대학교 출판부.

Putnam, H. (1992; 원만희 뒤침 1998), 『과학주의 철학을 넘어서』, 철학과현실사.

Quine, W. (1953; 허라금 뒤침 1993), 『논리적 관점에서』, 서광사.

Rappaport-Hovav, M., E. Doron and I. Sichel eds. (2010), *Lexical Semantics, Syntax, and Event Structure*, Oxford, UK: Oxford University Press.

Restak, R. (1984; 김현택·류재욱·이강준 뒤침 1992), 『나의 뇌, 뇌의 나, I~II』, 예문지.

Ritzer, G. (2003; 한국이론사회학회 뒤침 2006), 『현대 사회학 이론과 그 고전적 뿌리』, 박영사.

Ritzer, G. (2004; 김왕배 외 뒤침 2006), 『사회학 이론』, 한올출판사.

Rizzolatti, G. et al. (1996), "Premotor cortex and the recognition of motor actions", *Cognitive Brain Research*, 3 (pp. 131~141).

Roelofs, A. (1997), "The WEAVER model of word-form encoding in speech production", *Cognition*, 64 (pp. 249~284).

Rosch, E. (1975), "Cognitive Representations of Semantic Categories", *Journal of Experimental Psychology*, 104-3 (pp. 192~233).

Rosch, E. (1975), "Family Resemblances: Studies in the Internal Structure of Categories", *Cognitive Psychology*, 7 (pp. 573~605).

Rosch, E. (1978), "Principles of Categorization", Rosch et al. eds. *Cognition and Categorization*, New Jersey: Lawrence Erlbaum.

Rosch, E. (1988), "Coherences and Categorization: A Historical View", Kessel ed. *The Development of Language and Language Researchers*, New Jersey: Lawrence Erlbaum.

Ross, W. D. (1923; 1995 Ackrill 소갯글; 김진성 뒤침 2011), 『아리스토텔레스: 그의 저술과 사상에 관한 총설』, 누멘.

Rumelhart, J., D. McClelland, and the PDP Research Group (1986), *Parallel Distributed Processing*, I~II, Mass.: MIT Press.

Russell, B. (1935; 김이선 뒤침 2011), 『종교와 과학』, 동녘.

Russell, B. (1937, 2nd edition), *Principle of Mathematics*, New York: N.N. Norton & Comp.

Russell, B. (1945; 최민홍 뒤침 1973), 『서양 철학사, 상~하』, 집문당.

Russell, B. (1956), *Logic and Knowledge*, London: Hyman.

Russell, B. (1973), *Essays in Analysis*, London: George Allen & Unwin.

Sacks, H., E. Schegloff and G. Jefferson (1974), "A simplest systematics for the organization of turn-taking in conversation", *Language*, 50 (pp. 696~735).

Saussure, F. (1915; 최승언 뒤침 2006 신장판), 『일반 언어학 강의』, 민음사; 김현권 뒤침(2012), 『일반 언어학 강의』, 지만지.

Schacter, D. (1996), *Searching for Memory: The Brain, the Mind, and the Past*, New York: Basic Books.

Schacter, D. and E. Scarry (2001 엮음; 한국 신경인지기능 연구회 뒤침 2004), 『뇌와 기억 그리고 신념의 형성』, 시그마프레스.

Schegloff, E. (1997), "Narrative Analysis Thirty Years Later", Paulston and Tucker eds. (2003), *Sociolinguistics: The Essential Readings*, Mass.: Blackwell Publishing 재수록.

Schelling, T. (1960; 최동철 뒤침 1992), 『갈등의 전략』, 나남; 이경남 뒤침(2013), 『갈등의 전략』, 한국경제신문.

Schegloff, E. and H. Sacks (1973), "Opening Up Closings", Baugh and Sherzer eds. *Language in Use: Readings in Sociolinguistics*, New Jersey: Prentice-Hall 재수록.

Schiffer, S. (1972), *Meaning*, Oxford, UK: Clarendon Press.

Schiffer, S. (1987), *Remnants of Meaning*, Mass.: MIT Press.

Schmitt, N. ed. (2004), *Formulaic Sequences*, Amsterdam: John Benjamins.

Schmitt, S. (1987; 박여성 뒤침 1995), 『구성주의』, 까치.

Searle, J. (1983; 심철호 뒤침 2009), 『지향성: 심리철학 소론』, 나남.

Searle, J. (1986; 김용관 뒤침 1987), 『심리철학과 과학』, 소나무.

Searle, J. (1998; 심철호 뒤침 2000), 『정신, 언어, 사회』, 해냄.

Searle, J. (2001; 김기현 외 4인 뒤침 2001), 『합리성의 새로운 지평』, 철학과현실사.

Searle, J. (2004; 정승현 뒤침 2007), 『마인드』, 까치.

Searle, J. (2007; 강신욱 뒤침 2010), 『신경생물학과 인간의 자유』, 궁리.

Shannon, C. and W. Weaver (1949; 진용옥 뒤침 1985), 『통신의 수학적 이론』, 통신정책연구소.

Shieber, S. ed. (2004), *The Turing Test: Verbal Behaviour as the Hallmark of Intelligence*, Mass.: MIT Press.

Sinclair, J. (1991), *Corpus, Concordance, Collocation*, Oxford, UK: Oxford Uinversity Press.

Sinclair, J. (2003), *Reading Concordance*, London: Pearson.

Smith, F. (1994, 2nd edition), *Writing and the Writer*, New Jersey: Lawrence Erlbaum.

Smolensky, P. and G. Legendre (2006), *The Harmonic Mind: From Neural Computation to Optimality-Theoretic Grammar*, Mass.: MIT Press.

Spence, K. and J. Spence eds. (1968), *The Psychology of Learning and Motivation*, vol. 2, New York: Academic Press.

Sperber D. and D. Wilson (1986; 김태옥·이현호 뒤침 1993), 『인지적 화용론: 적합성 이론과 커뮤니케이션』, 한신문화사.

Sperber, D. ed. (2000), *Metarepresentation: A Multidisciplinary Perspective*, Oxford, UK: Oxford University Press.

Spivy, N. (신현재 외 4인 뒤침 2004 개정판), 『구성주의와 읽기·쓰기』, 박이정.

Squire, L. and E. Kandel (1999), *Memory: From Mind to Molecules*, New York: Henry Holt & Comp.

Sternberg, R. ed. (1999), *The Nature of Cognition*, Mass.: MIT Press.

Swales, J. (1990), *Genre Analysis*, Cambridge, UK: Cambridge University Press.

Swales, J. (2004), *Research Genres*, Cambridge, UK: Cambridge University Press.

Tannen, D. ed. (1993), *Framing in Discourse*, Oxford, UK: Oxford University Press.

Tarski, A. (1956), *Logic, Semantics, Meta-mathematics*, Indiana: Hockett Publishing Co.

Taylor, J. (1989; 조명원·나익주 뒤침 1999), 『인지 언어학이란 무엇인가: 언어학과 원형 이론』, 한국문화사.

Thomason, R. ed. (1974), *Formal philosophy : Selected Papers of Richard Montague*, New Haven: Yale University Press.

Tomasello, M. (2008), *Origins of Human Communication*, Mass.: MIT Press.

Tomasello, M. (2009; 허준석 뒤침 2011), 『이기적 원숭이와 이타적 인간: 인간은 왜 협력하는가』, 이음.

Tomasello, M. ed. (1998), *The New Psychology of Language: Cognitive and Functional Approaches to Language Structure*, New Jersey: Lawrence Erlbaum.

Tribble, C. (1996; 김지홍 뒤침 2003), 『쓰기: 옥스포드 언어교육 지침서』, 범문사.

Tulving, E. and F. Craik eds. (2000), *The Oxford Handbook of Memory*, Oxford, UK: Oxford University Press.

Tulving, E. and M. Lepage (2004), "Where in the Brain Is the Awareness of One's Past?", Schacter 외 엮음 제7장에 수록됨.

Tulving, E. et al. eds. (1972), *Organization of Memory*, New York: Academic Press.

Turner, J. (1997; 정태환 외 뒤침 2001), 『현대 사회학 이론』, 나남.

Turner, J. (2008; 박형신 외 뒤침 2010), 『현대 사회이론의 흐름』, 도서출판 한울.

van Dijk, T. (1978; 정시호 뒤침 1995), 『텍스트학』, 민음사.

van Dijk, T. (1980), *Macrostructures: An Interdisciplinary Study of Global Structures in Discourse, Interaction, and Cognition*, New Jersey: Lawrence Erlbaum.

van Dijk, T. ed. (1985), *Hanbook of Discourse Analysis*, vol. 1~4, New York: Academic Press.

van Dijk, T. (1993), *Elite Discourse and Racism*, London: Sage.

van Dijk, T. ed. (1997a), *Discourse as Structure and Process: A Multidisciplinary Introduction*, vol. 1~2, London: Sage.

van Dijk, T. (1998), *Ideology: A Multidisciplinary Approach*, London: Sage.

van Dijk, T. (2009a), *Discourse and Power*, London: Palgrave Macmillan.

van Dijk, T. (2009b), *Society and Discourse: How social contexts influence text and talk*, Cambridge, UK: Cambridge University Press.

van Dijk, T. (2010), *Discourse and Context: Socio-cognitive Approach*, Cambridge, UK: Cambridge University Press.

van Dijk, T. (2011), *Discourse Studies: A Multidisciplinary Introduction*, London: Sage.

van Dijk, T. and W. Kintsch (1983), *Strategies of Discourse Comprehension*, New York: Academic Press.

van Lier, L. (1996), *Interaction in the Language Curriculum: Awareness, autonomy and authenticity*, Essex: Pearson Education.

Vater, H. (1994; 이성만 뒤침 1995), 『텍스트 언어학 입문』, 한국문화사.

Verma, M. and K. Mohanan ed. (1990), *Experiencer Subject in South Asian Language*, CSLI at Stanford University.

Vygotsky, L. (1934; 데이비드 켈로그·배희철·김요호 뒤침 2011), 『생각과 말』, 살림터; 윤초희 뒤침(2011), 『사고와 언어』, 교육과학사; 이병훈·이재혁·허승철 뒤침(2013), 『사고와 언어』, 나남.

Walker, M., A. Joshi, and E. Prince eds. (1998), *Centering Theory in Discourse*, Oxford, UK: Clarendon.

Watts, R. (2003), *Politeness*, Cambridge, UK: Cambridge University Press.

Watts, R., S. Ide and K. Ehlich eds. (1992), *Politeness in Language: Studies in its History, Theory and Practice*, Berlin: Mouton de Gruyter.

Widdowson, H. (1995), "Discourse analysis: a critical View", *Language and Literature*, 4-3 (pp. 157~172).

Widdowson, H. (1996), "Reply to Fairclough: Discourse and interpretation", *Language and Literature*, 5-1 (pp. 57~69).

Widdowson, H. (1998), "The Theory and Practice in Critical Discourse Analysis", *Applied Linguistics*, 19-1 (pp. 136~151).

Widdowson, H. (2004), *Text, Context, Pretext: Critical Issues in Discourse Analysis*, Mass.: Blackwell Publishing.

Wilson, D. and D. Sperber (2012), *Meaning and Relevance*, Cambridge, UK: Cambridge University Press.

Wittgenstein, L. (1953; 이영철 뒤침 1994), 『철학적 탐구』, 서광사.

Zifonun, G. (1987; 이희자 뒤침 2002), 『의사소통 단위와 문장』, 한국문화사.

찾아보기

지은이 김지홍

제주대학교 국어교육과를 졸업하고, 현재 경상국립대학교 국어교육과에 재직중임. 그간 40여 권의 저역서 중에서 10종의 책★이 대한민국학술원 및 문화체육관광부의 우수학술도서로 선정됨. 한국연구재단의 서양편 명저번역 2종☆을 출간했고, 한문 번역서로서 국사편찬위원회에서 간행된 것 이외에 몇 권이 있음. 「언어와 현대사상」에 관심을 갖고서 뤼쏠, 무어, 카아냅, 그롸이스, 타아스키, 콰인, 참스키, 췌이프 등의 업적을 중심으로 하여 번역하려고 하며, 북경대 표점본 『13경 주소』를 통독하는 일도 현안임.

[저서]

★김지홍(2010) 『국어 통사·의미론의 몇 측면: 논항구조 접근』(경진출판)

★김지홍(2010) 『언어의 심층과 언어교육』(경진출판)

★김지홍(2014) 『제주 방언의 통사 기술과 설명: 기본구문의 기능범주 분석』(경진출판)

★김지홍(2015) 『언어 산출 과정에 대한 학제적 접근』(경진출판)

★김지홍(2020) 『제주 방언의 복합 구문: 접속문과 내포문 1~2』(경진출판)

김지홍(2021) 『제주 방언 통사의 몇 측면』(경진출판)

[언어와 현대사상]

★무어(1953; 김지홍 뒤침, 2019) 『철학에서 중요한 몇 가지 문제』(경진출판)

[심리학(언어의 산출 및 이해), 그리고 담화 분석]

☆르펠트(1989; 김지홍 뒤침, 2008) 『말하기 그 의도에서 조음까지 1~2』(나남)

☆킨취(1998; 김지홍·문선모 뒤침, 2011) 『이해: 인지 패러다임 1~2』(나남)

★클락(2003; 김지홍 뒤침, 2009) 『언어 사용 밑바닥에 깔린 원리』(경진출판)

★머카씨(1998; 김지홍 뒤침, 2010) 『입말, 그리고 담화 중심의 언어 교육』(경진출판)

★페어클럽(2001; 김지홍 뒤침, 2011) 『언어와 권력』(경진출판)

페어클럽(2003; 김지홍 뒤침, 2012) 『담화 분석 방법: 사회 조사연구를 위한 텍스트 분석』(경진출판)

페어클럽(1980; 김지홍 뒤침, 2017) 『담화와 사회 변화』(경진출판)

★위도슨(2004; 김지홍 뒤침, 2018) 『텍스트, 상황 맥락, 숨겨진 의도』(경진출판)

[언어교육 평가 및 현장조사 연구]

월리스(1998; 김지홍 뒤침, 2000) 『언어 교육현장 조사 연구 방법』(나라말)

루오마(2001; 김지홍 뒤침, 2011) 『말하기 평가』(글로벌콘텐츠)

벅(2001; 김지홍 뒤침, 2013) 『듣기 평가』(글로벌콘텐츠)

앤더슨·브롸운·쉴콕·율(1984; 김지홍·서종훈 뒤침, 2014) 『모국어 말하기 교육』(글로벌콘텐츠)

브롸운·율(1984; 김지홍·서종훈 뒤침, 2014) 『영어 말하기 교육』(글로벌콘텐츠)

올더슨(2001; 김지홍 뒤침, 2015) 『읽기 평가 1~2』(글로벌콘텐츠)

[한문 번역]

유희(1824; 김지홍 뒤침, 2008) 『언문지』(지만지, 지식을만드는지식)

최부(1489; 김지홍 뒤침, 2009) 『최부 표해록』(지만지)

장한철(1771; 김지홍 뒤침, 2009) 『표해록』(지만지)

노상추(1746~1829; 김지홍 외 4인 뒤침, 2017) 『국역 노상추 일기 1, 2, 3』(국사편찬위원회)

※ 옛날 새김 '뒤칠 번(飜)'을 살려 '뒤치다, 뒤침'을 썼음. 구체적인 물건을 옮기거나 집을 옮기는 일(이사, 옮김)은 추상적 언어들 사이의 번역에 걸맞는 낱말이 아님!

거주지 (06553) 서울특별시 서초구 방배로45길 27, 삼호아파트 11동 802호

이메일 jhongkim@gnu.ac.kr

휴대전화 010-2201-6865